맥코넬의 알기 쉬운

# 경제학

essentials of economics

정기화 옮김

5e

Stanley L. Brue
Campbell R. McConnell
Sean M. Flynn

McGraw Hill

생능

## 옮긴이 소개

**정기화**

1984~ 전남대학교 경제학부 교수(법 경제학 전공)
(現) 삼성 미소금융재단 이사, 법원 전문심리위원, 한국제도경제학회 편집위원
(前) 한국경제학회 부회장
2015~2016 독일 라이프치히대학 방문교수
1987~1988 미국 미네소타대학 방문교수
1980~1983 해군사관학교 교수(전임강사)

## 맥코넬의 알기 쉬운 경제학

**초판인쇄** 2023년 12월 26일
**초판발행** 2024년 1월 8일

**지은이** Stanley L. Brue, Campbell R. McConnell, Sean M. Flynn
**옮긴이** 정기화
**펴낸이** 김승기, 김민정
**펴낸곳** (주)생능 / **주소** 경기도 파주시 광인사길 143
**출판사 등록일** 2014년 1월 8일 / **신고번호** 제406-2014-000003호
**대표전화** (031)955-0761 / **팩스** (031)955-0768
**홈페이지** www.booksr.co.kr

**책임편집** 이종무 / **편집** 신성민, 최동진 / **디자인** 유준범, 노유안
**마케팅** 최복락, 김민수, 심수경, 차종필, 백수정, 송성환, 최태웅, 명하나
**인쇄 · 제본** (주)상지사P&B

ISBN 979-11-86689-51-6 93320
**정가 33,000원**

# Essentials of Economics

5th edition

**Stanley L. Brue**
Pacific Lutheran University

**Campbell R. McConnell**
University of Nebraska at Lincoln

**Sean M. Flynn**
Scripps College

With the special assistance of
**Randy R. Grant**
Linfield College

시그마프레스 McGraw Hill

**Essentials of Economics, 5th Edition**



1 2 3 4 5 6 7 8 9 10 LP 20 23

Original: Essentials of Economics, 5th Edition © 2023
By Stanley L. Brue, Campbell R. McConnell, Sean M. Flynn
ISBN 978-1-26-535064-2

This authorized Korean translation edition is jointly published by McGraw-Hill Education Korea, Ltd. and Life & Power Press. This edition is authorized for sale in the Republic of Korea.

This book is exclusively distributed by Life & Power Press.

**When ordering this title, please use ISBN 979-11-86689-51-6**

**Printed in Korea**

# 5판 역자 서문

'맥코넬의 알기 쉬운 경제학'이 번역되어 출판된 지 벌써 8년 가까운 세월이 흘렀다. 그동안 대내 · 외적으로 많은 일이 일어났다. 코로나19 팬데믹이 전 세계를 휩쓸고 지나갔고 세계 여러 곳에서 전쟁이 일어나 개인의 삶을 위협하였다. 미 · 중 간의 갈등은 전 세계적으로 진행된 분업체계를 흔들었다.

한국의 경제 여건도 크게 달라졌다. 한국의 출생률이 세계 최저를 기록하더니 마침내 절대인구가 감소하기 시작하였다. 잠재성장률은 2% 수준으로 하락하여 주요 선진국보다 낮아졌다. 정부는 코로나19 팬데믹을 계기로 거대정부로 변하였고 나아가 '소득주도성장'이라는 생경한 실험을 시도하기도 하였다.

세상의 많은 변화에도 개인의 삶은 지속되고 있으며, 앞으로 그럴 것이다. 개인의 삶이 지속되는 한 자신의 경제적 여건을 개선하려는 노력도 계속될 것이다. 그리고 이를 탐구하려는 경제학자들의 열정도 식지 않을 것이다.

과거 몇백 년 동안 수많은 경제학자들의 열정과 재능이 오늘의 경제학을 가져다준 것은 분명하다. 이들의 노력으로 경제학은 경제 현상의 분석과 경제 여건의 개선에 대해 많은 것을 알려주었다. 하지만 개인의 경제 환경은 기대 이상으로 빨리 변하고 있다. 비트코인을 비롯한 가상화폐의 등장, 인공지능을 이용한 의사 결정 및 거래의 확산, 유전자 정보를 이용한 생명공학의 발전 등이 숨 가쁘게 진행되고 있다.

경제학은 우리 주변의 경제 현상을 살펴보는 것으로부터 출발하여야 한다. '맥코넬의 알기 쉬운 경제학'은 주변의 경제 현상에서 경제이론이 어떻게 작동하는지를 쉽고 명확하게 전달하려는 노력에서 출발하였다. 하지만 주변의 경제현상에 대한 데이터들은 시간이 지남에 따라 현실과 멀어지게 된다. 이번의 개정판에서는 경제 데이터를 최근의 것으로 업데이트하였고 주변의 사례도 현실의 변화를 반영하였다. 그러나 출판에 시간이 걸려 불가피하게 시차가 발생하였다. 최신의 데이터는 국가통계포털(kosis.kr)이나 한국은행 경제통계시스템(ecos.bok.or.kr)을 비롯하여 IMF(www.imf.org)나 미국 상무부의 경제분석국(www.bea.gov) 등의 통계를 참고하기 바란다.

여러 노력에도 불구하고 번역에 아직 부족한 것이 많다. 이것은 번역자의 부족함 때문일 것이다. 하지만 이 번역서가 경제이론을 쉽고 명확하게 이해하는 데 조금이나마 도움이 된다면 이제 대학을 떠나 명예교수로 남게 된 번역자에게 부족함에 대한 조그마한 위로가 될 것이다. 한 가지 안타까운 것은 《맥코넬의 알기 쉬운 경제학》의 주 저자였던 캠벨 맥코넬이 2019년 세상을 떠난 것이다. 그는 미국의 네브라스카 대학의 교수로 재직하면서 경제학의 원리를 쉽고 명확하게 설명하는 여러 저서를 발간하였다. 그는 떠났지만, 그가 남긴 책은 세계 여러 나라에서 여전히 사랑을 받고 있다.

어려운 경제현실에도 이러한 책의 개정판을 출판하여 준 생능출판사를 비롯하여 조그만 숫자 하나도 꼼꼼히 검토해 준 편집부 여러분에게 감사드린다.

2023. 12. 남녘에서

정기화

# 역자 서문

이 책은 McConnell, Brue, Flynn의 '경제학 에센셜' 제3판을 번역한 것이다. 원래 '경제학 에센셜'은 저자들이 공동으로 집필한 '경제학 이해'를 1학기용으로 간추린 것이다. '경제학 이해'는 미국에서 가장 많이 팔리는 경제학 교과서다. '경제학 에센셜'은 '경제학 이해'가 가지고 있는 장점을 살리면서 이를 다양한 수요에 맞게 잘 정리하고 있다.

이 책의 번역은 기존의 '경제학 이해'가 1학기용으로는 부적절하다는 생각에서 시작되었다. 주변에 경제학 교과서가 많이 있지만, 이를 1학기에 강의하기에는 그 구성이 벅차다. 그래서 일부 장을 생략하고 강의하는 때가 많다. 그러다 보면 각 장의 상호연계성이 떨어져 강의가 어렵게 느껴질 때가 종종 발생한다.

이 책은 1학기 강의에 적합하도록 15개의 장으로 구성하였다. 한 학기가 대부분 15주인 점을 고려한 것이다. 그렇지만 경제학이 다루어야 할 핵심적 내용을 모두 포함하고 있다. 그러면서 각 장의 내용이 서로 연관되어 이해하기 쉽다.

이 책의 장점은 경제학의 핵심 논리를 알기 쉽게 제시하고 있다는 것이다. 경제논리는 흔히 이해하기 어렵다고 한다. 하지만 이 책은 다양한 사례를 들어 경제학 개념을 친절하게 설명한다. 그래서 경제학을 처음 접하는 학생들에게도 경제학에 대한 흥미를 불러일으킨다. 또한 경제학은 주제에 따라 다양한 입장이 존재하는데 이 책은 그러한 다양한 주장을 균형을 잃지 않고 서술하고 있다.

이 책을 번역하면서 많은 고민을 하였다. '경제학 이해'가 미국에서 가장 많이 팔리고 있다는 것은 그 책이 미국 경제의 흐름을 이해하는 데 큰 도움이 된다는 의미일 것이다. 그런데 미국 학생들이 미국 경제를 이해하는 데 도움을 주었던 책이 과연 우리나라 학생들이 우리나라 경제를 이해하는 데도 도움이 될지 걱정이 되었다. 그래서 원 저자의 의도를 살리면서도 우리나라 경제를 이해하는 데 도움이 될 수 있도록 우리나라의 사례나 제도를 되도록 많이 추가하였다. 하지만 미국의 제도나 사례는 되도록 그대로 살렸다. 경제의 글로벌화가 진행되면서 미국 경제를 이해하려는 관심도 적지 않은 현실을 고려한 것이다. 특히 2007~2008년의 세계적 금융위기 때 미국중앙은행인 연방준비제도가 수행한 역할을 이해할 수 있도록 미국의 금융제도에 대한 설명이나 미국중앙은행의 정책 등은 원서를 충실히 따르도록 하였다.

요즈음은 교과서를 출간하는 게 쉽지 않다. 그럼에도 불구하고 '경제학 이해'를 출간하고 이어 '맥코넬의 알기 쉬운 경제학'을 출간하는 어려운 결정을 내린 (주)생능의 용기에 감사드리고 싶다. 이 책이 경제학을 처음 배우는 학생들에게 경제학의 세계가 얼마나 경이로운 것인지 알려주는 계기가 되었으면 한다. 그것이 번역자의 소박한 희망사항이다.

2015. 12. 남녘에서

정기화

# 감사의 글

이 책의 내용을 개선하는 데 많은 분들이 도움을 주시고 구체적 제안들도 해주었다. 특히 아래의 분들은 책이 정식 출판되기 전에 미리 원고를 읽어보고 우리나라 경제의 현실에 맞도록 많은 충고와 수정 방향을 제시하여 주었다. 하지만 여전히 책에 미흡한 부분이 남아 있는데 이것은 전적으로 저자와 역자, 그리고 출판사의 책임이다. 앞으로도 많은 분들의 지적을 수용하여 내용이 더욱 충실해지도록 노력할 것이다.

경북대학교 경상대학 경제통상학부 장지상 교수

인천대학교 동북아경제통상대학 무역학부 옥우석 교수

영남대학교 상경대학 경제금융학부 박추환 교수

청주대학교 경상대학 경제학과 이현재 교수

동양미래대학교 경영학부 백주현 교수

안동대학교 사회과학대학 무역학과 이성규 교수

계명대학교 경영대학 세무학과 이영환 교수

한국방송통신대학교 사회과학대학 경제학과 박강우 교수

세종대학교 경영대학 경영학부 김대종 교수

가천대학교 사회과학대학 글로벌경제학과 이한주 교수

대구대학교 경상대학 경제학과 홍인기 교수

경남대학교 경상대학 경제금융학과 노상환 교수

가천대학교 가천리버힐아츠칼리지 윤동훈 교수

# 저자 서문

이 책은 McConnell, Brue, Flynn의 '경제학 이해'를 한 학기용으로 간추린 것이다. '경제학 이해'는 미국에서 가장 잘 팔리는 경제학 교과서이지만, 두 학기용으로 저술한 것이다. 지난 몇 년 동안 경제학 교수들은 미시경제학과 거시경제학을 한 학기에 강의할 수 있는 개론서를 요청하여 왔다. 두 학기용 교과서의 장을 줄이고 적당히 편집하면 한 학기용 교과서를 만들 수는 있다. 그러나 '경제학 이해'는 여러 장들이 서로 밀접하게 관련되어 있어서 그렇게 할 수는 없었다. 우리는 '경제학 이해'의 핵심적 내용을 추려내 이를 새롭게 배열하여 한 학기에 적합한 형태로 만들었다. 이 책은 '경제학 이해'를 베스트셀러로 만들었던 서술방식을 그대로 채택하였다. 개념을 명확하고 자세하게 설명하였고 주제에 대해 균형적 시각을 유지하고자 노력하였다. 그러나 개념의 설명방식이나 주제의 논의방식은 한 학기용에 적합하도록 하였다.

이 책은 경제학의 핵심을 잘 정리하고 있어서 여러 전공에서 필요한 경제학 수요를 충족시킬 것이라 생각한다. 특히 경제학을 전공하지 않은 학생들이 경제 원리를 쉽게 이해할 수 있도록 노력하였다. 경제학을 전공하거나 부전공하려는 학생들도 미시경제학과 거시경제학을 1학기에 모두 공부할 수 있을 것이다. 그리고 MBA를 시작하려는 학생들은 이 책을 기초과정의 교재로 사용할 수 있을 것이다. 이들에게는 적절한 강의와 필독서가 추가되면 과정을 성공적으로 마치는 데 보탬이 될 것이다.

이 책이 어떤 용도로 쓰이든 이 책이 지향하는 바는 다음과 같다. 첫째, 경제 원리나 경제정책을 비롯하여 현재 문제가 되고 있는 경제문제를 이해하는 데 필요한 핵심적 원리를 익힐 수 있게 한다. 둘째, 경제적 시각을 체득하고 이를 응용하여 현실의 경제문제를 객관성을 잃지 않고 합리적으로 접근할 수 있게 한다. 셋째, 학생들이 경제학과 경제현상에 대해 끊임없이 흥미를 느끼며 이를 고민하게 한다.

이 책을 쓰는 데 여러 사람의 도움을 받았다. 특히 Linfield 대학의 Randy R. Grant 교수의 도움을 많이 받았다. 그의 도움으로 새로운 내용이 많이 추가되었으며, 최신 자료가 보충되었다. 그밖에 Pacific Lutheran 대학의 Norris Peterson을 비롯하여 William Walstad, Tom Barbiero에게도 감사드린다. 이 책을 출간하게 해준 출판사 관계자에게도 감사드린다. 뿐만 아니라 이 책을 감수해준 여러 분들을 비롯하여 여기에 언급하지 않았지만 물심양면으로 도움을 준 사람들에게도 감사드린다.

Stanley L. Brue

Sean M. Flynn

Campbell R. McConnell

# 저자 한국어 번역판 서문

한국어 번역판이 전남대학교 정기화 교수님 등의 노력으로 출간된다는 소식을 들으니 대단히 기쁩니다. 다른 공동저자인 Campbell McConnel과 Stanley Brue를 대신해 깊은 감사를 드립니다.

저는 필리핀에서 태어나 아시아 여러 나라를 두루 여행한 바 있습니다. 한국을 비롯하여 일본, 대만, 태국, 인도네시아, 중국, 홍콩, 싱가포르 등을 둘러보았지만 한국은 여전히 제 마음을 사로잡고 있습니다. 한국은 1950년대 초에 험난한 전쟁을 겪었지만, 그 후 비약적 성장을 이루었기 때문입니다.

저의 부친은 미군으로 전쟁에 참전하셨습니다. 저는 어린 시절에 저의 부친이 겪었던 일들을 자주 듣곤 하였습니다. 그는 전쟁으로 인한 굶주림과 죽음들, 그리고 온갖 시설의 파괴 등을 생생히 증언해 주셨습니다. 그러한 고통을 겪으며 한국은 세계적인 경제력을 갖춘 국가로 성장하였습니다. 오늘날 현대, 삼성, LG 등은 세계적 브랜드로 널리 알려져 있습니다.

한국의 경제적 성공은 2가지 요인에 기인한 것으로 생각됩니다. 첫째, 한국의 문화가 교육의 가치를 높게 평가하고 근면을 존중한다는 것입니다. 둘째, 경제정책이 비교적 성공적으로 이루어졌다는 것입니다. 즉, 통화가치의 안정, 정부재정의 균형, 교육에 대한 막대한 투자, 역동적 시장경제의 형성 등을 추구하였다는 것입니다.

저는 어린 시절 Los Angeles에서 자라면서 한국인이 얼마나 교육과 근면을 존중하는지 직접 체험한 바 있습니다. 저는 Los Angeles에서 가장 좋은 공립 고등학교를 다녔습니다. 그 학교는 수학과 과학을 특별히 강조하였습니다. 그런데 놀랍게도 학생들의 1/3 정도가 한국계 미국인이었습니다. 한국인 학생들이 아주 많아서 200명 되는 졸업반 학생 중에서 김씨 성을 가진 학생만도 28명이었습니다.

이들뿐 아니라 박, 이, 최 등 모든 한국 학생들이 아주 근면하였고 사고력도 뛰어났습니다. 이들은 재미있고 겸손하며 예의도 바른 학생들이었습니다. 이들은 항상 친절하였고 믿음직한 친구들이어서 저에게 많은 도움을 주었습니다. 나에게 한국어 몇 문장을 가르쳐 주기도 하였습니다. 그러한 친구들이 나에게 가르쳐 준 것이 생각나 정기화 교수님에게 'Gamsa-hamnida'라는 말을 메일로 보낼 수 있었습니다.

이번에 출간되는 한국어 번역판이 한국의 경제적 기적을 지속시키는 데 조금이나마 도움이 된다면 저에게는 큰 기쁨이 될 것입니다.

2014. 12.

Sean M. Flynn

# 차례


PART 01
## 서론

### 1 희소성, 대안과 선택

경제적 사고 20
희소성과 선택 20
의도적 행동 21
한계분석: 편익과 비용의 비교 23
이론, 기본원리 및 모형 23
균형 분석 26
미시경제학과 거시경제학 29
미시경제학 29
거시경제학 29
개인의 경제 문제 30
제한된 소득 30
무한한 욕구 31
예산선 32
사회의 경제 문제 34
희소한 자원 34
자원의 유형 35
생산가능곡선 36
생산가능표 37
생산가능곡선 38
기회비용 체증의 법칙 38
최적 배분 39
실업, 성장, 미래 42
성장하는 경제 43
현재의 선택이 미래의 생산가능곡선에 미치는 영향 45
요약 48
주요 용어 및 개념 49
연습문제 49

### 2 시장경제와 경제순환

경제체제 52
통제경제 52
시장경제 52
시장경제의 특징 54
사유재산 54
영업 및 선택의 자유 55
사익추구 55
경쟁 57
시장과 가격 57
기술과 자본재 58
전문화 58
화폐의 사용 60
능동적이지만 제한된 정부 61
4가지 근본 경제문제 62
무엇을 생산할 것인가? 62
어떻게 생산할 것인가? 62
누가 소비할 것인가? 64
어떻게 경제생활의 개선을 촉진할 것인가? 65
경제순환 모형 68
가계 68
기업 69
생산물시장 69
생산요소시장 69
요약 75
주요 용어 및 개념 76
연습문제 76

PART 02
## 가격, 수량 및 효율성

### 3 수요 · 공급과 시장균형

수요 82
수요의 법칙 83
수요곡선 83
시장수요 83
수요의 변화 85
수요량의 변화 88
공급 89

공급의 법칙 90
시장공급 90
공급곡선의 이동요인 90
공급의 변화 91
공급량의 변화 93
시장균형 93
균형가격과 균형거래량 93
가격의 물자배분 기능 96
수요 · 공급 및 균형의 변화 98
수요의 변화 98
공급의 변화 98
복합사례 98
정부의 가격 통제 101
요약 106
주요 용어 및 개념 107
연습문제 107

4 수요와 공급의 탄력성
수요의 가격탄력성 110
가격탄력성 계수와 계산식 110
수요의 가격탄력성 계수에 대한 해석 111
총수입 검증 114
직선인 수요곡선의 가격탄력성 117
수요의 가격탄력성 결정요인 118
공급의 가격탄력성 124
공급의 가격탄력성: 초단기 125
공급의 가격탄력성: 단기 126
공급의 가격탄력성: 장기 127
수요의 소득탄력성 128
정상재 129
열등재 129
수요의 교차탄력성 130
대체재 131
보완재 131
독립재 131
요약 133
주요 용어 및 개념 134
연습문제 136

5 시장의 실패: 공공재와 외부성
경쟁시장과 시장실패 138
수요측면의 시장실패 138
공급측면의 시장실패 138
효율적으로 작동하는 시장 139
사회후생 140
소비자 잉여 140
생산자 잉여 141
사회후생의 측정 143
사적 재화와 공공재 145
사적 재화의 특성 145
이윤을 얻어야 공급 145
공공재의 특성 146
한계편익과 한계비용의 비교 151
외부성 152
음의 외부성 152
양의 외부성 153
정부의 개입 156
외부성의 최적 감축량 160
공공부문의 재원조달: 조세 164
조세부담의 배분 165
'혜택만큼' 또는 '능력만큼' 부담 165
누진세, 역진세, 비례세 166
우리나라 조세의 세율구조 167
정부의 역할 169
요약 170
연습문제 171
주요 용어 및 개념 171

PART 03
상품 시장

6 기업과 생산비용
경제적 비용 176
명시적 비용과 묵시적 비용 176
회계 이윤과 정상 이윤 176
경제적 이윤 178
단기와 장기 180
단기 생산관계 181

수확체감의 법칙 182
기업 생산과의 관련성 183
숫자 및 그래프 설명 184
단기 생산비용 187
고정비용, 가변비용, 총비용 187
평균비용(단위비용) 189
한계비용 191
장기 생산비용 194
기업의 규모와 비용 194
장기 비용곡선 195
규모의 경제와 규모의 불경제 196
최소효율규모와 산업구조 201
요약 204
주요 용어 및 개념 205
연습문제 205

7 순수경쟁
4가지 시장모형 210
순수경쟁: 특징과 현실 사례 211
순수경쟁기업의 개별 수요 212
완전 탄력적 수요 212
총수입, 평균수입, 한계수입 214
단기 이윤극대화 215
이윤극대화 216
손실 최소화 218
조업중단 220
한계비용과 단기 공급곡선 223
사례의 일반화 223
개별 기업과 산업: 균형가격 225
장기에서의 이윤극대화 228
가정 229
분석의 목적 229
장기 균형 229
비용불변 산업의 장기공급곡선 232
비용체증산업의 장기공급곡선 234
비용체감산업의 장기공급곡선 236
순수경쟁과 효율성 237
생산의 효율성: 가격=평균총비용의 최소치 237
배분의 효율성: 가격=한계비용 238
요약 241
주요 용어 및 개념 242
연습문제 242

8 순수독점
순수독점: 서론 246
진입장벽 247
규모의 경제 247
법적 장벽: 특허와 면허 248
필수자원의 소유나 통제 249
가격설정 등 진입제한 전략 249
독점시장의 수요 250
한계수입이 가격보다 낮다 252
독점기업은 가격 책정자이다 253
산출량 및 가격 결정 253
비용 데이터 253
한계수입=한계비용 규칙 255
독점기업의 가격설정에 대한 오해 255
독점의 경제적 효과 257
가격, 산출량 및 효율성 257
소득이전 260
비용의 문제 260
가격차별 264
성립조건 265
가격차별의 사례 265
그래프에 의한 분석 266
독점력과 독점규제 정책 268
독점은 보편적이지 않다 268
독점규제 정책 269
한국의 독점규제 정책 271
요약 274
주요 용어 및 개념 275
연습문제 275

9 독점적 경쟁과 과점
독점적 경쟁시장 280
차별화된 상품 280
진입과 퇴출의 용이성 282
광고 282
독점적 경쟁 산업의 사례 282
독점적 경쟁기업의 가격과 산출량 283

기업의 수요곡선 283
단기: 이윤 또는 손실 285
장기: 정상 이윤 285
**독점적 경쟁과 효율성 286**
생산의 비효율성과 배분의 비효율성 286
유휴설비 287
상품의 다양성과 성능 개선 288
**과점시장 289**
소수의 대규모 기업 289
동질적이거나 차별화된 상품 290
가격 지배력과 상호의존성 290
진입장벽 290
합병 291
**과점기업의 행동: 게임이론 개관 292**
상호의존성: 재론 293
담합 293
속이려는 인센티브 295
**굴절수요모형 295**
굴절수요곡선 295
가격 경직성 297
가격선도 모형 298
**담합 300**
결합이윤의 극대화 300
담합의 장애 요인 301
**과점과 광고 303**
광고의 긍정적 효과 304
광고의 부정적 효과 305
**과점의 효율성 평가 306**
비효율성 307
효율성 평가의 한계 307
요약 310
연습문제 311
주요 용어 및 개념 311

PART 04
## 국내총생산, 경제성장 그리고 거시불안정

### 10 국내총생산과 경제성장

**국내총생산(GDP) 316**
화폐단위로 측정 316
중복 계산의 방지 317
중고품 거래와 금융 거래 제외 318
**국내총생산의 측정 319**
민간최종소비지출($C$) 320
국내 민간총투자($I_g$) 320
정부구매($G$) 322
순수출($X_n$) 323
국내총생산: GDP = $C + I_g + G + X_n$ 323
**명목 GDP와 실질 GDP 324**
**경제성장 327**
한국의 경제성장 328
**경제성장의 결정요인 330**
공급요인 331
수요 요인 331
효율성 요인 331
**생산가능곡선 분석 332**
성장과 생산가능곡선 332
노동과 생산성 333
**성장회계 334**
노동투입과 노동생산성 335
기술진보 336
자본총량 336
교육과 훈련 338
규모의 경제와 자원배분 339
경제성장을 촉진하는 제도 340
기타 요인 341
**미국 노동생산성 증가율의 추이 341**
1995~2010년에 미국에서 노동생산성의 증가율이 상승한 이유 342
경제성장을 위한 시사점 345
2010년 이후 성장률의 둔화 345
**성장은 바람직할까 그리고 지속 가능할까? 347**
성장반대론 347
성장옹호론 348
요약 350
주요 용어 및 개념 351
연습문제 351

### 11 경기순환, 실업과 인플레이션

**경기순환 354**
경기순환의 원인 355

경기순환의 영향: 내구재와 비내구재 358
실업 360
실업의 측정 360
실업의 유형 362
완전고용의 정의 364
실업의 경제적 비용 365
인플레이션 366
인플레이션의 측정 366
인플레이션에 관한 몇 가지 사실 367
인플레이션의 유형 368
인플레이션의 소득 재분배 효과 370
누가 손해를 보나? 371
누가 손해를 보지 않거나 이익을 보는가? 372
기대 인플레이션 373
인플레이션이 생산에 미치는 영향 374
비용인상 인플레이션과 실질 총산출 374
수요견인 인플레이션과 실질 총산출 374
요약 377
주요 용어 및 개념 377
연습문제 378

12 총수요와 총공급
총수요 380
총수요의 변화 380
소비지출 382
투자지출 384
정부지출 386
순수출 386
총공급 388
초단기의 총공급 388
단기의 총공급 390
장기의 총공급 392
단기 공급곡선의 이용 394
총공급의 변화 394
생산요소의 가격 395
생산성 397
법 · 제도적 환경 397
균형 물가수준과 균형 GDP 398
균형 물가수준과 균형 GDP의 변화 401
물가의 하방경직성 401
승수효과 407
경기침체의 자기 교정이 가능한가? 408
요약 410
주요 용어 및 개념 411
연습문제 411

13 재정정책, 재정적자 그리고 국가부채
재정정책과 총수요 · 총공급 모형 414
확장적 재정정책 414
긴축적 재정정책 416
재정의 자동안정성 417
자동안정장치 418
자동안정장치의 경제적 중요성 419
재정정책의 평가 419
재정정책의 문제점, 비판 그리고 복잡성 424
시차의 문제 424
정치적 고려 425
미래 정책기조의 변경 426
지방정부의 상반된 재정정책 426
구축효과 427
공공부채 428
미국의 국가부채 428
미국 국가부채의 채권자 429
국가부채와 GDP 430
국가부채의 국제 비교 430
국가부채에 대한 이자부담 430
한국의 국가부채 432
국가부채에 대한 잘못된 우려 433
정부의 파산 434
미래 세대의 부담 434
국가부채의 실제적 문제 435
소득분배 435
인센티브 436
대외 공공부채 436
구축효과: 재론 436
재정의 장기 불균형: 사회복지제도 437
사회복지제도의 재원부족 438
지속 가능한 방법 438
요약 440
주요 용어 및 개념 441
연습문제 442

PART 05

# 화폐, 금융과 통화정책

## 14 화폐, 금융과 금융기관


화폐의 기능 448

통화량의 구성요소 449

통화량의 정의: M1(협의 통화) 449

통화량의 정의: M2(광의의 통화) 453

화폐의 가치 보증 457

화폐의 가치 457

화폐와 물가 458

중앙은행과 은행제도 459

금융통화위원회 459

은행의 은행 460

중앙은행의 독립성 461

미국의 중앙은행 462

연방준비제도이사회 462

12곳의 연방준비은행 463

연방공개시장위원회(FOMC) 464

한국의 금융기관 465

미국의 금융기관 467

2007~2008년 미국의 금융위기 468

개관 468

위기의 서막 469

원인 469

위기의 발생 470

긴급구제조치 470

금융위기 이후 새로 도입된 정책 472

부분 지급준비제도 473

개별 은행의 신용창조 475

거래 1: 은행의 설립 475

거래 2: 자산과 집기의 취득 476

거래 3: 예금의 수취 476

거래 4: 지급준비금의 중앙은행 예치 477

거래 5: 은행에 제시된 수표의 결제 480

거래 6: 대출과 통화창출(신용창조) 481

은행 전체의 통화 창출 484

은행 전체의 대출여력 484

통화승수 487

은행 전체의 통화 수축: 대출의 상환 488

요약 491

주요 용어 및 개념 492

연습문제 492


## 15 이자율과 통화정책


이자율 496

화폐수요 496

균형이자율 500

통화정책의 수단 501

공개시장 운영 501

지급준비제도 505

여수신제도 507

재할인율 507

지급준비금에 대한 이자 지급 508

상대적 중요성 510

통화 긴축과 통화 확장 511

통화정책과 실질 GDP 그리고 물가수준 512

통화정책의 파급경로 512

통화확장정책의 효과 515

통화긴축정책의 효과 515

통화정책의 현실 517

통화정책의 목표 517

기준금리 519

통화정책의 한계와 문제점 522

요약 526

주요 용어 및 개념 526

연습문제 527


## 부록

## 소비자 심리의 탐구: 행동 경제학


체계적 오류와 행동경제학의 등장 530

행동경제학과 신고전파 경제학의 비교 530

효율적이지만 오류를 범하기 쉬운 두뇌 535

에너지를 절약하는 휴리스틱 536

두뇌의 모듈 538

전망이론 542

손실과 포장용량 줄이기 543

프레이밍 효과와 광고 544

기준점 효과와 신용카드 청구서 544

심리적 회계와 보증에 대한 과대평가 545
보유효과와 시장거래 547
현상유지편향 547
**근시안과 시간 비일관성 548**
근시안 549
시간 비일관성 549
**공정성과 사익 552**
공정성에 대한 관찰 사례 553
공정성에 대한 실험 사례 554
독재자 게임 554
**요약 559**
**주요 용어 및 개념 560**

**찾아보기 561**

PART 01

# 서론

1 희소성, 대안과 선택

2 시장경제와 경제순환

CHAPTER 01

# 희소성, 대안과 선택

### 학습내용

1. 경제학의 정의와 경제적 사고의 특징
2. 경제이론의 역할
3. 미시경제학과 거시경제학의 구분
4. 개인의 경제문제: 기회비용과 예산선
5. 희소한 자원과 사회의 경제문제
6. 생산가능곡선의 응용

---

인간의 욕구는 다양하고 끝이 없다. 인간은 공기와 물, 그리고 의식주만 있으면 생명을 유지할 수 있다. 그러나 현대의 인간은 보다 안락하고 풍요로운 생활을 원한다. 자연에서 구해지는 개울물에 그치지 않고 병에 담긴 생수, 과일주스, 유기농 음료 등을 원한다. 쌀밥과 고깃국에 만족하지 않고 삼겹살, 궁중전골, 파전 등을 소비하고자 한다. 이뿐만이 아니다. 인간의 욕구는 LED TV, 인터넷 서비스, 교육, 국방, 휴대폰, 의료 등 끝이 없다.

다행히 사회에는 노동, 경영능력, 자본재, 토지와 광물 등 경제적 자원이 존재한다. 경제부문은 이런 자원을 고용하여 경제적 욕구를 충족시키는 수많은 재화와 서비스를 생산한다. 그러나 불편한 진실은 이러한 희소한 자원을 모두 고용하여 생산하더라도 인간의 경제적 욕구를 완전히 충족시킬 수 없다는 것이다. 그래서 우리는 선택을 할 수밖에 없다. 이러한 확고한 진실을 기초로 경제학은 출발한다. 즉, 경제학은 희소성이 존재할 때 개인이나 기관, 사회의 선택을 탐구하는 사회과학이다.

## 경제적 사고

**경제학**

희소성이 존재할 때 개인이나 기관, 사회의 선택을 탐구하는 사회과학

**경제적 시각**

희소성과 선택, 의도적 행동, 편익과 비용의 비교

**기회비용**

어떤 것을 추가적으로 얻기 위해서 반드시 포기해야 하는 차선의 선택

**경제학**자들은 독특한 시각으로 사물을 본다. 이러한 **경제적 시각**, 즉 경제적 사고방식은 중요한 몇 가지 개념에 바탕을 두고 있는데 이들은 서로 밀접하게 관련되어 있다.

### 희소성과 선택

재화와 서비스의 생산에 필요한 경제적 자원은 공급이 제한되어 있다. 이러한 희소성 때문에 제한된 범위에서 선택을 할 수밖에 없다. 모든 것을 가질 수 없기에 어떤 것을 포기하고 어떤 것을 가질지 결정해야 한다.

경제학의 핵심에 자리 잡은 사고는 '공짜 점심은 없다'는 것이다. 점심을 대접받으면 당신에게는 '공짜'지만, 누군가 그 비용을 부담한다. 점심을 제공하기 위해 토지, 자본설비, 농민의 노동력 등 희소한 자원이 사용된다. 다음의 카카오톡 사례를 살펴보기 바란다. 이러한 자원을 이용하여 다른 것을 생산할 수 있었기에 이들 자원을 이용하여 점심을 제공하였다는 것은 이들 자원이 생산하였을 다른 재화나 서비스의 생산이 희생된 셈이다. 경제학자들은 이러한 희생을 기회비용이라고 말한다. 즉, 어떤 것을 추가적으로 얻기 위하여서는 이들 생산에 투입되는 자원으로 생산할 수 있었을 다른 차선의 것을 포기해야 하는 것이다. 이러한 희생을 선택에 따르는 **기회비용**이라고 한다.

## 분석의 응용

### 카카오톡은 공짜인가?

카카오톡은 한국의 대표적인 인터넷 메신저 프로그램이다. 누구나 이를 설치하여 문자나 사진 등을 무료로 전송할 수 있다. 해외여행자는 Wifi를 이용하면 가족과 영상통화를 무료로 할 수 있다. 국내의 월간 카카오톡 이용자는 2022년 1분기에 약 4천 7백만 명이며, 해외 이용자까지 포함하면 5천 3백만 명이 넘는다. 한국인의 90% 이상이 1달에 한 번 이상 카카오톡을 이용한 셈이다.

카카오톡의 서비스는 희소성이 없어서 무료로 제공되는 것일까? 그렇지 않다. 희소성은 항상 존재한다. 카카오톡의 운영사인 카카오는 이용자에게 한 푼도 받지 않고 비용을 충당하고 나아가 이윤을 낼 수 있는 방법을 알고 있다. 카카오톡의 사용자를 기반으로 광고를 하며, 카카오뮤직, 카카오게임을 비롯하여 카카오 모빌리티 등을 경영하며 이익을 내고 있다.

- 진실 1: 무료로 제공되는 상품이나 서비스의 비용은 누군가 지불하고 있다.
- 진실 2: 기업은 흔히 공짜를 그냥 제공하지 않는다. 사업방식의 하나로 제공하는 것이다. 카카오는 카카오톡의 사용자가 늘어날수록 광고수입을 늘릴 수 있고 관련 콘텐츠의 판매수입도 증가시킬 수 있다.

## 의도적 행동

경제학의 가정은 인간이 '합리적 사익'을 의도적으로 추구한다는 것이다. 개인들은 즐거움이나 행복 또는 만족 등 **효용**을 높일 기회를 찾고자 노력한다. 그들은 자신의 만족을 극대화하기 위하여 시간, 노고, 돈을 적절히 배분한다. 이 과정에서 개인들은 비용과 편익을 저울질하기 때문에 이들의 결정은 '의도적' 또는 '합리적'인 것이지, '우연'이나 '무질서'한 것은 아니다.

**효용**
주관적이고 수량화되기 힘든 개념으로 즐거움이나 행복 또는 만족

의도적 행동이라고 해서 개인이나 조직이 논리적 오류에 빠지지 않는다거나 완벽한 의사결정을 한다는 것은 아니다. 이들도 실수할 때가 있다. 또한 감정에 휩쓸리거나 주변 사람의 영향을 받아 의사결정을 하기도 한다. 사람들은 가끔 충동적으로 행동하기도 하고 다른 사람의 소비를 모방하기도 한다. '의도적 행동'이란 사람들이 어떤 결과를 기

### 개념의 이해

#### 유재석, 아이유 그리고 추신수의 선택은 잘못된 것인가?

의사결정을 할 때 기회비용은 대단히 중요하다. 이것은 대학 진학에 대한 다양한 선택에서 잘 드러난다. 대학 졸업자는 고등학교 졸업자보다 평균적으로 많은 급여를 받는다. 2020년 대졸자는 고졸자보다 58% 높은 임금을 받았다. 그래서 주변에서 대학 진학을 앞둔 학생들에게 '대학에 진학하여 학위를 취득하라'는 조언을 하는데 이것은 틀린 말이 아니다.

그러나 방송인 유재석은 서울예술대학 재학 중 개그맨 공채에 합격하자 대학 졸업을 포기한 채 방송에 전념하였다. 아이유는 중학생 시절에 오디션에 합격한 후 2008년에 가수로 데뷔하였다. 2012년 고등학교를 졸업하였지만, 가수 생활에 매진하기 위하여 대학 진학을 포기하였다. 추신수는 고등학교 졸업 후 야구선수로 성공하기 위해 대학 진학을 포기하고 미국의 메이저리그로 진출하였다.

이들은 왜 이러한 선택을 하였을까? 이들은 대부분의 학생들과 달리 대학 진학이나 학위취득에 따른 기회비용이 크다고 여겼을 것이다. 유재석은 개그맨으로, 아이유는 가수로, 추신수는 야구선수로 성공할 것을 기대하였을 것이다. 이들이 대학 진학이나 학위를 포기한 것이 성공에 도움을 주었을 것이다.

한국뿐 아니라 미국에서도 이러한 사례는 적지 않다. 페이스북의 창업자인 마크 주커버그뿐 아니라 마이크로소프트의 창업자인 빌 게이츠를 비롯하여 애플의 창업자인 스티브 잡스도 대학을 중퇴하였다. 이들은 모두 대학 진학이나 학위 취득에 따른 기회비용을 잘 이해하였고 자신에게 도움이 될 수 있는 선택을 한 것이다. 이처럼 기회비용의 크기는 개인들의 의사결정에서 대단히 중요하다.

**문제**

운동선수들은 프로 생활을 마치고 대학에 진학하는 경우가 많다. 이러한 결정에 따른 기회비용은 무엇인가?

대하며 행동한다는 것일 뿐이며, 의도대로 실현된다는 것은 아니다.

그리고 합리적 사익추구는 이기심과는 다르다. 자신의 임금이나 집세, 이자 혹은 이윤을 증가시키려면 다른 사람들의 욕구를 파악하여 이를 충족시켜야 한다. 물론 많은 사람들이 금전적 대가를 기대하지 않고 다른 사람을 위해 개인적 희생을 선택할 때도 있다. 하지만 이들이 시간과 돈을 들여 자선행위를 하는 것은 그러한 행동에서 개인적 기쁨을 얻기 때문이다. 부모들이 자식들의 교육비를 지원하는 것도 마찬가지다. 이러

## 분석의 응용

### 대형마트 계산대에서 줄 서기

경제적 시각은 모든 종류의 행동을 분석하는 데 도움이 된다. 일상생활의 예로써 대형마트에서 계산을 앞둔 고객의 행동을 생각해 보자. 대형마트의 계산대 앞에는 흔히 긴 줄이 서 있다. 고객은 가장 짧은 줄로 갈 것이다. 그 줄에 서야 계산에 드는 시간이 가장 적을 것이라고 여긴다. 이러한 행동은 의도적인 것으로 긴 줄에 서는 것보다 시간을 절약할 수 있다.

한 줄이 일시적으로 다른 줄보다 짧아진다면 그쪽으로 옮기는 사람들이 생긴다. 이 사람들은 틀림없이 짧은 줄에서 생기는 시간 절약(한계편익)이 현재의 줄에서 짧은 줄로 옮기는 비용(한계비용)보다 크다고 여기고 있다. 이런 줄 바꾸기로 줄 길이가 같아진다. 모든 줄의 길이가 비슷해지면 소비자들은 더 이상 줄을 바꾸려하지 않을 것이다.

새로운 계산대가 열리면 고객은 또 다른 선택에 직면한다. 그쪽으로 옮겨가야 할까 아니면 그대로 있을까? 새 줄로 옮긴 사람들은 이로 인한 시간 절약이 육체적 움직임에 따른 비용을 초과한다고 판단한 것이다. 이런 결정을 할 때 다른 고객들보다 재빨리 새로운 계산대로 이동해야 한다. 머뭇거리면 기회를 놓치기 때문이다.

대형마트 계산대 앞에 선 고객은 완전한 정보를 가지고 있지 않다. 따라서 모든 결정이 기대한 대로 실현되지 않는다. 예를 들어, 짧은 줄에 섰지만 바로 앞 사람이 계산대에 올려놓은 상품의 바코드가 손상되어 이를 확인하는 데 많은 시간이 걸릴 수 있다. 더군다나 계산대의 직원이 일에 서툰 신참사원일 수 있다. 그럼에도 불구하고 어떤 줄을 선택할 것인가 결정한 때는 짧은 줄을 선택하는 것이 최선이라고 여길 것이다.

마지막으로 고객이 결제방법을 선택할 때도 무엇으로 할 것인지 정해야 한다. 이러한 선택에서도 한계비용과 한계편익을 비교하여 어떤 결제 방법이 자신에게 최대의 만족을 주는지 고려할 것이다.

경제학자들은 대형마트에서 고객의 행동을 지배하는 원리가 일반적 경제행위에서도 마찬가지로 작동한다고 여긴다. 수많은 선택에 직면해서 소비자나 근로자, 기업은 선택에 따른 한계비용과 한계편익을 합리적으로 비교한다는 것이다.

**질문**

대형마트 계산대의 긴 줄을 떠올리고 대형마트보다 가격이 비싼 24시 편의점을 이용한 적이 있는가? 경제적 관점에서 이러한 행동을 설명하여 보시오.

한 행동은 사익추구이지만, 이기심과는 다른 것이다. 이러한 행동은 재화나 서비스를 구입하는 것과 크게 다르지 않아서 증여자의 만족을 높여준다.

### 한계분석: 편익과 비용의 비교

경제적 시각은 대부분 **한계분석**, 즉 한계편익과 한계비용의 비교에 기초하고 있다. 경제학자에게 '한계'라는 의미는 '추가된 것', '여분의 것' 혹은 '변화된 것'을 의미한다. 대부분의 선택이나 결정은 현재 상태를 바꾸려는 것에서 출발한다.

한계분석
의사결정 과정에서 대부분 하게 되는 한계편익과 한계비용의 비교

학교를 1년 더 다녀야 할까? 시험공부를 1시간 더 할까? 회사의 생산규모를 확장할까 혹은 감축할까? 복지 예산을 줄여야 할까 혹은 늘려야 할까?

모든 선택에 한계편익과 한계비용이 존재한다. 합리적 선택을 하려면 한계편익과 한계비용을 비교하여 어떤 선택을 할지 결정해야 한다. 예를 들어보자. 당신과 당신의 약혼자가 신혼집을 구하려고 한다. $60m^2$, $80m^2$, $120m^2$, $150m^2$ 혹은 더 큰 아파트를 고를 수 있다. 좀 더 큰 아파트를 선택하는 데 따른 한계비용은 이보다 적은 아파트의 구입 가격에 새롭게 추가되는 비용이다. 한계편익은 좀 더 큰 아파트에서 얻게 되는 만족(효용)의 증가분이다. 더 큰 아파트에서 얻는 한계편익이 한계비용을 초과하고 구입할 능력이 있으면 이를 구입해야 한다. 그러나 한계비용이 한계편익을 초과하면 비록 구입할 능력이 있더라도 그보다 작은 아파트를 구입해야 한다.

자원이 희소한 세상에서 한계편익을 얻기 위한 어떤 선택도 항상 한계비용, 즉 포기된 어떤 것을 수반한다. 더 큰 아파트를 사기 위해 돈을 지출하면 그만큼 다른 상품을 살 수 없게 된다. 기회비용이란 포기된 차선의 기회에서 얻을 수 있는 가치인데 이것은 무엇을 선택하더라도 항상 존재하기 마련이다.

## 이론, 기본원리 및 모형

경제학은 다른 과학과 마찬가지로 과학적 방법에 의존한다. 이 방법은 다음과 같은 몇 가지 절차로 구성된다.

- 현실에서 이루어지는 행동과 결과를 관찰한다.
- 관찰에 근거해서 원인과 결과에 대한 해석(가설)을 구성한다.
- 이러한 가설을 검증하기 위해 가설에 따른 예측 결과와 실제 결과를 비교한다.
- 이런 비교에 기초하여 가설을 수락, 기각 혹은 수정한다.
- 가설 검증을 반복한다. 가설을 수락하는 경우가 누적되면 가설은 이론이 된다. 검증이 잘 이루어졌고 널리 인정되는 이론은 법칙 혹은 **기본원리**라고 한다. 이러한 법칙

기본원리
검증이 잘 이루어졌고 널리 인정되는 이론

이나 원리를 결합하여 경제모형을 구성하며, 이러한 경제모형을 이용하여 특정 시장이나 경제 부문의 작동원리를 단순화하여 설명한다.

경제이론이나 기본원리, 경제모형은 '의도적으로 단순화'되어 있다. 전체적인 경제 현실은 너무 복잡하고 혼란스러워 전체를 있는 그대로 서술하면 이해하기 어렵다. 그래서 경제학자들은 이론과 기본원리, 경제모형을 개발하는 과정에서 복잡한 것을 제거하고 이를 단순화한다. 이렇게 단순화되어 있지만, 뛰어난 이론은 개인과 조직이 상품의 생산, 교환, 소비에서 실제로 어떻게 행동하는지에 대한 해석과 예측을 잘 수행한다.

경제 원리에 대해 추가로 알아야 할 것들은 다음과 같다.

일반화
대표적 또는 평균적인 소비자, 근로자, 기업 등의 행동을 분석하는 것

- **일반화** 경제 원리는 경제 행위 혹은 경제 그 자체를 **일반화**한다. 경제 원리는 대표적인 또는 평균적인 소비자, 근로자, 기업들의 추세적 행동을 분석한다. 예를 들어, 경제학자들은 재화의 가격이 하락하면 소비자들은 재화를 더 많이 구입한다고 말한다. 경제학자들은 소비자에 따라 많은 양을 구입하기도 하고 적은 양을 구입하기도 하며, 아예 전혀 구입하지 않는다는 것을 알고 있다. 다만 가격이 하락하면 구입량이 증가한다는 수요의 법칙은 전형적인 소비자나 소비자 집단 전체에 타당하게 적용된다는 것이다.

다른 조건은 동일하다는 가정
당장 고려하고 있는 변수를 제외한 모든 변수가 동일하다고 가정

- **다른 조건은 동일하다는 가정** 다른 과학자들과 마찬가지로 경제학자들은 이론을 구성할 때 **다른 조건은 동일하다고 가정**한다. 분석을 할 때 당장 고려하고 있는 변수를 제외한 모든 변수가 동일하다고 가정한다는 것이다. 예를 들어, 우유의 가격과 구입량과의 관계를 분석한다고 하자. 우유 구입량에 영향을 줄 수 있는 요인들은 우유의 가격, 두유의 가격, 소비자 소득이나 선호 등이 있지만, 이중에서 우유의 가격만이 변한다고 가정하는 것이다. 이런 가정을 통해 경제학자들은 우유의 가격과 우유의 구매량 사이의 관계에 집중할 수 있다. 그래서 다른 변수들의 변화에 따른 혼동을 피할 수 있다.
- **경제변수** 경제이론에는 수요, 공급, 가격을 비롯하여 통화량, 이자율 등 많은 변수들이 등장하는데 이를 경제변수라고 한다. 경제학자들은 이들 경제변수를 약자로 표시하는데 이에 해당하는 영어의 첫 자를 흔히 약자로 사용한다. 예를 들어 가격은 이에 해당하는 영어인 'Price'의 첫 자를 따와서 P로 표시하고 수량은 이에 해당하는 영어인 'Quantity'의 첫 자를 따와서 Q로 표시한다. 경제변수는 화폐로 표시되거나 수량으로 표시되는데 화폐로 나타낸 변수를 명목변수 그리고 수량으로 나타낸 변수를

실질(수량)변수라고 한다. 경제학자들은 명목변수는 대부분 대문자로 표시하고 수량 변수는 대부분 소문자로 표시한다. 예를 들어, 국민소득을 표시할 때 명목국민소득은 Y로 표시하고 실질국민소득은 $y$로 표시한다. 그러나 재화의 종류를 표시할 때는 대부분 대문자로 나타내며, 재화의 수량을 나타낼 때는 소문자를 사용한다. 예를 들어, X재의 수량은 $x$이고 Y재의 수량은 $y$로 표시한다. 그리고 경제학자들은 문자에 첨자를 붙여 변수의 특징을 나타내기도 한다. 예를 들어, 수량이 공급과 관련된 것이면 $Q_s$로 표시하고 수요와 관련된 것이면 $Q_d$ 등으로 나타낸다.

- **함수와 그래프의 이용** 경제모형은 경제변수 간의 관계를 함수로 나타낸다. **함수**란 어떤 변수(종속변수)의 값이 이에 영향을 주는 다른 변수들(독립변수)의 값에 의하여 결정되는 관계를 말한다. 예를 들어, 우유의 구입량은 우유의 가격을 비롯하여 두유의 가격이나 소비자의 소득 등의 영향을 받는다. 이 때 우유의 구입량은 우유의 가격, 두유의 가격, 소비자의 소득 등의 함수라고 말한다. 우유의 가격, 두유의 가격, 소비자의 소득이 주어지면 우유의 구입량이 정해진다는 것이다. 수학에서는 함수를 나타내기 위해 $f$를 사용하지만, 경제학은 관련된 함수의 영어 첫 자를 이용하여 함수를 나타낸다. 예를 들어, 소비자의 효용이 X재, Y재의 소비량에 의해 결정된다면 효용함수는 효용을 뜻하는 'Utility'의 첫 자인 U를 이용하여 $U=U(x, y)$라고 표시한다. 여기에서 앞에 나오는 U는 종속변수인 효용수준을 말하지만, 뒤에 나오는 U는 효용이 X재, Y재의 소비량 $x$, $y$에 의해 결정된다는 것을 나타내는 함수 표시인 것이다.

함수

어떤 변수(종속변수)의 값이 이에 영향을 주는 다른 변수들(독립변수)의 값에 의해 결정되는 관계

경제변수 간의 함수 관계는 대부분 그래프를 이용하여 표현한다. 그런데 경제학자들은 전통적으로 가격변수를 Y축에 표시하여 왔다. 수학의 일반적인 관습은 독립변수를 X축에 표시하는 것이지만, 경제학자들은 가격변수가 독립변수이더라도 이를 X

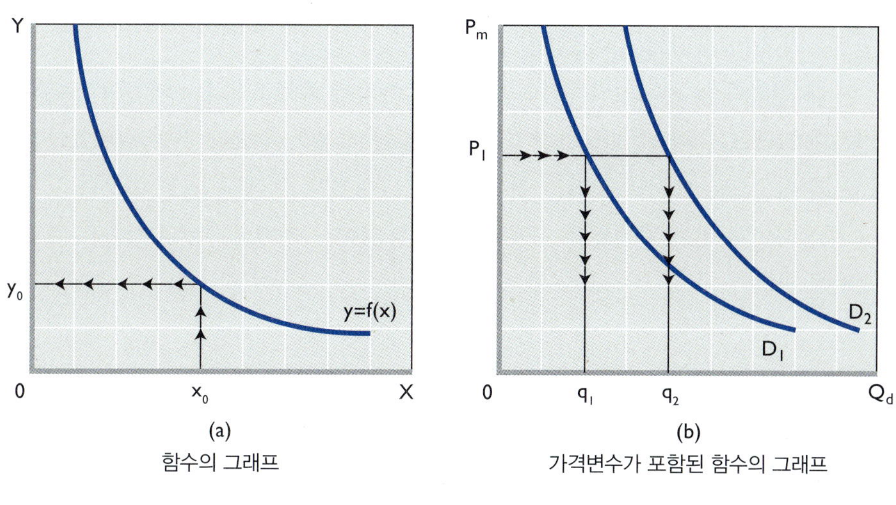


그림 1.1 경제변수와 그래프

축에 표현하지 않고 Y축에 표시한다. 따라서 가격변수가 Y축에 오면 X축 변수와 Y축 변수의 관계는 수학에서 표시되는 것과는 반대라는 점을 명심해야 한다.

그림 1.1(a)에서 볼 수 있듯이 일반적인 그래프는 독립변수인 X값이 $x_0$이면 이때의 함수 값 $y_0$는 $x_0$에서 수직선을 그려 그래프와 만나는 점을 구한 다음 그 점에서 수평선을 그어 Y축과 만나는 점에서 구해진다. 그러나 독립변수가 가격이면 그림 1.1(b)에서처럼 가격이 Y축에 그려진다. 그러면 가격이 $P_1$일 때 이에 대응하는 함수 값은 $P_1$에서 수평선을 그어 그래프와 만나는 점을 구한 다음 그 점에서 수직선을 그어 X축과 만나는 점 $q_1$이다. 대부분의 그래프는 2차원 공간을 이용하므로 그래프는 두 경제변수만의 관계를 나타낼 수 있다. 그런데 경제변수 간의 관계는 두 변수 간의 관계에 그치지 않는다. 따라서 경제변수 간의 관계를 그래프로 표시하려면 두 변수 간의 관계만을 먼저 그래프로 그린 다음 다른 변수의 변화는 그래프의 이동으로 표시한다. 예를 들어, 우유의 수요량은 우유의 가격, 두유의 가격, 소비자의 소득에 의하여 결정된다고 하자. 우유의 수요량을 $Q_d$, 우유의 가격을 $P_m$, 두유의 가격을 $P_b$, 그리고 소비자의 화폐소득을 M이라고 하면 이들의 함수관계는 $Q_d=f(P_m, P_b, M)$으로 나타낼 수 있다. 그러나 경제학자들은 $f$ 대신에 수요를 나타낸다는 의미에서 $D$를 사용하여 $Q_d=D(P_m, P_b, M)$으로 표시한다. 이를 그래프로 표시하려면 4차원 공간이 필요한데 4차원 공간에 표시하기 어렵다. 그래서 우유의 가격을 제외한 다른 변수는 변하지 않고 동일하다고 가정하게 된다. 그러면 우유의 수요량과 우유의 가격이라는 2변수 간의 관계를 그래프로 쉽게 표시할 수 있다. 이를 표시한 것이 그림 1.1(b)의 $D_1$이다. 앞에서 지적하였듯이 우유의 가격은 독립변수임에도 불구하고 Y축에 그려져 있고 우유의 수요량은 종속변수임에도 X축에 그려져 있다. 따라서 그래프는 화살표를 따라서 우유의 가격과 우유의 수요량의 관계가 표시된다. 즉, Y축의 값이 $P_1$이면 X축의 값이 $q_1$으로 주어진다.

이 때 변하지 않는다고 가정하였던 두유의 가격이 하락하거나 소비자의 소득이 증가하면 그래프가 이동한다. 가격 이외의 변수가 우유의 수요량에 미치는 효과를 그래프의 이동으로 표시하게 되는 것이다. 즉, 그래프가 $D_1$에서 $D_2$로 이동한다. 수학을 이용하면 이러한 번거로운 과정을 피할 수 있어서 경제학자들은 수학을 자주 이용하게 된다.

### 균형 분석

대부분의 경제모형은 균형분석을 기초로 구성된다. 균형분석은 경제에서 가격이 행하는 기능을 설명하는 데 도움이 된다.

- **균형** 경제모형은 경제현실을 있는 그대로 설명하려는 것이 아니다. 경제모형은 외부충격이나 사건이 경제에 미치는 결과를 예측하려는 것이다. **외부충격**이란 경제정책을 비롯하여 경제에 영향을 주는 여러 가지 사건들을 말한다. 경제학자들은 이러한 외부충격의 효과를 분석하기 위해 외부충격이 없을 때의 경제 상태를 먼저 서술한다. 이러한 상태를 흔히 균형이라고 한다. **균형**이란 외부충격이 없다면 경제에 참여한 개인이나 조직이 자신의 행동을 변경하지 않는 상태를 말한다. 즉, 누구나 균형의 상태에 만족하여 자신의 행동을 변경하지 않는다는 것이다.

  경제학자들은 균형을 구성하기 위해 관련 시장의 참여자를 식별하고, 이들의 목적이 무엇인지 그리고 어떠한 제약에서 행동하는지를 관찰한다. 그리고 이들의 행동을 지배하는 시장의 규칙이 무엇인지를 찾아낸다. 마지막으로 이들이 모두 만족하여 자신의 행동을 변화시키지 않는 균형을 찾아낸다. 이 때 경제학자들은 균형의 존재, 균형의 유일성, 균형의 안정성 등을 확인하게 된다.
- **외부충격** 균형을 정의하고 나면 이제 외부충격이 경제에 어떤 영향을 주는지 분석한다. 외부충격이 주어지면 균형은 더 이상 유지될 수 없게 된다. 즉, 외부충격이 주어지면 불균형이 초래된다. 외부충격으로 인해 경제에 참여한 개인이나 조직은 자신의 의도가 실현되지 못하는 불만족한 상태에 빠진다는 것이다. 이러한 충격은 흔히 공급충격과 수요충격으로 구분된다. 공급충격이란 시장의 공급자에게 미치는 충격을 말하며, 수요충격이란 시장의 수요자에게 미치는 충격을 말한다.
- **불균형의 조정** 외부충격이 발생하면 시장은 더 이상 이전의 균형을 유지하지 못하고 불균형에 빠지게 된다. 즉, 시장 참여자의 의도가 실현되지 못하는 상태가 된다는 것이다. 불균형에서 시장참여자는 자신의 의도를 실현할 수 없기에 누구나 만족할 수 없는 상태에 빠진다. 경제학은 이러한 불균형이 대부분 가격의 변화를 초래한다고 여긴다. 즉, 불균형은 가격을 통해 조정된다는 것이다. 불균형이 초래되면 가격이 변하고 이에 따라 경제에 참여한 개인이나 조직의 행동이 변한다는 것이다. 개인이나 조직은 불만족한 상태를 스스로 해결하지 않고 가격의 변화에 반응하여 수동적으로 자신의 행동을 변화시키는 것이다. 즉, 경제학에서 불균형은 가격의 조정을 초래하고 이러한 가격 조정이 개인이나 조직의 행동을 변화시킨다고 여기는 것이다.
- **새로운 균형** 가격이 변하면 개인이나 조직의 행동이 변하게 되는데 가격 조정은 개

**외부충격**
경제정책을 비롯하여 경제에 영향을 주는 여러 가지 사건들

**균형**
외부충격이 없다면 경제에 참여한 개인이나 조직이 자신의 행동을 변경하지 않는 상태

인이나 조직의 의도가 모두 실현되어 자신의 행동을 다시 변경하지 않을 때까지 계속 진행된다. 가격 조정을 통해 개인이나 조직은 외부충격이 초래한 달라진 환경에서 새로운 균형에 도달하게 된다. 새로운 균형에서 개인이나 조직의 행동은 과거의 균형과 달라져 있게 마련이다. 경제학은 새로운 균형과 과거의 균형을 비교하여 달라진 것이 무엇인지 찾아내어 이러한 변화를 충격의 결과라고 여긴다. 즉, 새로운 균형에서 경제변수가 어떻게 달라졌는지, 개인이나 조직의 행동이 어떻게 달라졌는지 과거의 균형과 비교하여 외부충격의 효과를 분석하는 것이다. 이러한 분석방법을 균형분석이라고 하며, 경제학의 기초를 이룬다.

실증경제학
충격의 결과만을 예측하는 경제학

규범경제학
충격의 결과가 바람직한지의 여부를 평가하는 경제학

- **균형의 평가** 외부충격의 결과 나타나는 경제변수의 변화를 예측하는 경제학을 **실증경제학**이라고 한다. 실증경제학은 어떠한 충격이 주어지면 어떤 결과가 초래될 것이라고 예측할 뿐이며, 이러한 결과가 바람직한지 평가하지 않는다. 이에 그치지 않고 외부충격이 초래한 새로운 균형이 과거에 비하여 바람직한지를 분석하기도 하는데 이러한 경제학을 규범경제학이라고 한다. **규범경제학**은 무엇이 바람직한 상태인지를 먼저 정의한다. 파레토에 따르면 새로운 균형 상태에서 누구도 손해를 보지 않았고 누군가 이익을 보았다면 과거의 균형에 비하여 경제의 개선이 이루어졌다고 여긴다. 이에 비하여 칼도–힉스에 따르면 바람직한 상태란 시장 참여자의 이익의 합이 증가한 상태를 말한다. 경제학은 대부분 칼도–힉스의 기준에 따라 외부충격이 바람직한 결과를 초래하였는지를 평가한다.
- **균형분석의 한계** 균형분석은 무질서하게 보이는 시장거래가 가격을 통해 어떻게 조정되는지 잘 보여준다. 그러나 균형분석은 가격이 어떤 과정을 통하여 변하는지를 잘 설명하지 못한다. 예를 들어, 주식의 가격은 끊임없이 변한다. 균형분석은 주식시장의 불균형이 주가의 변동을 통해 어떻게 조정되는지를 잘 설명한다. 그러나 주식시장의 투자자는 균형분석에서 가정하고 있듯이 주식의 가격에 수동적으로 반응하지 않는다. 어떤 주식이 저평가되었는지 또는 고평가되었는지를 분석하며 기민하게 행동한다. 주식시장이 불균형 상태일 때 오히려 주식투자자는 자신의 이윤기회를 찾을 수 있다. 오스트리안 경제학에 따르면 기업가는 불균형 상태에서 이윤기회를 발견하는 사람들이다. 이러한 기업가의 행동을 통해 경제는 균형을 향해간다는 것이다. 그런 점에서 균형분석은 현실을 왜곡한다는 비판을 받기도 한다.

# 미시경제학과 거시경제학

경제학자들은 경제 원리와 경제모형의 분석수준을 2가지로 구분한다.

## 미시경제학

**미시경제학**은 개별적인 소비자, 가계, 기업들의 의사결정을 다루는 경제학 분야이다. 이 분석 수준에서는 비유로 말하자면 현미경으로 들여다보듯 이들의 행동을 자세히 관찰한다. 특정한 생산물의 가격이나 특정 기업이나 가계의 수입 또는 소득을 비롯하여 구체적인 어느 기업이나 정부기관 또는 가족의 지출을 분석 대상으로 한다.

미시경제학

개별적인 소비자, 가계, 기업들의 의사결정을 다루는 경제학 분야

## 거시경제학

**거시경제학**은 경제 전체의 성과나 행동을 다룬다. 경제성장이나 경기변동, 인플레이션을 비롯하여 정부부문, 가계 그리고 기업부문과 같은 집계부문(aggregate)의 행동을 주로 분석한다. 집계부문이란 특정 경제 단위들의 집합을 말하는데 이들을 마치 하나의 경제단위인 것처럼 취급한다. 예를 들어, 한국 경제의 수백만 소비자를 동일집단으로 묶어 이를 마치 '소비자'라는 하나의 경제단위인 것처럼 여기는 것이다.

집계부문을 이용하여 거시경제학은 경제의 전반적 윤곽을 조망하고 주요 집계변수들 간의 관계를 규명한다. 거시경제학이 주로 논하는 것들은 총산출, 총고용, 총소득,

거시경제학

집계부문을 이용하여 경제의 전반적 윤곽을 조망하고 주요 집계변수들 간의 관계를 규명하는 경제학 분야

### 미시경제학과 거시경제학

사물로 표현하자면 미시경제학은 해변이 아니라 모래, 자갈, 조개껍질을 살펴보는 것이다. 이에 비하여 거시경제학은 모래, 자갈, 조개껍질이 아니라 해변을 살펴보는 것이다.

© Shutterstock

© Shutterstock

총지출, 일반 물가수준 등과 같은 경제변수들이다. 여러 집계부문을 구성하는 있는 개별 경제단위에 대해서는 관심을 거의 기울이지 않는다.

## 개인의 경제 문제

경제문제

경제적 욕구는 무한하고 경제적 수단은 제한되어 있기 때문에 발생하는 문제

앞의 논의에서 개인이나 사회가 **경제문제**에 직면한다는 점은 분명하다. 즉, 경제적 욕구는 무한하고 이를 충족시킬 수 있는 소득이나 시간, 자원 등의 수단은 제한되어 있기 때문에 선택을 해야 한다는 것이다. 먼저 개인이 직면하는 경제문제부터 살펴보자. 이를 위해 매우 간단한 미시경제 모형을 만들 것이다.

### 제한된 소득

가장 부유한 사람조차도 소득은 제한되어 있다. 삼성그룹 이재용 회장의 소득이 우리들보다 훨씬 많겠지만, 그 역시 자신의 돈을 어떻게 지출해야 할지 선택해야 한다. 우리의 소득은 임금, 이자, 임대료, 이윤 등으로 받은 것이거나 정부의 복지지출이나 친척

## 지구촌 전망 1.1

### 국가별 평균소득 비교(2017)

평균소득(총소득/인구)에 따라 개인의 예산제약은 큰 차이가 난다.

| 국가 | 1인당 국민소득(2017년)<br>단위: US$, 각국의 환율로 계산 |
|---|---:|
| 스위스 | 80,560 |
| 카타르 | 61,070 |
| 미국 | 58,270 |
| 싱가포르 | 54,530 |
| 프랑스 | 37,970 |
| 한국 | 28,380 |
| 중국 | 8,690 |
| 멕시코 | 8,610 |
| 인도 | 1,820 |
| 마다카스카라 | 400 |
| 말라위 | 320 |

자료 : 세계은행, www.worldbank.org

## 필수품과 사치재

사람들은 필수품뿐만 아니라 사치재도 원한다. 이들은 모두 구매자에게 효용을 제공한다.

© Shutterstock

© Shutterstock

의 도움에서 비롯된 것일 수 있다. 지구촌 전망 1.1에 나타나듯이 2017년 한국인의 1인당 국민소득은 28,380달러였다. 하지만 500달러에도 미치지 못하는 가난한 나라들도 있다.

### 무한한 욕구

정도의 차이가 있지만, 사람들의 욕구는 대부분 무한하다. 자신에게 유용한 다양한 재화와 서비스를 원한다. 의식주 같은 필수품을 비롯하여 향수, 요트, 스포츠카 같은 사치재까지 다양한 생산물을 원한다.

시간이 지남에 따라 새로운 생산물이 나타나면 경제적 욕구도 변하고 다양해진다. 최근에 와서 각종 와이파이 기기, 전기차, 드론 등이 사용되지만, 이런 것들은 몇십 년 전에는 있지도 않았던 것들이다. 그리고 어떤 욕구가 충족되면 이보다 나은 욕구를 자극하기도 한다. 저가 소형차인 기아의 모닝이나 프라이드를 구입하고 나면 이제는 현대의 그랜저나 수입차 등 고급 차를 구매하려고 애쓰게 되는 것이다.

재화뿐 아니라 서비스도 우리의 욕구를 충족시킨다. 자동차 수리, 법률 및 회계 자문, 미용 등은 모두 인간의 욕구를 충족시킨다. 실제로 우리가 자동차와 세탁기 같은 재화를 구입하는 이유는 그 재화에서 나오는 서비스를 얻기 위해서이다.

대부분의 사람들은 특정 재화와 서비스에 대한 욕구를 일부 충족시킬 수 있지만, 이를 완전히 충족시키지 못한다. 치약이나 라면 등은 충분히 구할 수 있겠지만, 주택이나 명품을 비롯하여 품질이 뛰어난 다양한 상품과 서비스에 대한 욕구를 충족시키는 것은 전혀 다른 문제다.

소득이 제한되어 있고 욕구는 만족을 모르기 때문에 소득을 아껴 사용하는 것이 사익추구에 부합한다. 즉, 우리가 직면하는 제약을 주어진 것으로 여기고 만족을 극대화하는 재화와 서비스를 선택해야 하는 것이다.

## 예산선

예산선

소비자가 주어진 화폐소득으로 구입 가능한 2 재화의 다양한 조합을 보여주는 표 혹은 곡선

개인이 직면하는 경제 문제는 예산제약, 즉 예산선으로 설명할 수 있다. **예산선**이란 소비자가 주어진 화폐소득으로 구입 가능한 2 재화의 다양한 조합을 보여주는 표 혹은 곡선이다.

이해를 위해, 생일 선물로 교보나 영풍문고의 상품권을 받았다고 가정해보자. 12만 원짜리 상품권이 유효기간이 곧 끝난다고 하자. 그리고 서점에서 상품권으로 살 수 있는 것은 DVD와 책, 2가지에 한정된다고 하자. DVD는 1장에 2만 원이고 책은 1권에 1만 원이다. 그러면 구입 가능한 선택은 그림 1.2의 표와 같다.

극단적으로 12만 원의 '소득'을 모두 DVD 구매에 지출한다면 DVD 6장을 구입할 수

**그림 1.2 소비자의 예산선**

예산선(예산제약)은 주어진 소비자의 화폐소득으로 구입 가능한 생산물의 조합을 나타낸다.

예산선: 12만 원의 소득으로 구입할 수 있는 DVD와 책의 모든 조합

| DVD 단위 (가격=2만 원) | 책 단위 (가격=1만 원) | 총지출(단위: 1만 원) |
|---|---|---|
| 6 | 0 | 12 = (12 + 0) |
| 5 | 2 | 12 = (10 + 2) |
| 4 | 4 | 12 = (8 + 4) |
| 3 | 6 | 12 = (6 + 6) |
| 2 | 8 | 12 = (4 + 8) |
| 1 | 10 | 12 = (2 + 10) |
| 0 | 12 | 12 = (0 + 12) |

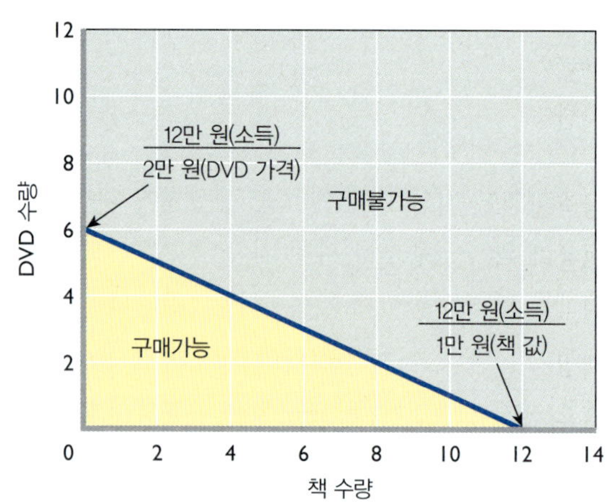

있고 책을 구매할 돈은 남아있지 않게 된다. 혹은 2장의 DVD 구매를 포기하고 거기서 생기는 4만 원을 책 구입에 사용하면 4장의 DVD와 4권의 책을 가질 수 있다. 책 구매를 계속 늘려 극단적으로 모든 돈을 책 구입에 지출하면 권당 1만 원인 책 12권을 구매할 수도 있으며, DVD를 구매할 돈은 남지 않게 된다.

그림 1.2의 그래프는 예산선을 나타낸다. 이 책의 다른 곳에서처럼 표의 개별적인 구매량을 연속적인 곡선의 한 점으로 나타내었다. 따라서 그래프의 곡선은 표에 나타난 DVD와 책의 구매량 조합에 국한되지 않음에 주의해야 한다. 선 위의 점은 구매 가능한 모든 DVD와 책의 조합을 나타내는데 이것은 소수점 이하의 구매량도 포함한다. 예산선의 기울기는 DVD 가격($P_{dvd}$)에 대한 책 가격($P_b$)의 비율을 나타낸다. 정확히 표현하면 기울기는 $P_b/P_{dvd} = -1/2$이다. 따라서 우리는 수평축으로 측정된 2권의 책을 사기 위해 수직축으로 측정된 1장의 DVD를 포기해야 한다. 이로 인해 기울기는 −1/2 혹은 −0.5가 된다.

예산선에서 다음과 같은 몇 가지 개념을 알 수 있다.

**구매 가능한 조합과 구매 불가능한 조합** 예산선 위 또는 안에 있는 모든 DVD와 책의 조합은 12만 원의 화폐소득으로 구매 가능하다. 예를 들어, 3장의 DVD와 6권의 책은 구입할 수 있다. 그리고 2장의 DVD와 책 5권도 구매 가능한데 그러면 12만 원의 상품권 중 9만 원만 지출하게 된다. 그러나 12만 원을 모두 지출해야 최대의 만족을 얻을 수 있다. 예산선 자체는 12만 원 모두를 지출해서 구매할 수 있는 DVD와 책의 조합을 나타낸다.

반면에 예산선 바깥에 있는 모든 점들은 구매 불가능하다. 예를 들어, 5장의 DVD와 책 5권은 구매 비용이 12만 원을 넘기 때문에 이를 구입하지 못한다. 이때 15만 원이 필요하게 되는데 이것은 12만 원이라는 소득제약을 분명히 초과한다. 그림 1.2에서 **구매 가능한 조합**은 예산선 위나 안에 위치하며, **구매 불가능한 조합**들은 예산선 바깥에 위치한다.

**구매 가능한 조합**
예산선 위 또는 안에 있는 모든 DVD와 책의 조합

**구매 불가능한 조합**
예산선 바깥에 있는 모든 점

**상충관계와 기회비용** 그림 1.2의 예산선은 제한된 소득에서 발생하는 상충관계를 보여준다. 즉, DVD를 더 구매하려면 책의 구매를 일부 포기해야 한다는 것이다. 예를 들어, 모든 소득을 책을 구매에 지출하였는데 이제 DVD를 1장 구매한다고 하자. 그러면 책 2권을 포기해야 DVD를 1장 구매할 수 있다. 그래서 처음 구매한 DVD 1장의 기회비용은 책 2권이다. 2번째 DVD를 구입하더라도 기회비용은 역시 책 2권이다. 예산선이 일정한 기울기의 직선이라는 것은 기회비용이 일정하다는 것을 뜻한다. 즉, DVD를 아무리 많이 구입하더라도 추가적인 DVD 1장의 기회비용은 책 2권으로 일정하다. 역으로 책을 아무리 많이 구입하더라도 추가적인 책 1권의 기회비용은 DVD 1/2장으로 역시 변하지 않는다.

**선택** 한정된 소득 때문에 사람들은 무엇을 사고 무엇을 포기해야 하는지 선택해야 한다. 만일 DVD와 책의 여러 조합 중 하나를 골랐다면 그것이 최선이라고 여겼기 때문일 것이다. 즉, 한계편익과 한계비용(여기서는 가격)을 평가하여 자신의 만족을 극대화하는 선택을 하였을 것이다. 그리고 12만 원의 동일한 상품권을 가지고 있더라도 사람마다 틀림없이 다른 선택을 하였을 것이다.

**소득변화** 예산선의 위치는 화폐소득에 따라 달라진다. 화폐소득이 증가하면 예산선은 오른쪽으로 이동하고 감소하면 왼쪽으로 이동한다. 이를 확인해 보려면 상품권의 가치(소득)가 24만 원이나 6만 원이라고 가정하고 그림 1.2의 표를 다시 계산한 다음 이를 새로운 예산선으로 그려보면 된다. 사람들이 더 많은 소득을 원하는 것은 너무나 당연하다. 소득이 많아야 예산선이 바깥으로 이동하고 그래서 더 많은 재화와 서비스를 구매할 수 있다. 그러나 소득이 많아지더라도 사람들은 여전히 상충관계, 선택 그리고 기회비용에 직면하게 된다.

## 사회의 경제 문제

사회도 역시 경제적 문제에 직면한다. 제한된 자원을 경찰이나 법원, 교도소와 같은 법질서 유지에 더 많이 투입해야 할까 아니면 교사나 교재, 학교시설과 같은 교육에 더 투입해야 할까? 양쪽 모두에 더 많은 자원을 투입한다면 이를 위해 어떤 재화와 서비스를 희생해야 할까? 의료비 보조를 줄일까? 국방비 지출을 줄일까? 아니면 에너지 개발비용을 줄일까?

### 희소한 자원

경제적 자원

재화나 서비스의 생산에 투입되는 모든 자연자원, 인적자원뿐 아니라 인간이 생산을 위해 제작한 각종 자원

사회의 경제적 자원은 제한되어 있거나 희소하다. **경제적 자원**이란 재화나 서비스의 생산에 투입되는 모든 자연자원, 인적자원뿐 아니라 인간이 생산을 위해 제작한 각종 자원을 말한다. 그래서 모든 공장 건물과 농사용 창고를 비롯하여 상품의 생산에 사용되는 모든 설비, 도구, 기계류들이 경제적 자원에 포함된다. 그리고 교통시설 및 통신시설뿐 아니라 모든 형태의 노동력 그리고 토지와 광물자원도 모두 경제적 자원에 포

함된다.

### 자원의 유형

경제학자들은 일반적으로 경제적 자원을 다음의 4가지 유형으로 분류한다.

**토지** 경제학자들은 생산과정에 투입되는 모든 자연자원('자연의 선물')을 **토지**로 분류한다. 그래서 경작지만이 아니라 산림, 광산, 유전, 수자원 등이 이에 포함된다.

토지
생산과정에 투입되는 모든 자연자원

**노동** **노동**이라는 자원은 재화나 서비스의 생산에 기여하는 육체적 활동과 정신적 활동으로 구성된다. 농부, 백화점 판매원, 자동차 수리공, 학교 교사, 프로축구선수, 물리학자들이 행하는 작업 관련 활동은 모두 '노동'이라는 범주에 포함된다.

노동
재화나 서비스의 생산에 기여하는 육체적 활동과 정신적 활동

**자본** 경제학자들에게 **자본**, 즉 자본재는 인공적으로 제조되어 소비재나 서비스 생산에 사용되는 모든 자원을 포함한다. 도구나 기계뿐 아니라 공장, 창고, 교통시설, 유통시설 등이 포함된다. 경제학자들이 사용하는 **투자**라는 용어는 자본재의 생산과 축적을 위해 지출한 비용을 뜻한다.

자본
인공적으로 제조되어 소비재나 서비스 생산에 사용되는 모든 자원

투자
자본재의 생산과 축적을 위해 지출한 비용

소비재는 인간의 욕구를 직접 만족시키는 데 비해 자본재는 소비재 생산을 보조함으로써 인간의 욕구를 간접적으로 만족시킨다. 그런 점에서 자본재는 소비재와 다르다. 예를 들어 커다란 트랙터는 자본재로서 소비재인 쌀 생산을 돕는다. 주의해야 할 점은 경제학자들이 사용하는 '자본'이라는 용어는 화폐가 아니라 도구나 기계를 비롯하여 여러 생산시설을 의미한다는 것이다. 화폐 자체가 생산하는 것은 없기에 경제학자들은 화폐를 경제적 자원에 포함시키지 않는다. 화폐나 금융자본은 자본재나 재화 및 서비스 등을 구입하는 수단에 지나지 않는다.

**기업가적 능력** 마지막으로 노동과 구별되는 특별한 인적 자원으로서 **기업가적 능력**이 있다. 기업가는 기업가적 능력을 이용하여 다음과 같은 중요한 경제적 역할을 수행한다.

기업가적 능력
노동과 구별되는 특별한 인적자원

- 기업가는 토지, 노동, 자본과 같은 생산요소를 결합해서 재화와 서비스의 생산을 주도한다. 오케스트라의 지휘자나 영화감독으로 비유될 수 있는 기업가는 생산을 배후에서 이끄는 원동력이다.
- 기업가는 전략적인 사업 결정을 통해 기업이 나가야 할 길을 정한다.
- 기업가는 혁신을 이끈다. 새로운 생산물, 새로운 생산기술을 비롯하여 새로운 형태의 사업조직까지도 사업의 영역으로 삼는다.

## 경제적 자원

토지, 노동, 자본, 기업가적 능력은 모두 재화와 서비스의 생산에 기여한다.

© Shutterstock

© Shutterstock

© Shutterstock

자료 : Google

- 기업가는 위험을 감수한다. 새로운 생산물과 아이디어가 항상 성공을 가져다주는 것은 아니기에 혁신은 위험하다. 위험을 기꺼이 감수하는 기업가가 없다면 생활의 개선은 일어나지 않는다. 이들은 자신의 시간과 노력, 능력뿐 아니라 자신의 자금과 타인의 자금을 다 바쳐 새로운 생산물과 아이디어를 사업화하고 이에 따른 위험을 감수한다.

생산요소
토지, 노동, 자본과 기업가적 능력

토지, 노동, 자본 및 기업가적 능력은 서로 결합되어 재화와 서비스를 생산하기에 이들을 **생산요소** 혹은 단순히 '투입물'이라고도 한다.

## 생산가능곡선

사회는 희소한 자원을 사용해서 재화와 서비스를 생산한다. 이때 사회가 직면하는 선택은 생산가능곡선이라는 미시경제모형으로 잘 이해할 수 있다. 분석을 단순화하기 위해 다음과 같이 가정하자.

소비재
우리의 욕구를 직접 만족시키는 재화

자본재
소비재를 보다 효율적으로 생산하게 만들어 우리의 욕구를 간접적으로 충족시키는 재화

- **완전고용** 경제는 모든 가용 자원을 모두 고용하여 생산한다.
- **고정된 자원** 생산요소의 수량이나 품질은 고정되어 있다.
- **고정된 기술** 산출물을 생산하는 데 이용되는 기술수준은 변하지 않는다.
- **2 재화** 경제는 쌀과 트랙터라는 2개의 재화만을 생산한다. 쌀은 **소비재**를 상징하며, 우리의 욕구를 직접 만족시킨다. 이에 비해 트랙터는 **자본재**를 상징하며, 소비재를 보다 효율적으로 생산하게 만들어 우리의 욕구를 간접적으로 충족시킨다.

### 생산가능표

생산가능표란 자원을 완전 고용하여 생산할 수 있는 생산물의 다양한 조합을 나타낸 표이다. 그림 1.3의 표는 쌀과 트랙터를 생산하는 단순한 경제를 나타내며, 표 안의 자료는 가상의 것이다. A라는 대안은 모든 가용 자원을 자본재인 트랙터 생산에만 사용하는 것이다. E라는 대안은 모든 자원을 소비재인 쌀 생산에만 사용하는 것이다. 이런 대안은 극단적 선택으로 현실에서는 잘 일어나지 않으며, 경제는 보통 대안 B, C, D와 같이 자본재와 소비재를 함께 생산한다. A라는 대안에서 E라는 대안으로 점차 이동하면 트랙터 생산을 희생하면서 쌀의 생산을 늘릴 수 있다.

소비재는 우리의 욕구를 직접 만족시키기에 E점 쪽으로 이동하는 것이 솔깃한 선택으로 여겨질지 모른다. 그러나 더 많은 쌀을 생산하면 현재의 욕구를 더 충족시킬 수 있지만, 거기에는 비용이 따른다. 더 많은 쌀을 생산하면 트랙터 생산이 감소한다. 이처럼 소비재로 자원이 이동하면 시간이 지나면서 사회의 발목을 잡게 된다. 자본재의 축적이 천천히 이루어지고 이로 인해 미래의 생산이 감소하기 때문이다. 대안 E로의 이동은 '미래의 더 많은 소비'를 희생하면서 '현재의 더 많은 소비'를 선택하는 것이다.

A쪽으로 이동하면 사회는 현재의 소비를 희생하고 이로 인해 절약된 자원을 자본재 생산에 투입하는 선택을 하는 셈이다. 이런 방식으로 자본재의 양을 늘리면 사회는

**그림 1.3 쌀과 트랙터의 생산가능곡선**

생산가능곡선 위의 한 점은 주어진 자원을 완전 고용하여 효율적으로 생산하였을 때 얻을 수 있는 최대의 산출량 조합을 나타낸다. 곡선 위에서 쌀의 생산을 증가시키려면 트랙터의 생산이 감소한다. 생산가능곡선의 바깥 점(W)은 주어진 자원과 기술로 생산이 불가능하다. 생산 가능곡선의 내부에 있는 점은 생산이 가능하지만, 완전고용이 달성되지 못한 상태를 나타낸다.

| 생산물의 종류 | 생산물의 조합 | | | | |
|---|---|---|---|---|---|
| | A | B | C | D | E |
| 쌀(십만 톤) | 0 | 1 | 2 | 3 | 4 |
| 트랙터(천 대) | 10 | 9 | 7 | 4 | 0 |

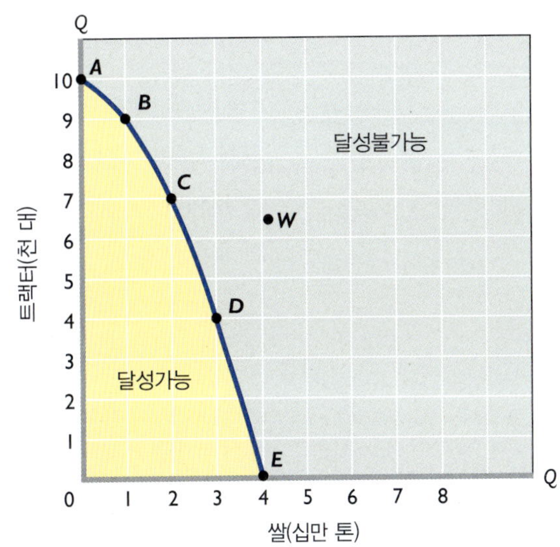

미래의 생산을 증가시킬 수 있고 그래서 미래에 더 많은 소비를 할 수 있다. A쪽으로의 이동은 '현재의 더 적은 소비'를 대가로 지불하고 '미래의 더 많은 소비'를 선택한 것이다.

일반적으로 자원이 완전 고용되어 있는 경제에서는 어떤 재화를 더 많이 생산하려면 다른 재화를 일부 희생하여야 한다. 자원이 희소하므로 두 재화 모두를 더 많이 가질 수는 없다. 사회는 여러 대안들 중에 하나를 선택해야 한다. 공짜 쌀이나 공짜 트랙터와 같은 것은 없다. 어떤 하나를 더 많이 가지면 다른 것은 줄어든다.

### 생산가능곡선

생산가능표의 자료는 생산가능곡선이라는 그래프로 나타낼 수 있다. 그림 1.3에 트랙터의 산출량을 수직축에 그리고 쌀인 소비재의 산출량을 수평축에 표시하였다. 수평축, 수직축의 선택은 임의로 정한 것이다. 이 곡선은 고정된 자원과 기술이라는 가정하에 자원을 완전고용하였을 때 생산 가능한 다양한 조합을 나타낸다.

생산가능곡선

주어진 자원으로 생산 가능한 최대의 산출량 조합을 그래프로 나타낸 것

그림 1.3에서 **생산가능곡선** 위의 각 점은 생산 가능한 2 재화의 최대 산출량 조합을 나타낸다. 즉, 곡선 위의 점은 경제의 모든 가용자원을 사용해야 달성 가능하다. 달성 가능한 최대의 산출량이라는 점에서 생산가능곡선은 경제가 직면하는 '제약'을 나타낸다. 곡선 내부의 점들도 달성 가능하기는 하다. 그러나 총산출량이 더 적어서 곡선 위의 점에 비해 바람직하지 않다. 곡선 내부에 머물러 있다는 것은 경제가 자원을 완전 고용하지 못하거나 비효율적으로 사용하고 있다는 것을 뜻한다. W와 같이 생산가능곡선의 바깥에 있는 점은 곡선 위의 어떤 점보다 생산량이 많다. 그러나 이런 점은 현재의 자원과 기술수준으로는 달성할 수 없다.

### 기회비용 체증의 법칙

그림 1.3이 명확히 보여주는 것은 쌀 생산이 증가하려면 트랙터 생산이 감소해야 한다는 것이다. 쌀 1단위를 더 얻기 위해 포기해야 하는 트랙터의 대수는 추가된 쌀 1단위의 기회비용이다.

그림 1.3의 표에 있는 대안 A에서 대안 B로 이동할 때 쌀 1단위(십만 톤)의 추가 생산에 따른 기회비용은 감소된 트랙터 1단위(천 대)이다. 그러나 B에서 C, C에서 D, D에서 E로 쌀의 생산이 1단위 추가적으로 늘어날 때 중요한 경제원리가 드러난다. 즉, 쌀 생산이 1단위 늘어날 때마다 쌀 생산의 기회비용은 증가한다는 것이다. A에서 B로 이동하면 쌀 1단위 추가에 따른 트랙터의 감소는 1단위에 지나지 않았다. 그러나 B에서 C

로 가면 트랙터를 2단위 희생해야 하고 그 다음에는 3단위, 마지막에는 트랙터 4단위를 희생해야 쌀 1단위의 생산을 증가시킬 수 있다. 반대로 E에서 A로 계속 이동하면 트랙터 1단위 추가에 따른 기회비용은 각각 1/4, 1/3, 1/2, 1단위의 쌀이 된다.

앞의 예는 **기회비용 체증의 법칙**을 잘 설명해주고 있다. 즉, 재화의 생산이 계속 증가할 때 추가적인 1단위 생산에 따른 기회비용은 점차 증가한다는 것이다.

기회비용 체증의 법칙
재화의 생산이 계속 증가할 때 추가적인 1단위 생산에 따른 기회비용은 점차 증가한다는 것

**곡선의 형태** 기회비용체증의 법칙은 생산가능곡선의 형태에도 반영되어 있다. 곡선은 원점에 대하여 오목하다. 그림 1.3은 경제가 A에서 E로 연속적으로 이동할 때 1단위라는 동일한 양의 쌀의 생산을 증가시키려면 점차 1, 2, 3, 4단위만큼의 트랙터를 포기해야 함을 보여주고 있다. 이것은 생산가능곡선의 기울기로 나타나는데 기울기가 A에서 E로 가면서 점점 가파르게 된다.

**경제적 근거** 기회비용 체증의 법칙은 경제적 자원이 다른 용도로 사용될 때 적합성이 떨어진다는 사실에서 기인한다. 대부분의 자원은 특정한 재화를 생산할 때 제 성능을 발휘한다. 예를 들어 일부 토지는 쌀의 경작에 매우 적합하다. 그러나 쌀 생산이 증가하면 쌀 경작에 부적합한 토지가 사용되기 시작한다. 어떤 토지들은 광물이 풍부해서 트랙터 생산에 필요한 물자를 생산하는 데 아주 적합하다. 이런 토지는 트랙터 생산에 최우선적으로 사용될 것이다. 그러나 트랙터 생산이 점차 증가하면 트랙터 생산에 부적합한 자원이 점차 트랙터 생산에 투입되어야 한다.

그림 1.3의 A에서 B로 이동하면 트랙터 생산에는 생산성이 낮지만 쌀 생산에는 생산성이 높은 자원이 제일 먼저 트랙터 생산에서 쌀 생산으로 이동한다. 그러나 B에서 C, C에서 D 등으로 계속 이동하면 쌀 생산에 적합한 자원들이 점점 줄어든다. 그래서 더 많은 쌀을 생산하려면 트랙터 생산에 적합하였던 자원들마저도 쌀 생산에 투입되어야 한다. 이러한 자원이 쌀 생산에 투입될수록 쌀 1단위 생산을 위해 희생되어야 하는 트랙터의 수는 점차 증가한다. 자원이 모든 용도에 적합하지 않다는 점이 **기회비용 체증의 원인**인 것이다.

기회비용 체증의 원인
자원이 모든 용도에 적합하지 않다는 것

## 최적 배분

그림 1.3에 있는 곡선 위의 어떤 점이 최적 또는 최선일까? 즉, 구체적으로 얼마만큼 의 쌀과 트랙터를 생산하는 것이 사회의 만족을 극대화할까?

기억해야 할 것은 경제적 의사결정은 한계편익과 한계비용의 비교에 초점을 맞춘다는 점이다. 한계편익이 한계비용을 초과하면 그러한 경제활동은 확대하고 한계비용이

**그림 1.4 최적산출: 한계편익 = 한계비용**

최적산출을 달성하려면 한계편익(MB)과 한계비용(MC)이 일치할 때까지 재화의 생산을 확대시켜야 한다. 그러나 그 점 이상으로 생산을 증가시켜서는 안 된다. 200,000톤의 쌀을 생산하는 것이 최적산출량이다.

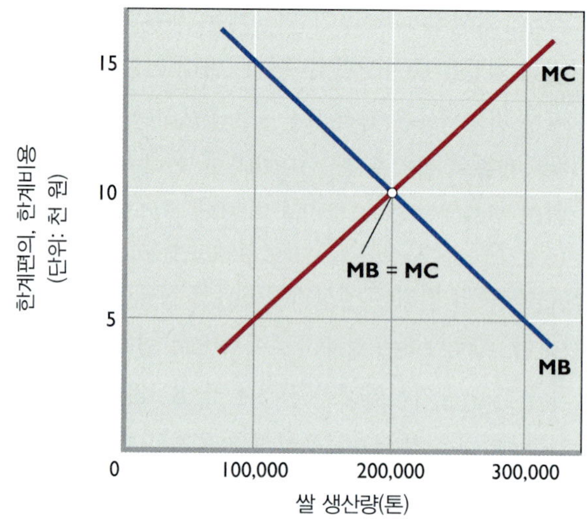


한계편익을 초과하면 그러한 경제활동은 줄어야 한다. 최적의 경제활동 수준은 한계편익과 한계비용이 같을 때다. 사회적 생산 수준의 결정도 이와 동일한 논리가 적용된다.

쌀을 살펴보자. 기회비용 체증의 법칙을 통해 알고 있듯이 쌀 생산이 점차 늘어남에 따라 추가적인 쌀 생산에 따른 한계비용은 증가한다. 이 때 알아야 할 것은 쌀 생산이 늘어남에 따라 쌀 소비에 따른 한계편익은 점차 감소한다는 것이다. 결과적으로 쌀 생산이 점차 증가하면 한계비용은 체증하는 한편 한계편익은 체감한다.

최적의 쌀 생산은 한계편익 곡선과 한계비용 곡선의 교차점에서 구할 수 있는데 그림 1.4에서 200,000톤으로 나타나 있다. 이 생산량이 최적인 이유를 설명해보자. 쌀을 100,000톤만 생산하고 있을 때 그 점에서 쌀을 1단위 더 생산한다고 하자. 그러면 한계 편익이 한계비용을 초과한다. 화폐로 표시하면 한계편익은 15,000원이고 한계비용은 5,000원이다. 한계비용 5,000원을 희생하고 15,000원 만큼의 가치가 있는 쌀을 얻게 되면 사회의 생활수준은 개선된다. 그림 1.4를 보면 이런 순이익은 쌀 생산이 늘면서 점차 줄어들기는 하지만, 쌀 생산이 200,000톤이 될 때까지 계속 실현된다.

반면에 300,000톤의 쌀 생산은 너무 많다. 그 생산량에서 쌀 생산의 한계비용은 15,000원인데 비해 한계편익은 5,000원에 불과하다. 쌀 1단위의 가치는 5,000원에 지나지 않는데 이를 생산하는 데 15,000원이 들었다는 의미이다. 이것은 사회적으로 손해 보는 장사이다.

그래서 자원은 생산물의 한계편익과 한계비용이 일치할 때 효율적으로 배분된다. 이러한 분석을 트랙터에 적용하였을 때 한계편익과 한계비용이 일치하는 트랙터의 최적

## 분석의 응용

### 팬데믹의 경제학

코로나19는 2020년 세계적으로 유행하며 물적 피해와 경제적 재난을 초래하였다. 생산가능분석은 팬데믹 관련 지출에 따른 비용과 편익을 평가하는 데 도움이 된다.

경제의 모든 생산물을 개인보호 장비나 백신의 연구개발와 같은 '팬데믹 상품'과 '일반 상품'으로 구분하여 이를 생산가능곡선의 두 축에 표시하면 그림 1.3의 모양이 될 것이다. 팬데믹 상품 생산을 위해 자원을 더 많이 투입하였을 때 발생하는 기회비용은 이로 인해 희생된 일반 상품의 양이다. 완전고용상태에서 팬데믹 상품을 더 많이 생산하려면 교육, 공해방지, 컴퓨터, 주택 등 일반 상품의 생산 감소라는 기회비용을 지불해야만 한다. 팬데믹 상품의 기회비용은 이로 인해 포기된 다른 상품이다. 팬데믹 상품의 편익은 수없이 많고 다양하다. 분명한 것은 인명구조와 건강에 미치는 장기적 피해의 최소화, 그리고 경제적 혼란의 감소 등이 편익에 포함된다는 것이다.

팬데믹 상품의 최적생산량, 즉 생산가능곡선 위에서 최적의 팬데믹 상품과 일반 상품의 조합을 구하려면 팬데믹 상품의 한계편익과 한계비용을 추정해야 한다. 한계편익과 한계비용을 정확하게 추정하는 방법은 없다. 하지만 한계편익과 한계비용이라는 분석 방법은 이러한 선택을 할 때 여전히 유용하다. 배분의 효율성이 달성되려면 팬데믹 상품의 생산이 한계 편익과 한계비용이 같아지는 점에서 이루어져야 하는 것이다.

코로나19가 초래한 고통을 경험하면서 팬데믹 상품의 한계편익에 대한 인식이 제고되었다. 그림 1.4에서 수평 축이 '팬데믹 상품'이라고 하자. 이 때 한계편익곡선이 오른쪽으로 이동하면 팬데믹 상품의 최적 생산량은 증가할 것이다. 코로나19에 대응하면서 팬데믹 상품의 생산에 더 많은 자원이 배분되었다. 그러나 한계편익 · 한계비용 분석이 지적하는 것은 팬데믹 상품의 과소생산이 발생할 수 있지만, 과다생산도 나타날 수 있다는 점이다. 한계 편익과 한계비용이 같아지는 점 이상으로 팬데믹 상품의 생산이 늘어나면 팬데믹 상품보다 더 큰 가치를 가진 일반 상품을 희생하게 되는 것이다.

팬데믹으로 어려운 선택에 직면할 뿐 아니라 경제의 생산능력도 감소한다. 코로나19로 인하여 일부 국가는 '사업장 폐쇄 명령'을 내렸는데, 이로 인하여 기업이 문을 닫고 수백만 명이 실업 상태에 놓였다. 폐쇄 명령이 없던 국가에서도 기업이 문을 닫고 실업이 증가하였다. 팬데믹에 대한 걱정으로 소비자들이 비필수적인 사업체에 가까이 가지 않았기 때문이다. 미국의 경우 실업률이 2020년 2월 3.5%에서 2020년 4월 14.7%로 증가하였는데 이런 경우는 그림 1.5에서 생산가능곡선의 내부의 점인 U로 이동하는 것으로 나타난다.

코로나19로 수백만 명의 인력이 사망하거나 장애를 갖게 되어 생산가능곡선이 안쪽으로 이동한다. 그림 1.6에 경제가 성장하면 생산가능곡선이 바깥으로 이동하는 것으로 표시되어 있는데 사망이나 장애로 노동력이 감소하면 생산가능곡선이 안쪽으로 이동하는 것이다. IMF의 추산에 따르면 코로나19로 인한 누적 손실은 2025년까지 전 세계적으로 28조 달러에 이를 것이라 한다.

**문제**

사회가 예전에 팬데믹 상품과 일반 상품에 대한 자원배분을 달리하였다면 팬데믹으로 인한 실업은 어떤 영향을 받았을까? 그리고 생산가능곡선은 안쪽으로 얼마나 이동할까?

생산량이 7,000대라고 가정하여 보자. 그러면 그림 1.3에서 생산가능곡선 위에 있는 대안 C, 즉 쌀을 200,000톤 생산하고 트랙터 7,000대를 생산하는 것이 최적이 된다.

## 실업, 성장, 미래

때때로 대부분의 국가들은 경기하락으로 인해 광범위한 실업과 생산설비의 유휴상태를 경험한다. 미국의 경우 1930년대의 대공황 시기에 근로자들의 1/4이 실업이었으며, 생산시설의 1/3이 유휴상태였다. 한국의 경우 1997년에 촉발된 외환위기로 1998년 1분기 성장률이 -6.8%를 기록하였고 실업률은 1997년 4분기 2.6%에서 1998년 1분기 5.8%, 4분기 7.5%로 증가하였고 1999년 1분기에는 8.5%까지 급증하였다. 최근 들어 2020년 코로나 팬데믹으로 거의 모든 국가가 경기하락을 겪으며 실업자가 크게 늘었다. 2020년 2분기에 미국 경제의 생산은 33.1% 감소하고 실업률은 14.7%로 치솟았다.

이런 사실들은 생산가능곡선과 어떻게 관련되어 있을까? 지금까지 모든 가용자원이 완전 고용되어 있다고 가정하였는데 이를 완화하면 분석과 결론이 달라진다. 그림 1.3의 표에 있는 다섯 개의 생산물 조합은 최대의 산출량을 나타낸다. 즉, 경제가 완전고용 상태일 때 생산 가능한 쌀과 트랙터의 조합을 나타낸다. 실업이 존재한다면 표에 나타난 것보다 적은 양이 생산될 것이다.

그래프에서 실업 상태는 생산가능곡선의 내부의 점으로 나타난다. 이것이 그림 1.5에 나타나 있다. U점은 그 중의 하나이다. U점에서는 생산가능곡선 위의 여러 점들, 즉

**그림 1.5 실업과 생산가능곡선**

생산가능곡선 내부의 모든 점들 예를 들어, U는 실업상태, 즉 완전고용이 달성되지 못한 상태를 나타낸다. 화살표가 보여 주는 것은 완전고용이 달성되면 곡선 위에서 생산한다는 것이다. 그래서 U점에서 생산하는 것보다 한 재화 혹은 2 재화 모두의 생산이 증가할 수 있다.

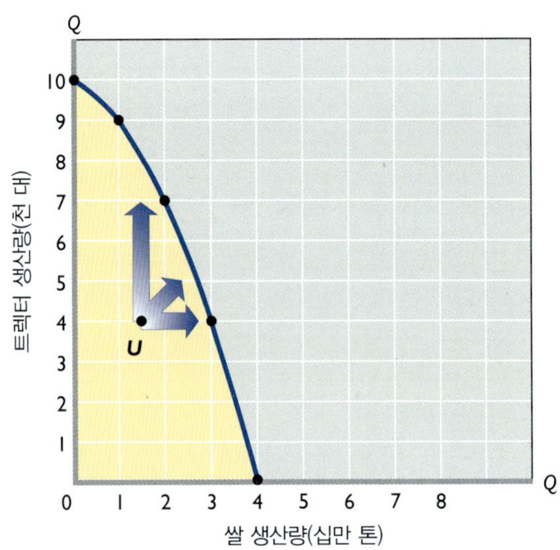

생산 가능한 최대의 쌀과 트랙터의 생산조합보다 생산량이 적다. 그림 1.5의 화살표는 완전고용으로 되돌아갈 수 있는 세 가지 경로를 표시한다. 완전고용이 달성되면 한 재화 혹은 모든 재화의 생산이 증가할 수 있다.

## 성장하는 경제

자원의 양과 질, 기술수준이 불변이라는 가정을 없애면 생산가능곡선은 이동하고 그 경제의 잠재적 최대 생산량은 변한다.

**생산요소의 공급증가** 생산요소의 공급량은 특정 시점에서는 고정되어 있지만, 시간이 지나면서 변한다. 예를 들어, 인구가 증가하면 노동공급을 비롯하여 기업가적 능력이 증가한다. 또한 노동의 질도 시간이 지남에 따라 개선된다. 자본재의 양은 지속적으로 증가하지는 않았지만, 장기적으로 보면 크게 증가하여 왔다. 일부 에너지자원과 광물자원은 고갈되었지만, 새로운 자원이 계속 발견되고 있다. 간척지를 늘리면 경작 가능한 토지가 늘어난다.

**그림 1.6 경제성장과 생산가능곡선**
동태적인 경제에서는 생산요소의 질이 개선되고 생산요소의 공급이 증가하며 기술이 진보하는데 그 결과 생산가능곡선이 바깥으로 이동한다. 그래서 두 유형의 재화를 더 많이 생산할 수 있다.

| 생산물의 종류 | 생산물의 조합 | | | | |
|---|---|---|---|---|---|
| | A' | B' | C' | D' | E' |
| 쌀(십만 톤) | 0 | 2 | 4 | 6 | 8 |
| 트랙터(천 대) | 14 | 12 | 9 | 5 | 0 |

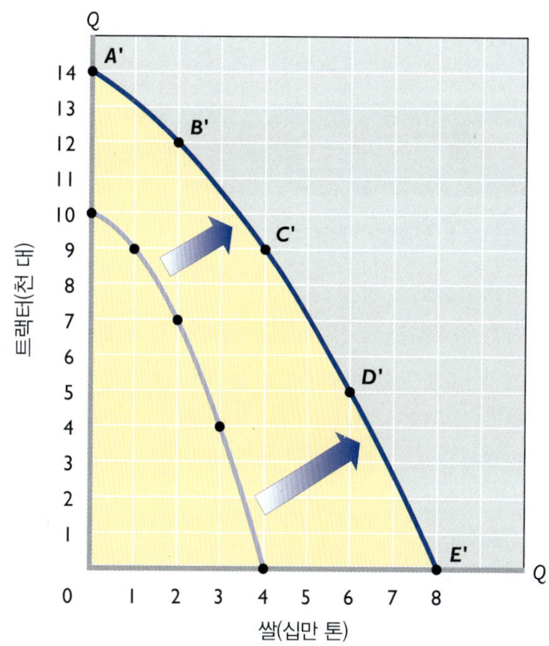

경제성장
총생산이 증가하는 과정

이러한 생산요소의 공급이 증가하면 생산능력이 늘어나 소비재와 자본재 모두를 더 많이 생산할 수 있게 된다. 따라서 지금으로부터 20년 후가 되면 그림 1.3의 생산가능곡선은 그림 1.6의 생산가능곡선으로 대체될 수 있다. 생산요소가 더 많아지면 한 재화나 2 재화 모두의 잠재적 생산량이 증가한다. 경제성장이란 잠재적 생산량의 확대라는 형태로 달성된다. 따라서 생산요소의 양이나 질이 높아지면 생산가능곡선은 우상향의 바깥쪽으로 이동하는데, 이것은 그림 1.6에서 A'에서 E'로 이어지는 새로운 생산가능곡선으로 표시된다. 이런 종류의 이동은 생산능력의 확대를 나타내며, 이처럼 총 생산이 증가하는 과정이 곧 **경제성장**이다.

**기술진보** 기술진보가 이루어지면 품질이 향상된 새로운 재화가 생산되고 이를 생산하는 방식도 개선된다. 예를 들어, 재고관리와 생산계획을 전산화하는 방식으로 기술진보가 일어났다고 하자. 이러한 기술진보로 인해 주어진 생산요소로 더 많은 것을 생산할 수 있다. 기술진보는 생산요소의 공급증가 때와 마찬가지로 쌀과 트랙터의 생산을 동시에 증가시킬 수 있게 한다.

결론적으로 경제성장은 (1) 생산요소의 공급증가 (2) 생산요소의 품질개선 (3) 기술진보의 결과로 달성된다. 경제성장이 이루어지면 완전고용경제라노 소비새와 자본재를 모두 더 많이 생산할 수 있다. 정태적인 경제는 성장을 하지 않으므로 어떤 재화의 생산을 늘리려면 다른 재화를 희생해야 한다. 그러나 동태적인 경제는 성장하므로 두 재화

## 분석의 응용

### 정보통신기술과 생명공학기술

기술진보의 실제 사례로 컴퓨터, 정보통신, 생명공학 등과 관련된 신기술을 들 수 있다. 기술 진보로 컴퓨터의 가격은 하락하였고 컴퓨터의 처리속도는 매우 빨라졌다. 개선된 소프트웨어들로 인해 일상생활에서 컴퓨터의 유용성은 크게 높아졌다. 스마트폰과 인터넷은 통신능력을 향상시켜 생산을 증대시키고 시장의 효율성을 개선시켰다. 생명공학의 발전으로 농업과 의학 분야에서 중요한 발견이 이루어졌다. 이를 비롯한 많은 신기술과 개선된 기술들은 경제성장에 크게 기여하였다. 즉, 생산가능곡선을 바깥쪽으로 이동시켰다.

**문제**

우수한 학생들이 대부분 의대에 진학하여 의학기술이 발전하면 미래의 생산가능곡선은 어떻게 달라질까?

모두 더 생산할 수 있다.

### 현재의 선택이 미래의 생산가능곡선에 미치는 영향

현재 시점에서 생산가능곡선 위의 어떤 점을 선택하느냐에 따라 미래의 생산가능곡선이 달라진다. 생산가능곡선의 수직축을 '미래재화' 그리고 수평축을 '현재재화'로 나타내면 그림 1.7이 된다. 미래재화는 미래의 생산을 증가시킬 수 있는 재화로 자본재, 연구와 교육, 예방의학 등이 이에 속한다. 자본재는 미래의 자본총량을 증가시켜 미래의 생산을 증가시키며, 연구와 교육은 기술관련 정보량을 확대시키며 예방의학은 인적 자원의 질을 개선한다. 이미 보았듯이 자본재와 같은 미래재화는 경제성장을 가져다주는 요소다. 이에 비해 현재 재화는 현재의 요구를 충족시키는 식품, 의류 및 오락과 같은 소비재들이다.

이제 현재지향 사회과 미래지향 사회라는 가상의 2경제가 있다고 하자. 이들 경제의 출발은 한 가지만 제외하고 모든 면에서 동일하다고 하자. 현재지향 사회는 미래 재화보다 현재 재화를 보다 강력히 선호한다는 것이다. 그림 1.7(a)의 P점은 그런 선택을 나타낸다. 이 점은 미래 재화를 적게 생산하여 곡선의 오른쪽 아래에 치우쳐 있다. 이것

**그림 1.7 현재의 선택과 미래의 생산가능곡선**

(a)의 현재지향 사회처럼 '현재재화'를 선호하는 선택을 하면 미래의 생산가능곡선은 바깥으로 약간 이동한다. (b)의 미래지향 사회처럼 '미래재화'를 선호하는 선택을 하면 미래의 생산가능곡선은 바깥으로 크게 이동한다.

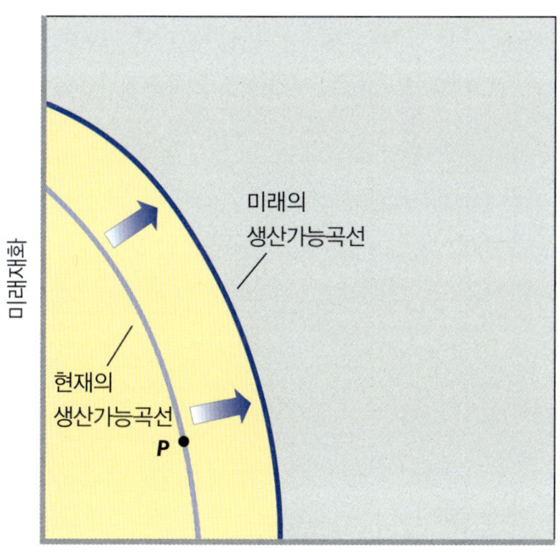


(a)
현재지향사회

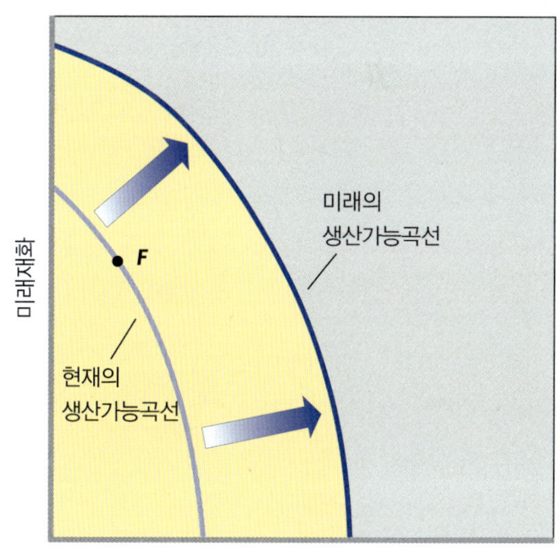


(b)
미래지향사회

은 현재 재화에 대한 우선순위가 아주 높다는 것을 나타낸다. 이에 비해 미래지향 사회의 선택은 미래 재화를 많이 생산하고 현재 재화를 적게 생산하는 것이다. 이를 나타낸 것이 그림 1.7(b)의 F점이다.

이제 다른 조건이 동일하다면 미래의 생산가능곡선을 짐작할 수 있는데 미래지향 사회의 것이 현재지향 사회의 것보다 훨씬 오른쪽에 있을 것이라는 점이다. 미래지향 사회는 생산요소의 양과 질을 높이고 기술을 발전시키는 데 유리한 생산조합을 선택함으로써 현재지향 사회보다 더 높은 경제성장을 달성할 수 있다. 자본재에 국한하여 보면 미래지향 사회는 현재지향 사회보다 더 많은 자본재를 생산하여 '사회전체의 생산시설'을 늘리는 선택을 한 것이다. 이러한 선택의 결실로 미래지향 사회는 미래의 생산능력을 늘려 경제성장의 과실을 누릴 수 있다. 이에 따른 기회비용은 현재 즐길 수 있었던

## 지구촌 전망 1.2

### 주요 국가의 총고정 자본형성(국민소득 비중)

자본재(미래재화)의 국민소득 비중은 각국마다 크게 다르다. 자본재에 대한 투자만이 미래의 생산능력을 증가시켜 경제성장을 가져다준다.

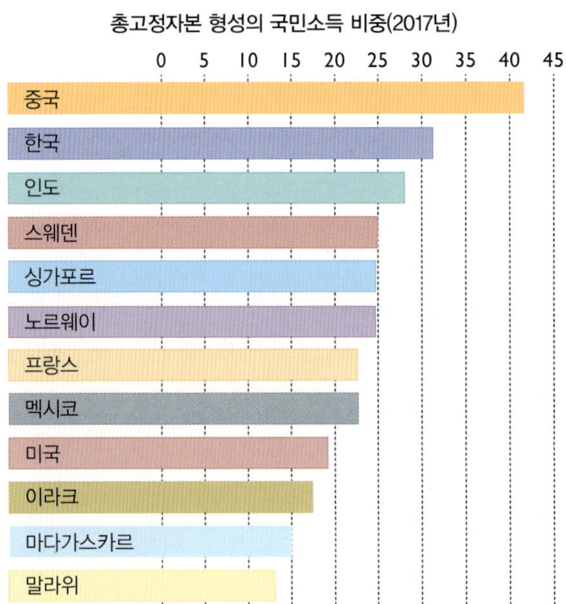


자료: The World Bank, www.worldbank.org

소비재의 감소이다.

이러한 미래지향 사회의 선택이 현재지향 사회보다 반드시 '우월'하다고 할 수 있을까? 그렇다고 할 수는 없다. 선택의 차이는 두 사회의 선호도와 우선순위가 다르다는 것만을 말해줄 뿐이다. 지구촌 전망 1.2를 보면 국가마다 국민소득에서 차지하는 자본재 투자의 비중은 크게 다르다.

# 요약

**1.** 경제학의 정의와 경제적 사고의 특징

경제학은 희소성이 존재할 때 개인이나 기관, 사회의 선택을 탐구하는 사회과학이다. 기회비용은 경제학의 핵심개념이다. 이것은 어떤 것을 얻기 위해 포기해야 하는 재화나 서비스 또는 시간의 가치를 뜻한다.

경제적 시각은 3가지 개념에 바탕을 두고 있다. 즉, 희소성과 선택, 의도적 행동 그리고 한계분석 등이다. 경제학자들은 소비자나 근로자, 기업들이 선택에 따른 한계 비용과 한계편익을 합리적으로 비교한다고 여긴다.

**2.** 경제이론의 역할

경제학자들은 과학적 방법에 의존한다. 원인과 결과에 대한 가설을 수립하고 이를 검증하여 이론, 법칙 그리고 경제 원리를 만든다. 흔히 경제학자들은 이론들로 구성된 경제모형으로 현실 경제를 표현한다.

**3.** 미시경제학과 거시경제학의 구분

미시경제학은 개별 소비자나 기업들의 의사결정을 다룬다. 거시경제학은 경제 전체나 주요 집계변수를 다룬다.

**4.** 개인의 경제문제: 기회비용과 예산선

개인들은 경제문제에 직면한다. 개인의 소득은 제한되어 있고 욕구는 만족을 모르기 때문에 무엇을 구매하고 무엇을 포기해야 할지를 결정해야 한다.

예산선, 즉 예산제약은 개인의 경제문제를 그래프로 보여준다. 예산선은 화폐소득과 재화의 가격이 주어져 있을 때 소비자가 구매할 수 있는 두 재화의 다양한 조합을 보여준다.

**5.** 희소한 자원과 사회의 경제문제

경제적 자원은 생산과정에 투입되는 각종 자원을 말한다. 이는 토지, 노동, 자본, 기업가적 능력으로 구분된다. 경제적 자원은 생산요소 혹은 투입물이라고도 한다.

사회도 역시 경제문제에 직면한다. 사회적 욕구를 충족시키는 데 필요한 가용 자원이 부족하기 때문이다. 따라서 사회는 무엇을 생산하고 무엇을 포기해야 할지를 결정해야 한다.

사회의 경제문제는 생산가능곡선으로 나타낼 수 있다. 생산가능표와 생산가능곡선은 경제적 자원의 양과 질, 기술수준이 불변이라는 가정 아래 완전고용경제에서 생산 가능한 재화와 서비스의 다양한 조합을 보여준다.

**6.** 생산가능곡선의 응용

경제가 완전고용상태이면 생산가능곡선 위에서 생산하게 되는데 이때에는 어떤 재화나 서비스의 생산을 증가시키려면 다른 것의 생산을 희생해야 한다. 어떤 재화나 서비스의 생산 증가는 항상 기회비용을 수반한다. 이 때 기회비용은 다른 것의 생산 감소로 발생한 손실이다.

자원은 여러 용도에서 동일한 생산성을 보이지 않기 때문에 한 용도에서 다른 용도로 자원이 이동하면 기회비용이 체증한다. 어떤 재화의 생산을 계속 늘리면 이로 인해 희생되는 다른 재화의 양은 계속 증가한다.

생산가능곡선 위에서 최적인 점은 재화의 조합이 가장 바람직스러울 때이다. 이것은 모든 재화의 생산에서 한계편익과 한계비용이 일치할 때 달성된다.

시간이 지나면 기술이 진보하고 생산요소의 양이 증가하며 질이 개선된다. 그래서 모든 재화나 서비스를 더 많이 생산할 수 있게 되는데 이것이 경제성장이다. 현재 시점에서 어떤 소비재와 자본재의 조합을 택하느냐에 따라 미래의 생산가능곡선이 결정된다. 즉, 경제성장의 정도가 결정된다.

## 주요 용어 및 개념

| | | |
|---|---|---|
| 거시경제학 | 기업가적 능력 | 예산선 |
| 경제문제 | 기회비용 | 외부충격 |
| 경제성장 | 기회비용 체증의 법칙 | 자본 |
| 경제원리 | 기회비용 체증의 원인 | 자본재 |
| 경제적 시각 | 노동 | 집계부문 |
| 경제적 자원 | 다른 조건이 동일하다는 가정 | 토지 |
| 경제학 | 미시경제학 | 투자 |
| 구매 가능한 조합 | 생산가능곡선 | 한계분석 |
| 구매 불가능한 조합 | 생산요소 | 함수 |
| 규범경제학 | 소비재 | 효용 |
| 균형 | 실증경제학 | |

## 연습문제

**1.** 다음에서 경제적 사고와 관련성이 낮은 개념은?

① 희소성 ② 선택
③ 의도적 행동 ④ 한계분석
⑤ 최선의 결과

**2.** 다음에서 기회비용을 잘못 설명한 것은?

① 선택할 수 없다면 기회비용은 0이다.
② 공짜 점심을 먹었다면 내가 지불한 기회비용은 0이다.
③ 대학 다니면서 먹은 점심값은 대학 진학의 기회비용에 포함된다.
④ 1,000원을 주고 볼펜을 샀다면 볼펜의 기회비용은 1,000원이다.
⑤ 자기 집에 살면서 집세를 내지 않았더라도 기회비용을 지불하고 있다.

**3.** 균형 분석에 대한 설명으로 잘못된 것은?

① 균형에서 경제주체들은 자신의 의도가 실현되므로 행동을 변화시키지 않는다.
② 균형은 안정적이다.
③ 불균형이 초래되면 대부분 가격의 변화가 초래된다.
④ 균형분석은 가격의 기능을 잘 설명한다.
⑤ 균형분석은 기업가의 역할을 과소 평가한다.

**4.** DVD 1장의 가격이 2만 원이고 책 1권은 1만 원이다. 다음의 설명 중 틀린 것은?

① DVD 1장의 기회비용은 책 2권이다.
② 책 1권의 기회비용은 DVD 0.5장이다.
③ 소득이 증가하더라도 DVD의 기회비용은 변하지 않는다.
④ 책값이 오르면 책의 기회비용은 증가한다.
⑤ A, B 소비자의 소득이 동일하다면 이들이 구매하는 DVD의 양은 동일하다.

**5.** 다음에서 경제적 자원에 해당하지 않는 것은?

① 강물 ② 축구선수의 경기력
③ 시내버스 ④ 지갑 속의 현금
⑤ 기업가의 사업전략

**6.** 다음에서 생산가능곡선을 원점에서 멀리 이동시키는 것은?

| | |
|---|---|
| (가) 교육품질의 개선 | (나) 실업자의 증가 |
| (다) 새로운 기술의 개발 | (라) 지진의 발생 |

① (가), (나) ② (가), (다)
③ (나), (다) ④ (나), (라)
⑤ (가), (나), (다)

**7.** 생산가능곡선에 대한 설명으로 틀린 것은?

① 기회비용이 체증하면 생산가능곡선은 원점에 대해 볼록하다.

② 경제가 성장하면 생산가능곡선은 바깥으로 이동한다.

③ 생산가능곡선의 바깥 점은 생산이 불가능하다.

④ 경제에 실업이 존재하면 생산가능곡선의 안쪽 점에서 생산이 이루어진다.

⑤ 생산가능곡선 상의 모든 점에서 생산의 효율과 배분의 효율이 달성된다.

**8.** 다음의 설명 중 틀린 것은?

① 현재의 자본재 생산을 늘리면 현재의 소비재 생산은 감소한다.

② 현재의 자본재 생산을 늘리면 미래의 성장률이 높아진다.

③ 현재의 자본재 생산을 늘리면 미래 세대가 이익을 본다.

④ 현재의 자본재 생산을 늘리는 것은 미래 소비재에 대한 선호도가 높다는 것을 뜻한다.

⑤ 현재의 자본재 생산을 늘리는 것이 바람직하다.

**9.** 동철이 알바를 하기 위해 쓸 수 있는 시간은 1주일에 15시간이다. 대학 구내서점에서는 시간당 6,000원에 원하는 시간만큼 일할 수 있다. 대학 인근 카페에서 일하면 시간당 12,000원을 벌 수 있지만, 1주일에 6시간까지 일할 수 있다. 주유소에서 일하면 시간당 8,000원을 벌지만, 1주일에 5시간까지 일할 수 있다.

(1) 동철이 알바를 통해 얻을 수 있는 수입을 극대화하고자 한다면 대학구내서점에서 몇 시간 일할 것인가?

(2) 동철은 대학구내서점에서 15시간 일하는 것을 택하였다. 이러한 선택은 비합리적인가? 이러한 선택이 의미하는 바는 무엇인가?

**10.** 규식은 무인도에 거주하고 있다. 감자를 30개, 생선을 18마리 가지고 있다. 그런데 이웃 무인도에 거주하는 민수가 감자 2개에 생선 1마리의 비율로 교환하자고 제안하였다. 이에 비해 다른 무인도에 거주하는 수철은 감자 3개에 생선 1마리의 비율로 교환하자고 제안하였다. 그래프를 그릴 때 감자를 X축, 생선을 Y축에 표시하시오.

(1) 규식이 민수와 교환을 선택하였을 때 규식의 예산선을 그려보시오.

(2) 규식이 수철과 교환을 선택하였을 때 규식의 예산선을 그려보시오.

(3) 규식은 수철과의 교환을 선택하기보다 민수와의 교환을 선택하였다. 이러한 선택은 합리적인가? 이러한 선택을 통해 규식의 소비행태에 대해 무엇을 짐작할 수 있는가?

**11.** 고등학교 학생들에게 무상점심이 제공되었다.

(1) 학부모에게 점심은 공짜인가?

(2) 경제학자들이 무상급식이 공짜가 아니라고 하는 이유는 무엇인가?

(3) 무상급식의 사회적 기회비용은 무엇인가?

**12.** 경제적 자원, 즉 생산요소에는 어떤 종류가 있는가? 화폐자본이 생산요소에 포함되지 않는 이유는 무엇인가? 기업가적 능력은 노동력이 수행하는 역할과 어떻게 다른가?

CHAPTER 02

# 시장경제와 경제순환

**학습내용**

1. 통제경제와 시장경제
2. 시장경제의 특징
3. 시장경제의 작동원리
4. 경제순환 모형

당신은 지금 쇼핑몰에 있다. 당신이 할 일은 그곳에 있는 모든 재화와 용역의 목록을 작성하는 것이다. 이러한 작업은 대단히 힘들며, 재화와 용역의 목록은 무척 길 것이다. 쇼핑몰 한 군데에 그토록 많은 종류의 상품과 수량이 있지만, 그것은 국민경제의 지극히 작은 일부에 지나지 않는다.

누가 재화나 용역의 종류나 생산량을 결정하는가? 어떤 기술이나 생산요소를 이용하여 이들 상품을 생산할지 생산자들은 어떻게 결정하는가? 누가 이들을 소비하는가? 새로운 상품이나 개선된 상품이 등장하는 이유는 무엇인가? 이번 장은 이와 관련된 문제에 대해 설명할 것이다.

## 경제체제

경제체제

일정한 방식으로 결합된 여러 제도적 장치와 조정 메커니즘

모든 사회는 경제문제에 대응해 **경제체제**를 발전시키게 된다. 여기에서 경제체제란 일정한 방식으로 결합된 여러 제도적 장치와 조정 메커니즘을 말한다. 경제체제가 해결해야 할 경제문제는 (1) 어떤 재화를 얼마나 생산할지 (2) 이들 재화를 어떻게 생산할지 (3) 생산된 재화를 누가 소비할지 (4) 어떻게 기술진보를 향상시킬지 등이다.

경제체제는 (1) 생산요소의 소유자 (2) 경제활동의 동기 부여, 조정, 지도방식 등에서 구분된다. 일반적으로 경제체제는 통제경제와 시장경제로 나눌 수 있다.

### 통제경제

통제경제

정부가 대부분의 물적 생산요소를 소유하며, 경제적 의사결정은 중앙의 경제계획당국에 의해 이루어지는 경제

**통제경제**는 사회주의 또는 공산주의로도 알려져 있다. 정부가 대부분의 물적 생산요소를 소유하며 경제적 의사결정은 중앙의 경제계획당국에 의해 이루어진다. 중앙의 경제계획을 담당하는 위원은 정부에 의해 임명되는데, 자원의 사용, 산출물의 구성과 분배, 생산의 조직화 등에 관한 거의 모든 결정을 행한다. 정부는 대부분의 사업체를 소유하며, 이들 사업체는 정부의 지침에 따라 생산한다. 중앙 계획위원회는 기업의 생산 목표를 정해주고, 이를 달성하기 위하여 이들 기업에 할당될 자원의 양을 구체적으로 정한다. 산출물을 자본재 또는 소비재로 쓸 것인가의 구분도 중앙에서 결정되며, 자본재의 산업 간 배분도 중앙 계획위원회의 우선순위에 따라 이루어진다.

순수통제경제는 중앙의 계획에 전적으로 의존하여 계획에 따라 정부 소유의 물적 생산요소가 배분된다. 그러나 현실에서는 극단적 통제경제였던 구소련도 일부 사유재산을 허용하였고 1992년 붕괴되기 전에는 시장을 일부 도입하였다. 러시아를 비롯하여 대부분의 동유럽 국가들은 경제 개혁을 통해 통제경제를 어느 정도 자본주의적인 시장 지향적 경제체제로 전환하였다. 중국의 개혁은 그 정도로 진행되진 않았지만, 중앙 계획에 의존하는 정도를 크게 줄였다. 중국에서는 정부가 자원과 자본을 아직 광범위하게 소유하고 있지만, 자유 시장에 의존하여 경제를 조직하고 조정하는 움직임이 점차 커지고 있다. 북한과 쿠바는 아직 중앙 계획에 크게 의존하고 있는 얼마 남아있지 않는 국가에 속한다. 다음의 '분석의 응용'에서 남북한의 경제력 차이를 설명하고 있다. 이러한 차이가 발생한 주된 원인은 북한이 전적으로 통제경제에 의존하고 있어서 경제조정과 인센티브 문제를 거의 해결하지 못하기 때문이다.

### 시장경제

시장경제

자본의 사적 소유가 허용되며, 가격을 통해 의사소통이 이루어지고 시장을 통해 경제활동이 조정되는 경제

세계 대부분의 경제는 **시장경제**, 즉 자본주의나 혼합경제를 택하고 있다. 이 체제의 특

징은 정부의 집중된 지휘와 개인과 기업의 분산된 행위가 혼합되어 있다는 점이다. 어느 비율로 혼합되어 있느냐는 나라마다 다르다. 그러나 어떤 경우에도 자원은 사적으로 소유되며, 시장과 가격이 경제활동을 조정하고 지도한다.

시장경제에서 개인이나 기업은 자신의 경제적 목표를 달성하기 위하여 노동, 소비, 생산 등에 대한 결정을 스스로 내린다. 이 체제에서는 자본의 사적 소유가 허용되며, 가격을 통해 의사소통이 이루어지고 시장을 통해 경제활동이 조정된다. 시장이란 판매자와 구매자가 함께 모여 재화, 서비스 그리고 자원 등을 사고 파는 곳이다. 시장의 참여자는 사익을 추구하는데 누구나 의지와 능력만 있으면 재화와 서비스를 생산하거나 자원을 공급할 수 있다. 그 결과 독립적으로 행동하는 판매자와 구매자 사이에 경쟁이

## 분석의 응용

### 밤에 본 한반도

2차 세계대전 이후 한반도는 남한과 북한으로 분단되었다. 북한은 소련의 영향 아래 국유제와 중앙계획경제를 강조하는 통제경제체제를 수립하였다. 남한은 미국의 보호를 받으며, 사적 소유와 이윤 동기에 기초한 시장경제체제를 수립하였다.

오늘날 남한은 북한에 비해 훨씬 앞선 번영을 누리고 있는데 물가를 고려한 1인당 GDP를 비교하면 2016년에 남한은 39,500달러이고 북한은 1,700달러 수준이다. 이러한 경제력 차이가 특히 놀라운 것은 남북한이 분단되었을 때 북한이 남한에 비해 자원이 풍부하고 산업화 수준이 높았기 때문이다.

PlanetObserver/Science Source

남북한의 경제력 차이는 밤에 찍은 한반도의 위성사진에서 극적으로 드러난다. 남한은 전기가 넘쳐나는 불빛의 바다인데 비하여 북한은 수도인 평양을 제외하고 어둠에 잠겨있다.

존재하게 된다. 그래서 경제에서 의사결정은 널리 분산되어 있다. 시장경제는 많은 금전적 이익을 획득할 기회를 제공하기도 하는데 이러한 강력한 인센티브에 이끌려 기존의 기업은 기술 혁신을 하고 기업가들은 신제품과 새로운 생산방법을 시도한다.

순수 자본주의, 즉 자유방임 자본주의에서 정부의 역할은 사유재산을 보호하고 시장이 원활하게 작동할 수 있는 환경을 조성하는 일에 한정된다. '자유방임'이라는 용어는 '그냥 내버려 둔다'라는 뜻으로 정부가 경제에 개입하지 않는다는 것이다. 정부의 시장개입이 시장경제의 효율적 작동을 방해한다고 여기기 때문이다.

그러나 미국을 비롯한 대부분의 자본주의 국가에서 정부는 경제에서 상당한 역할을 행한다. 경제활동의 규칙을 제공할 뿐 아니라 경제의 안정과 성장을 촉진한다. 또한 시장에서 과소 생산되거나 아예 생산되지 않았을 재화나 서비스를 공급한다. 그리고 소득분배를 바꾸기도 한다. 그러나 정부가 무엇을 생산할지, 어떻게 생산할지 그리고 누가 소비할지를 주도적으로 결정하지 못한다. 그 힘은 시장과 이에 참여하고 있는 개인이 가지고 있다.

## 시장경제의 특징

시장경제의 주요 특징을 자세히 살펴보는 것은 매우 유익할 것이다.

### 사유재산

사유재산권

자신에게 적합한 방식으로 자원을 취득, 사용, 처분할 수 있는 권리

시장경제에서 대부분의 물적 생산요소(토지와 자본재)는 정부가 아니라 개인이나 민간 기업이 소유한다. 자본주의라는 이름도 자본의 광범위한 사적 소유에서 비롯된 것이다. 이러한 **사유재산권**과 함께 법적 구속력이 있는 계약의 자유가 주어져야 개인이나 기업은 자신에게 적합한 방식으로 물적 생산요소를 취득, 사용 그리고 처분할 수 있다. 그리고 재산 소유자에게 유산을 상속할 권리가 주어져야 사유재산제도는 유지된다.

재산권은 경제거래가 상호 합의할 때만 이루어지게 하여 자발적으로 서로 협력하게끔 한다. 이를 알기 위해 재산권이 보호되지 않는 세계를 상상해보자. 그러한 세계에서 강자들은 약자에게 어떤 것도 보상하지 않고 자신이 원하는 것을 빼앗아간다. 그러나 재산권이 보호되면 당신에게서 어떤 것을 얻고자 하면 당신의 동의를 받아야 한다. 당신은 팔라는 제안을 거절할 수 있다. 따라서 누군가 당신의 소유물을 진정 원한다면 당신에게 그 대가를 치뤄야 한다. 이러한 대가는 당신이 생각하는 소유물의 가치보다 커야 한다. 그래야 당신은 그러한 제안에 동의할 것이다. 그래서 상호 합의로 이루어지는

거래는 당신의 소유물을 원한 사람뿐 아니라 당신에게도 이익인 것이다.

또한 재산권은 투자, 기술혁신, 교환, 재산의 유지 그리고 경제성장을 촉진한다. 정부 또는 누군가가 타인의 재산을 마음대로 빼앗아 갈 수 있다면 누가 상점에 물건을 쌓아 놓으며, 공장을 건설하거나 농지를 간척하려고 할 것인가?

재산권은 특허, 저작권 및 상표 등 지적재산에도 적용된다. 이들 권리가 장기간 보호되기 때문에 누군가 자신의 지적재산과 이로부터 얻게 되는 수익을 훔쳐갈 것이라는 걱정 없이 책, 음악, 컴퓨터 프로그램 등을 저작하거나 신상품이나 새로운 생산 공정을 발명할 수 있게 된다.

게다가 재산권은 교환을 용이하게 한다. 자동차 등록증이나 주택의 등기서류는 판매자가 적법한 소유자임을 구매자에게 확인시켜 준다. 그리고 재산권이 있어서 재산의 소유자는 재산 가치의 유지나 증대를 위해 재산을 관리하고 개량한다. 마지막으로 재산권이 존재하기 때문에 사람들은 더 많은 시간과 자원을 재화와 서비스 생산에 투입할 수 있다. 재산권이 없다면 생산하거나 취득한 기존의 재산을 지키기 위해 더 많은 시간과 자원을 사용하여야 할 것이다.

### 영업 및 선택의 자유

영업의 자유와 선택의 자유는 사유재산제도와 밀접하게 연계되어 있다.

- **영업의 자유**가 있어야 기업가나 민간 기업은 재화나 서비스의 생산에 필요한 생산요소를 자유롭게 취득하거나 사용할 수 있고 이를 자신이 원하는 시장에서 자유롭게 판매할 수 있다.
- **선택의 자유**가 있어야 누구나 자신의 재산이나 화폐를 자신이 적합하다고 여기는 방식으로 사용하거나 처분할 수 있다. 근로자도 자신이 원하는 직업을 자유롭게 선택할 수 있다. 그리고 소비자도 예산 범위에서 자신의 욕구를 가장 잘 충족시키는 재화나 서비스를 자유롭게 살 수 있다.

영업의 자유
재화나 서비스의 생산에 필요한 생산요소를 자유롭게 취득하거나 사용할 수 있고 이를 시장에서 자유롭게 판매할 수 있는 자유

선택의 자유
자신의 재산이나 화폐를 자신이 원하는 방식으로 사용하거나 처분할 수 있는 자유

그러나 이러한 자유는 법적 제한을 받는다. 인신매매나 마약거래 같은 불법적인 선택은 벌금과 징역형으로 처벌된다. 지구촌 전망 2.1을 보면 경제적 자유의 정도는 나라마다 큰 차이가 있다.

### 사익추구

시장경제에서 **사익추구**는 다양한 경제주체가 자유로운 선택을 할 때 그 배후에서 작동

사익추구
개별경제주체가 자신의 목적을 달성하고자 노력하는 것

## 지구촌 전망 2.1

### 경제자유도 지수(2022)

경제자유도 지수는 무역정책, 재산권, 정부개입 등 10가지 분야에서 각 분야별 50가지가 넘는 구체적 기준을 이용하여 측정한다. 이 지수는 184개국을 평가하여 작성된 것으로 경제자유의 정도에 따라 순위가 매겨져 있다. 2022년의 경제자유도 지수에서 한국은 19위를 차지하였으며, 자유도가 비교적 높은 나라에 속한다. 북한은 평가에서 제외된 7개국을 제외하면 177위로 제일 꼴찌를 차지하고 있다. 다른 국가들의 순위는 아래와 같다.

**자유도 높음**

1. 싱가포르
3. 아일랜드
6. 대만

**자유도 비교적 높음**

16. 독일
19. 한국
25. 미국

**자유도 보통**

35. 일본
43. 이스라엘
52. 프랑스

**자유도 비교적 낮음**

101. 쿠웨이트
113. 러시아
131. 인도

**자유도 거의 없음**

152. 이집트
158. 중국
177. 북한

자료: 헤리티지 재단, www.heritage.com

하는 추진력이다. 사익추구란 개별경제주체가 자신의 목적을 달성하고자 노력한다는 것을 뜻한다. 기업가는 이윤을 극대화하거나 손실을 최소화하고자 한다. 자원의 소유자는 자신이 소유한 자원을 가장 비싼 값을 받고 팔거나 임대해주고자 한다. 근로자는 자신의 효용(만족)을 극대화하기 위해 임금, 근로시간, 부가급여 및 작업 여건 등이 최적으로 결합된 직장을 구하고자 한다. 소비자는 자신에게 가장 큰 효용을 제공하는 상품을 가능하면 가장 싼 가격에 사고자 노력한다. 사익추구라는 동기는 자칫 혼란에 빠질 수 있는 경제를 일관되게 한 방향으로 나아가게 만드는 것이다.

### 경쟁

시장경제는 경제주체들 간의 **경쟁**에 의존한다. 넓게 정의하자면 경쟁은 다음의 조건을 필요로 한다.

- 특정의 생산물시장이나 요소시장에서 독립적으로 행동하는 구매자와 판매자
- 경제적 사익을 추구하는 판매자나 구매자의 진입 및 퇴출의 자유

경쟁
독립적으로 행동하는 구매자와 판매자가 존재하며 이들이 자유롭게 시장에 참여하는 상태

구매자와 판매자의 경쟁으로 경제 권력은 많은 기업과 가계들에 분산된다. 시장에 많은 구매자와 판매자가 있어서 단일의 구매자나 판매자는 자기 마음대로 가격을 정할 수 없다. 다른 구매자나 판매자가 이보다 가격을 낮추면 손해를 보기 때문이다.

그리고 경쟁이 가능하려면 생산자의 산업 진입 또는 퇴출이 자유로워야 한다. 즉, 산업의 확장이나 감축을 방해하는 장벽이 지나치지 않아야 한다. 확장 또는 감축이 자유로워야 경제에 신축성이 주어지고 이에 따라 시간이 지나면서 경제는 효율적인 상태에 이르게 된다. 또한 진입과 퇴출의 자유가 있어야 경제는 소비자의 기호, 기술 그리고 자원의 가용성이 변하더라도 이에 적응할 수 있다.

경쟁에 따른 경제력의 분산은 경제력의 남용 가능성을 줄인다. 가격을 경쟁자보다 높게 매긴 기업은 경쟁 기업에 시장을 빼앗긴다. 경쟁기업보다 낮은 임금을 지불하는 고용주는 다른 기업에 근로자를 빼앗기게 된다. 시장경제에서 경제주체를 견제하는 기본적인 규제력은 경쟁이다.

### 시장과 가격

시장경제의 핵심요소는 시장과 가격이다. 시장과 가격이 시장경제에서 매일 행해지는 수많은 의사결정을 조정한다. **시장**이란 구매자(수요자)와 판매자(공급자)가 서로 만나 거래를 할 수 있게 만드는 제도 또는 작동장치이다. 시장은 구매자나 판매자가 행한 의사결정 정보를 여러 경제주체에 제공한다. 시장의 서로 다른 편에 구매자와 판매자가 존재하여 이들은 생산물이나 자원에 대한 여러 의사결정을 행한다. 이들의 의사결정으로 생산물과 자원의 가격이 결정되는데 이러한 가격이 자원의 소유자, 기업가 및 소비

시장
구매자(수요자)와 판매자(공급자)가 서로 만나 거래를 할 수 있게 만드는 제도 또는 작동장치

자에게 전달된다. 이들은 가격이 제공하는 정보를 바탕으로 새로운 선택을 하거나 자신의 의사결정을 수정하면서 사익을 추구하는 것이다.

경쟁이 시장경제를 견제하는 수단이라면 시장은 경제를 통합하고 조정하는 수단이다. 시장은 정교한 의사소통망이라 할 수 있다. 이를 통해 수많은 개인의 자유로운 선택이 알려지고 조정되면서 선택이 한쪽으로 치우지지 않게 된다. 시장의 신호와 방향에 주의를 기울이는 사람은 이윤과 소득이라는 보상을 얻지만, 이를 무시하는 사람은 손실이라는 처벌을 받는다.

### 기술과 자본재

시장경제에서 기술혁신자는 신제품이나 새로운 생산기술에 따른 금전적 보상을 직접 얻는다. 따라서 시장경제는 복잡한 자본재를 폭넓게 사용하게 하고 이의 신속한 개발을 촉진한다. 여기에서 자본재란 작업도구, 기계설비, 대규모 공장, 창고, 통신, 수송, 마케팅 등을 말한다.

앞선 기술이나 자본재가 중요한 것은 자본재의 도움 없이 생산하는 것이 대부분 아주 비효율적일 때가 많기 때문이다. 이러한 비효율을 피하는 유일한 방법은 자본재를 이용하는 것이다. 농부가 맨손으로 농사를 짓는 것은 어리석다. 쟁기, 트랙터, 곡물저장고와 같은 자본장비를 만들어 사용하면 생산성이 크게 증가한다. 자본재 사용으로 생산성이 증가하면 생산량도 늘어난다.

### 전문화

전문화

개인이나 기업, 지역, 국가 등이 모든 종류의 재화와 서비스를 생산하는 것이 아니라 몇 가지의 재화와 서비스만을 생산하는 것

시장경제는 **전문화**에 크게 의존하고 있다. 전문화란 개인이나 기업, 지역, 국가 등이 모든 종류의 재화와 서비스를 생산하는 것이 아니라 몇 가지의 재화와 서비스만을 생산하는 것을 말한다. 이렇게 생산한 것을 시장에 팔아 자신이 원하는 상품을 구입하는 것이다. 실제로 소비자들 중에 자신이 소비하는 재화나 서비스를 직접 생산하는 사람은 거의 없다. 자신이 생산한 상품을 직접 소비하는 사람도 거의 없을 것이다. 쌀농사를 짓는 농부도 자신이 경작한 쌀 대부분을 시장에 내다 판다. 스마트폰 부품을 생산하는 기업이 이를 직접 사용하는 것은 지극히 드문 일이다. 자동차 수리업자는 자동차 수리로 얻은 수입으로 자신이 필요한 상품을 시장에서 구입한다. 자급자족이 비효율적이라는 것은 오래된 깨달음에서 체득한 것이다. 만물박사는 개인의 다재다능함을 보여줄지 모르지만, 결코 효율적인 생산자가 될 수는 없다

분업

인적 전문화

**분업** 인적 전문화, 즉 **분업**은 여러 가지 방법으로 생산증가에 기여한다.

### 추신수 선수와 BTS

추신수 선수와 BTS가 자신의 재능을 발휘할 수 있는 일에 전문화하는 것은 경제적으로 타당하다.

- **전문화는 능력의 차이를 활용하게 한다.** 전문화를 하면 개인 간에 존재하는 능력과 기술의 차이를 활용할 수 있게 된다. 야구선수 추신수는 신체 건장하고 어릴 적부터 공 던지기에 능하였다. 방탄소년단은 춤과 노래에 능하다. 추신수 선수가 프로야구에서 뛰고 방탄소년단이 노래를 취입하고 콘서트를 연다면 이들의 재능은 가장 효율적으로 사용되는 셈이다.
- **전문화는 학습효과를 촉진한다.** 두 사람의 능력이 똑같더라도 전문화는 이익이 될 수 있다. 하나의 작업에 전념하면 여러 작업을 할 때에 비하여 기술의 개발이나 개선이 훨씬 쉬워진다. 능력이 떨어지는 교수라도 어느 한 전공 분야에 몰두하다 보면 학습효과가 누적되어 훌륭한 전문가가 될 수 있다.
- **전문화는 시간을 절약시켜 준다.** 하나의 작업에 전념하면 여러 작업을 할 때 발생할 수 있는 작업 전환에 따른 시간 손실을 피할 수 있다. 또한 해본 적이 없는 작업을 하다가 발생하는 실수도 피할 수 있어 시간을 절약시켜 준다.

이러한 이유 때문에 전문화가 되면 제한된 자원으로부터 얻을 수 있는 사회의 총산출은 증가한다.

**지리적 전문화** 전문화의 이익은 지역적으로 그리고 국제적으로도 적용된다. 추운 강원도에서도 한라봉을 재배할 수는 있다. 그러나 지질이나 강우량, 기온 등이 재배에 적합하지 않아 비용이 많이 들 것이다. 따뜻한 제주도에서도 감자를 경작할 수는 있다. 그러나 지리적 여건 때문에 비용이 무척 많이 들 것이다. 그래서 강원도 사람들은 지리적 여건에 가장 적합한 상품, 특히 감자를 생산하고 제주도 사람들은 한라봉을 비롯한 감귤류를 생산한다. 전문화를 하면 두 지역 사람들은 자기들이 필요한 것보다 훨씬 많은 양을 생산하게 된다. 그리고 아주 현명하게도 이들은 잉여생산물의 일부를 서로 맞바꾼다. 제주도 사람은 한라봉을 주고 감자를 얻고, 강원도 사람은 감자를 주고 한라봉을 얻는다.

국제적으로도 마찬가지이다. 한국은 자동차나 스마트폰과 같은 상품을 전문화하여 생산한 다음 이를 팔아 미국으로부터 항공기를, 필리핀에서 바나나를, 중국으로부터 농산물 등을 수입한다. 인적 전문화나 지역적 전문화는 제한된 자원을 효율적으로 사용하는 데 매우 중요한 요소다.

## 화폐의 사용

교환의 매개수단

교환에서 판매자나 구매자가 일반적인 지불수단으로 인정하는 것

어떤 경제에서도 화폐가 널리 사용된다는 것은 분명한 사실이다. 화폐는 여러 가지 기능을 수행하지만, 가장 중요한 것은 **교환의 매개수단**으로 사용된다는 것이다. 즉, 거래를 보다 용이하게 한다.

물물교환

화폐 등의 매개 없이 재화와 재화를 직접 교환하는 것

전문화가 이루어지려면 교환이 전제되어야 한다. 교환은 **물물교환**의 형태로 일어날 수 있으며 실제로 발생하기도 한다. 즉, 감자와 한라봉을 서로 바꾸듯이 물건과 물건을 맞바꾸는 것이다. 그러나 물물교환은 구매자와 판매자 간 욕망의 일치라는 심각한 문제를 안고 있다. 앞의 예에서 강원도 사람은 잉여의 감자를 가지고 있으며, 한라봉을 필요로 한다고 가정하였다. 그리고 제주도 사람은 한라봉을 가지고 있고 감자를 사려고 한다고 가정하였다. 이런 상황에서는 거래가 발생할 수 있지만, 욕망이 일치하지 않으면 교환은 좌절되고 만다.

강원도 사람은 제주도의 한라봉이 아니라 전라도의 양파를 원한다고 하자. 그리고 전라도 사람은 강원도의 감자가 아니라 제주도의 한라봉을 원한다고 가정하자. 좀 더 복잡하게 제주도 사람은 전라도의 양파가 아니라 강원도의 감자를 원한다고 하자. 이러한 상황이 그림 2.1에 표시되어 있다.

화폐

사회가 교환수단으로 인정하고 있는 것, 즉 누구나 교환의 매개수단으로 받아주는 것

그림에서 두 당사자 간에는 욕망이 서로 일치하지 않는다. 따라서 물물교환을 통해 거래가 이루어질 수 없음은 분명하다. 그 때문에 각 지역의 주민들은 **화폐**를 사용한다. 화폐란 간단히 말하면 재화와 서비스의 교환을 용이하게 하는 사회적 발명품이다. 어떤 상품이 화폐로 사용되려면 다음과 같은 단 하나의 기준을 통과해야 한다. 즉, 판매자들이 자신의 재화와 용역을 제공한 대가로 이를 기꺼이 받아야 한다는 것이다. 사회가 교환의 매개수단으로 인정하는 것은 무엇이든 화폐가 될 수 있다. 이처럼 화폐는 사회적

그림 2.1 화폐의 역할

화폐를 교환수단으로 사용하면 욕망의 불일치가 존재하더라도 교환이 가능하다. (1) 강원도는 제주도에 감자를 팔아 화폐를 얻는다. (2) 강원도는 화폐를 주고 전라도에서 양파를 구입한다. (3) 전라도는 강원도에서 받은 화폐를 제주도에 주고 원하는 한라봉을 얻는다.

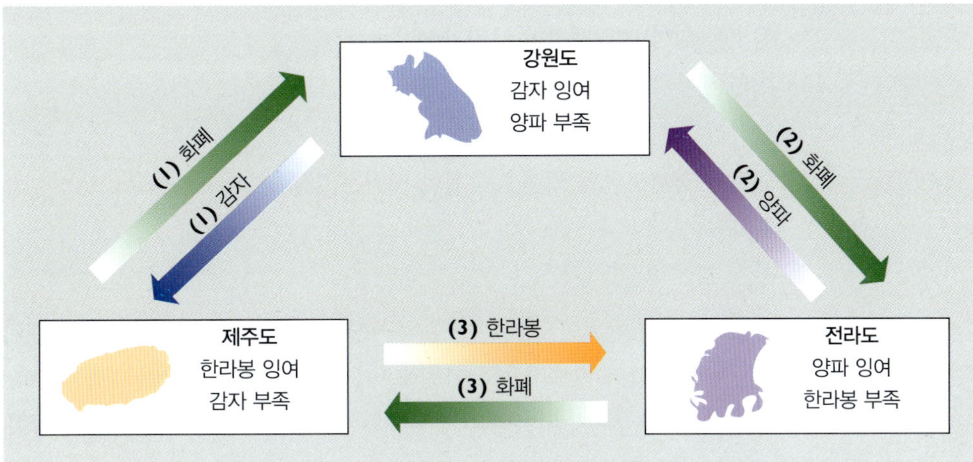


으로 규정되는 것이다. 오늘날 대부분의 국가는 지폐를 화폐로 사용할 뿐 아니라 당좌수표도 화폐로 사용한다. 나아가 비트코인 같은 암호화폐를 화폐로 사용하는 국가도 있다. 우리나라도 교환수단으로 한국은행권(현금)을 비롯하여 수표 등을 사용하고 있어서 강원도, 제주도, 전라도 주민들은 그림 2.1에서 보여준 거래의 장애를 극복할 수 있다.

국제 경제에서 각국은 서로 다른 통화를 사용하고 있어서 국제간의 전문화나 교환은 약간 복잡하다. 그러나 각국의 통화가 사고 팔리는 시장이 있어서 여러 국가의 국민들은 물물교환에 의존하지 않고 재화와 용역을 서로 교환할 수 있다.

## 능동적이지만 제한된 정부

능동적이지만 제한된 정부가 시장경제의 마지막 특징이다. 시장경제는 자원 사용의 효율성을 고도로 촉진시키지만, 시장의 실패라는 내재적 단점을 가지고 있다. 제5장에서 정부가 어떤 방법으로 시장경제의 전체적 효율성을 증대시킬 수 있는지 살펴볼 것이다. 주의할 것은 정부도 단점을 가지고 있어서 오히려 자원배분을 왜곡시킬 수 있다는 점이다.

## 4가지 근본 경제문제

시장경제가 다음과 같은 4가지 근본 경제문제를 어떻게 해결하는지 시장경제의 특징으로부터 설명하여 보자.

- 무엇을 얼마만큼 생산할 것인가?
- 어떤 생산방법으로 이를 생산할 것인가?
- 생산된 재화와 서비스를 누가 소비할 것인가?
- 어떻게 경제생활의 개선을 촉진할 것인가?

### 무엇을 생산할 것인가?

시장경제에서 생산되는 재화의 종류와 수량은 어떻게 결정될까? 이에 대한 답은 간단하다. 즉, 생산해서 지속적으로 이윤을 내는 재화와 용역은 생산하고, 지속적으로 손실을 내는 것은 생산하지 않는다는 것이다. 이윤이란 기업이 생산한 것을 팔아 얻은 총 수입에서 생산에 들어간 총비용을 뺀 것이다.

어떤 산업에서 지속적으로 경제적 이윤이 발생하면 그 산업의 생산은 확대되고 그 산업으로 자원이 이동한다. 기존 기업은 커지고 새로운 기업이 진입한다. 어떤 산업에서 지속적으로 손실이 나면 그 산업의 생산이 줄고 그 산업에서 자원이 빠져 나간다. 기존 기업의 일부는 규모를 줄이고, 일부는 사업을 접게 된다. 그래서 산업은 위축된다.

**소비자주권**

시장경제에서 생산될 재화의 종류와 양을 소비자가 결정하는 것

**돈투표**

소비자나 기업이 지출(돈)하는 것을 통해 소비재나 자본재 생산에 투표하는 것

시장경제에서 소비자는 최고 주권자(지배자)다. 이러한 **소비자주권**은 생산될 재화의 종류와 양을 결정하는 데 절대적 역할을 행한다. 소비자주권이란 희소한 자원을 이용하여 생산되는 재화와 서비스의 종류와 수량을 소비자가 결정한다는 것으로 소비자의 **돈투표**를 통해 그렇게 된다는 것이다. 소비자는 가장 구입하고 싶은 재화에 자신의 소득을 지출한다. 이러한 돈투표를 통해 소비자는 자신의 욕구를 시장에 전달한다. 특정 생산물에 대한 돈투표가 쌓여 이윤을 낼만큼 크다면 기업가는 이를 생산하여 판매하고자 할 것이다. 반대로 돈투표가 부족하여 비용을 충당하기에 충분할 만큼의 수입을 얻을 수 없으면 기업가는 그 생산물을 생산하지 않을 것이다. 이들의 집단적 의사결정은 이들의 욕구를 충족시키는 산업으로 자원이 흘러가도록 명령하고 그렇지 않은 산업에서 자원이 빠져나오도록 명령한다.

### 어떻게 생산할 것인가?

재화와 용역을 생산하기 위하여 어떤 생산방법을 이용할 것인가 즉 자원과 기술을 어떻게 결합하고 생산을 어떻게 조직할 것인가? 이에 대한 답은 생산물의 단위비용을 최소

## 분석의 응용

### 팬데믹 시기의 소비자 주권

코로나19 팬데믹이 2020년 초부터 확산되면서 소비자의 구매행태가 극적으로 변하였다. 이로 인해 경제의 생산물 종류가 크게 달라졌고 일부 산업은 이익을 보았지만, 다른 산업은 어려움을 겪었다.

소비자가 자신을 보호하기 위해 바이러스와 사투를 벌리면서 손소독제의 수요가 급증하였다. 소비자가 손소독제나 이와 유사한 상품에 엄청난 돈투표를 하였고 초기에는 생산자가 급증한 수요를 따라잡을 수 없었다. '코로나 바이러스 지원, 구호 및 경제안정법'은 술을 생산하던 주류제조업자의 손소독제 생산을 허용하여 급증한 수요에 맞춰 소비자의 욕구를 충족시키고자 하였다.

팬데믹으로 공공장소에서 마스크를 착용하는 것은 일상적인 일이 되었다. 그 이전에 미국에서 마스크를 착용하는 것은 지극히 드문 일이었다. 이제 정부의 권고나 명령, 기업체의 내부 규정 또는 스스로의 보호 등 다양한 이유로 마스크의 착용은 흔히 볼 수 있게 되었다. 팬데믹이 한동안 사라지지 않을 것이 분명해지자 소비자들은 다양한 마스크를 구입하기 시작하였다. 재사용이 가능한 마스크를 비롯하여 깜찍한 디자인의 마스크, 회사나 단체의 로고를 부착한 마스크, 다양한 스타일과 색깔의 마스크 등이 등장하였다. 마스크 제조업자들이 이러한 돈투표에 대응하면서 전 세계 마스크 시장의 규모는 2019년 7억 3천 7백만 달러에서 2021년 221억 달러(추정치)로 급증하였다.

일부 산업은 소비자의 지출 증가로 호황을 누렸지만, 일부 산업은 급격한 매출 감소로 어려움을 겪었다. 항공, 호화유람선, 호텔, 식당 등 관광이나 접객산업은 소비자 지출의 급격한 감소를 경험하였다. 이러한 지출 감소는 영업정지나 재택 명령 등 정부의 강제에 의해 초래되기도 하였지만, 이러한 강제가 시행되지 않은 지역에서조차도 소비자들은 이러한 상품과 서비스에 대한 돈투표를 멈추었다. 경제개발협력기구(OECD)에 의하면 2020년 국제 관광은 80% 감소하였다. 일부 관광객들이 해외여행 대신에 국내여행에 돈투표함에 따라 국내 관광이 증가하여 해외여행의 감소가 일부 상쇄되었다.

**문제**

소비자 지출의 변화 중에서 팬데믹이 끝난 이후에도 여전히 지속될 것으로 여겨지는 것은 무엇인가? 그리고 어떤 지출이 팬데믹 이전의 '정상' 상태로 돌아갈 것인가?

---

화하는 방법으로 한다는 것이다. 그렇지 않으면 비효율성이 발생하여 비용이 높아지고 이윤이 낮아지기 때문이다. 따라서 이윤 극대화를 추구하는 기업은 생산비용을 최소화하기 위해 막대한 노력을 기울여야 한다. 이러한 노력에는 생산요소를 적절하게 결합하는 것을 비롯하여 생산 및 수송비용을 낮추기 위해 최적의 공장입지를 찾는 것도 포함된다.

이러한 노력은 기업이 경쟁에 직면할 때 치열해진다. 소비자는 낮은 가격을 선호하며, 따라서 동일 품질이라면 이를 가장 낮은 가격으로 생산하는 기업의 생산품을 구매할 것이기 때문이다. 기업이 어리석게도 고비용의 생산방법을 사용하면 결국 파산하게 된다. 낮은 가격에 팔면서 이윤을 낼 수 있는 효율적인 경쟁자가 더 싸게 팔 것이기 때문이다. 간단히 말하자면 경쟁은 고비용 생산자를 솎아낸다.

### 누가 소비할 것인가?

시장경제는 최종 산출물의 분배를 결정할 때 두 가지를 고려한다. 그것은 시장가격에

## 분석의 응용

### 비트코인과 전기요금

비트코인은 전자 '암호화폐'로 전 세계의 수백만 명으로부터 재화와 서비스의 결제수단으로 인정받고 있다. 비트코인은 어떤 정부가 발행한 것이 아니며, 오직 사이버 공간에서만 존재하고 거래되는 등 독특한 특징을 가지고 있다.

비트코인의 추가적인 공급은 전자적으로만 가능한 것으로 누구나 소프트웨어를 무료로 다운받아 이를 '채굴'할 수 있다. 이것은 비트코인 결제제도의 유지에 필요한 어려운 수학문제를 컴퓨터로 풀어야 가능하다.

컴퓨터는 전기로 작동되는 것이어서 비트코인의 채굴로 큰 이익을 남기려면 값싼 전기를 이용할 수 있어야 한다. 그래서 대규모 비트코인 채굴업체가 값싸게 전기를 생산하는 곳 주변에 몰려 있는 것은 놀라운 일이 아니다. 즉, 미국의 수력발전소나 아이슬랜드의 지열발전소 주변에 몰려 있는 것이다.

시장의 힘은 낮은 비용으로 생산하도록 조장하는데, 이것은 비트코인처럼 무형의 것에 대해서도 작동한다.

**문제**

생산비용이나 물류비용을 줄이기 위해 생산설비의 입지를 전략적으로 택하는 산업을 주변에서 찾아보시오. 어떤 기업은 생산에 투입되는 주요 자원의 인근에 입지하고 어떤 기업은 소비시장 인근에 입지하는데 이러한 차이를 가져다주는 요인은 무엇인가?

대한 소비자의 지불 능력과 지불 의사인데 모든 산출물은 이를 기초로 분배되는 것이 일반적이다. 예를 들어, 소형자동차의 가격이 1,000만 원이면 그 가격을 지불할 의사와 능력이 있는 소비자는 '일을 저지른다.' 그러나 그 가격을 지불할 의사가 없거나 능력이 없으면 소비자는 '먼 산만 쳐다본다.'

자동차를 비롯하여 여러 생산물에 대한 지불 능력은 소비자의 소득수준에 의존한다. 그리고 이들 재화의 가격과 소비자의 선호에도 의존한다. 소비자가 충분한 소득을 가지고 있으며 어떤 재화의 구입을 원한다면 그는 그 재화를 소유할 수 있다.

### 어떻게 경제생활의 개선을 촉진할 것인가?

사회는 경제성장(총산출의 증가)과 생활수준의 향상을 바란다. 사회의 생활수준이 향상되려면 기술 진보와 자본 축적이 필요한데, 시장경제는 이를 어떻게 촉진하는가?

**기술진보** 시장경제는 기술 진보에 강력한 인센티브를 제공하며, 개선된 생산물과 생산 과정이 이보다 저급한 것을 대체하게 만든다. 인기 있는 신제품을 출시한 기업은 경쟁자를 희생 삼아 경제적 이윤을 올린다.

생산비용뿐 아니라 유통비용을 절감하는 새로운 방법이나 개선된 방법도 기술 진보라고 할 수 있다. 이러한 방법을 찾아낸 기업은 가격을 낮춤으로써 절감된 비용의 일부를 소비자에게 돌아가게 한다. 그리고 경쟁자를 희생삼아 매출을 늘릴 수 있고 경제적 이윤을 얻을 수 있다.

게다가 시장경제는 산업 전반에 기술 진보의 급속한 확산을 조장한다. 경쟁기업들은 가장 혁신적인 기업이 앞장서 치고 나간 것을 따라가야 한다. 그렇지 않으면 즉각 손실을 보게 되고 결국 망하게 된다. 그 결과 나타나는 것이 **창조적 파괴**다. 창조적 파괴란 새로운 상품이나 생산방법의 창조가 기존 상품과 과거의 사업방식에 얽매인 기업의 시장을 철저히 파괴하는 것을 말한다. 이러한 사례로는 스마트폰의 출현이 휴대폰 산업의 절대 강자였던 노키아를 침몰시킨 것을 들 수 있다. 뿐만 아니라 CD의 출현은 LP판을 대부분 침몰시켰고, 이러한 CD마저 이제는 다양한 음악 애플리케이션의 등장으로 위기를 맞고 있다.

창조적 파괴
새로운 상품이나 생산방법의 창조가 기존 상품과 과거의 사업방식에 얽매인 기업을 철저히 파괴하는 것

**자본축적** 대부분의 기술 진보는 새로운 자본재를 필요로 한다. 새로운 자본재에 대한 돈투표가 행해지면 시장경제는 새로운 자본재의 생산에 필요한 생산요소를 배분한다. 시장경제에서는 소비재뿐 아니라 자본재에 대한 돈투표가 행해지는 것이다.

소비재에 대한 돈투표는 소비자가 하지만 자본재에 대한 돈투표는 누가 하는 것일

## 분석의 응용

### 보이지 않는 손

아담 스미스는 자신의 저서 『국부론』(1776)에서 시장경제가 신기하게도 사적 이익을 사회적 이익으로 인도하다는 점을 처음으로 지적하였다. 기업과 생산요소의 공급자들은 경쟁시장에서 자신의 사익을 추구하는데, 이로 인해 마치 '보이지 않는 손'에 이끌린 것처럼 공익 즉 사회적 이익이 함께 증대한다는 것이다. 앞에서 살펴본 바와 같이 기업은 경쟁시장에서 이윤 증대를 위해 새로운 상품이나 개선된 상품을 생산하고자 한다. 이렇게 향상된 상품은 사회의 복지수준을 증가시킨다. 또한 기업은 사익추구를 위해 비용을 최소화하는 방식으로 생산요소를 결합하여 생산한다. 그렇게 하지 않으면 이윤이 줄거나 심지어 사업을 접어야 하는 위험에 빠질 수 있기 때문이다. 그런데 비용을 최소화하는 방법으로 생산요소를 사용하는 것은 사적 이익뿐 아니라 사회적 이익에도 부합한다. 그렇게 절약된 생산요소로 사회가 바라는 다른 것을 생산할 수 있기 때문이다.

경쟁적 시장경제는 사익추구를 인도하여 사회적 욕구 변화에 적절히 대응하게 만든다. 기업은 이윤증대와 손실회피를 추구하고 생산요소 공급자들은 금전적 보상의 증가를 추구한다. 이들은 생산요소를 어떻게 사용하고 무엇을 생산할지를 두고 시장에서 거래하게 되는데 이들의 사익추구로 결국 사회가 원하는 생산이 이루어지게 되는 것이다. 경쟁은 사익추구를 통제하거나 인도하여 최선의 사회적 이익을 달성하게 만든다. 사익추구와 경쟁이 초래한 이러한 결과는 전혀 의도하지 않았다는 점에서 보이지 않는 무엇에 인도된 것처럼 보이는 것이다. 이처럼 '보이지 않는 손'은 기업이 이윤을 극대회히고 요소공급자들이 소득을 극대화할 때 사회적 생산과 소득도 극대하되도록 만든다.

**문제**

아담 스미스에 따르면 '자신을 위해 노력하는 것'과 '타인을 위해 노력하는 것'은 서로 모순되는 것일까?

## 분석의 응용

### 통제경제의 종언

시장경제가 4가지의 근본 문제를 어떻게 해결하는지 살펴보았는데, 이러한 논의는 구소련, 동유럽 그리고 중국(시장개혁 이전)의 통제경제가 왜 실패하였는가에 대한 통찰력을 제공한다. 이들 체제는 극복할 수 없는 2가지의 문제에 직면하였다.

첫 번째 어려움은 조정의 문제이다. 중앙 계획당국자는 소비자, 요소공급자 그리고 기업 등이 행한 수백만 건의 개별적인 의사결정을 조정해야만 했다. 트랙터 공장의 생산계획을 세우는 경우를 생각해보자. 먼저 중앙 계획당국자는 실현 가능한 매년의 생산목표, 예를 들어 1천 대의 생산목표를 세워야 한다. 그리고 1천 대의 트랙터 생산과 수송에 필요한 노동, 기계설비, 전력, 강철, 타이어, 유리, 페인트, 운송장비 등을 모두 마련해야 한다.

많은 산업의 산출물이 다른 산업의 투입요소로도 사용되기 때문에 어느 한 산업이 생산목표를 달성하지 못하면 연쇄적인 반작용을 불러일으킨다. 예를 들어, 철광산이 기계설비나 노동력 또는 수송수단의 부족으로 철강생산에 필요한 철광석을 공급하지 못하면 철강공장은 다른 산업에 철강을 공급하지 못하게 된다. 그러면 철강을 원료로 사용하는 산업(트랙터, 자동차, 수송기계 등)도 생산목표를 달성할 수 없게 된다. 결국 철강을 투입요소로 사용하는 모든 기업에 연쇄적으로 파급되고 최종 소비자에게까지 영향을 미치게 된다.

조정문제는 경제가 확대되면서 더욱 어려워졌다. 생산물과 생산 공정은 더욱 복잡해졌고 이에 따라 계획 대상 산업의 수도 증가하였다. 비교적 단순한 경제에서 작동하던 계획기법은 규모가 확대된 경제에는 매우 부적합하였고 비효율적이었다. 생산과정의 병목현상과 생산중단이 일상적인 일이 되었다.

믿을만한 성과지표의 결여가 구소련이나 개혁 이전의 중국경제가 겪고 있던 조정문제를 더욱 가중시켰다. 앞서 살펴본 바와 같이 시장경제는 이윤을 성과지표로 삼는다. 이윤은 소비자의 수요, 생산의 효율성 그리고 생산물의 품질에 의존한다. 이에 비해 통제경제의 주요한 성과지표는 중앙 계획당국자가 배정한 양적 생산목표의 달성 여부이다. 생산비용, 생산물의 품질이나 종류 등은 부차적인 고려사항일 뿐이다. 그래서 관리자나 노동자는 생산물의 품질이나 다양성을 희생시킨다. 생산목표를 달성하기 위해 조립 작업이 부실해지더라도 그렇게 하고 만다.

계획당국자가 양적 생산목표를 제 아무리 잘 배정하더라도 의도하지 않게 생산이 왜곡되는 것을 막을 수 없다. 못의 생산목표를 무게(즉 못의 무게)로 정해 놓으면 사업소는 큰 못만을 만들 것이다. 생산 목표를 수량(즉 못의 개수)으로 정해 놓으면 사업소는 엄청난 양의 작은 못만을 만들 것이다.

둘째로 통제경제는 인센티브 문제에도 봉착한다. 통제경제에서는 중앙 계획당국자가 생산물의 양과 종류를 직접 결정하였다. 정부가 정한 가격에서 자동차, 신발, 작업복, 컴퓨터 등의 수요가 얼마나 될지 계획당국자가 잘못 판단하면 이들 생산물에 대한 물자 부족이나 잉여가 지속적으로 발생한다. 그럼에도 생산을 감독하는 관리자는 생산목표의 달성 여부에 따라 보상을 받기 때문에 물자부족이나 잉여를 조정할 인센티브를 갖지 못하였다. 또한 가격이나 수익성이 시장여건에 따라 변하지 않기 때문에 생산물의 부족이나 과잉을 알 수도 없었다. 따라서 많은 생산물은 공급 부족에 직면하였고 일부 생산물은 과잉 생산되어 몇 개월 또는 몇 년씩 창고에 처박혀 있기도 하였다.

**문제**

시장경제에서 기업은 생산요소를 사용하는 데 어려움을 느끼지 않는다. 그러나 통제경제에서 기업은 생산요소를 사용하는 데 항상 어려움을 겪는다. 왜 이러한 차이가 발생할까?

---

까? 그것은 기업가와 사업주이다. 이들은 흔히 이윤의 일부를 자본재 구입에 투자한다. 이러한 자본재 구입으로 기술혁신이 성공적으로 이루어지면 미래의 이윤이 더욱 증대하기 때문이다.

## 경제순환 모형

경제순환도

경제활동과 관련된 요소들의 관계와 흐름을 보여주는 그림

동태적 시장경제는 재화와 용역, 생산요소, 화폐 등의 연속적이며 반복적인 순환을 창출한다. **경제순환도**가 그림 2.2에 제시되어 있는데, 이것은 정부가 존재하지 않는 단순경제의 순환을 보여주고 있다. 경제순환도에서 경제의 의사결정 주체를 기업과 가계의 두 집단으로 구분하고 있음을 알 수 있다. 여기에서 시장은 생산요소시장과 생산물시장으로 나누어져 있다.

### 가계

가계

주거단위를 구성하는 1명 이상의 사람

그림 2.2의 경제순환도에서 오른쪽의 파란색 사각형은 **가계**(가구)를 나타낸다. 가계는 주거단위를 구성하는 1명 이상의 사람으로 정의된다. 2020년 총가구조사에 따르면 한국의 총 가구는 외국인 가구를 제외하면 약 2,093만 가구가 있다. 이들 가계는 기업이 생산물시장에 공급한 재화와 용역을 구매한다. 그리고 가계는 이들 생산물의 구입에 필요한 소득을 얻기 위해 생산요소시장에 생산요소를 공급한다.

정부가 존재하지 않는 이 경제에서 모든 생산요소는 가계의 소유로 있으며, 가계가 이를 기업에 제공한다. 예를 들어, 가계의 구성원들이 모든 노동과 경영능력을 직접 제

**그림 2.2 경제순환도**

생산요소는 생산요소시장을 통해 가계에서 기업으로 흐르며, 생산물은 생산물시장을 통해 기업에서 가계로 흐른다. 이러한 실물 흐름의 반대 방향으로 화폐는 흘러간다. 가계는 요소시장에서 기업으로부터 소득(기업의 비용)을 얻고, 기업은 생산물시장에서 가계로부터 판매수입(가계의 지출)을 얻는다.

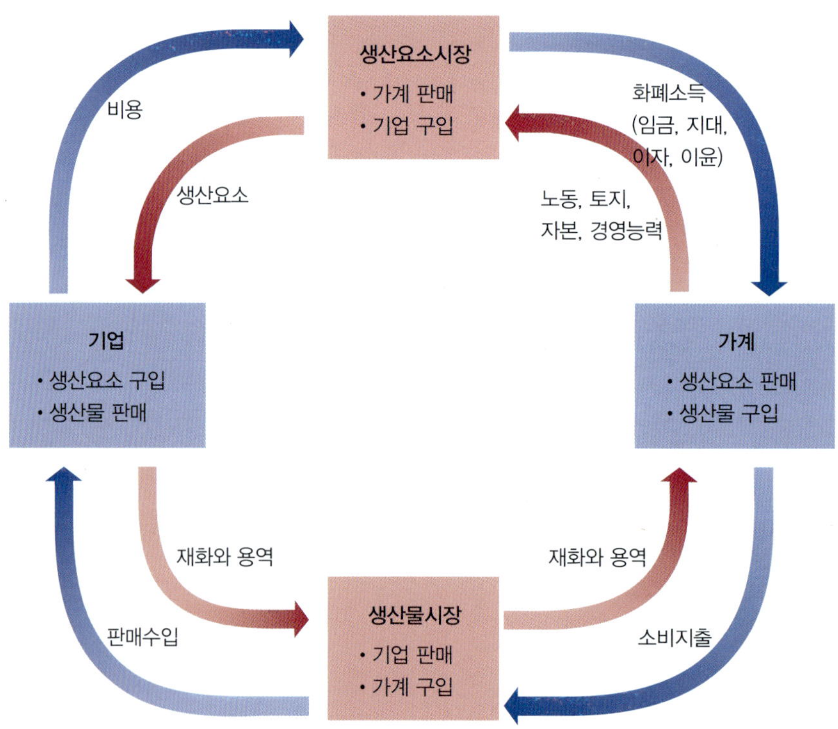

공한다. 또한 경제에 존재하는 모든 토지와 자본을 소유한다. 개인이 직접 소유하거나 기업의 소유(기업이 소유하는 토지와 자본)를 통해 간접적으로 소유한다. 결국 경제 내의 모든 소득, 즉 모든 임금, 지대, 이자, 이윤 등은 가계로 흘러간다. 가계는 기업에 노동, 토지, 자본, 경영 능력 등을 제공한 대가로 이를 받는다.

### 기업

경제순환도의 왼쪽에 있는 파란색 사각형은 기업을 나타낸다. **기업**은 재화와 용역의 판매를 통해 기업의 소유자가 이윤을 얻을 수 있게 힘쓰는 상업적인 조직이다. 기업은 수입을 올리기 위하여 생산물시장에 재화와 용역을 판매한다. 그리고 재화와 용역의 생산에 필요한 노동, 토지, 자본 및 경영능력을 생산요소시장에서 구매하기 위하여 비용을 지불한다.

기업
재화와 용역의 판매를 통해 기업의 소유자가 이윤을 얻을 수 있게 힘쓰는 상업적인 조직

### 생산물시장

경제순환도의 아래쪽에 있는 붉은 사각형은 **생산물시장**을 나타낸다. 이 시장은 기업이 생산한 재화와 용역이 사고 팔리는 장소이다. 가계는 생산요소를 판매하여 얻은 소득을 사용하여 재화와 용역을 구매한다. 이들이 재화와 용역의 구입에 지출한 화폐는 기업에 흘러가 기업의 수입이 된다.

생산물시장
기업이 생산한 재화와 용역이 사고팔리는 시장

### 생산요소시장

마지막으로 경제순환도의 위쪽에 있는 붉은 사각형은 **생산요소시장**을 나타내는데, 이곳에서 가계는 생산요소를 기업에 판매한다. 가계는 소득 창출을 위해 생산요소를 판매하고 기업은 재화와 용역의 생산을 위해 생산요소를 구입한다. 기업이 생산요소의 구입에 지불한 비용은 가계 입장에서는 임금, 지대, 이자, 이윤 등의 소득이 된다. 생산요소는 가계에서 기업으로 흘러가고 화폐는 이와 반대로 기업에서 가계로 흘러간다.

생산요소시장
가계가 공급하는 생산요소가 사고팔리는 시장

경제순환모형은 기업과 가계의 경제활동과 의사결정을 복잡한 거미줄의 형태로 기술하고 있다. 가계와 기업은 판매자이면서 구매자다. 기업은 생산요소를 구매하고 생산물을 판매한다. 가계는 생산물을 구매하고 생산요소를 판매한다. 생산요소와 최종생산물과 같은 실물은 시계반대방향으로 순환하는데 이것은 그림 2.2에서 붉은색 화살로 표시되어 있다. 이와는 반대방향으로 화폐가 순환하는데 이것은 소득과 소비지출로 이루어져 있다. 이것은 파란색 화살로 표시되어 있다.

### 생산요소시장과 생산물시장

농사를 짓는 데 필요한 농지의 거래는 생산요소시장에서 일어나며, 소비자에 대한 쌀의 판매는 생산물시장에서 이루어진다.

자료: 오마이뉴스

자료: 보은사람들 기사

## 분석의 응용

### 기업조직

기업은 민간부문의 구성요소이다. 기업의 형태는 아주 다양하다. 2021년 삼성전자는 278조 원에 가까운 매출을 올리고 순이익도 51조 원을 넘었다. 이에 비해 하루에 20~30만 원의 매출밖에 올리지 못하며, 1~2인을 고용하는 근처의 맛집도 있다. 기업의 법적 형태는 크게 3가지로 구분된다. 개인사업체, 회사법인, 그리고 기타 법인이다.

개인사업체란 개인이 소유하고 경영하는 기업을 말한다. 보통 개인사업자는 스스로 사업을 감독한다. 개인사업체는 사업으로 인해 발생한 손실에 대해 개인사업주가 책임을 진다.

회사법인이란 법에 의해 법인격체가 부여된 기업으로 자신의 이익을 위해 생산요소를 취득하고 자산을 소유한다. 법인이 상품을 생산하여 판매하고 부채를 지며, 신용을 제공한다. 법인은 스스로 소송을 하거나 소송을 당할 수 있으며, 다른 기업조직이 할 수 있는 활동을 모든 수행할 수 있다. 법인은 주식을 발행하여 자금을 마련한다. 그러나 법인은 주식소유자와 법률적으로 독립된 별개의 조직이다. 주주의 법적 · 금전적 책임은 주식지분의 가치에 한정된다. 기업의 경영자와 임원은 기업에 고용된 사람으로 이들이 기업을 대신하여 일상적인 업무를 수행한다. 회사법인은 주식회사, 유한회사, 합자회사 그리고 합명회사 등으로 나누어진다. 법무법인이나 의료법인 등은 2 이상의 개인(파트너)이 기업을 함께 소유하고 경영하기도 한다.

그림 2.3a는 기업형태가 어떻게 분포되어 있는지 보여주고 있다. 5년마다 행해지는 경제총조사에 따르면 2015년

한국의 총 사업체는 약 387만 개를 넘는다. 이중 개인사업체가 80.1%를 차지하며, 회사 법인이 13.5%를 차지하고 있다. 그러나 그림 2.3b를 보면 알 수 있듯이 회사 법인의 매출이 전체의 75%를 차지한다. 세계적으로 보면 대규모의 기업조직은 모두 회사 법인이다. 지구촌 전망 2.2에 세계의 10대 법인이 나타나 있다. 2020년 매출 기준으로 삼성전자는 15위를 차지하였고, 현대자동차가 83위를 기록하였다.

**그림 2.3 기업형태와 매출비중**

(a) 기업 수로는 개인 사업체가 가장 큰 비중을 차지한다. (b) 매출 비중에서 가장 큰 비중을 차지하는 것은 회사 법인이다.

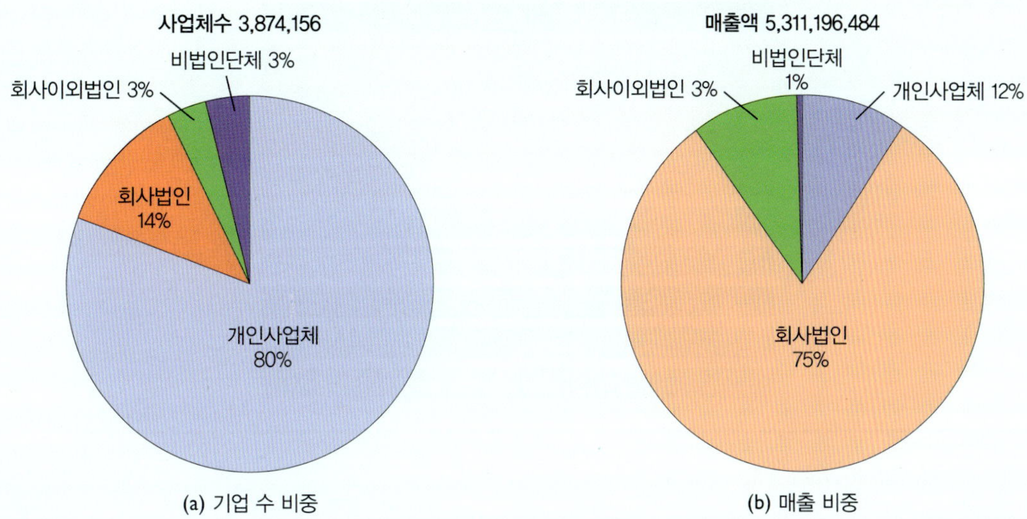


**문제**

개인사업체의 생산, 매출, 이윤이 크게 증가하면 이들은 대부분 법인으로 전환된다. 그 이유는 무엇일까?

## 지구촌 전망 2.2

### 세계 10대 기업

Fortune은 매년 그 전년의 매출 기준(달러)으로 세계 500대 기업을 발표한다. 2021년에 발표한 세계 10대 기업 중 5개 법인의 본사는 미국에 자리잡고 있다. 그밖에 3개 기업의 본사가 중국이며, 일본, 독일에 각각 1개 기업의 본사가 소재하고 있다.

1. 월마트(미국) 5,591억 달러
2. 중국 국가 전력망(중국) 3,866억 달러
3. 아마존(미국) 3,861억 달러
4. 중국국영석유(중국) 2,840억 달러
5. 시노펙(중국) 2,837억 달러
6. 애플(미국) 2,745억 달러
7. CVS 헬스(미국) 2,687억 달러
8. 유나이티드 헬스그룹(미국) 2,571억 달러
9. 토요타자동차(일본) 2,567억 달러
10. 폭스바겐(독일) 2,540억 달러

## 분석의 응용

### 가계부문

가계부문은 민간부문을 구성하는 2번째 요소이다. 2020년 한국의 총 가구는 외국인 가구를 제외하면 약 2,093만 가구다. 이들 가구는 동일 거주지를 사용하는 1명 이상의 인원으로 구성되어 있는데 1인 가구가 전체 31.7%로 가장 큰 비중을 차지하고 있다. 이들은 모든 생산요소의 공급자이자 생산물의 주요 구매자다.

이들의 소득은 임금, 지대, 이자 및 이윤 등으로 구성된다. 임금은 근로자에게 지급되며, 이자나 지대는 생산요소로 제공된 자산의 소유자에게 지급된다. 이윤은 기업의 소유자에게 지급된다.

그림 2.4에 2020년의 총부가가치 국민소득이 나타나 있다. 2020년 기업이 생산 활동을 통해 얻은 부가가치의 총액은 약 1,772조 원이다. 이 중 52.8%가 피용자보수로 근로자의 임금과 급여로 지급되었다. 그리고 영업잉여가 23.3%를 차지하고 있다. 영업잉여에는 토지, 자본 및 경영에 대한 대가인 지대, 이자, 기업 이윤 등이 포함되어 있다. 이중 기업의 이윤은 주주들에게 배당금으로 지급되거나 기업 내에 유보이윤으로 남아있게 된다.

국내 총부가가치 중 피용자보수와 영업잉여는 약 1,349조이며, 이를 국내요소소득이라고 한다. 국내요소소득에서 피용자 보수가 차지하는 비율이 노동소득분배율이다. 2020년 노동소득분배율은 약 69.4%이다. 그런데 통계를 작성할 때 의사, 변호사, 영세사업자, 농부를 비롯하여 법인이 아닌 기업의 소유자가 얻는 소득은 자영업자 소득으로 영업잉여로 분류된다. 하지만 이들 소득의 일부는 사업에서 얻은 이윤이기도 하지만, 노동에 대한 대가이기도 한 점에 유의해야 한다. 실제 미국의 경우 의사, 변호사, 영세사업자, 농부를 비롯하여 법인이 아닌 기업의 소유자가 얻는 소득은 자영업자 소득으로 '근로소득' 항목에 분류된다. 이러한 이유로 상대적으로 자영업자의 비중이 높은 한국의 노동소득분배율이 상대적으로 낮게 나타난다는 지적도 있다.

가계는 이들 소득을 소비지출, 저축, 조세납부 등에 사용한다. 2020년 가계의 총소비지출은 약 861조 원이다. 그림 2.4b에는 가계의 최종소비지출이 4가지로 구분되어 있다. 내구재는 1년 이상 사용이 가능하고 주로 고가의 상품으로 승용차, 가전제품, 컴퓨터 및 통신기기, 가구를 말한다. 그리고 준 내구재는 1년 이상 사용이 가능하나 주로 저가 상품으로 의복, 신발 및 가방, 운동 및 오락용품 등이다. 음식료품, 의약품, 화장품, 서적 및 문구, 차량연료처럼 주로 1년 미만 사용되는 상품이 비내구재이다. 미국의 경우에는 통상 내구 연한 3년을 기준으로 내구재와 비내구재로 구분한다. 그리고 변호사, 의사, 레크리에이션 근로자 등이 행한 근로에 대한 지출이 서비스 지출이다. 2020년 소비자 지출의 약 56%가 서비스에 대한 지출임을 알 수 있다. 그만큼 한국경제에서 서비스 산업은 중요하다.

**그림 2.4 총부가가치의 배분과 소비지출의 구성(2020년)**

(a) 총부가가치의 배분에서 피용자보수는 요소소득의 52.8%를 차지한다. 기업이윤, 이자, 지대 등 영업잉여는 약 23.3%를 차지한다.
(b) 소비자지출은 내구재소비, 비내구재소비, 서비스지출로 이루어져 있다. 서비스지출이 소비자지출의 약 56%를 차지하고 있다.

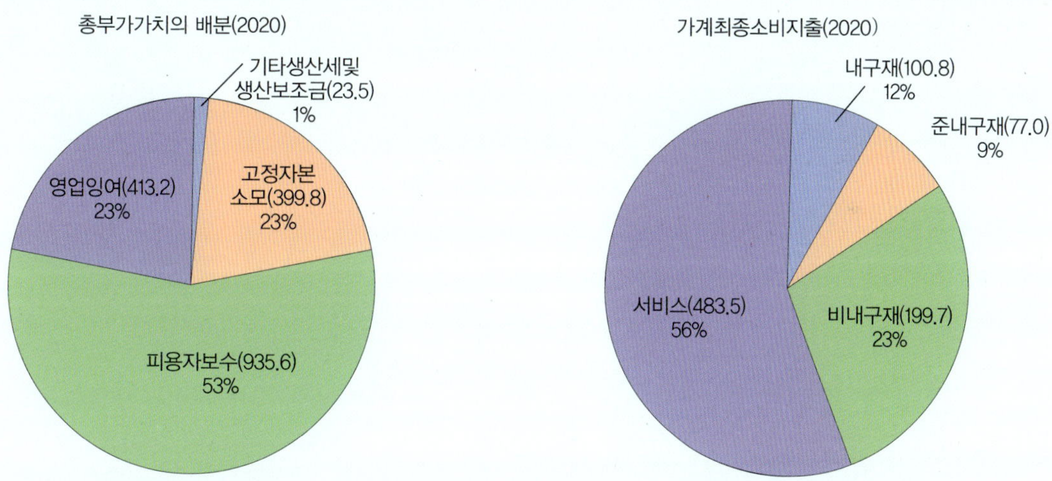


(a) 분배소득의 구성 (b) 소비지출의 구성

> **문제**
>
> 지난 몇 십 년간 소비자의 서비스 지출이 어떻게 증가하였는가를 살펴보고 증가 이유를 설명하여 보시오.

## 내구재, 비내구재 및 서비스

세탁기는 내구재이며, 피자는 비내구재 그리고 이 · 미용은 서비스에 속한다.

© Shutterstock

© Shutterstock

© Shutterstock

# 요약

**1.** 통제경제와 시장경제

경제 문제를 해결하기 위해 널리 이용되는 2가지 형태의 경제체제는 시장경제와 통제경제다. 시장경제(자본주의)에서는 민간이 대부분의 자원을 소유하며, 시장이 대부분의 경제활동을 조정한다. 통제경제(사회주의 또는 공산주의)에서는 정부가 대부분의 자원을 소유하며, 중앙계획 당국자가 대부분의 경제활동을 조정한다.

**2.** 시장경제의 특징

시장경제의 특징은 자본재를 비롯한 생산요소가 사적으로 소유되며, 자신의 물질적 삶을 개선하기 위해 스스로 경제활동을 선택할 수 있는 개인적 자유 등이 보장된다는 것이다. 사익의 추구는 이러한 경제의 추진력이며, 경쟁은 사익추구를 규제하거나 통제하는 기제로 작동한다.

시장경제에서는 시장, 가격, 이윤 등이 매일 행해지는 개인의 수많은 경제적 의사결정을 조정하며, 그러한 의사결정이 실현될 수 있게 만든다.

전문화, 첨단기술의 사용, 자본재의 광범위한 사용 등이 시장경제의 공통된 특징이다. 화폐는 교환의 매개수단으로 작용하여 물물교환의 문제를 해결하며, 거래를 용이하게 할 뿐 아니라 국내외적으로 전문화를 증대시킨다.

**3.** 시장경제의 작동원리

모든 경제가 직면하는 4가지 근본문제는 (a) 무엇을 생산할 것인가? (b) 어떻게 생산할 것인가? (c) 누가 소비할 것인가? (d) 어떻게 경제생활의 개선을 촉진할 것인가? 등이다.

시장경제에서 산출물이 생산되려면 이를 생산 판매하여 얻은 총수입이 총비용을 충당할 수 있어야 한다. 총수입이 총비용에 지속적으로 미달되는 산출물은 생산되지 않는다. 경쟁은 기업으로 하여금 최저비용의 생산방법을 사용하도록 강제한다.

경제적 이윤(총수입−총비용)은 산업이 번성하고 있음을 가리키는 것으로 산업의 확장을 촉진한다. 손실은 산업이 어려움을 겪고 있다는 것을 뜻하며, 산업의 위축을 재촉한다.

소비자주권이란 기업이나 요소의 공급자들이 소비자의 욕구에 지배되고 있음을 말한다. 소비자들은 돈투표를 통하여 산출물의 구성을 결정한다.

가계는 요소가격만큼 요소공급의 대가를 받는데 그것이 가계의 소득을 결정한다. 이러한 소득이 산출물에서 차지하는 가계의 몫을 결정한다. 소득을 가진 가계만이 시장경제에서 생산된 산출물을 소비할 수 있다.

시장경제는 기술진보와 자본축적을 촉진하는데, 이로 인해 국민들의 생활수준이 향상된다.

경쟁은 시장경제의 주요 통제 메커니즘으로 사적 이익과 사회적 이익을 일치시킨다. 보이지 않는 손에 인도되는 것처럼 경쟁으로 인해 기업과 요소공급자들의 사익추구 동기는 사회적 이익을 증대시킨다.

**4.** 경제순환 모형

경제순환 모형은 가계에서 기업으로 생산요소가 흘러가고 기업에서 가계로 생산물이 흘러가는 과정을 보여준다. 생산요소와 생산물이 흘러가는 반대방향으로 화폐는 흘러간다. 기업은 생산요소시장에서 구매자로 등장하고 생산물시장에서 판매자로 등장한다. 가계는 생산요소시장에서 판매자로 생산물시장에서는 구매자로 나타난다.

## 주요 용어 및 개념

가계
경쟁
경제순환도
경제체제
교환의 매개수단
기업
돈투표
물물교환
보이지 않는 손
분업
사유재산권
사익추구
생산물시장
생산요소시장
선택의 자유
소비자주권
시장
시장경제
영업의 자유
전문화
창조적 파괴
통제경제
화폐

## 연습문제

**1.** 시장경제에 대한 다음의 특징 중에서 '보이지 않는 손'과 가장 가까운 개념은?
① 재산권 ② 영업의 자유
③ 사익추구 ④ 경쟁
⑤ 법치

**2.** 다음에서 재산권의 경제적 기능과 무관한 것은?
① 자발적 협동의 조장 ② 외부 효과의 유발
③ 투자의 보호 ④ 기술개발의 촉진
⑤ 교환의 용이

**3.** 다음에서 시장의 기능과 가장 관련이 깊은 것은?
① 정보의 전달 ② 사익추구의 견제수단
③ 투자의 보상 ④ 경제력의 분산
⑤ 이윤의 극대화

**4.** 분업과 관련된 설명으로 잘못된 것은?
① 개인 간의 능력 차이를 활용하게 한다.
② 기술 진보가 없어도 사회 전체의 생산이 증가한다.
③ 작업 전환에 따른 시간손실을 줄인다.
④ 화폐가 없으면 분업이 발생할 수 없다.
⑤ 학습효과를 촉진한다.

**5.** 다음에서 경제의 4가지 기본문제에 해당하지 않는 것은?
① 무엇을 생산할 것인가?
② 어떻게 생산할 것인가?
③ 누가 소비할 것인가?
④ 얼마나 공평한가?
⑤ 변화를 어떻게 수용할 것인가?

**6.** 맥도널드의 메뉴를 보면 대박을 낸 상품은 아직도 팔리고 쪽박을 찬 상품은 메뉴판에서 사라졌다. 이것과 관련이 깊은 것은?
① 소비자 주권 ② 기업가 정신
③ 사익추구 ④ 기술 혁신
⑤ 자본 축적

**7.** 사회주의 통제경제의 몰락원인이라고 할 수 있는 것은?

| 가. 자원의 부족 | 나. 조정의 실패 |
|---|---|
| 다. 인센티브의 결여 | |

① 가 ② 나 ③ 다 ④ 가, 나 ⑤ 나, 다

**8.** 재산권이 존재하면 당사자들이 서로 이익을 볼 때만 거래가 이루어질 수 있음을 설명하여 보시오. 거래의 당사자들이 서로 이익을 보고 있음에도 정부가 이를 불법으로 규정하는 사례를 찾아보고 왜 정부가 이를 금지하는지 설명하여 보시오.

**9.** 시장경제에서 기업은 상품 생산에 필요한 생산요소를 확보할 수 있는지에 대해 거의 걱정하지 않는다. 하지만 통제경제에서는 생산요소를 확보할 수 있는지의 여부가 항상 걱정거리다. 왜 이런 차이가 발생하는가?

**10.** 시장경제에서 이윤과 손실이 행하는 경제적 기능은 무엇인가?

**11.** 기업과 가계는 생산물시장과 생산요소시장에서 무엇을 사고파는가? 이를 설명하여 보시오.

**12.** 경제에 A, B 두 사람만이 존재하며, 이들은 a, b, c 3가지 재화를 생산한다. 이들은 1주일에 한 번씩 만나서 물물교환을 한다. 이들은 서로 만나기 전에는 상대방이 어떤 재화를 가지고 나올지 그리고 어떤 재화를 필요로 할지 알 수 없다. 이들이 만나 물물교환이 이루어질 확률은 얼마인가? a, b, c 재화 중 하나가 화폐라고 하면 이들 간에 물물교환이 이루어질 확률은 얼마인가?

**13.** 유나는 케이블TV 회사의 관리자로 근무하며, 매년 5천만 원을 벌고 있다. 이 때 그녀에게 2가지 사업 기회가 주어졌다. 하나는 직장을 그만두고 유기비누 회사를 설립하는 것이다. 다른 하나는 지방의 케이블 회사와 경쟁관계에 있는 인터넷 기반의 회사를 설립하는 것이다. 비누회사를 설립하면 매년 4억 6,500만 원의 수입이 예상되며, 회사에 필요한 토지, 노동, 자본 등의 비용으로 매년 3억 9,500만 원이 든다. 인터넷 회사를 설립하면 매년 32억 5천만 원의 비용이 들고 이에 비해 수입은 32억 7천 5백만 원이 될 것으로 예상된다.

(a) 그녀는 사업을 위해 현재 다니는 직장을 그만두어야 하는가? 판단기준은 무엇인가?

(b) 직장을 그만둔다면 어떤 사업을 해야 할까? 이유는 무엇인가?

PART 02

# 가격, 수량 및 효율성

3 수요 · 공급과 시장균형

4 수요와 공급의 탄력성

5 시장실패: 공공재와 외부성

CHAPTER 03

# 수요 · 공급과 시장균형

**학습내용**

1. 수요와 수요의 변화 요인
2. 공급과 공급의 변화 요인
3. 균형가격의 결정
4. 수요 · 공급의 변화와 균형가격
5. 정부의 가격 규제와 효과

오랜 기간에 걸친 경제학자들의 노고의 산물인 수요 · 공급 모형은 인간의 행동을 이해하는 데 큰 도움을 준다. 우리는 먹고 마시는 등 모든 소비활동을 시장에 의존하고 있는데 이 모형이 그러한 시장의 작동 과정을 잘 설명하기 때문이다. 이 모형은 매우 설득력 있게 여러 분야에 응용되고 있어서 많은 사람들은 수요 · 공급모형을 경제학 자체로 여길 정도다.

구매자(수요자)와 판매자(공급자)는 시장에서 만나게 되는데 이러한 시장은 다양한 형태로 존재한다. 길모퉁이의 주유소, 인터넷 상점, 동네 편의점 등은 우리에게 친숙한 시장들이다. 증권시장이나 선물시장처럼 세계 곳곳의 구매자와 판매자들이 채권, 주식, 원유 등을 사고 파는 시장도 있다. 노동시장에서 이제 막 대학을 졸업한 학생들은 자신의 재능을 '판매'하고 기업은 이를 '구입'한다. 그리고 카카오 T 어플을 통해 운송을 원하는 수요자와 운송을 제공하는 공급자가 만나기도 한다.

어떤 시장의 거래는 주로 지역 내에서 이루어지지만, 일부 시장의 거래는 국민경제나 국제적 수준에서 이루어지기도 한다. 수요자와 공급자가 서로 얼굴을 마주하는 매우 개인적인 시장도 있지만, 수요자와 공급자가 서로 전혀 마주치지 않고 알지도 못한 채 거래하는 시장도 있다. 어떤 형태이든 모든 경쟁적 시장에는 수요와 공급이 존재하고 있다. 이 장에서는 수요 · 공급 모형을 이용하여 시장에서 수요 · 공급량과 균형가격이 어떻게 정해지는지 논의한다.

## 수요

수요

소비자들이 일정기간 동안 가격이 변할 때 개별 가격에서 구입하고자 하는 생산물의 수량을 보여주는 표나 곡선

**수요**는 소비자들이 일정기간 동안 가격이 변할 때 개별 가격에서 구입하고자 의도하는 생산물의 수량을 보여주는 표 혹은 곡선이다. 이것은 생산물 시장을 염두에 둔 것이지만, '생산물'을 '생산요소'로 그리고 '소비자'를 '기업'으로 바꾸면 생산요소 시장에도 마찬가지로 적용된다. 그림 3.1의 표는 커피라는 특정 상품을 구입하고자 하는 단일 소비자의 가상적인 수요표이다. 단순화를 위해 모든 종류의 커피가 포함되며, 커피 시장이 매우 경쟁적이라고 가정하자.

그림 3.1의 표가 보여주고 있는 것은 커피 가격이 5,000원이면 철수는 매달 커피 10잔을 마시고 가격이 4,000원이면 매달 커피 20잔을 마신다는 것이다.

표만으로는 다섯 가격 중에서 어떤 가격이 커피의 실제 시장가격인지 알 수 없다. 수요는 커피를 실제 구입할 수 있는지를 고려하지 않고 단순히 생산물을 구매하고자 하는 구매자의 계획이나 의도를 나타낼 뿐이다. 실제 시장가격은 수요와 공급의 상호작용으로 결정된다.

수요량이 의미를 가지려면 하루, 일주일, 한 달처럼 일정 기간이 전제되어야 한다. 기간에 따라 사고자 하는 수량이 달라지기 때문이다. 여기에서는 1달의 수요량을 나타

**그림 3.1 철수의 커피 수요**

가격과 수요량은 역의 관계에 있기 때문에 개인의 수요곡선은 D와 같이 우하향한다. 다른 조건이 동일하다면 소비자는 가격이 내리면 더 많이 구입할 것이고 가격이 오르면 더 적게 구입할 것이다. 앞으로 가격은 P, 수요량이나 공급량은 Q로 표시한다.

| 철수의 커피 수요 | |
|---|---|
| 커피 가격(천 원) | 커피의 매달 수요량(잔) |
| 5 | 10 |
| 4 | 20 |
| 3 | 35 |
| 2 | 55 |
| 1 | 80 |

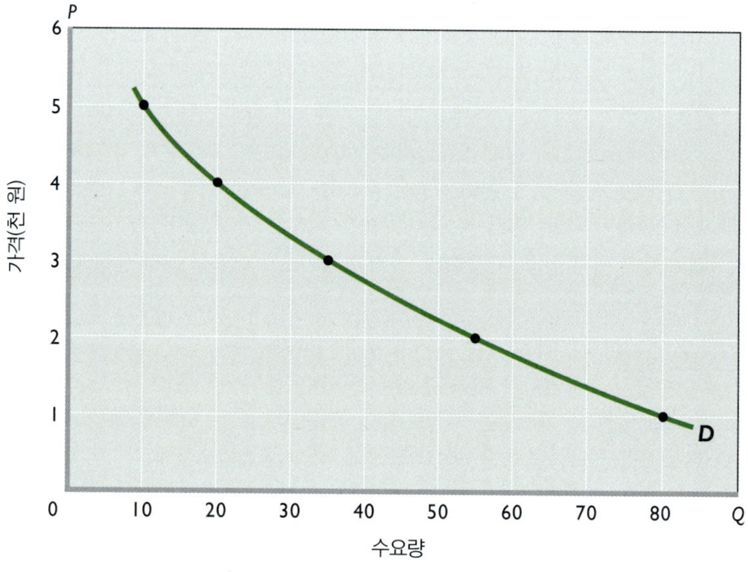

낸다고 하자.

### 수요의 법칙

다른 조건이 동일할 때 가격이 하락하면 수요량은 증가하며, 가격이 오르면 수요량은 감소한다. 간단히 말해 가격과 수요량은 역의 관계에 있다. 경제학자들은 이런 역의 관계를 **수요의 법칙**이라고 한다.

수요의 법칙
가격과 수요량 사이의 음(−) 또는 역의 관계

여기에서 다른 조건이 동일하다는 가정은 매우 중요하다. 그 상품의 가격뿐 아니라 다른 많은 요인들이 수요량에 영향을 준다. 커피에 대한 수요량은 커피의 가격뿐만 아니라 홍차나 과일 주스, 소다수, 생수 등과 같은 대체재의 가격에 따라서도 달라진다. 이 경우에 수요의 법칙이 말하는 것은 홍차나 과일 주스, 소다수, 생수 등의 가격이 변하지 않은 상태에서 커피의 가격이 오르면 커피의 구매량이 줄어든다는 것이다.

수요의 법칙은 상식이나 주변의 관찰과도 일치한다. 사람들은 통상 생산물의 가격이 비쌀 때보다는 낮을 때 더 많이 구입한다. 가격은 소비자들의 구입을 방해하는 장애물이라고 할 수 있다. 장애물이 높을수록 더 적게 구입하며, 장애물이 낮을수록 더 많이 구입한다. 재고품을 정리하기 위해 가격을 낮춘다는 사실은 상인들도 수요의 법칙을 믿고 있다는 증거라고 할 수 있다.

### 수요곡선

어떤 생산물에 대한 수요량과 가격의 역관계는 간단한 그래프로 나타낼 수 있다. 가격 변수를 수직축에 나타내는 경제학의 관례에 따라 가격은 수직축에 그리고 수요량은 수평축에 표시한다. 그림 3.1의 표에 있는 5개의 가격 · 수량 자료를 점으로 찍고 이 점들을 부드러운 곡선으로 연결해서 D라고 표시하였다. 이 곡선이 **수요곡선**이다. 이 곡선은 수요의 법칙을 반영하여 우하향한다. 사람들은 생산물, 서비스, 생산요소 등의 가격이 하락하면 이를 더 많이 구입한다. 그리고 가격이 상승하면 구매량을 줄인다. 즉, 가격과 수요량은 역의 관계에 있다.

수요곡선
어떤 생산물에 대한 가격과 수요량의 역의 관계를 그래프로 나타낸 것

### 시장수요

지금까지는 철수라는 단일의 소비자를 중심으로 살펴보았다. 그러나 경쟁이 되려면 각 시장에 하나 이상의 구매자가 있어야 한다. 개별 가격에서 모든 소비자의 수요량을 합하는 방식으로 개별 수요에서 시장 수요를 구할 수 있다. 그림 3.2의 표나 그래프처럼 시장에 철수, 은하, 혜진 등 3명의 구매자만 있다고 가정하면 개별 가격에 해당되는 총

**그림 3.2** 구매자가 3명일 때 커피의 시장수요

시장수요곡선 $D$는 시장에 참여한 모든 소비자들의 개별수요곡선인 $D_1$, $D_2$, $D_3$을 수평으로 합한 것이다. 예를 들어 가격이 3,000원일 때, 세 명의 개별수요 35, 39, 26을 더하면 시장 수요 100을 구할 수 있다.

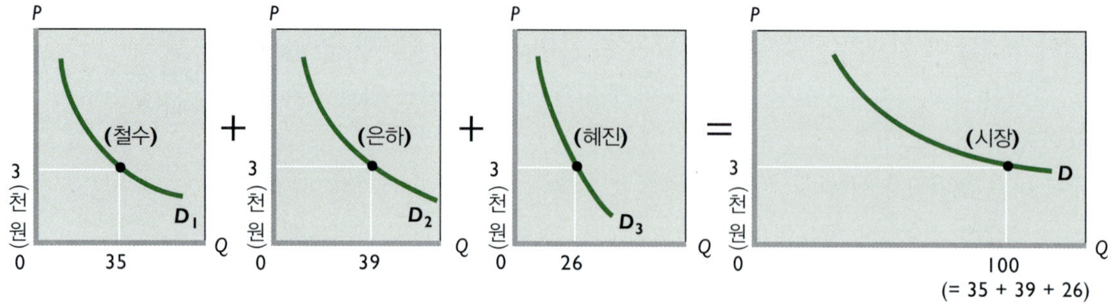


커피의 시장수요: 구매자가 3인일 때

| 커피 가격 (천 원) | 수요량 철수 | | 은하 | | 혜진 | | 월별 총수요량 |
|---|---|---|---|---|---|---|---|
| 5 | 10 | + | 12 | + | 8 | = | 30 |
| 4 | 20 | + | 23 | + | 17 | = | 60 |
| 3 | 35 | + | 39 | + | 26 | = | 100 |
| 2 | 55 | + | 60 | + | 39 | = | 154 |
| 1 | 80 | + | 87 | + | 54 | = | 221 |

수요량을 쉽게 구할 수 있다. 즉, 각 가격에서 개별 수요량을 단순히 수평으로 합하는 것으로 총수요량을 구할 수 있다. 그리고 가격과 총수요량의 조합을 점으로 찍고 이를 연결하면 그림 3.2의 시장수요곡선이 그려진다.

보통 경쟁시장에서는 생산물의 구매자가 3보다 훨씬 많다. 수십만 명의 개별 수요곡선을 합산하는 번잡함을 피하기 위해 여기에서는 그림 3.3의 표와 $D_1$ 곡선이 5개의 개별 가격에서 모든 구매자들이 구매하고자 하는 수요량을 나타낸다고 가정하였다.

**수요곡선의 이동 요인**

수요에 영향을 주는 가격 이외의 요인들, 즉 기호, 구매자의 수, 소득, 관련된 재화의 가격, 소비자의 기대 등

그림 3.3의 $D_1$과 같은 수요곡선을 그릴 때 경제학자들은 수요에 가장 큰 영향을 주는 것은 그 상품의 가격이라고 가정한다. 그러나 다른 요인들도 수요에 영향을 줄 수 있으며, 실제 영향을 주고 있다. 이런 요인들을 **수요곡선의 이동 요인**이라고 하며, 이러한 요인이 변하지 않는다고 가정하고 수요곡선 $D_1$을 그린다. 이러한 요인들은 가격과 수요량 간의 관계에서 '다른 조건이 동일하다'하는 전제에 속하는 것들이다. 변하지 않는다고 여겼던 요인들이 변하면 수요곡선이 왼쪽이나 오른쪽으로 이동하게 되는데 그런 점에서 수요곡선의 이동요인이라고 하는 것이다.

**그림 3.3 커피에 대한 수요의 변화**

수요곡선의 이동요인이 하나라도 변하면 수요의 변화가 초래된다. 수요의 증가는 수요곡선을 $D_1$에서 $D_2$로 오른쪽으로 이동시킨다. 수요의 감소는 수요곡선을 $D_1$에서 $D_3$로 왼쪽으로 이동시킨다. 이런 수요의 변화를 수요량의 변화와 구별해야 한다. 수요량의 변화는 가격의 변화로 초래된 것으로 예를 들어 수요곡선 $D_1$을 따라 점 a에서 점 b로 이동한다.

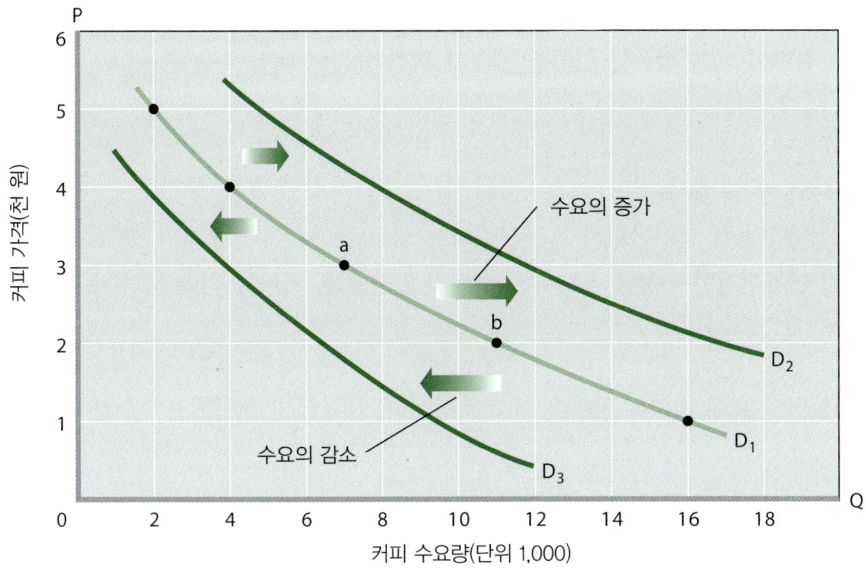


| 커피의 시장수요 | |
|---|---|
| 커피 가격 (천 원) | 월별 총수요량 |
| 5 | 2,000 |
| 4 | 4,000 |
| 3 | 7,000 |
| 2 | 11,000 |
| 1 | 16,000 |

수요곡선을 이동시키는 요인은 (1) 소비자의 기호, 즉 선호 (2) 시장의 소비자 수 (3) 소비자의 소득 (4) 관련 재화의 가격 (5) 기대가격 등이다.

## 수요의 변화

수요곡선의 이동요인들이 하나라도 변하면 그림 3.3에 있는 수요표의 수요량 자료가 변하고 수요곡선의 위치가 달라진다. 수요표의 변화를 그래프로 그리면 수요곡선이 이동하는 형태가 되는데 이를 수요의 변화라고 한다.

만일 소비자들이 개별 가격수준에서 커피를 더 구입하고자 한다면 이러한 수요의 증가는 수요곡선을 $D_1$에서 $D_2$로 오른쪽으로 이동시킨다. 반대로 소비자들이 개별 가격수준에서 커피의 구매량을 줄이면 수요의 감소가 일어난다. 이런 경우 수요곡선은 그림 3.3의 $D_1$에서 $D_3$로 왼쪽으로 이동한다.

이제 수요곡선의 이동 요인들이 변할 때 그것이 각각 수요에 어떤 영향을 주는지를 살펴보자.

**기호** 어떤 생산물에 대한 소비자 기호, 즉 선호가 우호적으로 변하면 개별 가격수준에서 더 많은 양을 구입하게 된다. 개별 가격수준에서 수요량이 증가하면 수요곡선은 오른쪽으로 이동한다. 예를 들어 환경에 대한 관심이 커지면 전기 자동차나 '친환경' 상품에 대한 수요가 증가한다. 어떤 생산물에 대한 소비자 선호가 비우호적으로 바뀌면 수요는 감소하고 수요곡선은 왼쪽으로 이동한다. 예를 들면 최근 들어 불포화지방산의 함량이 낮은 식품이 인기를 끌면서 튀김 요리에 대한 수요가 줄어들기도 하였다.

**소비자의 수** 시장에 참여하는 소비자의 수가 증가하면 수요는 증가한다. 예를 들면 최근 노령인구가 증가하면서 요양시설이나 실버타운에 대한 수요가 늘었다. 반대로 이농이 이루어지면서 농촌 지역에서 주택의 가전제품, 차량 수리에 대한 수요가 줄었다.

**소득** 소득이 수요에 미치는 영향은 다소 복잡하다. 대부분의 재화에서 소득의 증가는

### 정상재와 열등재

스마트폰은 정상재이다. 소득이 증가하면 스마트폰에 대한 구매는 증가한다. 이에 비해 중고가구는 열등재이나. 소득이 증가하면 중고가구를 구매하는 사람은 줄어든다.

자료: Google

자료: Google

수요를 증가시킨다. 소득이 증가할 때 항공편이나 3D TV, 스마트폰 등에 대한 소비자 전체의 구매량은 증가한다. 소득의 변화와 같은 방향으로 수요가 변화하는 재화를 우등재 또는 **정상재**라고 한다.

정상재

소득의 변화와 같은 방향으로 수요가 변화하는 재화

대부분의 생산물은 정상재이지만 예외가 있다. 소득이 어떤 수준을 넘어서면 중고의류, 재생 타이어, 일부 인스턴트식품에 대한 수요가 감소할 수 있다. 높아진 소득으로 소비자는 새 옷이나 새 타이어 그리고 유기농 식품 등을 구입하기 때문이다. 소득의 변화와 반대 방향으로 수요가 변화하는 상품을 **열등재**라고 한다. 열등재는 다만 경제 용어일 뿐 이들 상품이 열등하다는 것을 의미하지 않는다.

열등재

소득의 변화와 반대 방향으로 수요가 변화하는 상품

**관련 재화의 가격** 관련 재화의 가격이 변하면 관련 재화가 대체재이냐 혹은 보완재이냐에 따라 수요가 증가 또는 감소한다.

- **대체재**는 다른 재화 대신 사용될 수 있는 재화를 말한다.
- **보완재**는 다른 재화와 함께 사용되는 재화를 말한다.

대체재

다른 재화 대신 사용될 수 있는 재화

보완재

다른 재화와 함께 사용되는 재화

소고기와 닭고기는 서로 대체할 수 있는 대체재다. 두 재화가 서로 대체재일 때 한 재화의 가격이 상승하면 다른 재화의 수요가 증가한다. 예를 들어 소고기의 가격이 상승하면 소비자는 소고기의 구매를 줄이고 닭고기의 수요를 늘릴 것이다. 삼성의 스마트폰과 애플의 아이폰, 하이트맥주와 카스맥주, 현대 자동차와 벤츠 자동차 등도 마찬가지다. 이들은 소비에 있어 대체재들이다.

## 대체재와 보완재

여러 브랜드의 음료수는 대체재이다. 이에 비하여 핫도그와 겨자소스는 함께 소비되는 보완재이다.

© Shutterstock

© Shutterstock

보완재는 함께 사용하므로 흔히 이를 함께 구매한다. 예를 들어, 컴퓨터와 소프트웨어, 스마트폰과 통신 서비스, 스키장과 리프트 탑승권 등이 있다. 보완재인 컴퓨터의 가격이 오르면 관련 재화인 소프트웨어의 수요는 감소한다. 반대로 등록금이 낮아지면 관련 재화인 교과서에 대한 수요는 증가한다.

대부분의 재화들은 서로 관련이 없는데 이런 재화를 독립재라고 한다. 우유와 골프공, 감자와 자동차, 바나나와 휴대폰처럼 이들 재화의 수요 간에는 어떤 관계도 없다. 어떤 재화의 가격이 변하더라도 이와 독립재인 다른 생산물의 수요는 어떤 영향도 받지 않는다.

**기대가격** 기대가격이 변하면 수요가 달라질 수 있다. 앞으로 가격이 오를 것이라는 기대가 새롭게 형성되면 소비자들은 예상되는 가격 상승에 대비해 지금 구입하게 되며, 따라서 현재의 수요가 증가한다. 예를 들어, 자동차 소비세가 내년에 인상된다면 구매자들은 자동차 가격이 오를 것으로 예상한다. 그래서 가격이 오르기 전에 자동차를 미리 구입하려는 소비자가 증가하여 현재의 자동차 구매가 증가한다. 반대로 가격이 내릴 것이라는 기대가 새롭게 형성되면 현재의 수요가 감소한다.

미래소득에 대한 기대의 변화는 소비자들의 현재 지출을 변화시키도록 유도할 수 있다. 예를 들면 프로야구 드래프트에서 선택된 선수는 고액의 연봉 계약을 기대하며, 최고급 승용차 구매에 돈을 물 쓰듯이 할 수 있다. 혹은 사람들이 직장을 잃을 걱정을 하게 되면, 휴가를 내고 가는 해외여행에 대한 수요가 줄어들 수 있다.

## 수요량의 변화

수요량의 변화

가격의 변화에 따라 수요곡선을 따라 수요량이 변하는 것

수요의 변화

수요의 증가나 감소에 따라 수요곡선이 오른쪽으로 혹은 왼쪽으로 이동하는 것

수요의 변화를 수요량의 변화와 혼동하지 말아야 한다. **수요량의 변화**는 가격의 변화에 따라 수요곡선을 따라 수요량이 변하는 것을 말한다. 이에 비해 **수요의 변화**는 수요의 증가나 감소에 따라 수요곡선이 오른쪽 혹은 왼쪽으로 이동하는 것을 말한다. 수요의 변화는 수요곡선의 이동 요인이 하나 이상 변한 것으로 생산물을 구매하려는 소비자들의 마음이 달라졌기 때문이다. '수요'는 표나 곡선으로 표시되므로 '수요의 변화'는 표의 변경이나 곡선의 이동을 뜻하게 된다.

수요량의 변화는 주어진 수요곡선 위의 한 점에서 다른 점으로 이동하는 것을 뜻한다. 즉, 어떤 가격 · 수량조합에서 다른 조합으로 이동하는 것이다. 이러한 변화는 생산물의 가격 상승이나 하락으로 발생한다. 예를 들어, 그림 3.3의 표에서 커피 가격이 5,000원에서 4,000원으로 하락하면 커피의 수요량은 2,000에서 4,000으로 증가한다.

그림 3.3에서 수요곡선이 $D_1$에서 $D_2$ 혹은 $D_3$로 이동한 것은 수요의 변화이다. 그러나 수요곡선 $D_1$ 위에 위치한 a점에서 b점으로 이동한 것은 수요량의 변화이다. 수요는 곡선 자체를 의미하는 것으로 수요가 변하지 않으면 곡선은 그 자리에 그대로 있게 된다.

정리하자면 가격이 변하면 수요곡선을 따라 수요량이 변하고, 수요량에 영향을 주는 가격 이외의 어떤 변수라도 변하면 수요곡선이 왼쪽 또는 오른쪽으로 이동하면서 수요량이 변한다.

## 공급

**공급**은 생산자들이 일정 기간 동안 개별 가격에서 판매하길 의도하는 여러 생산물의 수량을 보여주는 표나 곡선이다. 이것은 생산물 시장을 염두에 둔 것이지만, '생산물'을 '생산요소'로, '생산자'를 '생산요소의 소유자'로 바꾸면 생산요소시장에도 적용된다. 그림 3.4의 표는 스타벅스라는 커피 공급자의 가상적인 공급표이다. 표에 있는 자료를 그래프로 표시한 것이 곡선 $S$인데 이를 공급곡선이라고 부른다. 이 표나 공급곡선은 '다른 조건이 동일할 때' 개별 가격수준에서 공급되는 커피의 수량을 보여준다.

공급
생산자들이 일정 기간 동안 개별 가격에서 판매하길 원하는 여러 생산물의 수량을 보여주는 표나 곡선

**그림 3.4 스타벅스의 커피 공급**
가격과 공급량은 양의 관계에 있으므로 개별 생산자의 공급곡선은 우상향의 기울기를 가진다. 다른 조건이 동일하면, 생산자들은 가격이 오르면 더 많이 판매하려고 하고 가격이 내리면 더 적게 판매하려고 한다.

스타벅스의 커피 공급량

| 커피 가격 (천 원) | 매월 커피 공급 수량 |
|---|---|
| 5 | 60 |
| 4 | 50 |
| 3 | 35 |
| 2 | 20 |
| 1 | 5 |

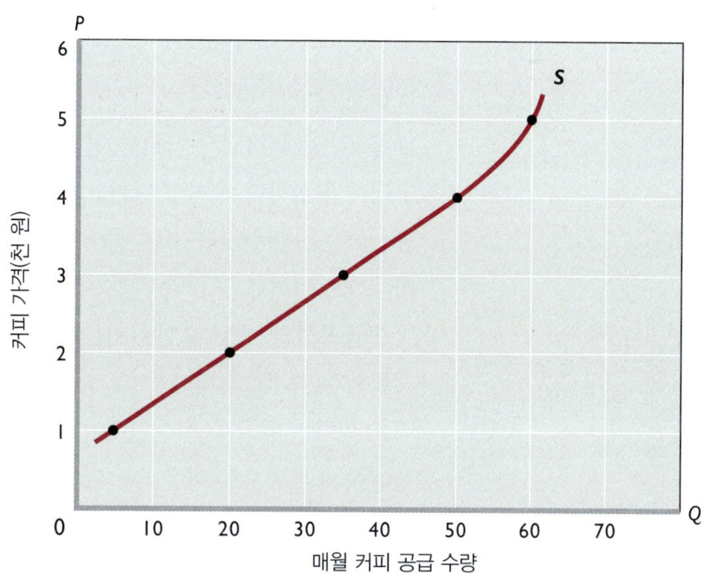

## 공급의 법칙

**공급의 법칙**
가격이 오르면 공급량이 증가하고 가격이 하락하면 공급량이 감소하는 관계

그림 3.4는 가격과 공급량 간에 양(+)의 관계가 존재함을 보여준다. 가격이 오르면 공급량이 증가하며, 가격이 하락하면 공급량이 감소한다. 이런 관계를 **공급의 법칙**이라고 한다. 공급표나 곡선이 보여주는 것은 다른 조건이 동일할 때 기업은 낮은 가격보다 높은 가격에서 자신의 생산물을 더 많이 판매하려 한다는 것이다.

가격이란 철수 같은 소비자에게는 장애물이다. 가격이 높을수록 소비자는 구입량을 줄인다. 하지만 스타벅스 같은 공급자는 가격을 받는 입장에 서 있다. 공급자에게 가격은 판매수입을 뜻하는 것으로 비용을 충당하고 이윤을 얻을 만큼이 되어야 한다. 따라서 가격이 높을수록 이윤을 얻고자 하는 인센티브로 인해 생산물을 더 많이 생산해 판매하고자 한다. 그래서 가격이 높아질수록 이윤 인센티브가 커지고 공급량이 증가한다.

## 시장공급

**공급곡선**
생산물의 가격과 공급량의 관계를 그래프로 나타낸 것

시장공급은 개별 수요에서 시장 수요를 도출하는 것과 똑같은 방식으로 개별 공급으로부터 도출된다. 개별 가격수준에서 모든 공급자의 공급량을 합하면 된다. 즉, 개별 공급자들의 공급곡선을 '수평'으로 합하면 시장 **공급곡선**을 구할 수 있다. 그림 3.5의 표에 있는 가격 · 공급량 자료는 시장에 모든 면에서 동일한 기업이 200개 있으며, 이들이 모두 그림 3.4의 표와 같이 커피를 공급한다는 가정 아래 만들어졌다. $S_1$은 그림 3.5의 표를 그래프로 나타낸 공급곡선이다. 그림 3.5의 수평축과 수직축은 그림 3.3에서 시장수요의 그래프를 그릴 때 사용한 것과 동일하다는 것을 알 수 있다. 유일한 차이점은 수평축이 '수요량'에서 '공급량'으로 바뀐 것이다.

## 공급곡선의 이동요인

공급곡선을 그리면서 가격이 어떤 생산물의 공급에 가장 큰 영향을 준다고 가정하였다. 그러나 일정하다고 여긴 다른 요인들도 공급에 영향을 줄 수 있고 실제로 영향을 준다. 공급곡선은 이런 다른 요인들이 변하지 않는다는 가정 하에 그려진다. 그러나 이들 중 하나라도 변하면 공급의 변화가 발생하고 이로 인해 공급곡선 자체가 이동한다.

**공급곡선의 이동 요인**
가격 이외의 요인들, 즉 생산요소의 가격, 기술, 조세 및 보조금, 다른 재화의 가격, 기대가격, 공급자의 수 등

**공급곡선의 이동 요인**은 (1) 생산요소의 가격 (2) 기술 (3) 조세 및 보조금 (4) 다른 재화의 가격 (5) 기대가격 (6) 공급자의 수 등이다. 이런 공급곡선의 이동 요인 중 하나라도 변하면 공급곡선이 왼쪽이나 오른쪽으로 이동한다. 그림 3.5의 $S_1$에서 $S_2$로 공급곡선이 오른쪽으로 이동하는 것은 공급의 증가를 뜻한다. 즉, 생산자들은 개별 가격수준에서 더 많은 수량을 공급하려고 한다. $S_1$에서 $S_3$로 공급곡선이 왼쪽으로 이동하는

**그림 3.5** **커피 공급의 변화**

공급곡선의 이동요인 중 하나라도 변하면 공급이 변한다. 공급의 증가는 공급곡선을 $S_1$에서 $S_2$로 오른쪽으로 이동시킨다. 공급의 감소는 공급곡선을 $S_1$에서 $S_3$로 왼쪽으로 이동시킨다. 반면에 공급량의 변화는 가격의 변화로 인한 공급량의 변화이며, 이는 주어진 공급곡선 $S_1$ 위의 점 a에서 점 b로 이동하는 것처럼 공급곡선을 따라 이동하는 것으로 나타난다.

| 커피의 시장 공급($S_1$) | |
|---|---|
| (1) 커피 가격 (천 원) | (2) 월간 총공급량 |
| 5 | 12,000 |
| 4 | 10,000 |
| 3 | 7,000 |
| 2 | 4,000 |
| 1 | 1,000 |

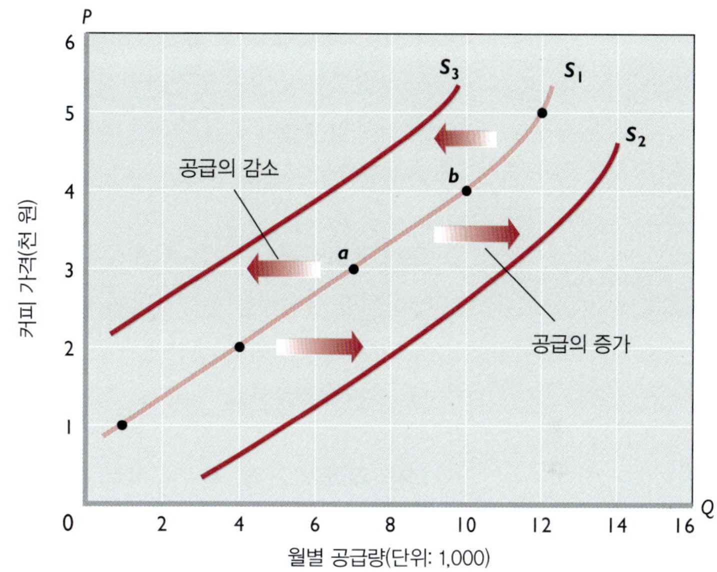


것은 공급의 감소를 의미한다. 생산자들은 개별 가격수준에서 더 적은 수량을 공급한다는 것이다.

## 공급의 변화

공급곡선의 이동 요인이 변할 때 공급에 어떤 영향을 주는지 살펴보자. 이를 푸는 열쇠는 비용이 공급곡선의 기초를 이루는 가장 중요한 요인이라는 점이다. 그래서 비용에 영향을 주는 요인이 변하면 통상 공급곡선이 이동하게 된다.

**생산요소의 가격** 생산요소의 가격은 기업이 부담할 생산비용을 결정한다. 생산요소의 가격이 상승하면 생산비용이 늘어나고, 이에 따라 생산물의 가격이 고정되어 있다면 이윤은 감소한다. 이윤이 감소하면 개별 가격수준에서 생산물을 공급하려는 기업들의 인센티브는 줄어든다. 예를 들어, 커피 원두의 가격이나 인건비가 상승하면 커피의 생산비용이 증가하여 커피의 공급이 감소한다.

반면에 생산요소의 가격이 낮아지면 생산비용이 줄어들어 이윤이 증가한다. 따라서 생산요소의 가격이 하락하면 기업은 개별 가격수준에서 생산물의 공급을 늘린다. 예를 들어, 모래나 자갈, 석회석 등의 가격이 하락하면 콘크리트의 공급이 증가한다.

**기술** 생산기술이 진보하면 동일한 생산량을 더 적은 생산요소를 사용해서 생산할 수 있다. 생산요소의 사용에 비용이 들기 때문에 기술 진보로 적은 생산요소를 이용하여 생산할 수 있게 되면 생산비용이 낮아져 공급이 증가한다. 예를 들어, 컴퓨터의 모니터를 생산하는 기술이 발전하면서 생산비가 현저히 줄어들었다. 따라서 개별 가격수준에서 제조업체들이 공급하고자 하는 양은 예전에 비해 많아졌다. 즉, 모니터의 공급이 증가하였다.

**조세와 보조금** 기업은 부가가치세나 재산세 등 조세를 비용으로 여긴다. 이들 조세가 인상되면 생산비용이 증가하여 공급이 감소한다. 반면에 보조금은 조세와 정반대이다. 정부가 어떤 재화의 생산에 보조금을 지급하면 실질적으로 그 재화의 생산비가 감소하고 공급이 증가한다.

**다른 재화의 가격** 축구공처럼 특정 재화를 생산하는 기업은 자신의 공장설비나 장비를 이용하여 농구공이나 배구공 같은 다른 재화를 생산할 수 있다. 농구공 등 다른 재화의 가격이 상승하면 축구공 생산 기업은 이윤을 높이기 위하여 일부 생산시설을 다른 재화의 생산에 이용한다. 이와 같은 생산의 대체로 인해 축구공의 공급이 줄어든다. 반대로 농구공이나 배구공의 상대 가격이 하락하면 이들 재화를 생산하던 기업은 이들 재화의 생산을 줄이고 축구공의 생산을 늘릴 것이므로 축구공의 공급이 증가한다.

**기대가격** 미래 가격에 대한 기대가 변하면 생산자가 현재 공급하고자 하는 생산량에 영향을 줄 수 있다. 그러나 가격 상승에 대한 새로운 기대가 현재의 공급량에 어떤 영향을 줄지 이를 일반화하기는 어렵다. 쌀 가격이 더 높아질 것으로 예상하는 농부들이 수확한 쌀의 일부를 시장에 내다 팔지 않고 저장하게 되면 현재의 쌀 공급이 감소한다. 반면에 대부분의 제조업에서는 가격이 오를 것이라는 새로운 기대가 형성되면 노동력을 더 많이 투입하거나 생산설비를 확장시켜 현재의 공급을 증가시킨다.

**공급자의 수** 다른 조건이 동일한 상태에서 공급자 수가 많아지면 시장 공급도 커진다. 어떤 산업에 진입하는 기업이 많아질수록 공급곡선은 오른쪽으로 이동한다. 반대로 어떤 산업에 있는 기업 수가 줄어들수록 시장 공급도 감소한다. 즉, 기업들이 산업을 떠나면 공급곡선은 왼쪽으로 이동한다. 예를 들어, 노래방 업체 수가 증가하면 공급곡선이 오른쪽으로 이동한다. 하지만 정부가 노래방의 시설기준을 강화하는 규제를 시행하면 노래방 업체 수는 감소하고 공급곡선이 왼쪽으로 이동한다.

### 공급량의 변화

수요의 변화와 수요량의 변화가 다르듯이 공급의 변화와 공급량의 변화는 다른 것이다. 공급은 공급 표나 공급곡선 자체를 뜻하므로 **공급의 변화**가 발생하면 공급표가 달라지고 공급곡선이 이동한다. 공급이 증가하면 공급곡선이 오른쪽으로 이동하고 공급이 감소하면 왼쪽으로 이동한다. 공급의 변화가 초래되는 것은 공급곡선의 이동 요인 중 하나 이상이 변할 때이다.

공급의 변화

공급곡선의 오른쪽 이동(공급의 증가) 또는 왼쪽 이동(공급의 감소)

한편 **공급량의 변화**는 주어진 공급곡선 위의 한 점에서 다른 점으로 이동하는 것이다. 이러한 이동은 가격의 변화 때문에 나타난다. 그림 3.5에서 커피의 가격이 4,000원에서 3,000원으로 하락하면 커피의 공급량은 매달 10,000에서 7,000으로 감소한다. 이것은 $S_1$ 곡선 위의 b점에서 a점으로 이동하는 것으로 공급량의 변화이지 공급의 변화는 아니다. 공급은 가격과 수량으로 이루어진 공급 표 전체를 의미하는 것이므로 커피 가격이 변하더라도 이 표가 변하지는 않는다.

공급량의 변화

가격이 변화함에 따라 주어진 공급곡선 위의 한 점에서 다른 점으로의 이동

정리하면 가격이 변하면 공급곡선을 따라 공급량이 변하지만, 공급량에 영향을 주는 가격 이외 요인이 하나라도 변하면 공급곡선이 왼쪽 또는 오른쪽으로 이동하면서 공급량이 변한다.

## 시장균형

수요 · 공급에 대한 지금까지의 논의를 바탕으로 철수를 비롯한 커피 수요자들의 의사결정과 스타벅스 등 커피 공급자의 의사결정이 어떤 상호작용을 거쳐 어떻게 커피의 가격과 거래량을 결정하는지 살펴보자. 그림 3.6의 표에서 (1)열과 (2)열은 그림 3.5의 시장공급을, (2)열과 (3)열은 그림 3.3의 시장수요를 그대로 가져온 것이다. 경쟁적 시장을 가정하면 수요자나 공급자는 어느 누구도 자기 뜻대로 가격을 설정할 수는 없다.

### 균형가격과 균형거래량

**균형가격** 즉, 시장청산 가격이란 시장에서 구매자와 판매자의 의도가 일치하는 가격이다. 이 가격에서 수요량과 공급량은 일치한다. 그림 3.6의 표를 보면 가격이 3,000원일 때만 판매자가 팔고자 하는 커피 수량 7,000과 소비자들이 구입을 원하는 커피 수량 7,000이 일치한다. 가격이 3,000원이고 거래량이 7,000일 때 커피의 부족이나 잉여가

균형가격

구매자와 판매자의 의도가 일치하는 가격

**그림 3.6 균형가격과 균형거래량**

우하향하는 수요곡선 $D$와 우상향하는 공급곡선 $S$의 교차점에서 균형가격과 균형거래량이 결정된다. 여기에서는 커피가격 3,000원과 커피수량 7,000이 균형가격과 균형거래량이다. 예를 들어 2,000원처럼 가격이 균형가격 미만이 되면 물자부족이 발생하여 가격이 상승한다. 가격이 상승하면 공급량이 증가하고 수요량이 감소하는데 이것은 균형가격에 도달할 때까지 지속된다. 그리고 4,000원처럼 가격이 균형가격을 초과하면 잉여가 발생하여 가격이 하락한다. 가격이 하락하면 공급량이 감소하고 수요량이 증가하는데 이것은 균형가격에 도달할 때까지 지속된다. 균형가격에서는 커피의 부족이나 잉여는 없다.

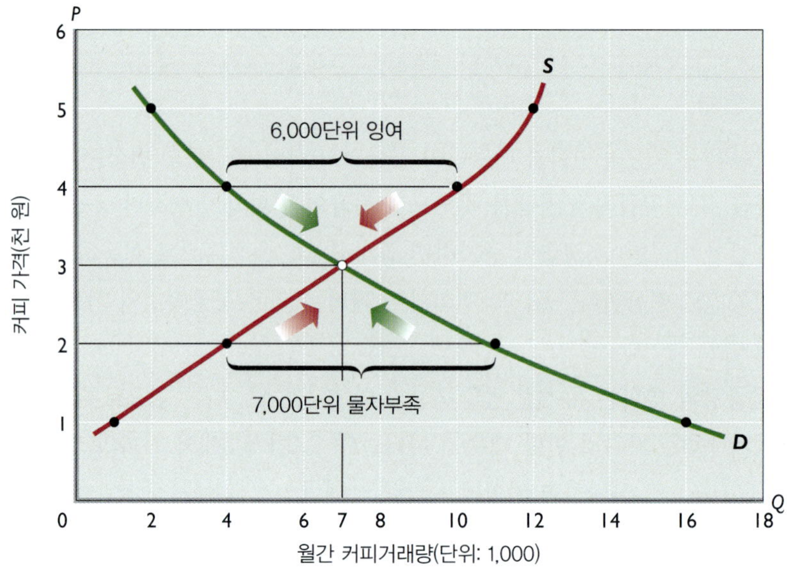


커피의 시장공급과 수요

| (1) 월간 총 공급량 | (2) 커피 가격 (천 원) | (3) 월간 총수요량 | (4) 잉여(+) 혹은 물자부족*(−) |
|---|---|---|---|
| 12,000 | 5 | 2,000 | +10,000 ↓ |
| 10,000 | 4 | 4,000 | +6,000 ↓ |
| **7,000** | **3** | **7,000** | **0** |
| 4,000 | 2 | 11,000 | -7,000 ↑ |
| 1,000 | 1 | 16,000 | -15,000 ↑ |

*화살표는 가격에 미치는 효과를 나타낸 것임

**균형거래량**
구매자들과 판매자들의 수요 · 공급 수량이 일치할 때의 거래량

**잉여**
가격이 균형가격을 초과하여 공급량이 수요량보다 많게 된 것

없다. 따라서 커피 수량 7,000이 **균형거래량**이다. 즉, 이 수량에서 수요량과 공급량이 같으므로 구매자와 판매자의 의도가 일치한다.

그래프로 나타내면 그림 3.6에서 수요곡선과 공급곡선의 교차점에서 균형가격이 구해진다. 이때 수평 축은 수요량과 공급량 모두를 나타낸다. 물자부족이나 **잉여**가 없을 때 시장은 균형 상태에 있다고 말하며, 이것은 '평형상태' 또는 '평온한 상태'를 뜻한다.

균형가격이 하나밖에 없다는 점을 이해하려면 다른 가격을 살펴보면 된다. 가격이 균형가격을 초과하면 공급량이 수요량보다 많아진다. 예를 들어, 커피 가격이 4,000원일 때 판매자들은 커피 수량 10,000을 팔고자 하지만, 구매자들은 커피 수량 4,000을 구입

## 개념의 이해

### 균형 가격

경제학에서 모든 변수는 의도된 변수다. 이러한 의도된 수요량과 공급량이 일치할 때 균형가격이 성립한다. 그런데 어떻게 의도된 수요량과 공급량이 일치하는지 알 수 있을까? 현실에서는 상품이 팔리지 않거나 품귀 상태가 되어야 초과공급이나 초과수요임을 알 수 있다. 그런 후에야 상인은 가격을 낮추거나 올리는 것이다. 물자 부족이나 잉여는 실제 실현되어야 알 수 있는 것이다.

거래가 실현된 다음에야 초과수요나 초과공급을 알 수 있다면 의도된 수요와 공급을 일치시키는 균형가격을 구할 수 없다. 예를 들어, 일부 상품이 이미 판매된 상태에서 초과공급이 발생하였다면 이전의 상태로 돌아갈 수 없기 때문이다.

이런 문제를 해결하기 위해 경제학에서는 가격의 역할을 수행하는 가상의 경매인을 가정한다. 이 경매인은 임의로 어떤 가격을 부르고 그 가격에서 구매자와 판매자는 사거나 팔고자 의도하는 수요량과 공급량을 경매인에게 제출한다. 경매인은 제출받은 수요량과 공급량이 일치하지 않으면 이전의 가격을 무효로 하여 거래가 이루어지지 못하게 한다. 수요량과 공급량이 일치하지 않으면 거래가 아예 일어나지 않는 것이다. 그리고 경매인은 가격을 다시 부른다. 제출받은 수요 · 공급량을 비교하여 초과공급이면 가격을 내려부르고 초과수요이면 가격을 올려부른다. 이러한 과정을 탐색과정(tatonnement process)라고 하는데 이러한 과정을 무한히 반복하면 경매인은 수요량과 공급량이 일치하는 어떤 가격을 발견할 수 있다. 이 가격이 균형가격으로 경매인은 이 가격에서만 거래가 일어나게 하는 것이다.

경매인의 존재와 탐색과정은 균형가격을 찾기 위한 경제학의 이론적 장치다. 이를 전제해야만 균형가격을 발견할 수 있다. 현실적으로 어떤 시점에서 수요량과 공급량이 일치하는 경우는 거의 없다. 현실은 불균형이 일반적이며, 이러한 불균형에서 기업과 상인은 사업기회를 찾기도 한다. 하지만 경매인과 탐색과정이 현실적으로 존재하지 않는다고 해서 균형가격의 논의가 무의미한 것은 아니다. 시장가격은 끊임없이 변동하겠지만, 시간이 흐름에 따라 점차 균형가격으로 향해 갈 것이기 때문이다. 이를 통해 어떤 정책이나 사건이 초래할 결과를 예측할 수 있는 것이다.

하고자 한다. 가격이 4,000원이라면 판매자는 더 많은 양을 팔려고 하고 구매자는 구입량을 줄이려 한다. 결과적으로 6,000의 잉여, 즉 초과공급이 발생한다. 커피 판매자가 판매하고자 하였던 모두 수량을 생산한다면 6,000만큼의 커피가 팔리지 않게 된다.

잉여가 발생하면 가격이 하락한다. 4,000원의 가격이 일시적으로 존재할 수 있지만, 그 가격은 지속될 수 없다. 잉여가 발생하면 판매자들은 경쟁적으로 가격을 낮춰 소비자들의 구매를 촉진하고자 할 것이다. 가격이 하락하게 되면 커피를 생산하려는 인센티브는 감소하고 커피를 구입하려는 소비자들의 인센티브는 증가한다. 그 결과 그림 3.6에 나타나 있듯 이 가격은 균형가격인 3,000원으로 하락한다.

물자부족

가격이 균형가격보다 낮아서 수요량이 공급량보다 많아진 것

가격이 3,000원 미만이 되면 **물자부족**이 발생한다. 즉, 수요량이 공급량을 초과하게 된다. 예를 들어, 가격이 2,000원이라고 해보자. 그림 3.6의 표 (4)열에서 수요량이 공급량보다 많음을 알 수 있다. 그 결과 커피 수량 7,000만큼의 물자부족, 즉 초과수요가 발생한다. 가격이 2,000원이라면 판매자는 커피 생산에 투입하는 생산요소를 줄여 커피 생산량을 줄이고 소비자는 커피 구입량을 늘리지만, 이를 실현할 수 없다. 그래서 2,000원은 균형가격이 될 수 없다. 이 가격에 커피를 구입하고자 하는 많은 소비자들은 커피를 살 수 없다. 그들은 커피를 사기 위해 2,000원 이상을 지불하고자 할 것이다. 이런 구입자들 간의 경쟁으로 결국 가격은 3,000원이라는 균형가격수준까지 상승한다. 공급의 변화나 수요의 변화가 발생하지 않는다면 3,000원이라는 커피 가격은 지속될 것이다.

### 가격의 물자배분 기능

가격의 물자배분 기능이란 경제에서 생산된 물자가 이를 필요로 하는 사람에게 남거나 부족함이 없이 배분되는 것을 말한다. 선착순이나 배급 등의 방법으로 물자를 배분할 수 있지만 가격에 의한 물자배분은 자발적으로 이루어지며, 판매자나 구매자의 의도가 실현되어 누구나 결과에 만족한다는 점에 특징이 있다. 앞의 예에서 3,000원의 균형가격은 수요와 공급을 일치시켜 판매자들에게 부담되는 초과공급이 발생하지 않도록 하고 구매자들에게는 불편한 물자 부족이 생기지 않도록 한다. 이를 흔히 시장이 청산되었다고 하는데 이러한 시장청산 가격은 개인들의 자유로운 의사결정으로 형성된다. 시장거래의 결과를 보면 3,000원에 커피를 구입하고자 원하였던 모든 구매자들은 커피를 구입할 수 있었다. 3,000원을 지불할 능력이 없거나 구입을 원하지 않았던 사람들은 커피를 구입하지 않았다. 비슷하게 3,000원에 커피를 팔고자 했던 모든 생산자들은 이를 팔았다. 그리고 3,000원에 커피를 팔 능력이 없거나 이를 원하지 않았던 모든 생산자들은 이를 팔지 않았던 것이다.

## 분석의 응용

### 창발적 균형

시장 균형은 놀라운 현상이다. 구매자의 수요량은 가격과 음(−)의 관계인데 반하여 판매자의 공급량은 가격과 양(+)의 관계에 있어서 이들은 상반되게 작용한다. 그래서 어떻게 이들이 상호작용하여 완벽하게 동조화된 결과, 즉 수요량과 공급량이 정확하게 일치하는 결과를 가져다줄 수 있을까?

하지만 이러한 결과는 전 세계의 시장에서 수십억 번씩 매일 일어나고 있다. 시장균형과 시장을 통한 물자 배분은 구매자와 판매자의 상호작용을 통해 자생적으로 나타나는데, 이들은 자신만의 이익을 추구할 뿐 수요와 공급을 조정하겠다는 생각은 조금도 하지 않는다.

아담 스미스는 이러한 기적과 같은 결과를 '보이지 않는 손'의 작동으로 설명하려고 하였는데, 개인의 상호작용을 인도하여 사회적으로 유익한 결과가 초래되도록 조정한다는 것이다.

최근 들어 일부 경제학자들은 시장균형을 '창발(emergent propety)', 즉 구성요소에서 전혀 존재하지 않는 특성이나 행동이 전체 체계에 출현하는 현상으로 분류하고 있다.

개별 신경세포는 의식을 가지고 있지 않지만, 이들의 집합체인 두뇌는 의식을 갖고 있다. 이와 마찬가지로 구매자와 판매자는 아무도 자신의 행동을 조정하려고 하지 않지만, 이들의 거래가 이루어지는 시장은 이들의 행동이 일치하도록 조정한다는 것이다. 이처럼 시장균형은 조정되지 않은 개인의 행동들이 혼재하는 곳에서 마술처럼 등장한다.

## 수요 · 공급 및 균형의 변화

시장에서 가격은 변할 수 있으며, 실제 변하기도 한다. 예를 들어, 소비자 기호나 소득, 소비자의 기대가격, 관련된 재화의 가격 등이 변하면 수요가 달라질 수 있다. 생산 요소의 가격, 기술, 조세 등이 변하면 공급이 변한다. 이러한 수요 공급의 변화가 균형 가격과 균형거래량에 어떤 영향을 줄까?

### 수요의 변화

의료 서비스와 같이 어떤 재화의 공급은 변화가 없는데 수요가 그림 3.7(a)처럼 증가했다고 하자. 그 결과 공급과 수요곡선의 새로운 교차점에서 가격과 수량의 값은 이전에 비해 모두 증가한다. 수요의 증가는 틀림없이 균형가격과 균형거래량을 증가시킨다. 반대로 그림 3.7(b)처럼 수요의 감소는 균형가격과 균형거래량을 줄인다.

### 공급의 변화

스마트폰처럼 어떤 재화의 수요는 변화가 없는데 그림 3.7(c)처럼 공급이 증가했다고 하자. 그러면 수요와 공급의 새로운 교차점에서 균형가격은 낮아지고 균형거래량은 많아진다. 공급의 증가는 균형가격을 낮추지만, 균형거래량을 증가시킨다. 반대로 그림 3.7(d)처럼 공급의 감소는 균형가격을 상승시키고 균형거래량을 감소시킨다.

### 복합사례

공급과 수요가 동시에 변하면 그 결과는 개별 효과를 조합하면 된다.

**공급 증가 · 수요 감소** 쌀의 공급은 증가하였는데 수요는 감소하였다면 균형가격은 어떤 영향을 받을까? 두 변화는 모두 가격을 하락시키므로 어느 하나만 변했을 때에 비해 가격이 더 크게 하락한다.

균형거래량은 어떻게 될까? 공급과 수요의 변화가 수량에 대해 미치는 영향은 서로 상반된다. 공급의 증가는 균형거래량을 증가시키지만, 수요의 감소는 균형거래량을 감소시킨다. 균형거래량의 증가 혹은 감소 여부는 수요 및 공급 변화의 상대적 크기에 달려 있다. 공급의 증가가 수요의 감소보다 크다면 균형거래량은 증가할 것이다. 그러나 수요의 감소가 공급의 증가보다 크면 균형거래량은 감소할 것이다.

**공급 감소 · 수요 증가** 원유의 공급이 감소하고 수요가 증가하면 이 변화는 모두 가격을 상승시킨다. 두 변화가 결합되어 하나만 변했을 때보다 가격이 더 크게 상승한다.

**그림 3.7** **수요 · 공급의 변화가 가격과 거래량에 미치는 효과**

(a) $D_1$에서 $D_2$로 수요가 증가하면 균형가격과 균형거래량이 모두 증가한다. (b) $D_3$에서 $D_4$로 수요가 감소하면 균형가격과 균형거래량이 모두 감소한다. (c) $S_1$에서 $S_2$로 공급이 증가하면 균형가격은 하락하고 균형거래량은 증가한다. (d) $S_3$에서 $S_4$로 공급이 감소하면 균형가격은 상승하고 균형거래량은 감소한다. 각 그래프의 우상부에 있는 상자는 변화와 이에 따른 결과를 요약한 것이다. 상향 화살표는 상승 혹은 증가, 하향 화살표는 하락 혹은 감소를 나타낸다.

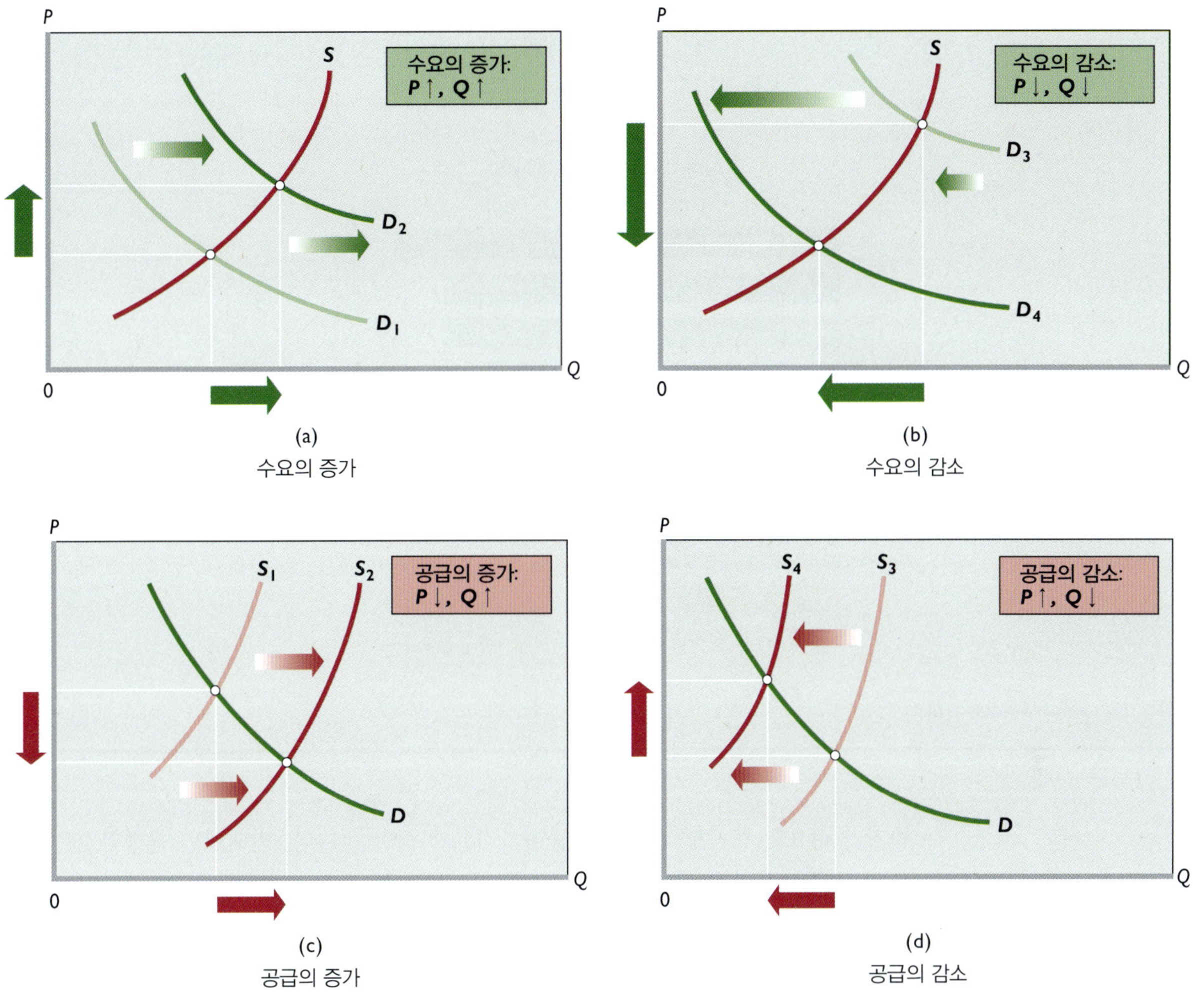


그러나 균형거래량에 대한 효과는 알 수 없다. 그것은 수요 및 공급 변화의 상대적 크기에 따라 결정된다. 만일 공급의 감소가 수요의 증가보다 크면 균형거래량은 감소할 것이다. 반대로 수요의 증가가 공급의 감소보다 크면 균형거래량은 증가할 것이다.

**공급 증가 · 수요 증가** 택배서비스에 대한 공급과 수요가 모두 증가하면 어떨까? 공급의 증가는 균형가격을 하락시키고 수요의 증가는 균형가격을 인상시킨다. 만일 공급의

## 지구촌 전망 3.1

### 식빵 하나의 평균가격(2018)

500g짜리 식빵 하나의 시장균형가격은 국가마다 큰 차이를 보인다. 이것은 국가마다 수요, 공급에 차이가 있고 보조금이나 상한가격제처럼 정부 개입에 정도의 차이가 있기 때문이다. 각국의 식빵 가격은 환율을 이용하여 미국 달러로 표시하였다.

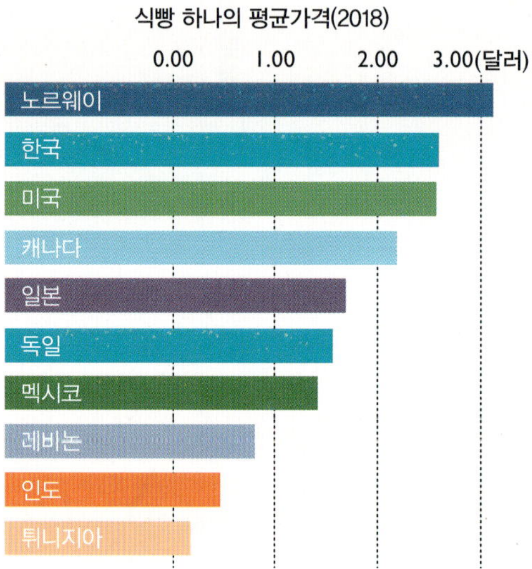


자료: Numbeo, www.numbeo.com.

증가가 수요의 증가보다 크다면 균형가격은 하락할 것이다. 반대이면 균형가격은 올라갈 것이다.

균형거래량에 대한 효과는 확실히 알 수 있다. 공급의 증가와 수요의 증가는 모두 균형거래량을 늘린다. 따라서 균형거래량은 어느 하나의 변화에서 초래된 거래량의 증가보다 더 클 것이다.

**공급 감소 · 수요 감소** 택시의 수요와 공급이 같이 감소한다면 어떻게 될까? 공급의 감소가 수요의 감소보다 크다면 균형가격은 오를 것이다. 반대일 경우에는 균형가격이 하락할 것이다. 두 변화가 동일한 크기로 일어나 서로의 효과를 상쇄시키면 균형가격은 변하지 않을 수 있다. 공급과 수요의 감소는 모두 균형거래량을 감소시키므로 균형거래량은 확실히 감소한다.

## 정부의 가격 통제

대부분의 시장에서 가격은 수요와 공급의 변화에 따라 균형가격을 향해 자유롭게 상승 또는 하락한다. 이들 가격의 높낮이는 문제가 되지 않는다. 그러나 정부는 때때로 수요와 공급의 변화로 초래된 가격이 구매자들에게 부당하게 높다거나 판매자들에게 부당하게 낮다고 판단한다. 그래서 정부는 가격의 상한이나 하한 또는 변동 범위에 대해 법적 제한을 두기도 한다. 물자부족과 잉여에 대한 앞의 분석을 통해 정부의 가격통제가

### 분석의 응용

#### 휘발유에 대한 가격상한제

가격상한제란 생산물 혹은 서비스에 대하여 판매자가 부과할 수 있는 최대가격을 법으로 정하는 것이다. 상한가격 이하의 가격은 합법이며 그 이상의 가격은 불법이다. 특정 생산물에 대해 가격의 상한, 즉 상한가격을 설정하는 근거는 균형가격에서 소비자들이 '필수적' 재화와 서비스를 구입할 수 없으므로 구입 가능하도록 가격을 낮추자는 것이다.

그림 3.8에 가격상한제의 효과가 그래프로 나타나 있다. 가상의 경제 상황을 생각해보자. 세계적으로 소득이 급속히 증가하여 자동차의 구입이 확대되었고 이로 인해 휘발유의 수요가 우측으로 이동하여 시장균형가격이 리터당 2,500원이 되었다고 가정하자. 휘발유가격의 급격한 상승으로 저소득층이나 서민층은 가계 운영에 큰 부담을 느끼게 된다. 이것은 '어떤 조치를 취하도록' 정부에 압력을 가한다. 그래서 정부는 휘발유 가격을 내리기 위해 리터당 2,000원으로 가격의 상한을 정하였다. 시장에 영향을 주려면 상한가격은 균형가격 미만이어야 한다. 예를 들어 상한가격을 3,000원으로 정하면 현재의 휘발유 가격에 아무런 영향을 주지 않을 것이다.

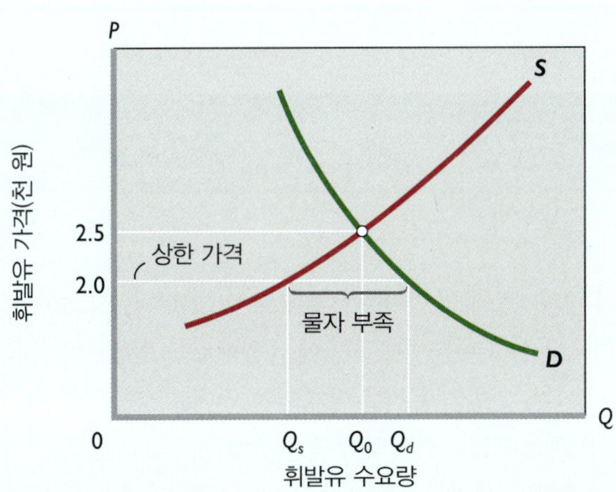


**그림 3.8 가격상한제**
상한가격은 법정 최고가격으로 균형가격보다 낮은 2,000원으로 정해진다. 이로 인해 물자부족이 해소되지 않는다. 여기에서 물자부족은 $Q_d$와 $Q_s$ 사이의 수평거리로 나타난다.

2,000원의 상한가격은 시장에 어떤 영향을 줄까? 무엇보다 시장의 물자배분기능이 상실된다. 상한가격 2,000원은 시장을 청산할 수 있는 가격인 2,500원 이하이므로 휘발유의 부족은 지속된다. 2,000원일 때 휘발유의 수요량은 $Q_d$이고 공급량은 $Q_s$에 불과하다. 그러므로 $Q_d-Q_s$에 해당되는 초과수요 혹은 물자부족은 해소되지 못하고 지속된다.

보통의 경우 초과 수요가 발생하면 구매자들의 경쟁으로 가격이 상승하고 그래서 더 많은 생산이 일어나고 일부 구매자들은 시장에서 빠져 나간다. 이런 조정과정은 지속되어 균형가격이 2,500원 그리고 균형거래량이 $Q_0$에 이르러서야 물자부족현상이 사라진다. 하지만 가격상한이 2,000원으로 정해져 있어서 이러한 시장조정이 나타날 수 없다.

공급량은 $Q_s$이고 구매자들은 이보다 많은 $Q_d$를 원하는데 판매자들은 이를 어떻게 배분할 것인가? 선착순으로, 즉 긴 줄을 서서 오랫동안 기다리는 사람들에게 배분해야 하는가? 아니면 주유소가 자기 입맛대로 배분하게 내버려 둘 것인가? 이를 규제하지 않으면 공정한 분배가 이루어지지 않기에 정부는 휘발유를 배분하는 체계를 마련해야만 한다. 한 가지 방법은 배급표를 발행하여 소지자에게 매달 일정량의 휘발유를 구입하게 하는 것이다. 먼저 $Q_s$만큼의 배급표를 인쇄한 다음 이 배급표를 모든 소비자들에게 동일하게 분배하는 것이다. 그래서 4인 가족의 부유한 가족이나 가난한 가족이 모두 같은 수의 배급표를 받게 하면 된다.

그러나 배급표를 배분하더라도 또 다른 문제가 발생한다. 그림 3.8의 수요곡선을 보면 상한가격 2,000원보다 많은 돈을 지불해서라도 휘발유를 구하고자 하는 소비자는 많이 있다. 그리고 주유소는 상한가격보다 비싸게 팔아 이익을 보고자 한다. 그래서 가격통제를 위해 강력한 행정력을 동원하더라도 상한가격보다 비싸게 거래되는 불법적인 암시장을 막을 수 없다. 나아가 배급표의 위조도 등장한다. 그리고 정부의 '통제'로 휘발유의 가격이 정해지므로 정부에 정치적 압력을 가해 가격을 더욱 낮추려는 시도도 등장한다.

> **문제**
>
> 가격 상한제가 오랫동안 유지되면 이를 폐지하기가 쉽지 않다. 그 이유는 무엇인가?

## 분석의 응용

### 임대료 규제

전세가격이나 월세가격이 상승하면 서민의 주거환경을 보호한다는 명분으로 임대료를 규제하여야 한다는 주장이 흔히 등장한다. 임대료 규제란 임대료의 상한을 법으로 정하는 것인데 최근에는 임대료의 최대 인상폭을 규제하는 방식으로 시행되기도 한다. 이러한 법의 의도는 선한 것이다. 입법의 목적은 계속되는 임대료 상승으로부터 저소득 가정을 보호하려는 것이다. 임대료 규제를 통해 주택부족을 해소하고 주거비의 부담을 줄이자는 것이다.

우리나라뿐 아니라 일부 선진국도 실제 임대료를 규제하고 있다. 임대료 규제의 경제적 효과는 실제 어떠하였을까? 수요의 측면에서 임대료가 균형가격보다 낮아지면 훨씬 많은 세입자들이 모여든다. 친구나 가족과 함께 지내던 사람들이 자신의 독립적인 공간을 마련하고자 임대주택을 찾는다. 그러나 더 큰 문제는 공급측면에서 발생한다. 가격통제로 집주인들은 임대시장에 주택을 내놓길 꺼려하여 공급이 감소한다는 것이다. 실제 임대료 규제가 행해진 미국에서는 소유자가 임대주택을 팔거나 쇼핑몰 등으로 개조하기도 하였다. 임대주택을 수리하거나 신축하는 것은 낮은 임대료 때문에 수지가 맞지 않았기 때문이다. 일부 대도시에서는 많은 아파트 건물이 빈 집으로 남아있게 되었는데 이를 초래한 원인이 임대료 규제였던 것이다. 임대를 주느니 빈 집으로 남겨놓는 것이 편리하였기 때문이다. 또한 보험회사, 연금기금 등 주택 투자자들은 임대료가 통제되지 않는 사무실빌딩, 쇼핑몰, 모텔 등에 투자하였다. 그것이 더 큰 수익을 가져다주었기 때문이다.

간단히 말해 임대료규제는 시장의 신호를 왜곡하여 자원을 잘못 배분한다. 즉, 너무 적은 자원이 임대주택에 배분되고 너무 많은 것이 다른 건물의 건축에 배분된다. 역설적인 것은 주택부족을 해결하기 위해 임대료 규제를 입법화하지만 오히려 임대료규제가 주택부족을 심화시키는 원인이 된다는 것이다. 그런 이유로 미국 대부분의 도시는 임대료 규제를 포기하였거나 이를 점차 줄이는 과정에 있다.

**문제**

임대료를 규제하면 이들 주택의 관리가 소홀히 되는 경향이 있다. 그 이유는 무엇일까?

## 분석의 응용

### 쌀에 대한 최저가격제

쌀의 균형가격이 kg당 2,000원이어서 많은 농부들의 소득이 매우 낮다고 가정해보자. 정부가 이들을 돕기 위해 최저가격제, 즉 쌀 가격의 지지정책을 도입하여 쌀의 가격을 kg당 3,000원으로 정한다고 하자.

결과는 어떻게 될까? 가격이 균형가격을 초과하면 공급량은 수요량보다 많게 된다. 즉, 생산물의 잉여가 사라지지 않는다. 최저 가격이 3,000원이면 농부들이 생산해서 팔고자 하는 양은 소비자들이 구매하고자 하는 수량보다 많다. 가격상한제에서 보았듯이 법으로 강제된 가격은 시장의 배분능력을 망가뜨린다.

그림 3.9는 최저가격제의 효과를 그래프로 보여준다. $S$와 $D$는 쌀의 공급곡선과 수요곡선을 나타낸다. 균형가격은 2,000원이며 균형거래량은 $Q_0$이다. 정부가 3,000원으로 최저가격을 정하면 농부들은 $Q_s$만큼 생산하지만, 민간 구매자들은 $Q_d$만큼을 구입하고자 할 것이다. 잉여가 $Q_d$와 $Q_s$의 차이만큼 발생한다.

정부는 최저가격제에서 발생하는 잉여를 2가지 방식으로 대처하게 된다. 첫 번째 방법은 농부들이 스스로 토지의 일부를 경작하지 않도록 농지의 휴경제도를 도입하여 공급을 제한하거나 쌀을 이용한 새로운 상품을 개발하여 수요를 증가시키는 것이다. 이런 조치를 취하면 균형가격과 최저가격의 차이가 줄어들어 최저가격제로 인한 잉여의 크기를 줄일 수 있다.

이러한 노력들이 성공적이지 못하면 정부는 잉여생산물을 3,000원에 구입해서 이를 비축하거나 폐기하는 두 번째 방법을 마련하여야 한다. 이것은 사실상 농부들에게 보조금을 지급하는 것과 같다.

**그림 3.9 최저가격제**
최저가격은 법정 최저가격으로 3,000원으로 정해져 있다. 이로 인해 생산물의 잉여가 사라지지 않는다. 그래프에서 잉여는 $Q_s$와 $Q_d$의 수평거리로 나타난다.

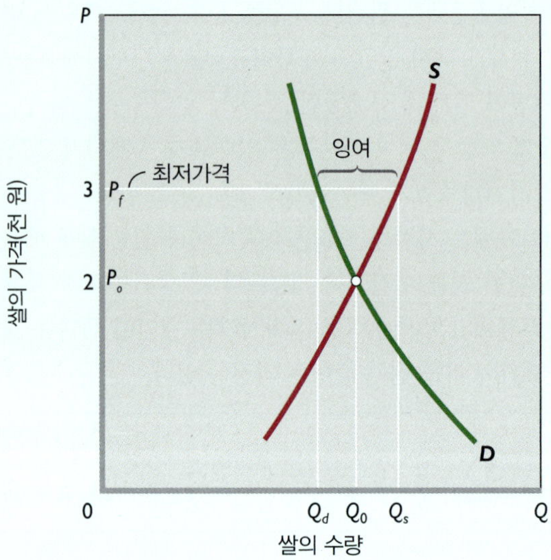


그림 3.9에서처럼 3,000원으로 정한 최저가격은 가격의 물지배분 기능을 훼손할 뿐만 아니라 자원배분을 왜곡시킨다. 최저가격제가 없었다면 균형가격이 2,000원이 되는데 이로 인해 고비용으로 쌀을 생산하는 농부들은 손해를 보게 되고 그래서 다른 작물을 경작하거나 아예 농사 자체를 포기할 것이다. 그러나 최저가격이 3,000원으로 정해지면 이들은 여전히 쌀을 경작하며 농부로 남아 있게 된다. 따라서 희소한 자원이 쌀 생산에 과다 투입되고 쌀보다 가치 있는 다른 재화나 서비스의 생산에 과소 투입한다. 그래서 최적의 자원배분이 달성되지 못한다.

이것만이 아니다. 쌀을 원료로 하는 생산물의 가격은 최저가격제로 인해 상승한다. 그리고 정부는 잉여 농산물의 구입에 필요한 정부재원을 마련하기 위해 조세를 인상해야 한다. 나아가 최저가격제는 환경 파괴를 초래할 수 있다. 최저가격제가 실시되면 농부들이 '한계 토지'로 경작을 확대할 수 있다. 이런 토지는 대부분 언덕배기에 위치해 쉽게 침식되어 환경에 부정적 영향을 준다. 마지막으로 최저가격제로 인해 쌀 수입의 압력이 거세질 수 있다. 쌀의 수입은 쌀의 공급을 늘려 최저가격제의 기반을 약화시킬 수 있으므로 정부는 쌀 수입을 제한하거나 높은 수입관세 등을 부과하여 외국 쌀의 접근을 막게 된다. 이러한 조치가 취해지면 쌀 수출국들은 스마트폰 등 우리나라의 수출품에 대해 보복관세를 부과할 수 있다.

현명한지 평가할 수 있다.

**가격의 자원배분 기능과 소득분배 기능** 가격은 자원배분 기능과 소득분배 기능을 가지고 있다. 가격의 자원배분 기능이란 가격이 주는 신호에 따라 경제의 희소한 자원이

다양한 개별 상품 생산에 배분되는 것을 말한다. 예를 들어, 어떤 상품의 가격이 상승하면 경제의 토지, 노동, 자본, 기업가적 능력 등이 그 상품의 생산에 더욱 많이 배분된다. 이처럼 가격은 여러 상품의 생산에 경제의 토지, 노동, 자본, 기업가적 능력 등이 어떻게 배분되는지 결정하는 것이다. 가격의 소득분배 기능이란 가격이 생산요소나 상품공급자의 소득을 결정하는 것을 말한다. 예를 들어, 임금수준이 상승하면 근로자의 생활수준이 개선되고 쌀 가격이 하락하면 농부의 소득은 감소한다.

그런데 가격의 자원배분 기능과 소득분배 기능은 서로 관련되어 있다. 소비자의 수요가 증가하여 상품의 가격이 증가하면 그 상품의 생산에 더 많은 자원이 배분되고 이에 따라 상품 공급자의 소득뿐 아니라 수요가 증가한 자원 소유자의 소득도 증가하는 것이다. 예를 들어, 유기농 딸기에 대한 소비자의 수요가 증가하면 이를 재배하는 농가의 소득도 증가하고 이에 종사하는 농촌 근로자의 소득도 증가하는 것이다.

앞에서 논의하였듯이 정부는 가격이 초래하는 소득분배기능에 주목하여 가격을 규제하는 경우가 많다. 이러한 조치는 정부의 선한 의도와 달리 나쁜 결과를 초래한다. 가격의 물자배분 기능이 망가져 물자 부족이나 잉여가 발생할 뿐 아니라 경제의 희소한 자원이 비효율적으로 배분된다. 정치가들이 가격 통제, 임대료 규제, 이자율 제한, 농산물 가격의 지지 등과 같은 최저가격제나 가격상한제를 시행하자고 할 때 경제학자들은 왜 이에 대해 우려를 나타내고 이러한 조치에 대해 '경종'을 울리는지 이제는 그 이유를 알 수 있을 것이다. 정부의 가격규제는 물자의 잉여나 부족을 가져다주며, 자원배분을 왜곡시키고 원하지 않는 부작용을 발생시키는 것이다.

경제학자들은 대부분 가격의 자원배분 기능을 중시 여기며, 가격의 소득분배 기능이 초래한 취약계층에 대해서는 재정을 통한 보조금 지급을 선호한다. 가격의 자원배분 기능이 잘 작동하여 효율적 자원배분이 되면 경제의 생산과 소득이 증가하는데 이에 따라 증가하는 조세수입을 통해 취약계층에 대한 소득 보조가 가능하다는 것이다.

## 요약

**1. 수요와 수요의 변화요인**

수요는 소비자들이 일정기간 동안 가격이 변할 때 개별 가격에서 구입하고자 하는 생산물의 수량을 보여주는 표 혹은 곡선이다. 수요의 법칙이란 소비자들이 높은 가격보다 낮은 가격에서 생산물을 더 많이 구입한다는 것이다. 따라서 다른 조건이 동일할 때 가격이 하락하면 수요량은 증가하며, 가격이 오르면 수요량은 감소한다는 것이다. 간단히 말해 가격과 수요량은 역의 관계에 있다.

시장수요곡선은 개별 가격에서 모든 소비자의 수요량을 수평으로 합하는 방식으로 구할 수 있다.

수요곡선의 이동요인(소비자의 기호, 소비자의 수, 소비자의 화폐소득, 관련 재화의 가격, 기대가격)이 하나라도 변하면 시장수요곡선은 이동한다. 수요가 증가하면 수요곡선이 우측으로 이동하고 수요가 감소하면 수요곡선은 좌측으로 이동한다.

수요의 변화는 수요량의 변화와 다르다. 수요량의 변화는 가격의 변화로 인해 수요량이 수요곡선을 따라 변하는 것을 말한다. 이에 비해 수요의 변화는 수요의 증가나 감소에 따라 수요곡선이 오른쪽으로 혹은 왼쪽으로 이동하는 것을 말한다.

**2. 공급과 공급의 변화요인**

공급은 생산자들이 일정 기간 동안 개별 가격에서 판매하길 원하는 여러 생산물의 수량을 보여주는 표나 곡선이다. 공급의 법칙이란 다른 조건이 동일할 때 생산자들이 낮은 가격보다 높은 가격에서 더 많은 생산물을 공급한다는 것이다. 따라서 가격과 공급량 간에 양(+)의 관계가 존재하며, 공급곡선은 우상향하게 된다.

시장공급곡선은 개별 가격수준에서 공급자들의 공급곡선을 수평으로 합하면 구할 수 있다. 공급곡선의 이동요인(생산요소의 가격, 생산기술, 조세 및 보조금, 다른 재화의 가격, 기대가격, 공급자의 수)이 하나라도 변하면 공급곡선은 이동한다. 공급이 증가하면 공급곡선은 우측으로 이동하고 공급이 감소하면 공급곡선은 좌측으로 이동한다.

공급량의 변화는 공급의 변화와 다르다. 공급량의 변화는 가격의 변화로 인해 공급량이 공급곡선을 따라 변하는 것을 말한다. 이에 비해 공급의 변화는 공급곡선이 오른쪽으로 혹은 왼쪽으로 이동하는 것을 말한다.

**3. 균형가격의 결정**

균형가격과 균형거래량은 수요 · 공급곡선의 교차점에서 결정된다. 이 점에서 시장수요와 시장공급은 일치한다. 이 점에서의 가격이 균형가격이며, 이때의 수량이 균형거래량이다.

**4. 수요 · 공급의 변화와 균형가격**

수요나 공급이 변하면 균형가격과 균형거래량이 달라진다. 수요가 증가하면 균형가격과 균형거래량이 모두 커진다. 수요가 감소하면 균형가격과 균형거래량이 모두 작아진다. 공급이 증가하면 균형가격은 하락하고 균형거래량은 커진다. 공급이 감소하면 균형가격이 상승하고 균형거래량이 적어진다.

수요와 공급이 동시에 변하면 그 방향과 상대적 크기에 따라 균형가격과 균형거래량은 다양하게 변한다.

**5. 정부의 가격규제와 효과**

가격상한제란 생산물 혹은 서비스에 대하여 판매자가 부과할 수 있는 최대가격을 법으로 정하는 것이다. 소비자들이 구입 가능하도록 가격을 낮추자는 의도로 시행된다. 가격상한제가 효과적일수록 물자 부족은 해결되지 않는다. 부족한 물자를 공정하게 분배하기 위해 정부는 배급제를 실시하게 된다.

최저가격제란 정부가 가격의 최저수준을 정하는 것이다. 정부는 생산자가 충분한 소득을 얻지 못한다고 여길 때 이를 시행한다. 최저가격제는 물자의 잉여를 지속적으로 발생시킨다. 정부는 잉여 생산물의 구입, 생산의 제한, 민간 수요의 증대 등의 조치를 취하게 된다.

법으로 가격을 규제하면 가격의 물자배분 기능과 자원배분 기능이 억제되어 경제를 왜곡시킨다.

## 주요 용어 및 개념

가격상한제
공급
공급곡선
공급곡선의 이동요인
공급량의 변화
공급의 법칙
공급의 변화
균형가격
균형거래량
대체재
물자부족
보완재
수요
수요곡선
수요곡선의 이동요인
수요량의 변화
수요의 법칙
수요의 변화
열등재
잉여
정상재
최저가격제

## 연습문제

1. 다음에서 승용차 타이어의 수요곡선을 왼쪽으로 이동시키는 사건은?
① 승용차 타이어 가격의 상승
② 소득의 증가
③ 타이어 생산기술의 혁신
④ 소비자에 대한 보조금 지급
⑤ 승용차 가격의 상승

2. 다음에서 스마트폰에 대한 공급곡선을 오른쪽으로 이동시키는 요인은?
① 스마트폰 가격의 상승 ② 통신요금의 하락
③ 소비자의 소득 증가 ④ 임금의 상승
⑤ 스마트폰 생산기술의 혁신

3. 명절 때 KTX 열차의 암표가 팔리고 있다. 이에 대한 다음의 설명 중 잘못된 것은?
① 명절 때의 KTX 운임이 시장균형가격보다 낮다.
② KTX를 운영하는 코레일이 손해를 보고 있다.
③ 암표의 구매자는 이익을 보고 있다.
④ 암표의 거래는 자발적 거래이다.
⑤ 암표의 거래는 효율성을 증대시킨다.

4. 냉해로 인하여 제주도 한라봉의 수확이 감소하였다. 이에 따른 변화를 잘못 설명한 것은?
① 한라봉에 대한 공급곡선이 왼쪽으로 이동한다.
② 한라봉의 시장가격이 상승한다.
③ 한라봉의 수요곡선이 왼쪽으로 이동한다.
④ 사과의 수요곡선이 오른쪽으로 이동한다.
⑤ 한라봉 주스의 시장가격이 상승한다.

5. 새로운 균형에서 이전의 균형과 비교하여 가격과 거래량이 감소하였다. 올바르게 서술한 것은?
① 공급이 증가하였다. ② 공급이 감소하였다.
③ 수요가 증가하였다. ④ 수요가 감소하였다.
⑤ 공급 증가가 수요 감소보다 컸다.

6. 조류독감의 발생으로 수백만 마리의 닭이 매몰 처분되었다. 이 사건의 영향을 틀리게 설명한 것은?
① 닭고기의 공급곡선이 왼쪽으로 이동한다.
② 닭고기의 시장가격이 상승한다.
③ 프라이드치킨의 가격이 상승한다.
④ 오리고기의 시장가격이 상승한다.
⑤ 오리고기의 공급곡선이 오른쪽으로 이동한다.

7. 프라이드치킨의 가격 상승이 미치는 효과를 잘못 설명한 것은? 마늘소스는 프라이드치킨의 보완재이며, 마늘소스와 간장소스는 대체재이다.
① 마늘소스의 가격이 상승한다.
② 프라이드치킨의 소비가 감소한다.
③ 마늘의 가격이 하락한다.

④ 간장소스의 가격이 상승한다.
⑤ 마늘즙의 가격이 하락한다.

**8.** 정부가 생산자에게 물건을 하나 팔 때마다 100원의 세금을 부과한다. 틀리게 설명한 것은?
① 공급곡선이 위로 100원만큼 이동한다.
② 소비자가 지불하는 가격은 상승한다.
③ 판매자가 받는 가격은 하락한다.
④ 상품의 판매량이 감소한다.
⑤ 시장균형가격은 100원 상승한다.

**9.** 곡물시장의 한 달 동안의 쌀의 총공급과 총수요가 다음 표와 같이 주어져 있다.

| 수요량(1,000kg) | kg당 가격 | 공급량(1,000kg) |
|---|---|---|
| 85 | 3,400 | 72 |
| 80 | 3,700 | 73 |
| 75 | 4,000 | 75 |
| 70 | 4,300 | 77 |
| 65 | 4,600 | 79 |
| 60 | 4,900 | 81 |

(1) 시장의 균형가격은 얼마인가?
(2) 정부가 쌀의 최저가격을 4,600원으로 설정하면 어떤 결과가 초래되는가? 수량을 표시하시오.
(3) 정부가 쌀의 최저가격을 4,600원으로 유지하고자 한다면 얼마만큼의 재정지출이 필요할까?

**10.** 정부가 0~4세 유아의 보육원 교육비를 전액 지원한다고 하자. 0~4세 유아의 보육시장에 미치는 영향을 설명하시오. 정부가 기존의 보육원 이용 실태를 기초로 보육비 지원 예산을 결정하면 예산이 부족하게 된다. 그 이유는 무엇인가?

**11.** 정부가 자동차 판매가격에 부과하는 소비세를 인상하였다.
(1) 소비세를 자동차 판매자가 납부한다. 수요 · 공급곡선은 어떻게 달라지는가?
(2) 소비세를 자동차 구매자가 납부한다. 수요 · 공급곡선은 어떻게 달라지는가?
(3) 소비세를 누가 납부하느냐에 무관하게 소비자가 지불하는 비용이나 자동차 판매자의 1단위 판매수입은 동일하다. 이를 수요 공급곡선을 이용하여 설명하여 보시오.

**12.** 공립대학 교육과 사립대학 교육은 대체재이다. 공립대학 학생에 대해서만 정부가 등록금의 50%를 장학금으로 지급한다고 한다. 이러한 정책이 공립대학과 사립대학의 등록금과 등록인원에 미치는 영향에 대해 설명하시오. 단, 공립대학과 사립대학은 입학하고자 하는 학생을 모두 선발할 수 있다고 가정한다.

**13.** 수요 방정식이 $P=10-0.2Q_d$, 공급 방정식이 $P=2+0.2Q_s$로 주어져 있다. $Q_d$, $Q_s$, $P$는 각각 수요량, 공급량 그리고 가격을 표시한다.
(1) 균형가격과 균형수량을 구하시오.
(2) 정부가 1만큼의 판매세를 판매자가 납부하도록 부과하였다. 시장균형가격과 거래량을 구하시오.

**14.** A, B는 공동 소유의 목초를 이용하여 소를 기르고 있다. 이때 A, B가 소에게 풀을 먹이면 소의 무게가 아래와 같이 증가한다. A가 1kg의 풀을 먹이면 소의 무게가 80kg이다. 소를 시장에 팔면 1kg에 3만 원을 받을 수 있다. Walras 균형에서 가격은 결정된다.

| | 1 | 2 | 3 | 4 | 5 | 6 | 7 |
|---|---|---|---|---|---|---|---|
| A | 80 | 95 | 106 | 110 | 113 | 115 | 116 |
| B | 60 | 75 | 83 | 95 | 105 | 113 | 115 |

(1) 풀이 10kg 생산된다. 소의 무게가 어떻게 늘어날지 안다면 A, B에게 목초를 어떻게 나누어주는 것이 A, B가 기르는 소의 무게의 합을 최대로 할 수 있는가?
(2) 풀 10kg을 A, B에게 각각 5kg씩 배분하였다. A, B 둘 사이에 목초의 거래가 이루어진다면 각각 얼마씩 풀을 먹일 것인가? 그리고 그 때 목초의 가격은 어디 사이에서 결정될 것인가? 단, 거래비용은 없으며, A, B는 상대방 소의 무게가 얼마나 늘어날지 알 수 없다.
(3) 목초지는 A의 소유이며, 목초를 8kg 생산하였다. A, B 사이에 목초의 거래가 가능하다고 하면 각각의 목초 소비는 얼마인가? 그리고 목초의 가격은 어디 사이에서 결정될 것인가?

CHAPTER 04

# 수요와 공급의 탄력성

**학습내용**

1. 수요의 가격탄력성
2. 탄력성과 총수입의 관계
3. 공급의 가격탄력성
4. 탄력성의 현실 응용사례
5. 수요의 소득탄력성과 교차탄력성

---

왜 어떤 상품은 가격이 올랐을 때 소비자의 구매가 크게 감소하고 어떤 상품은 가격이 올랐을 때 소비자의 구매가 조금만 감소하는 것일까? 왜 어떤 상품의 가격이 상승하였을 때 생산자는 생산량을 크게 늘리지만, 어떤 상품의 가격이 상승하면 생산자는 생산량을 거의 늘리지 않는 것일까? 왜 가계 소득이 증가하였을 때 어떤 상품의 수요는 크게 증가하지만, 어떤 상품의 수요는 조금만 증가하는 것일까? 두 상품이 대체재인지, 보완재인지 또는 독립재인지 어떻게 알 수 있을까?

탄력성은 가격이나 소득의 변화가 수요와 공급에 미치는 영향이 어느 정도인지 알려준다. 때로는 가격이나 소득의 변화에 수요 · 공급이 크게 반응하기도 하지만, 아예 반응하지 않을 때도 있다. 이러한 반응을 알 수 있다면 기업이나 정부는 무엇을 생산할지, 가격을 얼마로 책정할 것인지 그리고 어떤 것에 세금을 부과할지에 대해 보다 잘 결정할 수 있다.

## 수요의 가격탄력성

수요의 법칙에 따르면 다른 조건이 동일할 때 상품의 가격이 하락하면 수요가 늘어나고 가격이 상승하면 수요가 감소한다. 이 때 수요자가 얼마나 많이 또는 적게 구매할 것인가? 이것은 재화에 따라서 다르고 같은 재화라도 가격 수준에 따라 다르다. 이러한 차이를 아는 것은 중요하다. 예를 들어, 기업은 가격을 인상하고자 할 때 소비자의 반응을 알고 싶어 한다. 소비자들의 충성도가 매우 높아서 구매를 지속한다면 기업이 가격을 인상하였을 때 수익은 증가할 것이다. 그러나 소비자들이 집단적으로 등을 돌려 다른 판매자의 상품을 구매하면 기업의 수익은 크게 감소한다.

수요의 가격탄력성
가격 변화에 대한 수요량의 반응 정도를 측정하는 지표

가격 변화에 대한 수요량의 반응 정도는 **수요의 가격탄력성**으로 측정한다. 예를 들어, 레스토랑의 메뉴 가격이 변하면 소비자들은 매우 민감하게 반응한다. 그래서 가격이 조금만 변하더라도 구매량은 크게 변한다. 경제학자들의 표현에 따르면 이러한 재화의 수요는 '비교적 탄력적' 또는 간단히 '탄력적'이다.

소비자들은 의료 서비스의 가격 변화에 대해서는 거의 주의를 기울이지 않는다. 그래서 가격이 크게 변하더라도 구매량은 거의 변하지 않는다. 이러한 재화의 수요는 '비교적 비탄력적' 또는 간단히 '비탄력적'이다.

### 가격탄력성 계수와 계산식

경제학자들은 $X$재 수요의 가격탄력성을 다음과 같은 탄력성 계수($E_d$)로 측정한다.

$$E_d = \frac{X\text{재 수요량의 변화율}}{X\text{재 가격의 변화율}}$$

여기에서 수요량의 변화율이란 수요량의 변화폭을 원래의 수요량으로 나눈 것이며, 가격의 변화율은 가격의 변화폭을 원래 가격으로 나눈 것이다. 그러므로 위 식은 다음과 같이 다시 쓸 수 있다.

$$E_d = \frac{X\text{재 수요량의 변화폭}}{\text{원래 } X\text{재의 수요량}} \div \frac{X\text{재 가격의 변화폭}}{\text{원래 } X\text{재의 가격}}$$

**평균치 이용** 안타깝게도 가격탄력성 계수를 계산할 때 귀찮은 문제가 발생한다. 가격이 4,000원에서 5,000원으로 상승하면 가격상승률은 25%이지만, 동일한 수요곡선에서 가격이 5,000원에서 4,000원으로 하락하면 가격하락률은 20%이다. 가격탄력성 계수를 계산할 때 둘 중 어떤 것을 분모로 하여야 할까? 그리고 수요량이 10에서 20으로 증가하면 수요량은 100% 증가한 것이지만, 동일한 수요곡선에서 수요량이 20에서 10으로 감소하면 수요량이 50% 감소한 것이 된다. 가격탄력성 계수를 구하기 위해 100%와 50% 중 어떤 것을 분모로 사용하여야 할까? 수요곡선 위의 동일한 점에서 이동하는 것이라면 탄력성의 값은 가격의 상승이나 하락에 관계없이 같아야 한다.

이 문제를 간단히 해결하는 방법은 변화 전후의 가격과 수요량의 평균을 기준점으로 삼아 변화율을 계산하는 것이다.

$$E_d = \frac{\text{수요량의 변화폭}}{(\text{가격 변화 전후의 수요량의 합}/2)} \div \frac{\text{가격의 변화폭}}{(\text{가격 변화 전후의 가격의 합}/2)}$$

가격이 4,000원에서 5,000원 또는 5,000원에서 4,000원으로 변할 때 기준가격은 4,500원[=(5,000원+4,000원)/2]이다. 그리고 수요량이 10에서 20 또는 20에서 10으로 변할 때 기준수요량은 15[=(10+20)/2)]이다. 이제 가격의 변화율은 1,000원/4,500원으로 약 22%이며, 수요량의 변화율은 10/15로 약 67%이다. 따라서 수요의 가격탄력성은 약 3이 된다. 이렇게 하면 동일한 수요곡선에서 가격의 상승 또는 하락에 따라 탄력성이 달라지는 것을 없앨 수 있다. 이러한 방식은 중간점 공식으로 알려져 있는데 앞으로 탄력성 계수는 이러한 방식으로 계산할 것이다.

**음(−)의 부호 제거** 수요곡선은 우하향하기 때문에 수요의 가격탄력성 계수는 언제나 음의 값을 갖는다. 예를 들어, 가격이 하락하면 수요량은 증가하므로 탄력성 계산식의 분자는 양의 값을 갖지만, 분모는 음의 값을 갖게 된다. 그래서 수요의 가격탄력성 계수는 음수가 된다. 가격이 상승하면 분모는 양의 값을 갖지만, 이제는 분자가 음의 값이 되어 수요의 가격탄력성 계수는 여전히 음수가 된다.

음(−)의 값 때문에 일어날 수 있는 모호성을 피하기 위해 흔히 음(−)의 부호를 무시하고 탄력성 계수의 절댓값만을 표시한다. 탄력성 계수가 −4일 때 그것이 탄력성 계수 −2보다 크다고 할 수 없다. 음(−)의 부호를 생략하면 탄력성 계수 4가 탄력성 계수 2보다 크다고 분명히 말할 수 있다. 그래서 앞으로 수요의 가격탄력성 계수 값에서 음(−)의 부호를 무시하고 절댓값만을 나타낼 것이다.

### 수요의 가격탄력성 계수에 대한 해석

수요의 가격탄력성 계수는 다음과 같이 해석할 수 있다.

**탄력적 수요** 가격의 변화율이 주어져 있을 때 수요량의 변화율이 이보다 크면 수요가

탄력적 수요
수요의 가격탄력성 계수가 1보다 클 때

**탄력적**이라고 한다. 즉, 수요의 가격탄력성 계수가 1보다 클 때이다. 예를 들어, 꽃의 가격이 2% 하락하였을 때 수요량이 4% 증가하였다면 꽃에 대한 수요는 탄력적이다.

$$E_d = \frac{0.04}{0.02} = 2$$

비탄력적 수요

수요의 가격탄력성 계수가 1보다 작을 때

**비탄력적 수요** 가격의 변화율이 주어져 있을 때 수요량의 변화율이 이보다 적다면 수요는 **비탄력적**이라고 한다. 즉, 수요의 가격탄력성 계수가 1보다 작을 때이다. 예를 들어, 커피 가격이 2% 하락하였는데 수요량이 1% 증가하였다면 커피에 대한 수요는 비탄력적이다.

$$E_d = \frac{0.01}{0.02} = 0.5$$

단위 탄력적 수요

수요의 가격탄력성 계수가 1일 때

**단위 탄력성** 탄력적 수요나 비탄력적 수요와 달리 가격의 변화율이 수요량의 변화율과 같은 경우가 있다. 예를 들어, 초콜릿의 가격이 2% 하락하였는데 수요량이 2% 증가할 수 있다. 이때 수요의 가격탄력성 계수는 1이 되는데 이러한 특별한 경우를 **단위 탄력적**이라고 한다.

$$E_d = \frac{0.02}{0.02} = 1$$

## 탄력적 수요와 비탄력적 수요

크루즈 관광처럼 값비싼 여행상품에 대한 수요는 탄력적이다. 이에 비해 외과수술이나 응급진료에 대한 수요는 비탄력적이다.

© Pixabay

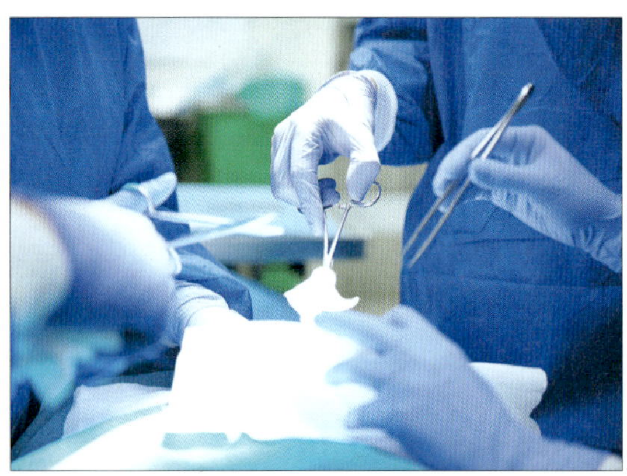

© Shutterstock

## 개념의 이해

### 고무줄 늘리기

다음의 비유가 탄력적 수요와 비탄력적 수요의 차이를 구분하는 데 도움이 될 것이다. 부상 관절을 고정하는 데 쓰이는 의료용 밴드와 수송 물품을 고정하는 데 쓰이는 단단한 고무 끈을 떠올려 보자. 같은 힘을 가하더라도 의료용 밴드는 상당히 잘 늘어나지만, 고무 끈은 많이 늘어나지 않는다.

이와 유사하게 상품에 따라 가격 변화에 따른 수요량의 변화는 다르다. 어떤 재화의 가격 하락은 수요량을 상당히 크게 늘린다. 이때 늘어난 것을 변화율로 나타내면 그것이 가격의 변화율보다 커서 수요는 탄력적이라고 할 수 있다. 이에 비해 어떤 재화는 가격이 하락하더라도 수요량이 거의 늘지 않는다. 이때 늘어난 것을 변화율로 나타내면 그것이 가격의 변화율보다 적어 수요는 비탄력적이 된다.

이를 요약하면 다음과 같다.

- 탄력적인 수요는 탄력적인 의료용 밴드처럼 잘 늘어난다.
- 비탄력적인 수요는 단단한 고무 끈처럼 거의 늘어나지 않는다.

이러한 개념을 확장하면 다음을 알 수 있다.

- 완전 탄력적 수요는 무한히 늘어난다.
- 완전 비탄력적 수요는 전혀 늘어나지 않는다.

**문제**

가격이 같은 비율로 변하였을 때 치약과 아파트 중 어느 것의 수요량이 탄력적으로 변할까?

**그림 4.1 완전 탄력적 수요와 완전 비탄력적 수요**

(a)의 수요곡선 $D_1$은 완전 비탄력적 수요를 나타낸다. 가격이 상승하더라도 수요량은 전혀 변하지 않는다. (b)의 수요곡선 $D_2$는 완전 탄력적 수요를 나타낸다. 가격이 상승하면 무한대이던 수요량이 0으로 떨어진다.

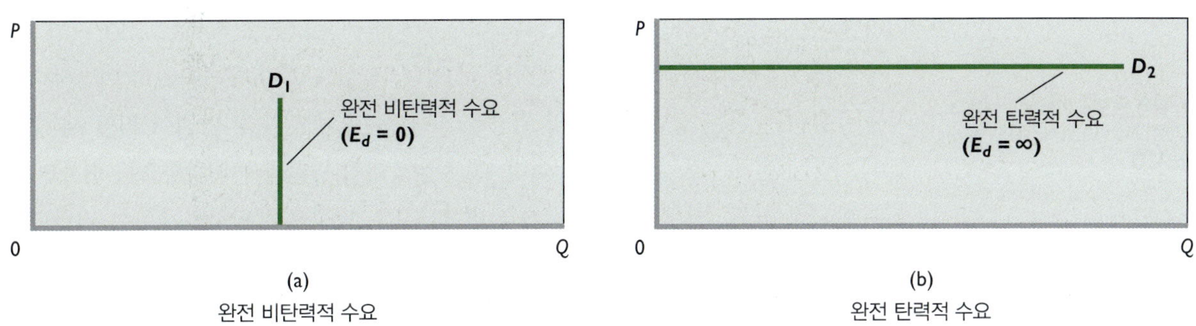

**완전 비탄력적 수요**

탄력성 계수의 값이 0으로 가격이 변하더라도 수요량에 어떤 변화도 나타나지 않는 경우

**극단적인 경우** 수요가 비탄력적이라 하더라도 소비자들은 어느 정도 반응한다. 하지만 소비자가 가격 변화에 전혀 반응하지 않는 극단적인 경우가 있을 수 있는데 경제학자들은 이를 두고 수요가 **완전 비탄력적**이라고 말한다. 가격의 변화에 수요가 전혀 반응하지 않으므로 가격탄력성 계수는 0이 된다. 이와 가까운 사례로 당뇨병 환자의 인슐린에 대한 수요나 마약 중독자의 헤로인에 대한 수요를 들 수 있다. 수요가 완전 비탄력적이면 수요곡선은 그림 4.1(a)의 $D_1$처럼 수직선의 모양을 띄게 된다.

**완전 탄력적 수요**

탄력성 계수의 값이 무한대로 가격이 미세하게 변하더라도 수요량이 무한대로 늘어나는 경우

그리고 수요가 탄력적이라 하더라도 소비자들은 가격 변화에 극단적으로 반응하지는 않는다. 하지만 가격이 조금만 내렸을 뿐인데 재화를 전혀 구매하지 않던 소비자들이 구매 가능한 모든 양을 사버리는 극단적인 경우가 있을 수 있는데 경제학자들은 이를 두고 수요가 **완전 탄력적**이라고 말한다. 이 때의 탄력성 계수는 무한대이다. 수요가 완전 탄력적일 때 수요곡선은 그림 4.1(b)의 $D_2$처럼 수평선이 된다. 제7장에서 논의하게 될 순수 경쟁시장에서 상품을 판매하는 기업은 이러한 수요곡선에 직면하게 된다.

## 총수입 검증

기업의 입장에서 탄력성이 중요한 것은 탄력성에 따라 가격의 변화가 총수입 및 이윤에 미치는 영향이 달라지기 때문이다.

**총수입**

일정기간 동안 공급자가 생산물의 판매로 얻는 모든 수입

**총수입**이란 일정기간 동안 공급자가 생산물의 판매로 얻는 모든 수입을 뜻한다. 이것은 생산물의 가격($P$)과 판매수량($Q$)의 곱으로 계산되며 계산식은 아래와 같다.

$$\text{총수입} = P \times Q$$

그래프로 표시하면 수요곡선 위의 한 점에서 수직선과 수평선을 그어 이들 선과 $X$, $Y$축으로 둘러싼 사각형 면적이 총수입이다. 예를 들어 그림 4.2(a)의 a점에서 가격은 2,000원이고, 수요량은 10이다. 따라서 총수입은 2,000원과 10을 곱한 20,000원이다. 그래프에서는 노란색과 초록색 사각형 면적의 합으로 표시된다. 사각형의 면적은 밑변과 높이를 곱한 것이다. 여기에서 높이는 '가격'으로 2,000원이며, 밑변은 '수요량'으로 10이다.

**총수입 검증**

총수입의 증감을 이용하여 수요가 탄력적인지 비탄력적인지를 알아내는 방법

총수입은 수요의 가격탄력성과 관련되어 있다. 사실 수요가 탄력적인지 비탄력적인지를 추론하는 쉬운 방법은 **총수입 검증**을 이용하는 것이다. 즉, 가격이 변할 때 총수입이 어떻게 변하는지 살펴보는 것이다. 총수입이 가격 변화와 반대방향으로 변하면 수요는 탄력적이다. 그리고 총수입이 가격 변화와 같은 방향으로 변하면 수요는 비탄력적이다. 가격이 변해도 총수입에 변화가 없으면 수요는 단위 탄력적이다.

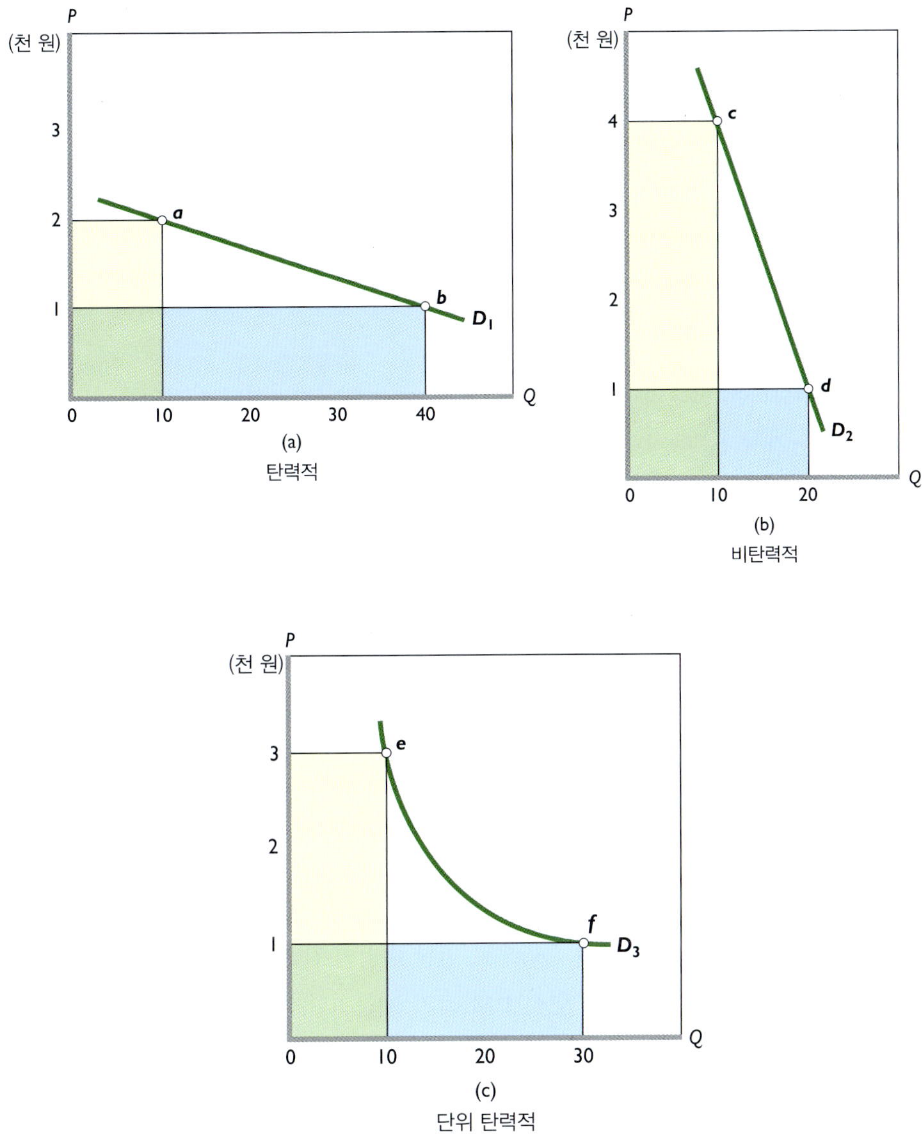


**그림 4.2 총수입의 변화를 통한 탄력성 검증**

(a) 가격이 2,000원에서 1,000원으로 하락하면 총수입은 20,000원에서 40,000원으로 증가한다. 따라서 수요는 탄력적이다. 수입의 증가(파란색 면적)가 수입의 감소(노란색 면적)보다 크다.

(b) 가격이 4,000원에서 1,000원으로 하락하면 총수입은 40,000원에서 20,000원으로 감소한다. 따라서 수요는 비탄력적이다. 수입의 증가(파란색 면적)가 수입의 감소(노란색 면적)보다 작다.

(c) 가격이 3,000원에서 1,000원으로 하락해도 총수입은 변함이 없다. 따라서 수요는 단위 탄력적이다. 수입의 증가(파란색 면적)가 수입의 감소(노란색 면적)와 같다.

**탄력적 수요** 수요가 탄력적이라면 가격의 하락은 총수입의 증가를 가져다준다. 가격이 하락하면 1단위당 판매수입은 감소한다. 하지만 판매량 증가로 인한 수입의 증가가 가격 하락에 따른 수입 감소를 만회하고도 남게 된다. 예를 들어 그림 4.2(a)의 수요곡선 $D_1$을 보자. 점 a에서의 총수입은 20,000원으로 이것은 노란색과 초록색으로 표시된 면적과 같다.

가격이 2,000원에서 1,000원으로 하락하면 수요곡선의 점 b가 되는데 이 때 수요량은 40이고 총수입은 40,000원(=1,000원×40)이다. 가격의 하락으로 총수입이 20,000원에서 40,000원으로 증가한 것이다. 총수입이 증가한 이유는 다음과 같다. 2,000원에 팔리던 10단위를 1,000원에 팔게 되어 단위당 1,000원의 수입이 감소하는데 이로 인한 수입의 감소는 10,000원(노란색 면적)이다. 그러나 1,000원에 30단위를 더 팔게 되어 이로 인한 수입의 증가는 30,000원(파란색 면적)이다. 수입의 증가를 나타내는 파란색 면적이 수입의 감소를 나타내는 노란색 면적보다 크다는 것을 눈으로 확인할 수 있다. 그래서 총수입은 수입의 증가(30,000원)에서 수입의 감소(10,000원)를 뺀 20,000원만큼 순증하게 된다.

가격이 상승하는 반대의 경우를 생각해보자. 수요가 탄력적이면 가격의 상승은 총수입의 감소를 가져다준다. 1단위당 판매 수입은 늘겠지만, 이러한 수입의 증가는 판매량의 감소로 인한 수입의 감소보다 적을 것이기 때문이다. 요약하자면 다른 조건들이 동일할 때 총수입이 가격의 변화와 반대로 변하면 수요는 탄력적이다. 즉, 수요량의 변화율이 가격의 변화율보다 크다는 것을 뜻한다.

**비탄력적 수요** 수요가 비탄력적이라면 가격의 하락은 총수입을 감소시킨다. 판매량의 증가로 수입이 증가하더라도 그러한 수입의 증가가 단위 판매가격의 하락으로 인한 수입의 감소를 만회하지 못하기 때문이다. 이를 확인하기 위해 그림 4.2(b)의 수요곡선 $D_2$를 보자. 수요곡선 위의 점 c에서 가격은 4,000원이고 수요량은 10이다. 따라서 총수입은 40,000원이고 이것은 노란색과 초록색 사각형 면적의 합과 같다. 가격이 1,000원으로 떨어지면 수요곡선의 점 d가 되는데 그 점에서 총수입은 20,000원으로 40,000원보다 적다. 1단위당 판매가격의 하락으로 인한 수입의 감소(노란색 면적)가 판매량의 증가로 인한 수입의 증가(파란색 면적)보다 크기 때문이다. 가격의 하락으로 총수입도 감소한 것이다.

가격이 상승하는 반대의 경우를 생각해보자. 수요가 비탄력적이면 가격 상승은 총수입의 증가를 가져온다. 다른 조건들이 동일할 때 총수입이 가격의 변화와 같은 방향으로 움직인다면 수요는 비탄력적이다. 즉, 수요량의 변화율이 가격의 변화율보다 작다는 것을 뜻한다.

**단위탄력적 수요** 단위탄력성은 특별한 경우로 이 때에는 가격이 상승하거나 하락해도 총수입은 변하지 않는다. 가격이 하락하였을 때 단위 판매가격의 하락으로 인한 수입의 감소가 판매량의 증가에 따른 수입의 증가와 정확하게 일치한다. 반대로 가격이 상승하였을 때 단위 판매가격의 상승으로 인한 수입의 증가가 판매량의 감소에 따른 수입의 감소와 정확히 일치한다. 그림 4.2(c)를 보면 수요곡선 $D_3$ 위의 점 e에서 가격은 3,000원이고 수요량은 10이다. 따라서 총수입은 30,000원이다. 가격이 1,000원으로 하락하면 판매량은 30으로 총수입은 30,000원이 된다. 2,000원의 가격 하락으로 노란색 면적만큼 수입이 감소한다. 그러나 이것은 판매량의 증가로 인한 수입의 증가를 나타내는 파란색 면적과 정확히 일치한다. 따라서 총수입은 변하지 않는다. 사실 이러한 수요곡선은 특별히 그린 것으로 이 곡선을 따라 가격이 변하면 총수입은 언제나 동일하다.

다른 조건이 동일할 때 가격이 변해도 총수입이 일정하면 수요는 단위탄력적이다. 즉, 수요량의 변화율이 가격의 변화율과 같다는 것을 뜻한다.

### 직선인 수요곡선의 가격탄력성

이제 탄력성과 관련하여 중요한 점을 논의해보자. 총수입 검증을 설명할 때 그림 4.2의 수요곡선들을 이용하였는데 이 때 이용된 2개의 수요곡선은 직선이다. 수요곡선이 직선이더라도 총수입 검증을 잘 설명할 수 있지만, 문제는 동일한 수요곡선이라도 가격수준이 어디냐에 따라 탄력성이 달라진다는 것이다. 그림 4.2(c)의 수요곡선은 예외적인 것으로 이 곡선을 따라 가격이 어떻게 변하더라도 탄력성은 1이다.

그림 4.3의 표에서 (1)열과 (2)열은 영화입장권에 대한 가상의 자료를 보여주고 있다. 이러한 자료를 바탕으로 수요곡선 $D$를 그렸다. 직선에 표시된 바와 같이 좌상향으로 갈수록 가격탄력성은 커진다. 그래서 가격이 5,000원에서 8,000원으로 증가해 갈수록 탄력성은 1보다 점차 커진다. 그리고 우하향으로 갈수록 가격탄력성은 작아진다. 그래서 가격이 4,000원에서 1,000원으로 하락할수록 탄력성은 1보다 점차 작아진다. 이 사실은 표의 (3)열에 표시된 탄력성 계수로 확인할 수 있다. 탄력성 계수는 가격이 하락할수록 작아진다. 표의 (4)열을 보면 총수입은 가격이 하락하면서 처음에는 증가하다가 가격이 더욱 하락하면 결국 감소한다. 표의 (5)열은 총수입 검증의 결과를 보여주고 있다. 총수입이 증가하는 영역에서는 탄력적이고 총수입이 감소하는 영역에서는 비탄력적임을 알 수 있다.

그림 4.3의 수요곡선을 통해 알 수 있는 것은 수요곡선의 기울기, 즉 수요곡선이 가파른가 또는 평평한가의 여부가 탄력성의 판단 기준이 될 수 없다는 것이다. 직선의 기울기는 수요량의 변화폭을 가격의 변화폭으로 나눈 값인 데 비하여 탄력성은 수요량의 변화율을 가격의 변화율로 나눈 값이기 때문이다. 그림 4.3의 수요곡선은 직선이므로 어디에서나 가격의 변화폭에 대한 수요량의 변화폭은 같아서 기울기는 항상 일정하다. 그러나 가격의 변화폭이 3,000원으로 동일하더라도 8,000원에서 5,000원으로 하락한 것이 4,000원에서 1,000원으로 하락한 것보다 가격의 변화율은 작다. 그리고 수요량이

**그림 4.3 직선인 수요곡선의 가격탄력성과 총수입 검증**

수요곡선 $D$는 표의 (1)열과 (2)열을 바탕으로 그린 것이다. 수요곡선에 표시된 가격탄력성은 가격이 낮아질수록 점차 작아지고 있다. 이것은 표의 (3)열에 있는 탄력성 계수를 통해 확인할 수 있다. 또한 (4), (5)열에 있는 총수입 검증도 마찬가지의 결과를 보여준다.

| (1) 1주일 동안의 영화티켓의 총수요량 (단위: 천 장) | (2) 티켓 1장당 가격 (천 원) | (3) 탄력성 계수($E_d$) | (4) 총수입 (천 원) | (5) 총수입 검증 |
|---|---|---|---|---|
| 1 | 8 | | 8,000 | |
| | | 5.00 | | 탄력적 |
| 2 | 7 | | 14,000 | |
| | | 2.60 | | 탄력적 |
| 3 | 6 | | 18,000 | |
| | | 1.57 | | 탄력적 |
| 4 | 5 | | 20,000 | |
| | | 1.00 | | 단위 탄력적 |
| 5 | 4 | | 20,000 | |
| | | 0.64 | | 비탄력적 |
| 6 | 3 | | 18,000 | |
| | | 0.38 | | 비탄력적 |
| 7 | 2 | | 14,000 | |
| | | 0.20 | | 비탄력적 |
| 8 | 1 | | 8,000 | |

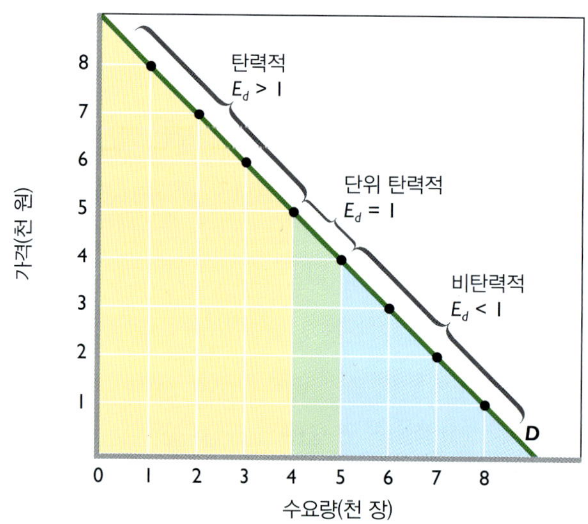


1만큼 동일하게 증가하더라도 2에서 3으로 증가한 것이 5에서 6으로 증가한 것보다 수요량의 변화율이 더 크다. 결국 수요곡선을 따라 우하향하면 가격이 낮아지고 수요량이 증가하므로 동일한 가격 변화폭이 동일한 수요량의 변화폭을 가져다주더라도 수요곡선을 따라 아래로 내려올수록 가격의 변화율은 점차 커지고 수요량의 변화율은 점차 작아진다. 그래서 직선의 수요곡선에서 가격이 하락할수록 탄력성이 점차 작아지는 것이다.

### 수요의 가격탄력성 결정요인

수요의 가격탄력성은 상품에 따라 다양하다. 그러나 다음에 나오는 일반적인 가격탄력

## 분석의 응용

### 사우스웨스트 항공 효과

사우스웨스트 항공은 1967년 3대의 항공기로 시작하여 낮은 항공료와 효율성을 무기로 미국 내에서 가장 큰 국내선 항공사가 되었다.

사우스웨스트 항공은 비용 때문에 항공편을 이용할 수 없었던 사람도 비행편을 이용할 수 있도록 요금을 낮추겠다고 출범 때부터 약속하기도 하였다. 이것은 '사우스웨스트 항공 효과'로 널리 알려졌는데, 이러한 효과로 인해 사우스웨스트가 새롭게 시장에 진입해 기존 항공사를 잠식하면서 항공료는 급락하였다. 예를 들어, 2006년 사우스웨스트가 덴버발 항공기 운항을 시작하자 덴버에서 피닉스까지의 항공요금이 36.4% 하락하였다.

이러한 급격한 요금 하락은 새롭게 항공편을 이용할 수 있게 된 승객까지 포함한 수요의 가격탄력성을 추정할 수 있게 한다. 사우스웨스트 항공이 캘리포니아 주의 3도시에서 운항을 시작하자 요금은 50% 하락하였지만 이용 승객은 200% 증가하였다. 이것은 이들 공항에서 항공 수요의 가격탄력성이 매우 탄력적이라는 것을 의미한다. '수요가 매우 탄력적이다'는 것은 '가격을 낮추면 총수입이 증가한다'는 것을 의미하므로 사우스웨스트 항공은 가격 인하가 실제 이익이 되리라는 것을 깨달았을 것이다.

고비용의 경쟁 항공사는 이익을 보았을까? 거의 이익을 보지 못하였을 것이다. 증가된 승객이나 수입 그리고 이윤의 거의 대부분은 사우스웨스트 항공의 몫이었다.

**질문**

사우스웨스트 항공이 가격을 계속 내리면 총수입이 더 늘어날 것인가? 그 이유는 무엇인가?

성의 결정요인을 알면 개별 상품의 가격탄력성을 추론하는 데 도움이 될 것이다.

**대체가능성** 일반적으로 대체재의 수가 많을수록 수요의 가격탄력성은 커진다. 서울우

**표 4.1** 몇 가지 상품 및 서비스의 가격탄력성

| 상품 또는 서비스 | 수요의 가격탄력성 계수($E_d$) | 상품 또는 서비스 | 수요의 가격탄력성 계수($E_d$) |
|---|---|---|---|
| 신문 | 0.10 | 우유 | 0.63 |
| 가정용 전기 | 0.13 | 가전제품 | 0.63 |
| 빵 | 0.15 | 주류 | 0.70 |
| 야구 티켓 | 0.23 | 영화 | 0.87 |
| 전화 서비스 | 0.25 | 맥주 | 0.90 |
| 담배 | 0.26 | 신발 | 0.91 |
| 설탕 | 0.30 | 오토바이 | 1.14 |
| 의료 서비스 | 0.31 | 소고기 | 1.27 |
| 계란 | 0.32 | 도자기, 식기 | 1.54 |
| 법률 서비스 | 0.37 | 주거용 택지 | 1.60 |
| 자동차 수리 | 0.40 | 레스토랑 음식 | 2.27 |
| 옷 | 0.49 | 양고기 | 2.65 |
| 가솔린 | 0.60 | 요리용 신선한 콩 | 2.83 |

자료: 가격탄력성에 대한 미국의 연구논문

유, 매일우유, 파스퇴르우유 등은 연세우유를 쉽게 대체할 수 있어서 연세우유의 수요는 탄력적이다. 극단적인 사례로 당뇨병 환자의 인슐린에 대한 수요는 완전 비탄력적이라고 하였는데 그것은 인슐린을 대체할 마땅한 것이 없기 때문이다.

수요의 가격탄력성은 해당 상품의 범위를 어떻게 정의하느냐에 따라 달라진다. 연세우유에 대한 수요의 탄력성은 크겠지만, 유제품 전체에 대한 수요의 탄력성은 이보다 작다. 연세우유를 대체할 다른 우유 제품은 많지만, 유제품을 대체할 상품은 많지 않기 때문이다.

**소득에서 차지하는 비중** 다른 조건들이 동일하다면 상품의 가격이 소비자의 소득에서 차지하는 비중이 높을수록 수요의 가격탄력성은 커진다. 볼펜이나 우편요금은 낮아서 가격이 10% 오르더라도 소비자의 소득에 미치는 영향은 아주 작아 가격 상승에 따른 수요량의 변화는 아주 미미할 것이다. 따라서 저렴한 상품의 가격탄력성은 낮은 경향이 있다. 그러나 상대적으로 고가인 자동차나 아파트의 가격이 10% 오르면 몇백만 원이나 몇천만 원을 추가로 지출해야 한다. 이러한 지출은 대부분 가정의 소득과 예산에 큰 부담을 주므로 수요량은 현저하게 감소할 것이다. 그래서 이처럼 고가인 상품의 가격탄력성은 매우 큰 경향이 있다.

**사치재인가 필수품인가** 일반적으로 필수품보다 사치재로 여기지는 상품일수록 수요의 가격탄력성이 크다. 전기 없이 지내기 어렵기 때문에 전기는 흔히 필수품으로 여겨진다. 그래서 전기 요금이 오르더라도 가정의 전력 사용량은 크게 감소하지 않는다(표 4.1을 보면 가정용 전력의 가격탄력성은 매우 낮다). 극단적인 예로 수술비가 10% 올랐다고 응급 심장수술이 필요한 환자가 수술을 포기하지 않는다.

반면에 휴가를 내서 가는 여행이나 보석은 사치재여서 그것이 없더라도 불편을 느끼지 않는다. 그래서 이들의 가격이 오르면 꼭 살 필요가 없기 때문에 수요의 가격탄력성이 크다. 그렇다면 소금처럼 일상적인 상품의 가격탄력성은 어떤가? 이것은 3가지 이유로 가격탄력성이 매우 낮을 것이다. 즉, 대체재가 거의 존재하지 않으며, 소비자의 소득에 차지하는 비중이 매우 낮고, 사치재라기보다 필수품이기 때문이다.

**시간** 보통 수요의 가격탄력성은 시간이 경과할수록 탄력적이 된다. 무엇보다 소비자들이 가격변화에 적응하는 데 어느 정도 시간이 걸린다. 예를 들어, 소고기 가격이 10% 올랐을 때 소비자들이 그 즉시 소고기의 구매량을 크게 줄이지는 않는다. 하지만 시간이 지나면서 닭고기나 돼지고기, 생선으로 대체할 것이다.

이와 관련된 것이 상품의 내구성이다. 연구에 따르면 휘발유에 대한 '단기' 수요의 탄력성은 0.26인데 비해 '장기' 수요의 탄력성은 0.58이다. 즉, 단기 수요가 장기 수요보

## 분석의 응용

### 수요의 가격탄력성과 대학등록금

일부 상품이나 서비스에 대한 가격탄력성은 소비자집단에 따라 다르다. 영리기업이나 비영리단체들은 이를 이용하여 이들 집단에 서로 다른 가격을 매기기도 한다. 수요가 비탄력적인 집단에 대해 판매 가격을 올리면 총수입이 증가한다. 그리고 수요가 탄력적인 집단에 대해서는 가격을 낮추어야 총수입이 증가한다.

소비자집단 간의 탄력성 차이를 파악하기는 비교적 쉽다. 대학의 등록금 부과를 살펴보자. 저소득층 학생 집단에서 고등교육에 대한 수요는 고소득층 학생 집단에 비해 탄력적이다. 저소득층의 소득에서 차지하는 등록금 비중이 고소득층에 비해 크기 때문이다. 그래서 대학은 수요의 탄력성을 기초로 이들에게 서로 다른 실제 등록금을 부과한다. 여기에서 실제 등록금이란 고지된 등록금에서 장학금 등 학교 지원을 뺀 것이다. 고소득 집안의 학생은 성적우수 장학금을 받지 않으면 고지된 등록금을 모두 내야 한다. 저소득 집안의 학생은 상당한 장학금을 받을 수 있어서 사실상 실제 등록금이 낮은 셈이다.

대학들은 흔히 등록금을 크게 올리면서 장학금도 크게 늘렸다는 점을 강조하여 이를 희석시킨다. 사실상 대학은 비탄력 수요를 가진 학생들에 대해 등록금을 인상폭만큼 올리는 셈이지만, 탄력적 수요를 가진 학생들에게는 이보다 적거나 아예 올리지 않은 것이다. 이러한 방법을 통해 대학은 교육비 상승을 감당하기 위해 수입을 늘리면서도 다양한 학생들의 주머니 사정을 고려해줄 수 있다.

**문제**

수요의 탄력성이 다른 소비자 집단에 서로 다른 가격을 부과하는 사례를 들어보시오.

## 분석의 응용

### 마약의 합법화

최근 들어 미국에서 마약의 합법화에 대한 논란이 치열하다. 합법화 찬성론자들은 마약이 술과 다르지 않다고 주장한다. 그래서 성인에 한하여 마약을 허용하고 마약의 효능과 순도만 규제하자는 것이다. 이들은 마약을 합법화하면 마약 밀매의 이익이 줄어들어 불법거래가 크게 감소할 것이라고 여긴다. 마약 중독자들의 수요는 매우 비탄력적이므로 마약 가격이 하락하더라도 마약 소비량은 미미하게 증가한다. 그래서 코카인이나 헤로인 중독자들의 마약 구입비용이 줄어들어 돈을 마련하기 위해 저질렀던 길거리의 범죄가 감소한다는 것이다.

합법화 반대론자들은 코카인과 헤로인에 대한 전체 수요가 찬성론자들의 생각보다 훨씬 탄력적이라고 주장한다. 나아가 중독자들의 수요가 비탄력적일지 모르지만, 수요가 비교적 탄력적인 또 다른 시장이 있다는 것이다. 이 시장의 수요자는 호기심에 어쩌다 피우는 사람들이다. 이들은 마약의 가격이 비싸면 마약 대신 술을 찾거나 마약 복용을 자제하지만, 가격이 낮아지면 진짜 마약을 찾는다는 것이다. 따라서 마약의 합법화로 가격이 내려가면 이들의 마약 소비가 늘어날 것이라고 주장한다. 뿐만 아니라 마약이 합법화되면 마약에 대한 사회의 인식이 관대해져서 마약에 대한 전체 수요가 늘어날 수 있다는 것이다.

2014년 미국의 워싱턴 주에서 마리화나가 합법화되었는데 3년 동안 가격이 77% 하락하였다. 많은 경제학자들의 예측에 따르면 코카인과 헤로인이 합법화되었을 때 거리에서 거래되는 마약의 가격은 80%까지 낮아진다. 그렇게 되면 헤로인과 코카인을 가끔 이용하는 사람의 수는 각각 54%, 33% 증가하며 전체 수요량은 각각 100%, 50% 증가할 것이라는 주요 연구도 있다.* 게다가 마약을 어쩌다 이용한 적이 있거나 처음 이용하게 된 사람도 시간이 흐르면서 점차 중독자로 변할 수 있다. 마약 합법화 반대론자들에 따르면 마약 합법화는 거리의 범죄를 증가시킬 가능성도 있는 등 사회적 비용을 증가시키게 된다.

**문제**

마약중독 재활 사업은 마약에 대한 수요의 탄력성을 크게 한다. 왜 그럴까?

* Henry Saffer and Frank Chaloupka, "The Demand for Illegal Drug," *Economic Inquiry*, July 1999, pp.401~411.

## 분석의 응용

### 풍년과 농가소득

거의 모든 농산물에 대한 수요의 탄력성은 0.20~0.25의 값으로 매우 비탄력적이다. 그래서 생산성이 증가하거나 기후가 좋아 풍년이 들면 농산물의 가격이 하락하고 농부의 총수입도 감소한다. 모든 농민의 입장에서 보면 농산물의 수요가 비탄력적이라는 것은 풍년이 바람직하지 않다는 것이다. 그래서 농민 소득의 증대라는 정책목표를 달성하려는 정책당국자는 흔히 농업생산을 제한하게 된다.

**문제**

정부는 2011~2013년 기간 동안 '논소득기반 다양화사업'을 시행하여 쌀을 경작하던 논에 쌀 이외의 타 작물을 재배하면 보조금을 지급한 바 있다. 이러한 정책이 쌀 가격과 농민의 소득에 미치는 효과를 설명해 보시오.

## 분석의 응용

### 개별소비세

정부는 수요의 탄력성을 고려하여 개별 소비세를 부과할 물품을 선택한다. 개별소비세란 특정 상품의 소비에 부과되는 조세를 말한다. 상품 1단위에 1,000원의 조세를 부과할 때 1만 개가 팔렸다면 조세수입은 천만 원이 될 것이다. 정부가 조세를 1,500원으로 올렸는데 그 상품의 수요가 탄력적이어서 판매량이 4천 개로 감소하면 조세수입은 오히려 6백만 원으로 감소한다. 이처럼 수요가 탄력적인 상품에 대해 조세를 인상하면 조세수입이 감소한다.

이에 비해 수요가 비탄력적인 상품에 대한 조세를 1,000원에서 1,500원으로 인상시키면 조세수입이 늘게 된다. 예를 들어, 판매량이 1만 개에서 9천 개로 감소하더라도 조세수입은 천만 원에서 1,350만 원으로 늘어난다. 그래서 입법자들이 소비세 부과대상을 고르거나 소비세를 인상하고자 할 때 술이나 담배, 휘발유, 통신서비스처럼 비탄력적인 상품을 선택하는 것은 놀라운 일이 아니다. 이들 상품에 대해 조세를 올리면 조세수입은 늘어나게 된다.

**문제**

조세를 낮추었을 때 조세수입이 증가하는 것은 어떤 때일까?

다 비탄력적이다. 단기적으로는 휘발유 가격이 오르더라도 사람들은 자신의 자동차나 트럭을 교체하지 않는다. 그러나 시간이 흐르면서 사람들은 소형차나 연비가 효율적인 자동차로 교체할 것이다.

### 탄력적 공급과 비탄력적 공급

자동차의 공급은 탄력적이지만, 모네 그림의 공급은 비탄력적이다.

© Shutterstock

© Shutterstock

## 공급의 가격탄력성

가격탄력성이라는 개념은 공급에도 적용된다. 공급량이 가격 변화에 민감하게 반응하면 공급은 탄력적이며, 가격 변화에 둔감하면 공급은 비탄력적이다.

공급의 가격탄력성은 다음과 같은 탄력성계수($E_s$)로 측정한다. 이것은 수요의 가격탄력성계수 계산식에서 '수요량'을 '공급량'으로 바꾼 것과 동일하다.

$$E_s = \frac{X\text{재 공급량의 변화율}}{X\text{재 가격의 변화율}}$$

앞서 설명한 바와 같이 변화 전후의 가격과 공급량의 평균, 즉 중간점을 기준으로 변화율을 계산한다. 이제 어떤 재화가격이 4,000원에서 6,000원으로 오르고 공급량이 10에서 14로 증가하였다고 하자. 가격 변화율은 2/5, 즉 40%이고, 공급량의 변화율은 4/12, 즉 33%이다. 따라서 공급의 탄력성 계수($E_s$)는 다음과 같다.

$$E_s = \frac{0.33}{0.40} = 0.83$$

이 경우 탄력성계수가 1보다 작기 때문에 공급은 비탄력적이다. 탄력성계수가 1보다 크면 공급은 탄력적이며, 1과 같다면 공급은 단위 탄력적이다. 그리고 탄력성계수는 절대 음수가 될 수 없는데 그것은 가격과 공급량이 같은 방향으로 변하기 때문이다. 따라서 수요의 탄력성계수와 달리 음의 부호를 제거할 필요가 없다.

**공급의 가격탄력성**은 공급자가 한 상품의 생산에 투입된 생산요소들을 다른 상품의 생산을 위해 얼마나 쉽게 그리고 신속하게 이동시킬 수 있느냐에 따라 크기가 달라진다. 생산요소의 이동이 쉽고 빠를수록 공급의 가격탄력성은 커진다. 가정용 TV를 예로 들어보자. 가정용 TV의 가격이 상승할 때 기업의 반응은 PC용 모니터, 의료용 모니터 등에 투입된 생산요소를 가정용 TV 생산에 얼마나 빨리 투입할 수 있느냐에 달려 있다. 생산요소의 이동에는 시간이 걸린다. 생산요소의 이동 가능성은 시간이 경과하면 커진다. 기업이 가격 변화에 대응할 수 있는 시간이 길수록 기업의 반응정도는 커지고 따라서 공급의 탄력성도 커지는 것이다.

공급의 가격탄력성
가격 변화에 대한 공급량의 반응 정도를 측정하는 지표

시간이 탄력성에 미치는 영향을 분석할 때 경제학자들은 초단기, 단기 그리고 장기로 구분한다.

## 공급의 가격탄력성: 초단기

**초단기**는 시장기간이라고도 하는데 가격 변화 직후에 생산자가 가격 변화에 반응하여 생산량을 조절하지 못하는 기간을 말한다. 예를 들어, 농부가 마늘을 한 트럭 시장에 가져왔는데 그것이 그 해의 마늘 총생산량이라고 하자. 그러면 농부는 마늘의 가격이 비싸든 싸든 마늘 한 트럭 분량을 팔 수밖에 없다. 그래서 마늘의 공급곡선은 완전 비탄력적으로 수직선이 된다. 왜 그럴까? 마늘 가격이 기대 이상으로 올랐더라도 한 트럭

초단기
가격변화가 일어난 직후로, 이 기간은 생산자가 생산량을 변화시키기에는 너무 짧아 가격변화에 반응하여 생산량을 조절하지 못하는 기간

**그림 4.4 기간과 공급의 탄력성**

수요가 $D_1$에서 $D_2$로 증가하였을 때 생산자가 이에 반응하여 생산량을 조절할 수 있는 기간이 길어질수록 공급량의 증가는 커진다. (a) 초단기에는 생산량을 조절할 수 없어서 공급곡선은 완전 비탄력적이다. (b) 단기에는 생산설비의 규모는 바꿀 수 없지만, 활용도를 변경할 수 있어서 공급곡선은 탄력적이다. (c) 장기에는 모든 조정을 할 수 있어서 공급곡선의 탄력성은 매우 크다.

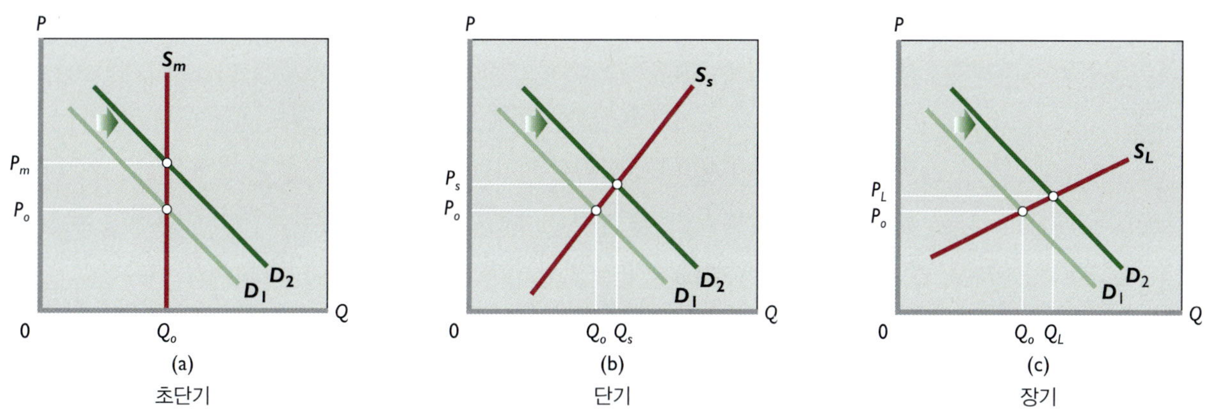

분량만 공급할 수 있기 때문이다. 농부는 마늘을 더 팔고 싶겠지만 하룻밤 사이에 마늘을 더 생산할 수는 없다. 다음의 파종시기가 되어야 농부는 오른 가격에 반응하여 한 트럭 분량 이상의 마늘을 생산하려 할 것이다. 그리고 가격이 낮더라도 농부는 한 트럭 분량의 마늘을 시장에 팔 수밖에 없다. 마늘은 상하기 쉬워서 시장에 내다 팔지 않고 저장하기에 쉽지 않기 때문이다.

덧붙이자면 농부의 마늘 생산비용은 판매를 결정할 때 고려대상이 되지 못한다. 마늘 가격이 생산비용에 훨씬 못 미치더라도 농부는 부패에 따른 전체 손실을 피하기 위해 시장에 가져온 마늘 전량을 팔 수밖에 없다. 이처럼 초단기에는 마늘의 공급곡선이나 공급량은 고정되어 있다. 농부는 마늘의 가격에 무관하게 한 트럭 분량의 마늘만을 공급한다.

그림 4.4에 초단기의 공급곡선이 수직선으로 그려져 있다. 수요곡선이 $D_1$에서 $D_2$로 변하더라도 농부는 이에 반응할 시간이 없어서 공급은 완전 비탄력적이다. 수요가 증가하면 가격만 $P_o$에서 $P_m$으로 상승하게 된다. 가격의 상승은 생산량의 증가를 가져다주지 못하고 고정된 공급량을 소비자에게 배분하는 역할만을 할 뿐이다.

그러나 초단기라 하더라도 모든 상품의 공급곡선들이 비탄력적인 것은 아니다. 어떤 생산물이 저장 가능하다면 이 상품의 공급곡선은 초단기라도 양의 기울기를 가실 수 있다. 가격이 올랐을 때 생산자는 팔리지 않아 저장해오던 재고상품을 꺼내서 공급량을 늘릴 수도 있기 때문이다. 마늘의 경우 초단기는 다음의 수확시기까지일 것이다. 그러나 낮은 비용으로 저장할 수 있는 상품의 경우에는 초단기가 존재하지 않을 것이다.

### 공급의 가격탄력성: 단기

**단기**
생산설비의 규모를 바꿀 수는 없지만, 주어진 생산설비의 활용도를 변화시킬 수 있는 기간

미시경제학에서 **단기**란 생산설비의 규모를 바꿀 수는 없지만, 주어진 생산설비의 활용도를 변화시킬 수 있는 기간을 말한다. 단기에서 농부의 경작규모나 농기계, 즉 생산설비는 고정되어 있다. 그러나 농부는 노동자나 비료, 농약 등의 사용을 늘려 마늘의 생산을 증가시킬 수 있다.

그 결과 수요의 증가가 확실하면 이에 반응하여 어느 정도 마늘의 생산량이 증가한다. 이것은 그림 4.4(b)의 공급곡선 $S_s$처럼 마늘의 공급을 좀 더 탄력적으로 만든다. 이제 수요가 $D_1$에서 $D_2$로 증가하면 거래량도 $Q_o$에서 $Q_s$로 늘어난다. 그래서 초단기에 비해 가격조정 폭은 $P_o$에서 $P_s$로 더 작아진다. 따라서 단기의 균형가격은 초단기에 비해 낮다.

### 공급의 가격탄력성: 장기

**장기**란 기업이 생산설비의 규모를 조절할 수 있으며, 기업의 시장 진입이나 퇴출이 가능한 기간을 말한다. 마늘농사의 경우 농부가 경작지를 늘리거나 농기계나 장비를 새로 구매를 할 수 있는 기간을 뜻한다. 또한 이 기간에는 마늘 수요의 증가로 가격이 상승하면 다른 작물을 재배하던 농부가 새롭게 마늘 생산에 뛰어들 수도 있다. 이러한 조정이 가능하면 공급의 반응도 커져 그림 4.4(c)의 공급곡선 $S_L$처럼 공급의 탄력성이 훨씬 커진다. 그 결과 수요가 $D_1$에서 $D_2$로 증가하면 가격은 $P_0$에서 $P_L$로 별로 오르지 않고 거래량이 $Q_0$에서 $Q_L$로 크게 증가한다.

장기
생산설비의 규모를 조절할 수 있으며, 기업의 시장 진입이나 퇴출이 가능한 기간

요약하자면 수요가 증가하여 물자부족이 발생하였을 때 공급이 탄력적일수록 가격조정보다 수량조정을 통해 물자의 부족이 해소된다. 이것은 수요의 감소로 잉여가 발생하였을 때도 마찬가지로 적용된다. 공급이 탄력적일수록 가격조정보다 수량조정을 통

## 분석의 응용

### 골동품과 모조품

TV쇼 진품명품은 KBS 방송국의 인기프로그램이다. 이 쇼에서 출연자들은 골동품을 가져와 전문가에게 감정을 맡긴다. 몇몇 출연자들은 자신들의 고가구나 독특한 민예품의 가치가 수천만 원이라는 것을 알고 기뻐한다.

골동품들의 가격이 비싼 것은 수요는 많은데 비해 공급은 제한되어 있고 매우 비탄력적이기 때문이다. 진품의 골동품은 더 이상 생산되지 않아 가격이 오르더라도 공급량은 거의 늘지 않는다. 골동품의 가격 상승이 유물의 발견을 촉진하여 시장에 나오는 골동품의 수량이 증가할 수는 있다. 그러나 가격 상승에 따른 공급량 반응은 매우 미약하다. 따라서 골동품이나 수집품들의 공급은 매우 비탄력적인 경향을 갖는다. 특이한 골동품의 경우 공급은 완전 비탄력적이다.

세월이 흐르면 인구 증가, 소득 증가, 골동품 수집열의 증가 등으로 골동품에 대한 수요는 증가한다. 골동품의 공급은 제한되어 있고 매우 비탄력적이므로 이러한 수요의 증가는 골동품의 가격을 크게 상승시킨다.

진품 골동품의 공급은 비탄력적인데 비해 골동품처럼 제작된 현대의 모조 골동품은 공급이 탄력적이다. 모조 골동품도 꽤 인기가 많아 가구판매점이나 장식장 가게에서 이를 쉽게 구할 수 있다. 모조 골동품의 수요가 증가하면 이를 생산하는 기업은 생산량을 쉽게 늘린다. 모조 골동품의 공급은 매우 탄력적이어서 수요가 증가하더라도 가격은 미세하게 증가할 뿐이다.

**문제**

골동품을 팔지 않고 소장하려는 사회적 분위기가 커지면 공급의 탄력성은 어떻게 될까?

### 분석의 응용

**변덕스러운 금가격**

금 가격은 상당히 변덕스러워 어쩔 때는 가격이 치솟았다가도 그 다음엔 가격이 급락한다. 이러한 변동성을 초래하는 주 원인은 금의 공급이 매우 비탄력적이고 금의 수요는 잘 변하기 때문이다. 금을 생산하려면 금맥을 찾아내어 채굴하고 이를 정련하여야 하는데 이러한 과정에 많은 시간과 비용이 든다. 게다가 채굴 가능한 금의 양은 지극히 제한되어 있다. 이들 이유로 인해 금 가격이 상승해도 금의 공급량은 별로 늘지 않는다. 반대로 금 가격이 하락해도 금 공급량은 크게 줄지 않는다. 금광의 문을 닫는 것은 비용이 많이 들고 금괴는 고가라서 저장도 쉽지 않다. 요약하면 금의 공급은 비탄력적이다.

금은 주로 귀금속, 동전, 치과 충전재 등으로 사용하기 위해 수요된다. 그러나 투기적 거래를 위해 이를 수요하기도 한다. 이들 투자자들은 전반적인 물가 상승이나 국내 · 외적인 혼란으로 화폐나 전통적인 투자자산의 가치가 하락할 것으로 여겨지면 금에 대한 수요를 증가시킨다. 그리고 사태가 진정되면 금에 대한 수요를 줄인다. 이러한 수요가 조금만 변해도 금의 공급이 비탄력적이므로 금 가격은 크게 변하게 된다.

**문제**

지금의 금 시세를 인터넷 사이트에서 검색하여 보라. 그리고 지난 1년간 금의 최고가격과 최저가격의 변동률을 주식시장과 비교하여 보라.

해 잉여가 해소되는 것이다.

공급곡선의 경우 탄력성을 판별하기 위한 총수입 검증은 없다. 공급곡선에서 가격과 공급량은 같은 방향으로 변하는 양의 관계에 있기 때문이다. 공급곡선은 우상향하기 때문에 가격과 총수입은 탄력성과 무관하게 항상 같은 방향으로 움직인다.

## 수요의 소득탄력성

수요의 소득탄력성
소비자의 소득이 변할 때 수요량이 어떻게 반응하는지를 측정하는 지표

**수요의 소득탄력성**은 소비자의 소득이 변할 때 수요량이 어떻게 반응하는지를 측정한다. 수요의 소득탄력성 계수($E_i$)는 다음과 같은 식으로 계산되며, 음(−)이나 양(+)의 값을 가질 수 있다.

$$\text{수요의 소득탄력성}(E_i) = \frac{\text{수요량의 변화율}}{\text{소득의 변화율}}$$

## 분석의 응용

### 경기침체 때 어떤 소비재의 수요가 가장 크게 감소할까?

경기침체 때 소비재의 판매가 어떻게 될 것인지 알려면 수요의 소득탄력성 계수를 살펴보면 된다. 경기침체 기간에는 실질 생산의 감소, 실업률의 증가, 기업 이윤의 하락, 소비자의 소득의 감소, 생산물의 수요 위축 등이 동반된다. 2020년 2월 미국 경제는 1950년 이후 11번째의 경기침체를 맞았는데 그것은 코로나19로 촉발되었다. 경기침체로 소득이 감소할 때 수요의 소득탄력성 계수는 어떤 소비재의 수요가 가장 크게 감소할지 알려준다.

자동차, 주택, 외식 등의 소득탄력성 계수는 +3, +1.5, +1.4이다. 이처럼 소득탄력성이 큰 상품을 생산하는 기업은 경기침체 때 큰 타격을 받는다. 이에 비하여 소득탄력성이 낮거나 음(−)인 상품을 생산하는 기업은 경기침체의 영향을 덜 받는다. 농산물의 소득탄력성은 +0.2로 소득 변동의 영향을 크게 받지 않는다. 소득이 감소하더라도 농산물이나 치약, 화장지 등의 수요는 거의 줄지 않는다. 이에 비하여 음악 연주회나 호화 해외여행, 고화질 디지털TV 등에 대한 수요는 크게 감소한다. 필수품은 사치재보다 소득탄력성이 낮다. 소득이 감소하더라도 필수품의 구매를 줄이거나 미루는 것은 쉽지 않기 때문이다.

**문제**

항공 수요의 소득탄력성은 +1에서 +2 사이로 추정된다. 즉 소득이 1% 감소하면 항공 수요는 1%나 2% 감소한다. 코로나19 팬데믹으로 촉발된 경기침체와 2007년의 금융위기로 촉발된 경기침체가 항공 수요에 미치는 효과는 어떻게 다를지 설명하여 보시오.

### 정상재

대부분의 재화에서 소득탄력성은 양(+)이다. 즉, 소득이 증가하면 재화의 수요량도 증가한다. 제3장에 이미 설명하였듯이 이러한 재화를 정상재 또는 우등재라고 한다. 그러나 같은 정상재라 하더라도 소득탄력성의 크기는 크게 다르다. 예를 들어, 자동차의 소득탄력성은 +3인 반면에, 대부분의 농산물에 대한 소득탄력성은 +0.2이다.

### 열등재

소득탄력성 계수의 값이 음(−)인 재화가 열등재이다. 중고 침대, 새마을 열차, 중고 의류, 냉동식품 등이 열등재일 수 있다. 소득이 증가하면 소비자들은 열등재의 구매를 줄인다.

## 지구촌 전망 4.1

### 국가별 휘발유 수요의 소득탄력성

휘발유 수요의 소득탄력성은 국가별로 크게 다르다. 승용차가 사치재로 여겨지는 저소득국가에서 소득탄력성이 크다.

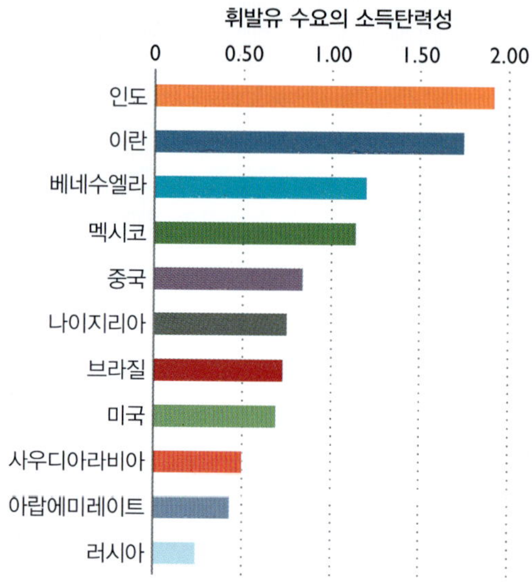


## 수요의 교차탄력성

수요의 교차탄력성

소비자가 어떤 재화를 소비할 때 다른 재화의 가격변화에 얼마나 민감하게 반응하는가를 측정하는 지표

**수요의 교차탄력성**은 어떤 재화(X)의 수요량이 다른 재화(Y)의 가격변화에 어떻게 반응하는가를 측정한다. 수요의 교차탄력성 계수($E_{xy}$)는 가격탄력성 계수를 계산하던 식에서 X재 가격의 변화율을 Y재 가격의 변화율로 대체하면 된다.

$$E_{xy} = \frac{X\text{재 수요량의 변화율}}{Y\text{재 가격의 변화율}}$$

수요의 교차탄력성 개념을 이용하면 제3장에서 배웠던 대체재와 보완재를 수량화할 수 있으며, 이를 통해 더 잘 이해할 수 있게 된다.

### 대체재

수요의 교차탄력성이 양(+)의 값이면 X 재화의 판매량이 Y 재화의 가격 변화와 같은 방향으로 변하는 것으로 X재와 Y재는 대체재이다. 서울우유(X)와 매일우유(Y)의 예를 들어 보자. 매일우유의 가격이 오르면 소비자는 서울우유의 구매를 늘릴 것이므로 교차 탄력성 계수는 양(+)의 값을 갖게 된다. 양(+)의 교차탄력성이 클수록 두 재화 간 대체성이 크다는 것을 의미한다.

### 보완재

교차탄력성이 음(−)의 값이면 한 재화의 가격이 상승하였을 때 다른 재화의 수요는 감소한다. 즉, X 재화와 Y 재화는 '함께 소비'되는 것으로 두 재화는 보완재이다. 예를 들어, 스마트폰 가격이 인상되면 충전기의 수요량은 감소한다. 음(−)인 교차탄력성 계수의 절댓값이 클수록 두 재화의 보완관계도 크다고 할 수 있다.

### 독립재

교차탄력성의 계수 값이 0이거나 0에 가까우면 두 재화는 서로 무관하거나 독립적인 재화라는 것을 뜻한다. 예로 들어, 교과서의 가격이 변하더라도 사과의 소비량은 거의 영향 받지 않으며, 사과의 가격이 변하더라도 교과서의 수요량은 마찬가지다. 그래서 교과서와 사과는 독립재이다.

## 분석의 응용

### 기업과 정부의 교차탄력성 이용 사례

재화 간의 대체 정도를 측정하는 교차탄력성의 크기는 정부나 기업의 주요한 관심대상이다. 예를 들어, 서울우유 회사가 자사제품의 하나인 요구르트의 가격을 올릴 것인지를 고민한다고 하자. 이 회사는 요구르트의 가격탄력성을 알고 싶어 한다. 요구르트의 가격을 올렸을 때 가격탄력성에 따라 요구르트의 판매수입이 달라지기 때문이다. 뿐만 아니라 요구르트의 가격 상승이 서울우유의 판매량에 미치는 영향도 알고 싶어 한다. 서울우유의 판매량이 요구르트의 가격변화에 얼마나 민감하게 어떻게 변할 것인가? 요구르트의 가격상승이 서울우유의 판매량을 줄일 것인가? 이들 간의 교차탄력성이 낮다면 요구르트와 서울우유의 대체성은 매우 약하며, 따라서 요구르트의 가격을 올리더라도 서울우유의 판매량은 큰 영향을 받지 않을 것임을 알 수 있다.

정부도 수요의 교차탄력성 개념을 이용하여 대형 기업의 합병이 경쟁을 실질적으로 감소시켜 공정거래법을 위반하게 되는지의 여부를 평가한다. 예를 들어 서울우유와 매일우유는 교차탄력성 값이 매우 커서 서로 강한 대체관계에 있다. 게다가 이들은 합하여 국내 우유시장의 50% 이상을 점유하고 있다. 이처럼 교차탄력성이 크고 시장점유율이 높으면 이들 기업의 합병으로 시장경쟁이 실질적으로 감소할 수 있다. 때문에 이들 기업의 합병을 정부가 막으려 할 것이다. 이에 비해 서울우유와 오일뱅크의 교차탄력성은 거의 0에 가깝다. 따라서 이들 기업 간의 합병은 시장경쟁에 거의 영향을 미치지 못한다. 따라서 정부는 이들 기업이 합병한다면 이를 허용할 것이다.

**문제**

러시아 우크라이나 전쟁으로 경유 가격이 크게 오르자 경유차에 대한 수요가 크게 감소하고 전기차에 대한 수요가 크게 증가하였다. 이를 교차탄력성으로 설명하여 보시오.

## 지구촌 전망 4.2

### 교육비 지출과 식량가격 간의 수요의 교차탄력성

식량 가격이 상승하면 교육비 지출이 감소하는데 가계소득이 빠듯한 탄자니아나 베트남 같은 저소득국가에서 감소의 규모가 크다. 가계소득에 여유가 있는 일본이나 미국과 같은 고소득 국가에서는 교육비 지출의 감소가 그리 크지 않다.

**교육비 지출과 식량 가격 상승률 간의 수요의 교차탄력성**

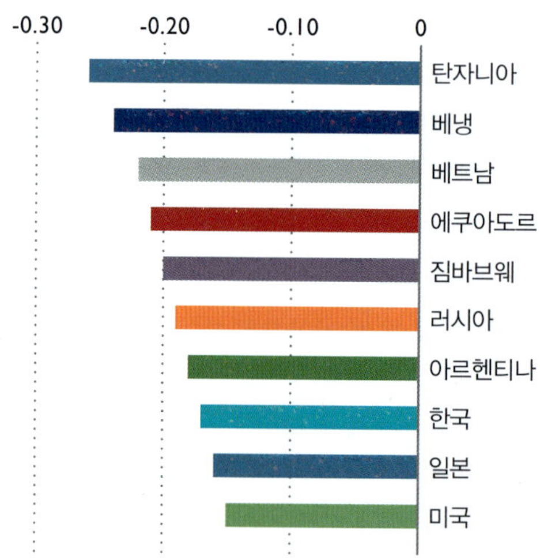


자료: Economic Research Service, 미 농무부

# 요약

**1. 수요의 가격탄력성**

수요의 가격탄력성은 가격 변화에 따른 수요량의 반응 정도를 측정한다. 소비자가 가격변화에 민감하면 수요는 탄력적이다. 소비자가 가격변화에 둔감하면 수요는 비탄력적이다.

가격탄력성 계수($E_d$)는 수요의 가격탄력성을 나타내는 수치이다. 이를 구하는 공식은 다음과 같다.

$$E_d = \frac{X\text{재 수요량의 변화율}}{X\text{재 가격의 변화율}}$$

경제학자들은 변화 전후의 가격과 공급량의 평균을 기준점으로 삼아 변화율을 계산한다. 가격탄력성 계수가 1을 초과한다면 수요는 탄력적이고 1 미만이라면 비탄력적이다. 가격탄력성 계수가 1인 특별한 경우를 단위탄력적이라고 한다. 수요가 완전 비탄력적이면 수요곡선은 세로축과 평행하며, 완전히 탄력적이면 수요곡선은 가로축과 평행하게 그려진다.

동일한 수요곡선이라도 가격수준이 어디냐에 따라 탄력성이 달라진다. 좌상향으로 갈수록 가격탄력성은 커지며, 우하향으로 갈수록 가격탄력성은 작아진다. 수요곡선이 가파른가 또는 평평한가의 여부는 탄력성의 판단 기준이 될 수 없다. 탄력성의 결정 요인은 대체재의 수, 재화가 소득에서 차지하는 비중, 사치재인지 필수재인지의 여부, 가격 변화에 적응할 수 있는 시간 등이다.

**2. 탄력성과 총수입의 관계**

총수입이란 일정기간 동안 공급자가 생산물의 판매로 얻는 모든 수입을 뜻한다. 이것은 생산물의 가격($P$)과 판매수량($Q$)의 곱으로 계산한다. 그래프로 표시하면 총수입은 수요곡선 위의 한 점에서 수직선과 수평선을 그어 이들 선과 X, Y축으로 둘러싼 사각형 면적이다.

총수입이 가격의 변화와 반대로 변하면 수요는 탄력적이다. 가격과 총수입이 같은 방향으로 변한다면 수요는 비탄력적이다. 수요가 단위 탄력적이면 가격이 변하더라도 총수입은 변하지 않는다.

**3. 공급의 가격탄력성**

탄력성의 개념은 공급에도 적용된다. 공급의 가격탄력성 계수를 구하는 공식은 다음과 같다.

$$E_s = \frac{X\text{재 공급량의 변화율}}{X\text{재 가격의 변화율}}$$

변화율은 변화 전후의 가격과 수요량의 평균을 기준점으로 삼아 계산한다.

공급의 가격탄력성은 한 상품의 생산에 투입된 생산요소들을 다른 상품의 생산을 위해 얼마나 쉽게 그리고 신속하게 이동시킬 수 있느냐에 따라 크기가 달라진다.

**4. 탄력성의 현실 응용사례**

수요나 공급의 가격탄력성은 민간부문이나 공공부문에서 많은 응용사례를 발견할 수 있다. 기업은 이를 고려하여 가격과 생산량을 정한다. 그리고 정부는 마약의 합법화나 조세의 부과 등의 정책을 시행하고자 할 때 이를 고려한다.

**5. 수요의 소득탄력성과 교차탄력성**

수요의 소득탄력성은 소비자의 소득이 변할 때 수요량이 어떻게 반응하는지를 측정한다. 수요의 소득탄력성 계수는 다음과 같은 식으로 계산한다.

$$E_i = \frac{\text{수요량의 변화율}}{\text{소득의 변화율}}$$

우등재의 소득탄력성은 양(+)이며, 열등재의 소득탄력성은 음(−)이다.

수요의 소득탄력성 계수가 큰 상품을 생산하는 기업은 경기침체 때 큰 타격을 받는다. 이에 비해 소득탄력성이 낮거나 음(−)인 상품을 생산하는 기업은 경기침체의 영향을 덜 받는다.

수요의 교차탄력성은 어떤 재화(X)의 수요량이 다른 재화(Y)의 가격변화에 어떻게 반응하는가를 측정한다. 수요의 교차탄력성은 다음과 같은 공식으로 구한다.

$$E_{xy} = \frac{X\text{재 수요량의 변화율}}{Y\text{재 가격의 변화율}}$$

교차탄력성이 양(+)이면 두 재화는 대체재이고 음(−)이면 보완재이다.

## 주요 용어 및 개념

공급의 가격탄력성
단기
단위 탄력적 수요
비탄력적 수요
수요의 가격탄력성
수요의 교차탄력성
수요의 소득탄력성
완전 비탄력적 수요
완전 탄력적 수요
장기
초단기
총수입
총수입검증
탄력적 수요

## 연습문제

**1.** 시장 수요곡선이 다음과 같이 주어져 있다. 바르게 설명한 것은?

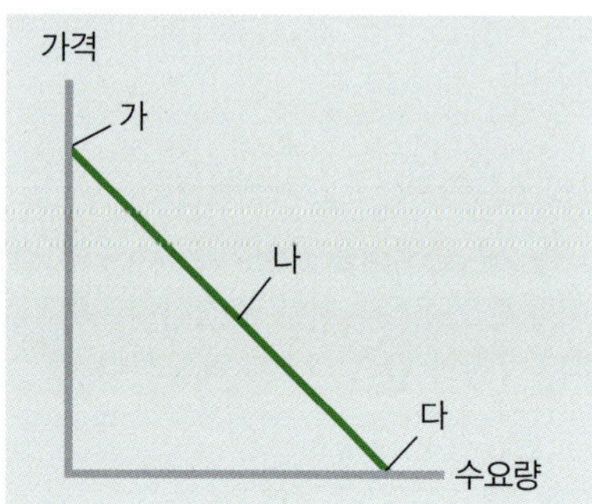


① '가'에서의 수요의 가격탄력성은 0이다.
② '나' 점에서의 수요의 가격탄력성이 1이라면 '가나'의 길이는 '나다'의 길이와 같다.
③ '다' 점에서의 탄력성이 가장 크다.
④ '가', '나', '다' 점에서의 수요의 가격탄력성은 동일하다.
⑤ 위의 그림만으로 수요의 가격탄력성을 비교할 수 없다.

**2.** '가', '나, '다'는 원점을 지나는 시장공급곡선이다. a, b, c는 이들 공급곡선의 한 점이다. 올바른 설명은 ?

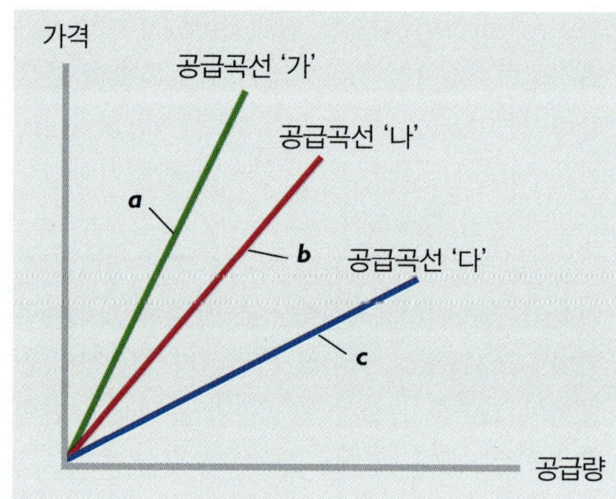


① 'a' 점에서 공급의 가격탄력성이 가장 크다.
② 'b' 점에서 공급의 가격탄력성이 가장 크다.
③ 'c' 점에서 공급의 가격탄력성이 가장 크다.
④ 'a', 'b', 'c' 점에서 공급의 가격탄력성은 동일하다.
⑤ 앞의 그림만으로는 공급의 가격탄력성을 비교할 수 없다.

**3.** 다음에서 수요의 가격 탄력성이 커지는 경우가 아닌 것은?
① 대체 가능성이 크다.
② 소득에서 차지하는 비중이 크다.
③ 사치품이다.
④ 시간의 경과가 크다.
⑤ 상품의 내구성이 크다.

**4.** 맥주 가격의 상승이 소주의 수요를 줄인다는 연구 결과가 나왔다. 맞는 설명은?

① 교차탄력성이 양이고 서로 보완재이다.
② 교차탄력성이 양이고 서로 대체재이다.
③ 교차탄력성이 음이고 서로 보완재이다.
④ 교차탄력성이 음이고 서로 대체재이다.
⑤ 위의 자료로 답을 구할 수 없다.

**5.** 모든 대학생들이 기숙사에 살아야 한다면 기숙사 수요의 가격탄력성은 얼마인가? 그리고 농구공 가격이 3만 원일 때 농구공 제조회사의 총수입이 60만 원이고 가격이 2만 원일 때에도 총수입이 60만 원이라고 하면 농구공 수요의 가격탄력성은 얼마인가? 앞의 것이 기숙사 수요의 탄력성, 뒤의 것이 농구공 수요의 가격탄력성이다.

① (0, 0) ② (0, 1)
③ (1, 0) ④ (1, 1)
⑤ 위의 자료로는 알 수 없다.

**6.** 경희는 몇 년 동안 식료품과 다른 상품의 가격이 변하고 자신의 소득이 변하였지만, 항상 소득의 1/3을 식료품 소비에 지출하고 있다. 식료품 수요의 가격탄력성과 소득탄력성은 얼마인가?

**7.** 재화 A와 B의 수요의 교차탄력성이 +3.6이고, 재화 B와 C의 수요의 교차탄력성은 −5.4이다. A와 C 재화는 어떤 관계에 있는가?

**8.** 지수가 1년 동안 옷을 몇 벌 구입할 것인가는 옷의 가격과 그녀의 수입 그리고 다른 소비상품의 가격 등에 달려 있다. 다음 표는 옷의 가격이 50,000원, 35,000원, 20,000원일 때 지수가 1년 동안 구매하는 옷의 양을 나타낸 것이다. $D_1$은 연간 소득이 5,000만 원이고 영화 관람료가 9,000원일 때의 옷에 대한 수요를 나타낸다. 그리고 $D_2$는 소득이 5,000만 원이지만 영화 관람료가 11,000원으로 올랐을 때 옷에 대한 수요를 나타내고 있다. 마지막으로 $D_3$는 소득이 7,000만 원이고 영화 관람료가 11,000원일 때의 옷에 대한 수요를 보여주고 있다.

| 가격 | 옷에 대한 수요량 | | |
|---|---|---|---|
| | $D_1$ | $D_2$ | $D_3$ |
| 50,000 | 15 | 10 | 15 |
| 35,000 | 25 | 15 | 30 |
| 20,000 | 40 | 20 | 50 |

(1) 옷과 영화 관람은 대체재인가? 보완재인가? 이러한 관계는 옷의 가격에 따라 달라지는가?
(2) 옷에 대한 소득탄력성을 중간점을 이용하여 구하시오. 소득탄력성은 옷의 가격에 따라 달라지는가?

**9.** 어느 동네에 자리한 붕어빵 가게에서 매일 1,000원에 100개의 붕어빵을 팔고 있다. 단기에서 붕어빵의 가격이 1,000원에서 2,000원으로 인상되면 공급은 단위탄력적이다. 가격이 2,000원으로 인상되면 붕어빵을 매일 몇 개씩 팔려고 할 것인가? 장기에서 가격이 1,000원에서 2,000원으로 인상될 때의 공급의 가격탄력성은 1.5이다. 가격이 2,000원으로 인상되면 붕어빵을 장기적으로 매일 몇 개씩 팔려고 할 것인가? 단, 탄력성은 중간점 공식으로 구한 것이다.

**10.** 농업에 풍년이 들었다. 농부의 총수입이 어떻게 될 것인지를 탄력성과 관련하여 설명하여 보시오.

**11.** 지난 2005년 맥주를 생산하는 하이트맥주가 소주를 생산하는 진로를 인수하였다. 이러한 기업결합이 경쟁을 실질적으로 제한하면 공정거래위원회는 기업결합을 제한할 수 있다. 이를 판단하기 위하여 공정거래위원회가 어떤 탄력성을 사용할 것인지 추론하여 보시오.

**12.** 정부는 몇 년 전 담배 가격을 평균 2,500원에서 4,500원으로 인상하였다. 정부의 추산에 따르면 담뱃값을 2천 원 올리면서 조세수입이 6조 7,427억 원에서 2조 8,000억 원 정도 더 늘어났다. 담배에 대한 수요곡선의 탄력성을 계산하여 보시오. 단, 2,500원 중에서 담배의 세금은 1,550원이며, 4,500원으로 인상되면 담배 세금은 3,318원을 차지하게 된다.

CHAPTER 05

# 시장의 실패: 공공재와 외부성

**학습내용**

1. 시장실패
2. 공공재의 특성과 최적 공급량
3. 외부성과 교정 수단
4. 조세부담의 원칙
5. 조세의 유형

경쟁시장은 보통의 경우 희소한 자원을 가장 가치가 큰 용도에 배분하는 놀라운 일을 한다. 그러나 시장에도 한계가 있다. 어떤 경우에는 경제적으로 바람직한 상품들이 아예 생산되지 않는다. 또는 사회적으로 바람직한 수준보다 과다 생산하거나 과소 생산하기도 한다. 경쟁시장이 (1) 어떤 재화를 생산할 수 없거나 (2) 과다 또는 과소 생산할 때 시장실패(market failures)가 발생하였다고 하며, 이 장에서는 이를 다룬다.

시장이 실패하면 정부에 경제적 역할이 주어질 수 있다. 여기에서는 정부의 역할을 공공재와 외부성과 관련하여 살펴볼 것이다. 공공재나 외부성이 존재하면 시장은 최적의 자원배분을 하지 못한다. 그 때 정부는 조세 부과나 보조금 지급, 규제 등의 정책수단을 통해 이를 개선할 수 있다. 이 장의 말미에서 이러한 정부의 노력을 무력화시키는 정부 개입의 비효율성을 논의할 것이다.

## 경쟁시장과 시장실패[1)]

경쟁시장은 경제적 관점에서 보면 '적절한' 자원배분을 행한다. 그러나 수많은 구매자들과 판매자들이 치열하게 경쟁하는 시장에서도 시장실패가 발생할 수 있다. 경쟁 자체가 자원배분의 적절성을 보증하는 것은 아니다. 이번 장의 초점은 경쟁시장에서 시장실패가 왜 발생하며, 이를 어떻게 교정할 수 있는지를 설명하는 것에 있다.

다행히도 전체적인 윤곽은 간단하다. 경쟁시장의 시장실패는 다음과 같은 2가지 범주만 있기 때문이다.

수요측면의 시장실패
소비자들이 어떤 상품에 대해 기꺼이 지불하고자 하는 금액을 제대로 지불하지 않는 경우

공급측면의 시장실패
기업이 상품을 생산하는 데 드는 비용 전부를 지불하지 않는 경우

- **수요측면의 시장실패**: 수요곡선이 상품이나 서비스에 대한 소비자의 지불의사를 반영하지 못할 때 발생한다.
- **공급측면의 시장실패**: 공급곡선이 상품이나 서비스의 총생산비용을 반영하지 못할 때 발생한다.

### 수요측면의 시장실패

수요 측면의 시장실패는 소비자들이 어떤 상품에 대해 기꺼이 대가를 지불할 용의가 있지만, 이를 지불하도록 하는 것이 불가능할 때 발생한다. 예를 들어 야외 불꽃놀이를 생각해 보자. 사람들은 불꽃놀이를 좋아한다. 그래서 대가를 지불해야 불꽃놀이를 구경할 자격이 생긴다면 사람들은 기꺼이 대가를 지불하고자 한다. 하지만 불꽃놀이는 야외에서 벌어지고 불특정 다수가 보게 되므로 사람들은 실제로 돈을 지불할 필요가 없다. 대가를 지불하지 않은 사람이 불꽃놀이를 구경하지 못하도록 하는 방법이 없기 때문이다. 그래서 민간기업은 야외 불꽃놀이를 벌일 생각을 하지 않는다. 행사 비용을 충당할 수 있는 방법이 없기 때문이다.

### 공급측면의 시장실패

공급 측면의 시장실패는 기업이 총생산비용을 지불할 필요가 없을 때 발생한다. 예를 들어, 화력발전소를 생각해 보자. 발전소를 운영하는 기업은 전력 생산에 필요한 토지, 노동력, 자본, 경영진 등에 대가를 지불해야 한다. 하지만 배출된 매연은 다른 사람에게 비용을 발생시킨다. 매연에 포함된 오염물질로 인해 지구온난화가 초래될 수 있고 인근 농작물이나 야생동물에 피해가 발생할 수 있다. 이러한 피해에 대해 아무런 대가

---

1) 시장에 구매자나 공급자가 적어 경쟁이 부족하면 시장실패가 나타난다. 경쟁이 부족하면 구매자나 공급자는 자신의 이익을 위해 구매량이나 공급량을 사회적 최적 수준보다 낮은 수준에서 결정한다. 예를 들어 독점기업은 시장가격을 인상시켜 이윤을 증대할 목적으로 생산량을 제한한다. 여기에서는 시장이 경쟁적이라도 발생할 수 있는 시장실패를 다룬다.

를 치르지 않는다면 기업은 전력 생산에 따른 비용의 일부를 지불하지 않는 셈이다.

시장실패가 발생하는 것은 일부 비용이 포함되지 않아 시장기구가 비용과 편익을 제대로 비교할 수 없기 때문이다. 그래서 화력발전소는 매연의 대가를 비용으로 지불할 때에 비해 더 많은 전력을 생산해서 더 많은 오염물질을 배출하게 되는 것이다. 이때 더 많이 생산된 생산물의 비용은 사회적 편익을 초과하게 된다. 분명한 것은 더 많이 생산된 생산량이 줄어들어야 경제적 효율성이 달성된다는 것이다.

## 효율적으로 작동하는 시장

시장실패를 잘 이해하려면 먼저 경쟁시장이 어떻게 경제적 효율성을 달성하는지 알아야 한다.

경쟁시장은 소비자들이 기꺼이 대가를 지불하고자 하는 사적 재화를 공급할 뿐 아니라 생산에 투입되는 자원을 효율적으로 배분한다. 경쟁 때문에 생산자들은 최선의 기술을 이용하고 생산요소를 적절히 결합하여야 한다. 그렇지 않으면 자신보다 낮은 비용으로 생산하는 기업이 등장하여 결국 사업을 접어야 한다. 그래서 경쟁시장에서 사적 재화는 최소비용으로 생산되는데 이를 **생산의 효율성**이라고 한다. 생수의 예를 들어보자. 생수가 최소비용으로 생산된다는 것은 생수의 생산에 최소의 자원이 희생되었다는 것을 의미한다. 따라서 다른 재화의 생산에 더 많은 자원이 사용될 수 있다. 재화의 생산에 사용될 수 있는 자원이 한정되어 있고 그 자원의 가치가 10만 원이라고 하자. 생수 1병을 생산하는 데 1,000원을 사용하였다면 나머지 9만 9천 원만큼의 자원은 다른 재화의 생산에 사용될 수 있다. 이것은 생수 1병을 생산하는 데 5,000원이 들어 다른 재화를 생산하는 데 사용될 수 있는 자원이 9만 5천 원 남는 경우에 비해 분명히 바람직하다.

**생산의 효율성**
재화나 서비스를 최소비용으로 생산하는 것

경쟁시장은 **배분의 효율성**도 달성한다. 즉, 사회가 가장 바람직하다고 여기는 재화나 서비스의 조합을 생산한다는 것이다. 사회는 소형주택만이 아니라 대형주택도 원한다. 또한 다양한 패션의 의류를 원한다. 나아가 주택이나 의류만 필요한 것이 아니라 스마트폰이나 의료서비스도 필요하다. 경쟁시장이 사회가 바람직하다고 여기는 재화와 서비스의 조합을 어떻게 생산하는지 다음에 설명할 것이다.

**배분의 효율성**
사회가 가장 바람직하다고 여기는 재화나 서비스의 조합을 생산한다는 것

여하튼 경쟁시장이 경제적 효율성, 즉 생산의 효율성과 배분의 효율성을 달성하려면 다음 2가지 조건이 충족되어야 한다.

- 시장수요곡선이 시장에서 거래되는 상품으로부터 편익을 얻는 모든 소비자의 지불의사를 반영해야 한다.

- 시장공급곡선이 모든 생산비용을 반영해야 한다. 이들 비용에는 시장에서 거래되는 상품의 생산에 직접 참여하지 않은 개인이 지불하는 비용도 포함된다.

이런 조건이 충족되어야 경쟁시장은 편익이 비용과 같아지는 수준에서 모든 재화를 생산하게 된다.

## 사회후생

사회후생(social welfare)이란 흔히 시장에 참여한 개인이 얻는 이익의 합을 말하는데 정부가 개입하지 않은 시장에서는 소비자와 생산자가 얻는 이익의 합으로 나타낸다. 소비자가 얻는 이익의 합을 소비자 잉여(consumer's surplus)라 하고 생산자가 얻는 이익의 합을 생산자 잉여(producer's surplus)라 한다.

### 소비자 잉여

소비자 잉여는 어떤 상품에 대해 소비자가 평가한 가치와 실제로 지불한 가격의 차이로 측정한다. 소비자는 자신이 평가한 상품의 가치만큼 대가를 최대한 지불할 의사가 있지만, 그보다 낮은 가격을 지불하게 되면 그 차이만큼 이익을 보게 된다.

예를 들어, 철수가 사과 1상자의 가치를 12,000원이라고 평가하였다면 그가 사과의 구입에 지불하고자 하는 최대가격은 12,000원일 것이다. 그런데 실제 시장 가격이 10,000원이라면 그가 사과를 구입하였을 때 2,000원만큼의 이익을 얻게 된다. 2,000원이 철수가 얻게 되는 소비자 잉여다.

개별 소비자나 소비자 전체가 얻는 소비자 잉여를 그래프로 쉽게 보여줄 수 있다. 그림 5.1에 사과 1상자에 대한 수요곡선과 시장가격이 표시되어 있다.

그림 5.1에서 알 수 있듯이 수요곡선은 가격이 주어져 있을 때 소비자가 사고자 의도하는 수요량을 나타낸다. 수요곡선은 가격이 주어질 때 그때의 수요량을 나타내지만, 이를 거꾸로 보면 그것은 전혀 다른 의미를 갖는다. 예를 들어 $P_2$ 가격에서 소비자는 $Q_2$만큼 사고자 의도한다. 그런데 $Q_2$ 수요량에 대응하는 $P_2$ 가격은 어떤 의미일까? 가격이 $P_2$보다 조금만 비싸도 $Q_2$번째 수량을 구매하지 않던 소비자는 가격이 $P_2$가 되어야 이를 사고자 의도한다. 이는 소비자가 $Q_2$번째 수량에 대해 평가한 가치가 $P_2$이며, 이것은 소비자가 $Q_2$번째 수량을 구매하고자 할 때 지불하고자 하는 최대 금액이라는 것을 의미한다. 수요곡선을 거꾸로 본 것이 수요곡선의 역함수인데 이것은 개별 수요량에서 소비자가 지불하고자 의도하는 최대 금액을 나타내는 것이다.

**그림 5.1** **소비자 잉여**

시장수요 곡선의 역함수는 소비자의 지불 의사를 나타낸다. 소비자가 어떤 상품에 대해 지불하고자 하는 금액과 실제 지불한 가격의 차이가 소비자가 얻는 잉여이다. 소비자 잉여는 개별 구매량에서 소비자가 얻는 잉여를 모두 더한 것으로 그래프에서는 $adP_0$의 삼각형으로 표시된다.

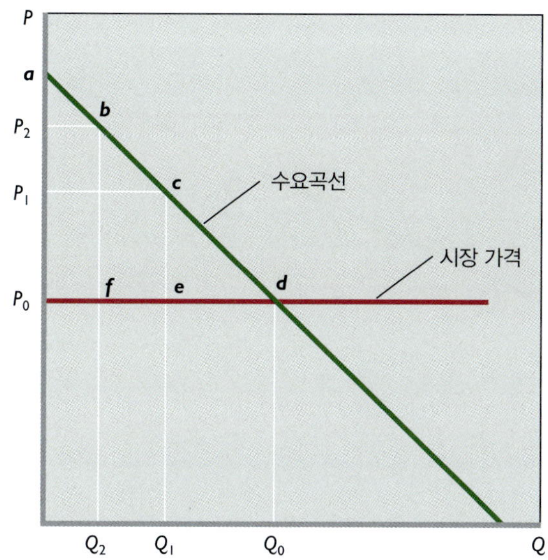


그런데 $Q_2$번째 수량을 구매하는 소비자가 실제 지불하는 시장가격이 $P_0$라 하면 $P_2$에서 $P_0$를 뺀 $bf$가 $Q_2$번째 수량의 구매로 소비자가 얻게 되는 이익이다. 같은 방식으로 추론하면 $Q_1$번째 수량의 구매로 소비자가 얻게 되는 이익은 $ce$이다. 따라서 $Q_0$까지 구매하는 모든 수량에 대해 소비자가 얻는 소비자 잉여는 개별 구매량에서 얻게 되는 잉여를 모두 더한 것으로 그래프에서는 $adP_0$의 삼각형으로 표시된다.

## 생산자 잉여

소비자들과 마찬가지로 생산자들도 시장거래를 통해 이익을 얻는다. 이를 생산자 잉여라 하는데 이것은 생산자가 특정 단위의 상품을 공급하려면 받아야 하는 최소가격과 실제 시장에서 받은 가격과의 차이로 측정한다. 특정 단위의 상품을 추가로 공급하려면 생산요소가 추가적으로 투입되어 이에 따른 비용이 발생하게 되는데 이것이 그 단위의 상품을 추가로 생산하는데 따른 기회비용, 즉 한계비용이다. 이것이 그 단위의 상품생산에 대해 생산자가 받아야 하는 최소가격이다. 예를 들어 수철이 사과를 재배한다고 하자. 그리고 수철이 상자 1상자를 추가로 생산하는 데 8,000원이 든다고 하자. 이것이 수철이 사과 1상자를 추가로 공급하는 데 받고자 하는 최소가격이다. 그는 시장가격이

**그림 5.2 생산자 잉여**

시장공급 곡선의 역함수는 생산자의 기회비용, 즉 한계비용을 나타낸다. 생산자 잉여는 특정 단위의 상품을 공급하려면 받아야 하는 최소가격과 실제 시장에서 받은 가격과의 차이로 측정한다. 생산자 잉여는 특정 공급량에서 생산자가 얻는 잉여를 모두 더한 것으로 그래프에서는 $P_0af$의 삼각형으로 표시된다.

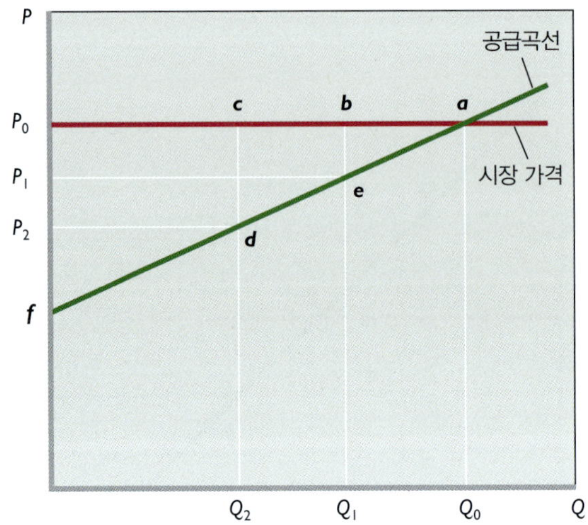


8,000원 미만이면 사과를 추가로 공급하지 않을 것이나. 그런데 사과 1상자의 시장가격이 10,000원이라고 하면 수철은 사과 1상자를 추가로 공급함으로써 2,000원의 이익을 얻게 된다. 이 2,000원이 수철이 얻는 생산자 잉여다.

생산자 잉여도 소비자 잉여처럼 그래프로 나타낼 수 있다. 그림 5.2에 사과 1상자의 공급곡선이 그려져 있다. 공급곡선을 보면 가격이 $P_0$일 때 $Q_0$, 가격이 $P_2$일 때 $Q_2$만큼 공급하고자 의도한다는 것을 알 수 있다. 그런데 공급곡선의 역함수, 즉 공급량이 $Q_0$일 때 가격이 $P_0$, 공급량이 $Q_2$일 때 가격이 $P_2$라는 것은 무엇을 의미할까? 공급곡선의 역함수는 공급자가 그 수량을 공급하려고 할 때 받고자 하는 최소가격, 즉 한계비용을 의미한다.

가격이 $P_2$일 때 공급자는 $Q_2$만큼 공급하고자 의도한다. 가격이 $P_2$에 조금이라도 미달하면 $Q_2$번째 상품이 공급되지 않다가 가격이 정확하게 $P_2$가 되어야 $Q_2$번째 상품이 공급된다. 이것은 가격이 $P_2$가 되어야 $Q_2$번째 상품의 공급에 따른 모든 비용이 충당되어 손해를 보지 않는다는 것을 의미한다. 공급곡선의 역함수는 해당 상품의 공급이 추가되었을 때 발생하는 비용인 한계비용으로 공급자가 받고자 하는 최소가격인 것이다.

따라서 시장가격이 $P_0$이면 $Q_2$번째 상품을 추가로 공급하였을 때 공급자가 얻는 이익은 $(P_0-P_2)$, 즉 $cd$이다. 동일한 추론으로 $Q_1$번째 상품을 추가로 공급하였을 때 공급자가 얻는 이익은 $(P_0-P_1)$, 즉 $be$이다. 시장에서 $Q_0$만큼 공급이 이루어지므로 모든 공급량에 대해 공급자가 얻는 이익의 합은 $P_0af$의 삼각형으로 이것이 생산자 잉여인 것이다.

### 사회후생의 측정

앞서 지적하였듯이 사회후생은 시장에 참여한 여러 경제주체가 얻는 이익의 합으로 나타낸다. 정부가 개입하지 않으면 소비자 잉여와 생산자 잉여의 합으로 측정한다.

그림 5.3에 사회후생은 소비자 잉여와 생산자 잉여의 합으로 표시되는데 그것은 공급곡선과 수요곡선, 그리고 Y축으로 둘러싼 삼각형이 된다. 이것이 의미하는 것은 시장거래에 참여한 생산자나 소비자 모두가 이익을 얻고 있다는 것이다. 시장거래는 자발적으로 이루어지기 때문에 누구나 자신에게 이익이 있을 때 거래에 참여한다. 그래서 시장거래는 시장거래에 참여한 모두의 이익을 증대시킨다고 말한다.

경제학은 어떤 정부 정책이 시행되거나 사건이 발생하였을 때 그것이 사회후생에 미치는 효과를 분석한다. 외부 충격이 주어지기 전후의 균형을 구하고 각각의 균형에서 사회후생을 비교하여 사회후생이 증가하였다면 외부충격으로 경제의 생활수준이 개선된 것으로 여긴다. 반대로 외부충격으로 사회후생이 감소하면 외부충격으로 생활수준이 하락한 것으로 여긴다.

**그림 5.3 사회후생의 측정**

사회후생은 정부의 개입이 없다면 소비자 잉여와 생산자 잉여로 합으로 측정한다. 시장 균형 가격이 $P_1$이고 균형 거래량이 $Q_1$일 때 사회후생은 공급곡선과 수요곡선, 그리고 Y축으로 둘러싼 삼각형이 된다.

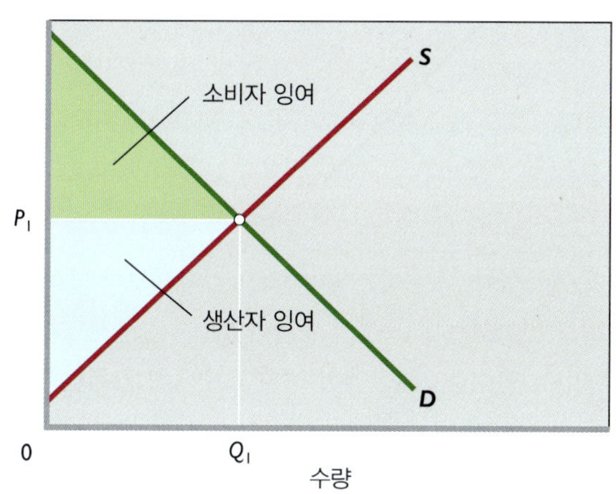

## 분석의 응용

### 쌀 농사의 풍년과 사회후생의 변화

소비자 잉여와 생산자 잉여를 이용하여 쌀 농사의 풍년이 들었을 때 사회후생의 변화를 예측할 수 있다.

그림 5.4에 풍년이 들기 전 후의 쌀 시장의 균형이 표시되어 있다. 풍년이 들기 전의 시장 균형은 $b$점으로 균형가격이 $P_0$, 균형거래량이 $Q_0$이다. 그리고 풍년이 들면 공급곡선이 우측으로 $S$에서 $S'$으로 이동하여 새로운 균형점은 $e$점으로 균형가격이 $P_1$, 균형거래량이 $Q_1$이 된다.

풍년이 들기 전의 균형에서 소비자 잉여는 $abP_0$이고 생산자 잉여는 $P_0bc$이다. 사회후생은 $abc$로 나타난다. 풍년이 들었을 때의 균형에서 소비자 잉여는 $aeP_1$이고 생산자 잉여는 $P_1ed$이다. 사회후생은 $aed$로 나타난다. 풍년 전후를 비교하면 사회후생은 $bcde$만큼 증가하였다.

**그림 5.4 풍년에 따른 사회후생의 변화**

풍년이 들면 소비자 잉여와 생산자 잉여의 합으로 표시한 사회후생은 증가한다. 소비자 잉여가 증가하는 것은 분명하지만, 생산자 잉여의 증가는 수요곡선의 탄력성에 따라 다르다. 쌀에 대한 수요의 가격탄력성이 비탄력적이면 쌀 생산자인 농민의 이익을 나타내는 생산자 잉여는 감소한다. 하지만 생산자 잉여의 감소에 비해 소비자 잉여의 증가가 커서 사회 전체적으로 이익은 증가한다.

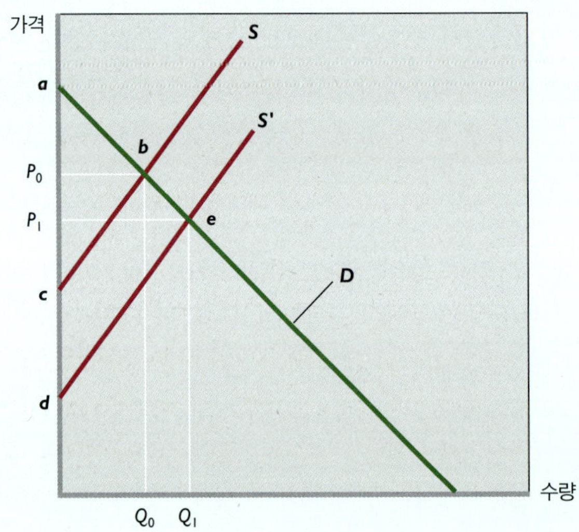


풍년으로 소비자 잉여는 $P_0beP_1$만큼 분명히 증가하였다. 소비자는 싼 가격으로 예전보다 많이 구매할 수 있기 때문이다. 풍년으로 생산자 잉여가 $P_0bc$에서 $P_1ed$로 변하였는데 그것이 증가하였는지는 불분명하다. 예전보다 판매량은 증가하였지만 판매가격이 하락하였기 때문이다. 이것은 제4장에서 논의한 수요의 가격탄력성에 의존한다. 쌀에 대한 수요의 가격탄력성이 탄력적이면 쌀 가격의 하락에 비해 판매량의 증가가 커서 생산자 잉여는 증가한다. 하지만 농산물의 경우 대부분 수요의 가격탄력성이 비탄력적이다. 따라서 가격의 하락율이 판매량의 증가율보다 크다. 풍년으로 생산자 잉여가 감소하여 쌀 농사를 짓는 농민의 이익이 감소하는 것이다.

풍년으로 생산자 잉여는 감소하고 소비자 잉여는 증가하는데 소비자 잉여의 증가가 생산 잉여의 감소보다 커서 사회 전체적으로 보면 이익은 증가한다.

## 사적 재화와 공공재

경쟁시장에서 수요 측면의 시장실패는 수요곡선이 재화나 서비스에 대한 소비자의 지불의사를 반영하지 못할 때 발생한다. 이러한 상황이 발생하면 시장은 순편익이 존재하더라도 이를 생산하지 못한다. 수요곡선이 소비자의 지불의사를 과소평가하기 때문이다. 이러한 과소평가 문제는 공공재에서 가장 극명하게 나타난다. 수요곡선이 소비자의 지불의사를 전혀 반영하지 못해 시장에서 공공재가 전혀 생산되지 않는 것이다. 공공재를 이해하려면 사적 재화의 특성을 먼저 알아야 한다.

### 사적 재화의 특성

시장은 다양한 **사적 재화**를 생산한다. 사적 재화는 상점이나 매장에서 판매된다. 음식료, 자동차, 의류, 가전제품, 비디오 게임 등이 이에 속한다. 사적 재화는 2가지 특성을 가지고 있는데 그것은 '경합성'과 '배제성'이다.

사적 재화
경합성과 배제성의 특성을 갖는 재화

- 경합성이란 소비의 측면에서 한 사람이 어떤 상품을 구입하여 소비하면 다른 사람이 이를 구입하여 소비할 수 없다는 뜻이다. 은서가 생수 1병을 사서 마시면 미경은 그 생수를 사서 마실 수가 없다는 것이다.
- 배제성이란 판매자가 대가를 지불하지 않은 사람을 상품의 소비에서 배제할 수 있다는 뜻이다. 가격을 주고 생수를 구입한 사람들만이 생수가 주는 편익을 향유할 수 있다는 것이다.

### 이윤을 얻어야 공급

사적 재화에 대한 소비자의 수요는 시장에서 충분히 드러난다. 은서가 생수를 원한다면 그러한 정보는 그녀의 구매의사를 통해 시장에 알려진다. 다른 조건이 동일하다면 생수 가격이 비쌀수록 은서의 생수 구매량은 줄어들 것이다. 따라서 은서의 생수에 대한 수요는 생수 가격과 역관계에 있다. 이것이 바로 제3장에서 설명한 개별수요이다.

사적 재화에 대한 시장수요는 개별수요를 수평으로 합한 것이다. 그림 3.2를 다시 살펴보기 바란다. 생수 시장에 소비자가 딱 2사람뿐이고 생수 가격은 1병에 1,000원이라고 하자. 은서가 3병을 사고 미경이 2병을 사면 시장수요는 시장가격 1,000원에서 소비자가 5병을 사고자 한다는 사실을 보여준다. 여러 가격수준에서 이들의 수요량을 수평으로 더하면 시장수요 및 시장수요곡선을 구할 수 있다.

이제 생수의 시장균형가격이 1,000원이라고 하자. 은서와 미경은 생수 5병을 살 것이고, 판매자의 총수입은 5,000원(=1,000원×5병)이 된다. 판매자의 1병당 비용이

## 사적 재화와 공공재

사과는 경합성과 배제성을 가지고 있어서 사적 재화에 속한다. 이에 비해 거리의 가로등은 비경합적이며 비배제적이므로 공공재에 속한다.

© Shutterstock

© Shutterstock

800원이면 총판매비용은 4,000원(=800원×5병)이 된다. 따라서 병당 1,000원을 받은 판매자의 총수입은 5,000원이고 총비용은 4,000원이므로 판매자는 생수 5병을 팔아 1,000원의 이윤을 얻게 된다.

소비자는 가격이 제공하는 정보를 이용하여 자신의 지불의사를 수요곡선으로 나타낸다. 그리고 기업은 시장수요에 드러난 소비자의 지불의사를 이용하여 이를 생산하는 게 이익이면 기꺼이 사적 재화를 생산하여 판매한다. 시장에서는 기업이 이윤을 얻어야 상품이 공급되는 것이다. 상품의 공급이 이루어지면 시장가격을 기꺼이 지불하는 소비자는 재화를 얻고, 그렇지 않은 사람은 재화를 얻을 수 없게 된다. 경쟁시장은 소비자가 지불 의사를 드러낸 사적 재화를 공급할 뿐만 아니라 이들 재화를 효율적으로 생산한다. 사적 재화는 과소 생산되거나 과다 생산되지 않는다.

공공재
비경합성과 비배제성의 특성을 갖는 재화

### 공공재의 특성

**공공재**는 사적 재화와 정반대되는 특성, 즉 '비경합성'과 '비배제성'을 가지고 있다.

- 비경합성은 소비의 측면에서 한 사람이 어떤 상품을 구입하여 소비하더라도 다른 사람이 그 재화나 서비스를 소비할 수 있다는 뜻이다. GPS, 국방, 가로등, 환경보호 등이 공공재인데 모든 사람들은 동시에 공공재의 편익을 누릴 수 있다.
- 비배제성은 어떤 재화가 공급되면 이러한 재화의 편익을 누리지 못하게 배제할 수 있는 효과적인 방법이 없다는 뜻이다. 그래서 GPS, 국방, 가로등, 환경보호 등의 편익을 아무나 누릴 수 있다.

이러한 2가지 특징은 **무임승차의 문제**를 야기한다. 공공재가 공급되면 대가를 치루지 않더라도 누구나 편익을 누릴 수 있다. 대부분의 사람은 공짜로 얻을 수 있다면 대가를 지불하지 않으려 한다. 그래서 대부분의 사람은 무임승차(free riding)하려고 한다. 생산자가 어떻게든 대가를 지불하게 만들 수 있다면 무임승차하려는 마음이 있더라도 돈을 낼 수밖에 없을 것이다. 하지만 비배제성 때문에 무임승차를 배제할 수 있는 방법이 없다. 그래서 이들을 배제하려고 공공재를 공급하지 않으면 대가를 지불할 용의가 있었던 소수의 사람들도 소비를 할 수 없게 된다. 결과적으로 무임승차 때문에 무임승차자의 지불 의사가 시장수요에 반영되지 못하는 것이다. 생산자의 입장에서 보면 무임승차로 인해 시장수요가 줄어드는 셈이다. 나아가 모든 소비자가 무임승차를 하려고 한다면 수요는 아예 0이 되고 말 것이다.

무임승차의 문제

재화나 서비스에 대해서 자발적으로 돈을 내지 않고 공짜로 이용하려고 하기 때문에 발생하는 문제

무임승차로 인해서 시장수요가 적거나 0이 되면 민간 기업은 공공재를 공급하더라도 이윤을 얻을 수 없다. 시장수요에 부응해 수입이나 이윤을 얻을 방법이 없는 것이다. 그 결과 민간 기업은 공공재를 생산하려고 하지 않는다. 그래서 사회적으로 비효율성이 발생한다. 한계편익이 한계비용과 같은 수준까지 공공재를 생산하는 것이 바람직하지만, 시장에서는 공공재가 아예 생산되지 않기 때문이다. 따라서 사회가 공공재 생산을 원한다면 비시장적 방법으로 공급이 이루어질 수밖에 없다. 이윤을 고려하지 않는 조직이 공공재를 공급하는 것이다.

그리고 비용을 민간의 기부로 충당하는 방법이 있을 수 있다. 그러나 국방이나 초등교육 같은 공공재는 비용이 너무 많이 들어 기부금으로 충당할 수 없다. 그래서 대부분의 공공재는 정부에 의해 공급된다.

정부가 나서더라도 공공재는 여전히 비배제적이므로 무임승차를 방지하거나 사람들이 대가를 지불하게 만들 별다른 방법이 없다. 그러나 정부는 비용을 걱정할 필요가 없다. 조세를 통해서 공공재 공급을 위한 재원을 마련할 수 있기 때문이다. 그래서 정부는 민간 기업들이 할 수 없을 때에도 공공재를 공급할 수 있는 것이다.

### 개념의 이해

**예술가의 착각**

어떤 조각가가 상업적 목적으로 60만 원의 비용을 들여 광장에 조형물을 설치하였다고 하자. 그런데 민수는 이 예술품으로부터 30만 원, 강우는 40만 원만큼의 즐거움을 얻는다고 하자.

조각가는 그만큼의 즐거움을 준다는 것을 알고서 민수에게 다가가 조형물에서 얻은 만족감만큼 대가를 지불하라고 요구할 것이다. 그러나 민수는 조각이 마음에 들지 않는다고 거짓말을 한다. 이번에는 강우에게 접근하지만 결과는 마찬가지이다. 그래서 이 두 사람은 무임승차를 하게 된다.

이 둘은 내심 약간의 죄책감을 느끼지만 누구나 공짜로 볼 수 있는데 대가를 지불하는 것은 불합리하다고 스스로 합리화한다. 광장에 조각을 설치하는 데 따른 편익(70만 원)이 비용(60만 원)보다 커서 조각을 설치하는 것이 사회적으로 이익이지만 조각가는 비용을 충당할 방법이 없어 이를 포기하게 된다. 그리고 조각가는 영리한 사람이라 다시는 이런 짓을 하지 않겠노라고 다짐하게 된다.

**문제**

정부가 공공장소의 전시물 설치에 자금을 지원하는 이유는 무엇인가?

공공재의 사례로 국방, 야외 불꽃놀이, 미술품의 공공 전시, 야외 음악회 등을 들 수 있다. 이러한 상품이나 서비스는 모두 비경합적이면서 비배제적이다.

대부분의 공공재는 민간 기업이 공급하면 이윤을 얻을 수 없다. 따라서 공공재를 공급하는 방법은 2가지밖에 없다. 민간 기부에 의존하여 비용을 조달하거나 정부가 이를 직접 공급하는 것이다. 야외 불꽃놀이나 미술품의 공공 전시처럼 비용이 많이 들지 않거나 아주 중요하지 않은 공공재의 비용을 민간기부에 의존하는 것은 누구도 이를 이상하게 여기지는 않는다. 하지만 국방과 같은 공공재에 이르면 누구나 정부가 공급하기를 바란다. 정부가 공급하게 되면 아주 중요한 문제가 남는다. 정부는 공공재의 최적 공급량이 얼마인지 어떻게 알 수 있는가?

**공공재의 최적 공급량** 공공재에 대한 소비자의 정직한 수요가 시장을 통해 드러나지 않는다면 사회는 공공재의 최적 공급량을 어떻게 결정할 수 있을까? 방법은 정부가 설문조사나 투표 등을 통해서 공공재에 대한 수요를 추정하는 것이다. 그런 후에 정부는 공공재의 한계편익을 한계비용과 비교하면 된다. 한계편익 = 한계비용의 규칙을 적용함으로써 정부는 공공재의 '올바른' 수량을 제공할 수 있게 된다.

**수요의 측정** 사회가 민수와 강우, 2사람만으로 구성되어 있으며, 이들이 '범죄와의 전쟁'이라는 공공재에 대해 지불하고자 하는 금액이 표 5.1처럼 주어져 있다고 하자. (1)열과 (2)열은 민수의 것이며, (1)열과 (3)열은 강우의 것이다. 정부나 경제학자들은 설문조사를 통해 이러한 데이터를 얻을 수 있다. 즉, 두 사람에게 공공재의 공급량을 말하면서 그때마다 이들이 기꺼이 지불할 금액이 얼마인지 물어볼 수 있을 것이다.

표 5.1의 (1)~(4)열은 가격과 수량을 나타낸 일종의 수요표라고 할 수 있다. 수요는 보통 개별 가격수준에서 소비자가 구매하려는 수량을 나타내지만, 여기에서는 공공재의 개별 공급량에서 소비자가 기꺼이 지불하고자 하는 가격을 보여주고 있다. 즉, 민수는 공공재의 1단위 공급에 대해 4,000원을 지불하고자 하지만 2단위 공급에 대해서는 3,000원, 3단위 공급에 대해서는 2,000원을 지불하려고 한다.

정부가 공공재를 1단위만 공급한다고 하자. 비경합성 때문에 민수가 공공재를 소비하더라도 강우의 소비는 줄지 않는다. 이것은 강우가 소비하더라도 마찬가지다. 그러나 두 사람 모두 공공재를 소비하더라도 아무도 돈을 내려고 하지 않을 것이다. 하지만 표 5.1을 보면 두 사람이 공공재 1단위를 소비하기 위해 기꺼이 지불하고자 하는 금액은 알 수 있다. 표의 (2)열과 (3)열을 보면 민수는 4,000원을 내고자 하고 강우는 5,000원을 내고자 한다. 따라서 공공재의 1단위 공급에 대한 두 사람의 집합적 지불 의사는 9,000원이다.

공공재의 2단위 공급에 대해서는 7,000원, 3단위 공급에 대해서는 5,000원만큼의 집합적 지불의사가 존재한다. 이렇게 공공재의 개별 공급량에서 집합적 지불의사를 찾아냄으로써 공공재에 대한 전체 수요를 구할 수 있다. 사적 재화의 시장수요는 개별 가격수준에서 개인의 수요량을 수평으로 더하여 구하지만, 여기에서는 공공재의 개별 공급량에서 사람들이 지불하고자 하는 금액을 수직으로 더하여 구한다.

**표 5.1** 공공재에 대한 수요(2인 경제의 경우)

| (1)<br>공공재<br>공급량 | (2)<br>민수의<br>지불의사<br>(금액) | | (3)<br>강우의<br>지불의사<br>(금액) | | (4)<br>집합적<br>지불의사(금액)<br>[(4) = (2) + (3)] | (5)<br>한계비용 |
|---|---|---|---|---|---|---|
| 1 | 4,000 | + | 5,000 | = | 9,000 | 3,000 |
| 2 | 3,000 | + | 4,000 | = | 7,000 | 4,000 |
| 3 | 2,000 | + | 3,000 | = | 5,000 | 5,000 |
| 4 | 1,000 | + | 2,000 | = | 3,000 | 6,000 |
| 5 | 0 | + | 1,000 | = | 1,000 | 7,000 |

# 분석의 응용

## 비용 · 편익분석

공공재의 공급 여부와 공급량을 결정할 때 흔히 이용되는 실제적 방법은 비용 · 편익 분석이다. 비용 · 편익 분석, 즉 한계비용 · 한계편익 분석은 앞의 예처럼 한계비용과 한계편익을 비교하는 것인데 이를 사회간접자본의 사례를 통해 살펴보자.

정부가 도로를 건설한다고 하자. 자원이 제약되어 있으므로 공공부문의 자원 사용이 증가하면 민간부문의 자원 사용은 감소한다. 도로 건설로 편익도 얻지만 비용도 발생하는 것이다. 이때의 편익은 공공재의 공급 증가로 인한 만족감의 증가분이며, 비용은 사적 재화의 생산 감소로 인한 만족감의 상실분이다. 도로 건설에 필요한 자원을 민간부문에서 공공부문으로 이전시켜야 될까? 이것은 도로 건설에 따른 편익과 비용의 크기에 달려 있다. 공공재의 공급 증가에 따른 편익이 사적 재화의 생산 감소로 인한 비용보다 크다면 자원은 공공부문으로 이전되어야 한다. 그러나 사적 재화의 희생에 따른 비용이 공공재의 공급 증가에 따른 편익보다 크다면 사적 부문에 남아 있어야 한다.

**표 5.2 도로 건설을 위한 비용 · 편익 분석(단위: 조 원)**

| (1) 도로건설계획 | (2) 총비용 | (3) 한계비용 | (4) 총편익 | (5) 한계편익 | (6) 순편익 = (4) − (2) |
|---|---|---|---|---|---|
| 건설하지 않음 | 0 | | 0 | | 0 |
| A. 기존 도로 개 · 보수 | 4 | 4 | 5 | 5 | 1 |
| B. 2차선 새 도로 건설 | 10 | 6 | 13 | 8 | 3 |
| C. 3차선 새 도로 건설 | **18** | **8** | **23** | **10** | **5** |
| D. 4차선 새 도로 건설 | 28 | 10 | 26 | 3 | -2 |

일반도로나 고속도로는 민간에 의해 건설될 수 있다. 통행료 수납처를 설치하면 배제성이 작동하기 때문이다. 대부분의 고속도로는 통행료 수납처가 설치되어 있어서 배제적이다. 도로도 민자도로처럼 요금소를 설치하면 이용을 배제할 수 있어서 사적으로 건설될 수 있다. 하지만 대부분의 도로는 비배제적이다. 누구나 원하면 어떤 제약을 받지 않고서 이용할 수 있어서 비배제성이라는 공공재의 특성을 가진다. 그리고 정체 상태가 아니라면 한 사람의 차량 운행이 다른 사람의 도로 사용을 크게 저해하지 않는다는 점에서 도로는 비경합성이라는 특성도 지닌다. 즉, 대부분의 도로는 비배제성과 비경합성의 특성을 가진 공공재인 것이다. 그렇다면 정부는 도로를 늘려야 하는가? 늘린다면 어느 규모로 늘리는 것이 적정한가?

표 5.2에는 다양한 국도 건설계획이 비용 순서에 따라 나열되어 있다. 기존의 도로를 개 · 보수하는 것, 새롭게 2차선을 건설하는 것, 새롭게 3차선을 건설하는 것, 그리고 새롭게 4차선을 건설하는 것 등이다. 어떤 계획을 선택할 것인가는 각 계획의 비용과 편익에 달려 있다. 이 때 비용은 국도의 건설과 유지에 드는 비용이며, 편익은 인적 · 물적 수송 능력의 개선에 따른 이익이다.

표의 (6)열에는 (4)열의 총편익에서 (2)열의 총비용을 뺀 순편익이 표시되어 있다. A, B, C 계획의 순편익은 양(+)의 값이지만, D 계획의 순편익은 음(−)의 값이다. A, B, C 계획은 총편익이 총비용을 초과하여 이들 계획은 경제적으로 타당하다는 것을 보여준다. 이에 비해 D 계획은 바람직하지 않다.

그러나 어떤 계획을 택하느냐의 문제는 여전히 남아 있다. 도로 건설을 확대하는 데 따른 한계비용과 한계편익을 비교하면 답을 구할 수 있다. 이 기준은 여러 번 논의하였기 때문에 이제는 익숙할 것이다. 한계편익이 한계비용을 초과하면 건설계획을 계속 확장하고 한계편익이 한계편익과 같아지는 점이나 그 근처에서 확장을 멈추는 것이다. 한계비용이 한계편익을 초과하면 그러한 건설계획은 추진하지 말아야 한다. 이를 적용하면 C 계획, 즉 도로를 3차선으로 신규로 건설하는 것이 최선의 계획이다. 한계편익 10조 원이 한계비용 8조 원보다 많으면서 한계비용 = 한계편익이라는 최적수준에 가장 근접해 있다.

이처럼 한계비용 = 한계편익의 기준, 즉 비용 · 편익분석을 적용하면 정부는 어떤 계획을 추진하여야 총편익에서 총비용을 뺀 순편익이 최대일지 알 수 있다. 그래서 최대의 순편익을 가져다 주는 계획을 찾을 수 있다. 표의 (6)열에서 C 계획의 순편익이 5조 원으로 최대임을 직접 확인할 수 있다.

**문제**

일반적으로 공공재의 비용이나 편익을 쉽게 측정할 수 있을까? 설명하여 보라.

표 5.1의 (1)열과 (4)열은 어떤 의미를 가지고 있는가? 즉, 공공재의 2단위 공급에 대한 민수와 강우의 집합적 지불의사가 7,000원이라는 것은 무슨 뜻인가? 이것은 공공재가 2단위 공급되었을 때 이들이 예상하는 편익, 즉 효용의 합이 7,000원이라는 뜻이다. 사실상 (4)열은 공공재의 공급에 따른 집합적 한계편익을 나타낸다. 소비자들은 공급량이 추가되었을 때 얻어지는 한계편익만큼 비용을 지불하려고 하기 때문이다.

### 한계편익과 한계비용의 비교

이제 공공재의 한계비용이 표 5.1의 (5)열처럼 주어져 있다고 하자. 제1장에서 설명하였듯이 재화의 한계비용은 생산량이 증가하면 대부분 상승한다. 한계비용 자료가 주어져 있을 때 정부는 공공재를 얼마만큼 공급해야 하는가? 최적의 공급량은 한계편익과 한계비용이 일치할 때이다. 표 5.1을 보면 최적 공급량은 3단위이다. 그 공급량에서 집합적 지불의사, 즉 한계편익이 5,000원으로 한계비용 5,000원과 일치한다. 제1장에서 보았듯이 한계편익과 한계비용이 일치할 때 사회의 희소한 자원이 효율적으로 배분된다.

## 외부성

정부는 공공재를 공급할 뿐 아니라 외부성으로 인한 시장실패를 교정하여 자원배분을 개선한다. 외부성이란 재화나 서비스의 일부 비용이나 편익이 거래 당사자가 아닌 제3자에게 '파급'되거나 전가될 때 발생한다. 이러한 파급을 외부성이라고 부르는 것은 이들 비용이나 편익이 시장거래의 '외부'에서 있는 제3자에게 발생하여 거래당사자들은 이를 고려하지 않기 때문이다.

### 음의 외부성

음의 외부성
생산이나 소비에 따른 일부 비용이 이에 대한 보상도 없이 제3자에게 전가되는 것

**음(−)의 외부성** 또는 외부비용이란 생산이나 소비에 따른 일부 비용이 이에 대한 보상도 없이 제3자에게 전가되는 것을 말한다. 환경오염이 이러한 사례에 속한다. 화학물질 제조업자나 축산물 가공업자가 폐기물을 호수나 강에 버리게 되면 이러한 물을 사용하는 어부나 선박운행자, 그리고 관광객들은 음의 외부성을 겪게 된다. 정유회사가 공기 중에 매연을 배출하거나 제지회사가 유독성 악취를 내뿜으면 이에 대해 보상을 받지 못하는 주변 주민들은 음의 외부성을 경험한다.

그림 5.5는 음의 외부성이 자원배분에 미치는 영향을 보여주고 있다. 생산자가 비용의 일부를 외부비용의 형태로 주변의 주민에게 전가하면 생산자의 한계비용은 외부비용을 지불할 때에 비해 낮아진다. 그래서 상품을 생산할 때 당연히 고려되어야 할 비용이 '포착'되지 못하고 이들 비용은 공급곡선에 나타나지 않게 된다. 따라서 그림 5.5(a)

**그림 5.5 음의 외부성과 양의 외부성**

(a) 음의 외부성이 존재하면 기업의 공급곡선($S$)은 총비용 공급곡선($S_t$)보다 아래쪽(오른쪽)에 있게 된다. 그 결과 시장의 균형생산량($Q_e$)이 사회적 최적 생산량($Q_0$)보다 많아진다. (b) 양의 외부성이 존재하면 시장수요곡선($D$)은 총편익을 고려한 수요곡선 $D_t$보다 아래쪽(왼쪽)에 위치하게 된다. 이로 인해 시장의 균형생산량($Q_e$)은 최적 생산량($Q_0$)보다 적다.

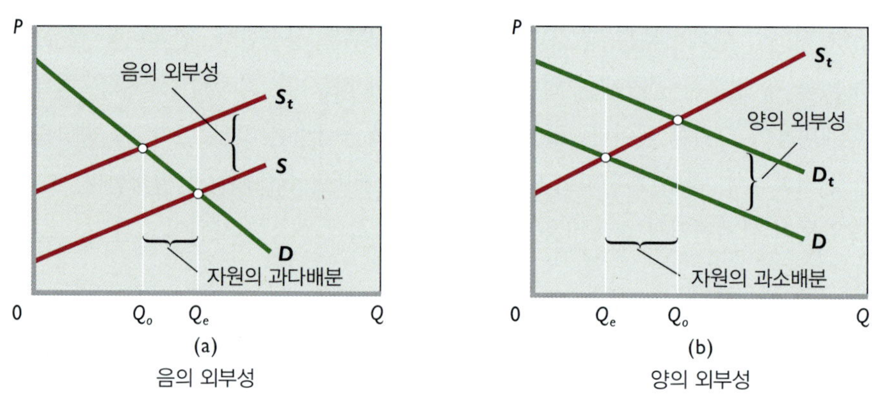

에서 공급곡선($S$)은 오염배출 기업의 총생산비용을 과소평가하게 된다. 오염물질을 배출하는 기업의 공급곡선이 외부비용이 포함된 총비용 공급곡선($S_t$)보다 아래쪽에 위치하게 되는 것이다. 기업이 오염물질을 배출하고 그 비용을 주변의 주민들에게 전가함으로써 생산비용이 낮아지기 때문이다.

음의 외부성이 존재할 때 나타나는 자원배분의 결과가 그림 5.5(a)에 표시되어 있다. 시장의 균형생산량($Q_e$)이 사회적 최적 생산량($Q_0$)보다 많다. 이 재화의 생산에 자원이 과다 배분되어 재화의 생산이 과다하게 이루어지는 시장실패가 나타난 것이다. 과다 생산된 생산량, 즉 $Q_0$에서 $Q_e$에 이르는 생산량은 사회적 순손실을 초래한다. 이러한 생산량에서는 총비용을 나타내는 공급곡선($S_t$)이 수요곡선의 위에 있다. 즉, 한계비용이 한계편익을 초과하고 있다. 이를 생산하기 위해 투입된 자원은 다른 재화의 생산에 투입되어야 바람직하다고 할 수 있다.

### 양의 외부성

**양(+)의 외부성**이란 어떤 재화나 서비스의 생산이나 소비에 따른 편익이 대가를 받지 않으면서 제3자에게 이전되는 것을 말한다. 예를 들어, 홍역이나 소아마비 백신은 이를 접종한 소비자에게 직접적인 편익을 준다. 그러나 이를 접종하지 않은 제3자에게도 질병의 발병 가능성을 낮추는 외부편익, 즉 양(+)의 외부성을 가져다 준다. 교육도 양(+)의 외부성을 가져다준다. 교육은 이를 이수한 소비자에게 높은 소득과 좋은 직장이라는 직접적인 편익을 준다. 그러나 교육은 노동력의 생산성과 적합성을 높여 사회에 여러 가지 편익을 발생시킨다. 나아가 범죄예방이나 법집행, 사회복지에 드는 비용을 줄여주기도 한다.

양의 외부성
어떤 재화나 서비스의 생산이나 소비에 따른 편익이 대가를 받지 않으면서 제3자에게 이전되는 것

그림 5.5(b)는 양의 외부성이 자원배분에 미치는 영향을 보여준다. 양의 외부성이 존재하면 시장수요곡선($D$)는 총편익을 고려한 수요곡선($D_t$)보다 아래쪽에 위치하게 된다. 시장수요곡선은 외부편익을 지불의사로 포함하지 않지만, 총편익을 고려한 수요곡선은 이를 포함하고 있어서 총편익을 고려한 수요곡선은 외부편익만큼 위쪽에 있게 되는 것이다. 예를 들어, 지혜가 전염병 예방 접종을 하면 더 이상 질병에 걸리지 않아서 직접적인 편익을 얻는다. 그리고 지혜의 주변 사람들도 편익을 얻게 되는데 그녀가 전염병을 옮기지 않을 것이기 때문이다. 그들은 필요하다면 지혜의 예방접종이 가져다 준 편익에 대해 다소간의 금전을 기꺼이 지불하고자 할 것이다. 그러나 이들에게 대가를 지불하게 만드는 방법이 없다. 그래서 시장수요는 지혜에게 직접 발생한 사적 편익만을 반영할 뿐이다. 지혜 주변에 파급된 외부편익, 즉 양의 외부성을 지불의사로 포함한 수

## 소비에서의 양의 외부성과 음의 외부성

명절 때 아름다운 장식을 내건 주택은 양(+)의 외부성을 가져다 준다. 주택의 소유자뿐 아니라 주택을 지나가는 행인도 혜택을 누리기 때문이다. 이에 비하여 공공장소에서 흡연을 하는 사람은 음(−)의 외부성을 초래한다. 간접흡연으로 비흡연자뿐 아니라 호흡기 질환을 가진 사람들에게 건강비용을 증가시키기 때문이다.

Kenneth Sponsler/Shutterstock

ONOKY – Fabrice LEROUGE/Getty Images

요곡선은 시장수요곡선보다 외부편익만큼 위로 이동하여 $D_t$가 되는 것이다.

그 결과 그림 5.5(b)에 나타나듯이 양의 외부성이 존재할 때 시장의 균형생산량($Q_e$)은 최적 생산량($Q_0$)보다 적다. 충분한 백신이 생산되지 않아 백신 생산에 자원이 과소 배분되는 시장실패가 나타나는 것이다. 이러한 과소생산은 사회의 잠재적 순편익을 희생하고 있다는 것을 뜻한다. $Q_e$와 $Q_0$ 사이의 생산량에서 총편익을 나타내는 수요곡선($D_t$)은 총비용을 나타내는 공급곡선($S_t$)보다 위에 있다. 이때 총비용은 백신을 생산하지 않고 다른 것을 생산하였을 때의 모든 기회비용을 포함하고 있다. 따라서 $Q_e$와 $Q_0$ 사이의 생산량에서 한계편익이 한계비용을 초과한다. 다른 것의 생산에 투입된 일부 자원을 $(Q_e - Q_0)$만큼의 백신 생산에 투입하면 순편익이 발생하게 되는 것이다.

경제학자들은 외부성의 문제를 여러 가지 방법으로 해결하고자 한다. 어떤 때는 당사자들이 스스로 외부성의 문제를 해결하기도 하지만, 때에 따라서는 정부가 이를 해결하고자 나서기도 한다.

## 분석의 응용

### 공해로 누가 손해를 보고, 누가 이익을 보는가?

공장에서 배출되는 공해는 음(−)의 외부성을 초래한다. 공해로 공장 주변의 주민들이 피해를 보는 것은 확실한데 이익을 보는 사람은 없을까? 공해를 배출하는 기업이 이익을 보는가? 기업은 이익을 볼 수도 있지만, 손해를 볼 수도 있다. 하지만 공해 배출 공장에서 생산된 생산물의 소비자는 분명히 이익을 본다. 이를 그래프로 설명하여 보자.

**그림 5.6 음의 외부성과 사회후생**

음의 외부성이 존재하면 그렇지 않을 때에 비해 소비자는 이익을 보고 생산자는 손해 또는 이익을 볼 수 있다. 그리고 주변의 제3자는 피해를 본다. 생산자가 이익을 보더라도 소비자와 생산자의 이익의 합은 주변의 제3자가 입는 손해보다 적어서 사회후생 손실이 발생한다.

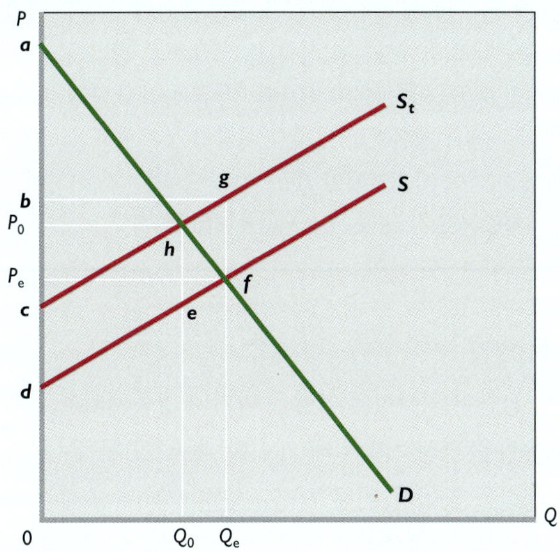


그림 5.6은 그림 5.5(a)를 좀 더 구체적으로 나타낸 것이다. 앞서 설명하였듯이 음의 외부성이 존재하지 않을 때의 균형점은 $h$이고 그때의 균형생산량은 $Q_0$이고 균형가격은 $P_0$이다. 그리고 음의 외부성이 존재할 때의 균형점은 $f$이고 그때의 균형생산량은 $Q_e$이고 균형가격은 $P_e$이다. 음의 외부성이 존재할 때의 공급곡선($S$)은 외부비용을 포함하지 않아 음의 외부성이 없을 때의 공급곡선($S_t$)보다 외부비용의 크기만큼 아래쪽으로 이동해 있다. 여기에서 외부비용의 크기는 $cd = he = gf$로 각 생산량에서 일정하다고 가정하고 있다.

이제 음의 외부성이 누구에게 손해를 주고 누구에게 이익을 주며, 이에 따라 사회후생이 어떻게 달라지는지를 알려면 각 균형에서 소비자 잉여와 생산자 잉여를 비롯하여 주변의 제3자가 입게 되는 손해를 비교하여야 한다. 먼저 음의 외부성이 없다면 균형점은 $h$이므로 소비자 잉여는 삼각형 $aP_0h$이고 생산자 잉여는 $P_0hc$이다. 따라서 음의 외부성이 없을 때 사회후생의 크기는 $ach$이다.

음의 외부성이 존재하면 균형점은 $f$이므로 소비자 잉여는 삼각형 $aP_ef$이다. 음의 외부성이 없을 때에 비하여 소비자 잉여는 $P_0hfP_e$만큼 증가한다. 즉, 음의 외부성으로 소비자는 확실하게 이익을 본다. 낮은 가격으로 더 많은 수량을 구입할 수 있기 때문이다. 음의 외부성이 존재할 때의 생산자 잉여는 $P_edf$인데 음의 외부성이 없을 때에 비해 증가하였는지 감소하였는지 불분명하다. 판매량은 늘었지만 판매가격이 하락하여 수요곡선의 가격탄력성에 따라 총수입이 증가 또는 하락할 수 있다. 그리고 각 생산량에서 1단위 생산비용은 외부비용을 지불하지 않아 음의 외부성이 없을 때보다 외부비용만큼 감소한다. 하지만 생산량이 증가하였으므로 총비용은 증가 또는 감소할 수 있다. 총수입의 변화와 총비용의 변화에 따라 생산자 잉여는 증가 또는 감소할 수 있다. 하지만 분명한 것은 음의 외부성이 존재할 때 생산자와 소비자가 얻는 이익의 합은 $adf$로 음의 외부성이 없을 때의 $ach$보다 $cdfh$만큼 확실히 증가한다는 사실이다.

하지만 음의 외부성으로 인해 주변의 제3자의 피해가 발생한다. 이들은 음의 외부성이 존재하지 않을 때는 피해도 손해도 보지 않았지만, 이제 음의 외부성으로 피해를 입게 된 것이다. 이들의 피해는 그래프에서 $bgfP_e$로 나타난다. 즉, 생산 1단위당 외부비용($cd=he=gf$)에 생산량($Q_e$)을 곱한 것만큼 손실을 입게 되는 것이다.

결국 음의 외부성이 존재하면 생산자와 소비자 이익의 합은 $cdfh$만큼 증가하고 주변의 제3자의 피해는 $bgfP_e$만큼 발생한다. 그런데 제3자의 피해인 $bgfP_e$의 면적은 $cdfg$와 같다. 따라서 생산자와 소비자 이익의 합과 주변의 제3자의 피해를 비교해 보면 제3자의 피해가 생산자와 소비자 이익의 증가보다 $fgh$만큼 큰 것을 알 수 있다. 음의 외부성이 존재하면 그렇지 않은 때에 비하여 사회후생이 $fgh$만큼 감소하는 것이다. 이것을 흔히 음의 외부성으로 초래된 후생손실(welfare loss) 또는 자중손실(deadweight loss)이라고 한다.

### 정부의 개입

다수의 사람이 외부성의 영향을 받거나 공동체의 이익에 문제가 발생하면 정부가 경제적 효율성을 달성하기 위해 개입할 때가 있다. 음(−)의 외부성(외부비용)으로 초래된 과다 생산을 줄이기 위해 직접규제를 하거나 조세(피구세)를 부과할 수 있다. 그리고 양(+)의 외부성(외부편익)으로 초래된 과소생산을 늘이기 위해 보조금을 지급하거나 아예 직접 공급하는 방법을 택할 수 있다.

**직접규제** 음의 외부성을 줄이는 가장 직접적인 방법은 법을 제정하여 외부성을 초래하는 특정 경제활동을 규제하는 것이다. 이러한 규제를 위반한 기업은 위반 행위로 초래된 경제적 손실을 부담해야 한다. 한국은 대기 · 수질 등의 보전을 위한 법률을 제정하여 오염물질의 배출기준을 정하고 있으며, 이를 넘어선 오염 배출에 대해 개선명령, 조업중지, 사용중지, 허가취소, 벌금, 심지어 징역형 등의 제재를 가하고 있다. 대기환경보전법 제16조에 따라 정부는 대기오염물질을 배출하는 시설에서 나오는 오염물질의 배출 허용기준을 정하고 있다. 그리고 오염배출시설을 설치하거나 변경하려면 정부에 신고하여야 한다. 기업이 대기오염물질을 배출허용기준 이하로 배출하더라도 기본 부과금을 납부하도록 하고 있다. 뿐만 아니라 정부는 연료용 유류나 그 외의 연료에 대하

## 개념의 이해

### 양봉업자와 코즈 정리

로날드 코즈(Ronald Coase)는 **코즈 정리**로 노벨 경제학상을 받은 저명한 경제학자다. 이 정리에 따르면 적절한 조건이 주어졌을 때 민간 경제주체들은 대부분 사적 협상을 통해 외부성 문제를 해결한다. 공해에 조세를 부과하는 것 같은 정부개입이 불필요하다는 것이다.

코즈 정리
적절한 조건이 주어졌을 때 민간 경제주체들은 대부분 사적 협상을 통해 외부성 문제를 해결한다는 것. 공해에 조세를 부과하는 것과 같은 정부개입이 불필요하다는 것

이것은 대단히 중요한 통찰력이다. 외부성의 문제가 잠재되어 있더라도 그것이 정부 개입을 의미하는 것은 아니기 때문이다. 양봉업자의 꿀벌이 주변 과수원의 가루받이를 도와 과수 생산을 증가시키는 양의 외부성을 생각해보자. 정부개입이 없다면 꿀벌의 숫자는 적정수준보다 적을까? 그래서 정부가 꿀벌을 더 기르도록 보조금을 주어 더 많은 가루받이가 일어나도록 해야 할까?

밝혀진 바로는 그렇지 않다. 연구에 따르면 오래 전부터 과수업자와 양봉업자는 사적 협상을 통해 적절한 거래관행과 대가 지불방식을 발전시켜 왔다. 이를 통해 과수업자의 무임승차를 막아 적정 수의 벌떼가 유지될 수 있었다는 것이다. 무임승차를 막기 위해 인근 지역의 과수업자들이 공동으로 양봉업자들을 고용하여 가루받이에 필요한 벌떼를 제공하는 거래관행도 있었다. 어떤 곳에서는 과수업자가 양봉업자의 가루받이 제공에 대해 대가를 지불하고 있었다. 대가를 지불하지 않으면 양봉업자는 다음에 가루받이를 제공하지 않을 것이고 그렇게 되면 가루받이의 부족으로 과수 생산이 크게 줄 것이기 때문이었다.

꿀벌의 사례는 외부성을 해결하기 위해 정부 개입이 불가피하다는 생각이 잘못되었음을 잘 보여주고 있다. 많은 경우에 민간부문은 외부성의 문제를 스스로 잘 해결할 수 있다.

**문제**

소규모로 농사를 짓는 도시 농부가 많아져 이들이 과일이나 채소를 수확하려면 가루받이가 필요하다. 하지만 이들이 개별적으로 전문적인 양봉업자에게 비용을 지불할 경제적 여유가 없다. 이것이 양봉업자와의 계약에 어떤 영향을 줄 것인가? 이런 경우 정부가 개입해야 하는가?

여 황의 함유 허용기준을 정하고 있다. 또 자동차의 배기가스에 포함된 오염물질을 비롯하여 온실가스의 배출도 정부가 정한 기준에 부합하여야 한다.

수질 및 수생태계 보전에 관한 법률에 따르면 정부는 수질오염물질을 지정하여 오염물질 배출시설에 대해 배출허용량을 규제하고 있다. 이를 초과하여 배출하면 수질오염방지시설의 개선명령을 내릴 수 있고 일정기간 동안 계속 허용기준을 초과하면 조업중

**그림 5.7** **음(−)의 외부성 교정**

(a) 음(−)의 외부성이 존재하면 자원의 과다배분이 나타난다. (b) 정부는 2가지 방법으로 이를 교정할 수 있다. 즉, (1) 직접규제를 하면 공급곡선이 $S$에서 $S_t$로 이동하고 이에 따라 생산량은 $Q_e$에서 $Q_0$로 줄어든다. (2) 조세를 $T$만큼 부과하더라도 공급곡선이 $S$에서 $S_t$로 이동하여 자원의 과다배분이 해소된다.

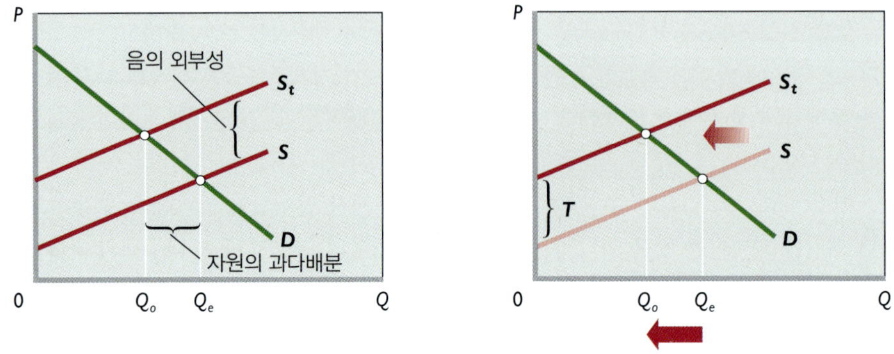


(a)
음의 외부성

(b)
직접규제나 세금부과를 통한
과다 자원배분의 교정

지나 폐쇄조치 등을 취할 수 있다. 그리고 오염총량 초과부담금을 징수하기도 한다. 그리고 폐기물관리법은 정부가 정한 기준과 방법에 따라 폐기물을 처리하도록 규제하고 있다. 기업은 생산공정에 폐기물 감량시설의 설치, 기술개발, 재활용 등의 방법으로 폐기물의 발생을 억제하여야 한다. 그리고 법에 의해 승인받거나 신고한 시설에서만 폐기물을 매립하거나 소각할 수 있다. 이러한 법을 위반하면 벌금을 낼 뿐 아니라 어떤 경우에는 징역형에 처해진다.

정부의 직접규제는 생산의 한계비용을 상승시킨다. 기업들이 오염관리 설비를 설치하고 이를 운영해야 하기 때문이다. 그래서 음의 외부성을 반영하지 않았던 그림 5.5(b)의 공급곡선 $S$가 이제는 위로 이동하여 총비용 공급곡선 $S_t$쪽을 향하게 된다. 이로 인해 가격은 상승하고 균형생산량은 $Q_e$에서 $Q_0$로 줄어든다. 그래서 그림 5.7(a)에서 나타났던 자원의 과다배분이 이제는 교정된다.

**피구세의 부과** 음의 외부성을 해결하는 두 번째 정책은 정부가 관련 재화에 조세나 부담금을 부과하는 것이다. 이렇게 부과되는 조세나 부담금을 피구세라고 한다. 피구세라는 명칭은 처음으로 외부성을 연구한 경제학자인 피구(A.C. Pigou)를 기념하여 붙인 것이다. 실제 정부는 오염물질의 배출에 대해 각종 환경부과금을 부과하고 있다. 나아가 지구온난화를 방지하기 위하여 이산화탄소를 배출하는 석유 · 석탄 등에 탄소세를 부과하자는 주장도 등장하고 있다. 이러한 조세가 부과되면 기업은 조세를 납부할 것인지 아니면 대체물질의 개발이나 구매에 추가적인 자금을 지출할 것인지를 결정해야 한다. 어떻게 하든 조세가 부과되면 생산에 따른 한계비용은 상승하고 사적비용만을 고려하였던 공급곡선은 이제 위로 이동한다.

그림 5.7(b)에서 단위 생산마다 $T$만큼의 조세가 부과되면 한계비용이 상승하여 공급곡선이 $S$에서 $S_t$로 이동한다. 이에 따라 균형가격은 상승하고 균형생산량은 $Q_e$에서 경제적으로 효율적인 수준인 $Q_0$로 줄어든다. 그래서 음의 외부성에 따른 자원의 과다배분이 이제는 사라진다.

**보조금과 정부의 직접공급** 앞의 예방 접종사례처럼 양의 외부성이 크고 널리 영향을 미치는 것이라면 정부는 자원의 과소배분을 교정하기 위해 다음과 같은 3가지 방법을 택할 수 있다.

- **소비자 보조금** 그림 5.8(a)는 양의 외부성이 존재할 때의 수요 · 공급 곡선을 나타낸다. 예를 들어, 정부는 예방접종을 받는 소비자에게 보조금을 지급하여 자원의 과소배분 문제를 교정할 수 있다. 우리나라에서는 신생아에 대해 11종의 예방접종이 보건소에서 무료로 시행되고 있다. 정부가 보건소에서 예방접종을 받는 소비자에게 비용의 100%를 보조하고 있는 셈이다. 그렇게 되면 그림 5.8(b)에서처럼 예방접종에 대한 수요곡선이 $D$에서 $D_t$로 이동하게 된다. 그 결과 예방접종량이 $Q_e$에서 경제적으로 효율적인 수준인 $Q_0$로 증가하여 그림 5.8(a)에서 나타났던 자원의 과소배분 문제가 해결된다.

**그림 5.8** **양(+)의 외부성 교정**

(a) 양(+)의 외부성이 존재하면 자원의 과소배분이 나타난다. (b) 정부가 소비자에게 보조금을 지급하면 시장수요가 $D$에서 $D_t$로 이동하고 생산량이 $Q_e$에서 $Q_0$로 증가하여 자원배분이 개선된다. (c) 정부가 생산자에게 $U$만큼의 보조금을 지급하면 공급곡선이 $S_t$에서 $S_t'$로 이동하고 생산량이 $Q_e$에서 $Q_0$로 증가하여 자원의 과소배분이 사라진다.

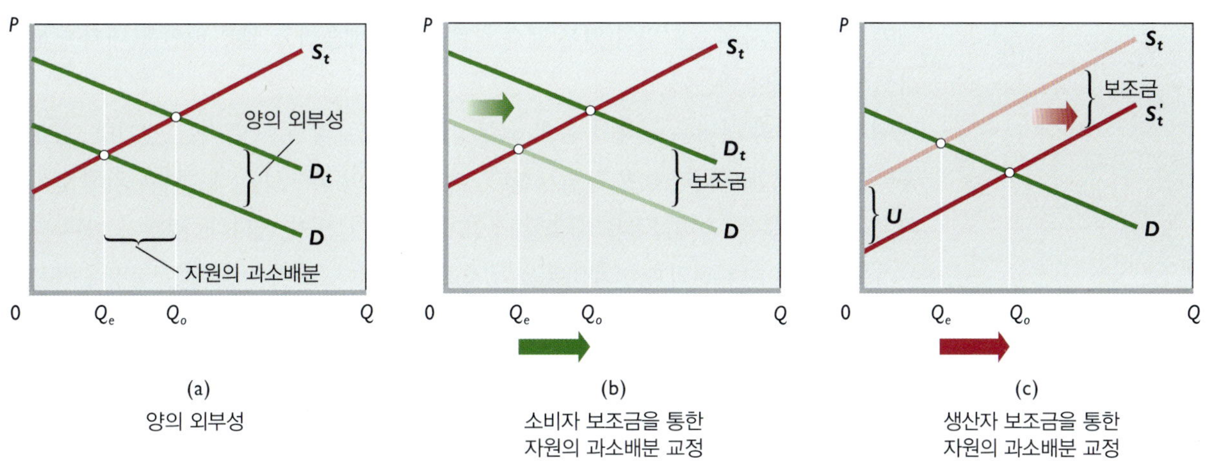

- **생산자 보조금** 생산자에 대한 보조금은 음(−)의 조세를 부과하는 것이다. 조세의 부과는 생산자의 비용을 상승시키지만 보조금의 지급은 생산자의 비용을 하락시킨다. 그림 5.8(c)에서처럼 의사나 진료소가 예방접종을 할 때마다 정부가 이들에게 $U$만큼의 보조금을 지급하면 이들의 한계비용이 하락하고 따라서 공급곡선이 $S_t$에서 $S_t'$로 오른쪽으로 이동한다. 예방접종량은 $Q_e$에서 최적수준인 $Q_0$로 늘어나 그림 5.8(a)에서 나타났던 자원의 과소배분의 문제가 해결된다.
- **정부 공급** 마지막으로 양의 외부성이 엄청나게 크다면 정부가 무료로 이를 공급할 수 있다. 미국은 소아마비를 근절하기 위해 모든 어린이가 백신을 무료로 접종하도록 하고 있으며, 인도는 천연두를 막기 위해 시골 지역의 어린이가 공공의료기관을 방문하여 백신을 접종하는 비용을 지불하고 있다.

준공공재
배제성이 있더라도 양의 외부성이 커서 정부가 공급하는 재화나 서비스를 말함

**준공공재** 배제성이 있어서 민간부문에서 생산이 가능한 상품이더라도 양의 외부성이 아주 크다면 정부가 이를 공급할 수 있다. 이러한 생산물을 '**준공공재**'라고 한다. 이러한 준공공재에 해당하는 것이 교육, 도로, 경찰 및 소방, 도서관과 박물관, 예방의료, 하수처리 등이다. 준공공재는 시장에서 민간 기업에 의해 가격이 정해져 공급될 수 있다. 무임승차의 문제가 거의 없기 때문이다. 그러나 준공공재는 양의 외부성을 가져다주는 것으로 외부편익이 개별 소비자의 편익을 크게 상회하기 때문에 시장에서 과소생산될 수 있다. 그래서 정부가 과소생산을 해결하기 위해 이들 준공공재를 직접 공급하기도 한다.

### 외부성의 최적 감축량

공해와 같은 음의 외부성은 피해자의 효용을 감소시킨다. 이로 인한 외부비용은 경제적으로 바람직한 것이 아니라 나쁜 것이다. 공해가 나쁜 것이라면 사회는 이를 모두 제거해야 할까? 왜 사회는 기업이 일부 폐수를 배수로에 배출하고 일부 매연을 대기에 배출하도록 허용해야 하는가?

경제학자들의 답변은 공해와 음의 외부성을 줄이는 데 돈이 든다는 것이다. 공해를 줄이면 편익뿐만 아니라 비용도 발생한다. 따라서 음의 외부성을 해결하기 위해 던져야 할 올바른 질문은 '공해물질을 배출할 것인가, 말 것인가'가 아니다. 전부가 아니면 전무라는 질문은 한계편익과 한계비용을 무시하는 것이다. 올바른 질문은 '적정 공해수준이 얼마인가'라는 것이다. 즉, 환경개선의 한계비용과 한계편익이 같아지는 적정한 수준을 찾는 것이다.

음의 외부성을 줄이는 데는 '가격'이 존재한다. 그래서 사회는 어느 정도의 공해 감축

## 분석의 응용

### 교통정체에 따른 번잡세 부과

자동차 운전에는 여러 비용이 든다. 휘발유 비용뿐 아니라 목적지까지 걸리는 시간의 기회비용이라는 사적 비용이 발생한다. 나아가 외부 비용도 초래한다.

Stefano Carnevali/Shutterstock

고속도로를 나 홀로 운전하고 있다면 음(−)의 외부성을 유발하는 경우는 없다. 하지만 교통흐름이 번잡하거나 교통정체가 있을 때 도로에 들어선다면 이로 인해 다른 운전자에게 교통정체를 가중시킨다. 자동차의 운행 속도가 느려지면서 도로에 있는 모든 운전자의 휘발유 비용과 시간비용이 증가한다. 이러한 문제는 운전자 상호 간에 작용하는데 다른 운전자 역시 정체에 따른 음(−)의 외부성을 유발하고 있기 때문이다.

이러한 문제의 해결책은 도로 사용에 비용을 부과하는 것이다. 이것은 많은 대도시에서 유료도로나 급행차선의 형태로 실제 시행하고 있다. 비용이 부과되면 운전자의 도로 사용에 따른 사적 비용이 증가한다. 사적 비용의 증가로 일부 운전자는 특히 출퇴근시간에 운전을 포기하게 된다. 도로사용료를 정확하게 부과할 수 있다면 운전자 전체로 보았을 때 이들이 지불하는 도로사용료보다 정체의 감소로 얻게 되는 이익이 더 클 것이다. 급행차선을 일반차선과 함께 운영하면 운전자는 자신의 기회비용과 지불능력 등을 고려하여 어느 차선을 이용할지 선택할 것이다. 시간의 기회비용이 낮은 운전자는 급행차선의 사용료를 낼 능력이 되더라도 약간 번잡한 일반차선을 무료로 이용할 것이다. 시간의 기회비용이 큰 운전자는 지불능력이 된다면 기꺼이 비용을 지불하고 급행차선을 이용하게 된다.

문제는 도로사용료를 징수하는 곳에서 교통의 정체가 발생할 수 있다는 점이다. 그렇게 되면 도로사용료의 부과로 교통정체가 줄어들지 않아 도로사용료를 받지 않는 게 나을 수 있다. 하지만 기술의 발달로 교통정체를 유발하지 않으면서 도로사용료를 부과할 수 있는 경우가 많아지고 있다. 그래서 도로 사정에 따라 도로사용료를 탄력적으로 부과하는 방법도 등장할 수 있을 것이다.

**문제**

대부분의 도시에서 교통정체는 특정 시간대에 발생한다. 교통정체를 줄이기 위한 다른 방법을 찾아보고 가격을 부과하는 것과 어떤 점에서 다른지 비교하여 설명하여 보시오.

## 지구촌 전망 5.1

### 각국의 이산화탄소 배출량 중 조세가 부과되는 비중(2015년)

전체 이산화탄소 배출량 중에서 톤당 35달러 이상의 조세가 부과되는 비중은 각국마다 크게 다르다. 톤당 부과하는 조세율에 차이가 있고 농업, 제조업, 운송업 등 조세가 부과되는 산업이 다르기 때문이다.

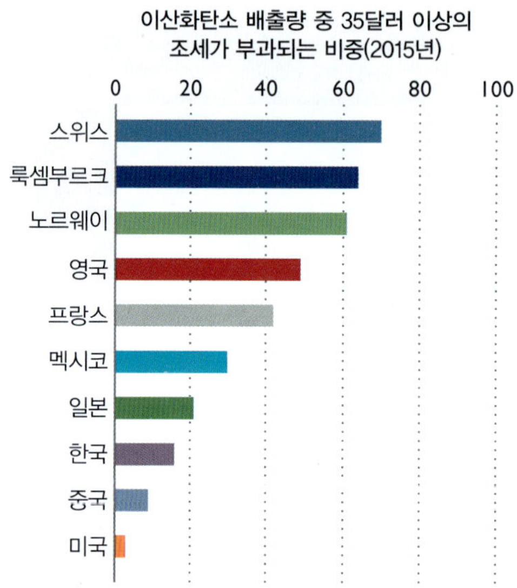


자료: compareyourcountry.org, OECD.

**표 5.3 외부성을 교정하는 다양한 방법**

| 문제 | 자원배분 결과 | 교정 방법 |
|---|---|---|
| 음의 외부성<br>(외부비용) | 과다생산으로 인한<br>자원의 과다배분 | 1. 사적 협상<br>2. 손해배상 소송<br>3. 생산자에 대해 세금 부과<br>4. 직접규제<br>5. 배출권 거래제도 |
| 양의 외부성<br>(외부편익) | 과소생산으로 인한<br>자원의 과소배분 | 1. 사적 협상<br>2. 소비자에 대해 보조금 지급<br>3. 생산자에 대해 보조금 지급<br>4. 정부의 직접공급 |

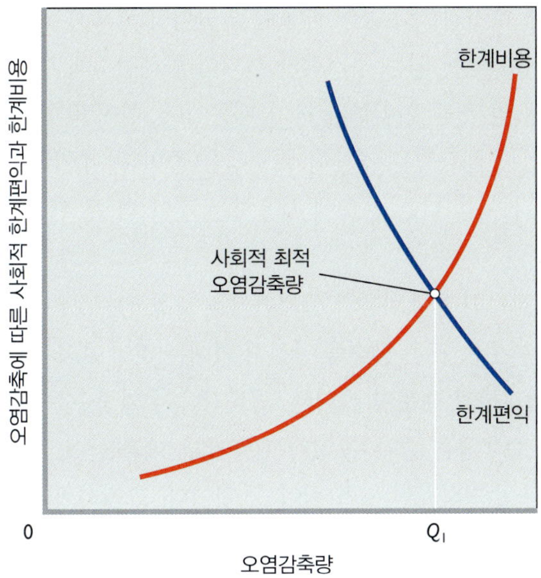


**그림 5.9** 사회적 최적 공해 감축량

량을 '구매'해야 할지 결정해야 한다. 비용이 크다면 공해를 완전히 줄이는 것이 기술적으로 가능하더라도 바람직하지 않을 수 있다. 수확체감의 법칙 때문에 공장 굴뚝에서 배출되는 매연을 처음 10% 줄이는 것보다 그 다음 10%를 줄이는 데 더 큰 비용이 든다. 또 다시 10%를 줄이면 이전 10%를 줄일 때보다 비용이 증가한다. 따라서 마지막 10%를 줄이는 것이 가장 비용이 많이 들 것이다.

기업이 지불하는 한계비용은 공해물질의 감축량이 증가할수록 커진다. 이에 따라 다른 재화의 생산에 사용되었을 자원이 공해감축에 추가적으로 투입된다. 즉, 공해물질의 감축량이 증가할수록 다른 재화의 생산 감소라는 사회가 지불하는 기회비용도 커지는 것이다. 공해의 감축이 어떤 수준을 넘어서면 추가적인 공해 감축에 따른 한계비용이 한계편익을 초과하게 된다. 그 수준 이상으로 공해를 줄이는 것은 오히려 사회 전체의 후생수준을 낮추게 된다. 총비용의 증가가 총편익의 증가보다 크기 때문이다.

**한계비용, 한계편익, 그리고 균형 감축량** 그림 5.9에서 공해감축에 따른 한계비용곡선은 우상향하고 한계편익곡선은 우하향하는 것으로 그려져 있다. 한계편익곡선이 우하향하는 것은 한계효용이 체감하기 때문이다. 공해 감축량이 늘어날수록 추가적인 감축으로 얻게 되는 효용, 즉 편익은 점차 작아진다.

**외부성의 최적 감축량**은 외부성의 감축에 따른 사회적 한계비용과 사회적 한계편익이 같을 때 구해진다. 그림 5.9에서 최적 감축량은 $Q_1$으로 주어져 있다. 한계편익이 한

외부성의 최적 감축량

외부성의 감축에 따른 사회적 한계비용과 사회적 한계편익이 같을 때 구해짐

계비용을 초과할 때 추가적으로 공해 배출량을 줄이면 경제적 효율성이 커진다. 보다 청정한 대기나 수질로 얻게 되는 추가적인 편익이 공해감축에 투입된 자원을 다른 용도에 사용하였을 때 얻게 될 편익보다 크기 때문이다. 하지만 한계비용이 한계편익을 초과할 때 추가적인 공해감축은 경제적 효율성을 줄인다. 추가적인 공해감축을 위해 자원을 투입하기보다 이를 다른 용도에 사용하는 것이 더 큰 편익을 가져다주기 때문이다.

현실적으로 오염감축의 한계비용과 한계편익을 측정하는 것은 쉽지 않다. 하지만 그림 5.9가 분명히 보여주는 것은 공해를 완전히 없애는 것이 효율적이지 않다는 점이다. 이것은 공해가 바람직하기 때문이 아니다. 공해감축이 일정수준을 넘어서면 추가적인 공해감축이 사회의 순후생을 줄일 수 있기 때문이다. 예를 들어, 전국의 쓰레기를 하나도 남기지 않고 모두 수거하자면 수조 원이 들 것이다. 그래서 일부 쓰레기가 남더라도 절약된 비용을 사회적 편익이 큰 다른 곳에 지출하는 것이 나을 수 있다.

**한계비용곡선과 한계편익곡선의 이동** 그림 5.9의 한계비용곡선과 한계편익곡선은 영원히 고정되어 있는 것은 아니다. 시간이 흐름에 따라 이 곡선들은 이동할 수 있고 실제로 이동한다. 예를 들어, 공해감축기술이 크게 개선되었다고 하자. 그러면 공해감축 비용은 하락할 것이고 한계비용곡선은 아래로 이동한다. 그래서 최적의 오염감축수준은 커지게 된다. 또는 공해가 건강에 미치는 악영향을 새롭게 발견하여 사회가 좀 더 깨끗한 공기와 물을 원하게 되었다고 하자. 그러면 그림 5.9의 한계편익곡선이 위로 이동하고 최적의 오염감축수준은 $Q_1$보다 커지게 된다. 이를 그림 5.9에서 한계비용곡선과 한계편익곡선을 새로 그려 확인해 보기 바란다.

## 공공부문의 재원조달: 조세

어떻게 사적 재화의 생산에 투입된 자원을 공공재나 준공공재의 생산으로 돌릴 수 있을까? 외부성을 교정하려는 정부정책에 필요한 재원을 어떻게 조달할까? 자원이 완전고용되어 있을 때 공공재나 준공공재의 생산을 증대시키려면 사적 재화의 생산에 투입된 자원이 감소해야 한다. 실제 정부는 사적 재화에 대한 수요를 줄여서 그렇게 하고 있다. 가계나 기업에 조세를 부과하면 이들의 소득이 줄어들어 사적 재화에 대한 수요가 감소한다. 소득이 낮아져 구매력이 줄어들면 가계나 기업이 지출을 줄이기 때문이다.

조세가 부과되면 결과적으로 사적 재화나 서비스에 대한 수요가 감소하고 이들의 생산에 투입되는 자원도 줄어든다. 조세는 민간부문의 구매력을 정부로 이전함으로써 사적 재화의 생산에 쓰일 수 있는 자원을 감소시키는 것이다. 즉, 음식료나 의류, 전자제품 같은 사적 소비재를 비롯하여 인쇄기나 운송장비, 창고와 같은 민간의 자본설비 등의 생산에 투입되는 자원이 줄어든다.

그리고 정부가 조세수입을 공공재나 준공공재의 공급을 위해 사용하게 되면 이들 생산에 투입되는 자원은 증가한다. 정부는 사적 재화의 생산에 투입되던 자원을 교육, 잠수함, 공원 등 공공재나 준공공재의 생산으로 이전시키는 셈이다. 그래서 사적 재화와 공공재의 생산물 구성이 달라진다.

### 조세부담의 배분

정부가 공공재나 준공공재를 비롯하여 정부활동의 재원조달을 위해 조세수입총액을 결정하였다면 이제는 이러한 조세부담액을 시민들 사이에 어떻게 분담시킬지 결정해야 한다. 여기에서 조세부담액이란 사회에 부과된 조세총액을 말한다. 이러한 조세분담의 문제는 우리 모두에게 영향을 준다. 조세총액도 중요하지만 평범한 시민은 자신이 분담할 조세액에 관심을 더 가진다.

### '혜택만큼' 또는 '능력만큼' 부담

조세부담의 배분에 대해서는 기본적으로 2가지 철학이 공존하고 있다.

**혜택만큼 세금을 내야(응익원칙)** **응익원칙**이란 가계나 기업이 일반 상품을 구입할 때 대가를 지불하듯이 정부가 공급하는 재화나 서비스를 구입할 때에도 대가를 지불해야 하는 것을 말한다. 그래서 정부가 공급하는 재화나 서비스에서 많은 편익을 얻는 사람이 재원조달을 위한 조세를 부담해야 한다는 것이다. 일부 공공재는 이러한 원칙에 의해 재원이 조달된다. 예를 들어, 휘발유세로 징수된 조세는 고속도로의 건설이나 유지를 위한 재원으로 쓰인다. 도로를 주로 이용하는 자동차 운행자가 휘발유세를 주로 부담한다. 따라서 도로 개선으로 편익을 얻는 사람이 도로 개선 비용을 지불하는 셈이다. 그러나 응익원칙을 널리 적용하려다 보면 여러 가지 어려움에 직면하게 된다.

응익원칙
가계나 기업이 일반 상품을 구입할 때 대가를 지불하듯이 정부가 공급하는 재화나 서비스를 구입할 때에도 대가를 지불해야 한다는 원칙

- 가계나 기업이 국방, 교육, 사법체계, 경찰 및 소방업무와 같은 공공재에서 얻는 편익의 크기를 정부가 어떻게 알 수 있을까? 앞에서 논의한 바 있지만 공공재의 특성은 비경합성과 비배제성이다. 그래서 공공재의 편익은 특히 널리 분산되어 있기 마련이다. 고속도로 건설을 위한 재원조달 같은 단순하게 보이는 경우에서도 편익을 측정하는 것은 쉽지 않다. 도로 개선이 자동차 소유자에게 주는 편익이 서로 다를 뿐만 아니라 자동차 소유자가 아니더라도 편익을 얻는 사람이 존재한다. 예를 들어, 도

로개선으로 근로자나 고객이 몰려들면 기업은 편익을 얻게 된다.

- 논리적으로 보면 응익원칙을 '사회안전망'과 같은 정부정책에는 적용할 수 없다. 저소득 가구의 복지재원 마련을 위해 복지혜택을 받는 그들에게 조세를 부담하라고 하는 것은 우스꽝스러운 일이다. 실업자의 실업수당 재원을 마련하기 위해 실업자에게만 조세를 부과하는 것은 터무니없는 짓이다.

응능원칙

납세자가 소득과 부에 맞추어 적정하게 세부담을 짊어져야 한다는 원칙

**능력만큼 세금을 내야(응능원칙)** **응능원칙**이란 납세자의 소득과 부에 따라 조세부담을 배분하는 것을 말한다. 이 원칙은 우리나라를 비롯하여 대부분의 나라에서 고소득의 개인이나 기업이 절대적으로나 상대적으로나 더 많은 조세를 부담해야 한다는 것을 의미한다.

이 원칙의 근거는 화폐소득의 한계효용이 체감한다는 명제다. 즉, 추가적인 화폐소득을 지출하였을 때 얻을 수 있는 만족, 즉 한계효용은 점차 줄어든다는 것이다. 소비자는 합리적으로 행동하기 때문에 언제나 한계효용이 가장 큰 재화, 다시 말해 가장 긴요하게 필요한 재화부터 소득을 지출하기 시작한다. 그리고 점차 필요성이 떨어지는 재화에 소득을 지출하고 마지막에는 사소한 재화나 서비스에 지출한다. 이것은 동일한 조세를 부과하였을 때 저소득층의 효용감소로 인한 희생이 고소득층에 비해 크다는 것을 뜻한다. 조세로 소득생활자에게 부과되는 희생이 같아지려면 고소늑층이 대부분의 소세부담을 하거나 나아가 모두 부담하여야 한다는 것이다.

이러한 주장을 실제 적용하기에는 문제가 적지 않다. 매년 1억 원을 버는 가구의 납세능력이 1,000만 원을 버는 가구보다 크다는 점은 동의하더라도 정확하게 얼마만큼 더 부담해야 하느냐는 전혀 다른 문제다. 저소득층과 동일한 세율을 적용하더라도 고소득층은 조세부담을 많이 하게 되는 데 그것으로 불충분한가? 아니면 저소득층보다 세율을 높여야 하는가? 세율을 높인다면 얼마나 높여야 할까? 이것을 누가 결정해야 하는가?

개인 간의 효용을 비교할 수 있는 과학적 방법은 없다. 따라서 상대적인 조세부담능력을 측정하는 방법도 없다. 그래서 현실에서는 어림짐작이나 징세 편의주의, 집권 정당의 조세에 대한 견해 그리고 정부 세입의 긴박성에 따라 이러한 문제가 결정되고 있다.

## 누진세, 역진세, 비례세

한계세율

추가되는 소득에 부과되는 세율

평균세율

총 조세를 소득으로 나눈 값을 백분율(%)로 나타낸 것

조세에 대한 모든 논의는 결국 세율의 문제로 귀착된다. **한계세율**이란 추가되는 소득에 부과되는 세율이다. 그리고 **평균세율**이란 총조세를 소득으로 나눈 값을 백분율(%)로 나타낸 것을 말한다.

조세는 납세자의 소득과 이들에게 부과된 평균세율이 어떤 관계에 있느냐에 따라 누

진세, 비례세, 역진세로 구분된다. 이를 구분할 때 소득만을 고려하는데 그것은 조세가 소득 외에 상품이나 건물, 토지 등에 부과되더라도 결국 누군가의 소득에 귀착되기 때문이다.

- **누진세**란 소득이 증가하면 평균세율도 커지는 조세를 말한다. 즉, 소득이 증가하면 조세부담의 절대적인 액수가 커질 뿐만 아니라 소득에서 차지하는 조세의 비율도 높아진다.

누진세
소득이 증가할 때 평균세율도 상승하는 세금

- **역진세**는 소득이 증가하면 평균세율이 하락하는 조세를 말한다. 즉, 소득이 증가하면 소득에서 차지하는 조세의 비중이 낮아진다. 하지만 평균세율이 낮아진다 해서 고소득층의 조세부담의 절대 액수가 반드시 줄어드는 것은 아니다. 숫자의 예를 들어 이를 계산하면 쉽게 이해할 수 있을 것이다.

역진세
소득이 증가함에 따라 평균세율이 오히려 하락하는 세금

- **비례세**는 소득의 크기와 무관하게 평균세율이 변하지 않는 조세를 말한다. 이를 단일세 또는 일률과세라고 한다. 소득수준과 무관하게 일률적으로 단일의 세율이 부과되기 때문이다.

비례세
소득이 증가하더라도 평균세율이 변하지 않는 세금

앞의 설명을 개인소득세의 예를 들어 설명해 보자. 각 가구는 소득의 크기에 상관없이 소득의 10%를 소득세로 납부한다고 하자. 이것은 비례세이다. 이제 조세구조가 바뀌어 과세소득이 1천만 원 미만인 가구의 소득세율은 5%, 1천만 원 이상 2천만 원 미만인 가구의 소득세율은 10%, 2천만 원 이상 3천만 원 미만인 가구의 소득세율은 15%라고 하자. 이것은 누진세이다. 마지막으로 과세소득이 증가하면 세율이 낮아진다고 하자. 예를 들어, 1천만 원 미만 가구의 소득세율이 15%, 1천만 원 이상 2천만 원 미만 가구의 소득세율은 10%, 2천만 원 이상 3천만 원 미만 가구의 소득세율이 5%라고 하자. 이것은 역진세이다.

일반적으로 누진세에서 고소득자의 조세부담이 상대적으로 크고 역진세에서 저소득층의 조세부담이 상대적으로 더 크다.

### 우리나라 조세의 세율구조

조세가 누진세인가 역진세인가는 조세의 종류에 따라 다르다. 표 5.4에서 볼 수 있듯이 우리나라의 소득세는 대표적인 누진세이다. 세율은 현재 8개 과세구간으로 나뉘어 있는데, 과세표준이 1,200만 원 이하인 경우 6%의 낮은 세율로 부과되고 10억 원을 초과하는 소득에 대해서는 45%의 높은 세율로 부과되고 있다. 과세표준이 10억 원이면 평균세율이 38.5%로 3억 8천만 원이 넘는 세금을 납부하게 된다.

법인세는 법인의 소득에 부과되는 세금이다. 그래서 개인에게 부과되는 세금을 개인소득세, 법인의 소득에 부과되는 세금을 법인소득세로 부르기도 한다. 법인세 역시 누진세다. 우리나라의 법인세는 2022년 8월 현재 4단계로 나뉘어 부과되고 있다. 과세표준이 2억 원 이하인 소기업에 대해서는 10%의 세율로 부과되고, 과세표준이 2억 초과 200억 원 이하인 중소기업에 대해서는 2억 원을 넘어서는 소득분에 대해서 20%를 과세하는 누진구조를 보이고 있다. 그리고 연간 과세표준이 200억 원 초과 3천억 원 이하인 법인에 대해서 200억 원을 초과하는 금액의 22%를 그리고 3천억 원을 초과하는 법인에 대해서는 초과하는 금액에 대해 25%의 법인세를 부과하고 있다. 법인의 소득이 법인의 주주에게 배당금의 형태로 지급되면 주주는 배당소득에 대해 개인소득세를 납부하게 된다. 따라서 법인이 법인소득세를 납부하고 주주는 배당받은 소득에 개인소득세를 납부한다는 점에서 법인세는 동일한 소득에 대해 부과되는 이중 과세라는 지적도 있다.

소득세나 법인세가 누진세인데 비해서 부가가치세는 역진세이다. 부가가치세는 최종소비재에 대해 가격의 10%를 조세로 부과하는데 2020년 말 기준으로 우리나라 국세 수입의 약 22.7%를 차지하고 있다. 언뜻 보아 세율이 모든 상품에 대해 판매 가격의 10%이므로 비례세로 보일지 모르지만, 소득에 대해서 역진적인 역진세다. 저소득층은 소득의 대부분을 지출하는 데 비해 고소득층은 소득의 일부를 저축한다. 따라서 모든 지출에 10%의 부가가치세가 부과되고 있다면 저소득층의 소득에서 차지하는 부가가치세의 비율이 고소득층보다 높게 된다. 따라서 소득이 증가하면 소득에서 차지하는 부가가치세의 비중이 감소한다.

**표 5.4 한국의 소득세(2022년 8월 말 기준)**

| (1)<br>과세표준(만원) | (2)<br>한계세율(%) | (3)<br>구간 내 최고소득에 대한<br>조세 부과액(만 원) | (4)<br>구간 내 최고소득에 대한<br>평균세율(%) (3)÷(1) |
|---|---|---|---|
| 0 ~ 1,200 | 6.0 | 72 | 6.0 |
| 1,200 ~ 4,600 | 15.0 | 582 | 12.7 |
| 4,600 ~ 8,800 | 24.0 | 1,590 | 18.1 |
| 8,800 ~ 15,000 | 35.0 | 3,760 | 25.1 |
| 15,000 ~ 30,000 | 38.0 | 9,460 | 31.5 |
| 30,000 ~ 50,000 | 40.0 | 17,460 | 34.9 |
| 50,000 ~ 100,000 | 42.0 | 38,460 | 38.5 |
| 100,000 ~ | 45.0 | | |

## 정부의 역할

정부는 공공재를 공급하고 외부성을 교정한다. 그리고 규칙을 제정하고 규제를 행한다. 뿐만 아니라 필요에 따라서는 소득을 재분배하며 경제를 안정시키기 위해 거시경제 정책을 시행한다.

시장실패는 정부의 경제개입을 정당화하는 데 이용되기도 한다. 민간 기업은 이윤을 얻을 수 없어 공공재를 공급하지 못한다. 그리고 양의 외부성이나 음의 외부성이 존재하면 과소 생산이나 과다 생산의 문제가 발생한다. 이 때문에 사람들이 가장 원하는 재화나 서비스의 생산에 자원이 배분되려면 정부가 이에 필요한 중요한 역할을 수행할 수 있어야 한다.

그러나 시장실패의 교정은 쉬운 일이 아니다. 먼저 정부관료는 시장실패가 존재하는지, 존재한다면 그 원인이 무엇인지 정확하게 알아내야 한다. 이 자체가 어렵고 시간을 많이 잡아먹으며 막대한 비용을 필요로 한다. 그러나 시장실패의 존재 여부와 원인을 정확하게 알아냈더라도 정부가 교정에 적합한 정책을 시행하지 못할 수 있다. 정부의 경제정책은 정치의 영향을 받기 때문이다.

정치인들이 공직에 나서려면 선거에서 승리해야 한다. 나아가 공직에 계속 머무르려면 선거구민의 요구를 만족시켜 주어야 한다. 이것은 대통령, 국회의원, 시장, 시의원, 교육위원 등 누구나 마찬가지다. 따라서 정치현실은 기껏해야 정부의 역할을 어렵게 할 뿐이며, 잘못하면 오히려 경제문제를 악화시키게 된다.

정치적 상황에 따라 어떤 때는 규제가 과도하게 이루어지거나 어떤 때는 미약하게 행해질 수 있다. 일부 공공재나 준공공재는 편익이 비용보다 크기 때문에 공급되는 것이 아니라 선출직 공직자의 선거구에 소재한 기업에 혜택이 돌아가기 때문에 공급된다. 정부의 정책은 비용을 줄이려는 이윤 동기가 부족하기 때문에 쉽게 비효율성에 빠져든다. 나아가 음(−)의 외부성을 유발한 바로 그 정당이 이를 교정하려는 정부의 정책을 저지할 수도 있다. 소득재분배가 과도하면 근로의욕을 비롯하여 저축이나 투자가 위축될 수 있다. 간단히 말해서, 정부의 경제적 역할은 경제의 원활한 작동을 위해 결정적으로 중요하지만, 늘 완벽하게 이루어지는 것은 아니라는 것이다.

경제학자들은 공공부문의 문제로 초래되는 경제적 비효율성을 '정부실패'라고 부른다.

## 요약

**1. 시장실패**

시장실패란 시장에서 생산되는 상품이 과다 생산되거나 과소 생산되는 것을 말한다. 경쟁시장의 시장실패는 2가지 범주로 나누어진다. 수요 측면의 시장실패란 수요곡선이 상품이나 서비스에 대한 소비자의 지불 의사를 반영하지 못할 때 발생한다. 그리고 공급 측면의 시장실패란 공급곡선이 상품이나 서비스의 총생산비용을 반영하지 못할 때 발생한다. 경쟁시장이 제대로 작동하면 사적 재화를 (1) 소비자가 기꺼이 대가를 지불하고자 하면 이를 이용할 수 있게 하고 (2) 최저 비용으로 생산하며, (3) '적절한' 양을 공급한다.

**2. 공공재의 특성과 최적 공급량**

사적 재화는 2가지 특징을 가지고 있는데 그것은 경합성과 배제성이다. 경합성이란 한 사람이 어떤 상품을 구입하여 소비하면 다른 사람이 이를 구입하여 소비할 수 없다는 것이다. 그리고 배제성이란 판매자가 대가를 지불하지 않은 사람을 상품의 편익에서 배제할 수 있다는 것이다. 이에 비해 공공재는 비경합성과 비배제성이라는 특성을 가지고 있다. 공공재는 대가를 치루지 않더라도 누구나 편익을 누릴 수 있어서 민간 기업은 이익을 낼 수 없다. 그래서 정부가 조세로 재원을 조달하여 공공재를 공급하게 된다. 공공재에 대한 시장수요는 개별 공급량에서 소비자들이 기꺼이 지불하고자 하는 가격을 수직으로 더하여 구한다. 공공재의 최적 공급량은 공공재의 한계편익과 한계비용이 일치하는 점에서 결정된다.

**3. 외부성과 교정 수단**

외부성이란 재화나 서비스의 일부 비용이나 편익이 거래 당사자가 아닌 제3자에게 '파급'되거나 전가될 때 발생한다. 외부성은 비용이 제3자에게 전가되는 음(−)의 외부성과 편익이 제3자에게 파급되는 양(+)의 외부성으로 구분된다. 이러한 외부성 때문에 사회의 최적 생산량이 달성되지 않는다. 음의 외부성이 존재하면 재화의 생산에 자원이 과다 배분되어 지나치게 많은 재화가 생산된다. 양의 외부성이 존재하면 재화의 생산에 자원이 과소 배분되어 지나치게 적은 재화가 생산된다.

음의 외부성이 존재하면 정부는 직접규제를 하거나 피구세를 부과하여 자원배분을 개선하고자 한다. 배출량 규제와 같은 직접규제나 공해배출부담금 같은 피구세의 부과는 생산비용을 증가시켜 가격이 상승한다. 그러면 생산량이 감소하여 음의 외부성이나 자원의 과다배분이 개선 된다.

양의 외부성이 존재하면 정부는 자원의 과소배분을 교정하기 위해 생산자나 소비자에게 보조금을 지급하여 공급을 증가시키거나 수요를 증가시키게 된다. 그러면 생산이 증가하여 양의 외부성이나 자원의 과소배분이 개선된다.

코즈 정리는 재산권이 적절한 부여되면 민간 경제주체들이 사적 협상을 통해 외부성의 문제를 해결할 수 있음을 보여준다. 따라서 외부성의 문제가 있더라도 곧 바로 정부 개입이 필요하다고 말할 수 없다. 최적의 공해감축량은 공해를 100% 줄이는 것이 아니다. 공해의 최적 감축량은 감축에 따른 사회적 한계비용과 사회적 한계편익이 같을 때 구해진다. 기술이 개선되고 공해에 대한 인식이 달라지면 공해의 최적 감축량도 달라진다.

**4. 조세부담의 원칙**

정부가 조세를 부과하면 민간부문의 처분가능 소득이 줄고 사적 재화에 대한 수요가 감소한다.이를 통해 정부는 자원을 민간부문에서 공공부문으로 배분한다. 정부는 조세수입을 재원으로 공공재나 준공공재를 공급하게 된다.

조세의 응익원칙이란 정부가 공급하는 재화나 서비스를 구입할 때에도 받은 편익만큼 조세로 대가를 지불해야 하는 것을 말한다. 응능원칙이란 고소득의 개인이나 기업이 절대적으로나 상대적으로나 더 많은 조세를 부담해야한다는 것을 말한다.

**5. 조세의 유형**

개인 소득세를 비롯하여 법인세는 누진세이다. 소득이 증가하면 이들 조세의 세율이 증가한다. 이에 비해 부가가치세는 역진세이다. 부가가치세는 상품 판매가격의 10%이므로 비례세로 보일지 모르지만 저소득층의 소비지출이 커서 이들의 소득에서 차지하는 부가가치세비율은 고소득층보다 크다.

시장의 실패는 정부에 자원배분을 개선하여 사회후생을 증가시킬 수 있는 계기를 제공한다. 하지만 정부가 시장실패의 존재 여부와 원인을 정확하게 알아냈더라도 정치적 압력 때문에 공무원들은 적절한 대책을 마련하기 힘들거나 아예 마련할 수 없다.

## 주요 용어 및 개념

공공재
공급측면의 시장실패
누진세
무임승차의 문제
배분의 효율성
비례세
비용 · 편익 분석
사적 재화
생산의 효율성
수요측면의 시장실패
양의 외부성
역진세
외부성의 최적 감축량
음의 외부성
응능원칙
응익원칙
준공공재
코즈 정리
평균세율
한계세율

## 연습문제

**1.** 공공재의 특징과 무관한 것은?

① 비경합성 ② 비배제성
③ 무임승차 ④ 과소 시장생산
⑤ 대중적 소비

**2.** 경쟁시장에 나타나는 시장의 실패와 관련이 깊은 것은?

| 가. 공공재 | 나. 외부성 |
|---|---|
| 다. 정보의 비대칭성 | 라. 진입의 장벽 |

① 가, 나 ② 나, 다
③ 다, 라 ④ 가, 나, 다
⑤ 나, 다, 라

**3.** 중국을 여행한 사람이 국내에 코로나19 바이러스를 옮겼다. 이를 설명하는 용어로 적합한 것은?

① 양의 외부성 ② 음의 외부성
③ 정부의 실패 ④ 비경합성
⑤ 비배제성

**4.** 경쟁시장에서 소비자가 지불하는 가격은 마지막 소비자가 평가하는 상품의 가치를 의미한다. 모든 재화의 가격이 그 재화의 마지막 단위를 생산하기 위해 사회가 지불한 기회비용인 한계비용과 일치할 때 이러한 상태를 무엇이 달성되었다고 하는가?

① 생산의 효율성 ② 배분의 효율성
③ 소비의 효율성 ④ 비용의 효율성
⑤ 가격의 효율성

**5.** 외부성이 존재할 때 다음의 설명 중 틀린 것은?

① 생산에 음의 외부성이 존재하면 경쟁 시장의 산출량은 사회적 최적 산출량보다 크다.
② 소비에 양의 외부성이 존재하면 시장 가격은 사회적 최적 수준보다 낮다.
③ 음의 외부성을 교정하려면 조세를 부과하여야 한다.
④ 양의 외부성을 교정하려면 보조금을 지급해야 한다.
⑤ 외부성이 존재하면 정부규제가 불가피하다.

**6.** 생산에 음의 외부성이 존재할 때 이를 교정하기 위한 방법과 거리가 가장 먼 것은?

① 손해배상 소송 ② 직접규제
③ 배출권 거래제도 ④ 공기업화
⑤ 조세 부과

**7.** 세금을 능력에 따라 부과하는 것과 관련이 적은 것은?

① 고소득층의 조세부담이 커진다.
② 누진세가 이에 속한다.
③ 고속도로 통행요금이 이에 속한다.
④ 화폐소득의 한계효용이 체감하면 능력에 따른 부과는 효율성을 악화시킨다.

⑤ 정부의 자의성이 개입할 여지가 크다.

**8.** 부가가치세는 상품의 판매가격에 10% 부과된다. 부가가치세는 소득에 대해 어떤 특징을 가지는가?
① 비례세
② 누진세
③ 역진세
④ 처음에는 비례세이지만, 결국 역진세가 된다.
⑤ 위의 자료만으로 이를 알 수 없다.

**9.** 다음에서 바른 설명은?
① 공공재가 존재하면 생산가능곡선의 내부에서 생산이 이루어진다.
② 외부성이 존재하면 생산가능곡선의 내부에서 생산이 이루어진다.
③ 공공재가 존재하면 생산의 효율성이 달성되지 않는다.
④ 외부성이 존재하면 배분의 효율성이 달성되지 않는다.
⑤ 외부성이 존재하면 정부의 개입은 불가피하다.

**10.** 외부경제를 교정하기 위해서 생산자에게 보조금을 지급하는 경우와 소비자에게 보조금을 지급하는 경우를 비교하여 설명하여 보시오.

**11.** 도심의 건물은 서로 인접하여 건축되기 때문에 한 집의 화재가 다른 집으로 번질 가능성이 크다. 도심의 건물에 소방장비를 갖추도록 법률로 강제하는 경우와 소방장비 생산업체에 보조금을 지급하는 경우 그리고 도심건물의 소유자에게 소방장비를 갖추면 소방장비에 지출한 비용을 세금에서 공제해 주는 방법을 비교 설명하여 보시오.

**12.** 사과를 재배하는 과수원에서는 이웃의 양봉업자가 키우는 꿀벌들에 꿀을 제공한다. 그 반면에 양봉업자가 키우는 꿀벌 덕에 과수원에서는 사과 꽃에 가루받이를 받을 수 있어, 과실을 맺는 데 큰 도움을 얻는다. 이렇게 양쪽으로 외부경제가 발생하는 경우 자원배분에 어떤 결과가 초래되는지 설명하여 보시오. 이러한 문제가 과수원 주인과 양봉업자 사이의 자발적 노력으로 어떻게 해결할 수 있는지 설명하여 보시오.

**13.** 어떤 재화에 대한 3인의 수요표가 다음과 같이 주어져 있다. $D_1$은 수요자 1의 수요량을 의미한다.

| 가격 | $D_1$ | $D_2$ | $D_3$ |
|---|---|---|---|
| 800 | 0 | 1 | 0 |
| 700 | 0 | 2 | 0 |
| 600 | 0 | 3 | 1 |
| 500 | 1 | 4 | 2 |
| 400 | 2 | 5 | 3 |
| 300 | 3 | 6 | 4 |
| 200 | 4 | 7 | 5 |
| 100 | 5 | 8 | 6 |

(a) 3인의 개별 수요

| 가격(원) | 공급량 |
|---|---|
| 1,900 | 10 |
| 1,600 | 8 |
| 1,300 | 6 |
| 1,000 | 4 |
| 700 | 2 |
| 400 | 1 |

(b) 공급

(1) 이 재화가 사적 재화라고 하면 시장가격과 거래량은 얼마인가?
(2) 이 재화가 공공재라고 하면 적정 공급량은 얼마인가?

**14.** 피혁제품을 생산할 때 외부불경제가 존재한다.
(1) 피혁시장의 시장 생산량과 가격을 수요 공급곡선에 표시하고 후생손실이 얼마인지 그래프에 표시하시오.
(2) 조세를 얼마나 부과하여야 하는지 그래프에 표시하시오.

PART 03

# 상품 시장


6 기업과 생산비용

7 순수경쟁

8 순수독점

9 독점적 경쟁과 과점

CHAPTER 06

# 기업과 생산비용

**학습내용**

1. 명시적 비용과 묵시적 비용
2. 기업의 단기 생산관계와 수익체감의 법칙
3. 단기 생산비용의 유형
4. 규모의 경제와 기업의 장기평균비용곡선
5. 단기비용, 규모의 경제, 최소효율규모 등의 사례

---

시장경제에서는 다양한 기업들이 다양한 재화와 서비스를 생산한다. 이들 기업들이 상품을 생산하려면 경제적 자원, 즉 생산요소가 필요하다. 이들 생산요소를 획득하고 사용하기 위해 기업들은 생산요소의 소유자들, 예를 들어 근로자에게 금전적 대가를 지불한다. 그리고 기업이 이미 소유하고 있는 생산요소 예를 들면 기업가적 재능을 사용하면 금전적 대가를 지불하지 않더라도 기회비용이 발생한다. 실제 지불된 비용뿐 아니라 기회비용이 이 장에서 논의하는 기업의 생산비용을 구성한다.

다음 장에서는 생산물의 수요와 가격 그리고 수입을 분석에 도입한다. 그리고 기업이 생산량을 결정하기 위해 수입과 비용을 어떻게 비교하는지 설명할 것이다. 이러한 분석을 통해 기업의 생산량 결정과 가격결정이 어떻게 이루어지는지 살펴볼 것이다.

## 경제적 비용

경제적 비용

자원이 제공하는 서비스를 취득하고 유지하기 위하여 꼭 지불해야 하는 대가

생산요소는 희소하므로 기업이 특정한 생산요소를 원한다면 그것이 다른 기업에 가지 않을 조건을 제시해야 한다. 이러한 이유로 경제학자들은 **경제적 비용**을 생산요소를 취득하기 위해 반드시 지불해야 하는 대가로 정의한다. 이것은 생산요소의 공급자에게 제공되는 소득으로 기업에 생산요소를 끌어들이는 역할을 한다.

이 절에서는 기회비용이 경제적 비용의 계산에 어떻게 포함되는지 설명한다. 기회비용을 복습하고 싶다면 다음으로 넘어가기 전에 제1장에 있는 기회비용에 대한 설명을 간략히 살펴보는 게 도움이 될 것이다.

### 명시적 비용과 묵시적 비용

기업의 경제적 비용을 바르게 계산하려면 기업의 모든 생산요소가 기회비용을 가지고 있음을 기억해야 한다. 이것은 기업이 외부에서 구매한 생산요소뿐 아니라 기업이 소유한 생산요소에도 적용된다. 결과적으로 기업이 사용하는 모든 생산요소는 경제적 비용을 발생시킨다. 경제학자들은 이러한 2 형태의 경제적 비용을 각각 명시적 비용과 묵시적 비용이라고 한다.

명시적 비용

기업이 소유하지 않은 자원을 구입해야만 할 때 상대방에게 지불하는 비용

- **명시적 비용**이란 기업이 소유하지 않은 생산요소를 구입하기 위해 그 소유자에게 지불하는 금전적 대가다. 명백하게 현금거래가 이루어지므로 명시적 비용이라고 한다. 명시적 비용은 당연히 기회비용에 해당한다. 외부의 생산요소를 구입하기 위해 금전적 대가를 지불하게 되면 필연적으로 그 돈으로 구입할 수 있었을 차선의 대안이 희생되기 때문이다.

묵시적 비용

기업이 이미 소유하고 있는 자원을 그 기업의 생산물을 만드는 데 사용할 때 발행하는 기회비용

- **묵시적 비용**이란 기업이 이미 소유하고 있는 생산요소를 생산에 사용할 때 발생하는 기회비용이다. 이들 생산요소를 기업 외부에 빌려주거나 판매하여 얻을 수 있는 현금이 희생되기 때문이다. 이 비용은 존재하지만 명확히 드러나지 않으므로 묵시적 비용이라고 한다.

기업의 경제적 비용은 명시적 비용과 묵시적 비용의 합이다.

$$\text{경제적 비용} = \text{명시적 비용} + \text{묵시적 비용}$$

### 회계 이윤과 정상 이윤

진호는 여러 사업을 고려한 후에 티셔츠 소매점을 열기로 결정했다. 제2장에서 설명하였듯이 진호는 이 사업을 위해 자신의 노동과 기업가적 능력이라는 2가지 생산요소를

제공하게 된다. 자신의 노동을 제공하여 회사 운영에 필요한 일상적인 업무를 하게 된다. 즉, 고객의 이메일에 답변을 하거나 재고를 관리하며 사무실을 청소한다. 기업가적 능력이 필요한 업무는 사업을 조직하고 사업계획을 수립하는 등 비일상적인 것들이다. 즉, 홍보를 어떻게 할 것인지, 어떤 상품을 취급할 것인지, 잠재적 고객을 최대한 끌어들이기 위해 가게를 어떻게 장식해야 할지 등을 결정하는 일이다.

진호는 기업가적 능력을 이용하여 사업 초기에 필요한 일들을 결정한다. 먼저 새로운 사업에 선념하기로 하고 연봉 2,200만 원의 옛 직장을 그만둔다. 그리고 매년 100만 원의 이자소득을 가져다주던 2,000만 원의 예금을 찾아 투자에 보탠다. 그리고 자신이 소유하고 있어서 매년 500만 원의 임대료를 받던 작은 소매상점을 새로운 티셔츠 가게로 사용하기로 결정한다. 끝으로 가게에서 자신의 일을 도와줄 여직원 한사람을 고용하기로 결정한다. 그녀는 매년 1,800만 원을 받고 일하기로 하였다.

1년간의 사업을 마친 후 회계장부는 다음과 같았다.

|  | | |
|---|---|---|
| 총판매수입 | | 120,000,000 |
| 티셔츠의 비용 | 40,000,000 | |
| 직원봉급 | 18,000,000 | |
| 부대비용 | 5,000,000 | |
| 총명시적 비용 | | 63,000,000 |
| 회계 이윤 | | 57,000,000 |

이 수치들은 겉보기에 그럴 듯하게 보인다. 진호는 57,000,000원의 **회계 이윤**에 행복해할지 모른다. 이 수치는 회계사가 총판매수입에서 총명시적 비용을 공제하여 계산한 것이다. 이것이 재무제표에 표시되는 이윤, 즉 순소득으로 납세를 위해 정부에 보고해야 한다.

회계 이윤
총판매수입에서 총명시적 비용을 뺀 이윤

그러나 아직 좋아하기는 이르다. 회계 이윤 5,700만 원은 묵시적 비용을 계산하지 않아 사업의 경제적 성공을 과대평가하고 있다. 성공의 올바른 기준은 가능하였을 다른 모든 사업과 비교하더라도 성공적이어야 한다. 즉, 티셔츠 판매 사업에서 벌어들인 이윤이 다른 사업을 할 때에 비해 많아야 한다.

이러한 목표의 달성 여부를 파악하려면 모든 기회비용, 즉 명시적 비용뿐 아니라 묵시적 비용도 고려해야만 한다. 그렇게 하면 새로운 사업이 다른 사업에서 벌 수 있었던 것보다 많은 돈을 벌게 했는지를 알 수 있다.

이러한 계산을 어떻게 해야 하는지 앞의 사례를 통해 살펴보자.

일 년 동안 3가지의 묵시적 비용이 발생하였다. 그것은 자신의 예금, 자신의 소매상점, 자신의 노동을 제공하였기 때문이다. 그래서 얻을 수 있었던 100만 원의 이자수입, 500만 원의 임대료수입, 2,200만 원의 연봉 등을 포기하였으므로 이들은 묵시적 비용에 해당한다. 그러나 고려해야 할 묵시적 비용이 하나 더 있다. 그것은 자신의 기업가적 능력을 현재의 티셔츠 판매 사업에 제공하기 때문에 발생한다. 즉, 자신의 기업가적 능력을 티셔츠 판매가 아닌 다른 사업에 이용하였다면 얻었을 소득이 희생되었으므로 이것도 묵시적 비용에 포함되어야 하는 것이다.

기업가적 능력을 다른 사업에 이용하였을 때 얻었을 소득, 즉 이윤은 어떻게 계산해야 할까? 그것은 정상 이윤을 추정하여 구할 수 있다. 정상 이윤이란 다른 사업을 하였을 때 얻게 되었을 이윤의 평균치인데 기업이 기업가적 능력을 채용하여 유지하려면 지불해야 하는 최소한의 금액이다. 논의를 위해 다른 사업을 하였다면 특별한 기술 및 재능을 갖춘 기업가적 능력으로 평균 500만 원의 정상 이윤을 벌 수 있었다고 하자. 이 수치를 포함한 모든 묵시적 비용을 회계 이윤에서 차감하면 경제적 이윤을 구할 수 있다.

|  | | |
|---|---|---|
| 회계 이윤 | | 57,000,000 |
| 포기한 이자 | 1,000,000 | |
| 포기한 임대료 | 5,000,000 | |
| 포기한 연봉 | 22,000,000 | |
| 포기한 기업가 소득 | 5,000,000 | |
| 총묵시적 비용 | | 33,000,000 |
| 경제적 이윤 | | 24,000,000 |

### 경제적 이윤

5,700만 원의 회계 이윤에서 묵시적 비용인 3,300만 원을 빼면 경제적 이윤은 2,400만 원이 된다. 여기에서 회계 이윤과 경제적 이윤을 확실하게 구별할 수 있어야 한다. 회계 이윤은 수입으로부터 명시적 비용을 뺀 것이다. 즉, 회계 이윤 = 수입 − 명시적 비용이다. 이에 비해 경제적 이윤은 수입에서 명시적 비용뿐 아니라 묵시적 비용까지 포함한 모든 경제적 비용을 뺀 것이다. 즉, 경제적 이윤 = 수입 − 명시적 비용 − 묵시적 비용이다.

수입에서 모든 경제적 비용을 차감하게 되면 이제 현재의 사업이 다른 차선의 사업과 비교해 얼마나 이익을 내고 있는지 알 수 있다. 앞의 사례에서 2,400만 원의 경제적 이윤을 얻고 있다는 것은 다른 차선의 사업을 하였다면 벌었을 소득보다 2,400만 원을

**그림 6.1** 경제적 이윤과 회계 이윤

경제적 이윤은 총수입에서 경제적 비용을 뺀 것이다. 경제적 비용은 명시적 비용뿐 아니라 기업가의 정상 이윤이 포함된 묵시적 비용을 합한 것이다. 회계 이윤은 총수입에서 명시적 비용인 회계 비용을 뺀 것이다.

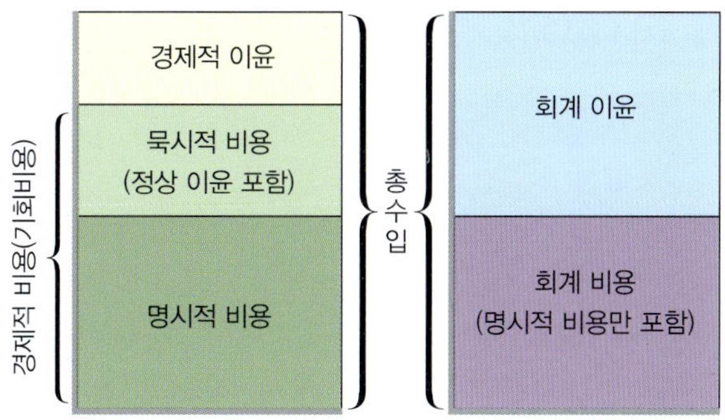


더 벌고 있다는 뜻이다.

반대로 사업이 신통치 않아 올해 800만 원의 경제적 손실, 즉 음(−)의 경제적 이윤이 발생했다고 하자. 이것은 현재 사업의 성과가 차선의 다른 사업을 하였을 때보다 나쁘다는 것을 뜻한다. 그래서 차선의 다른 사업으로 전업하는 것이 바람직할 수 있다.

앞의 논의를 일반화하면 경제적 이윤이 0이 되는 상태가 중요한 전환점이라는 것을 알 수 있다. 만일 기업이 손익분기 상태에 있다면, 즉 경제적 이윤이 정확히 0이라면 기업가는 차선의 다른 사업에서 기대할 수 있었던 것과 정확히 동일한 정도의 성공을 누리고 있는 셈이다. 이때 기업가의 수입은 명시적 비용뿐 아니라 다른 사업에서 벌 수 있었을 정상 이윤을 포함한 모든 묵시적 비용을 충당할 수 있다. 따라서 현재의 사업을 접고 다른 사업으로 전업할 인센티브는 없다.

결론적으로 양(+)의 경제적 이윤을 얻고 있다면 지금의 사업이 다른 사업보다 성공적이다. 그래서 지금의 사업을 계속 하려할 것이고 나아가 사업을 확장하려 할 것이다. 이에 비해 경제적 손실, 즉 음(−)의 경제적 이윤을 보고 있는 기업가는 다른 사업으로 전업하면 더 잘 할 수 있을지 모른다.

이런 이유로 경제학자들은 회계 이윤이 아니라 경제적 이윤에 관심을 갖는다. 간단히 말해 경제적 이윤이 경제의 자원 배분을 결정한다. 경제적 손실을 보고 있는 기업가는 현재 사업을 접게 된다. 그래서 그동안 사용하였던 토지, 노동, 자본과 기업가적 능력이 다른 용도로 사용된다. 이러한 자원은 양(+)의 경제적 이윤을 얻거나 적어도 손익분기 상태에 있는 기업이 사용하게 된다. 그래서 순편익이 낮은 재화와 서비스를 생산하던 자원이 순편익이 높은 재화와 서비스의 생산을 위해 이전된다. 기업이 이윤이 주는 신호에 이끌려 생산하면 소비자가 가장 원하는 것을 생산하게 된다. 이를 통해 배분의 효율이 증가하는 것이다.

그림 6.1은 지금까지 논의된 다양한 개념의 비용과 이윤 간의 관계를 보여주고 있다. 연습 삼아 앞의 사례에서 다룬 비용자료를 그림의 해당 부분에 적어보기 바란다.

## 단기와 장기

생산물에 대한 수요가 변화할 때, 기업의 이윤은 여러 생산요소의 고용량을 얼마나 신속하게 조정할 수 있느냐에 따라 달라진다. 비교적 손쉽게 그리고 신속히 조정할 수 있는 것은 노동시간, 원자재, 연료, 전력 등의 투입량이다. 이에 비해 공장건물의 크기, 기계나 장비를 비롯하여 자본설비 등 생산설비의 생산능력을 조정하려면 많은 시간이 필요하다. 항공기 제작과 같은 일부 중공업에서는 생산능력을 변경하는 데 몇 년이 소요될 수도 있다. 이처럼 조정에 걸리는 시간이 다르므로 경제학자들은 기간을 개념적으로 2가지로 구분한다. 즉, 단기와 장기로 구분한다. 이러한 기간에 따라 비용이 어떻게 달라지는지 살펴보자.

단기

(1) 미시경제학: 생산설비의 생산능력을 변경시킬 수는 없지만, 생산설비의 이용률은 변경시킬 수 있는 기간
(2) 거시경제학: 물가수준이 변하더라도 임금 등 생산요소의 가격이 변하는 않는 기간

**단기: 고정된 생산설비** 미시경제학에서 **단기**는 생산설비의 생산능력을 변경시킬 수는 없지만, 생산설비의 이용률은 변경시킬 수 있는 기간을 말한다. 단기에는 기업의 생산설비가 고정되어 있다. 그러나 고정된 생산설비에 투입되는 노동, 원자재 혹은 다른 생산요소의 투입량을 변화시키면 생산량이 달라질 수 있다. 즉, 단기에는 기존 생산설비의 이용 강도를 높이거나 낮출 수 있는 것이다. 예를 들어, 기아 자동차가 근로자의 고용을 늘리거나 교대 인력을 새로 배치하였다면 이것은 단기 조정에 해당한다.

장기

(1) 미시경제학: 생산설비의 생산능력을 비롯하여 모든 생산요소의 투입량을 조정할 수 있는 기간
(2) 거시경제학: 물가수준 뿐 아니라 임금 등 모든 생산요소의 가격이 변할 수 있는 기간

**장기: 가변적 생산설비** **장기**란 기업의 입장에서 보면 생산설비의 생산능력을 비롯하여 모든 생산요소의 투입량을 조정할 수 있는 기간을 말한다. 산업의 관점에서 장기란 기존 기업이 청산되어 산업을 떠나거나 새로운 기업이 창업하여 산업에 진입할 수 있는 기간을 말한다. 단기는 생산설비가 '고정'되어 있는 기간인 반면 장기는 생산설비가 '가변적'인 기간인 것이다.

예를 들어, 기아 자동차가 새로운 공장을 짓거나 다른 자동차 기업을 인수하였다면 이것은 장기 조정에 해당한다.

장기 · 단기의 구분은 경제적 개념에 바탕을 둔 것으로 현실의 시간 개념과는 다르다. 어떤 경공업은 하룻밤 사이에 생산설비를 늘릴 수 있다. 그러나 중공업은 다르다. 새로운 생산설비를 늘리는 데 몇 년이 걸릴 수 있다. 현실적으로는 업종에 따라 장기 ·

### 기업의 장기조정

의류산업의 장기 조정은 며칠 만에 이루어질 수 있다. 건물을 임대하고 재봉틀을 새로 주문하여 설치함으로써 며칠 만에 생산능력을 증대시킬 수 있다. 이에 비하여 정유산업은 정유공장을 신설하여 생산능력을 증대시키는 데 2~3년이 걸린다.

ⓒRoberto Westbrookk/Blend Images RF

ⓒSteve Allen/Brand X Pictures/Alamy Images RF

단기의 기간이 달라질 수 있다.

## 단기 생산관계

기업의 생산 비용은 생산에 필요한 생산요소의 가격과 투입량에 의존한다. 생산요소의 가격은 생산요소의 수요와 공급에 의해 결정된다. 그리고 생산요소의 투입량은 생산기술, 즉 투입량과 산출량의 기술적 관계에 의하여 결정된다. 단기에서는 생산설비가 고정되어 있으므로 노동투입과 산출량의 관계를 주로 살펴볼 것이다. 이들 관계를 살펴보기 전에 다음의 용어를 정의할 필요가 있다.

- **총생산**(total product: TP)은 재화나 서비스의 총산출량이다.
- **한계생산**(marginal product: MP)은 가변 생산요소인 노동을 추가 투입하였을 때 증가되는 산출량, 즉 추가 생산량이다.

총생산
재화나 서비스의 총 산출량

한계생산
가변 생산요소인 노동을 추가 투입하였을 때 증가되는 산출량

$$\text{한계생산} = \frac{\text{총생산량의 변화분}}{\text{노동 투입량의 변화분}}$$

- **평균생산**(average product: AP)은 노동생산성이라고도 하며, 투입된 노동 한 단위당 산출량이다.

평균생산
노동 투입 한 단위당 산출량

## 개념의 이해

### 공부에도 수확체감이 작용한다

경제와 관련되지 않은 다음의 일반적 사례를 보면 '투입'과 '산출' 간에 나타나는 수확체감의 법칙을 쉽게 이해할 수 있을 것이다. 먼저 학생 개인의 학교성적은 다음과 같이 결정 된다고 하자.

성적=f(학생의 지능, 교재의 품질, 강사의 능력, 수업 참석시간, 학생의 공부시간)

f는 함수 표시로 학교성적이 괄호 속의 변수들에 의해 결정된다는 뜻이다. 즉, 학교성적은 학생의 지능(여러 가지로 정의될 수 있다), 교과서와 같은 교재의 품질, 강사의 능력, 수업에 참석한 시간, 수업 시간을 제외한 학생의 공부시간에 의존한다.

분석을 위하여 학생의 지능, 교재의 품질, 강사의 능력, 수업 참석시간은 고정되어 있어서 변하지 않는다고 하자. 그러면 학교성적은 오직 공부시간에 따라 정해진다. 이제 성적을 높이기 위하여 학생의 공부시간이 증가한다고 하자. 공부시간이 처음 한 시간 늘어나면 성적도 높아질 것이다. 하지만 추가적으로 공부시간을 한 시간을 더 늘리면 성적이 다시 높아질 것인데 처음 한 시간 늘어났을 때의 성적의 증가분에 비해 더 높아질까? 추가적으로 공부시간이 계속 늘어나면 추가된 공부시간이 바로 직전에 추가된 공부 시간에 비해 학교성적에 얼마나 더 기여할까?

공부시간이 계속 증가하면 결국 학교성적에 수확체감이 나타난다는 것을 알 수 있을 것 이다. 공부시간이 어떤 수준을 넘어서면 추가된 공부시간의 한계'생산'은 감소할 것이고, 이를 넘어서 공부시간이 계속 증가하다 보면 결국은 한계생산이 0이 될 것이다.

**문제**

공부시간이 수확체감이지만 공부시간을 늘리는 학생이 있다. 그 이유는 무엇일까?

$$평균생산 = \frac{총생산량}{노동\ 투입량}$$

단기에서 기업이 생산량을 증가시키려면 고정된 생산설비에 투입되는 노동량을 '얼마동안'은 증가시켜야 한다. 기업이 노동투입을 증가시킬 때 산출량은 얼마나 증가할 것인가? 그리고 왜 '얼마동안' 증가시켜야 한다고 했을까?

수확체감의 법칙

고정된 생산요소에 가변적 생산요소를 연속적으로 투입할 때 투입량이 일정수준을 넘어서면 이들 가변적 생산요소의 한계생산이 감소한다는 것

### 수확체감의 법칙

**수확체감의 법칙**이 위 질문에 답을 제공한다. 이 법칙은 생산기술이 고정되어 있어서

생산방법은 변하지 않는다는 전제에서 출발한다. 이 법칙이 말하는 것은 자본이나 토지와 같은 고정된 생산요소에 노동과 같은 가변적 생산요소를 연속적으로 투입할 때 투입량이 일정수준을 넘어서면 이들 가변적 생산요소의 한계생산이 감소한다는 것이다. 즉, 추가 투입된 가변적 생산요소가 생산증가에 기여하는 바가 줄어든다는 것이다. 예를 들어, 생산설비는 고정되어 있는데 근로자를 추가적으로 고용하여 이들 설비에서 일하게 하면 근로자의 고용이 증가함에 따라 산출량의 증가는 결국 점점 줄어든다는 것이다. 즉, 수학체감이 나타난다는 것이다.

### 기업 생산과의 관련성

수확체감의 법칙은 기업 내 생산에서 크게 작용한다. 자본설비와 같은 생산요소가 고정되어 있을 때 기업이 노동과 같은 가변 생산요소의 투입을 계속 증가시키면 노동의 한계생산은 결국 감소한다. 수확체감이 언젠가는 나타나는 것이다. 결국 총생산의 증가가 체감하면서 어느 수준에서 총생산은 최대에 이르게 되고 마침내 감소하기 시작할 것이다.

농부가 고구마를 경작하는 토지, 즉 고정된 생산요소 50ha를 가지고 있다고 하자. 농부가 잡초를 제거하지 않는 등 고구마 밭을 전혀 돌보지 않는다면 ha당 고구마 300kg을 얻을 수 있다. 농부가 밭을 1번 매면 고구마 생산은 ha당 370kg으로 증가할 것이다. 2번 매면 산출은 ha당 420kg, 3번 매면 450kg, 4번 매면 460kg으로 증가할 것이다. 김을 매는 횟수가 증가 할수록 산출량 증가는 점차 줄어진다. 그렇지 않다면 50ha의 땅만 가지고도 전 세계가 필요한 고구마를 모두 생산할 수 있다. 김을 매는 횟수를 한 없이 증가시키면 되기 때문이다. 사실 수확체감이 작용하지 않는다면 화분 하나로도 전 세계 인구를 먹여 살릴 수 있는 식량을 생산할 수 있다. 종자나 비료, 그리고 농부의 노동력을 한없이 투입하면 생산을 무한정 늘릴 수 있기 때문이다.

수확체감의 법칙은 농업이 아닌 분야에도 나타난다. 목공소에서 가구를 만든다고 하자. 목공소에는 일정 수량의 선반, 대패, 톱, 전동사포기 등이 있다. 이 목공소가 근로자 한두 사람만 고용한다면 총생산과 생산성(근로자 일인당 산출)은 매우 낮을 것이다. 근로자 한 사람이 여러 작업들을 해야 하므로 전문화의 이익은 실현되지 않는다. 어떤 작업을 하다가 다른 작업으로 이동할 때 시간손실이 생길 것이고 기계는 대부분 놀고 있을 것이다. 간단히 말해서 노동에 비해 자본이 너무 많아 생산이 비효율적인 것이다. 자본에 비해 인력이 부족한 상태인 것이다.

목공소가 더 많은 근로자를 고용하면 이런 어려움은 해결된다. 기계설비들이 노는 시간이 줄어들 것이고 근로자들은 한 작업에 전문화할 수 있다. 작업의 이동에 따른 시간도 낭비되지 않는다. 근로자들이 늘어나면서 생산은 효율적으로 되며, 근로자들이 추가될 때마다 이들의 한계생산도 증가한다.

그러나 한계생산의 증가는 무한히 계속되지 않는다. 근로자의 고용이 일정 수준을 넘어서면 작업장이 혼잡해진다. 근로자들이 기계를 사용하려면 줄을 서야 한다. 이제는 반대로 놀고 있는 근로자들이 나타난다. 그래서 총산출의 증가는 점차 줄어든다. 생산 설비는 고정되어 있는데 근로자가 늘면서 개별 근로자가 작업할 수 있는 기계설비는 점점 줄기 때문이다. 추가된 개별 근로자의 한계생산도 하락한다. 자본에 비하여 노동이 너무 많기 때문이다. 결국 근로자가 추가되면 작업장이 너무 혼잡해져 한계생산이 음(−)이 되어 총생산이 하락하는 단계에 이를 수 있다. 이것이 극단적으로 진행되어 근로자가 계속 추가되면 사람들이 움직일 자리도 부족해 결국 총생산은 0으로 떨어지고 말 것이다.

수확체감의 법칙을 설명하면서 노동의 질은 모두 동일하다고 가정하였다. 즉, 추가되는 모든 근로자들의 선천적 능력, 신체조직의 협동 능력, 교육, 훈련, 근무경험 등이 모두 동일하다는 것이다. 따라서 수확체감이 발생하는 것은 추가되는 근로자들의 기술이나 체력이 뒤떨어지기 때문이 아니다. 그보다 생산설비나 장비에 비해 근로자들이 지나치게 많기 때문에 발생한다.

### 숫자 및 그래프 설명

그림 6.2의 위에 있는 표는 수확체감의 법칙을 숫자로 보여준다. (1)열은 가변생산요소인 노동의 투입량을 나타내며, 이러한 투입량이 고정된 생산요소와 기존 기술과 결합되었을 때 얻을 수 있는 총산출, 즉 총생산이 (2)열에 나타나 있다.

(3)열은 한계생산으로 노동투입이 1단위 추가되었을 때 총생산의 변화를 나타낸다. 노동투입이 0일 때 총생산은 0인데 이것은 생산설비만으로는 생산할 수 없다는 뜻이다. 노동투입을 3단위까지 하였을 때 한계생산이 각각 10, 15, 20단위이며, 이것은 수확체증을 나타낸다. 그러나 4단위의 노동을 투입할 때부터 한계생산은 계속 하락하여 7단위를 투입하면 한계생산은 0이 되고 8단위를 투입하면 음(−)이 된다.

평균생산, 즉 노동 1단위당 생산은 (4)열에 나타나 있다. 평균생산은 (2)열에 있는 총생산을 생산에 투입된 노동투입량, 즉 (1)열로 나눈 것이다. 노동투입이 5일 때의 평균생산은 14(=70/5)이다.

그림 6.2는 수확체감을 그래프로도 보여주고 있다. 그리고 총생산, 한계생산, 평균생산의 관계도 보여준다. 그림 6.2(b)에서 한계생산은 투입되는 노동량의 중간점에서 정의되어 있는데 노동투입이 새로 추가되었을 때 이를 계산하기 때문이다. 그림 6.2(a)

| (1) 가변생산요소 (노동)의 투입량 | (2) 총생산(TP) | (3) 한계생산(MP)= (2)의 변화분/ (1)의 변화분 | | (4) 평균생산 (AP)=(2)/(1) |
|---|---|---|---|---|
| 0 | 0 | | | — |
| 1 | 10 | 10 | 한계생산 체증 | 10.00 |
| 2 | 25 | 15 | | 12.50 |
| 3 | 45 | 20 | | 15.00 |
| 4 | 60 | 15 | 한계생산 체감 | 15.00 |
| 5 | 70 | 10 | | 14.00 |
| 6 | 75 | 5 | | 12.50 |
| 7 | 75 | 0 | 음(−)의 한계생산 | 10.71 |
| 8 | 70 | -5 | | 8.75 |

**그림 6.2 수확체감의 법칙**

(a) 가변생산요소(노동)가 고정된 다른 생산요소들(자본 혹은 토지)에 계속 추가되면 총생산은 결국 증가율이 체감하게 되고 최대에 도달한 다음에는 감소한다.

(b) 한계생산은 새로 추가된 1단위 노동투입에 따른 총생산의 변화분이다. 평균생산은 노동 1단위당 생산량이다. 한계생산과 평균생산이 교차하는 점에서 평균생산은 최대이다.

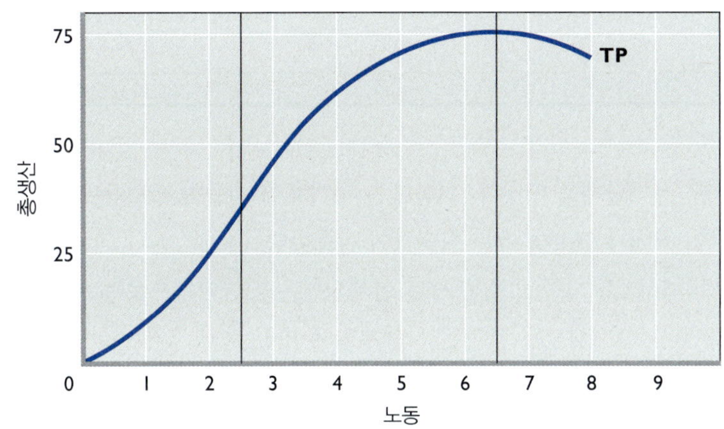


(a) 총생산

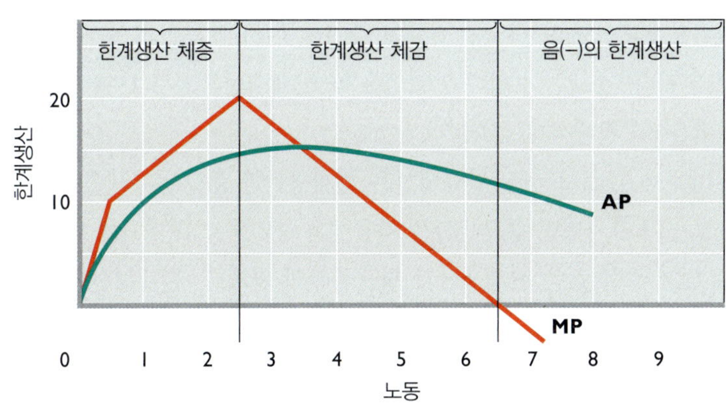


(b) 한계생산과 평균생산

## 개념의 이해

### 시험 성적

그림 6.2(b)에 나타난 '한계'와 '평균'의 관계는 수학적으로 당연한 결과다. 지금의 전체 평균보다 큰 수를 더하여 새로운 평균을 구하면 새로운 평균은 이전보다 증가한다. 그리고 지금의 전체 평균보다 작은 수를 더하여 새로운 평균을 구하면 새로운 평균은 감소한다. 새로 추가된 과목, 즉 한계적인 과목의 시험성적이 지금까지의 성적 평균보다 커야 전체 평균이 높아진다. 추가된 과목의 시험성적이 지금까지의 성적 평균보다 낮으면 전체 평균은 낮아진다. 생산의 사례로 설명하면 새로 추가된 근로자로 인한 총생산의 증가(한계 생산)가 지금까지 고용된 근로자들의 평균생산을 초과하여야 평균생산이 높아진다. 반대로 추가된 근로자로 인한 총생산의 증가(한계생산)가 지금까지 고용된 근로자들의 평균생산보다 작으면 평균생산은 낮아진다.

**문제**

3과목의 평균성적이 80점이다. 4번째 과목의 성적이 92점이면 '한계' 점수는 얼마인가? 4과목 전체 평균은 얼마인가? 평균성적이 올라간 이유는 무엇인가?

를 보면 총생산은 3단계를 거친다. 처음에는 증가율이 체증하고 다음에는 체감하며 그리고 총생산이 최대가 된 이후에는 절댓값이 감소한다.

그림 6.2(b)에서 MP 곡선으로 표시된 한계생산은 기하학적으로는 총생산곡선의 기울기를 나타낸다. 한계생산은 추가된 노동투입에 따른 총생산의 변화를 측정한다. 따라서 총생산의 3단계에 따라 한계생산도 3단계로 달라진다. 총생산의 증가율이 체증하는 단계에서 한계생산은 증가한다. 이 단계에서 노동투입량이 추가되면 총생산의 증가는 더 커진다. 총생산의 증가율이 체감하는 단계에서는 한계생산은 양(+)이지만 감소한다. 추가된 노동투입으로 인한 총생산의 증가는 이전에 투입된 노동으로 인한 총생산의 증가보다 적다. 총생산이 최대가 되었을 때 한계생산은 0이다. 총생산이 감소하면 한계생산은 음(−)이 된다.

**한계생산과 평균생산의 관계**
한계생산이 평균생산보다 크면 평균생산은 증가하고 한계생산이 평균생산보다 적으면 평균생산은 감소

그림 6.2(b)에서 AP로 표시된 평균생산은 한계생산과 동일한 추세를 보인다. 고정된 생산설비에 노동이 추가되면 평균생산은 처음에는 증가하고 최대치에 도달한 이후에는 감소한다. 유의해서 볼 것은 **한계생산과 평균생산의 관계**다. 한계생산이 평균생산보다 크면 평균생산은 증가하고 한계생산이 평균생산보다 적으면 평균생산은 감소한다. 따라서 한계생산이 평균생산의 최대치를 지난다.

## 단기 생산비용

생산요소의 가격이 주어져야 그림 6.2에 주어진 생산에 관한 정보를 이용하여 각 생산량에 따른 총비용과 단위비용을 계산할 수 있다. 알고 있듯이 단기에는 생산요소 중 기업의 생산설비와 관련된 자본재는 고정되어 있다. 그러나 다른 생산요소는 단기에 변동이 가능하다. 따라서 단기비용은 고정된 것도 있고 가변적인 것도 있다.

### 고정비용, 가변비용, 총비용

고정비용, 가변비용, 총비용을 어떻게 구분할 수 있는지 살펴보자.

고정비용 **고정비용**은 생산량이 변하더라도 변동하지 않는 비용이다. 고정비용은 기업에 생산설비가 있기 때문에 발생하는 것으로 생산량이 0이더라도 지불해야 하는 비용이다. 이러한 비용으로 들 수 있는 것은 임대비용, 부채에 대한 이자비용, 건물이나 장비의 감가상각비용, 보험료 등인데 이것들은 일반적으로 고정비용에 속한다. 즉, 비용이 고정되어 있어서 생산량이 늘어나더라도 변하지 않는다. 그림 6.3에 있는 표의 (2)열에는 기업의 총고정비용이 100,000원으로 주어져 있다. 정의에 따라 이 고정비용은 0을 포함한 모든 생산량에서 발생한다. 단기에서 기업은 고정비용의 지출을 피할 수 없다.

고정비용
생산량이 변하더라도 바뀌지 않는 비용

가변비용 **가변비용**은 고정비용과 달리 생산량에 따라 변동하는 비용이다. 대부분의 노동력을 비롯하여 원자재, 연료, 전력, 운송서비스 등 여러 가변적 생산요소에 대한 대가 지불이 여기에 속한다. 그림 6.3의 (3)열을 보면 총가변비용이 생산량에 따라 변하고 있다.

가변비용
생산량에 따라 변동하는 비용

총비용 **총비용**은 각 생산량에서 발생한 고정비용과 가변비용의 합이다. 이것은 표 6.3의 (4)열에 표시되어 있다. 생산량이 0이면 총비용은 고정비용과 같다. 그리고 생산이 증가하면 총비용은 가변비용만큼 증가한다.

총비용
각 생산량에서 발생한 고정비용과 가변비용의 합

$$총비용 = 총고정비용 + 총가변비용$$

고정비용과 가변비용의 구분은 기업 경영자에게 중요하다. 단기에는 생산량을 변동시켜 가변비용을 통제하거나 변경시킬 수 있다. 그러나 고정비용은 경영자가 현재로서는 통제할 수 없는 것이다. 이 비용은 단기에 생산설비를 변동시킬 수 없기 때문에 발생하는 것으로 생산량과 무관하게 지불해야 한다.

**그림 6.3 기업의 비용곡선**

평균고정비용곡선(AFC)은 생산량이 증가할수록 총고정비용이 생산량 전체에 분산되므로 점차 하락한다. 평균가변비용 곡선(AVC)은 처음에는 한계생산이 증가하므로 하락한다. 한계생산이 감소하는 단계에 이르면 평균가변비용은 상승한다. 한계비용곡선(MC)은 수확체감이 작용하기 시작하면 상승한다. 한계비용곡선은 평균총비용곡선(ATC)과 평균가변비용 곡선(AVC)의 최소점을 통과한다.

| 총비용데이터 | | | | 평균비용데이터 | | | 한계비용 |
|---|---|---|---|---|---|---|---|
| (1) 총생산 (*Q*) | (2) 총고정비용 (TFC) | (3) 총가변비용 (TVC) | (4) 총비용 (TC) TC = TFC + TVC | (5) 평균고정비용 (AFC) $AFC = \frac{TFC}{Q}$ | (6) 평균가변비용 (AVC) $AVC = \frac{TVC}{Q}$ | (7) 평균총비용 (ATC) $ATC = \frac{TC}{Q}$ | (8) 한계비용 (MC) $MC = \frac{TC의\ 변화분}{Q의\ 변화분}$ |
| 0 | 100 | 0 | 100 | | | | |
| 1 | 100 | 90 | 190 | 100.00 | 90.00 | 190.00 | 90 |
| 2 | 100 | 170 | 270 | 50.00 | 85.00 | 135.00 | 80 |
| 3 | 100 | 240 | 340 | 33.33 | 80.00 | 113.33 | 70 |
| 4 | 100 | 300 | 400 | 25.00 | 75.00 | 100.00 | 60 |
| 5 | 100 | 370 | 470 | 20.00 | 74.00 | 94.00 | 70 |
| 6 | 100 | 450 | 550 | 16.67 | 75.00 | 91.67 | 80 |
| 7 | 100 | 540 | 640 | 14.29 | 77.14 | 91.43 | 90 |
| 8 | 100 | 650 | 750 | 12.50 | 81.25 | 93.75 | 110 |
| 9 | 100 | 780 | 880 | 11.11 | 86.67 | 97.78 | 130 |
| 10 | 100 | 930 | 1030 | 10.00 | 93.00 | 103.00 | 150 |

(비용의 단위: 1,000원)

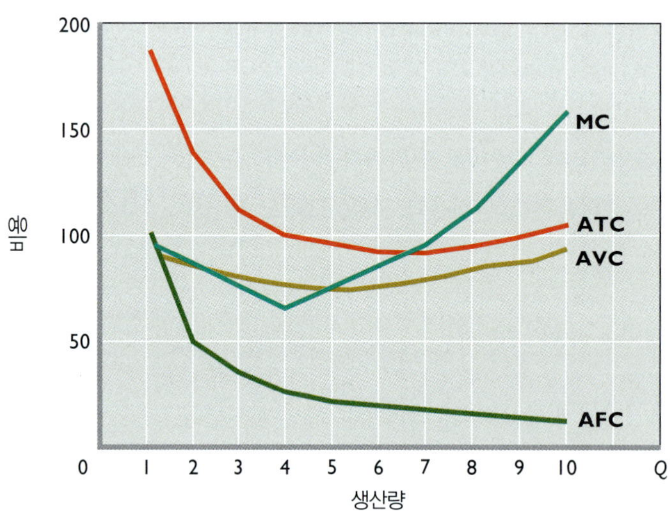

## 평균비용(단위비용)

생산자들은 분명히 총비용에 관심을 갖고 있지만, 단위비용, 즉 평균비용에 대해서도 마찬가지로 주목한다. 특히, 평균비용은 생산물의 1단위 판매수입인 가격과 비교할 때 훨씬 중요한 의미를 갖는다. 평균고정비용, 평균가변비용 그리고 평균총비용은 그림 6.3의 표 (5)열에서 (7)열까지에 각각 표시되어 있다.

AFC **평균고정비용**(AFC)은 특정수량을 생산하여 발생한 총고정비용(TFC)을 그 때의 생산량(Q)으로 나눈 것이다. 즉, 다음과 같다.

평균고정비용
총고정비용(TFC)을 그 때의 생산량(Q)으로 나눈 것

$$AFC = \frac{TFC}{Q}$$

### 분석의 응용

#### 매몰비용

한계편익과 한계비용을 계산할 때 인간의 본성은 과거의 비용인 매몰비용을 뿌리치지 못한다. 이것을 매몰비용의 오류라 한다.

예를 들어, 휴가를 떠난 가족이 길가의 노점에서 사과를 샀다고 하자. 그곳을 떠난 지 얼마 지나지 않아 사과가 상해서 역겨운 냄새가 난다는 것을 알았다. '사과를 사는데 적잖은 돈을 지불하였기 때문에' 사과를 억지로라도 먹어야 한다는 주장은 합리적인가? 절대 그렇지 않다. 새로운 의사결정을 할 때 그러한 결정과 무관한 비용은 고려하지 않아야 한다. 과거에 상한 사과를 샀다는 생각에 사로잡혀 한계편익이 한계비용보다 적은 의사결정을 하지 말아야 한다.

기업의 예를 들어 보자. 기술 개발에 10억 원을 투자하여 새로운 제품을 개발하였지만, 매출이 신통치 않다고 하자. 앞으로 잘 팔릴 것이라는 희망이 현실적으로 보이지 않음에도 손해를 보면서 계속 생산을 해야 할까? 생산하지 않아야 하는 것은 분명하다. 기업은 이러한 의사결정을 할 때 이미 지출한 제품의 개발비용은 고려하지 말아야 한다는 점을 인식하고 있다. 생산을 중단해 더 이상의 손실을 막아야 하는 것이다.

매몰비용의 오류를 초래하는 인간 심리는 과거에 지출한 돈의 '본전을 뽑으려는' 욕구에서 비롯된 것이다. 이러한 심리에 빠지면 '과거의 손실을 만회하려고 현재의 손실에 투자하는 일'이 발생할 수 있다. 개인이나 기업은 의사결정을 할 때 모든 매몰비용을 무시해야 한다. 오직 그러한 결정으로 발생하는 비용만을 고려해야 한다.

**질문**

다음에서 어떤 것이 반복 지급되는 고정비용이고 어떤 것이 매몰비용인가? 왜 그런지 설명해 보시오.

(1) 이제 쓸모 없어진 업무용 컴퓨터의 처음 매입비용

(2) 임대기간이 6개월 이상인 장비의 이번 달 임대비용

총고정비용은 정의에 따라 생산량과 무관하므로 AFC는 생산량이 증가하면 하락해야 한다. 생산량이 증가하면서 총고정비용은 생산량 전체에 분산된다. 그림 6.3의 표를 보면 생산량이 1단위에 불과할 때 TFC와 AFC는 100,000원으로 동일하다. 그러나 생산량이 2단위가 되면 총고정비용은 여전히 100,000원이지만, AFC, 즉 단위당 고정비용은 50,000원이 된다. 그리고 100,000원이 3단위에 분산되면 단위당 고정비용은 33,330원이 되며, 4단위로 분산되면 단위당 고정비용은 25,000원이 된다. 이 과정은 마치 식사비용을 사람 수로 나누는 $\frac{1}{N}$과 같다. 그림 6.3을 보면 AFC 곡선은 생산량이 증가하면 지속적으로 감소한다.

**평균가변비용**
총가변비용(TVC)을 그 때의 생산량(Q)으로 나눈 것

AVC **평균가변비용**(AVC)은 특정 수량을 생산하여 발생한 총가변비용(TVC)을 그 때의 생산량(Q)으로 나눈 것이다.

$$\text{AVC} = \frac{\text{TVC}}{Q}$$

처음에는 수확체증이 나타나고 다음에 수확체감이 발생하므로 AVC는 처음에는 감소하고 최소치에 도달한 다음에는 증가한다. AVC 곡선은 그림 6.3에서처럼 U자형, 즉 밥그릇 모양이다.

**생산 1단위당 노동비용**
임금수준을 노동의 평균생산(생산성)으로 나눈 것

평균가변비용은 수확체감의 법칙을 반영하는 총가변비용에서 도출되었으므로 수확체감의 법칙을 반영해야 한다. 처음 4단위의 생산에 이를 때까지 가변생산요소의 한계생산은 증가한다. 그래서 1단위를 추가적으로 생산하기 위한 가변 생산요소의 투입량은 점점 적어진다. 즉, 1단위 생산에 들어가는 평균가변비용이 감소한다. AVC는 5단위를 생산할 때 최소가 되고 그 이상을 생산하게 되면 수확체감이 나타나 AVC는 증가한다. 생산을 1단위 증가시킬 때마다 더 많은 가변생산요소가 투입되어야 하기 때문이다. 그림 6.3의 표에 있는 자료를 이용하면 AVC 곡선의 모양이 U자형 혹은 밥그릇 형태임을 증명할 수 있다. 노동 1단위의 가격이 10,000원이라고 하자. **생산 1단위당 노동비용**은 노동 1단위의 가격인 10,000원을 노동 1단위가 평균적으로 얼마를 생산하였는가를 나타내는 노동의 평균생산으로 나눈 것이다. 즉, 노동 1단위의 가격에 평균생산의 역수를 곱한 것이다. 평균생산의 역수는 생산 1단위에 평균적으로 투입된 노동을 나타낸다. 따라서 평균생산의 역수에 노동의 1단위 가격을 곱한다는 것은 생산 1단위에 투입된 평균적인 노동투입량에 노동의 가격을 곱한 셈이다.

$$\text{생산 1단위당 노동비용(단위노동비용)} = \frac{\text{노동 1단위의 가격(임금)}}{\text{노동 1단위의 평균생산}}$$

여기에서 노동이 유일한 가변 생산요소라고 가정하고 있으므로 생산 1단위당 노동비용은 생산 1단위당 가변비용, 즉 AVC를 의미한다. 처음에는 노동의 평균생산이 낮기 때문에 AVC는 높다. 노동이 추가적으로 투입되면 평균생산은 증가하고 AVC는 하락하게 된다. 평균생산이 최대에 도달하면 AVC는 최소가 된다. 이보다 많은 노동이 추가적으로 투입되면 평균생산은 감소하고 AVC는 상승하게 된다. 평균생산 곡선의 '봉우리'는 U자 형태나 밥그릇 형태인 AVC 곡선의 밑바닥에 해당한다.

ATC **평균총비용**(ATC)은 특정 수량의 생산에 따른 총비용(TC)을 그 때의 생산량(Q)으로 나눈 것으로 그 생산량에서의 AFC와 AVC를 합한 것과 같다.

평균총비용
총비용(TC)을 그 때의 생산량(Q)으로 나눈 것

$$\text{ATC} = \frac{TC}{Q} = \frac{TFC}{Q} + \frac{TVC}{Q} = \text{AFC+AVC}$$

그래프에서 ATC는 그림 6.3에서처럼 AFC와 AVC를 수직으로 합한 것이다. 따라서 특정 생산량에서 ATC와 AVC 간의 수직거리가 AFC이다.

## 한계비용

마지막으로 매우 중요한 개념이 하나 남아 있다. 그것은 **한계비용**(MC)인데 생산량을 1단위 더 늘리는 데 들어가는 추가적인 비용이다. 즉, MC는 생산을 추가적으로 증가하였을 때 그 추가된 생산으로 발생하는 총비용의 변화분이다.

한계비용
생산량을 1단위 더 늘리는 데 들어가는 추가적인 비용

$$\text{MC} = \frac{TC\text{의 변화분}}{Q\text{의 변화분}}$$

**계산방법** 그림 6.3의 표 (4)열을 보면 생산을 1단위로 하였을 때 총비용은 100,000원에서 190,000원으로 증가한다. 따라서 처음 1단위를 생산하였을 때 추가되는 비용(한계비용)은 90,000원이다. 이것은 (8)열에 표시되어 있는데 2번째 단위의 한계비용은 80,000원(=270,000−190,000)이며, 3번째 단위의 한계비용은 70,000원(=340,000−270,000)이다. 생산량이 10단위에 이를 때까지의 한계비용이 (8)열에 나타나 있다.

한계비용은 총가변비용을 표시한 (3)열에서도 구할 수 있다. 총고정비용(100,000원)

은 항상 동일한 값을 가지므로 총비용의 변화는 총가변비용의 변화에서 발생한다. 따라서 총가변비용의 변화가 총비용의 변화와 같으므로 총가변비용의 변화로 한계비용을 계산할 수 있다.

**한계적 결정** 한계비용은 기업이 직접 그리고 즉각 통제할 수 있다. 한계비용은 마지막 1단위의 생산으로 인해 발생하는 비용이다. 따라서 마지막 1단위를 생산하지 않으면 한계비용만큼 비용을 '절약'할 수 있다. 그러나 평균비용은 이런 정보를 제공하지 않는다. 예를 들어, 기업이 3단위 혹은 4단위를 생산할지 망설인다고 하자. 그림 6.3의 표를 보면 4단위를 생산할 때 ATC는 100,000원이다. 그러나 100,000원은 기업이 4번째 단위를 생산할 때 증가하는 비용이 아니며, 4번째 단위를 생산하지 않았을 때 절약되는 비용도 아니다. 한계비용만이 이를 나타내는데 그림 6.3의 (8)열에서 볼 수 있듯이 4번째 단위의 생산으로 증가하는 비용은 60,000원이다.

기업의 생산량 결정은 대부분 한계적 결정, 즉 지금보다 더 생산할 것인가 아니면 덜 생산할 것인지에 대한 결정이다. 한계비용은 생산을 하나 더하거나 덜할 때 발생하는 비용의 변화분이다. 제7장에서 한계수입을 다룰 것인데 이것은 생산을 1단위 증가 혹은 감소시킬 때 발생하는 수입의 변화를 나타낸다. 기업은 한계비용을 한계수입과 비교하

## 분석의 응용

### 원유 가격의 상승

원유의 수요와 공급이 변하여 원유 가격이 급등할 때가 있다. 휘발유를 비롯하여 많은 에너지가 원유에서 얻어진다. 특히 상용차를 비롯한 거의 모든 자동차가 휘발유를 사용하므로 원유 가격이 상승하면 기업의 단기 가변비용, 한계비용 그리고 평균비용이 증가하게 된다. 앞의 분석으로 표현하자면 원유가격의 상승으로 기업의 생산비용이 증가하면 기업의 AVC, MC, ATC 곡선이 위로 이동하게 된다.

어느 정도 이동하느냐는 가변 요소인 휘발유가 개별 기업의 생산과정에 어느 정도 사용 되느냐에 달려 있다. 택배회사는 자동차를 많이 이용하므로 곡선들이 많이 이동할 것이고 이것은 항공류를 많이 소비하는 대한항공 같은 항공사도 마찬가지다. 소프트웨어 회사는 주로 인터넷을 통해 제품을 판매하므로 곡선들의 이동은 상대적으로 작을 것이다.

**질문**

휘발유 가격의 상승은 택배회사의 비용을 상승시킨다. 이것이 판매상품을 택배로 배달하는 홈쇼핑 판매회사의 비용에는 어떤 영향을 줄까?

## 지구촌 전망 6.1

### 제조업 생산비용의 상대지수(2018)

제조업의 단위 생산비용은 국가마다 크게 다르다. 아래의 그림에서 미국의 제조업비용을 100으로 하여 각국 제조업의 평균비용을 상대지수로 표시하였다. 예를 들어 스위스는 미국에 비해 제조업의 평균생산 비용이 20% 높다. 이에 비하여 인도네시아는 미국에 비하여 18% 낮다.

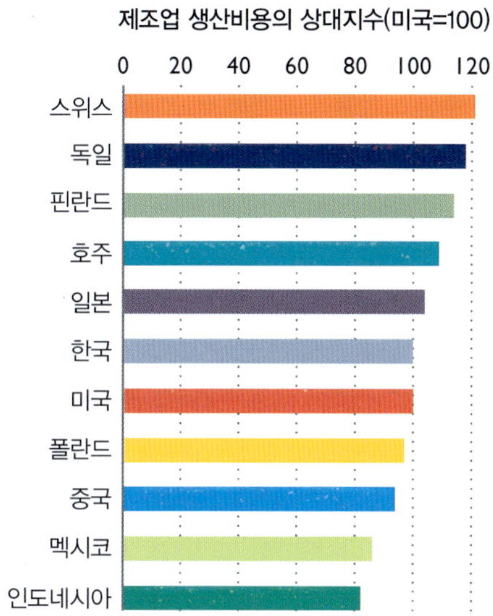


자료: Boston Cosulting Group

여 어디에서 생산하는 게 이익인지를 판단하게 된다. 다음의 3개 장들은 이러한 한계적 결정에 초점을 맞출 것이다.

**그래프의 모양** 한계비용의 그래프는 그림 6.3에 표시되어 있다. 한계비용은 처음에 급격히 감소한 다음 최솟점에 도달하고 그 후 비교적 빠르게 증가한다. 이러한 추세는 가변비용과 총비용이 처음에는 체감하고 그 후에는 체증한다는 점을 반영하고 있다.

**MC와 AVC, ATC의 관계** 그림 6.3을 보면 한계비용곡선이 AVC 곡선과 ATC 곡선의 최저점을 모두 지난다. 앞에서 지적하였듯이 한계와 평균의 관계는 수학적으로 보면 당연하다. 총비용에 추가되는 비용(한계비용)이 현재의 평균총비용보다 작으면 ATC는 하락한다. 반대로 한계비용이 ATC보다 크면 ATC는 증가한다. 그래서 그림 6.3에서 볼 수 있듯이 MC가 ATC보다 아래에 위치하면 ATC는 하락하고 MC가 ATC보다 위에 위치하면 ATC는 증가한다. 그리고 MC가 ATC와 같아지면 ATC는 하락을 멈추지만, 그렇다고 상승하는 것도 아니다. 이 점은 최저치의 정의에 부합하는 것이어서 ATC 곡선의 최저점이라고 할 수 있다. ATC 곡선의 최저점에서 한계비용은 평균총비용과 같아지며, 한계비용곡선이 평균총비용곡선을 교차하는 점이 된다.

한계비용은 생산의 1단위 증가에 따른 총비용의 증가뿐 아니라 총가변비용의 증가로도 정의될 수 있다고 지적한 바 있다. 이 때문에 MC와 ATC의 관계는 MC와 AVC와의 관계에도 마찬가지로 적용된다. 즉, MC 곡선은 AVC의 최저점과도 교차하는 것이다. 이런 관계는 한계비용곡선과 평균고정비용곡선 사이에는 존재하지 않는다. 한계비용은 생산에 따라 변동하는 비용들만을 포함하며, 고정비용은 정의에 의해 생산량과 관련이 없는 비용이므로 한계비용은 고정비용과 전혀 무관하기 때문이다.

## 장기 생산비용

장기가 되면 산업이나 개별기업은 모든 생산요소를 원하는 만큼 조정할 수 있다. 즉 모든 생산요소의 투입량을 변경시킬 수 있다. 기업은 생산설비의 규모를 변경시킬 수 있어서 그림 6.2나 6.3에서 가정하였던 생산설비보다 크게 하거나 작게 할 수 있다. 산업도 전체적인 생산능력의 규모를 변경시킬 수 있다. 장기라는 충분한 시간이 주어지면 산업에 새로운 기업이 진입할 수 있고 기존의 기업들이 퇴출될 수 있다. 기업들이 산업에 진입하거나 퇴출될 때 나타나는 효과는 다음 장에서 분석할 것이다. 여기서는 개별기업을 중심으로 기업의 생산능력이 어떻게 변하는지만 살펴볼 것이다. 장기에는 모든 생산요소와 비용이 가변적이므로 고정비용과 가변비용의 구분이 불필요하다. 그래서 평균총비용을 살펴보는 것으로 분석을 시작하자.

### 기업의 규모와 비용

소규모 생산설비를 갖춘 기업이 사업에 성공하여 생산설비를 계속 증설하여 생산능력을 증가시킨다고 하자. 그러면 평균총비용은 어떻게 될까? '한동안'은 생산설비의 증가에 따라 평균총비용이 하락하겠지만, 생산설비를 계속 증가시키다 보면 마침내 평균총비용은 상승하게 된다.

그림 6.4는 생산설비를 5단계로 나누어 증가시킬 때의 상황을 나타낸다. ATC-1은 생산설비가 가장 적을 때의 단기 평균총비용곡선이며 ATC-5는 생산설비가 가장 클 때의 단기 평균총비용곡선이다. 생산설비가 3단계에 이를 때까지는 생산설비가 증가하면 평균총비용의 최소치는 하락한다. 그러나 이보다 생산설비가 커지면 평균총비용의 최

**그림 6.4 장기 평균총비용곡선: 5단계의 생산설비**

장기 평균총비용곡선은 단기 평균총비용곡선(ATC-1, ATC-2 등)의 일부를 연결한 것이다. 즉, 평균총비용 곡선들의 최저구간을 연결한 것으로 나타난다. 기업은 생산설비의 규모를 원하는 만큼 바꿀 수 있어서 장기 평균총비용곡선 위의 각 점은 특정생산량에 따른 단위생산비용의 최저치를 나타낸다.

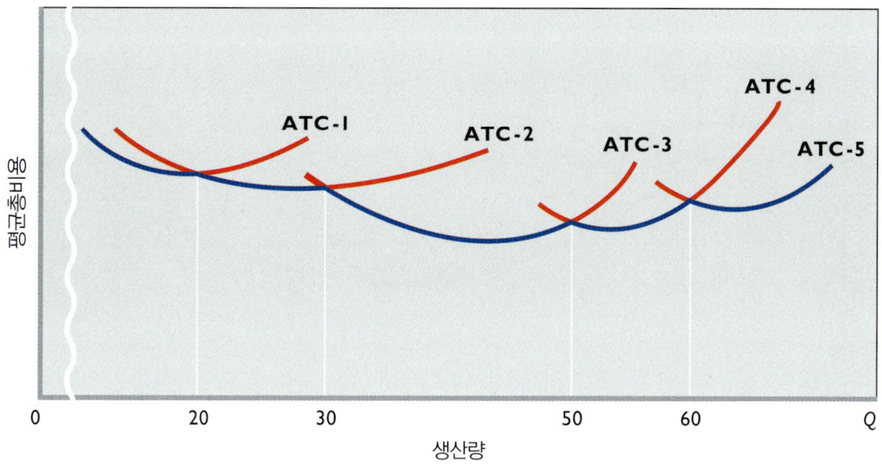


소치는 상승한다.

## 장기 비용곡선

그림 6.4에 표시된 수직선들은 기업이 생산설비의 규모를 변경해야 하는 경계점을 나타낸다. 이 생산량보다 많이 생산하면서 이전의 생산설비 때보다 단위 생산비용을 낮추려면 생산설비를 늘려야 한다. 생산량이 20단위에 이를 때까지는 생산설비가 1단계일 때 평균총비용이 가장 낮다. 그러나 생산량이 20단위를 초과하고 30단위 미만이면 생산설비를 2단계로 확장해야 단위 생산비용이 낮아진다. 생산량의 증가로 총비용은 커지겠지만, 단위 생산비용은 낮아진다. 생산량이 30단위와 50단위 사이이면 생산설비의 규모가 3단계일 때 평균총비용이 가장 낮다. 생산량이 50단위와 60단위 사이이면 기업은 4단계의 생산설비로 증설해야 단위당 생산비용을 가장 낮출 수 있다. 생산량이 60단위를 초과하면 평균총비용을 낮추기 위해서는 생산설비를 5단계로 늘려야 한다.

이러한 생산설비의 조정과정을 살펴보면 장기 평균총비용곡선은 여러 규모의 생산설비에서 발생하는 단기 평균총비용곡선들의 일부를 연결한 것임을 알 수 있다. 장기 평균총비용곡선은 기업의 생산설비 규모 조정을 통해 가장 낮은 단위비용으로 생산하였을 때의 평균총비용을 나타내고 있다. 그림 6.4에서 파란색의 볼록볼록한 곡선이 기업의 장기 평균총비용곡선이라고 하며, 이를 기업의 설비계획곡선이라고도 한다.

**그림 6.5 장기 평균총비용곡선: 생산설비의 선택이 무한정할 때**

선택 가능한 생산설비의 규모가 무한정하면 장기 평균총비용곡선은 매끄러운 곡선에 가까운 형태가 된다. 규모의 경제 이후에 규모의 불경제가 발생하므로 곡선의 모양은 U자형이 된다.

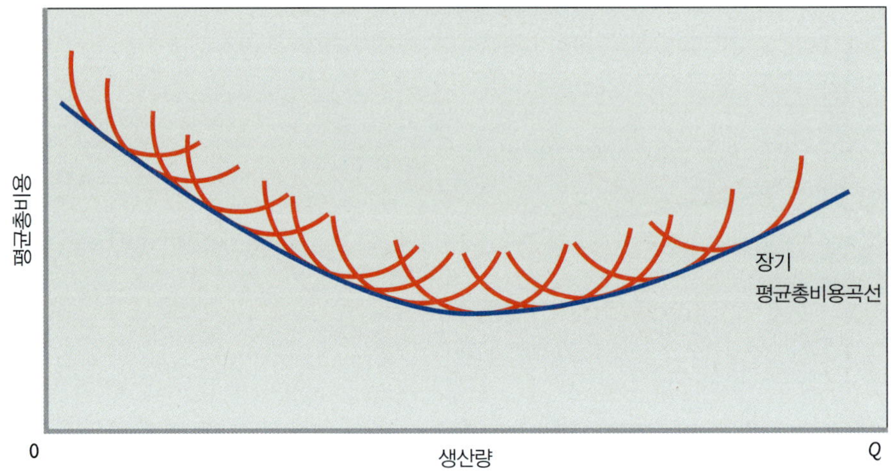


대부분의 생산라인에서 설비규모의 선택 범위는 위의 사례보다 훨씬 넓다. 많은 산업에서 신택 가능한 생산설비의 규모는 거의 제한이 없으며, 그래서 아주 작은 생산량의 변화에도 생산설비의 규모가 달라질 수 있다. 이것을 그래프로 설명하면 그림 6.5에서 볼 수 있듯이 단기 평균총비용곡선이 무수히 존재하며, 각 생산량을 가장 낮은 단위비용으로 생산하는 평균총비용곡선은 각각 존재할 수 있게 된다. 그러면 장기 평균총비용곡선은 그림 6.4에서처럼 단기 평균총비용 곡선의 일부를 연결하기보다 무수히 존재하는 단기 평균총비용곡선의 접점들을 연결하는 형태가 된다. 따라서 장기 평균총비용곡선(설비 계획곡선)은 울퉁불퉁하기보다 매끄러운 형태가 된다. 이 곡선 위의 각점은 각 수량을 생산할 때 장기 평균총비용이 최소가 되는 점을 나타낸다.

## 규모의 경제와 규모의 불경제

생산설비의 규모가 커지면 '한동안' 단위 생산비용이 낮아지지만, 일정수준을 넘어서면 생산설비의 증가에 따라 평균총비용이 상승하는 것으로 가정하였다. 즉, 장기의 평균총비용 곡선이 U자 형태라고 가정하였다. 왜 그렇게 되는 것일까? U자 형태인 이유는 규모의 경제와 규모의 불경제가 각각 작용한 때문인데 이를 잠깐 설명해 보자. 먼저 장기 평균총비용곡선이 U자 형태인 것은 생산요소의 가격이 상승하거나 수확체감의 법칙이 작용하였기 때문이 아니라는 점을 이해해야 한다. 첫째, 장기 평균총비용을 논의하면서 생산요소의 가격이 일정하다고 가정하고 있기 때문이다. 둘째, 수확체감의 법칙은 장기에는 적용되지 않기 때문이다. 수확체감의 법칙은 어떤 생산요소가 고정된 상황에만 작용한다. 그러나 '장기'에 대한 정의에 따르면 모든 생산요소와 요소 투입은 가변적이어서 수확체감이 작용하지 않는다.

**규모의 경제** **규모의 경제**, 즉 대량생산에 따른 비용 측면의 이점은 그림 6.6의 그래프 (a), (b), (c)에서 장기 평균총비용곡선이 하락하는 부분을 설명해 준다. 생산설비의 규모가 커지면 다음과 같은 몇 가지 요인들로 인해 한동안 평균총비용이 하락한다.

규모의 경제
생산설비의 규모가 커지면서 평균 생산 비용이 하락하는 경우

**노동의 전문화** 생산설비의 규모가 커질수록 노동의 전문화는 증가한다. 근로자의 고용이 증가하면 업무가 세분화될 수 있다. 한 사람이 여러 업무를 수행하는 대신 하나의 업무에만 전념할 수 있다. 자신의 재능에 부합한 업무에 모든 시간을 집중할 수 있는 것이다. 이에 비해 소규모 공장에서는 숙련된 기술자라도 기술이 불필요한 업무처리에 많은 시간을 보내게 된다. 그래서 규모가 작으면 생산비용이 상승한다.

게다가 업무가 세분화하면 근로자의 숙련도가 증가한다. 여러 업무를 처리하는 '다재다능한 사람'은 어느 업무에도 효율적이지 못할 수 있다. 한 업무에 집중하다 보면 동일한 근로자라도 예전보다 효율적으로 변한다. 끝으로 노동이 전문화될수록 한 업무를 하다가 다른 업무로 이동할 때 발생하는 시간의 낭비도 줄어든다.

**관리의 전문화** 대규모 생산이 이루어지면 인력관리 등을 개선할 수 있으며, 경영을 전문화할 수 있다. 20명의 인력을 관리할 수 있는 감독자가 10명만 고용된 작은 공장에서 일하게 되면 그의 능력을 제대로 발휘할 수 없다. 생산규모가 커져 생산 인력이 2배로 늘게 되면 감독관을 추가 고용할 필요가 없어서 단위생산 비용이 줄어들게 된다.

그리고 소규모 기업은 경영전문가의 장점을 전부 이용할 수 없다. 예를 들면, 소규모 공장에 채용된 영업 전문가는 자신의 전문 영역 밖의 업무인 회계, 인사, 재무 등을 담당해야 할 때가 있다. 사업규모가 커지면 이 전문가는 영업에 전념하고 다른 전문가들이 나머지 관리업무를 담당할 것이다. 그 결과 효율성이 높아지고 단위 생산비용은 낮아지게 된다.

**효율적 자본설비 규모** 대부분의 소규모 기업들은 가장 효율적인 장비를 구입할 여력이 없다. 이러한 장비는 대부분 대규모 세트로 제공되며, 아주 고가이기도 하다. 나아가 이들 장비를 효과적으로 사용하려면 생산수량이 매우 많아야 한다. 그래서 대규모 생산자만이 이를 효과적으로 사용할 수 있다.

**그림 6.6 여러 형태의 장기 평균총비용곡선**

(a)에서는 생산설비의 규모가 커지면서 규모의 경제가 비교적 빠르게 실현되고 규모의 불경제는 생산량이 크게 증가해야 나타난다. 따라서 장기 평균총비용이 일정하게 유지되는 생산량의 범위가 넓다. (b)에서는 규모의 경제가 계속 실현되다가 생산량이 아주 커지고 나서야 규모의 불경제가 발생한다. 따라서 평균총비용이 하락하는 생산량의 범위가 넓다. (c)에서는 규모의 경제가 빠르게 실현되고 곧바로 규모의 불경제가 발생한다. 평균총비용이 최저가 되는 생산량의 범위가 비교적 작다.

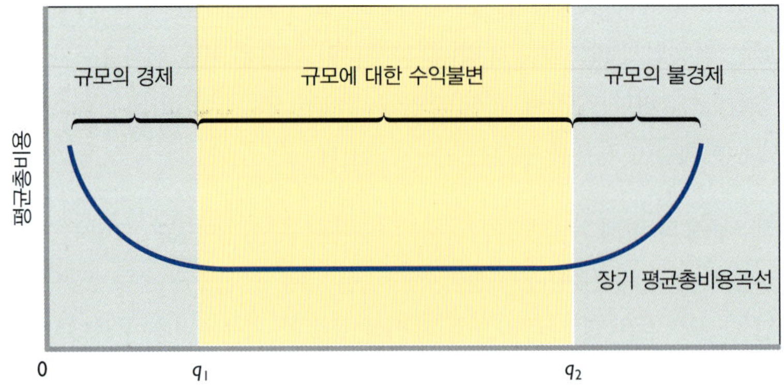

(a)

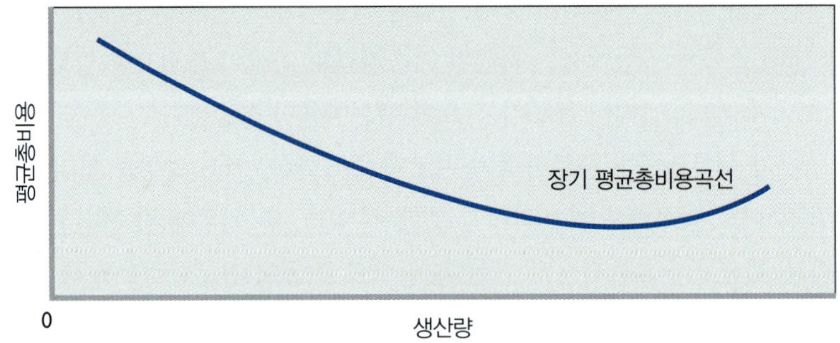

(b)

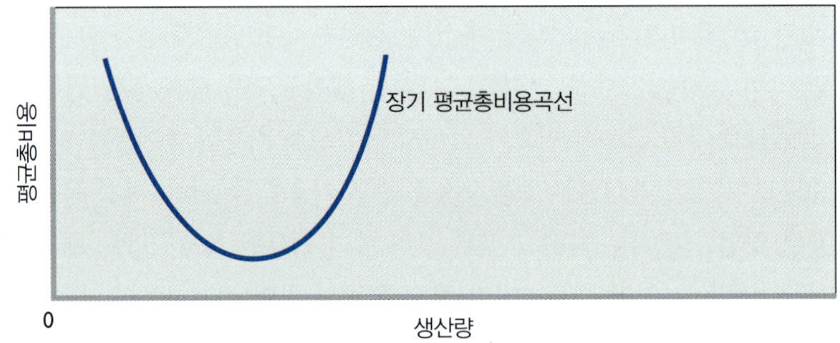

(c)

자동차 산업에서 가장 효율적인 생산 방법은 로봇을 이용하는 등 조립라인에 정밀장비를 설치하는 것이다. 이러한 장비를 효과적으로 사용하려면 연간 자동차 생산량이 20만 대에서 40만 대 정도는 되어야 한다. 대규모 자동차회사만이 이런 장비들을 구매할 수 있으며, 이를 효율적으로 사용할 수 있다. 그래서 소규모 생산자들은 딜레마에 빠지

## 규모의 경제

자동차 산업에서 규모의 경제는 크게 작용한다. 생산에 필요한 자본재가 대규모이며 고가이다. 그리고 근로자도 고도로 전문화된 많은 작업을 수행한다. 열쇠복제 산업에서 규모의 경제는 생산이 조금 증가하면 금방 사라진다. 조그만 점포에서 가능하며, 필요한 설비도 소규모이며 저가이다. 대부분 한 사람의 근로자가 이 사업에 필요한 모든 일을 행한다. 수백 명이 일하는 열쇠복제 공장을 설립하더라도 비용의 이점은 거의 나타나지 않는다.

ⓒRainerPlendl/Getty Images RF

ⓒImage Source RF

## 분석의 응용

### 대용량 프레스 기계

1996년 시카고에 위치한 미국 기업(Verson)은 16미터 높이의 금속프레스 기계를 개발하였다. 크기는 웬만한 빌딩의 높이였고 무게는 기관차 12대의 중량과 같았다. 이 기계는 3천만 달러의 고가인데 철판을 자르고 눌러서 자동차 부품을 만드는 데 사용되었다. 그때까지 8시간 걸리던 프레스 작업을 단 5분 만에 끝낼 수 있었다. 기계 하나로 일 년에 5백만 개의 자동차 부품을 만들 수 있었다. 따라서 자동차 제조회사가 이 기계를 사용하여 비용을 절감하려면 5백만 개의 부품을 사용할 만큼의 자동차를 생산해야 한다. 대규모 기업만이 이러한 장비를 사용하여 비용을 절약할 수 있어서 규모의 경제를 실현할 수 있다.

**질문**

몇 개의 대용량 기계만으로 수백만 개의 주요 부품을 생산하는 데 따른 문제는 없을까?

게 된다. 일반 장비를 사용하는 것은 비효율적이어서 단위당 생산비용이 높다. 그렇다고 대규모 제조업체가 사용하는 장비를 구입하면 이를 제대로 활용할 수 없어서 단위당 비용이 높아진다. 장비구입 비용은 막대한데 이러한 고정비용을 대규모 생산으로 분산시킬 수 없으므로 소규모 생산자들의 단위 생산비용은 여전히 높을 수밖에 없는 것이다.

**다른 요인들** 제품을 생산하자면 디자인비용이나 개발비용을 비롯하여 '창업'비용도 필요하다. 이런 비용들은 생산량과 무관한 고정비용인데 생산량이 증가하면 이들의 평균비용이 감소한다. 광고비용도 마찬가지다. 자동차, 컴퓨터, 화장품, 세탁세제 등의 생산량이 증가할수록 단위당 평균광고비용은 감소한다. 그리고 생산량과 판매량이 커지면 생산 및 영업에 대한 전문지식도 늘어난다. 이러한 학습효과도 규모의 경제에 기여한다.

이러한 여러 요인들로 인해 생산설비의 규모가 확대되면 기업의 평균총비용이 낮아진다. 규모의 경제가 작용하면 모든 생산요소가 10% 동일하게 증가하였을 때 생산량은 예를 들어 20%, 즉 그 이상의 비율로 증가한다. 그 결과 평균총비용이 하락한다.

대부분 국가의 제조업에서 규모의 경제는 대단히 중요하게 작용한다. 한국의 기업도 국내시장의 판매만을 고려하여 생산하였다면 규모의 경제를 실현하기 어려웠을 것이다. 그러나 산업화 초기부터 수출시장을 적극 개척하였고 따라서 처음부터 대규모 생산설비를 갖추게 되어 규모의 경제를 실현할 수 있었다. 포스코는 처음 건설될 때 비록 어려움은 있었지만, 국제적인 경쟁력을 갖출 만큼 대규모로 건설된 것은 잘 알려져 있다. 이를 통해 규모의 경제를 실현할 수 있어서 대규모 설비를 갖춘 선진국의 기업과 경쟁할 수 있었던 것이다. 규모의 경제를 실현하기 위해 생산설비를 계속 확장한 기업들은 존속하며 번영하고 있지만, 그렇지 못한 기업 들은 고비용으로 인해 생존을 걱정하는 처지에 놓이게 되었다.

규모의 불경제

생산설비의 규모가 커지면서 평균 생산 비용이 높아지는 경우

**규모의 불경제** 기업의 확장이 일정 단계에 이르면 **규모의 불경제**가 나타나 평균총비용이 높아진다.

규모의 불경제가 발생하는 것은 규모의 확대에 따라 기업 활동을 효율적으로 조정하거나 통제하기가 어려워지기 때문이다. 생산설비가 소규모이면 경영의 핵심책임자가 1명에 불과하더라도 그는 설비운영에 대한 모든 기본사항을 결정할 수 있다. 기업 규모가 작으면 경영자는 생산라인을 가까이에서 살펴볼 수 있는데, 그래서 효율적인 의사결정을 할 수 있다. 생산설비가 소규모라서 의사결정에 필요한 정보량이 상대적으로 적기 때문이다.

이러한 상황은 기업이 커지면서 변한다. 기업의 규모가 커지면 한 사람이 모든 정보를 수집하고 분석하여 이해할 수 없다. 권한이 부사장, 전무, 상무 등에 위임되어야 한다. 이처럼 의사결정 구조가 확대되면 부서 간 의사소통과 협력에 문제가 발생하며, 관료주의적 결제 절차가 등장하여 의사결정의 조정이 쉽지 않다. 그럼에도 이들 임원들에게 봉급을 지급해야 한다. 따라서 관료주의적 의사결정체계가 일정수준을 넘어서면 의사결정 및 이의 집행에 효율성이 떨어지고 이에 따라 평균총비용도 증가하게 된다.

또한 대량 생산설비를 갖춘 기업의 근로자들은 고용주로부터 소외감을 느끼고 효율적으로 작업하려고 하지 않는다. 작업에 열중하지 않고 한눈을 파는 근무태만은 작은 공장보다 큰 공장에서 많이 발생한다. 근로자들의 소외나 근무태만을 줄이려면 감독자의 수를 늘려야 하는데 그렇게 되면 비용이 증가하게 된다.

규모의 불경제가 작동하게 되면 모든 생산요소가 10% 증가하였을 때 생산량은 그보다 적은, 예를 들어 5% 정도 증가한다. 그래서 평균총비용은 증가한다. 그림 6.6에서 장기평균총비용곡선이 증가하는 부분이 규모의 불경제에 해당된다.

**규모에 대한 수익불변** 일부 산업에서는 생산량이 상당히 증가하더라도 규모의 경제나 규모의 불경제가 나타나지 않을 수 있다. 즉, 장기평균비용이 변하지 않는 구간이 **규모에 대한 수익불변**에 해당한다. 그림 6.6(a)의 $q_1q_2$ 생산구간이 이를 보여준다. 이 구간에서는 모든 생산요소가 10% 증가하면 생산량은 10%, 같은 비율로 증가한다. 그래서 이 구간에서 평균총비용은 일정하다.

규모에 대한 수익불변

생산설비의 규모가 커지면서 평균 생산 비용이 변하지 않는 경우

## 최소효율규모와 산업구조

규모의 경제와 규모의 불경제는 산업구조를 결정하는 중요한 요인이다. 먼저 **최소효율규모**라는 개념을 살펴보자. 이것은 기업이 장기 평균비용을 최소화하기 위해 생산해야 하는 최소의 생산수준을 말한다. 그림 6.6(a)에서 $q_1$의 생산량이 이에 해당한다. 규모에 대한 수익불변을 보이는 생산구간이 넓으면 기업이 생산을 상당히 확대하더라도 여전히 장기 평균비용의 최솟점에서 생산할 수 있다. 구체적으로 $q_1$에서 $q_2$ 생산구간에서 기업의 효율성은 동일하다. 따라서 이러한 산업에 속한 기업들의 규모는 다양하다. 의류, 금융업, 가구, 목제품, 스노보드, 식품가공, 소형가전 등의 산업이 여기에 해당된다. 규모에 대한 수익불변을 보이는 생산구간이 넓기 때문에 대기업이나 중소기업이 서로 공존하면서 이익을 낼 수 있다.

최소효율규모

장기 평균비용을 최소화하기 위해 생산해야 하는 최소의 생산수준

이것과 대조적인 것이 그림 6.6(b)이다. 그림 6.6(b)에서는 생산이 상당히 증가하더라도 여전히 규모의 경제가 실현되며, 생산이 아주 크게 증가하여야 규모의 불경제가

## 분석의 응용

### 항공기 제작회사와 레미콘 공장

미국에서 대형 민간 항공기를 생산하는 공장은 2군데인데 이를 모두 보잉사가 소유하고 있다. 그런데 레미콘을 생산하는 공장은 수천 개로 이를 몇백 개의 기업이 소유하고 있다. 이러한 차이가 나타나는 이유는 무엇일까? 간단히 답하자면 두 산업의 최소효율규모가 근본적으로 다르다는 것이다. 왜 그럴까? 첫째, 대형 민간 항공기의 조립은 규모가 크게 증가하더라도 규모의 경제가 여전히 실현되지만, 레미콘은 규모가 조금 증가하면 규모의 경제가 금방 끝나버린다. 항공기의 제작은 복잡한 과정으로 엄청난 설비, 수천 명의 인력, 고가의 정밀기계 등이 필요하다. 그래서 생산규모가 엄청나게 커지더라도 규모의 경제가 여전히 작용한다. 그러나 레미콘의 생산은 시멘트, 모래, 자갈, 물을 혼합하는 데 필요한 몇 명의 근로자와 값싼 장비만 있으면 가능하다. 그래서 규모의 경제는 비교적 작은 생산규모에서 끝나고 만다.

둘째, 지리적 시장의 크기가 아주 다르다. 민간 항공기는 세계시장을 겨냥해 생산되며 세계 어느 곳이든 새로 제작한 항공기를 비행시켜 배달할 수 있다. 이에 비해 레미콘의 지리적 시장은 공장에서 반경 약 80km 이내여야 굳기 전에 배달할 수 있다. 그래서 수천 개의 소규모 레미콘 공장이 고객들이 있는 수백 개의 크고 작은 도시 주변에 산재해 있는 것이다.

**질문**

포틀랜드 시멘트 산업의 최소효율규모는 레미콘 산업의 최소효율규모보다 크다. 그 이유는 무엇이라 고 생각하는가?

나타난다. 장기평균총비용이 이러한 형태인 산업은 자동차, 알루미늄, 철강 등을 비롯한 중공업이다. 정보기술과 관련된 신산업, 예를 들어 컴퓨터 마이크로칩, OS 소프트웨어, 인터넷 서비스 산업 등도 이러한 유형에 속한다. 이러한 산업에서는 대규모 생산설비를 갖춘 소수의 대기업만이 효율적인 생산수준을 유지할 수 있다. 중소기업들은 최소효율규모를 유지할 수 없어서 대기업과 경쟁할 수 없다.

그림 6.6(c)에서는 생산을 조금만 하더라도 규모의 경제가 끝나고 금방 규모의 불경제가 나타난다. 즉, 생산을 조금만 하더라도 최소효율규모에 도달하고 있다. 이런 산업에서는 소비자 수요가 크지 않더라도 수많은 중소기업들이 존재하게 된다. 소매업이나 일부 농업을 비롯하여 제빵, 맞춤 양복점, 제화업 등의 경공업이 여기에 해당된다. 이런 산업에 대기업이 진입하더라도 중소기업들이 대기업보다 불리하다고 할 수는 없는 것이다.

요점은 장기평균총비용곡선의 모양이 생산기술 및 이에 따른 규모의 경제와 규모의 불경제에 의해 결정된다는 것이다. 그리고 장기 평균총비용곡선의 모양에 따라 산업에 존재하게 되는 기업의 수가 결정된다는 것이다. 즉, 다수의 중소기업이 존재할지 아니면 소수의 대기업이 존재할지 아니면 대기업과 중소기업이 공존할지의 여부가 결정된다는 것이다. 물론 산업구조가 비용조건에 의해서만 결정되는 것은 아니다. 산업구조를 설명하려면 비용조건만이 아니라 정부정책, 지리적 시장규모, 경영전략과 기법 등 다른 요인들도 함께 고려해야만 한다.

# 요약

**1.** 명시적 비용과 묵시적 비용

재화나 서비스를 생산하기 위하여 자원을 사용하였을 때 발생하는 경제적 비용이란 그 자원이 차선의 용도에 사용되었을 때 얻을 수 있었을 가치를 뜻한다. 경제적 비용은 명시적 비용과 묵시적 비용을 모두 포함한다. 명시적 비용이란 기업이 소유하지 않은 생산요소를 구입하기 위해 그 소유자에게 지불하는 금전적 대가를 말한다. 묵시적 비용이란 기업이 이미 소유하고 있는 생산요소를 생산에 사용할 때 발생하는 기회비용이다. 기업의 정상 이윤은 묵시적 비용에 속한다. 총수입이 총비용(명시적 비용 + 정상이윤을 포함한 묵시적 비용)보다 크면 기업은 경제적 이윤을 얻는다.

**2.** 기업의 단기 생산관계와 수익체감의 법칙

단기에는 기업의 생산설비가 고정되어 있다. 기업은 가변생산요소의 투입량을 변화시켜 기존 생산설비의 이용강도를 높이거나 낮출 수 있다. 그러나 생산설비의 생산능력을 변경시킬 수는 없다.

평균생산은 노동생산성이라고도 하는데 투입된 노동 한 단위당 산출량이다. 한계생산이란 가변 생산요소인 노동을 추가로 투입하였을 때 증가되는 산출량, 즉 추가 생산량이다. 고정된 생산설비에 노동이 추가되면 평균생산은 처음에는 증가하고 최대치에 도달한 이후에는 감소한다. 한계생산이 평균생산보다 많으면 평균생산은 증가하고 한계생산이 평균생산보다 적으면 평균생산은 감소한다. 따라서 한계생산이 평균생산의 최대치를 지난다.

수확체감의 법칙이란 자본이나 토지와 같은 고정된 생산요소에 노동과 같은 가변적 생산요소를 연속적으로 추가 투입할 때 투입량이 일정수준을 넘어서면 이들 가변적 생산요소의 한계생산이 감소한다는 것을 말한다.

**3.** 단기 생산비용의 유형

단기에는 가변 생산요소와 고정 생산요소가 존재하기 때문에 단기비용도 가변비용과 고정비용으로 나누어진다. 고정비용은 생산량이 변하더라도 변동하지 않는 비용을 말하며, 가변비용이란 생산량에 따라 변동하는 비용을 말한다. 총비용은 각 생산량에서 발생한 고정비용과 가변비용의 합이다.

평균고정비용, 평균가변비용, 평균총비용이란 단위당 고정비용, 단위당 가변비용, 단위당 총비용을 말한다. 평균고정비용은 생산량이 증가하면 총고정비용이 모든 생산량에 분산되기 때문에 생산량 증가에 따라 지속적으로 감소한다. 평균가변비용의 그래프는 수익체감의 법칙이 작용하여 U자 형태를 보인다. 평균총비용은 평균고정비용과 평균가변비용을 더한 것으로 U자 형태의 그래프이다.

한계비용은 생산량을 1단위 더 늘리는 데 들어가는 추가적인 비용이다. 이것은 생산을 1단위 늘리거나 줄일 때 나타나는 총비용의 변화 또는 가변비용의 변화와 같다. 한계비용곡선의 그래프는 평균총비용 곡선과 평균가변비용 곡선의 최저점을 통과한다.

생산요소의 가격이 하락하거나 기술진보가 일어나면 비용곡선은 아래로 이동하고 생산요소의 가격이 상승하면 위로 이동한다.

**4.** 규모의 경제와 기업의 장기평균비용곡선

장기란 산업이나 개별기업이 생산설비를 포함한 모든 생산요소를 원하는 만큼 조정할 수 있는 기간이다. 장기에서 모든 비용은 가변적이다. 장기 평균총비용곡선(설비 계획곡선)은 단기 평균총비용곡선들의 일부를 연결한 것으로 장기에서 가장 낮은 단위비용으로 생산할 수 있는 생산설비의 규모를 보여준다.

장기의 평균총비용곡선은 보통 U자 형태이다. 기업의 생산규모가 커지면 처음에는 규모의 경제가 작용한다. 규모의 경제는 노동과 관리의 전문화, 효율적 자본설비 규모, 창업비용의 분산 등을 통해 달성된다. 기업의 생산규모가 계속 커지면 결국 규모의 불경제가 나타난다. 규모의 확대에 따라 기업 활동을 효율적으로 조정하거나 통제하기가 어려워지기 때문이다. 산업에 따라 규모의 경제와 규모의 불경제가 나타나는 생산의 범위가 다른데 이것이 산업구조를 결정하는 중요한 요인이다.

기업의 최소효율규모란 기업이 장기평균비용을 최소화하기 위해 생산해야 하는 최소의 생산수준을 말한다. 최소효율규모가 작은 산업은 다수의 기업이 존재할 수 있다. 최소효율규모가 매우 큰 산업은 장기적으로 소수의 기업만이 존재하게 된다.

**5.** 단기비용, 규모의 경제, 최소효율규모 등의 사례

원유 가격이 상승하면 생산 과정에 항공유를 사용하는 대한항공 같은 항공사의 평균가변비용, 평균 총비용, 한계비용 곡선이 위로 이동한다. 자동차나 항공기 제작회사는 상당한 정도로 규모의 경제를 실현하고 있다. 이들 산업은 대규모 생산설비를 갖추고 있으며, 수천 명의 근로자들이 고가의 전문 장비를 사용하여 생산한다. 레미콘 업체는 몇 명의 근로자와 값싼 장비만을 가지고 생산한다. 그래서 규모의 경제는 비교적 작은 생산규모에서 끝나고 만다.

## 주요 용어 및 개념

가변비용
경제적 비용
경제적 이윤
고정비용
규모에 대한 수익불변
규모의 경제
규모의 불경제
단기
명시적 비용
묵시적 비용
생산 1단위당 노동비용(단위노동비용)
수확체감의 법칙
장기
정상 이윤
총비용
총생산
최소효율규모
평균가변비용
평균고정비용
평균생산
평균총비용
한계비용
한계생산
한계생산과 평균생산의 관계
회계 이윤

## 연습문제

**1.** 다음에서 기업의 생산비용에 포함되지 않는 것은?
① 기업이 차입한 자금의 이자
② 기업이 고용한 근로자의 임금
③ 기업이 빌린 컴퓨터의 리스 비용
④ 기업이 보유한 현금의 기회비용
⑤ 기업이 소유한 토지의 재산세

**2.** 단기 비용과 수입에 대한 다음의 설명에서 틀린 것은?
① 평균비용이 증가하면 한계비용은 증가한다.
② 한계비용이 평균비용보다 크면 평균비용은 증가한다.
③ 한계수입이 0이면 총수입이 극대가 된다.
④ 평균수입이 한계수입보다 크면 평균수입은 감소한다.
⑤ 평균비용이 한계비용이 같을 때 평균비용은 최소가 된다.

**3.** 수확체감의 법칙과 관련성이 적은 것은?
① 최소한 하나의 생산요소는 고정되어 있다.
② 가변 생산요소의 투입을 증가시키면 한계생산이 일정하다.
③ 결국 총생산이 감소하게 된다.
④ 수확체감의 법칙이 작용하지 않으면 화분 하나로 인류를 먹여 살릴 수 있다.
⑤ 추가되는 생산요소의 기술이 동일하더라도 수확체감이 나타난다.

**4.** 다음에서 가변비용이라고 하기 어려운 것은?
① 임금 ② 운송료
③ 채권이자 ④ 판매세
⑤ 전기요금

**5.** 다음에서 기업의 한계비용곡선을 위로 이동시키는 요인은?

| | |
|---|---|
| 가. 기업 재산세의 증가 | 나. 명목임금의 상승 |
| 다. 전기요금의 인상 | 라. 공장보험료의 인상 |
| 마. 공장의 화재 발생 | |

① 가, 다　② 나, 다
③ 가, 나, 다　④ 가, 다, 마
⑤ 나, 다, 마

**6.** 기업의 최소효율규모를 잘못 설명한 것은?
① 최소효율규모가 적으면 산업 구조는 경쟁적이 된다.
② 최소효율규모가 시장 수요보다 크면 자연독점이 된다.
③ 생산이 증가하더라도 최소효율규모가 일정하면 대기업과 중소기업이 공존할 수 있다.
④ 규모의 불경제가 존재하면 최소 효율규모는 커진다.
⑤ 규모의 경제가 존재하면 대기업이 유리하다.

**7.** 공장규모에 따른 평균총비용의 그래프가 아래처럼 주어져 있다. ACT1, ACT2 등은 공장규모가 1, 2일 때의 평균총비용곡선을 의미한다.

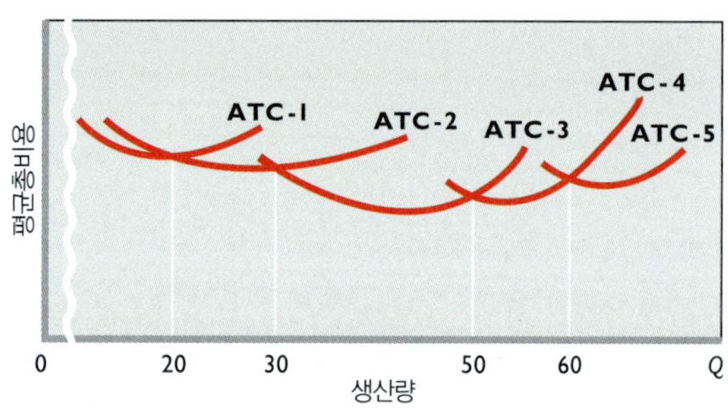


(1) 공장규모가 3에 이르기까지 이 기업의 생산은 규모에 대해 어떤 특성을 보이고 있는 가?
(2) 생산량이 40이라면 이 기업은 장기적으로 어떤 생산규모를 택할 것인가?
(3) 이 기업의 장기평균총비용 곡선을 나타내시오.

**8.** 기업의 고정비용은 100만 원이고, 총가변비용은 다음의 표로 주어져 있다.

| 생산량 | 총가변비용(만원) |
|---|---|
| 0 | 0 |
| 1 | 45 |
| 2 | 85 |
| 3 | 120 |
| 4 | 150 |
| 5 | 185 |
| 6 | 225 |
| 7 | 270 |
| 8 | 325 |
| 9 | 390 |
| 10 | 465 |

(1) 평균총비용이 최소가 되는 생산량을 구하시오.
(2) 생산량을 어디에서 증가시킬 때 한계비용이 최소가 되는가?
(3) 평균가변비용이 최소일 때의 생산량에서 생산을 1단위 증가시키면 총비용은 얼마나 증가하는가?

**9.** 석기는 도자기 공장을 운영한다. 사원 한 사람을 1년 고용하는 데 2,000만 원을 지급하고 가게 임대료로 500만 원 그리고 원자재 구입비로 1,000만 원을 지불한다. 그리고 장비구입에 4천만 원을 투자하였는데 이 돈을 다른 곳에 투자하였다면 연 2백만 원의 수입을 얻을 수 있다. 그는 다른 경쟁업체에서 도공으로 일하면 연 3,000만 원을 주겠다는 제안을 받았다. 그는 자신의 기업가적 재능을 연 1천만 원의 가치가 있다고 여긴다. 일 년간의 도자기 판매수입은 1억 원이다. 도자기 회사의 회계 이윤과 경제적 이윤을 계산하시오.

**10.** 창고의 재고관리를 위해 직원과 휴대용 컴퓨터가 필요하다. 한 직원이 컴퓨터 1대를 쓰면 시간당 재고를 100개 관리한다. 두 사람이 컴퓨터 1대를 가지고 일하면 시간당 재고를 150개 관리한다. 세 사람이 컴퓨터 1대를 가지고 하면 시간당 재고를 160개 관리한다. 4명 이상의 직원이 컴퓨터 1대를 사용하면 시간당 재고관리는 160개 이하로 줄어든다. 컴퓨터의 비용은 대당 100,000원이며, 직원 한 사람에

게 시간당 25,000원을 주어야 한다. 재고 1단위의 관리비용을 최소화하려면 컴퓨터 1대당 직원 몇 명이 일해야 하는가?

**11.** 여러분은 일간신문의 발행인이다. 공장은 월 5억 원에 임대하였으며, 직원을 고용하는 데 월 10억 원을 지급하며 이 계약은 파기할 수 없다. 한계인쇄비용이 1부당 250원, 그리고 한계배달비용은 1부당 100원으로 일정하다. 신문의 월 판매부수가 80만 부일 때 손실을 보지 않기 위해서는 신문 한 부당 월 얼마를 받아야 하는가?

CHAPTER 07

# 순수경쟁

### 학습내용

1. 시장의 형태와 특징
2. 순수경쟁시장의 성립조건
3. 순수경쟁시장에서 기업의 이윤극대화
4. 경쟁기업의 공급곡선
5. 순수경쟁시장의 장기균형
6. 순수경쟁산업의 장기공급곡선
7. 순수경쟁시장의 장기균형과 효율성

---

기업은 수입과 비용을 분석하여 가격을 책정하고 생산량을 결정한다. 가격과 생산량 결정은 그 기업이 속한 산업의 특성에 따라 크게 좌우된다. 한쪽 끝에는 하나의 생산자가 시장 전체를 지배하고 있는 산업이 있고 반대쪽 끝에는 수천 개의 기업들이 시장을 아주 미세하게 차지하고 있는 산업이 있다. 이러한 양 극단 사이에 다양한 산업유형이 존재한다.

모든 산업을 하나씩 들여다볼 수 없기 때문에 시장구조를 4가지의 기본모형으로 나누어 살펴볼 것이다. 이러한 기본모형은 시장에 따라 가격, 생산량 그리고 이윤이 어떻게 결정되는지 깨닫게 해준다. 그리고 기본모형은 이들 시장의 효율성이나 비효율성을 평가하는 데 도움을 준다. 또한 특정 기업이나 산업과 관련된 공공정책, 예를 들어 반독점정책을 평가하는 데 기초를 제공한다.

## 4가지 시장모형

경제학자들은 다양한 산업을 4가지 시장구조로 구분한다. 즉, 순수경쟁, 독점적 경쟁, 과점 그리고 순수독점으로 나눈다. 이들 시장의 구분은 산업 내 기업의 숫자, 표준화된 상품 또는 차별화된 상품을 생산하는지의 여부 그리고 가격에 대한 지배력 등에 의해 나누어진다.

4가지 시장모형은 다음과 같은데 경쟁이 치열한 산업부터 순서대로 나열되어 있다.

- **순수경쟁시장**: 순수경쟁시장에는 수많은 기업들이 존재한다. 그리고 이들은 표준화된 상품을 생산한다. 표준화된 상품이란 쌀처럼 누가 생산하더라도 사실상 동일한 상품을 말한다. 또한 기업의 진입 · 퇴출이 쉽게 일어날 수 있다. 기업은 시장가격을 수용한다.
- **독점적 경쟁시장**: 이 시장의 특징은 상당히 많은 수의 공급자가 존재하지만, 의류, 가구, 책 등에서 볼 수 있듯이 차별화된 상품을 생산한다는 것이다. 이 시장에는 비가격 경쟁이 널리 퍼져 있다. 비가격경쟁이란 일종의 판매 전략으로 기업이 디자인

### 표준화된 상품과 차별화된 상품

쌀은 표준화된 상품이지만, 샴푸는 차별화된 상품이다.

© Shutterstock

© Shutterstock

이나 솜씨와 같은 상품특성에서 경쟁기업과 달리 돋보이려는 것을 말한다. 흔히 이를 상품차별화라고 한다. 그리고 기업의 진입 · 퇴출이 비교적 용이하다. 기업은 판매가격에 대한 통제력을 아주 조금 가지고 있다.

- **과점시장**: 이 시장에는 소수의 기업이 존재하며, 이들은 표준화되거나 차별화된 상품을 생산한다. 이 시장의 기업은 경쟁기업의 의사결정에 의해 영향을 받는다. 그래서 기업이 가격을 설정하거나 생산량을 결정할 때 경쟁 기업의 의사결정을 고려해야 한다.
- **순수독점시장**: 이 시장에는 전력시장이나 특허의약품 시장처럼 단 하나의 기업이 재화나 서비스를 생산한다. 다른 기업의 시장 진입이 봉쇄되어 있어서 한 기업이 산업을 구성한다. 기업이 대체재가 없는 독보적인 상품을 생산하므로 가격을 완전 통제할 수 있다.

## 순수경쟁: 특징과 현실 사례

순수경쟁을 현실에서 찾아보기는 어렵지만, 순수경쟁모형은 여러 산업을 설명하는 데 큰 도움을 준다. 순수경쟁모형을 연구하면 농산물시장이나 수산물시장, 외환시장, 금속원자재 시장, 주식시장 등에 대해 많은 것을 이해하게 된다. 또한 순수경쟁은 가격설정과 생산량 결정에 대한 논의의 출발점으로서 의미가 있다. 게다가 순수경쟁시장의 작동방식은 현실 경제의 효율성을 평가하는 기준으로 여겨지기도 한다.

이제 순수경쟁의 특징을 자세히 살펴보자.

- **매우 많은 기업**: 순수경쟁시장의 기본 특징은 독립적으로 행동하는 매우 많은 기업들이 존재한다는 것이다. 이들 기업들은 국내시장뿐 아니라 국제시장에도 상품을 공급한다. 예를 들어, 농산물시장, 주식시장, 외환시장 등이 여기에 속한다.
- **표준화된 상품**: 순수경쟁시장의 기업은 표준화된 상품, 즉 동일하거나 동질적인 상품을 생산한다. 그래서 소비자들은 가격이 같다면 어느 기업에서 구매하든 상관하지 않는다. 구매자는 B 기업, C 기업, D 기업 등이 생산한 상품을 A 기업이 생산한 상품의 완전한 대체재로 여긴다. 순수경쟁기업은 표준화된 상품을 팔기 때문에 상품차별화를 비롯한 비가격 경쟁을 꾀하지 않는다.
- **가격수용자**: 순수경쟁시장의 기업은 상품의 가격에 아무런 영향을 주지 못한다. 각 기업의 생산량이 시장 전체 생산량에서 차지하는 비중은 지극히 낮다. 그래서 기업이 생산량을 늘리거나 줄이더라도 시장공급량이 거의 변하지 않으며, 그래서 시장가격도 그대로이다. 간단하게 말해 순수경쟁기업은 **가격수용자**이다. 즉, 시장가격을

가격수용자
상품의 가격에 아무런 영향을 주지 못하고 시장가격을 그대로 받아들이는 것

변화시키지 못하고 이를 받아들일 뿐이다. 이것이 의미하는 바는 순수경쟁기업은 시장 상황에 맡겨져 있다는 것이다. 시장가격보다 가격을 높이는 것은 소용없는 짓이다. 9,999개 경쟁기업이 동일한 상품, 즉 완전대체재를 2,000원에 판매하고 있을 때 A 기업이 이를 2,050원에 판다고 하면 소비자는 A 기업의 상품을 구입하지 않을 것이다. 이와 반대로 A 기업은 시장가격보다 낮은 1,950원에 팔 이유도 없다. A 기업은 2,000원에 원하는 만큼 팔 수 있기 때문이다. 시장가격보다 싸게 파는 것은 이윤을 줄일 뿐이다.

- **자유로운 진입 · 퇴출**: 기업들은 순수경쟁산업에 자유롭게 진입할 수 있고 기존기업은 자유롭게 퇴출할 수 있다. 법이나 기술 그리고 금융 등에서 진입을 막는 장벽이 거의 없기 때문에 언제든지 새로운 기업이 순수경쟁시장에 진입하여 상품을 팔 수 있다.

## 순수경쟁기업의 개별 수요

순수경쟁모형을 분석하려면 먼저 개별 기업의 입장에서 수요를 살펴보고 이러한 수요가 기업의 수입에 어떤 영향을 주는지 검토해야 한다. 개별 기업의 관심은 산업 전체의 수요가 아니라 자신이 생산하는 생산물에 대한 수요이기 때문이다. 산업 전체의 수요와 개별 기업이 생각하는 자기가 생산한 상품에 대한 수요는 다른 것이다. 여기서 개별 기업은 쌀농사를 짓는 어떤 농부를 비롯하여 어떤 축산농가나 외환중개인일 수 있다. 순수경쟁시장에서 개별 기업의 생산량은 시장 전체의 생산량에서 지극히 미세한 부분을 차지하고 있다. 따라서 기업은 시장에서 이미 정해진 가격을 그냥 받아들일 수밖에 없다. 기업은 가격의 수용자이지 가격의 설정자가 아닌 것이다.

### 완전 탄력적 수요

순수경쟁산업에서 개별 기업이 직면하는 수요는 그림 7.1에서처럼 시장가격에서 완전 탄력적이다. 그림 7.1의 표 (1)열에 나타나 있듯이 시장가격은 131,000원이다. 이 기업이 생산량을 줄이더라도 시장가격은 131,000원보다 높아지지 않는다. 그리고 판매량을 늘리기 위해 가격을 시장가격보다 낮출 필요도 없다. 표의 (1)열과 (2)열에 나타나 있듯이 기업은 자신이 원하는 만큼 생산하여 131,000원의 시장가격에 얼마든지 팔 수 있다.

개별 기업의 수요가 완전 탄력적이라고 해서 시장수요가 완전 탄력적이라는 것은 아니다. 시장수요곡선은 개별수요곡선과 달리 우하향한다. 산업, 즉, 전체 기업 입장에서 보면 산업의 총생산량이 달라지면 가격은 변할 수 있다. 예를 들어, 모든 기업들이 동

| 기업의 수요 | | 기업의 수입 | |
|---|---|---|---|
| (1) 재화의 가격($P$) (평균수입) | (2) 수요량($Q$) | (3) 총수입(TR) = (1)×(2) | (4) 한계수입(MR) |
| 131 | 0 | 0 | |
| 131 | 1 | 131 | 131 |
| 131 | 2 | 262 | 131 |
| 131 | 3 | 393 | 131 |
| 131 | 4 | 524 | 131 |
| 131 | 5 | 655 | 131 |
| 131 | 6 | 786 | 131 |
| 131 | 7 | 917 | 131 |
| 131 | 8 | 1,048 | 131 |
| 131 | 9 | 1,179 | 131 |
| 131 | 10 | 1,310 | 131 |

(단위: 천 원)

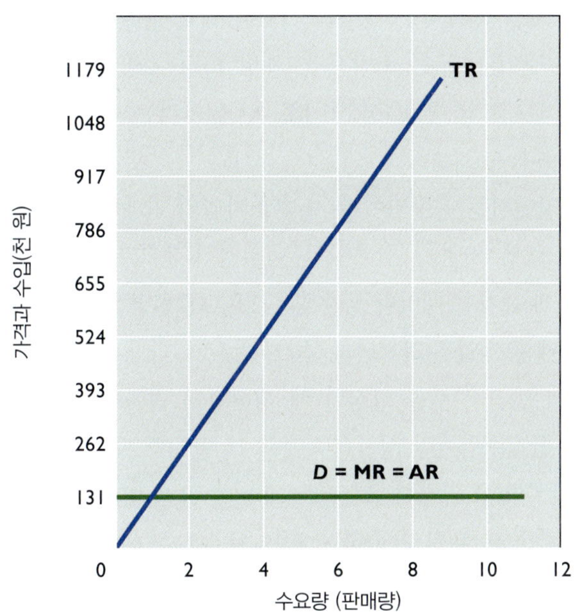


**그림 7.1 순수경쟁기업의 수요곡선과 수입곡선**

순수경쟁기업의 수요곡선($D$)은 수평으로 그려지며, 완전탄력적이다. 기업이 시장가격(131,000원)에서 원하는 수량을 얼마든지 팔 수 있기 때문이다. 기업의 판매량이 1단위 증가하면 총수입은 가격만큼 증가한다. 따라서 총수입곡선(TR)은 원점을 지나는 직선이 된다. 그리고 한계수입곡선(MR)은 평균수입곡선(AR)과 동일하며, 기업의 수요곡선과도 일치한다.

시에 생산량을 줄이면 가격은 상승한다. 하지만 개별 기업의 생산량이 산업의 총생산량에서 차지하는 비중이 지극히 낮기 때문에 개별 기업은 시장가격에 영향을 미칠 수 없다. 개별 기업의 입장에서 보면 시장가격은 고정된 값으로 그 값에서 원하는 만큼의 수량을 팔 수 있다. 이를 그래프로 그리면 순수경쟁산업에서 개별 기업의 수요곡선은 그림 7.1의 $D$와 같이 수평선으로 나타난다.

## 총수입, 평균수입, 한계수입

개별 기업의 수요곡선은 기업의 평균수입곡선이기도 하다. 개별 기업의 수요곡선은 가격이 주어져있을 때 수요가 얼마인지를 나타낸다면 평균수입곡선은 판매량이 주어져 있을 때 1개당 얻을 수 있는 수입을 나타낸다. 수요곡선과 평균수입곡선은 서로 다른 개념이다. 하지만 수요곡선을 통해 어떤 가격에서 수요량이 얼마인지 알 수 있다면 이를 역으로 보아 얼마만큼 판매하였을 때 1개당 받을 수 있는 가격을 알 수 있다. 예를 들어, 개별 기업은 수요곡선을 통해 가격이 1,000원일 때 자신이 생산한 생산물에 대한 수요가 100개라는 것을 안다고 하자. 그러면 기업은 100개를 생산하였을 때 1개당 1,000원을 받으면 모두 팔린다는 것을 알 수 있다. 100개를 생산하였을 때 1개당 평균수입이 1,000원이라는 것을 알 수 있다는 것이다. 즉, 평균수입곡선은 수요곡선의 역함수인 것이다.

**평균수입**
1개당 팔아서 얻은 수입

사실 소비자가 1개당 지불하는 가격은 기업의 입장에서 보면 1개당 팔아서 얻은 수입, 즉 **평균수입**인 것이다. 모든 소비자가 1개당 131,000원을 지불하였다는 것은 기업이 1개당 얻게 되는 수입, 즉 평균수입이 131,000원이라는 것이다. 그래서 가격과 평균수입은 동일한 것이다.

**총수입**
가격에 기업의 판매량을 곱한 값

각 판매량에서 얻어지는 **총수입**이란 가격에 기업의 판매량을 곱한 값이다. 즉, 그림 7.1에 있는 표의 (1)열에 (2)열을 곱하여 얻은 (3)열의 값이다. 이를 살펴보면 알 수 있듯이 판매량이 1단위씩 증가할 때마다 총수입은 131,000원만큼 일정하게 증가한다. 즉, 1단위를 더 팔았을 때 총수입은 가격만큼 증가하는 것이다.

**한계수입**
상품을 1단위 더 판매할 때 이로 인해 발생한 총수입의 변화, 즉 추가된 수입

기업이 생산량의 변경 여부를 고심할 때 생산량의 변화로 총수입이 어떻게 달라지는지를 고려한다. **한계수입**이란 상품을 1단위 더 판매할 때 이로 인해 발생한 총수입의 변화, 즉 추가된 수입을 말한다. 그림 7.1에 있는 표의 (3)열을 보면 판매량이 0일 때 총수입은 0이다. 처음 1단위를 생산하여 팔면 총수입은 0에서 131,000원으로 증가한다. 따라서 처음 1단위를 팔았을 때의 한계수입은 131,000원이 된다. 이제 2번째 단위의 상품을 팔면 총수입은 131,000원에서 262,000원으로 증가하며 한계수입은 여전히 131,000원이다. 표의 (4)열을 보면 알 수 있듯이 한계수입은 131,000원으로 일정하며, 이것은 가격과 같다. 순수경쟁에서 한계수입은 가격과 동일하다.

그림 7.1의 아래쪽에 순수경쟁기업의 총수입곡선, 수요곡선, 한계수입곡선 그리고 평균수입 곡선이 그려져 있다. 총수입곡선(TR)은 우상향하는 직선이다. 이 곡선의 기

울기는 일정한데 그것은 상품을 1단위 더 팔 때마다 총수입이 131,000원씩 증가하기 때문이다. 수요곡선($D$)은 수평선으로 표시되어 있는데, 이것은 수요의 가격탄력성이 무한 탄력적이라는 것을 나타낸다. 한계수입곡선(MR)은 수요곡선과 일치하는데, 상품을 1단위 더 팔 때마다 고정된 가격만큼 총수입이 증가하기 때문이다. 한계수입곡선은 평균수입곡선과 마찬가지로 수요곡선의 역함수인 것이다. 그래서 경쟁시장에서 개별 기업의 평균수입곡선(AR)과 한계수입곡선은 수요곡선과 일치한다. 이것은 그래프에서 $D$ = MR = AR로 표시되어 있다.

## 단기 이윤극대화

순수경쟁기업은 가격수용자이기 때문에 이윤을 극대화하려고 가격을 올리거나 내릴 수 없다. 가격은 시장 전체의 수요와 공급에 의해서 결정되므로 개별 기업이 결정할 수 있는 것은 생산량뿐이다. 따라서 순수경쟁기업은 생산량을 조정하여 경제적 이윤의 극대화나 경제적 손실의 최소화를 추구한다. 그런데 단기에서 기업의 생산설비는 고정되어 있다. 결국 생산량의 조정은 원자재나 노동과 같은 가변생산요소의 투입량을 변화시켜야 가능하다. 경쟁기업은 이러한 가변생산요소의 투입량을 조정하여 이윤을 극대화하는 생산량에 도달하게 된다.

구체적으로 말하자면 기업은 생산을 1단위 늘릴 때마다 총수입과 총비용이 얼마나 증가하는지 살펴본다. 즉, 생산을 1단위 증가시킬 때마다 한계수입과 한계비용이 어떻게 변하는지 서로 비교한다. 이제 조업을 중단하기보다 생산을 계속하는 것이 바람직한 상황이라고 하자. 기업이 생산을 1단위 증가시켰을 때 한계수입이 한계비용을 초과하게 되면 생산을 1단위 증가시켜야 한다. 이를 생산하여 판매하였을 때 얻게 되는 수입의 증가분이 비용의 증가분보다 크기 때문이다. 반대로 생산을 1단위 늘렸을 때 한계비용이 한계수입보다 크게 되면 생산을 늘려서는 안 된다. 이를 생산하게 되면 비용의 증가가 수입의 증가보다 크게 되어 이윤이 감소하거나 손실이 커질 것이기 때문이다.

생산량이 적은 초기에는 항상 그런 것은 아니지만 대체로 한계수입이 한계비용을 초과한다. 그래서 이 단계에서는 생산량을 계속 증가시켜 나가는 것이 이익이다. 하지만 생산량이 많은 후반에 이르게 되면 한계비용이 증가하면서 한계수입을 초과하게 된다. 이윤을 극대화하려는 기업은 당연히 이러한 단계까지 생산하지 않을 것이다. 이러한 생산과정의 중간에 한계수입이 한계비용과 일치하는 점이 하나 있을 수 있다. 바로 그 점에서 기업은 생산량을 결정하게 된다. 즉, 단기에서는 한계수입과 한계비용이 일치하는 점에서 생산할 때 기업은 이윤을 극대화하거나 손실을 최소화할 수 있다. 단, 조업

한계수입 = 한계비용 규칙
이윤극대화를 달성할 수 있는 지침

을 중단하기보다 생산을 계속하는 것이 바람직하다는 전제조건이 충족되어야 한다. 이러한 이윤극대화 지침은 **한계수입 = 한계비용 규칙**으로 알려져 있다.

다음에 제시된 한계수입 = 한계비용 규칙의 4가지 특징을 기억할 필요가 있다.

- 한계수입과 한계비용의 실제 자료를 보면 한계수입과 한계비용이 일치하는 생산량은 대부분 소수점을 가진 수치로 주어진다. 이런 경우 기업은 한계수입이 한계비용을 초과하는 가장 마지막 자연수의 생산량을 선택해야 한다.
- 이 규칙은 이미 언급한 것처럼 조업을 중단하기보다 생산을 계속하는 것이 바람직한 상황에만 적용된다. 다음에 설명하겠지만 한계수입이 평균가변비용보다 적으면 기업은 한계수입과 한계비용이 일치하는 점에서 생산하기보다 조업을 중단하게 된다.
- 이 규칙은 이윤극대화를 추구하는 모든 기업에 적용되는 지침이다. 즉, 순수경쟁기업, 순수독점기업, 독점적 경쟁기업, 과점기업 모두에 적용된다.
- 이 규칙을 순수경쟁기업에 적용하면 가격 = 한계비용이 된다. 순수경쟁기업이 직면하는 수요곡선이 시장가격에서 완전 탄력적이면 가격은 한계수입과 같아진다. 그래서 오직 순수경쟁의 경우에만 한계수입의 자리에 가격을 대신 쓸 수 있다. 즉, 조업을 중단하기보다 생산을 계속하는 것이 바람직한 상황이라면 이윤의 극대화나 손실의 최소화를 추구하는 경쟁기업은 가격이 한계비용과 같은 점, 즉 가격=한계비용($P=MC$)에서 생산해야 한다.

이제 한계수입=한계비용 규칙을 적용해 생산량을 구해보자. 여기에서는 순수경쟁만을 고려하고 있으므로 가격=한계비용 규칙을 대신 적용한다.

## 이윤극대화

그림 7.2에 있는 표의 (1)열부터 (5)열까지는 제6장에서 사용하였던 평균고정비용, 평균가변비용, 평균총비용, 한계비용 등의 자료를 그대로 표시하였다. 이제 (5)열에 있는 한계비용을 한계수입과 비교해 보자. 먼저 (6)열에 표시되어 있듯이 시장가격(한계 수입)은 131,000원이라고 가정하자.

이윤을 극대화하는 생산량은 얼마일까? 9번째 단위를 생산할 때까지 한계수입이 한계비용을 초과하고 있다. 9번째 단위를 생산할 때까지 기업의 이윤은 계속 늘어나므로 9번째 단위까지 생산해야 한다. 하지만 열 번째 단위를 생산해서는 안 된다. 10번째 단위를 생산하게 되면 수입은 131,000원만큼 증가하지만, 비용은 150,000원만큼 증가한다.

9번째 단위까지 생산하여 실현되는 경제적 이윤은 평균총비용 자료를 이용하여 구할

**그림 7.2 순수경쟁기업의 단기 이윤극대화**

한계수입=한계비용인 점에서 생산하면 순수 경쟁기업은 이윤을 극대화하거나 손실을 최소화할 수 있다. 여기에서는 생산이 9단위일 때 한계수입(가격)이 한계비용과 일치한다. 가격(131,000원)이 평균총비용(97,780원)보다 크기 때문에 1단위당 33,220원(가격–평균총비용) 만큼의 이윤을 얻을 수 있다. 총이윤은 생산량(9단위)에 1단위당 이윤을 곱하면 구해진다.

| (1) 총생산량(Q) | (2) 평균고정 비용(AFC) | (3) 평균가변 비용(AVC) | (4) 평균 총비용(ATC) | (5) 한계비용(MC) | (6) 한계수입(MR) | (7) 이윤 (+) 또는 손실 (–) |
|---|---|---|---|---|---|---|
| 0 | | | | | | -100 |
| 1 | 100.00 | 90.00 | 190.00 | 90 | 131 | -59 |
| 2 | 50.00 | 85.00 | 135.00 | 80 | 131 | -8 |
| 3 | 33.33 | 80.00 | 113.33 | 70 | 131 | +53 |
| 4 | 25.00 | 75.00 | 100.00 | 60 | 131 | +124 |
| 5 | 20.00 | 74.00 | 94.00 | 70 | 131 | +185 |
| 6 | 16.67 | 75.00 | 91.67 | 80 | 131 | +236 |
| 7 | 14.29 | 77.14 | 91.43 | 90 | 131 | +277 |
| 8 | 12.50 | 81.25 | 93.75 | 110 | 131 | +298 |
| **9** | **11.11** | **86.67** | **97.78** | **130** | **131** | **+299** |
| 10 | 10.00 | 93.00 | 103.00 | 150 | 131 | +280 |

(단위: 천 원)

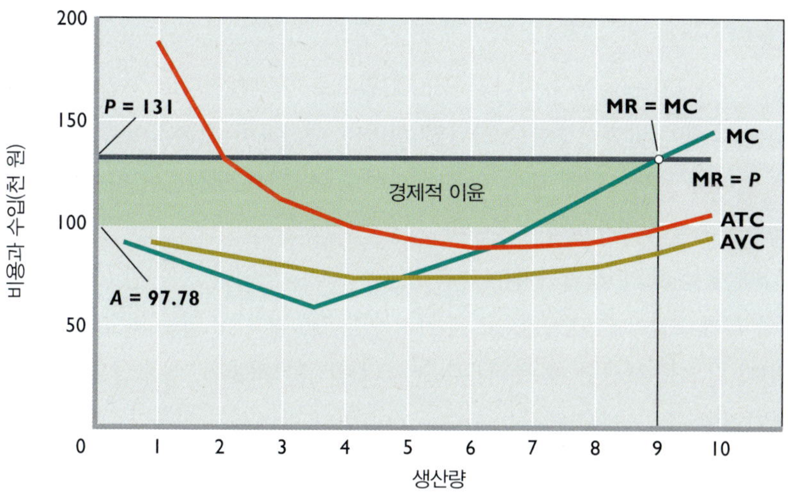


수 있다. 가격 131,000원에 생산량 9를 곱하면 총수입은 1,179,000원이 된다. 9번째 단위를 생산할 때의 평균총비용 97,780원에 생산량 9를 곱하면 총비용은 880,020원이 된다.[1] 총수입 1,179,000에서 총비용 880,020원을 뺀 298,980원이 바로 경제적 이윤이다. 경제적 이윤이 양(+)이므로 이 기업은 조업중단을 전혀 고려하지 않을 것이다.

경제적 이윤을 보다 쉽게 구하는 방법은 먼저 생산 1단위당 이윤을 구하여 생산량을 곱하는 것이다. 여기에서 평균총비용이 $A$, 가격이 $P$, 생산량이 $Q$라고 하면 이윤은 다음과 같다.

$$\text{이윤} = (P - A) \times Q$$

1단위의 판매가격 131,000원에서 평균총비용 97,780원을 빼면 1단위당 이윤인 33,220원이 나온다. 여기에 생산량 9를 곱하면 경제적 이윤을 구할 수 있다. (7)열에 있는 숫자를 확인해 보면 알 수 있듯이 한계수입=한계비용 규칙에 어긋난 생산량에서는 경제적 이윤이 298,980원보다 작거나 손실을 보게 된다.

그림 7.2에는 가격(한계수입)과 한계비용이 그래프로 표시되어 있다. 이윤을 극대화하는 생산량인 9단위에서 가격이 한계비용과 일치하고 있다. 1단위당 경제적 이윤은 수직축에 $(P-A)$로 표시되어 있는데 $P$는 가격 131,000원이고 $A$는 생산량이 9단위일 때의 평균총비용 97,780원이다. 경제적 이윤은 $9 \times (P-A)$로 계산되며, 그림에는 초록색 사각형 부분으로 표시되어 있다.

## 손실 최소화

이제 시장가격이 131,000원이 아니라 81,000원으로 하락하였다고 하자. 이 때 기업은 생산을 계속해야 할까? 생산을 한다면 얼마나 생산해야 할까? 이로 인한 이윤이나 손실은 얼마나 될까? 이에 대한 답은 생산하되 6단위를 생산해야 하며, 이로 인해 64,000원만큼 손실이 발생한다는 것이다.

그림 7.3에 있는 표의 (5)열까지는 그림 7.2의 것과 동일하다. 하지만 (6)열에는 새로운 가격, 즉 한계수입이 81,000원으로 주어져 있다. (5)열과 (6)열을 비교하면 알 수 있듯이 첫 번째 단위를 생산할 때 총비용은 90,000원 증가하지만, 총수입은 81,000원밖에 증가하지 않는다. 그래서 생산을 그만두어야 한다고 여길지 모른다. 그러나 그렇게 하는 것은 성급한 결정일 수 있다. 앞서 논의하였듯이 생산의 초기에는 한계생산이 낮아 한계비용이 비정상적으로 높을 수 있다. 생산량이 증가하면 한계비용이 낮아지면서 가격과 한계비용의 차이가 점차 줄어든다. 2번째 단위부터 시작하여 6번째 단위의 생

1) 단위비용 자료의 대부분은 소수점 이하 숫자를 반올림하여 자연수로 만든 숫자들이다. 그러므로 경제적 이윤을 소수점 이하까지 계산해 보면 총수입에서 총비용을 빼서 경제적 이윤을 계산한 것과 소수점 이하 숫자에서 약간씩 차이가 날 수도 있다. 하지만 편의상 이러한 사소한 차이는 무시하기로 하자.

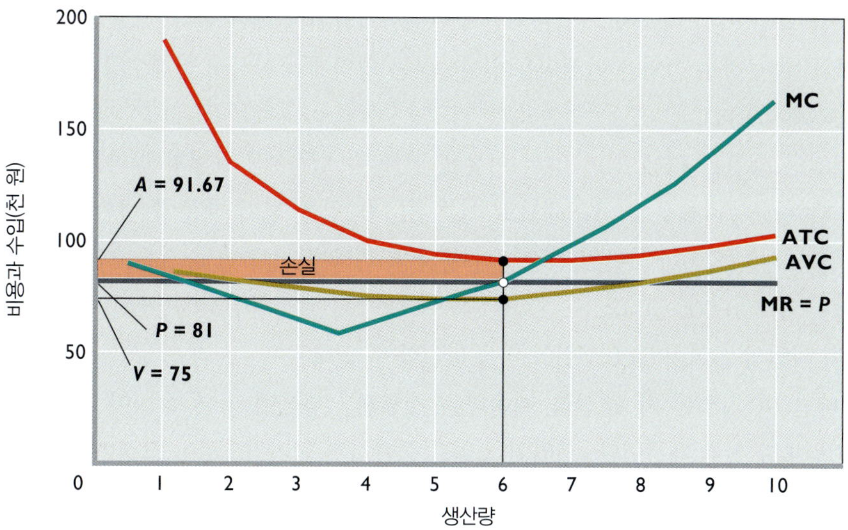


**그림 7.3 순수경쟁기업의 단기 손실 최소화**

가격이 평균가변비용의 최소치(74,000원)보다 높지만 평균총비용의 최소치(91,430원)보다 낮으면 한계수입=한계생산인 점(생산량 6단위)에서 생산하는 것이 손실을 최소화한다. 1단위당 손실은 생산 6단위일 때의 평균총비용(91,670원)에서 가격(81,000원)을 뺀 10,670원(A−P)이다. 그리고 총손실은 생산량(6단위)에 1단위당 손실을 곱한 것으로 붉은 색으로 표시되어 있다.

| (1) 총생산량 (산출량) | (2) 평균고정비용 (AFC) | (3) 평균가변비용 (AVC) | (4) 평균총비용 (ATC) | (5) 한계비용 (MC) | (6) 한계수입(MR) = 가격(81,000원) | (7) 이윤(+), 손실(−) |
|---|---|---|---|---|---|---|
| 0 | | | | | | − 100 |
| 1 | 100.00 | 90.00 | 190.00 | 90 | 81 | − 109 |
| 2 | 50.00 | 85.00 | 135.00 | 80 | 81 | − 108 |
| 3 | 33.33 | 80.00 | 113.33 | 70 | 81 | − 97 |
| 4 | 25.00 | 75.00 | 100.00 | 60 | 81 | − 76 |
| 5 | 20.00 | 74.00 | 94.00 | 70 | 81 | − 65 |
| **6** | **16.67** | **75.00** | **91.67** | **80** | **81** | **− 64** |
| 7 | 14.29 | 77.14 | 91.43 | 90 | 81 | − 73 |
| 8 | 12.50 | 81.25 | 93.75 | 110 | 81 | − 102 |
| 9 | 11.11 | 86.67 | 97.78 | 130 | 81 | − 151 |
| 10 | 10.00 | 93.00 | 103.00 | 150 | 81 | − 220 |

(비용단위: 천 원)

산에 이를 때까지 가격이 한계비용보다 높다.

그래서 이 구간에서 생산이 증가하면 수입의 증가가 비용의 증가보다 크다. 그 결과 (7)열에 나타나듯이 손실은 점차 줄어든다. 1번째 단위의 생산으로 인한 손실을 조금씩 만회시켜 주기 때문이다. 그러나 6번째 단위를 초과하여 생산하면 한계비용이 한계수입(가격)을 초과한다. 따라서 기업은 6번째 단위까지만 생산해야 한다. 일반적으로 이윤극대화를 추구하는 기업은 한계비용이 상승하는 영역에 국한하여 한계수입과 한계비용을 비교해야 한다.

이 기업이 생산을 하게 되면 양의 이윤을 얻을 수 있을까? 그렇지 않다. 6단위를 생산할 때 평균총비용은 91,670원으로 가격 81,000원을 넘기 때문에 생산 1단위당 10,670원씩 손해를 본다. 1단위당 손실에 생산량 6단위를 곱하면 손실은 64,020원이 된다. 총수입 486,000원(=6×81,000원)을 총비용 550,020원(=6×91,670원)과 비교하더라도 기업의 손실이 64,020원인 것을 확인할 수 있다.

그렇다면 이 기업은 왜 생산을 계속하는 것일까? 생산에 따른 손실이 고정비용 100,000원보다 작기 때문이다. 기업이 조업을 중단하면 단기적으로는 고정비용만큼의 손실을 입는다. 생산을 하게 되면 1단위당 수입 81,000원으로 평균가변비용 75,000원을 충당하고 1단위당 6,000원씩 총 36,000원만큼의 고정비용을 충당할 수 있다. 따라서 기업의 손실은 고정비용인 100,000원이 아니라 충당하지 못한 고정비용 64,000원(=100,000원−36,000원)만큼 손실을 보게 된다. 앞서의 계산과 20원의 차이가 나는 것은 평균값의 반올림 때문이다.

그림 7.3의 그래프는 이러한 손실 최소화 사례를 보여주고 있다. 가격이 평균가변비용보다 높고 평균총비용보다 낮다면 기업은 생산을 하는 게 고정비용의 전부는 아니더라도 일부라도 충당할 수 있다. 여기에서는 한계수입과 한계비용이 같아지는 6번째 단위까지 생산하면 손실이 최소화된다. 6단위를 생산하였을 때 1단위당 평균고정비용은 16,670원으로 생산을 하지 않는다면 1단위당 16,670원만큼 손실이 발생한다. 생산을 하면 1단위당 손실이 10,670원이므로 생산을 하는 것이 이익이다. 6단위를 생산하였을 때 생산 1단위당 6,000원, 즉 그래프에 표시된 $(P-V)$만큼 고정비용의 손실을 줄일 수 있다. 여기에서 $V$는 생산이 6단위일 때의 평균가변비용으로 75,000원이며, $P$는 가격으로 81,000원이다. 이때 1단위당 손실은 그래프에서 $(A-P)$로 표시되어 있다. $A$는 생산이 6단위일 때의 평균총비용으로 91,670원이다. 총손실은 단위당 손실 $(A-P)$에 생산량 6을 곱한 64,000이다. 이 부분은 그래프에 붉은 사각형으로 나타나 있다.

### 조업중단

이제 시장가격이 71,000원까지 하락하였다고 하자. 기업은 생산을 계속 해야 할까? 그렇지 않다. 얼마를 생산하든 기업의 평균가변비용이 가격보다 높기 때문이다. 이것은 그림 7.4의 표에서 (3)열과 (6)열을 비교하면 알 수 있다. 생산을 하였을 때 발생하는 손실은 아무리 최소화하더라도 고정비용보다 크다. (7)열에 나타나 있듯이 조업을 중단하

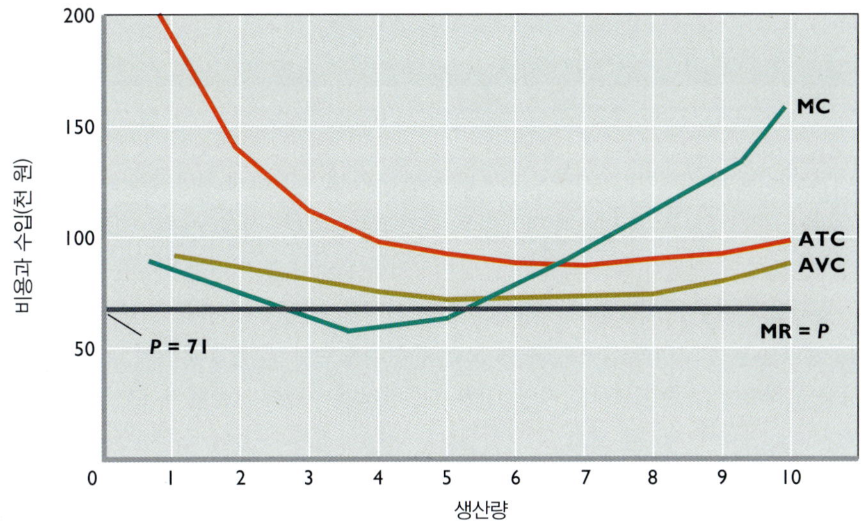


**그림 7.4** **순수경쟁기업의 단기 조업중단**

가격(71,000원)이 평균가변비용의 최소치(74,000원)보다 하락하면 경쟁기업은 조업을 중단하는 것이 손실을 줄이는 방법이다. 어떻게 생산하든 손실이 총고정비용보다 크기 때문이다.

| (1)<br>총생산량<br>(산출량) | (2)<br>평균고정비용<br>(AFC) | (3)<br>평균가변비용<br>(AVC) | (4)<br>평균총비용<br>(ATC) | (5)<br>한계비용<br>(MC) | (6)<br>한계수입(MR)=<br>가격(71,000원) | (7)<br>이윤(+),<br>손실(−) |
|---|---|---|---|---|---|---|
| **0** | | | | | | **−100** |
| 1 | 100.00 | 90.00 | 190.00 | 90 | 71 | −119 |
| 2 | 50.00 | 85.00 | 135.00 | 80 | 71 | −128 |
| 3 | 33.33 | 80.00 | 113.33 | 70 | 71 | −127 |
| 4 | 25.00 | 75.00 | 100.00 | 60 | 71 | −116 |
| 5 | 20.00 | 74.00 | 94.00 | 70 | 71 | −115 |
| 6 | 16.67 | 75.00 | 91.67 | 80 | 71 | −124 |
| 7 | 14.29 | 77.14 | 91.43 | 90 | 71 | −143 |
| 8 | 12.50 | 81.25 | 93.75 | 110 | 71 | −182 |
| 9 | 11.11 | 86.67 | 97.78 | 130 | 71 | −241 |
| 10 | 10.00 | 93.00 | 103.00 | 150 | 71 | −320 |

(비용단위: 천 원)

면 손실은 고정비용 100,000원만큼 발생한다. 그래서 최선의 방법은 조업을 중단하는 것이다.

그림 7.4의 그래프는 조업중단의 사례를 보여준다. 그래프를 보면 알 수 있듯이 모든 생산단위에서 한계수입곡선, 즉 가격이 평균가변비용 곡선보다 아래에 놓여 있다. 한계수입과 한계비용이 일치하는 생산량은 5단위인데 이 때의 가격 71,000원이 평균 가

## 분석의 응용

### 파리 날리는 낡은 모텔

거의 관리를 하지 않아 낡아 빠진 상업시설을 지나가다 보면 누구나 다음과 같은 생각을 하게 된다. 주인이 장사를 할 생각이면 시설을 고치든가 해야지 왜 그대로 두고 있을까? 그 이유가 조금은 놀랍다. 시설을 새로 고치는 것은 이익이 되지 않으며, 낡은 시설을 못 쓰게 될 때까지 계속 사용하는 게 이익이라는 것이다. 이러한 이유를 검토하면 수요의 감소에 직면한 기업이 문을 닫을지 여부를 결정할 때 어떻게 하는지 이해할 수 있을 것이다.

지방 국도의 외진 곳에 있는 파리 날리는 낡은 모텔을 살펴보자. 이 모텔의 주인은 수십 년 전에 주변의 교통상황과 기존 숙박업소와의 경쟁 상태 등을 고려하여 그곳에 모텔을 지었을 것이다. 하지만 주변에 새로운 도로가 뚫리면 모텔 주변의 교통량은 비교적 한적해진다. 게다가 새로운 도로 주변에 새로운 유형의 모텔이 들어서면 경쟁은 보다 치열해진다. 수요가 줄고 수입이 떨어지면서 이 모텔은 손실을 기록하기 시작한다. 즉 평균총비용이 가격보다 높아진다. 하지만 아직은 객실요금 수입이 총가변비용을 충당할 수 있을 뿐 아니라 화재보험료나 재산세 같은 고정비용의 일부를 충당할 수 있다. 즉, 가격이 평균가변비용보다는 높은 것이다. 그러면 모텔 운영을 계속하는 것이 문을 닫았을 때에 비해 손실이 적다. 하지만 총수입이 총비용에 미치지 못하므로, 즉 가격이 평균총비용보다 낮으므로 모텔 주인은 장기적으로 뭔가 해야만 한다. 그래서 보통 총비용을 낮추기 위해 시설유지에 들어가던 지출을 줄이게 된다. 모텔 주인은 일시적인 이익을 얻기 위해 모텔 건물이 낡아빠져 가는 것을 사실상 용인하는 것이다.

하지만 일시적인 이익도 오래 지속되지 못한다. 시설유지비를 더 이상 줄일 수 없는 상태에 이르기 때문이다. 그래서 시설이 점차 낡아가고 이에 따라 객실요금을 낮출 수밖에 없어서 총수입이 점차 줄어든다. 결국 총수입이 총비용 밑으로, 즉 가격이 평균총비용보다 아래로 다시 떨어지는 지경에 이르고 만다. 시설유지비를 전혀 지출하지 않는 상태에서도 손해를 보게 되는 것이다. 그렇게 되면 모텔주인은 모텔 문을 닫을 것이고 땅 값만을 받고서라도 팔 것이다. 하지만 그렇게 되기까지 모텔은 낡은 시설을 유지한 채 파리를 날리면서 여전히 운영을 계속하기 마련이다. 그리고 이를 본 여러분은 앞에서 본 질문을 하게 될 것이다.

**질문**

현재 이익을 많이 내고 관리가 잘 되고 있는 모텔이라고 하더라도 주변 지역의 개발로 토지의 가치가 크게 상승하면 장기적으로 문을 닫을 수 있다. 그 이유를 설명하여 보시오.

변비용에 가장 근접해 있다. 하지만 이때에도 가격, 즉 1단위당 수입 71,000원은 평균가변비용 74,000원보다 3,000원만큼 적다. 한계수입=한계비용인 점에서 생산하게 되면 기업은 고정비용 100,000원뿐만 아니라 가변비용의 일부를 충당하지 못해 1단위당 3,000원씩 모두 15,000원만큼의 가변비용 손실을 추가적으로 입게 된다. 그래서 총손실이 115,000원에 달하게 된다. 이것은 조업을 중단하였을 때 고정비용으로 인한 손실 100,000원보다 크다. 따라서 가격이 71,000원이면 기업은 조업을 중단하는 게 합리적이다. 일반적으로 가격이 평균가변비용의 최저치보다 낮다면 조업중단을 택하는 게 기업의 손실을 최소화하는 방법이다.

조업중단 사례는 한계수입=한계비용 규칙을 적용할 때 한계가 있음을 알게 한다. 즉, 단기에서 경쟁기업은 시장가격이 평균가변비용의 최소치보다 높을 때에 한하여 한계 수입=한계비용의 규칙에 따라 생산하는 것이 이윤을 극대화하거나 손실을 최소화할 수 있다.

## 한계비용과 단기 공급곡선

앞에서 가격이 3가지로 주어질 때 이윤극대화를 추구하는 경쟁기업이 어떻게 생산량을 결정하는지 살펴보았다. 이 때 각각의 가격과 이에 상응하는 공급량의 짝을 3개 구할 수 있었는데 이것들은 각각 공급곡선 위의 한 점을 나타낸다.

표 7.1은 7가지의 가격이 주어져 있을 때 기업의 공급량이 어떻게 달라지는지를 보여주고 있다. 이 표를 보면 제3장에서 이미 언급하였듯이 가격과 공급량 사이에는 양의 관계가 있음을 확인할 수 있다. 주의할 점은 가격이 61,000원이나 71,000원이면 기업은 생산하지 않는다는 것이다. 가격이 평균가변비용의 최소치인 74,000원보다 낮기 때문이다. 또한 눈여겨 볼 것은 가격이 상승하면 공급량이 증가한다는 것이다. 그리고 가격이 가장 높을 때 경제적 이윤도 가장 크다는 점도 살펴보기 바란다.

### 사례의 일반화

그림 7.5는 한계수입=한계비용 규칙을 적용하였을 때 기업의 단기공급곡선이 어떻게 도출될 수 있는지 보여주고 있다. 여기에는 평균총비용 곡선, 평균가변비용 곡선, 한계비용 곡선뿐 아니라 여러 시장가격이 주어져 있을 때 이에 상응한 여러 한계수입 곡선들도 함께 제시되어 있다. 이제 각각의 시장가격에서 기업의 공급량이 어떻게 결정되는

표 7.1 비용이 그림 7.3의 표처럼 주어졌을 때 경쟁기업의 공급표

| 가격(천 원) | 공급량 | 이윤(+) 또는 손실(−) |
|---|---|---|
| 151 | 10 | +480 |
| 131 | 9 | +299 |
| 111 | 8 | +138 |
| 91 | 7 | -3 |
| 81 | 6 | -64 |
| 71 | 0 | -100 |
| 61 | 0 | -100 |

**그림 7.5** **가격 = 한계비용 규칙과 경쟁기업의 단기 공급곡선**

한계수입=한계비용 규칙을 적용하면 경쟁기업의 단기공급곡선은 평균가변비용의 최소치보다 위쪽에 위치한 한계비용곡선과 일치한다. 가격이 평균가변비용의 최소치보다 낮으면 공급량은 0이 된다.

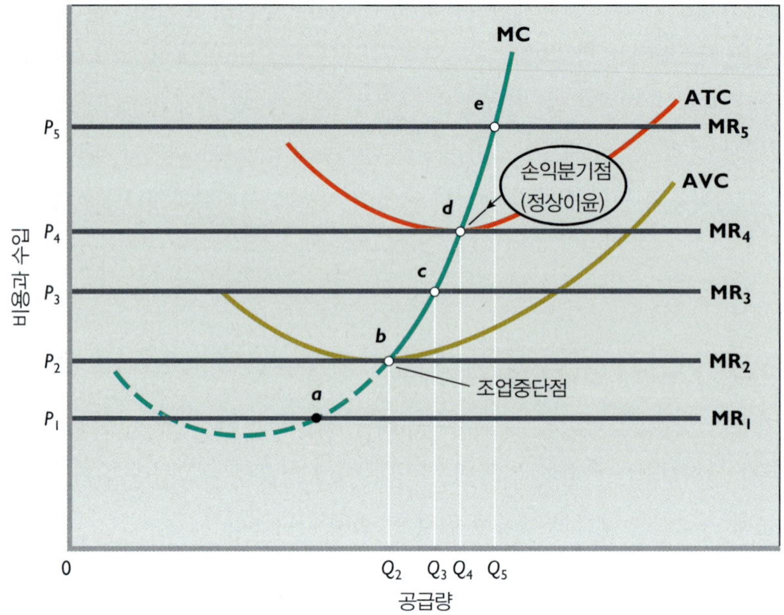


지 구체적으로 살펴보자.

- 시장가격 $P_1$이 평균가변비용의 최소치보다 낮기 때문에 이 가격에서 기업은 조업을 중단할 것이다. 따라서 공급량은 0이며, 시장가격이 $P_2$보다 낮으면 공급량은 언제나 0이다.
- 시장가격 $P_2$는 평균가변비용의 최소치와 정확히 일치한다. 이때 기업은 한계수입 $MR_2$와 한계비용이 일치하는 $Q_2$에서 생산하며, 총가변비용만을 충당할 수 있다. 기업은 총고정비용만큼 손실을 입는다. 실제 이 기업은 조업을 중단하거나 $Q_2$만큼을 생산하거나 손실이 같지만, 여기서는 생산을 계속한다고 가정한다.
- 시장가격이 $P_3$이면 기업은 $Q_3$만큼 생산하여 단기손실을 최소화한다. 시장가격이 $P_2$와 $P_4$ 사이에 있으면 한계수입과 한계비용이 일치하는 점에서 생산하는 것이 기업의 손실을 최소화하는 것이다.
- 시장가격이 $P_4$이면 기업은 손익분기점에 도달한다. 기업은 한계수입 $MR_4$가 한계비용과 일치하는 $Q_4$에서 생산하여 공급할 것이다. 이때 기업은 정상이윤을 얻지만, 경제적 이윤은 얻지 못한다. 유의할 점은 정상이윤은 비용에 속하며, 비용곡선에 정상이윤이 포함되어 있다는 것이다. 그래서 총수입은 총비용(정상이윤 포함)을 충당할 수 있다. 생산 1단위당 수입 $P_4$가 생산 1단위당 평균총비용과 같기 때문이다.
- 시장가격이 $P_5$이면 기업은 $Q_5$만큼 생산하여 공급하며 경제적 이윤을 얻게 된다. 사

**표 7.2 순수경쟁기업의 단기 생산량 결정**

| 질문 | 답변 |
|---|---|
| 생산을 해야 하나? | 가격이 평균가변비용의 최소치와 같거나 높으면 생산해야 한다. 그렇게 하면 기업은 이윤을 얻을 수도 있고 손실을 고정비용미만으로 줄일 수 있다. |
| 얼마만큼 생산해야 하나? | 한계수입이 한계비용과 일치하는 점에서 생산해야 한다. 그 점에서 이윤(총수입과 총비용의 차이)이 극대화되거나 손실이 최소화된다. |
| 생산하면 경제적 이윤을 얻을 수 있나? | 가격이 평균총비용보다 높으면 그래서 총수입이 총비용을 초과하면 경제적 이윤을 얻는다. 평균총비용이 가격보다 높으면 그래서 총비용이 총수입보다 크다면 이윤을 얻지 못한다. |

실 시장가격이 $P_4$보다 높으면 기업은 한계수입과 한계비용이 일치하는 점에서 생산할 때 양(+)의 경제적 이윤을 얻게 된다.

그림 7.5에 표시된 점 b, c, d 그리고 e 등은 가격이 평균가변비용의 최소치보다 높을 때 한계수입이 한계비용과 일치하는 점들이다. 이 점들은 수직축에 가격을 표시하고 수평축에 공급량을 표시하였을 때 각 가격에서 기업이 공급하고자 하는 공급량을 나타낸다. 즉, 가격이 주어져 있을 때 경쟁 기업이 공급하고자 의도하는 수량을 나타낸다. 따라서 이 점들은 공급곡선 위의 한 점을 의미하게 된다. 잊지 말아야 할 것은 시장가격이 평균가변비용의 최소치에 미치지 못하면 공급량이 0이 된다는 것이다. 즉, 평균가변비용 곡선 위쪽에 있는 한계비용 곡선이 기업의 **단기공급곡선**이라는 것이다. 그림 7.5의 한계비용곡선에서 굵게 표시된 부분이 기업의 단기공급곡선이다. 이 곡선은 각 가격에서 기업이 공급하고자 하는 생산량을 말해준다. 그리고 수확체감의 법칙 때문에 우상향한다.

단기공급곡선
평균가변비용 곡선 위쪽에 있는 한계비용 곡선

표 7.2에는 이윤극대화 생산량을 결정하기 위해 경쟁기업이 한계수입=한계비용 규칙을 어떻게 이용할 수 있는지 설명되어 있다. 그리고 어떤 조건에서 기업이 생산을 시작하게 되는지 그리고 어떤 상황에서 기업이 경제적 이윤을 얻게 되는지도 설명되어 있다.

## 개별 기업과 산업: 균형가격

앞에서 한계수입=한계비용 규칙을 적용하여 경쟁기업의 단기 공급곡선을 구할 수 있었다. 하지만 구체적으로 어떤 가격에서 시장의 균형가격이 결정될까?

제3장에서 살펴보았듯이 시장균형가격에서 총공급량과 총수요량은 일치한다. 따라서 균형가격을 구하려면 먼저 가격의 변화에 따라 총공급량과 총수요량이 어떻게 달라

표 7.3 기업과 시장공급 · 시장수요

| (1)<br>개별 기업 공급량 | (2)<br>1,000개 기업들의 총공급량 | (3)<br>가격(천 원) | (4)<br>총수요량 |
|---|---|---|---|
| 10 | 10,000 | 151 | 4,000 |
| 9 | 9,000 | 131 | 6,000 |
| **8** | **8,000** | **111** | **8,000** |
| 7 | 7,000 | 91 | 9,000 |
| 6 | 6,000 | 81 | 11,000 |
| 0 | 0 | 71 | 13,000 |
| 0 | 0 | 61 | 16,000 |

지는지 알아야 한다. 산업 내 기업의 수가 정해져 있고 이들 기업이 모두 그림 7.5에 있는 기업과 동일하게 행동한다고 가정하면 총공급량은 쉽게 구할 수 있다. 즉, 각 가격에서 개별 기업의 공급량을 합하면 총공급량, 즉 시장공급량이 구해진다. 표 7.3의 (1)열과 (3)열은 표 7.1에 있는 공급량과 가격을 그대로 옮긴 것이다. 이제 산업에 1,000개의 기업들이 존재하며, 이들 기업의 총비용이나 단위비용이 모두 동일하다고 하자. 그러면 (1)열에 있는 1개 기업의 생산량에 1,000을 곱해 (2)열에 있는 시장의 공급량을 구할 수 있다.

시장가격과 이윤  균형가격과 균형생산량을 결정하려면 위에서 구한 총공급량을 총수요량과 비교해 보아야 한다. 총수요는 표 7.3의 (3)열과 (4)열처럼 주어져 있다고 하자. 7개의 가격에서 그 때의 총공급량과 총수요량을 비교하면 균형가격은 111,000원에서 결정된다. 그 때 균형거래량은 8,000단위이며, 1,000개의 동일한 기업들이 모두 8단위씩 생산한다.

이러한 조건에서 산업 전체로 보면 이윤이 발생할까, 아니면 손실이 발생할까? 각 기업의 총수입은 가격 111,000원에 생산량 8을 곱한 888,000원이다. 그리고 총비용은 그림 6.3의 표 (4)열에 나타나 있듯이 750,000원이다. 그 차이인 138,000원이 각 기업이 얻고 있는 경제적 이윤이다. 산업 전체의 경제적 이윤은 여기에 1,000을 곱한 138,000,000원이다. 즉, 산업 전체로 보면 이윤이 발생하고 있다.

다른 방법으로도 경제적 이윤을 구할 수 있다. 가격 111,000원에서 평균총비용 93,750원을 빼면 1단위당 이윤인 17,250원을 구할 수 있다. 여기에 개별 기업의 생산량 8을 곱하는 것이다. 그러면 개별 기업의 경제적 이윤이 138,000원이며, 산업 전체의 이윤이 138,000,000원임을 확인할 수 있다.

그림 7.6은 이러한 분석을 그림으로 보여준다. 개별 기업의 공급곡선은 그림 7.6(a)에 $s = MC$로 나타나 있다. 1,000개의 기업들이 동일한 공급곡선을 가지고 있으므로 이를 모두 수평으로 합하면 그림 7.6(b)에 있는 산업의 공급곡선 $S = \Sigma MC$를 구할 수 있다. 총수요곡선이 $D$라고 하면 균형가격은 111,000원이고 산업의 균형생산량은 8,000이다. 이러한 시장균형가격은 개별 기업의 입장에서는 주어진 것으로 개별 기업에 의해 영향을 받지 않는다. 즉, 개별 기업의 수요곡선($d$)은 그림 7.6(a)에 나타난 것처럼 균형가격에서 완전 탄력적이다. 개별 기업은 가격수용자이므로 한계수입곡선은 그 기업의 수요곡선 $d$와 일치한다. 가격이 111,000원일 때 가격(한계수입)과 한계비용이 일치하는 생산량은 8인데 이 때 가격이 평균총비용보다 크다. 따라서 기업은 그림 7.6(a)에 녹색으로 표시된 부분만큼의 경제적 이윤을 얻는다.

비용이나 시장수요에 변화가 없다면 그림 7.6에 나타난 점은 단기 균형 조건을 만족시킨다. 즉, 시장에서 물자부족이나 잉여가 발생하지 않기 때문에 가격이나 생산량은 변하지 않고 그래도 유지된다. 그리고 산업 내 모든 기업은 이윤극대화를 달성하고 있어서 생산량을 변경하지 않는다. 수요자나 공급자의 의도가 실현되고 있어서 시장에 변화가 초래되지 않는 것이다. 여기에서 유의할 점은 시장수요가 줄거나 시장공급이 늘어 시장가격이 하락하면 개별 기업이 직면하는 수요곡선($d$)이 아래로 이동한다는 것이다. 그 결과 가격이 평균총비용보다 낮아져 손실을 보거나 가격이 평균가변비용 아래로 떨어지면 조업을 중단할 수도 있다는 것이다.

**개별 기업과 산업** 그림 7.6은 앞서의 설명에 의문을 갖게 한다. 앞에서는 개별 기업이 가격을 주어진 것으로 여긴다고 하였는데 여기에서는 경쟁기업의 전체 공급량이 가격을 결정하는 요인이라고 하고 있기 때문이다. 하지만 여기에는 논리적 모순이 없다. 개별 기업의 공급곡선은 가격이 주어져 있을 때 얼마만큼 공급할 것인가를 나타낸다. 이 때의 가격은 균형가격이 아니라 임의로 주어진 가격이다. 개별 기업은 임의로 주어진 가격이 시장가격이라면 자신의 공급량 결정이 시장가격에 아무런 영향을 주지 못한다고 여기고서 얼마를 공급할지를 결정한다. 즉 개별 기업은 총공급량의 아주 미세한 부분만을 차지하고 있어서 가격을 주어진 것으로 여긴다는 것이다. 산업 내 모든 개별 기업들의 공급 곡선들을 수평으로 합한 것이 시장 공급곡선이 된다. 이러한 공급곡선이 수요곡선과 일치해야 개별 기업의 의도가 실현되고 그 때의 가격이 균형가격이 되는 것이다.

**그림 7.6** **개별 기업(a)과 산업(b)의 단기 균형**

1,000개 기업의 개별공급곡선($s$)을 수평으로 합하면 시장공급곡선($S$)을 구할 수 있다. 시장수요가 $D$로 주어져 있다면 산업의 균형가격은 111,000원이며, 균형생산량은 8,000이 된다. 개별 기업은 이러한 균형가격이 주어져 있다고 여기고 이윤극대화 생산량을 정한다. 8단위가 개별 기업의 이윤극대화 생산량이며, 이 때 개별 기업은 초록색 부분의 이윤을 얻게 된다.

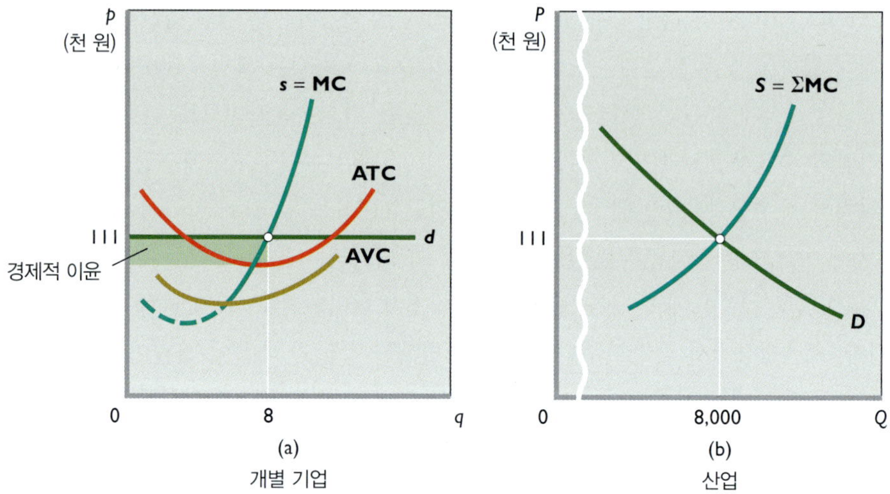


## 장기에서의 이윤극대화

앞에서 논의한 4가지 시장모형에서 기업의 진입과 퇴출은 장기에서만 일어난다. 단기에는 기업의 수가 변하지 않고 기업의 생산설비는 고정되어 있다. 기업이 조업을 중단하더라도 그것이 기업의 퇴출을 의미하는 것은 아니다. 자산을 처분할 시간이 부족하여 기업이 생산하지 않을 뿐 퇴출하지 못한다는 것이다.

이에 비하여 장기가 되면 산업 내 기존 기업들은 생산설비를 확장하거나 축소시킬 수 있는 시간적 여유를 가진다. 더욱 중요한 것은 새로운 기업이 진입하거나 기존 기업이 퇴출되어 산업 내 기업의 수가 증가하거나 감소할 수도 있다는 점이다.

그러나 장기라는 시간의 길이는 산업에 따라 크게 다르다. 그래서 이를 몇 년이나 몇 개월, 며칠과 같이 특정한 시간의 길이로 여기지 말아야 한다. 대신에 산업의 이윤과 손실이 기업의 진입과 퇴출에 미치는 인센티브에 관심을 가져야 한다. 나아가 이러한 인센티브가 어떻게 생산과 배분의 효율을 초래하는지 살펴보아야 한다. 생산과 배분의 효율에 대해서는 다음에 설명할 것이다. 여기에서는 장기적으로 생산설비의 조정이 가격이나 거래량, 이윤에 미치는 영향을 먼저 살펴볼 것이다.

## 가정

논의를 단순화하기 위해 3가지 가정을 할 것인데 이러한 가정으로 인해 결론이 달라지는 것은 아니다.

- **진입과 퇴출만을 통한 조정**: 장기조정은 기업의 진입이나 퇴출을 통해서만 이루어진다. 그리고 모든 단기조정을 무시한다. 이러한 가정은 장기조정이 미치는 영향을 집중 분석하기 위한 것이다.
- **동일한 비용**: 산업 내 모든 기업의 비용곡선은 동일하다. 이렇게 하면 '평균' 기업이나 '대표' 기업을 중심으로 장기 조정을 논의할 수 있다. 하지만 이러한 논의는 산업 내 모든 기업에 동일하게 적용된다.
- **비용 불변의 산업**: 산업은 규모에 대한 수익불변, 즉 비용 불변산업이다. 이렇게 가정하면 기업의 진입과 퇴출이 있더라도 생산요소의 가격은 달라지지 않는다. 따라서 기업의 평균총비용곡선도 이동하지 않아 분석이 간편해진다.

## 분석의 목적

여기에서 설명하려는 최종 결론은 이것이다. 순수 경쟁시장에서 장기 조정이 끝나면 가격은 평균총비용의 최소치와 같아지고 생산은 평균총비용이 최소가 되는 생산량에서 이루어진다는 것이다.

이러한 결론은 다음과 같은 2개의 기본적인 전제에서 도출된다. (1) 기업들은 이윤을 추구하며 손실을 기피한다. (2) 순수경쟁에서 기업의 산업 진입과 퇴출은 자유롭다. 가격이 평균총비용의 최소치보다 크다면 경제적 이윤이 발생하고 이로 인해 새로운 기업이 산업에 진입한다. 기업이 진입하면 공급이 증가하여 가격이 하락하게 된다. 새로운 기업의 진입은 가격이 평균총비용의 최소치와 같아질 때까지 지속된다. 반대로 가격이 평균총비용의 최소치보다 낮다면 손실이 발생하고 이로 인해 일부 기업은 퇴출을 선택한다. 이들 기업의 퇴출로 공급이 감소하면 가격이 상승한다. 가격은 평균총비용의 최소치와 같아질 때까지 상승을 지속한다.

## 장기 균형

순수경쟁산업의 '평균' 기업이 장기 균형 상태에 있다고 하자. 이 기업의 상태는 그림 7.7(a)에 나타나 있다. 한계수입=한계비용이며, 가격은 평균총비용의 최소치와 같은 50,000원이다. 이 때 경제적 이윤은 0이다. 기업의 진입이나 퇴출이 없기 때문에 산업은 균형 상태, 즉 '현상태의 유지'가 지속된다. 기존 기업은 명시적 · 묵시적 비용만을

**그림 7.7 단기이윤과 장기균형의 회복: (a) 개별 기업 (b) 산업**

수요가 $D_1$에서 $D_2$로 증가하면 초기균형이 유지되지 못하고 경제적 이윤이 발생한다. 새로운 기업이 진입함에 따라 공급이 $S_1$에서 $S_2$로 증가하여 가격이 하락한다. 가격 하락은 경제적 이윤이 사라질 때까지 지속된다.

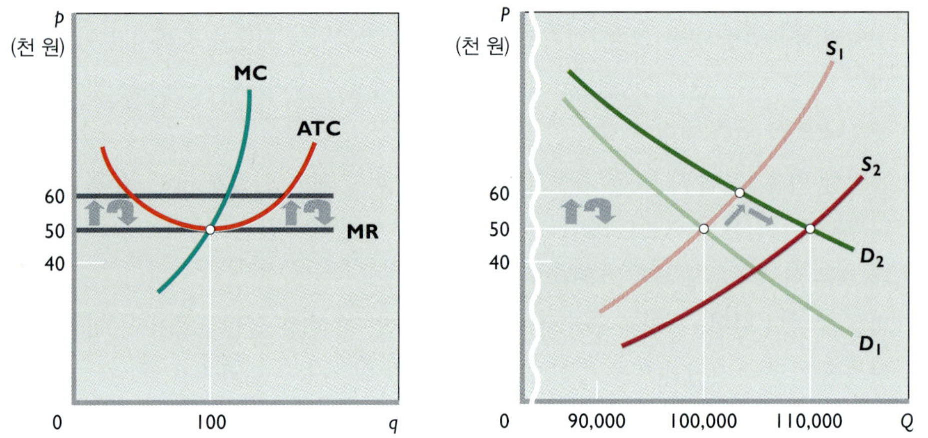


(a)
개별 기업

(b)
산업

충당하고 있는데 비용곡선이 이를 보여주고 있다. 유의해야 할 점은 비용에 정상이윤이 포함되어 있다는 것이다. 즉, 기업의 소유자는 차선의 다른 사업 기회에 투자하였을 때 실현할 수 있는 정도의 정상이윤만 얻고 있다는 것이다. 그림 7.7(b)에서 볼 수 있듯이 50,000의 균형가격은 시장(산업) 수요 $D_1$과 시장(산업) 공급 $S_1$에 의해 결정된다. 여기에서 $S_1$은 산업의 단기공급곡선이다. 산업의 장기 공급곡선은 차차 논의할 것이다.

두 그래프의 가로축에서 볼 수 있듯이 산업의 균형생산량은 100,000단위이며, 개별 기업의 균형생산량은 100단위이다. 산업 내 모든 기업들이 동일하다면 산업 내 기업의 개수는 1,000개(=100,000/100)일 것이다.

**진입으로 인한 경제적 이윤의 감소** 그림 7.7의 장기균형에 충격이 가해지면 어떤 일이 벌어지는지 살펴보자. 소비자들의 취향이 바뀌어 수요가 $D_1$에서 $D_2$로 증가하였다고 하자. 그러면 가격은 새로운 수요곡선 $D_2$가 공급곡선 $S_1$와 교차하는 60,000원으로 상승한다. 기업의 한계수입은 60,000원이 되고 이로 인해 한계수입곡선은 위쪽으로 이동한다. 가격 60,000원이 평균총비용 50,000원보다 크므로 기업은 생산 1단위당 10,000원의 경제적 이윤을 얻게 된다. 그래서 새로운 기업이 산업에 진입한다. 새로운 기업이 창업하여 진입하거나 수익이 낮은 다른 산업의 기존 기업이 전업하여 진입할 것이다. 장기조정은 진입과 퇴출로만 이루어진다고 가정하고 있으므로 기존 기업이 생산설비를 증가시키는 경우는 여기에서 배제한다.

새로운 기업이 진입하면 시장공급은 증가하고 이에 따라 가격은 60,000원 아래로 떨어진다. 경제적 이윤이 존재하는 한 기업의 진입은 계속되고 산업의 단기공급곡선은 $S_2$까지 이동하게 된다. 그러면 가격은 50,000원까지 하락하고 기업의 한계수입도 50,000원으로 하락한다. 수요의 증가로 초래된 경제적 이윤이 사라지면서 기업이 새롭게 진입하려는 인센티브도 사라진다. 기존기업이 경제적 이윤을 얻지 못하고 정상이윤만을 벌기 때문이다. 진입이 이루어지지 않음에 따라 산업은 새로운 장기균형에 도달한다.

그림 7.7(a)와 7.7(b)를 살펴보면 새로운 균형에서 총공급량은 110,000단위이며, 각 기업이 100단위를 생산하고 있다. 이 때 기업의 수는 1,100개로 처음보다 100개의 기업이 늘었다. 경제적 이윤이 100개 기업의 진입을 유인한 것이다.

**퇴출로 인한 손실의 감소** 이제 앞의 경우와는 반대로 수요가 감소하였다고 하자. 처음의 장기균형은 앞의 경우와 동일하다. 즉, 그림 7.8(b)의 곡선 $S_1$과 $D_1$은 7.7(b)의 곡선과 동일하며, 가격도 50,000원으로 동일하다.

수요가 $D_1$에서 $D_3$로 감소하면 가격과 한계수입은 40,000원으로 하락한다. 그러면 평균총비용의 최소치(50,000원)에서 생산하더라도 기업은 손실을 입게 된다. 이러한 경제적 손실로 인해 기업은 퇴출을 모색하게 된다. 기업의 소유자는 정상이윤을 얻

**그림 7.8 단기손실과 장기균형의 회복: (a) 개별 기업 (b) 산업**

수요가 $D_1$에서 $D_3$로 감소하면 초기균형이 유지되지 못하고 손실이 발생한다. 기업이 퇴출을 선택함에 따라 공급이 $S_1$에서 $S_3$로 감소하여 가격이 상승한다. 가격 상승은 손실이 사라질 때까지 지속된다.

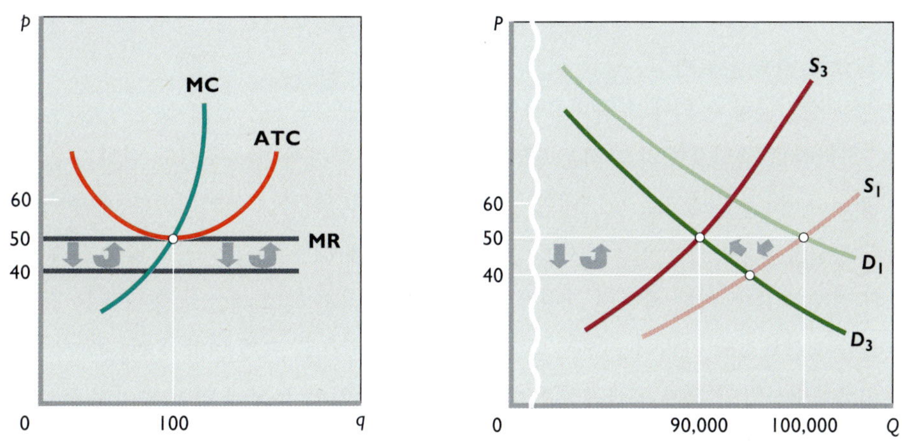


(a) 개별 기업 (b) 산업

지 못하는 상태, 즉 손실 상태를 벗어나 정상이윤을 얻을 수 있는 다른 사업기회를 찾게 된다. 이러한 기업이 퇴출을 선택하면 공급이 감소하여 가격이 40,000원에서 상승하게 된다. 기업의 퇴출은 공급곡선이 $S_3$로 이동할 때까지 계속된다. 그러면 가격은 다시 50,000원이 되어 평균총비용의 최소치와 같아진다. 손실이 발생하지 않게 되면 기존 기업은 정상이윤, 즉 0의 경제적 이윤만을 얻게 된다. 기업은 다른 사업기회에 비해 좋지도 나쁘지도 않는 상태에 있기 때문에 퇴출의 인센티브는 사라진다. 그래서 장기 균형이 다시 회복된다.

그림 7.8(a)와 7.8(b)를 살펴보면 총공급량은 90,000단위이며, 개별 기업은 100단위씩 생산하고 있다. 산업 내 기업의 수는 처음 1,000개에서 900개로 줄었다. 손실로 인해 100개 기업이 퇴출을 선택한 것이다.

알아챘겠지만 어떤 기업이 퇴출되는지에 대해서는 말하지 않았다. 모든 기업의 비용곡선이 동일하다고 가정하였기 때문이다. 하지만 현실세계에서 경영 능력은 기업마다 다르다. 그래서 생산기술이 같더라도 경영 능력이 떨어진 기업의 비용은 더 높을 수밖에 없다. 그래서 수요가 하락했을 때 이러한 기업이 산업을 먼저 떠나게 된다. 마찬가지로 기업이 노동력을 비생산적으로 사용하고 있다면 이들 기업의 비용은 더 높을 것이다. 이러한 기업이 퇴출을 선택하는 유력한 후보자가 된다.

## 비용불변 산업의 장기공급곡선

**장기공급곡선**
장기에서 가격과 공급량과의 관계를 나타낸 그래프

순수경쟁시장의 장기균형은 진입 · 퇴출을 통한 시장공급의 변화에 의해 달성된다. 비록 장기를 다루었지만, 그림 7.7(b)와 7.8(b)에 제시된 공급곡선은 산업의 단기공급곡선이었다. 그렇다면 경쟁 산업의 **장기공급곡선**은 어떤 형태인가? 앞의 분석을 이용하여 답을 구할 수 있다. 여기에서 고려해야 할 것은 산업 내 기업 수가 변하면 개별 기업의 비용이 어떻게 달라지느냐는 것이다.

**비용불변산업**
경제적 이윤이 발생하여 진입기업이 늘어나 생산량이 늘어나더라도 생산요소가격이 변하지 않는 산업

앞의 장기균형 논의에서는 **비용불변산업**을 가정하였다. 즉, 산업 생산이 증가 또는 감소하더라도 생산요소의 가격은 달라지지 않으며, 따라서 비용조건도 변하지 않는다는 것이다. 이를 그래프로 나타내면 기업의 진입 · 퇴출이 이루어지더라도 개별 기업의 장기 평균총비용곡선이 이동하지 않는다. 생산요소에 대한 해당 산업의 수요가 생산요소의 전체 수요에 비해 작다면 그렇게 될 것이다. 그러면 산업 생산이 증가 또는 감소하더라도 생산요소의 가격이 변하지 않고 따라서 생산비용도 크게 변하지 않는다.

비용불변산업의 장기 공급곡선은 어떤 모양일까? 앞의 분석에 답이 주어져 있다. 앞의 분석에서 기업의 진입과 퇴출이 발생하면 산업의 생산량은 변하였지만 가격은 항상

**그림 7.9 장기공급곡선: 비용불변산업과 비용체증산업**

(a) 비용불변산업에서는 새로운 기업이 진입하더라도 생산요소의 가격은 변하지 않으며, 따라서 단위생산비용도 달라지지 않는다. 수요가 $D_1$에서 $D_2$로 증가하거나 $D_1$에서 $D_3$로 감소하면 산업생산은 $Q_1$에서 $Q_2$로 증가하거나 $Q_1$에서 $Q_3$로 감소한다. 그러나 가격은 50,000원으로 동일하다. 즉 산업의 장기공급곡선(S)은 $Z_3$, $Z_1$, $Z_2$를 연결한 수평선이 된다.

(b) 비용체증산업에서는 수요가 $D_3$, $D_1$, $D_2$로 증가하여 새로운 기업이 진입하게 되면 생산요소의 가격이 상승한다. 그래서 단위생산비용이 증가한다. 이에 따라 산업의 생산이 $Q_3$, $Q_1$, $Q_2$로 증가하면서 가격은 45,000원, 50,000원, 55,000원으로 상승한다. 산업의 장기공급곡선($S$)은 $Y_3$, $Y_1$, $Y_2$를 연결한 우상향의 곡선이 된다.

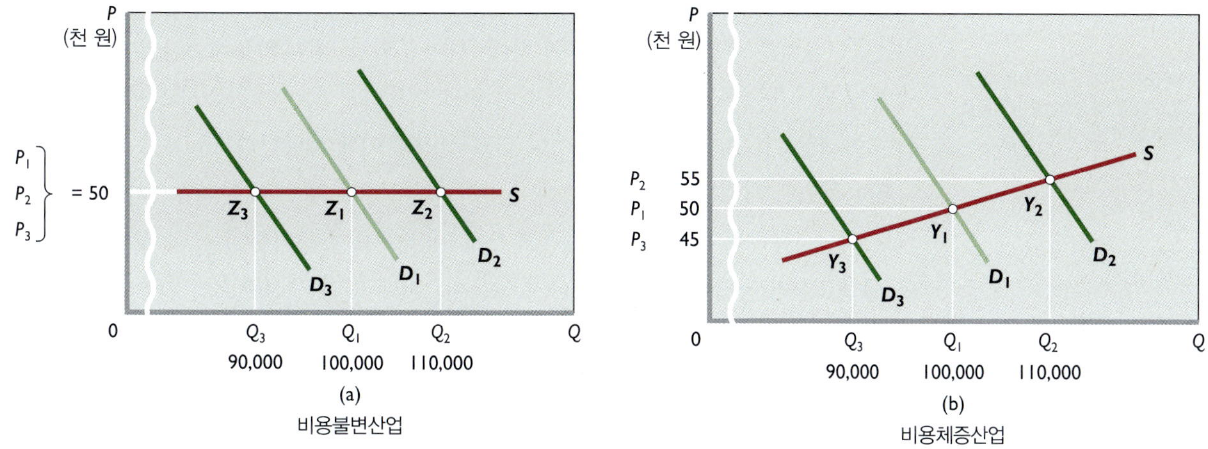


원래 수준으로 되돌아가 평균총비용의 최소치와 같아졌다. 구체적으로 산업의 공급량은 90,000단위, 100,000단위 그리고 110,000단위로 변하였지만, 가격은 항상 50,000원이었다. 이를 달리 표현하면 비용불변산업의 장기 공급곡선은 수평선이며, 무한 탄력적이라는 것이다.

그림 7.9(a)는 이를 그래프로 보여주고 있다. 산업의 초기수요가 $D_1$이고 산업 생산량이 $Q_1$, 즉 100,000단위이며, 가격이 $P_1$, 즉 50,000원이라고 하자. 이것은 그림 7.7과 동일한 것으로 장기균형의 한 점을 나타낸다. 앞에서 보았듯이 수요가 $D_2$로 증가하면 균형이 무너지고 이로 인해 경제적 이윤이 발생하여 새로운 기업이 진입한다. 가격이 평균총비용의 최소치로 떨어질 때까지 기업의 진입은 계속되고 생산량은 계속 증가한다. 새로운 균형에서 가격은 $P_2$, 즉 50,000원이 되고 생산량은 $Q_2$, 즉 110,000단위가 된다.

그림 7.8에서 알 수 있듯이 시장수요가 $D_1$에서 $D_3$로 감소하면 기업의 퇴출이 발생하여 새로운 균형에 도달하는데 그때의 가격은 $P_3$, 즉 50,000원이며, 생산량은 $Q_3$, 즉 90,000단위이다. 그림 7.9(a)의 점 $Z_1$, $Z_2$, $Z_3$는 균형에서의 가격과 생산량을 각각 나타낸다. 이러한 점을 연결한 선은 기업들이 수요 변화에 대응하여 충분한 시간을 가지

고 모든 조정을 하였을 때, 즉 장기균형일 때의 가격과 생산량의 조합을 보여준다. 그래서 이러한 점을 연결한 선이 곧 산업의 장기 공급곡선이라고 할 수 있다. 비용불변 산업의 장기 공급곡선은 그림 7.9(a)에서 볼 수 있듯이 수평선이며, 따라서 공급곡선은 무한 탄력적이다.

## 비용체증산업의 장기공급곡선

**비용체증산업**

장기공급곡선이 우상향하는 산업으로 산업의 생산이 증가할수록 평균총비용이 증가하는 산업

비용불변산업은 특별한 경우에 해당하며, 대부분의 산업은 **비용체증산업**이다. 즉, 산업의 생산이 증가하면 평균총비용곡선이 위로 이동하고 생산이 감소하면 평균총비용곡선이 아래로 이동한다. 건설 산업이나 의료 산업이 이에 해당한다.

일반적으로 새로운 기업이 산업에 진입하면 생산요소의 가격은 상승한다. 특수한 생산요소를 사용하는 산업에서는 생산요소에 대한 수요가 증가하였을 때 장기라 하더라도 생산요소의 공급이 바로 늘어나지 않는다. 이에 따라 생산요소의 가격이 상승하고 기업의 장기 평균총비용도 증가한다. 이러한 비용 상승이 기업의 장기 평균총비용곡선을 위로 이동시키는 것이다.

따라서 비용체증산업에서 수요가 증가하여 경제적 이윤이 발생하면 새로운 기업이 진입하게 되는데 이 때 2가시 요인에 의하여 경제적 이윤이 사라지게 된다. 첫째, 비용불변산업에서처럼 새로운 기업의 진입으로 산업생산이 늘면 가격이 하락하여 이윤이 감소한다. 둘째, 기업의 평균총비용곡선이 위로 이동하여 이윤이 줄어든다. 한편으로 가격이 하락하고 다른 한편으로 비용이 상승하는 것이다. 산업생산의 증가로 생산요소의 가격이 상승하고 이로 인해 평균총비용의 최소치가 높아지기 때문이다. 그 결과 수요가 증가하면 산업생산이 늘어나지만 균형가격도 높아진다.

높아진 가격에서 산업생산이 증가하므로 비용체증산업의 장기공급곡선은 우상향한다. 비용불변산업에서는 90,000단위, 100,000단위, 110,000단위의 산업생산이 동일한 가격 50,000원에서 이루어진다. 그러나 비용체증산업에서는 90,000단위의 생산은 45,000원, 100,000단위의 생산은 50,000원, 110,000단위의 생산은 55,000원에서 이루어진다. 비용체증산업에서 생산이 증가하면 상품의 가격이 상승하게 된다. 생산증가에 따라 단위 생산비용이 늘어나기 때문이다.

이를 잘 보여주는 것이 그림 7.9(b)이다. 처음 수요가 $D_1$으로 주어져 있을 때 균형점은 $Y_1$인데 이 때 균형가격은 $P_1$, 즉 50,000원이고 산업의 균형생산량은 $Q_1$, 즉 100,000단위이다. 이제 수요가 $D_2$로 증가하면 불균형이 초래되고 경제적 이윤이 발생한다. 새로운 기업이 산업에 진입하면 산업 생산량이 증가하고 모든 기업의 생산비용이

## 분석의 응용

### 사업을 한다는 것은 쉬운 일이 아니다

미국 내 사업체의 평균수명은 10.2년에 불과하다. 기업의 약 9.5%가 매년 폐업한다. 나아가 신생기업의 22%가 2년 이내, 53%가 5년 이내, 65%가 10년 이내에 파산한다. 한국의 경우 통계청의 자료에 따르면 2019년 기준으로 신생기업의 35.2%가 1년 이내에 폐업하며, 67.9%가 5년 이내에 파산한다.

Wendell and Carolyn/Getty Images

이러한 수치가 보여주는 것은 치열한 경쟁으로 비용이 높거나 판매가 저조한 기업이 재빨리 퇴출된다는 것이다. 치열한 경쟁의 여건에서 이들 기업의 부실이 금방 드러나고 그래서 소유주가 문을 닫는다는 것이다.

퇴출기업도 많지만 이들 기업에서 빠져 나온 자원을 이용하여 좋은 제품을 낮은 비용으로 생산하기를 기대하며 새롭게 뛰어드는 신생 기업도 많다. 미국의 경우 매년 65만 개가 넘는 신생 기업이 등장한다. 한국의 경우 2019년 말 기준으로 창업 기업은 196만개가 넘었다. 이들 신생 기업의 대부분은 창조적 파괴와 경쟁 압력의 희생자가 되겠지만, 이들의 일부는 유니콘 기업으로 성장하여 제2의 네이버나 카카오가 될 수도 있다.

**질문**

신생 기업의 평균수명에 영향을 주는 요인은 무엇인가? 업종에 따라 평균수명은 어떻게 달라질까?

상승한다. 새로운 균형은 $Y_2$가 되는데 이때 가격은 $P_2$, 즉 55,000원이며 산업의 생산량은 $P_2$, 즉 110,000단위이다.

수요가 $D_1$에서 $D_3$로 감소한 경우를 살펴보자. 기업은 손실을 입게 되고 일부 기업은 산업에서 퇴출된다. 그 결과 생산요소의 가격이 하락하고 산업에 남겨진 기업의 평균총비용곡선이 아래로 이동하면서 평균총비용의 최소치가 낮아진다. 새로운 균형은 $Y_3$에

## 비용체증산업과 비용체감산업

채굴산업은 비용체증산업이지만, 전자산업은 비용체감산업이다.

© Shutterstock

© Shutterstock

서 달성되는데 이 때 가격은 $P_3$, 즉 45,000원이고 산업생산량은 $Q_3$, 즉 90,000단위이다. 이러한 균형점 $Y_3$, $Y_1$, $Y_2$를 연결하면 그림 7.9(b)에 주어진 것처럼 비용체증산업의 장기공급곡선을 구할 수 있다.

### 비용체감산업의 장기공급곡선

비용체감산업

장기공급곡선이 우하향하는 산업으로 산업생산이 증가하면 오히려 평균총비용이 하락하는 산업

**비용체감산업**에서는 산업생산이 증가하면 기업의 생산비용이 감소한다. 이러한 예로 개인 컴퓨터 산업을 들 수 있다. 개인 컴퓨터에 대한 수요가 증가하면서 새로운 기업이 산업에 진입하였고 그 결과 메모리칩이나 하드 드라이브를 비롯하여 모니터, 소프트웨어 등 컴퓨터 부품에 대한 수요가 크게 증가하였다. 그런데 부품 생산이 증가하면 부품 생산에서 규모의 경제가 등장한다. 즉, 부품 생산의 단위생산비용이 낮아지는 것이다. 부품의 생산비용이 하락하자 부품가격이 낮아졌고 이로 인해 컴퓨터의 평균생산비용도 하락하였던 것이다. 그 결과 개인 컴퓨터의 공급 증가가 수요 증가보다 커져 개인 컴퓨터의 가격이 떨어지게 된 것이다. 그림 7.9에 나타나 있지는 않지만, 비용체감산업의 장기공급곡선은 우하향한다.

비용체감산업에서는 불행하게도 산업생산이 감소하면 오히려 비용이 증가한다. 예를 들어 비용체감산업에서 국제 경쟁이 치열해져 수요가 감소하였다고 하자. 그러면 기업은 손실을 입게 되고 일부 기업은 퇴출을 선택한다. 이로 인해 산업에 남아 있는 기업의 평균총비용의 최소치는 상승한다. 결국 장기균형에서 가격은 이전에 비해 높아지게 된다.

## 순수경쟁과 효율성

이 장의 궁극적 목적은 순수경쟁시장의 장기균형에서 효율성을 살펴보는 것이다. 비용불변이나 비용체증 산업을 가정하면 장기균형에서 모든 기업은 효율성의 측면에서 동일한 특징을 보인다. 그림 7.10에서 볼 수 있듯이 가격(한계수입)은 평균총비용의 최소치와 같다. 즉, 가격 = 평균총비용의 최소치다. 게다가 한계비용곡선이 평균총비용곡선의 최저점과 교차하므로 장기균형에서 한계비용과 평균총비용은 같다. 즉, 한계비용=평균총비용의 최소치다. 따라서 장기균형에서는 가격(한계수입)=한계비용=평균총비용의 최소치라는 등식이 성립한다.[2] 장기균형에서는 위 등식이 성립하는 생산단위 $Q_f$에서 생산이 이루어진다.

위의 등식은 장기균형에 대해 2가지의 중요한 사실을 알려준다. 첫째, 기업이 단기에서는 경제적 이윤을 얻을 수 있고 손실을 볼 수도 있지만 장기에서는 경제적 이윤이 0이라는 것이다. 즉, 정상이윤만을 얻는다. 기업이 이윤극대화를 위해 한계수입=한계비용의 규칙에 따라 생산하다 보면 그러한 결과가 초래된다는 것이다. 둘째, 이윤 극대화를 추구하는 기업이 가격=한계비용인 점에서 생산하다 보면 장기적으로는 평균총비용이 최소가 되는 점에서 생산하게 된다는 것이다.

이것은 대단히 중요하다. 순수경쟁이 자원의 효율적 사용을 유도한다고 암시하기 때문이다. 사실 제5장에서 설명한 공공재나 외부성의 경우를 제외하면 비용불변이나 비용체증 산업으로 이루어진 이상적인 순수경쟁시장은 생산의 효율성뿐 아니라 배분의 효율성도 가져다준다.

### 생산의 효율성: 가격=평균총비용의 최소치

장기에서 순수경쟁기업은 평균총비용의 최소치에서 생산하며 그 비용과 동일한 가격을 부과한다. 그렇게 하지 않으면, 즉 최선의 생산방법이나 요소결합을 사용하여 비용을 최소화하지 않으면 기업이 살아남을 수 없기 때문이다.

정말 그렇게 하는지 알아보기 위해 마늘 산업을 살펴보자. 여기에서 마늘 산업은 순수경쟁산업이며, 그림 7.10은 이 시장을 나타낸다고 하자. 그리고 그림 7.10의 균형점에서 각 농가는 마늘을 100단위(1단위=1트럭 분량) 생산하며, 1단위 생산에 5만 원의 비용이 든다고 하자. 즉 100단위를 생산하는 데 5백만 원의 비용이 든다. 어떤 농가가 7백만 원의 비용을 들여 100단위를 생산했다면 이것은 자원을 낭비한 것이다. 생산이

---

2) 이 등식은 비용체감 산업에는 적용되지 않을 수 있다. 평균비용이 지속적으로 하락하게 되면 한계비용은 항상 평균총비용보다 낮을 것이기 때문이다. 이 때 '자연독점'이 발생하는데 이것은 제8장에서 살펴본다.

그림 7.10 **경쟁 기업의 장기균형**

가격=한계비용=평균총비용의 최소치라는 등식은 기업이 생산의 효율뿐 아니라 배분의 효율을 달성하고 있다는 것을 의미한다. 기업은 가장 효율적인 기술을 사용하며 가장 낮은 가격을 부과한다. 그리고 주어진 비용에서 생산량을 최대화한다. 이 때 기업은 정상 이윤만을 얻는데 정상 이윤은 비용에 속하는 것으로 평균총비용에 포함되어 있다. 가격=한계비용이라는 등식은 희소한 자원이 소비자의 선호에 따라 배분되고 있음을 의미한다.

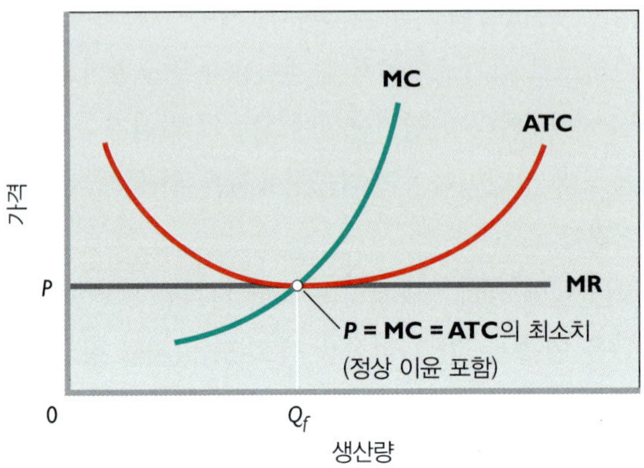


란 사회적으로 유용한 상품을 생산하기 위하여 유용한 자원이 소모되는 과정이다. 그런데 다른 농가는 동일한 가치의 마늘을 생산하는 데 더 적은 자원을 소비하고 있다. 즉, 다른 농가는 100단위의 마늘을 생산하는 데 5백만 원의 가치를 가진 생산요소를 소모하여 생산하고 있다. 이보다 2백만 원을 더 들여 생산하였다는 것은 사회적으로 보면 다른 것을 생산하는 데 쓰일 수 있었을 2백만 원만큼의 생산요소가 낭비된 것으로 그만큼 순손실이 발생한 것이다. 그러나 이런 일은 경쟁시장에서는 일어나지 않는다. 생산요소를 낭비한 농가는 2백만 원의 손실을 입게 되므로 비용을 줄여야 하거나 그렇지 않으면 퇴출되기 때문이다.

눈여겨 보아야 할 점은 소비자도 생산의 효율성으로 이익을 본다는 것이다. 소비자는 현재의 기술이나 비용조건에서 가장 낮은 가격으로 상품을 구입하게 된다. 기업은 정상이윤만을 받으며, 이러한 이윤은 경제적 비용에 포함되는 것으로 평균총비용곡선에 이미 반영되어 있다.

## 배분의 효율성: 가격=한계비용

생산의 효율성이 달성되더라도 자원배분의 효율성이 달성되는 것은 아니다. 비록 최소비용으로 생산되었다 하더라도 소비자가 이를 구매하리라는 보장이 없기 때문이다. 소비자들이 원하는 상품 생산이 부족할 수 있고 원하지 않는 상품의 생산이 많을 수 있다. 다행스럽게도 순수경쟁의 장기균형은 배분의 효율성을 보장한다. 그래서 사회의 희소한 자원이 사람들이 가장 소비하고픈 재화나 서비스의 생산에 배분된다.

배분의 효율성이 달성된 상태란 생산된 재화와 서비스의 구성이 달라지더라도 사회적 순이익이 증가하지 않는 상태를 말한다. 즉, 사회적 순이익이 최대가 되도록 재화와 서비스의 생산이 이루어진 상태를 말한다. 이를 판단하는 데 다음의 2가지 요소가 매우 중요하다.

- 상품의 가격은 그 상품이 1단위 추가되었을 때 얻게 되는 사회적 가치를 나타낸다. 마늘의 예를 들자면 마늘의 가격은 마늘을 1단위 더 소비한다면 얻을 수 있는 소비자 이익의 증가분(한계 편익)을 나타낸다.
- 한계비용은 상품을 1단위 추가적으로 생산하였을 때 이로 인해 지불해야 하는 사회적 가치를 나타낸다. 즉, 이로 인해 희생된 다른 재화의 가치(기회비용)를 말한다. 마늘을 1단위 더 생산하려면 다른 재화의 생산에 투입될 수 있었을 생산요소를 추가적으로 투입해야 한다. 따라서 한계비용은 마늘을 1단위 더 생산하기 위하여 사회가 희생해야하는 가치를 나타낸다.

**효율적 배분** 순수경쟁에서 이윤 극대화를 추구하는 기업은 가격(한계편익)이 한계비용과 같아지는 점에서 생산하기 때문에 자원의 효율적 배분이 달성된다. 그 점에서는 생산된 마지막 단위에 대해 소비자가 평가하는 가치(가격)가 이를 생산하기 위하여 희생된 가치(한계비용)와 같다. 가격이 한계비용과 다른 점에서 생산하면 전체 소비자의 이익은 줄어든다. 예를 들어, 마늘이 그림 7.10에서 가격=한계비용이 달성된 점에서보다 많이 생산되었다고 하자. 그러면 추가적으로 생산된 마늘의 가치(마늘 소비자의 이익 증가)는 이로 인해 생산할 수 없었던 다른 재화의 가치(다른 재화 소비자의 이익감소)보다 적다. 마늘의 생산을 줄이고 다른 재화의 생산을 늘리면 사회적 이익이 증가하는 것이다. 마찬가지로 가격=한계비용이 달성된 점에서보다 마늘 생산량이 적다고 하면 소비자 전체의 이익은 줄어든다. 마늘 생산에 쓰였을 생산요소의 일부가 다른 재화의 생산에 쓰이고 있는 셈이다. 이때에는 마늘 생산의 감소로 희생된 가치(마늘 소비자의 이익 감소)가 다른 재화 생산의 증가로 추가된 가치(다른 재화 소비자의 이익증가)보다 크다. 다른 재화의 생산을 줄여 마늘의 생산을 늘리면 사회적 이익이 증가하는 것이다.

**동태적 조정** 순수경쟁시장의 또 다른 특징은 경제에 충격이 주어져 불균형이 발생하더라도 다시 효율성이 회복된다는 것이다. 소비자 취향, 생산요소 공급, 기술 등이 변하면 이에 적응하여 생산요소의 재배치가 자동적으로 행해진다. 예를 들어, 마늘이나 마늘즙의 인기가 크게 늘어났다고 하자. 그러면 마늘의 가격이 상승할 것이다. 이때 마늘 생산이 늘지 않는다면 마늘의 가격은 한계비용보다 커지게 된다. 가격이 한계비용보다 크다는 것은 자원배분이 비효율적이라는 것을 뜻한다. 그러나 마늘 가격이 상승하면 경쟁시장에서는 마늘의 생산이 증가하게 된다. 마늘 가격의 상승으로 마늘 산업에 경제적 이윤이 발생하고 이에 따라 마늘 산업은 예를 들어, 양파생산에 투입되던 자원을 끌어 오게 된다. 이에 따라 마늘의 생산이 증가하고 이러한 생산 증가는 마늘 가격이 한계비용과 같아질 때까지 계속된다. 결국 가격이 한계비용과 같아지게 되고 이에 따라 배분의 효율성이 다시 회복되는 것이다.

이와 유사하게 마늘을 수확하는 근로자의 공급이 변할 수 있고 생산기술이 변할 수 있다. 그러면 한계비용이 상승하거나 하락하여 가격이 한계비용과 달라진다. 그러면 이윤을 추구하고 손실을 회피하려는 기업가는 가격과 한계비용이 같아질 때까지 생산요소의 고용을 재조정한다. 그렇게 함으로써 기업가는 외부의 충격으로 잠시 초래된 자원배분의 비효율성을 교정하게 된다.

**'보이지 않는 손': 재론** 순수경쟁이 초래하는 자원배분의 효율성은 기업가나 자원 공급자들이 자기 이익을 추구하기 때문에 실현된다. 제5장에서 논의한 외부성이 존재하는 경우는 달라지지만, 일반적인 사적 재화에 대해서는 제2장에서 논의한 '보이지 않는 손'이 작동하는 것이다. 경쟁은 생산자의 이윤을 극대화시키는 데 그치지 않고 소비자의 만족이 최대화되도록 자원을 배분한다. 그래서 보이지 않는 손은 생산자의 사적 이익을 사회적 이익과 일치하도록 조정해준다. 즉, 희소한 자원을 가장 효율적으로 사용하게 만든다는 것이다. 기업가가 이윤을 얻고자 노력하고 손실을 회피하고자 힘쓰다 보면 경제적으로 아주 바람직한 결과가 초래된다는 것이다.

## 요약

**1.** 시장의 형태와 특징

경제학자들은 다양한 산업을 4가지 시장구조로 구분한다. (a) 순수경쟁, (b) 독점적 경쟁, (c) 과점, (d) 순수독점으로 나눈다.

**2.** 순수경쟁시장의 성립조건

순수경쟁산업은 매우 많은 수의 독립된 기업들로 구성된다. 그리고 이들은 표준화된 상품을 생산한다. 순수경쟁은 기업이나 생산요소가 산업 간 자유롭게 이동할 수 있다고 가정한다. 그리고 기업들은 순수경쟁산업에 자유롭게 진입할 수 있고 기존 기업은 자유롭게 퇴출할 수 있다.

**3.** 순수경쟁시장에서 기업의 이윤극대화

순수경쟁시장의 기업은 상품의 가격에 아무런 영향을 주지 못한다. 그래서 개별 기업이 직면하는 수요는 시장가격에서 완전 탄력적이다. 이 때 한계수입과 평균수입은 가격과 동일하다.

단기에서 경쟁기업은 시장가격이 평균가변비용의 최소치보다 높을 때에 한하여 한계수입=한계비용의 규칙에 따라 생산하는 것이 이윤을 극대화하거나 손실을 최소화할 수 있다.

가격이 평균가변비용의 최저치보다 낮다면 조업중단을 택하는 게 기업의 손실을 최소화하는 방법이다. 가격이 평균가변비용보다 높고 평균총비용보다 낮다면 기업은 가격=한계비용이 같아지도록 생산하면 손실이 최소화된다. 가격이 평균총비용보다 높다면 기업은 양(+)의 이윤을 얻을 수 있는데 가격=한계비용이 같아지도록 생산하면 이윤이 극대화된다.

**4.** 경쟁기업의 공급곡선

여러 시장가격에서 가격=한계비용 규칙을 적용하여 이윤 극대화 또는 손실 최소화 생산량을 구하면 개별 기업의 단기공급곡선을 구할 수 있다. 경쟁 기업의 단기 공급곡선은 평균가변비용 곡선 위쪽에 있는 한계비용 곡선이다.

**5.** 순수경쟁 시장의 장기균형

경쟁 산업의 장기균형에서 가격=평균총비용의 최소치가 성립한다. 이보다 가격이 높으면 경제적 이윤이 발생하여 새로운 기업이 산업에 진입한다. 이러한 진입은 경제적 이윤이 사라질 때까지 지속된다. 이보다 가격이 낮으면 손실이 발생하여 기업의 퇴출이 이루어진다. 이러한 퇴출은 가격이 평균총비용과 같아질 때까지 지속된다.

**6.** 순수경쟁 산업의 장기공급곡선

경쟁 산업의 장기 공급곡선은 비용불변 산업일 때는 수평이며, 비용체증 산업일 때는 우상향하며 비용체감산업일 때는 우하향한다.

**7.** 순수경쟁 시장의 장기균형과 효율성

경쟁 산업의 장기 균형에서 가격=평균총비용의 최소치의 등식이 성립한다는 것은 경쟁기업이 기존의 기술을 가장 효율적으로 사용하여 있으며, 가장 낮은 가격을 부과하고 있다는 것을 의미한다. 즉, 순수경쟁 시장은 생산의 효율성을 달성한다.

경쟁 산업의 장기 균형에서 가격=한계비용의 등식이 성립한다는 것은 자원이 소비자의 선호에 따라 배분된다는 것을 의미한다. 즉, 순수 경쟁시장은 배분의 효율을 달성한다. 그리고 경쟁시장은 소비자의 선호, 기술, 요소공급량의 변화에 대응하여 자원을 재배치하며, 이를 통해 배분의 효율성이 다시 달성될 수 있게 만든다.

## 주요 용어 및 개념

가격수용자
단기공급곡선
비용불변산업
비용체감산업
비용체증산업
장기공급곡선
총수입
평균수입
한계수입
한계수입=한계비용 규칙

## 연습문제

**1.** 순수경쟁산업의 특징이라고 할 수 없는 것은?

① 매우 많은 기업 ② 많은 대체재
③ 품질 경쟁 ④ 가격수용자
⑤ 진입 · 퇴출의 자유

**2.** 경쟁기업에 대한 설명으로 틀린 것은?

① 개별 기업의 수요곡선은 완전 탄력적이다.
② 한계수입곡선은 우하향한다.
③ 평균수입 = 한계수입이다.
④ 한계수입 = 한계비용인 생산량에서 이윤이 극대화된다(단, 한계비용이 상승할 때).
⑤ 가격=한계비용인 생산량에서 이윤이 극대화된다(단, 한계비용이 상승할 때).

**3.** 경쟁기업이 단기에 손실을 보고 있지만 생산을 계속하고 있다. 이때 시장가격이 상승하였는데 기업은 여전히 손실을 보고 있다. 다음의 설명 중 맞는 것은?

① 기업의 한계비용곡선이 위로 이동한다.
② 기업의 한계수입곡선이 위로 이동한다.
③ 시장가격은 기업의 평균 가변비용곡선의 최저치보다 낮다.
④ 기업은 생산을 중단할 것이다.
⑤ 기업의 총수입은 가변비용보다 적다.

**4.** 경쟁기업의 단기공급곡선을 바르게 설명한 것은?

① 평균가변비용의 최소치보다 위에 있는 한계비용곡선이다.
② 평균총비용의 최소치보다 위에 있는 한계비용곡선이다.
③ 한계비용 곡선의 증가하는 부분이다.
④ 평균총비용 곡선의 증가하는 부분이다.
⑤ 가격이 평균총비용의 최소치보다 낮으면 공급량은 0이다.

**5.** 경쟁시장의 장기균형에 대한 설명으로 잘못된 것은?

① 기업은 정상이윤을 얻지 못한다.
② 가격은 평균총비용의 최소치에서 결정된다.
③ 가격은 한계비용과 같다
④ 기업의 진입 · 퇴출이 이루어지지 않는다.
⑤ 기업은 한계수입=한계비용인 점에서 생산한다.

**6.** 경쟁 산업의 장기공급곡선에 대한 설명으로 잘못된 것은?

① 비용불변 산업에서 기업의 퇴출이 발생하더라도 장기 균형가격은 변하지 않는다.
② 비용불변 산업의 장기공급곡선은 비탄력적이다.
③ 비용체증 산업에서 기업의 진입이 발생하면 평균 총비용이 상승한다.
④ 비용체증 산업의 장기공급곡선은 우상향한다.
⑤ 규모의 경제가 작용하면 장기공급곡선은 우하향한다.

**7.** 경쟁시장의 효율성에 대한 설명으로 틀린 것은?

① 장기적으로 기업은 최선의 생산방법으로 생산한다.
② 장기적으로 기업은 소비자가 가장 소비하고픈 재화를 생산한다.

③ 충격이 주어지더라도 경제의 효율성은 스스로 회복된다.
④ 비용체감 산업일 때 경쟁시장의 효율성이 가장 커진다.
⑤ 공공재나 외부성이 존재하면 경쟁시장은 비효율적일 수 있다.

**8.** 어떤 순수경쟁 산업에서 상품의 시장가격이 20,000원이다. 이 산업에 속한 기업의 단기 비용조건은 다음과 같이 주어져 있다. 즉, 고정비용은 100,000원이며, 가변비용은 처음 50개까지 생산할 때는 1단위 생산에 10,000원이 들지만, 50개를 초과하면 1단위 생산에 25,000원이 된다. 이 기업의 이윤 극대화 생산량을 구하시오.

**9.** 완전경쟁기업의 비용자료가 다음과 같이 주어져 있다.

| 총생산량 | 평균고정비용 | 평균가변비용 | 평균총비용 |
|---|---|---|---|
| 1 | 60,000 | 45,000 | 105,000 |
| 2 | 30,000 | 42,500 | 72,500 |
| 3 | 20,000 | 40,000 | 60,000 |
| 4 | 15,000 | 37,500 | 52,500 |
| 5 | 12,000 | 37,000 | 49,000 |
| 6 | 10,000 | 37,500 | 47,500 |
| 7 | 8,570 | 38,570 | 47,140 |
| 8 | 7,500 | 40,630 | 48,130 |
| 9 | 6,670 | 43,330 | 50,000 |
| 10 | 6,000 | 56,500 | 52,500 |

(1) 시장가격이 56,000원일 때 이 기업의 이윤 극대화 생산량은 얼마인가?
(2) 시장가격이 얼마 이하로 떨어지면 이 기업은 생산을 중단하는가?
(3) 이 기업이 속한 완전 경쟁적 산업에 1,500개의 기업이 있다. 각 기업은 모두 동일한 비용구조를 가지고 있다. 시장수요가 아래와 같이 주어져 있을 때 시장 균형가격을 구하시오.

| 시장가격(원) | 총수요량(개) |
|---|---|
| 26,000 | 17,000 |
| 32,000 | 15,000 |
| 38,000 | 13,500 |
| 41,000 | 12,000 |
| 46,000 | 10,500 |
| 56,000 | 9,500 |
| 66,000 | 8,000 |

**10.** 완전경쟁기업의 단기공급곡선을 그려보시오. 그리고 조업중단점과 손익분기점을 표시하시오.

CHAPTER 08

# 순수독점

**학습내용**

1. 순수독점의 특징과 진입장벽
2. 순수독점 기업의 이윤극대화 생산량과 가격 결정
3. 독점의 경제적 효과
4. 독점기업의 가격 차별
5. 독점금지법의 내용

---

이제 순수 경쟁에서 순수독점으로 관심을 돌려보자. 여러분은 독점기업이나 '근사 독점' 기업을 생각한 것보다 자주 마주친다. 약국에서 처방약을 구입하였다면 독점상품을 구입하였을 가능성이 크다. 유선 케이블회사에 가입하였거나 전기를 사용하였다면, 그리고 프로야구를 보러 갔다면 그것은 지역 사정에 따라 독점기업을 이용한 것일 수 있다.

순수독점이란 정확히 무엇을 의미하는가? 어떤 조건에서 등장하고 유지되는가? 순수독점기업은 이윤극대화 가격과 생산량을 어떻게 결정하는가? 순수독점기업은 완전경쟁과 비교하여 효율성에 차이가 없는가? 효율성이 떨어진다면 정부는 어떤 대책이라도 마련해야 하는가? 순수독점 모형은 이러한 질문에 답해 줄 것이다.

## 순수독점: 서론

**순수독점**

단일 기업이 밀접한 대체재가 존재하지 않은 상품을 유일하게 공급하고 있을 때

단일 기업이 밀접한 대체재가 존재하지 않은 상품을 유일하게 공급하고 있을 때 **순수독점**이 존재한다고 말한다. 순수독점의 주요 특징은 다음과 같다.

- **단일의 공급자**: 순수독점, 즉 완전독점이란 단일 기업이 산업에서 유일하게 재화나 서비스를 공급할 때이다. 이때 기업은 곧 산업이 된다.
- **밀접한 대체재의 부재**: 순수독점기업의 생산물은 밀접한 대체제가 없다는 점에서 비교 대상이 없다. 소비자가 독점기업의 생산물을 사지 않으면 그와 비슷한 제품을 구할 수 없다.
- **가격 책정자**: 순수독점기업은 시장공급을 조절할 수 있어서 가격에 대한 지배력을 상당히 크게 가지고 있다. 그래서 가격책정자이다(이와 달리 순수경쟁기업은 그러한 지배력을 가지고 있지 않아서 가격 수용자이다). 순수독점기업이 직면하는 수요곡선은 통상 우하향한다. 독점기업은 생산량을 조정하여 가격을 변경시킬 수 있다. 이러한 지배력을 이용하는 것이 이익이라면 독점기업은 언제든지 이를 이용하려고 한다.
- **진입의 봉쇄**: 순수독점기업의 눈앞에는 당면한 경쟁기업이 없다. 진입장벽들로 인해 잠재적 경쟁자가 산업에 진입할 수 없기 때문이다. 이러한 장벽에는 경제적, 기술적, 법적 장벽 등이 있을 수 있다. 순수독점에서는 진입이 철저히 봉쇄되이 있다.
- **비가격경쟁**: 순수독점기업의 생산물은 전기나 천연가스처럼 표준화되어 있거나 윈도우즈 운영체계처럼 차별화되어 있다. 표준화된 상품을 생산하는 독점기업은 기업의 이미지 광고를 주로 하고 차별화된 상품을 생산하는 독점기업은 상품의 속성을 광고하기도 한다.

순수독점의 사례는 비교적 드물지만, 이에 약간 못 미치는 독점은 쉽게 볼 수 있다. 정부가 소유하고 있거나 정부의 규제를 받고 있는 공기업들은 모두 독점기업이거나 실질적인 면에서 독점기업이다. 이러한 사업체로 코레일이나 한국전력, 지하철, 상수도 등을 들 수 있다.

또한 단일 기업이 특정 시장의 판매액 대부분을 차지하는 '근사 독점' 기업도 많다. 예를 들어 삼성전자는 2021년 3분기에 국내 스마트폰 시장의 85%를 차지하였다. 그리고 현대 · 기아자동차는 2021년 국내자동차 시장의 80% 이상을 점유하고 있다. 동서식품은 2021년 국내커피믹스 시장의 89%를 차지하였다. 카카오톡은 국내 모바일 메신저 시장의 80% 이상을 점하고 있다.

어떤 의미에서 프로 스포츠 팀은 독점기업이다. 넓은 지역에 걸쳐 특정 서비스를 제

공하는 유일한 공급자이기 때문이다. 몇 가지 예외를 제외하면 대도시에는 지역 연고를 가진 프로 스포츠 팀이 하나씩 있다. 대구나 광주에서 프로야구를 경기장에서 보게 되면 각각 삼성 라이온스나 기아 타이거즈 팀의 단골이 될 수밖에 없다. 다른 형태의 지리적 독점의 사례도 있다. 예를 들어, 소도시에는 유선 케이블 회사를 비롯하여 버스 회사나 백화점이 하나밖에 없을 수도 있다. 그리고 도시에서 멀리 떨어진 조그만 시골 마을에 있는 이발소, 세탁소, 야채가게 등도 독점기업에 가깝다고 할 수 있다.

물론 독점이라 하더라도 언제나 경쟁은 일부 존재한다. 위성 텔레비전은 유선 케이블 방송의 대체제이고, 아마추어 야구 경기는 프로야구 경기의 대체재이다. 그리고 리눅스 운영체제는 윈도우즈를 대체할 수 있다. 이러한 사례는 많다. 그러나 이러한 대체재는 대체로 여러 점에서 호감이 뒤떨어진다.

## 진입장벽

**진입장벽**이란 기업의 산업 진입을 저지하는 요인들을 말한다. 순수독점에서는 진입장벽이 강력하여 모든 잠재적 경쟁자의 진입을 효과적으로 봉쇄한다. 진입장벽이 이보다 약하게 되면 몇 개의 기업이 시장을 지배하게 되는데 이것이 과점이다. 그리고 이보다 진입장벽이 더 약해지면 꽤나 많은 경쟁기업이 진입할 수 있게 되는데, 이것이 독점적 경쟁시장이다. 모든 진입장벽이 사라지면 매우 많은 수의 기업이 진입할 수 있는데, 이것이 순수경쟁의 토대를 이룬다. 이처럼 진입장벽은 순수독점이라는 극단적인 사례에만 관련된 것이 아니라 독점과 유사한 특징이나 행위가 존재하는 시장구조와 관련되어 있다.

진입장벽
기업의 산업 진입을 저지하는 요인들

이제 가장 잘 알려진 4가지 형태의 진입장벽을 살펴보자.

### 규모의 경제

일부 산업에서 현대기술의 특징은 규모의 경제가 매우 크다는 것이다. 여기에서 규모의 경제란 기업의 규모가 커짐에 따라 평균총비용이 하락하는 것을 말한다. 이때에는 기업의 장기평균비용이 생산의 범위가 크게 늘어나더라도 계속 감소하게 된다. 시장수요가 주어져 있다면 몇 개의 대기업 혹은 극단적인 경우에는 단일 기업만이 가장 낮은 수준의 평균총비용에 도달할 수 있다.

이러한 산업에 순수독점기업이 존재하게 되면 규모의 경제는 진입장벽으로 작용하게 되고, 독점기업을 경쟁으로부터 보호하게 된다. 소규모의 생산자가 산업에 진입하려고 해도 독점기업이 누리는 비용의 경제성을 실현할 수 없다. 그래서 독점기업보다 가격경쟁력이 약해 퇴출되고 만다. 독점기업은 규모의 경제로 인해 단위 생산비용이 낮기 때문에 진입기업보다 훨씬 낮은 가격에 팔더라도 여전히 이윤을 낼 수 있다. 진입기업이 처음부터 규모의 경제를 실현하기 위해 대규모의 생산시설을 갖추고 산업에 진입할 수 있다. 그러나 대규모 생산설비를 갖추려면 막대한 자금이 필요하고 소비자의 기존 생산물에 대한 충성도가 높아 진입은 큰 손실을 초래할 수 있다. 경험이 없는 신생기업이 자금을 조달하기는 쉽지 않을 것이다. 대부분의 경우 '대규모 창업'에 따른 위험과 금융상의 장애로 인해 창업이 거의 불가능하다. 이러한 이유로 컴퓨터 운영체제, 민간 항공기, 철강 등의 산업에 진입하려는 시도는 거의 이루어지지 않는다.

자연독점
가장 큰 생산설비를 갖춘 기업의 단위생산 비용이 가장 낮아 다른 기업은 진입하지 못하기 때문에 생기는 독점

시장수요곡선이 장기 평균총비용곡선과 교차하는 점에서 평균총비용이 하락하고 있다면 이때 산업에 기업은 하나만 존재하게 된다. 가장 큰 생산설비를 갖춘 기업의 단위 생산비용이 가장 낮아 다른 기업은 진입하지 못한다. 이 때 하나만 존재하게 되는 기업을 **자연독점**기업이라고 한다. 자연독점기업의 시장수요곡선이 장기 평균총비용곡선과 교차하는 점에서 가격을 설정하면 그 가격은 시장이 경쟁적일 때에 비하여 낮다. 그래서 하나의 기업만 존재하는 것이 효율적으로 여겨질 수 있다. 그러나 독점기업은 시장수요곡선이 장기 평균총비용곡선과 교차하는 점에서 가격을 설정하지 않는다. 여느 독점기업과 마찬가지로 자연독점기업은 경제적 이윤을 얻기 위해 평균총비용보다 훨씬 높은 가격을 설정한다. 그렇게 되면 자연독점기업이 누리는 가장 낮은 단위생산비용이라는 이점은 독점기업에 이윤을 안겨줄 뿐이고 소비자에게 낮은 가격을 제공해 주지는 않는다.

### 법적 장벽: 특허와 면허

정부는 특허와 면허를 부여하여 법적 장벽을 만들기도 한다.

**특허** 특허란 발명가가 자신의 발명에 대해 갖는 배타적 권리로 이를 스스로 사용하거나 또는 다른 사람이 이를 사용할 수 있도록 허용할 수 있다. 특허 및 특허법의 목적은 발명가를 경쟁자로부터 보호하는 것으로, 경쟁자가 개발비용이나 노고를 분담하지 않고서 발명을 사용하는 것을 막고 있다. 특허를 통해 발명가는 특허의 존속기간 동안 독점적 지위를 가질 수 있다. 특허존속기간은 국제협약에 따라 특허출원시점부터 20년이다. 특허는 현대의 공룡기업이라고 할 수 있는 아이비엠(IBM), 화이자, 인텔, 제록스, 아마존, 듀퐁 같은 기업의 성장에 지극히 중요한 역할을 하였다.

연구개발(R&D)이 이루어지면 대부분 특허 가능한 발명이나 생산물을 얻게 된다. 자신의 연구를 통해 특허를 얻거나 다른 기업의 특허를 매입한 기업은 이러한 특허를 이

용하여 자신의 시장 지위를 강화시킬 수 있다. 특허로 얻게 된 이윤은 연구 자금으로 쓰여 특허 가능한 새로운 생산물이 개발될 수 있다. 제약 산업에서 처방약에 대한 특허는 막대한 독점이윤을 창출하였는데, 이것은 특허 가능한 새로운 의약품 발견을 위한 자금 조달에 도움을 주었다. 그래서 특허가 결국 만료되어 복제의약품이 오리지널 의약품과 경쟁을 하게 되더라도 특허를 통해 획득한 독점력은 자생적으로 계속 유지될 것은 틀림없다.

**면허** 정부는 면허 발급을 통해 특정 산업이나 직업에의 진입을 제한할 수 있다. 방송통신위원회는 각 지역마다 종합유선방송사에 대한 면허를 부여하고 있다. 그리고 택시를 운전하려면 지방자치단체들이 일정한 요건을 갖춘 운전자에게 발급하는 면허를 취득해야 한다. 이 결과 택시의 공급이 제한되어 택시 소유자나 운전자는 경제적 이윤을 얻을 수 있다. 새로운 택시가 산업에 진입할 수 없어 가격이나 이윤이 하락하지 않기 때문이다. 일부 사례에서는 정부가 특정 생산물의 공급에 대한 '면허'를 자신에게만 부여하여 국가독점을 창출하기도 한다. 예를 들어, 미국의 일부 주에서는 주정부 소유의 소매점에서만 주류를 팔 수 있다. 그리고 미국의 많은 주에서 복권의 운영은 주정부 자신만이 할 수 있도록 '면허'를 주고 있다.

### 필수자원의 소유나 통제

독점기업은 사유재산권을 이용하여 잠재적 경쟁기업의 진입을 막을 수 있다. 예를 들어, 생산과정에 필수불가결한 자원을 소유하거나 지배하는 기업은 이를 다른 기업에 판매하지 않음으로써 경쟁기업의 진입을 저지할 수 있다. 한때 캐나다의 인터내셔널 니켈(현재는 베일 캐나다로 불린다)은 발견된 전 세계 니켈 매장량의 90%를 차지하였다. 인근의 모든 모래 및 자갈 매장층을 소유하는 지역 기업은 다른 기업이 이를 이용하여 생산하는 것을 막을 수 있다. 또한 기존의 프로 스포츠리그가 최우수 선수들과 계약을 하고 있으며, 주요 경기장과 장기간의 임대계약을 맺고 있으면 선수나 경기장을 확보할 수 없어 새로운 리그의 창설은 매우 어렵게 된다.

### 가격설정 등 진입제한 전략

규모의 경제가 크지 않거나 필수 자원을 소유하지 않더라도 독점기업은 산업에 진입하려는 경쟁자의 시도에 전략적으로 대응하여 진입을 봉쇄할 수 있다. 새로운 경쟁자의 진입에 직면하여 독점기업은 가격을 크게 낮추거나 광고를 늘리는 등 진입기업이 발을 못 붙이도록 하는 여러 전략적 행동을 취함으로써 '진입장벽의 창출'을 꾀할 수 있다.

진입 억제의 사례들은 여러 산업에서 나타난다. 2005년 덴츠 플라이는 미국 틀니 시장의 70%를 차지하는 지배적 생산자였다. 그런데 독립 소매상이 자신의 틀니를 팔려고 하면 다른 경쟁사의 틀니를 취급하지 못하도록 하였다. 소매상에 접근하기 어려워서 외국의 잠재적 경쟁자들의 미국 틀니 시장 진입이 억제되었다. 이것은 경쟁자를 배제하기 위한 배타적 거래로 불법으로 밝혀졌다. 또 다른 사례로 2015년 미국의 아메리칸 익스프레스 카드사는 불법적으로 거래를 제한하였다는 이유로 유죄 판결을 받았다. 아메리칸 익스프레스 카드의 가맹점이 비자나 마스터카드와 같은 경쟁 신용카드의 판촉활동을 하지 못하게 막았기 때문이다.

## 독점시장의 수요

이제까지 독점을 초래하는 요인들을 설명하였는데, 이제 순수독점모형을 만들어 독점기업의 가격 및 생산량 결정을 분석하여 보자. 이를 위해 3가지를 가정한다.

- 기업은 특허, 규모의 경제 또는 자원의 소유권 등을 이용하여 독점을 유지한다.
- 어떤 정부기관도 기업을 규제하지 않는다.
- 독점기업은 단일가격을 설정한다. 기업은 모든 생산물에 대해 동일한 가격을 부과한다.

순수독점기업과 순수경쟁 기업 간의 결정적 차이는 시장의 수요 측면에 있다. 순수경쟁기업은 시장 수요와 공급에 의해 결정된 가격에서 수평인 완전탄력적인 수요곡선에 직면하고 있다. 이들 기업은 가격수용자인데, 현재의 시장가격에서 원하는 만큼 마음껏 판매할 수 있다. 한 단위를 추가적으로 팔면 현재의 시장 가격만큼 기업의 총수입이 늘어난다. 이것이 의미하는 것은 경쟁기업의 한계수입은 일정하며, 생산물의 시장가격과 같다는 것이다(순수경쟁 기업이 직면하는 가격, 한계수입, 총수입의 관계는 그림 7.1 참조).

독점기업(그리고 모든 불완전경쟁 기업)이 직면하는 수요곡선은 순수경쟁 기업의 수요곡선과는 완전히 다르다. 순수경쟁 기업의 관심이 시장 전체의 수요가 아니라 자기가 생산하는 생산물에 대한 수요이듯이 순수독점기업도 자신이 생산한 생산물에 대한 수요에 관심을 갖는다. 그런데 순수독점기업은 그 자체로 산업이다. 따라서 시장수요곡선 그 자체가 독점기업의 생산물에 대한 수요곡선이 된다. 시장수요곡선은 완전 탄력적이 아니기 때문에 독점기업의 수요 곡선은 우하향한다. 그림 8.1의 표 (1), (2)열이 이를 잘 보여주고 있다. 보는 바와 같이 가격이 하락하면 수요량이 증가하고 있다.

수입자료

| (1) 생산량 | (2) 가격(평균수입) | (3) 총수입 | (4) 한계수입 |
|---|---|---|---|
| 0 | 172 | 0 | |
| 1 | 162 | 162 | 162 |
| 2 | 152 | 304 | 142 |
| 3 | 142 | 426 | 122 |
| 4 | 132 | 528 | 102 |
| 5 | 122 | 610 | 82 |
| 6 | 112 | 672 | 62 |
| 7 | 102 | 714 | 42 |
| 8 | 92 | 736 | 22 |
| 9 | 82 | 738 | 2 |
| 10 | 72 | 720 | −18 |

(가격단위: 천 원)

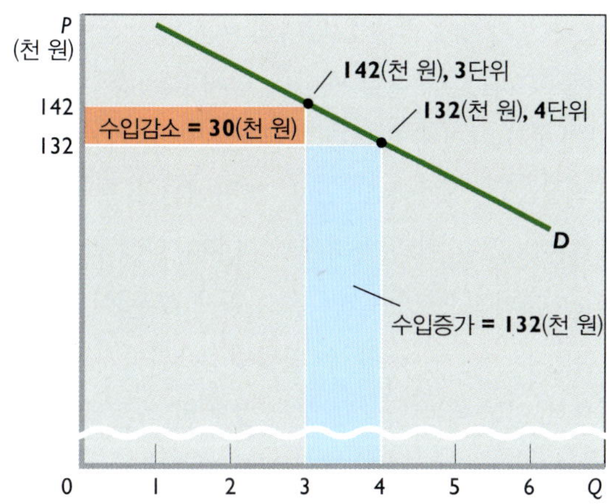


(a) 한계수입의 계산

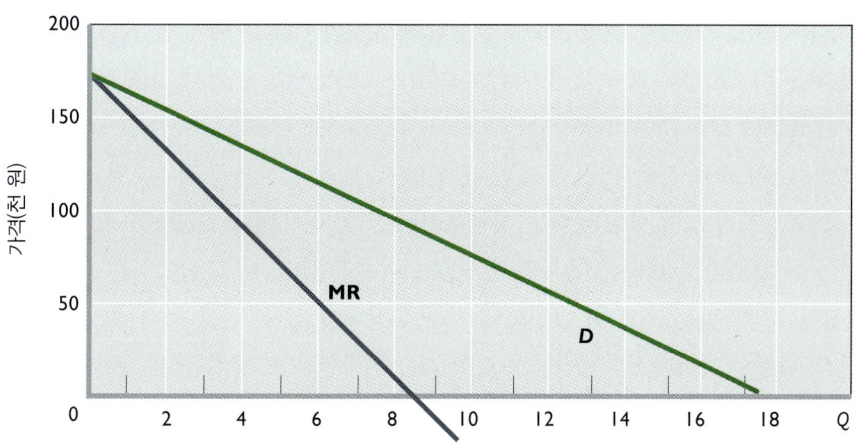


(b) 수요곡선과 한계수입곡선

**그림 8.1 순수독점기업의 수요, 가격 및 한계수입**

(a) 순수독점기업이나 불완전 경쟁기업은 산출물을 더 팔려면 가격을 낮추어야 한다. 그림에서 독점기업은 4번째 단위를 추가적으로 팔기 위해 가격을 14.2만 원에서 13.2만 원으로 낮추었다. 4번째 단위의 판매로 인한 수입의 증가는 13.2만 원이지만, 전체 판매수입의 증가는 여기에서 3만 원을 빼야 한다. 가격 하락 이전에 14.2만 원에 팔았던 3단위를 모두 1만 원 낮추어 팔아야 하기 때문이다. 따라서 4번째 단위를 팔았을 때 한계수입은 10.2만 원(13.2만 원−3만 원)으로 4번째 단위를 팔기 위해 부과한 가격 13.2만 원보다 상당히 낮다.

(b) 독점기업은 가격을 낮추어야 판매량을 증가시킬 수 있다. 그래서 한계수입곡선(MR)은 수요곡선(평균수입곡선)보다 아래에 위치한다.

제7장에서 우리는 순수경쟁 산업의 수요곡선과 개별 기업의 수요곡선을 따로따로 그렸다. 그러나 순수독점에서는 단 하나의 수요곡선만이 필요하다. 기업이나 산업이 따로 구별되지 않으며 똑같은 것이기 때문이다. 그림 8.1의 표에 있는 자료를 일부 이용하여 그림 8.1(a)에 $D$로 표시된 수요곡선을 그렸다. 이것이 독점기업의 수요곡선인 동시에 시장 수요곡선이다. 수요곡선이 우하향한다는 것은 2가지 의미를 가지고 있는데, 이점은 독점모형을 이해하는 데 대단히 긴요하다.

### 한계수입이 가격보다 낮다

우하향의 수요곡선이 주어져 있을 때 순수독점기업은 판매량을 늘리려면 가격을 낮추는 수밖에 없다. 따라서 한계수입(생산을 1단위 늘렸을 때 총수입의 변화분)은 첫 번째 생산량을 제외한 모든 생산수준에서 가격(평균수입)보다 낮다. 왜 그럴까? 그 이유는 추가적인 생산량에 매긴 낮은 가격이 이전의 모든 생산량에 적용되기 때문이다. 추가적인 생산을 하지 않아 낮은 가격에 팔지 않았다면 이전의 생산량은 높은 가격에 팔 수 있었다. 추가적인 생산물이 하나 더 팔릴 때마다 얻어지는 총수입의 증가를 구하려면 새로 팔린 생산물의 가격에서 이전에 팔리던 모든 생산량의 가격하락 부분을 빼야 한다.

그림 8.1(a)는 이 점을 확인시켜 주고 있다. 그림에는 독점기업의 수요곡선에 표시된 2점이 있다. 독점기업은 13.2만 원의 가격에서 14.2만 원에 팔 때보다 1단위를 더 팔 수 있다. 그러면 총수입은 추가적으로 13.2만 원(파란색 부분)이 늘어난다. 그러나 추가적으로 1단위를 더 팔려면 14.2만 원에 팔 수 있었던 3단위마저 13.2만 원에 팔아야 한다. 1만 원의 가격 하락으로 인한 총수입 감소분은 3만 원(붉은색 부분)이다. 따라서 한 단위를 추가하여 4번째 단위를 팔았을 때 총수입의 순증가는 10.2만 원이 된다. 즉, 4번째 단위의 판매로 인한 수입의 증가는 13.2만 원이지만, 전체 판매수입의 증가는 여기에서 처음 3단위의 가격을 낮춤으로써 발생한 3만 원의 손실을 빼야 한다. 4번째 단위를 팔아 얻은 10.2만 원의 총수입 증가(한계수입)는 4번째 단위를 팔기 위해 부과한 가격인 13.2만 원보다 낮은 것은 분명하다.

그림 8.1의 표는 한계수입, 즉 (4)번째 열이 첫 번째 생산물을 제외하면 생산물의 가격, 즉 (2)번째 열보다 항상 낮다는 것을 보여주고 있다. 그림 8.1(b)는 독점기업의 한계수입 곡선($MR$)과 수요곡선($D$)과의 관계를 보여주고 있다. 이 그림에서는 표의 (1)열부터 (4)열까지에 있는 수요 및 수입의 수치가 연장되어 있다. 이를 위해 추가적으로 1단위를 더 판매할 때마다 1만 원만큼 가격이 계속 하락한다고 가정하였다. 즉, 독점기업은 6.2만 원에 11단위, 5.2만 원에 12단위를 팔 수 있다는 것이다. 유의할 점은 독점기업의

한계수입곡선이 수요곡선의 아래에 있다는 것이다. 이것은 첫 번째 단위를 제외하고 모든 생산수준에서 한계수입이 가격보다 낮다는 것을 의미한다.

### 독점기업은 가격 책정자이다

순수독점, 과점, 독점적 경쟁을 가리지 않고 모든 불완전 경쟁기업은 우하향의 수요곡선에 직면한다. 따라서 생산량이 조금이라도 변하면 이에 상응하여 가격이 수요곡선을 따라 이동하면서 이들 생산물에 부과할 수 있는 가격이 변하게 된다. 경제학자들은 이러한 사실을 가리켜 우하향의 수요곡선에 직면한 기업을 가격책정자라고 말한다.

이 점은 순수독점일 때 가장 극명하게 드러난다. 조금 전에 언급하였듯이 독점기업의 수요곡선은 우하향하는데, 생산량이 정해지면 이에 대응하는 가격은 오직 하나뿐이다. 독점기업이 정해진 생산량을 다 팔려면 그만큼 수요가 있어야 하는데 그러한 수요가 가능한 가격은 하나뿐인 것이다. 따라서 독점기업이 생산량을 결정하게 되면 이와 함께 부과하는 가격도 결정하는 셈이다. 독점기업은 생산량을 조정함으로써 가격을 '책정'할 수 있다. 그림 8.1의 (1)열과 (2)열에서 알 수 있듯이 독점기업이 10단위를 생산하여 판매하려고 하면 7.2만 원의 가격을 매길 수 있고, 9단위를 생산하여 판매하려고 하면 8.2만 원의 가격을 부과할 수 있다.

## 산출량 및 가격 결정

이윤 극대화를 추구하는 독점기업은 구체적으로 어떠한 가격 및 생산량 조합을 택할 것인가? 이 문제에 답하려면 이제 분석에 생산비용을 포함시켜야 한다.

### 비용 데이터

독점기업이 비록 생산물시장에서는 독점이지만 생산요소는 경쟁시장에서 고용한다고 가정한다. 그리고 제7장에서 논의하였던 순수경쟁기업과 동일한 기술, 동일한 비용구조를 가지고 있다고 가정한다. 그러면 제6장에서 개발하여 제7장의 순수경쟁기업에 적용하였던 비용 데이터를 여기에서도 동일하게 사용할 수 있다. 이를 통해 순수독점기업의 가격과 생산량 결정을 순수경쟁기업과 직접 비교할 수 있을 것이다. 즉, 순수독점기업과 순수경쟁기업의 가격과 생산량 격차는 시장구조의 차이에서 발생하는 것이지 비용의 차이에서 발생하는 것은 아니라는 것이다. 그림 7.2에 있는 비용 관련 데이터를 그대로 그림 8.2의 (5)열에서 (7)열에 제시하였다.

**그림 8.2 순수독점기업의 이윤극대화**

순수독점기업의 이윤은 한계수입=한계비용인 점에서 생산할 때 극대화된다. 여기에서 이윤극대화 생산량($Q_m$)은 5단위이다. 이를 팔기 위한 가격을 알아보기 위해 수요곡선을 보면 독점기업이 부과하는 이윤극대화 가격($P_m$)은 12.2만 원이다. 평균총비용은 $A$ = 9.4만 원이며, 한 단위당 이윤, 즉 마진은 $P_m - A$이고, 총이윤은 $5 \times (P_m - A)$이다. 경제적 이윤은 녹색 사각형으로 표시되어 있다.

| 수입 데이터 | | | | 비용 데이터 | | | |
|---|---|---|---|---|---|---|---|
| (1) 생산량 | (2) 가격 (평균수입) | (3) 총수입 (1)×(2) | (4) 한계수입 | (5) 평균총비용 | (6) 총비용 (1)×(5) | (7) 한계비용 | (8) 이윤/손실 (+) (−) |
| 0 | 172 | 0 | | | 100 | | −100 |
| 1 | 162 | 162 | 162 | 190.00 | 190 | 90 | − 28 |
| 2 | 152 | 304 | 142 | 135.00 | 270 | 80 | + 34 |
| 3 | 142 | 426 | 122 | 113.33 | 340 | 70 | + 86 |
| 4 | 132 | 528 | 102 | 100.00 | 400 | 60 | + 128 |
| **5** | **122** | **610** | **82** | **94.00** | **470** | **70** | **+140** |
| 6 | 112 | 672 | 62 | 91.67 | 550 | 80 | + 122 |
| 7 | 102 | 714 | 42 | 91.43 | 640 | 90 | + 74 |
| 8 | 92 | 736 | 22 | 93.75 | 750 | 110 | − 14 |
| 9 | 82 | 738 | 2 | 97.78 | 880 | 130 | − 142 |
| 10 | 72 | 720 | -18 | 103.00 | 1,030 | 150 | −310 |

(비용단위: 천 원)

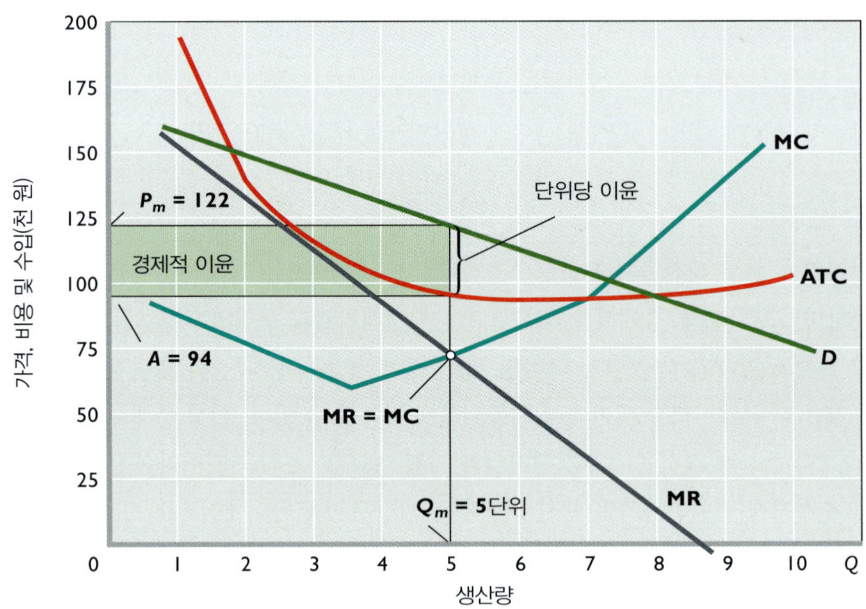

### 한계수입=한계비용 규칙

총이윤의 극대화를 꾀하는 독점기업은 경쟁기업의 이윤극대화 때와 마찬가지의 행동방식을 따른다. 즉 조업을 중단하기보다 생산을 계속하는 게 낫다면 한계수입이 한계비용과 같아질 때까지 생산한다는 것이다(한계수입=한계비용).

그림 8.2의 표 (4)열과 (7)열을 비교하여 보면 이윤극대화 생산량은 5단위이다. 생산량이 5단위를 넘어서면 한계비용이 한계수입보다 커지기 때문이다. 그렇다면 독점기업이 부과하는 가격은 얼마일까? 그림 8.2의 표 (1)열과 (2)열에 나타난 수요표를 보면 5단위가 팔릴 수 있는 유일한 가격은 12.2만 원이다.

이러한 분석을 보여주는 것이 그림 8.2의 그래프이다. 여기에는 수요, 한계수입, 평균총비용, 한계비용 데이터 등이 그래프로 나타나있다. 이윤극대화 생산량은 5단위($Q_m$)이며, 그 생산량에서 한계수입($MR$)곡선과 한계비용($MC$)곡선이 교차한다. 즉, 그 점에서 한계 수입=한계비용이다.

독점기업이 부과하는 가격을 알려면 $Q_m$에서 수직선을 위로 그어 수요곡선과 만나는 점을 구해야 한다. $Q_m$ 단위의 생산이 팔릴 수 있는 유일한 가격은 $P_m$으로 12.2만 원이다. 이 경우에 12.2만 원은 이윤극대화 가격이다. 따라서 독점기업은 $Q_m$을 생산하고 이윤극대화 가격 12.2만 원을 부과한다.

표의 (2)열과 (5)열을 보면 5단위를 생산할 때 생산물의 가격 12.2만 원은 평균총비용 9.4만 원보다 크다. 따라서 독점기업은 생산 1단위당 2.8만 원의 경제적 이윤을 얻으며, 총이윤은 14만 원(5단위×2.8만 원)이다. 그림 8.2에는 단위당 이윤이 $P_m - A$로 표시되어 있는데, $A$는 $Q_m$ 단위를 생산하는 데 드는 평균총비용이다. 경제적 이윤은 녹색으로 표시되어 있는데, 이것은 단위당 이윤 ($P_m - A$)에 이윤극대화 생산량 $Q_m$을 곱한 것이다.

### 독점기업의 가격설정에 대한 오해

독점기업의 행동에 대한 잘못된 인식들이 많은데, 우리의 분석은 이 가운데 3가지를 밝혀내고 있다.

**가장 비싼 가격을 부과하지 않는다.** 독점기업은 생산량과 가격을 조정할 수 있다. 이 때문에 사람들은 흔히 독점기업이 '가능한 가장 비싼 가격을 부과한다'고 믿고 있다. 이것은 틀렸다. 그림 8.2에서 알 수 있듯이 $P_m$보다 비싼 가격은 많이 있다. 그러나 독점기업은 이 가격을 회피하는데, 그 가격에서 이윤이 최대가 되지 않기 때문이다. 독점기업은 이윤을 극대화하려는 것이지 가격을 극대화하려는 것이 아니다. 아주 비싼 가격을

## 분석의 응용

### 소금의 독점 판매

프랑스 정부는 1300년대부터 소금 판매를 독점하였는데 소금은 그 당시 바다에서 멀리 떨어진 내륙 지역에서는 귀한 상품으로 여겨졌다. 그러나 몇 백 년이 지나면서 프랑스 왕실은 소금의 독점 판매권을 경매에 붙여 파는 것이 편리할 뿐 아니라 큰 이익을 가져다준다는 것을 깨달았다.

Vincent Ting/Moment Open/Getty Images

독점 판매권은 일정 기간 주어졌는데 경매의 낙찰자는 소금에 독점 가격을 부과하여 경매대금보다 더 많은 수입을 얻을 수 있었다. 프랑스 정부는 목돈을 미리 받을 수 있을 뿐 아니라 그만큼의 조세를 징수하기 위해 고용해야 하는 수만 명의 인건비를 아낄 수 있었다. 사실상 경매 낙찰자가 세금 징수에 드는 비용을 소금의 판매 활동비로 부담하는 셈이었다.

경매가격은 이윤의 추정치에 따라 달라졌다. 경매자가 소금을 팔아 5천만 프랑의 독점 이윤을 얻을 수 있다고 여겼다면 그는 독점적 판매자가 되기 위해 최대 5천만 프랑을 지불하고자 하였을 것이다. 가장 적극적으로 경매에 나선 이는 가장 큰 이윤을 남길 수 있을 것이라 생각한 사람이었을 것이다.

부과하면 총수입의 감소가 총비용의 감소보다 커져 이윤이 줄어들게 된다.

**마진을 극대화하지 않으며 이윤을 극대화한다.** 독점기업은 총이윤을 극대화하는 것이지 개별 상품마다의 단위 이윤, 즉 마진을 극대화하는 것이 아니다. 그림 8.2에서 평균총비용과 가격 간의 수직거리를 자세히 비교해보자. 그러면 1단위 생산에 따른 이윤, 즉 마진은 이윤 극대화 생산량 $Q_m$보다 약간 왼쪽의 점에서 극대화된다는 것을 알 수 있다. 이것은 표에서 확인할 수 있는데, 4단위를 생산하였을 때 마진은 3.2만 원(13.2만 원−10만 원)이고, 이윤을 극대화하는 생산량인 5단위일 때의 마진은 2.8만 원(12.2

만 원-9.4만 원)이다. 독점기업이 마진을 극대화하지 않고 이보다 낮은 마진을 택한 것은 마진이 낮아지더라도 더 파는 것이 이익이기 때문이다. 독점기업이 2.8만 원의 마진으로 5단위를 팔면 총이윤은 14만 원이지만, 3.2만 원의 마진으로 4개를 팔면 총이윤은 12.8만 원에 지나지 않는다.

**독점기업도 손실을 본다.** 순수독점기업이 경제적 이윤을 획득할 가능성은 순수경쟁기업보다 크다. 장기적으로 순수경쟁기업은 정상 이윤만을 얻을 수 있다. 하지만 진입장벽이 존재하게 되면 장기적으로도 독점기업이 누리는 경제적 이윤은 지속될 수 있다. 순수독점에서는 새로운 진입기업이 없어서 경제적 이윤이 존재하더라도 공급이 증가하지 않는데, 따라서 이로 인해 가격이 낮아지거나 경제적 이윤이 사라지는 일은 없다.

그러나 순수독점이라고 해서 항상 이윤이 보장되는 것은 아니다. 가정용 재봉틀 공급자처럼 시장을 지배하더라도 독점기업은 손실을 볼 수 있다. 수요가 적고 상대적으로 비용이 높기 때문이다. 독점기업의 수요 여건이나 비용 여건이 그림 8.2에 그려진 것보다 훨씬 나쁘다면 독점기업은 손실을 볼 수 있다. 독점기업도 순수경쟁 기업과 마찬가지로 오랫동안 손실을 보면서 생산할 수는 없다. 장기적으로 손실이 지속되면 기업의 소유자들은 보다 나은 이윤 기회를 제공하는 다른 산업으로 자원을 이동시킨다. 독점기업도 장기적으로 유지되려면 최소한 정상이윤을 얻어야 한다. 그렇지 않으면 산업에서 퇴출된다.

## 독점의 경제적 효과

이제 독점기업을 사회 전체의 관점에서 평가하여 보자. 이러한 평가의 준거는 순수 경쟁시장의 장기적 효율성이다. 즉, 가격=한계비용=평균총비용의 최소치라는 3중의 등식이 가져다주는 순수경쟁시장의 결과를 독점시장과 비교하는 것이다.

### 가격, 산출량 및 효율성

그림 8.3은 순수독점과 순수경쟁 산업을 가격, 산출량 및 효율성의 측면에서 비교하고 있다. 순수경쟁 산업의 시장공급곡선 $S$는 산업 내 모든 기업의 한계비용곡선을 수평으로 합한 것이다. 그렇게 구한 것이 그림 8.3(a)에 있는 $S = MC$ 곡선이다. 산업 내에는 1,000개의 기업이 있다고 가정하자. 이들 모든 기업의 한계비용곡선으로부터 도출된 공급곡선 $S$와 시장수요곡선 $D$로부터 우리는 완전경쟁시장의 가격과 생산량, $P_c$와 $Q_c$를 각각 구할 수 있다.

**그림 8.3 순수경쟁과 비교한 순수독점의 비효율성**

(a) 순수경쟁 산업에서는 기업의 진입과 퇴출이 이루어져 가격($P_c$)이 한계비용($MC$)과 같아진다. 그리고 생산은 평균 총비용의 최저점($Q_c$)에서 이루어진다. 생산의 효율(가격=평균 총비용의 최소치)과 배분의 효율(가격=한계비용)이 모두 달성된다.

(b) 순수독점에서 한계수입곡선(MR)은 수요곡선($D$)의 아래에 위치한다. 독점기업은 한계수입=한계비용인 생산량($Q_m$)에서 이윤을 극대화하며, 이 때 부과하는 가격은 $P_m$이다. 따라서 순수경쟁 산업에 비하여 생산량은 적고($Q_m < Q_c$), 가격은 비싸다($P_m > P_c$). 독점이 비효율적인 것은 생산량이 평균총비용을 최소화하는 수준($Q_c$)보다 적으며, 독점기업이 부과하는 가격은 한계비용보다 크기 때문이다.

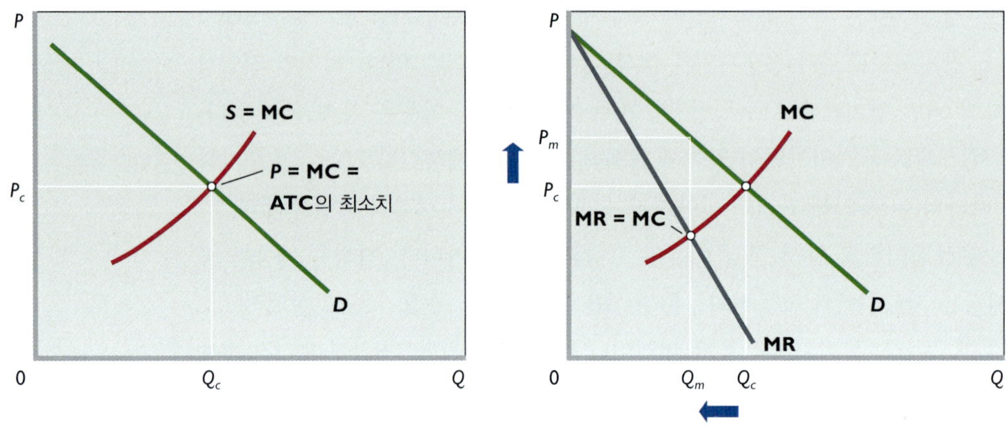


(a)
순수경쟁 산업

(b)
순수독점

이러한 가격과 생산량 조합이 생산의 효율성과 배분의 효율성을 가져다줌을 앞에서 지적한 바 있다. 생산의 효율이 달성되는 것은 자유로운 진입과 퇴출로 인해 기업들이 평균총비용의 최소치에서 생산하기 때문이다. 1,000개 순수경쟁기업들의 이러한 생산량을 모두 합한 것이 산업의 산출량으로 여기에서는 $Q_c$로 표시되어 있다. 생산물의 가격은 평균총비용의 최저치와 같은데 이것은 $Q_c$를 가능하게 하는 가장 낮은 수준이다. 이보다 가격이 낮아지면 기업은 손실로 인해 생산을 할 수 없다.

순수경쟁 시장에서 배분의 효율이 달성되는 것은 가격(한계 생산물의 가치, 즉 한계적 생산물이 사회에 기여하는 가치)이 한계비용(어떤 상품을 생산함에 따라 사회가 생산하지 못하게 된 다른 생산물의 가치)과 같은 점에서 생산되기 때문이다. 간략하게 말하자면 가격=한계비용= 평균총비용의 최소치에서 생산의 효율성과 배분의 효율성이 달성된다.

이제 순수경쟁 산업에서 어느 한 기업이 다른 모든 경쟁기업을 인수하여 그림 8.3(b) 처럼 순수독점이 되었다고 하자. 그리고 이러한 산업구조의 변화에도 불구하고 비용이나 시장 수요는 예전과 동일하다고 가정하자. 그러면 1,000개의 경쟁기업들이 이제는 서로 경쟁을 하지 않는 1,000개의 생산 공장을 갖춘 단일의 순수독점기업이 된다.

경쟁시장의 공급곡선 $S$는 이제 독점기업의 한계비용곡선이 되는데, 이것은 1,000개 생산 공장의 한계비용곡선을 모두 합한 것이다(독점기업의 공급곡선은 존재하지 않기 때문에 $S$라는 부호를 붙이지 않았다). 정작 중요한 변화는 수요 측면에 있다. 경쟁시장에 비록 1,000개의 기업이 있더라도 개별기업 입장에서 보면 자기가 생산한 생산물에 대한 수요는 완전탄력적이다. 따라서 한계수입은 시장 균형가격 $P_c$와 같다. 개별기업은 이윤을 극대화하기 위하여 한계수입 $P_c$과 한계비용이 일치하는 점에서 생산한다. 그러나 독점기업의 생산물에 대한 수요는 기업 자체가 산업이기 때문에 시장 수요와 동일하다. 따라서 독점기업의 수요곡선 $D$는 그림 8.3(b)에서처럼 우하향한다.

이것은 한계수입이 가격보다 낮다는 것을 뜻하고, 그래프를 그리면 한계수입곡선($MR$)은 수요곡선($D$) 아래에 놓이게 된다. 한계수입=한계비용 규칙을 이용하여 독점기업은 생산량 $Q_m$과 가격 $P_m$을 택한다. 그림 8.3의 양쪽 그래프를 비교하여 보면 알 수 있듯이 독점기업은 경쟁기업보다 더 높은 가격에 더 적은 양을 생산하는 것이 이익이다.

독점은 생산의 효율성이나 배분의 효율성을 가져다주지 못한다. 독점기업의 생산량 $Q_m$은 평균총비용이 최저일 때의 생산량 $Q_c$보다 적다. 그리고 독점가격 $P_m$은 경쟁시장가격 $P_c$보다 높다. 알다시피 순수경쟁시장의 장기균형에서 $P_c$는 평균총비용의 최소치와 같았다. 따라서 독점가격은 평균총비용의 최소치보다 높으며, 이것은 그러한 가격에 대응한 독점기업의 모든 생산량에서 평균총비용은 최소치보다 높다는 것을 뜻한다. 이것은 독점기업이 생산의 면에서 효율적이지 못하다는 것을 보여주고 있다.

독점기업의 과소생산은 배분의 비효율성을 드러내기도 한다. 이 점을 이해하려면 독점시장의 생산량 $Q_m$에서 소비자의 지불 용의를 나타내는 독점가격 $P_m$, 즉 소비자가 독점기업의 추가적인 생산물에 대해 부여하는 가치가 한계비용보다 크다는 점에 유의할 필요가 있다. 독점기업이 추가적으로 생산하려면 추가적인 생산요소의 투입이 필요하다. 이러한 생산요소는 다른 상품의 생산에 투입될 수도 있다. 독점기업 생산물의 추가적인 생산으로 희생되는 다른 상품의 가치가 곧 독점기업 생산물의 한계비용인 것이다. 그런데 가격이 한계비용보다 크다는 것은 소비자들은 다른 상품의 가치보다 독점기업의 추가적인 생산물에 대해 더 높은 가치를 부여하고 있다는 것을 뜻한다. 다른 상품의 생산을 줄이고 독점기업이 생산하는 상품의 생산을 늘리면 사회적으로 이익인 것이다.

$Q_m$과 $Q_c$ 사이의 모든 생산수준에서 한계편익이 한계비용을 초과하고 있다는 점을 살펴보는 것도 독점기업의 배분의 비효율성을 이해하는 데 도움이 된다. 수요곡선이 한계비용곡선보다 위에 있기 때문에 한계편익이 한계비용보다 크다. 그럼에도 독점기업

은 추가적인 생산을 하지 않음으로써 배분의 효율성을 줄이고 있다. 독점산업에서 추가적 생산을 위해 쓰여야 할 자원들이 이보다 사회적 편익이 낮은 다른 산업에서 사용되고 있기 때문이다.

결국 독점은 다음과 같은 결과를 초래한다.

- 가격이 한계비용보다 높다.
- 가격이 평균총비용의 최소치보다 높다.

## 소득이전

통상적으로 독점기업은 소비자로부터 독점기업의 소유자로 소득을 이전한다. 독점기업의 경제적 이윤은 독점기업 소유자의 소득으로 귀결된다. 독점기업은 시장지배력을 가지고 있어서 같은 비용 조건의 순수경쟁 기업보다 비싼 가격을 부과할 수 있다. 사실상 독점기업은 소비자에게 '사적 조세'를 부과하는 셈이다. 이러한 사적 조세가 상당한 경제적 이윤을 가져다주는 경우가 흔하며, 산업으로의 진입이 봉쇄되어 있기 때문에 상당 기간 지속된다.

## 비용의 문제

순수독점에 대한 평가로부터 다음과 같은 결론을 얻을 수 있다. 순수독점산업은 동일한 비용조건의 순수경쟁 산업과 비교하여 가격은 비싸고 생산량은 적으며, 자원 배분의 효율성은 떨어진다. 이러한 독점산업의 비효율성은 독점의 특징인 진입장벽에서 기인한다.

그러나 독점기업의 비용 조건이 순수경쟁기업과 다를 수 있다는 점을 알아야 한다. 독점기업의 단위 비용이 순수경쟁기업보다 높을 수 있지만, 오히려 낮을 수도 있다는 것이다. 독점기업의 비용조건이 경쟁기업과 달라지는 이유는 (1) 규모의 경제 (2) 'X-비효율' (3) 독점 유지를 위한 지대추구 비용의 지출 (4) '초장기'적 관점의 기술 진보 등 4가지인데 이를 차례대로 살펴보자.

**규모의 경제:** 규모의 경제가 아주 크고 시장수요가 부족할 때 다수의 경쟁기업이 존재하게 되면 최소효율규모에서 생산이 이루어지지 못할 수 있다. 이때에는 산업에 다수의 경쟁기업이 존재하기보다 1~2기업만이 있어야 평균총비용이 낮아질 수 있다. 극단적인 경우 단일의 기업, 즉 자연독점 기업만이 장기 평균총비용의 최소치에서 생산할 수 있다.

컴퓨터 소프트웨어, 인터넷 서비스, 무선통신 같은 새로운 정보기술 관련 기업들에서 규모의 경제는 무척 크다. 이들 기업이 성장하면서 장기 평균총비용은 계속 하락하여 왔다. 전문화된 투입요소를 더욱 많이 사용하고, 생산물의 개발비용을 분산시키고 또한 학습효과를 누릴 수 있었기 때문이었다. 그리고 동시소비와 네트워크 효과도 비용을 줄여주었다.

어떤 생산물이 많은 소비자의 수요를 동시에 만족시킬 수 있을 때 이를 **동시소비**(또는 비경합적 소비)라고 한다. 삼성 스마트폰은 소비자의 수요만큼 생산되어야 하지만, 스마트폰의 애플리케이션은 오직 하나만 생산하면 된다. 애플리케이션은 인터넷을 통하여 수백만 명의 소비자에게 동시에 전송될 수 있어서 소비자 증가에 따른 한계비용은 매우 낮다. 이처럼 추가적인 소비자에게 생산물을 낮은 비용으로 배송할 수 있는 산업은 인터넷 서비스, 음반 제작을 비롯한 무선통신 산업이다. 이들 산업의 한계비용은 매우 낮기 때문에 소비자가 증가할수록 평균총비용은 감소한다.

동시소비
어떤 생산물이 많은 소비자의 수요를 동시에 만족시킬 수 있을 때

**네트워크 효과**란 생산물의 사용자가 증가할수록 신규 사용자뿐 아니라 기존의 사용자가 누리는 가치가 증가하는 것을 말한다. 이 같은 예로 컴퓨터 소프트웨어, 스마트폰, 카카오톡 같은 소셜미디어 등을 들 수 있다. 다른 사람이 카카오톡에 가입하면 그들에게 문자나 사진, 동영상을 비롯한 다양한 파일을 편리하게 보낼 수 있다. 그래서 이러한 네트워크에 연결된 사람들의 수가 많을수록 그것이 사람들에게 주는 편익은 몇 배로 커지게 된다.

네트워크 효과
생산물의 사용자가 증가할수록 신규 사용자뿐 아니라 기존의 사용자가 누리는 가치가 증가하는 것

이러한 네트워크 효과로 인해 시장이 독점화될 수 있다. 소비자들이 다른 사람이 주로 사용하는 표준화된 생산물을 선택할 것이기 때문이다. 표준화된 생산물에 수요가 집중되면 이들 상품의 생산자들은 급속히 성장할 수 있고 따라서 규모의 경제를 달성할 수 있다. 이에 따라 '좋은' 제품이지만, 수요가 적어 생산비용이 높을 수밖에 없는 소기업들은 합병을 당하거나 퇴출되고 만다.

하지만 이러한 산업에 자연독점이 불가피하더라도 자연독점기업의 낮은 생산비용이 가격 인하로 이어질 것 같지는 않다. 그래서 일부 예외는 있겠지만, 규모의 경제를 고려하더라도 독점산업이 경쟁산업보다 비효율적이라는 결론은 달라지지 않는다.

**X-비효율** 모든 형태의 비용곡선에 내재된 가정은 기업들이 현존하는 모든 기술 중에서 가장 효율적인 것을 사용한다는 것이다. 이러한 가정은 지극히 자연스러운 것이다. 기업이 비용을 최소화하지 않으면 이윤을 극대화할 수 없기 때문이다. **X-비효율**이란 기업이 비용을 줄일 수 있음에도 불구하고 이보다 높은 비용을 지불하며 생산하는 것을 말한다. 예를 들어, 기업의 실제적인 평균총비용이나 한계비용이 그림 8.2에 있는 평균총비용곡선이나 한계비용곡선보다 위에 있다는 것이다.

X-비효율
기업이 비용을 줄일 수 있음에도 불구하고 이보다 높은 비용을 지불하며 생산하는 것

X-비효율이 이윤을 줄이는데 왜 발생하는 것일까? 그것은 경영자의 목표가 비용 최소화와 어긋날 때 발생할 수 있다. 예를 들어, 경영자가 권한의 확대, 위험의 회피, 능력이 부족한 친인척의 취업 등을 추구할 수 있다. 근로자에 대한 동기부여가 부족하거나 감독이 효과적으로 이루어지지 못할 때도 X-비효율이 발생할 수도 있다. 그리고 기업이 무기력증이나 침체에 빠져 비용과 수입을 신중하게 계산하기보다 주먹구구식으로 할 때도 마찬가지다.

경쟁시장의 기업도 X-비효율에 빠질 수 있지만, 독점기업의 X-비효율이 대부분 더 크다. 경쟁 산업의 기업들은 경쟁의 압력에 끊임없이 시달리고 있어서 내부적으로 효율적이지 않으면 생존할 수 없기 때문이다. 그러나 독점기업들은 진입장벽으로 인해 경쟁의 압력으로부터 보호받고 있다. 이러한 경쟁의 결여가 X-비효율을 초래할 수 있다.

**지대추구 행위**

다른 사람의 비용, 심지어 사회의 비용으로 특정 기업이나 생산요소의 공급자에게 소득이나 부를 이전하고자 하는 행위

**지대추구 비용** **지대추구 행위**란 다른 사람의 비용 심지어 사회의 비용으로 특정 기업이나 생산요소의 공급자에게 소득이나 부를 이전시키는 행위를 말한다. 살펴보았듯이 독점기업은 장기적으로도 경제적 이윤을 얻을 수 있다. 따라서 기업은 많은 비용을 들여서라도 정부의 입법이나 배타적 면허를 통해 독점적 지위를 얻거나 유지하려고 노력한다. 이러한 지대추구 행위에 따른 비용은 기업의 생산에 기여하지 않지만 생산비용을 증가시킨다. 이러한 지대추구 행위로 인해 독점기업의 생산 비용은 그림 8.3(b)에 제시된 것보다 높으며, 그래서 효율성이 더 떨어진다는 것이다.

**기술진보** 초장기에서 기업은 신기술을 개발하고 이를 이용하여 생산비용을 줄일 수 있다. 시간의 경과에 따라 독점기업이 경쟁기업보다 생산기술을 더 잘 개발할 수 있다면, 독점의 비효율성은 지나치게 과장되었다고 할 수 있다. 그러나 경제학자들의 일반적 견해는 순수독점기업이 기술혁신에 뛰어나지 않다는 것이다. 경제적 이윤이 커서 기술개발에 필요한 자금조달을 쉽게 할 수 있지만, 새로운 기술(또는 상품)을 개발할 필요성을 거의 느끼지 못한다는 것이다. 경쟁기업이 없다는 것은 기술혁신을 추동하는 외압이 없다는 것을 뜻한다. 순수독점기업은 경쟁으로부터 보호되어 있어서 현실에 안주하여 활력이 없더라도 충분히 이윤을 남길 수 있다. 순수독점기업은 혁신을 추구하지 않더라도 시장경쟁의 처벌을 받지 않는다는 것이다.

하지만 주의할 사항이 있다. 순수독점모형은 가정에 의해 진입이 완전 봉쇄되어 있지만, 현실은 반드시 그렇지 않다. 독점기업의 생산물을 대체할 수 있는 전혀 새로운 신상품이 등장하고 새로운 생산방법이 등장할 수 있다. 그러면 기존의 독점기업은 제2장에서 논의한 창조적 파괴 과정을 통해 갑자기 퇴출될 수 있다. 이러한 위협 때문에 독

## 분석의 응용

### 인터넷 시대의 독점력

인터넷 초창기인 1990년대에 대부분의 분석가들은 인터넷이 여러 분야에 걸쳐 경쟁을 촉진시킬 것이라고 예측하였다. 인터넷 사용자는 누구나 무료로 이용할 수 있는 문자나 이미지를 표현할 수 있으므로 인터넷은 모든 형태의 매체나 통신, 상거래에서 공평한 운동장을 제공한다는 것이다.

이들은 예측은 빗나갔다. 첫 번째 실수는 정보의 홍수 속에서 원하는 것을 발견하는 일이 대단히 어렵다는 점을 간과한 것이다. 인터넷이 출범하였을 때 인터넷 주소나 검색엔진이 존재하지 않았다. 그래서 인터넷에서 찾고자 하는 것을 발견하는 것은 거의 불가능하였다.

구글은 최초로 효과적인 검색엔진을 만들어 이 문제를 해결하였다. 구글 덕분에 사람들은 자신이 원하는 것을 쉽게 찾을 수 있었다. 그러나 이 때문에 무엇인가를 광고하려는 사람은 구글이나 다른 검색엔진에 의존하는 수밖에 없었다.

키워드의 검색 때 광고가 노출되는 키워드 광고를 하고자 한다면 광고주는 가장 많은 인터넷 사용자가 이용하는 검색엔진을 이용하고자 할 것이다. 그래야 광고가 훨씬 많은 잠재적 고객에게 전달될 수 있다. 고객이 광고를 보고 자신이 원하는 것을 발견하고자 한다면 가장 인기 있는 검색엔진을 이용하려고 할 것이다. 그래야 광고의 노출이 가장 많을 것이기 때문이다. 그래서 구글은 이러한 네트워크 효과 덕분에 검색엔진 시장을 재빨리 지배하게 되었다.

네트워크 효과는 구글을 경쟁으로부터 보호하는 진입장벽이 되었다. 정보를 검색하거나 제공하는 사람은 모두 어찌되었든 최대의 사용자를 가진 검색엔진에 머물러 있으려 하기 때문이다. 사실 사용자가 적은 검색엔진이 다수 존재하지만, 다른 사람이 이를 거의 사용하지 않기 때문에 이를 이용하려는 사람도 찾아보기 힘들다. 그 결과 구글은 미국에서 인터넷 검색 시장의 92%를 점하고 있으며, 검색에 따른 광고 수입의 대부분을 차지하고 있다.

네트워크 효과는 구글의 검색시장 지배를 가능하게 하였을 뿐 아니라 페이스북이나 아마존의 지배도 조장하였다. 페이스북은 잘 나가는 웹 사이트로 여러 가지 흥미로운 활동으로 채워져 있다. 하지만 대부분의 사람들은 다른 사용자가 올린 게시물이나 콘텐츠를 보고자 자주 방문한다. 다른 사용자가 이를 이용하지 않는다면 콘텐츠는 거의 없을 것이고 방문할 이유가 없을 것이다. 그래서 소규모의 사회관계망 서비스(SNS)는 페이스북과 경쟁하기 힘들다. 그 결과 페이스북은 소셜 미디어를 지배하기에 이른 것이다. 페이스북은 수십억이 넘는 사용자를 가지고 있어서 엄청난 네트워크 효과를 누리고 있으며, 큰 규모 덕에 더욱 더 커지게 되었다.

예측을 빗나가게 한 두 번째 실수는 규모의 경제를 생각하지 못한 것이다. 아마존을 살펴보자. 아마존은 세계에서 가장 큰 규모의 온라인 소매점으로 2020년에 연 매출이 3,860억 달러를 상회하였다. 그러나 이면을 살펴보면 아마존의 성공은 데이터와 물류라는 2가지 측면에서 막대한 규모의 경제를 누릴 수 있었기 때문에 가능하였다.

데이터의 측면에서 아마존은 세계적 규모의 데이터센터를 여러 군데에서 운영하고 있다. 이것은 서버팜이라고 불리우는 거대한 건물에 설치되어 있는데 모든 층에 걸쳐 수만 대의 네트워크 컴퓨터가 고객의 정보를 저장하고 결제를 진행하며 재고를 추적한다. 서버팜을 구축하고 운영하는 데 드는 비용은 엄청난 전기료를 포함하여 매년 수십억 달러에 달한다. 대규모 서버팜은 소규모일 때 비하여 매출 건수당 비용이 낮은데 아마존은 이러한 규모의 경제를 이용하여 소규모 서버팜을 운영하는 경쟁기업보다 낮은 가격에 판매할 수 있다.

물류도 마찬가지다. 아마존은 수십 곳의 대규모 물류센터를 운영하며 규모의 경제를 누리고 있다. 물류센터가 2배로 커지더라도 비용이 2배로 증가하는 것은 아니기 때문이다.

그러나 유의할 점은 구글이나 페이스북, 아마존 등이 제8장에서 논의한 독점기업에 전적으로 부합하는 것은 아니라는 것이다. 이들도 치열한 경쟁에 직면하고 있다. 네트워크 효과나 규모의 경제를 누리고 있지만, 이것만으로 지속적인 시장지배나 더 많은 이윤이 보장되는 것은 아니기 때문이다.

**질문**

동시소비는 구글과 페이스북이 규모의 경제를 실현하는 데 도움을 주는가? 그림 6.6을 이용하여 구글이나 페이스북, 아마존 등이 어떻게 규모의 경제를 통해 소규모 경쟁자보다 비용의 우위를 갖게 되는지 설명하여 보시오.

점기업은 새로운 경쟁자의 먹이가 되지 않기 위해 끊임없이 연구개발에 몰두하며 기술진보를 추구할 수 있다. 그러면 기술진보는 독점유지를 위해 필수불가결한 요소가 된다. 그러나 이때에도 기술진보를 추동한 것은 독점시장 구조라고 할 수는 없다. 잠재적 경쟁이 그렇게 한 것이라고 할 수 있다.

## 가격차별

가격차별

비용의 차이가 없음에도 불구하고 특정 생산물을 서로 다른 가격으로 파는 관행

지금까지 독점기업이 모든 구매자에게 동일한 가격을 부과한다고 가정하였다. 그러나 특별한 조건에서 독점기업은 서로 다른 구매자에게 가격을 달리 부과함으로써 이윤을 증대시킬 수 있다. 그러할 때 독점기업이 가격차별을 한다고 말하는데, **가격차별**이란 비용의 차이가 없음에도 불구하고 동일한 생산물을 서로 다른 가격으로 파는 관행을 말한다. 가격차별은 3가지 형태로 나타난다.

- **1급 가격차별**: 단일 시장의 개별소비자에게 그들이 지불할 의향이 있는 금액만큼 최대한 따로따로 부과한다. 모든 소비자에게 서로 다른 가격을 부과한다는 점에서 완전 가격차별이라고도 한다.
- **2급 가격차별**: 소비자가 구매하는 상품의 수량에 따라 다른 가격을 부과한다. 흔히 마트에서 2개를 사면 1개를 공짜로 주는 행사를 하는데 구매량에 따라 다른 가격을 부과하고 있다는 점에서 2급 가격차별을 하는 셈이다.
- **3급 가격차별**: 소비자 집단에 따라 다른 가격을 부과한다. 예를 들어, KTX가 노인이나 유아에게 할인 요금을 부과하는 것을 들 수 있다. 이러한 3급 가격차별은 주변에

서 가장 흔하게 나타난다. 여기에서는 이를 중심으로 가격차별을 분석한다.

### 성립조건

모든 판매자에게 가격차별을 행할 수 있는 기회가 주어지는 것은 아니다. 가격차별은 다음의 조건이 충족될 때 가능하다.

- **독점력**: 판매자가 독점기업이거나 최소한 어느 정도의 독점력을 가지고 있어야 한다. 즉, 가격과 생산량을 조정할 수 있는 능력을 어느 정도 가지고 있어야 한다.
- **시장분리**: 판매자는 큰 비용을 들이지 않고 구매자를 서로 다른 지불의사를 가진 집단으로 분리해 낼 수 있어야 한다. 이러한 구매자의 분리는 수요의 가격탄력성을 기초로 이루어지는 게 보통이다.
- **재판매의 배제**: 원구매자가 구입한 상품이나 서비스를 다른 소비자에게 재판매할 수 없어야 한다. 낮은 가격이 부과된 집단의 소비자가 이를 높은 가격이 부과된 소비자에게 재판매할 수 있게 되면 높은 가격이 부과된 시장의 가격은 낮은 가격이 부과된 시장의 가격까지 하락하게 된다. 그러면 독점기업의 가격차별 전략은 기초부터 흔들리게 된다. 이 조건이 의미하는 바는 운송 산업, 의료서비스, 법률서비스 등 서비스 산업에서는 재판매가 불가능하기 때문에 가격차별이 일어나기 쉽다는 것이다.

### 가격차별의 사례

가격차별은 시장에서 널리 행해지고 있다. 예를 들어, 항공사는 수요가 비탄력적인 사업 목적의 여행자에게는 비싼 가격을 부과한다. 그리고 수요가 비교적 탄력적인 휴가 목적의 여행자에게는 제한이 많고 환불이 불가능한 낮은 가격의 항공권을 제공한다.

한국전력은 흔히 최종 용도, 즉 가정용 전력인가 산업용 전력인가에 따라 시장을 분리한다. 가정용 전력은 대체할 만한 합리적 수단이 없으므로 이들 전력수요는 비탄력적이고 따라서 이러한 용도의 전력요금은 비싸다. 그러나 산업용 전력은 천연가스나 방카시유 등을 써서 산업체 스스로 생산할 수 있기 때문에 이러한 용도의 전력 수요는 탄력성이 상대적으로 크고 따라서 전력요금도 낮다.

영화관과 골프장은 시간(저녁시간과 주말에 비싼 요금)과 연령(어린이와 노인에 대한 요금 할인)에 따라 요금을 달리 부과한다. 코레일은 요일에 따라 할인율을 달리함으로써 다른 요금을 책정한다. 주말에는 다른 교통수단을 이용하는 것이 불편하므로 철도 이용에 대한 수요가 비교적 비탄력적이다. 이에 비해 주중에는 다른 교통수단을 이용하여도 큰 불편이 없어서 수요가 탄력적이다. 따라서 주중에는 싼 요금을 부과하고 주말

**그림 8.4 상이한 구매자 집단에 대한 가격차별**

독점기업은 시장을 수요의 탄력성이 다른 2집단으로 분리하여 가격차별을 하면 이윤을 극대화할 수 있다. 각 시장에서 한계수입이 한계비용과 같도록 생산하여 판매한다. 여기에서는 평균총비용이 일정하다고 가정하였다. 따라서 한계비용(MC)은 평균총비용(ATC)과 일치한다. (a) 기업은 가격탄력성이 낮은 소비자에게 비싼 가격을 부과한다. (b) 기업은 가격탄력성이 높은 소비자에게 낮은 가격을 부과한다. 가격차별을 하면 단일 가격을 부과할 때보다 총이윤이 증가한다.

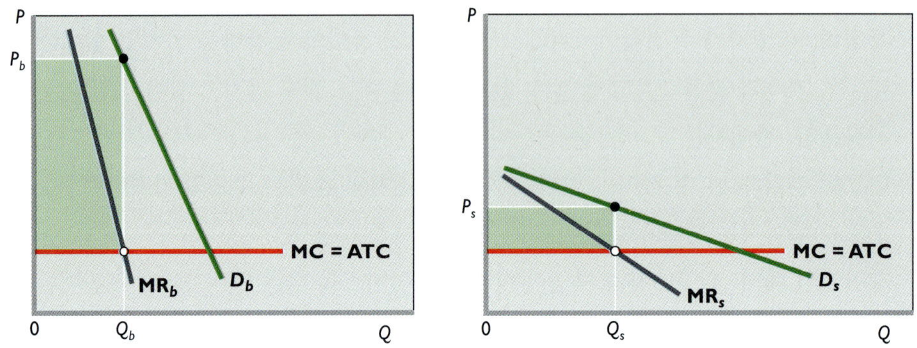

(a) 기업구매자 시장 (b) 학생구매자 시장

에는 비싼 요금을 부과한다.

상품을 구매할 때 가격을 깎아주는 할인쿠폰도 일종의 가격차별이다. 할인쿠폰을 통해 기업은 가격에 아주 민감하여 수요가 탄력적인 고객에게 가격을 낮추어 주는 셈이다. 가격에 덜 민감해 수요가 상대적으로 비탄력적인 고객은 굳이 쿠폰을 사용하지 않아서 이들은 비싼 가격을 지불하게 된다. 그래서 기업은 할인쿠폰을 발행하면 단일 가격을 부과하였을 때보다 많은 이윤을 얻을 수 있다.

마지막으로 국제무역에서도 가격차별은 흔히 일어난다. 예를 들어, 한국의 자동차는 국내보다 미국에서 싸게 팔리는 경우가 많다. 미국에서는 경쟁자들이 다수 있기 때문에 자동차에 대한 수요는 탄력적이다. 그러나 국내에서는 미국보다 자동차 판매회사가 적어 소비자가 선택할 여지가 적어 수요가 비탄력적이다. 그래서 수요가 탄력적인 미국 시장에서 싸게 팔고, 수요가 비탄력적인 국내시장에서 비싸게 파는 게 이익이다.

## 그래프에 의한 분석

그림 8.4는 가격차별을 그래프로 설명하고 있다. 각각의 그래프는 단일의 순수독점 기업이 분리된 2개의 시장에서 소프트웨어 같은 생산물을 따로 파는 것을 나타낸다. 시장수요는 예를 들어 기업 구매자의 수요와 학생들의 수요로 분리되어 있다. 학생용 소프트웨어는 기업에 파는 것과 동일하지만, 학생증이 있는 경우에만 1인당 1개씩 구입할 수 있다. 당연하게도 소프트웨어에 대한 학생들의 지불 능력은 낮아서 가격에 민감하

## 분석의 응용

### 야구장에서의 가격차별

프로야구팀은 경기장 입장권 판매를 통해 상당한 수입을 올린다. 그들은 이윤을 극대화하기 위하여 비탄력적 수요의 어른보다 탄력적 수요의 어린이에게는 훨씬 낮은 가격에 입장권을 판다. 예를 들어, 기아 챔피언스 필드의 입장 요금은 좌석의 위치에 따라 다르지만, 2022년에 외야석의 경우 주중에는 어른이 9,000원이지만, 어린이는 4,500원으로 반값에 지나지 않았다.

이러한 가격차별이 수입과 이윤을 증대시킨다면, 프로야구팀은 경기장 내의 매점에서도 가격차별을 할 수 있지 않을까? 즉, 김밥, 음료수, 오징어, 땅콩 등을 어린이에게 반값에 팔 수 있지 않을까? 이것은 가격차별이 성공하기 위한 3가지 조건에 달려 있다. 경기장 입장권은 3가지 조건을 모두 충족시킨다. (1) 프로야구팀은 독점력을 가지고 있다. (2) 구매자를 수요의 탄력성이 서로 다른 연령층으로 분리할 수 있다. (3) 어린이는 할인 입장권을 어른에게 재판매할 수 없다.

그러나 경기장 내의 매장은 조건이 다르다. 특히 3번째 조건을 충족시킬 수 없다. 야구장의 매점이 가격을 달리 부과하면 어린이가 구매한 상품이 어른에게 '재판매'되는 것을 막을 수 없다. 어른들은 자신이 먹을 음식이나 음료수를 사기 위하여 어린이를 보내려 할 것이다. "철이야, 여기 돈을 줄 테니까 김밥과 오징어를 사다주렴." 이렇게 되면 가격차별은 프로야구팀의 이윤을 늘리는 게 아니라 오히려 줄이게 된다. 따라서 야구장 내 매점은 어린이나 어른을 가리지 않고 동일한 가격을 부과한다.

**질문**

야구장 매장의 판매가격은 동네 편의점에 있는 동일한 품목의 가격보다 약간 비싸다. 그 이유는 무엇인가?

---

며, 따라서 수요가 상대적으로 탄력적이므로 할인된 가격을 부과한다.

그림 8.4(a)의 수요곡선 $D_b$는 기업 구매자의 제품에 대한 수요를 나타내는 것으로 상대적으로 비탄력적이다. 이에 비해 그림 8.4(b)의 수요곡선 $D_s$는 학생들의 수요가 보다 탄력적이라는 것을 반영하고 있다. 각각의 한계수입곡선($MR_b$와 $MR_s$)은 앞에서 설명한 수요곡선과 한계수입의 관계를 반영하여 수요곡선 아래에 놓여 있다.

논의를 간단히 하기 위해 평균총비용(ATC)은 일정하다고 가정하였다. 따라서 한계비용(MC)은 언제나 평균총비용(ATC)과 같다. 이들 비용은 소프트웨어를 어느 집단에 판매하더라도 동일하며, 따라서 양쪽 시장에서 'MC = ATC' 직선은 동일하게 표시되어 있다.

순수독점기업은 양쪽 시장에서 어떤 가격을 부과할 것인가? 이윤극대화를 위해 한계수입=한계비용 규칙을 적용하면 독점기업은 기업에 $Q_b$만큼의 소프트웨어를 공급하고자 할 것이다. 독점기업이 이윤극대화 산출량을 팔려면 $P_b$의 가격을 부과해야 한다. 오른쪽 시장에도 한계수입=한계비용 규칙을 적용하면 독점기업은 학생들에게 $Q_s$만큼의 소프트웨어를 공급하려고 할 것이다. $Q_s$만큼을 팔려고 한다면 독점기업은 학생들에게 $P_s$ 가격을 부과하게 된다.

기업이 가격차별을 하는 것은 그렇게 하면 이윤이 증대하기 때문이다. 그림 8.4의 곡선들로부터 수치를 계산한다면(여기에 나타내지는 않았지만) 초록색으로 표시된 2 시장의 이윤의 합이 독점기업이 양 시장에 단일가격을 부과하였을 때의 이윤의 합보다 크다는 것을 알 수 있다. 가격차별이 소비자에게 이익인가? 위의 사례를 보면 학생들에게는 분명히 이익이다. 독점기업이 학생들에게는 가격차별이 없을 때에 비하여 낮은 가격을 부과하기 때문이다. 반면에 가격차별로 인해 기업 구매자는 손해를 보게 되는데 이들이 지불하는 가격이 높아지기 때문이다. 따라서 단일가격이 부과될 때와 비교하면 학생들의 소프트웨어 구입은 늘어나고 기업의 구매는 감소한다. 이러한 가격차별은 주변에서 흔하게 발생하는 기업의 관행으로 경쟁에 거의 영향을 미치지 않는다. 따라서 정부는 이를 별로 규제하지 않는다. 이를 불법으로 규제하는 때는 경쟁의 제한 수단으로 가격차별이 사용되었을 때이다.

## 독점력과 독점규제 정책

독점은 법적 관심대상이다. 독점기업은 경쟁기업보다 높은 가격을 부과한다. 그 결과 독점화된 상품의 생산에 자원이 과소 배분된다. 독점기업은 기술혁신을 억제하고, 지대추구행위에 몰두하며 X-비효율을 초래한다. 비록 규모의 경제로 비용이 낮아지더라도 독점기업이 이러한 저비용을 고려하여 가격을 낮게 부과한다는 보장도 없다. 독점으로 생산비용이 낮아지더라도 그것은 대부분 독점기업의 경제적 이윤을 더욱 크게 할 뿐이다.

### 독점은 보편적이지 않다

다행스럽게도 독점은 크게 보편화되지 않는다. 진입장벽이 끝까지 성공할 수 없기 때문이다. 독점기업은 연구와 기술진보를 통해 시장의 독점적 지위를 강화할 수도 있겠지만, 때에 따라서는 기술진보가 독점을 약화시키기도 한다. 시간이 경과함에 따라 새로운 기술이 개발되어 독점적 지위가 무너질 수 있는 것이다. 예를 들어, 우편업무는 정부기관인 우체국에 의해 독점되어 왔다. 하지만 각종 택배 서비스의 등장과 팩스기기, 이메일 등의 정보통신산업의 발전은 우체국의 독점력을 크게 잠식하였다. 마찬가지로

KBS와 MBC 등 지상파 방송국의 시장 지배력은 위성 텔레비전을 비롯하여 IP 텔레비전 등 음성과 영상의 송신을 가능하게 하는 기술의 발전으로 도전을 받고 있다.

합법적인 진입장벽인 특허도 언젠가 만료된다. 나아가 특허가 만료되지 않았더라도 특허 생산물을 대체하는 새로운 생산물이 개발되어 기존 특허기업의 시장 지배력을 잠식하기도 한다. 필수자원의 독점으로 시장을 독점하고 있더라도 이러한 자원의 매장 장소가 새로 발견되어 자원의 독점이 어려워지기도 한다. 또한 산업에 따라 외국의 다국적 기업이 국내독점기업의 경쟁자로 등장하기도 한다. 미국 시장에 엄청난 규모의 대기업이 존재하지만, 이들도 다국적 기업과의 경쟁에서 자유롭지 못하다(지구촌 전망 8.1 참조). 마지막으로 독점기업은 새로운 상품의 등장으로 미래의 경쟁이 치열해지는 것을 매우 두려워할 수 있다. 그러면 독점기업은 가격을 상대적으로 낮게 유지하여 경쟁기업의 상품개발 인센티브를 약화시키려고 할 것이다. 그럴 경우 소비자는 비록 현재 경쟁이 부족하더라도 거의 경쟁가격이나 다름없는 가격을 지불하게 된다.

## 독점규제 정책

현실세계에서 독점이 발생하여 유지되고 있다면 정부는 어떻게 해야 하는가? 경제학자들은 독점의 사례에 따라 정부의 독점정책은 조심스럽게 이루어져야 한다고 여긴다. 새로운 기술의 등장으로 독점이 장기적으로 유지될 수 없다고 여겨지면 이를 무시하면 된다. 이에 비해 독점이 반경쟁적 행위를 통해 유지되고 있으며, 이로 인해 상당한 경제적 비효율이 초래되고 그러한 상태가 장기간 지속될 수 있다. 그러면 정부는 독점의 규제에 나서게 된다. 세계에서 처음으로 독점을 규제하기 위해 제정된 법률이 1890년에 미국에서 제정된 셔먼법이다. 이법의 핵심은 다음 2개 조항에 담겨 있다.

- **제1조** "다수의 주(州) 사이 또는 외국과의 거래 및 상업 활동에서 이를 제약하는 모든 계약, 트러스트를 비롯한 여타 형태의 기업결합, 합의는 불법임을 명시한다."
- **제2조** "다수의 주(州) 사이 또는 외국과의 거래 및 상업 활동에서 이를 독점화하거나, 독점화를 기도하거나 독점화를 위하여 타인과 결탁 또는 합의하는 자는 중죄를 저지른 것으로 여긴다(추후에 중죄는 '경범죄'로 개정되었다)."

1911년 스탠더드 오일 사건에서 미국의 연방대법원은 스탠더드 오일에 대하여 일련의 반경쟁적 행위와 경제력 남용행위를 통하여 석유산업을 독점화하였다고 유죄판결을 내렸다. 대법원의 구제조치는 스탠더드 오일을 여러 개의 경쟁기업으로 분할하는 것이었다. 그러나 스탠더드 오일 사건은 다음과 같은 중요한 문제를 여전히 미해결로 남겨

## 지구촌 전망 8.1

### 미국 기업과 경쟁하는 다국적 기업

다국적 기업과의 경쟁으로 미국 기업의 미국 내 시장지배력은 감소한다. 여기에 제시된 다국적 기업은 미국 시장에서 미국 기업과 치열하게 경쟁하는 수백 개의 다국적 기업 중 일부에 불과하다. 스마트폰 부문에서 애플은 한국의 삼성전자와 끊임없이 경쟁을 벌이고 있다.

| 기업(국적) | 생산 분야 |
|---|---|
| 바이엘(독일) | 화학 |
| 폭스바겐(독일) | 자동차 |
| 미쉘린(프랑스) | 타이어 |
| 레노보(중국) | 전자 |
| 네슬러(스위스) | 식품 |
| 트라피구라 그룹(싱가포르) | 상품교역 |
| 파나소닉(일본) | 전자 |
| 페트로브라스(브라질) | 휘발유 |
| 로얄더치셀(네덜란드) | 휘발유 |
| 삼성(한국) | 전자 |
| 토요타(일본) | 자동차 |

자료: Fortune Global 500, 2016, www.fortune.com

**합리의 원칙**
'불합리하게' 거래를 제약하는 독점만이 불법이라는 원칙

두었다. 즉, 모든 독점이 셔먼법 제2조를 위반하는 것인가? 아니면 경쟁을 제한하는 행위를 통하여 형성되었거나 유지되고 있는 독점만이 법을 위반한 것인가?

1920년 유에스 스틸사건에서 미국의 연방대법원은 셔먼법 제2조를 적용하면서 **합리의 원칙**을 확립하였다. 이에 따르면 모든 독점을 불법이라고 할 수 없다는 것이다. '불합리하게' 거래를 제약하는 독점만이 셔먼법 제2조를 위반한 것으로 반독점소송의 대상이 된다는 것이다. 즉, 기업의 규모가 크다고 법위반이라고 할 수 없다는 것이다. 유에스 스틸이 독점력을 가지고 있다는 점은 분명하였지만, '독점화하였다'라는 혐의에 대하여 무죄 판결을 받았다. 유에스 스틸이 독점력을 얻고 유지하기 위하여 경쟁기업을 상대로 불법적인 행위를 한 적이 없었기 때문이었다. 스탠더드 오일은 이른바 '악의적 트러스트'였고, 이에 비하여 유에스 스틸은 '선의의 트러스트'이므로 법 위반이 아니라는 것이다. 합리의 원칙은 공격을 받아 얼마 후 번복되기도 하였다. 그러나 오늘날 합

리의 원칙은 셔먼법의 독점 조항을 해석하는 법리로 널리 받아들여지고 있다.

오늘날 미국의 법무부, 공정거래위원회를 비롯하여 독점 피해의 당사자, 주(州)의 지방검찰은 셔먼법 위반 혐의가 있으면 소송을 제기할 수 있다. 법원은 반독점행위를 금지하는 명령(행위변경의 구제조치)을 내릴 수 있다. 필요하다면 독점기업을 다수의 경쟁기업으로 분할(구조 변경의 구제조치)할 수도 있다. 이와 함께 벌금을 부과하고 법 위반자에게 징역형을 내리기도 한다. 독점기업의 피해 당사자는 3배의 징벌적 배상을 청구할 수 있다. 독점으로 인한 피해액에 그치는 것이 아니라 그 3배에 해당하는 금액을 손해배상으로 허용하고 있기 때문이다. 일부 사건에서는 이러한 배상금액이 적게는 수백만 달러에서 많게는 수십억 달러에 이른다. 미국에서 최근에 일어난 반독점 사건으로 가장 규모가 컸고 중요했던 것은 마이크로소프트 사건이다. 이는 분석의 응용에서 설명한다.

## 한국의 독점규제 정책

한국의 독점규제 정책은 1980년에 제정되어 1981년 4월부터 시행되고 있는 '독점규제 및 공정거래에 관한 법률'에 바탕을 두고 있다. 이 법은 공정하고 자유로운 경쟁을 촉진하기 위하여 시장 지배적 지위의 남용과 경제력 집중을 방지하고 부당한 공동행위와 불공정거래 행위를 규제하고 있다.

이 법의 제7조는 기업결합을 통해 독점적 지위에 오르는 것을 막고 있다. 이에 의하면 기업은 기업결합을 통해 경쟁을 실질적으로 제한하는 행위를 할 수 없다. 기업결합이란 상호 독립적으로 운영되던 기업들이 자본적 · 인적 · 조직적 결합을 통해 공통의 지배를 받게 되는 것을 말한다. 이러한 기업결합은 다른 회사의 주식을 취득 · 소유하거나 다른 회사의 임원을 겸하거나 합병, 영업의 양수, 회사설립에의 참여 등을 통해 행하여진다.

법적으로 정한 일정 규모 이상의 기업이 기업결합을 행하면 이를 공정거래위원회에 신고하여야 한다. 공정거래위원회는 기업결합심사를 통하여 기업결합이 경쟁을 제한하는지의 여부를 판단하게 된다. 그래서 기업결합이 경쟁을 제한한다고 여기면 적절한 시정조치를 부과하게 된다. 2014년 인터넷 포털 업체인 다음커뮤니케이션은 인터넷 메신저 회사인 카카오와 합병하여 다음카카오 회사가 되었다. 이러한 합병이 경쟁이 제한하는지의 여부를 공정거래위원회는 심사하였다.

실제 공정거래위원회는 시력 교정용 안경렌즈 분야에서 세계 및 국내 1위 업체인 에실로가 국내시장 2위 업체인 대명광학의 주식을 취득하는 것을 경쟁을 실질적으로 제한할 우려가 있다는 이유로 불허하기도 하였다. 기업결합이 이루어졌던 2013년 에실로

## 분석의 응용

### 미국 정부 대 마이크로소프트

1998년 5월 미국 연방 법무부, 19개의 주 그리고 컬럼비아 특별구(이하 '정부'라 한다)는 마이크로소프트를 상대로 셔먼법 위반 혐의의 소송을 제기하였다. 정부가 주장한 혐의 내용은 마이크로소프트가 '윈도우즈'의 독점적 지위를 유지하려고 셔먼법 제2조를 위반하는 일련의 불법적 행위를 저질렀다는 것이다. 또한 그러한 일부 행위가 셔먼법 제1조를 위반하였다는 추가적 혐의도 있었다.

마이크로소프트는 그러한 혐의를 부인하였다. 자신의 성공은 제품의 혁신과 합법적인 거래관행을 통하여 이룬 것이라는 것이다. 미래 예측, 사업적 감각 그리고 기량 등이 뛰어나다고 처벌받아서는 안 된다고 주장하였다. 마이크로소프트는 기술 진보가 급속히 일어나고 있어서 자신의 독점력은 일시적인 것에 불과하다고 지적하였다.

2000년 7월 1심 법원의 판결에 따르면 관련 시장은 인텔과 상호 호환이 되는 개인 컴퓨터용 소프트웨어 시장이었다. 마이크로소프트는 그러한 시장의 95%를 차지하고 있어서 명백히 독점력을 가지고 있었다. 그러나 법원은 독점기업이라는 그 자체가 법 위반은 아니라고 지적하였다. 마이크로소프트가 독점력을 유지하기 위하여 반경쟁적 수단을 사용하였기 때문에 셔먼법을 위반하였다는 것이다.

법원에 따르면 마이크로소프트는 인터넷브라우저인 넷스케이프의 내비게이터를 두려워하고 있었다. 내비게이터가 성공하게 되면 넷스케이프가 자신의 소프트웨어를 확장하여 개인용 컴퓨터의 운영체제를 포함시킬 수 있게 되는데, 이러한 경쟁적 운영체제의 등장은 윈도우즈의 독점을 위협할 수 있다는 것이다. 또한 썬 회사가 마이크로소프트의 자바 언어를 이용해 만든 인터넷 응용프로그램이 결국 마이크로소프트의 독점력을 위협할 수 있다는 점을 두려워했다.

이런저런 위협에 대응하기 위하여 마이크로소프트는 개인컴퓨터 제조업자와 불법계약을 맺어 개인컴퓨터(데스크톱)에 인터넷 익스플로러를 탑재하도록 하였다. 그리고 마이크로소프트 제품과 경쟁관계에 있는 소프트웨어를 쓰는 회사에 불이익을 주었다. 게다가 자사에 우호적인 회사에는 윈도우즈와 응용프로그램을 연결하는 코드를 제공한 반면, 넷스케이프를 탑재한 회사에는 그러한 코드를 주지 않았다. 마지막으로 썬 회사로부터 라이선스를 얻어 윈도우즈 관련 자바 소프트웨어를 개발하여 썬 회사 자체가 개발한 소프트웨어가 윈도우즈와 호환이 될 수 없게 하였다.

1심 법원은 마이크로소프트를 두 경쟁회사로 분리하도록 명령하였다. 하나는 윈도우즈 운영체계를 판매하는 회사이고, 다른 하나는 마이크로소프트의 응용프로그램(워드, 핫메일, 마이크로소프트 메신저, 파워포인트, 인터넷 익스플로러)을 판매하는 회사이다. 두 회사는 서로에게 경쟁적인 신제품을 자유롭게 개발할 수 있으며, 이를 개발하기 위하여 분리 시점에 두 회사가 공동으로 소유하고 있던 제품에 내재된 지적재산권을 이용할 수 있도록 하였다.

2000년 말 마이크로소프트는 1심 법원의 판결에 대해 연방항소법원에 항소하였다. 2001년 항소법원은 마이크로소프트가 독점을 불법적으로 유지하였다는 점을 확인하였지만, 마이크로소프트의 분리라는 1심 법원의 판결은 뒤집었다. 1심 법원이 형벌을 정하는 과정에서 마이크로소프트에 적법 절차를 허용하지 않았다는 마이크로소프트의 주장을 받아들였다. 그리고 1심 법원 판사가 언론과 지나친 인터뷰를 하면서 편견을 드러내보였다고 결론지었다. 항소법원은 새로운 1심 법원 판사를 내려보내 새로운 구제조치를 찾도록 하였다. 그리고 항소법원은 기업분할이라는 법적 구제조치가 타당한가에 대해서도 검토하도록 하였다.

새로운 1심 법원 판사의 재촉으로 연방정부와 마이크로소프트는 협상안을 놓고 숙의를 거듭하였다. 이렇게 마련된 합의는 약간 수정된 채 2002년 법원의 최종명령으로 확정되었다. 기업분할은 철회되었고, 대신 행위 변경의 구제조치가 마련되었다. 이에 따르면 (1) 마이크로소프트는 윈도우즈나 인터넷 익스플로러와 경쟁관계에 있는 소프트웨어를 개발, 판매 및 사용하는 기업을 비롯하여 윈도우즈와 함께 다른 회사의 운영체제를 동시에 탑재한 개인컴퓨터를 판매하는 기업에 대해서 불이익을 주어서는 안 된다. (2) 마이크로소프트는 윈도우즈를 개인컴퓨터에 탑재하려는 컴퓨터 제조업자에게 모두 동일한 사용료와 라이선스 조건을 부여하여야 한다. (3) 컴퓨터 제조업자가 데스크톱의 윈도우즈에서 마이크로소프트의 아이콘을 삭제하고 다른 아이콘으로 대체할 수 있어야 한다. (4) 마이크로소프트는 다른 기업에 기술정보를 제공하여 이들 기업이 개발한 프로그램이 윈도우즈에서 마이크로소프트의 자체 제품만큼 원활하게 작동할 수 있도록 해야 한다.

소송과 이에 따른 유죄판결로 인해 간접적으로 마이크로소프트는 수십억 달러의 벌금과 배상금을 부담하게 되었다. 배상금을 받은 주요 기업은 다음과 같다. 타임워너(넷스케이프) 7억 5천만 달러, 유럽연합위원회 19억 달러, 썬마이크로시스템 16억 달러, 노벨 5억 3천 6백만 달러, 게이트웨이 1억 5천만 달러, 인터트러스트 4억 4천만 달러, 리얼 네트워크 7억 6천백만 달러, 아이비엠 8억 5천만 달러.

> **질문**
>
> 2002년 마이크로소프트 사건의 합의에서 왜 기업분할보다 행위변경의 구조조치가 선택되었을까?

자료: *United States v. Microsoft*(District Court Conclusion of Law), April 2000; *United States v. Microsoft*(Court of Appeals), June 2001; *U.S. v. Microsoft*(Final Judgement), November 2002; and Reuters and Associated Press Services.

---

는 전 세계 안경렌즈 시장의 47%를 점하는 1위 업체였다. 그리고 대명광학은 국내시장 점유율이 12.8%로 에실로에 이어 2위 업체였다. 그런데 에실로가 대명광학의 주식을 50% 인수하면 단초점 렌즈 시장의 66.3%를, 누진 다초점 렌즈 시장의 46.2%를 차지하는 업체가 된다. 그 결과 렌즈 가격이 인상되고 끼워 팔기 등 시장지배력을 남용할 가능성이 크다고 여겨 공정거래위원회는 결합을 불허하기에 이르렀던 것이다.

하지만 공정거래위원회는 재무구조가 악화되어 회생이 불가능한 회사를 인수하는 형태로 기업결합이 이루어지는 경우 비록 경쟁을 실질적으로 제한할 우려가 있을 때라도 이를 예외적으로 허용하기도 한다. 예를 들어, 2020년 제주항공이 이스타항공의 주식 약 51%를 취득하였는데, 이에 대해 공정거래위원회는 일부 노선에서 경쟁제한의 가능성이 있다고 판단하였다. 하지만 제주항공이 이를 인수하지 않으면 이스타항공이 회생 불가능할 것으로 여겨 기업결합을 허용하였다.

## 요약

**1.** 순수독점의 특징과 진입장벽

순수독점기업이란 밀접한 대체재가 존재하지 않은 상품의 유일한 공급자를 말한다. 순수독점 또는 불완전 경쟁시장은 진입의 장벽 때문에 존재하게 된다. 진입의 장벽은 (a) 규모의 경제 (b) 특허와 면허 (c) 필수자원의 소유나 통제 (d) 가격설정 등의 전략적 요인 등이 있다.

**2.** 순수독점 기업의 이윤극대화 생산량과 가격 결정

순수독점 기업의 시장상황이 경쟁기업과 다른 점은 독점기업의 수요곡선이 우하향한다는 것이다. 이로 인해 한계수입곡선이 수요곡선 아래에 놓이게 된다. 물론 순수독점기업도 경쟁기업과 마찬가지로 한계수입=한계비용을 통해 이윤을 극대화한다. 진입장벽 때문에 독점기업은 장기에서도 경제적 이윤을 획득할 수 있다. 그러나 (a) 독점기업이라도 '가장 비싼 가격'을 부과하지는 않는다. (b) 독점기업의 총이윤을 극대화하는 가격이 단위당 이윤, 즉 마진을 극대화하는 가격과 일치하는 경우는 거의 없다. (c) 비용이 높고 수요가 적으면 독점기업이 이윤을 전혀 얻지 못할 수 있다.

**3.** 독점의 경제적 효과

독점기업의 비용이 경쟁기업과 같더라도 독점기업은 순수경쟁일 때에 비하여 생산량을 줄이고 가격을 더 올리는 것이 더 이익이다. 이러한 생산량의 감축이 자원배분의 왜곡을 초래한다. 이것은 독점시장에서 가격이 한계비용을 초과한다는 사실에서 확인할 수 있다.

독점은 소비자로부터 독점기업으로 소득을 이전한다. 독점기업은 동일한 비용의 경쟁기업보다 더 높은 가격을 부과할 수 있기 때문이다. 따라서 독점기업은 사실상 소비자에게 '사적 조세'를 부과하는 셈이며, 수요가 충분히 크다면 상당한 경제적 이윤을 획득할 수 있다.

독점기업이 직면하는 비용은 경쟁기업과 다를 수 있다. 한편에서 보면 독점기업만이 누릴 수 있는 규모의 경제 때문에 단위 비용이 낮아질 수 있다. 또한 기술진보를 통해 비용을 절감할 가능성은 독점기업이 순수경쟁 기업보다 크다. 독점기업은 경제적 이윤을 획득할 능력이 있어서 이를 연구 자금으로 쓸 수 있기 때문이다. 하지만 다른 한편으로 보면 X-비효율, 즉 생산요소를 가장 비용이 적게 들도록 사용하지 않아서 발생하는 비효율은 경쟁기업보다 독점기업에서 흔하게 발생한다. 또한 정부에 의해 독점적 특권이 주어지는 경우에는 이를 유지하기 위하여 독점기업은 과도한 지출을 할 수 있다. 마지막으로 경쟁기업의 진입이 봉쇄되면 독점기업이 기술진보를 이루려는 인센티브가 약해진다.

**4.** 독점기업의 가격차별

독점기업은 가격차별을 행함으로써 이윤을 늘릴 수 있다. 가격차별은 (a) 기업이 독점력을 가지고 있어야 하고 (b) 수요의 탄력성을 기초로 구매자를 분리할 수 있어야 하고 (c) 생산물이나 서비스가 분리된 시장 사이에 쉽게 이전될 수 없어야 가능하다.

**5.** 독점금지법의 내용

독점규제법의 시초는 1890년에 제정된 미국의 셔먼법이다. 이 법의 제2조는 독점을 금지하고 있다. 합리의 원칙에 따르면 독점력 그 자체는 불법이 아니다. 비합리적 방법으로 독점력이 획득되거나 유지되고 있다면 그러한 독점력은 위법이다.

독점기업이 셔먼법을 위반하면 미국 정부는 독점기업을 경쟁기업으로 분할(구조변경의 구제조치)하거나 특정한 반 경쟁행위를 금지(행위변경의 구제조치)시킬 수 있다.

한국의 독점규제 정책은 1980년에 제정되어 1981년 4월부터 시행되고 있는 '독점규제 및 공정거래에 관한 법률'에 바탕을 두고 있다. 이 법은 공정하고 자유로운 경쟁을 촉진하기 위하여 시장 지배적 지위의 남용과 경제력 집중을 방지하고 부당한 공동행위와 불공정거래 행위를 규제하고 있다.

## 주요 용어 및 개념

X-비효율
가격차별
네트워크 효과
동시소비
순수독점
자연독점
지대추구 행위
진입장벽
합리의 원칙

## 연습문제

**1.** 다음에서 진입의 장벽이라고 볼 수 없는 것은?
① 규모의 경제 ② 특허
③ 면허 ④ 품질
⑤ 필수자원의 통제

**2.** 독점기업에 대한 설명으로 틀린 것은?
① 이윤극대화 생산량에서 한계비용=한계수입이다.
② 평균수입이 한계수입보다 크다.
③ 수요곡선의 탄력적 영역에서 가격을 설정한다.
④ 가격이 한계비용보다 높다.
⑤ 장기적으로 정상 이윤만을 얻는다.

**3.** 규모의 경제와 관련성이 적은 것은?
① 장기 평균총비용이 하락한다.
② 고정비용이 막대하고 한계비용이 매우 낮다.
③ 독점기업이 생산의 효율을 달성할 수 있다.
④ 가격은 장기 평균총비용의 최소치에서 정해진다.
⑤ 동시소비나 네트워크 효과가 존재하면 나타날 수 있다.

**4.** 기업이 비용을 줄일 수 있음에도 불구하고 이보다 높은 비용을 지불하며 생산하는 것을 무엇이라고 하는가?
① X- 비효율 ② 지대추구 행위
③ 진입 장벽 ④ 도덕적 해이
⑤ 대리문제

**5.** 가격차별에 대한 다음의 설명에서 잘못된 것은?
① 동일한 상품이지만 소비자에 따라 다른 가격을 부과한다.
② 수요가 비탄력적인 시장의 소비자가 지불하는 가격이 높다.
③ 수요가 탄력적 시장에서 가격차별 기업의 한계수입이 낮다.
④ 상품의 재판매가 없어야 가능하다.
⑤ 독점력이 없다면 가격차별을 할 수 없다.

**6.** 세계 최초로 제정된 독점규제 법률은 무엇인가?
① Sherman 법 ② Clayton 법
③ Wagner 법 ④ Wheeler-Lea 법
⑤ Celler-Kefauver 법

**7.** 미국의 마이크로소프트에 대한 반독점소송에 대해 잘못 설명한 것은?
① 마이크로소프트는 셔먼법 위반혐의로 제소되었다.
② 마이크로소프트의 독점력이 문제가 되지는 않았다.
③ 마이크로소프트의 독점력을 이용한 불법행위가 문제가 되었다.
④ 법원의 최종판결에서 마이크로소프트가 패소하였다.
⑤ 마이크로소프트는 막대한 과징금과 행위변경의 처분을 받았다.

**8.** 독점기업에 대한 다음의 설명 중 옳은 것은?
① 독점기업은 소비자가 지불할 수 있는 최대가격을 부과한다.
② 독점기업은 판매에 따른 마진을 극대화한다.
③ 독점기업이 설정하는 가격은 한계비용보다 높다.
④ 독점기업의 공급곡선은 한계비용곡선과 모양이 같다.
⑤ 독점기업이 손실을 보는 경우는 없다.

**9.** 독점적인 출판사가 책의 저자에게 판매수입의 10%를 저작료로 지불하기로 하였다. 저자가 책의 가격을 정한다고 하였을 때 틀린 설명은?

① 책의 출판비가 0보다 크다면 출판사가 책정하고자 하는 가격보다 낮다.
② 출판사의 이윤은 가격을 출판사가 정할 때보다 줄어든다.
③ 저자가 책정한 가격에서 한계수입은 0이다.
④ 저자가 책정한 가격에서 수요의 가격탄력성은 탄력적이다.
⑤ 저자가 책정한 가격에서 책이 더 많이 팔린다.

**10.** 다음과 같이 독점기업의 수요곡선과 한계수입 곡선이 주어져 있다. 원점에 가까운 가격부터 $P_1$, $P_2$, $P_3$이며, 원점에 가까운 생산량부터 $Q_1$, $Q_2$, $Q_3$이다.

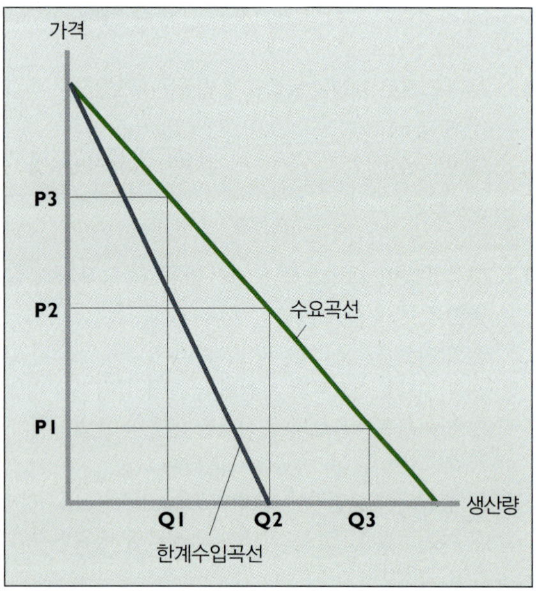


(1) 독점기업의 총수입을 극대화하는 생산량은 얼마인가?
(2) 독점기업의 이윤극대화 생산량이 $Q_2$라고 하면 그 때 한계비용은 얼마인가?

**11.** 독점기업이 상품을 공급하는 A, B 2 시장의 수요가 다음과 같이 주어져 있다. 독점기업의 한계비용은 13,000원으로 일정하며, 평균총비용도 13,000원으로 일정하다.

| 가격 | A 시장 수요 | B 시장 수요 |
|---|---|---|
| 63,000 | 4 | 1 |
| 55,000 | 5 | 2 |
| 48,000 | 6 | 3 |
| 42,000 | 7 | 4 |
| 37,000 | 8 | 5 |
| 33,000 | 9 | 6 |
| 29,000 | 10 | 7 |

(1) 독점기업이 가격차별을 하지 않았을 때의 가격을 구하시오.
(2) 독점기업이 가격차별을 하였을 때 A, B 시장에 부과하는 가격을 구하시오.
(3) 독점기업이 가격차별을 하였을 때 A, B 시장에서 얻는 이윤을 각각 구하시오.

**12.** 순수독점기업의 수요와 단기 비용이 아래의 표에 주어져 있다.

(단위: 천 원)

| 생산량 | 평균 고정 비용 | 평균 가변 비용 | 가격 | 총수입 | 한계 수입 | 총 가변 비용 | 한계 비용 |
|---|---|---|---|---|---|---|---|
| 1 | 60.00 | 45.00 | 100 | 100 | | | |
| 2 | 30.00 | 42.50 | 83 | 163 | 63 | 85 | 40 |
| 3 | 20.00 | 40.00 | 71 | 213 | 50 | 120 | 35 |
| 4 | 15.00 | 37.50 | 63 | 252 | 39 | 150 | 30 |
| 5 | 12.00 | 37.00 | 55 | 275 | 23 | 185 | 35 |
| 6 | 10.00 | 37.50 | 48 | 288 | 13 | 225 | 40 |
| 7 | 8.57 | 38.57 | 42 | 294 | 6 | 269.99 | 44.99 |
| 8 | 7.50 | 40.63 | 37 | 296 | 2 | 325.04 | |
| 9 | 6.67 | 43.33 | 33 | 297 | 1 | 389.97 | |
| 10 | 6.00 | 46.50 | 29 | 290 | −7 | 465 | |

(1) 이윤극대화 가격과 생산량을 구하시오.
(2) 독점기업의 이윤을 구하시오.

**13.** 50kg의 콘크리트 포대를 생산하는 독점기업이 있다. 이 기업은 고정비용을 매년 100억 원 지불한다. 그리고 콘크리트 1포대에 대해 지불하는 가변비용은 생산규모에 관계없이 1,000원으로 일정하다.

(1) 생산량이 증가하면 평균총비용은 어떻게 되는가? 이 산업의 규모에 대한 특성은 어떠한가?
(2) 독점기업을 규제하여 가격을 한계비용 이상 받지 못하도록 하였다. 기업의 이윤 또는 손실액을 구하시오.
(3) 콘크리트의 가격이 2,000원일 때 소비자의 수요는 천만 포대이다. 독점기업의 가격을 2,000원으로 규제하였을 때 기업의 이윤 또는 손실액을 구하시오.
(4) 소비자의 수요가 콘크리트 2천만 포대에서 완전 비탄력적이다. 즉, 소비자들은 콘크리트의 가격이 얼마이든지 소비자의 수요는 2천만 포대이다. 기업이 정상이윤만을 얻게 하려면 가격을 어디에서 규제해야 하는가? 총비용에는 정상이윤이 포함되어 있다고 가정한다.

## CHAPTER 09

# 독점적 경쟁과 과점

**학습내용**

1. 독점적 경쟁시장의 특징
2. 독점적 경쟁기업의 장기이윤
3. 과점의 특징
4. 과점과 게임이론
5. 과점시장의 굴절수요곡선
6. 과점기업의 담합: 촉진 요인와 장애 요인
7. 광고의 긍정적 · 부정적 효과
8. 과점시장의 효율성

---

현실에서 산업의 시장구조는 대부분 순수경쟁시장(제7장)과 순수독점시장(제8장)이라는 양 극단 사이의 어딘가에 위치한다. 순수경쟁 시장이라고 하기에는 기업의 수가 적고 순수독점시장라고 여기기에는 기업의 수가 많다. 상품은 표준화되어 있기보다 차별화되어 있으며, 가격 설정은 어느 정도 재량껏 이루어진다. 그리고 진입장벽의 정도가 다양하여 아주 쉽거나 매우 어려울 수는 있지만, 완전히 봉쇄된 경우는 매우 드물다.

이 장에서는 이러한 현실 산업구조와 유사한 2가지 모형, 즉 독점적 경쟁과 과점을 살펴본다. 독점적 경쟁시장은 경쟁이 치열하지만, 기업이 어느 정도 가격을 통제할 수 있는 미약한 독점력을 가지고 있다. 이와 반대로 과점시장에서 기업의 독점력은 크지만, 기존 기업 간에 상당한 경쟁이 존재하고 있다.

### 독점적 경쟁과 과점

가구는 독점적 경쟁 시장에서 생산되며, 냉장고는 과점시장에서 생산된다.

## 독점적 경쟁시장

독점적 경쟁

비교적 많은 수의 판매자가 차별화된 제품을 판매하면서, 해당 시장으로의 진입과 퇴출이 용이하고 기업들은 자사 제품의 가격에 대하여 일정 정도의 통제력을 행사하며, 상당한 정도의 비가격경쟁이 존재하는 시장구조

**독점적 경쟁**에서 기업의 수는 순수경쟁처럼 몇 백 개 혹은 몇 천 개에 이르지는 않지만, 25개, 35개, 60개 혹은 70개 정도로 비교적 많은 편이다. 그 결과 독점적 경쟁기업은 다음과 같은 처지에 놓이게 된다.

- **낮은 시장점유율**: 개별 기업의 시장 점유율이 비교적 낮아서 기업이 시장가격에 미치는 영향은 제한적이다.
- **담합의 어려움**: 기업의 수가 비교적 많아서 기업이 집단으로 담합하여 생산량을 제한하고 가격을 설정할 가능성은 매우 낮다.
- **독자적 행동**: 기업의 수가 많아서 기업 간 상호의존성은 거의 존재하지 않는다. 그래서 개별 기업은 경쟁 기업의 반응을 고려하지 않고 상품 가격을 결정한다. 기업이 가격을 인하하면 판매량이 소폭 늘겠지만, 경쟁기업의 판매량은 크게 달라지지 않아 경쟁기업은 별다른 반응을 보이지 않는다.

### 차별화된 상품

순수경쟁에서 상품은 표준화되어 있지만, 독점적 경쟁에서 상품은 차별화되어 있다.

즉, **상품차별화**라는 특징을 가지고 있다. 독점적 경쟁기업은 다양한 상품을 생산한다. 이들 상품의 물리적 특성이 약간 다를 수 있고 고객 서비스 혹은 접근 편리성에서 차별성을 보일 수 있다. 또는 광고를 통해 실제와 다르게 품질이 특별하다고 주장하기도 한다. 상품차별화의 이러한 측면을 자세히 살펴보자.

상품차별화
디자인, 서비스, 품질, 입지 등 비가격경쟁을 통해 경쟁사의 상품과 차별화하는 전략

**상품 속성** 상품차별화는 상품 자체에 물리적 · 질적 차이를 둠으로써 행해질 수 있다. 기능성이나 소재, 디자인 그리고 솜씨 등에서 실질적으로 차이를 두는 것은 상품차별화를 행하는 핵심적 요소다. 예를 들어, 스마트폰은 저장 용량, 속도, 그래픽, 내장 소프트웨어 등에서 차이를 보인다. 수십 종의 경제원론 교과서는 내용, 구성, 설명 방식과 난이도, 보조자료, 그래픽과 디자인 등에서 차이를 보인다. 대도시의 다양한 옷가게들은 스타일, 소재, 솜씨 등에서 큰 차이가 나는 의복을 판매하고 있다. 마찬가지로 어떤 가게는 바싹 튀긴 치킨을 팔고 다른 가게는 담백한 맛의 치킨을 판매하기도 한다.

**서비스** 서비스나 판매 조건에 차이를 두는 것도 일종의 상품차별화다. 어떤 신발 가게는 패션에 대한 최신 정보 제공과 친절한 제품 소개를 강조하고 다른 신발가게는 고객이 스스로 신발을 신어보고 이를 계산대까지 가져오게 하지만, 낮은 가격을 강조한다. 어떤 세탁소는 하루 만에 세탁해주는 것을 자랑하고 다른 세탁소는 집까지 배달해주는 서비스를 선전한다. 이처럼 상점의 고급스러움, 종업원의 공손함과 친절함, 애프터서비스와 교환의 용이성, 할부 판매의 제공 등이 모두 서비스 측면에서 상품차별화의 요소들이다.

**입지** 상품차별화는 점포의 입지나 접근의 편의성 측면에서 이루어지기도 한다. 소규모 편의점에서 판매되는 상품의 종류는 제한되어 있고 가격이 비싸지만, 이들은 대규모 슈퍼마켓과 경쟁관계를 유지하고 있다. 이들 편의점은 고객에 근접한 곳이나 번화가에 입지하고 있어서 대규모 마켓과 경쟁할 수 있다. 도로 인근에 위치한 모텔은 접근의 편의성 때문에 다른 모텔보다 비싼 방값을 부과할 수 있다.

**브랜드명과 포장** 상품차별화는 브랜드명과 상표, 포장, 유명 인물과의 관계 등을 통해서도 이루어진다. 대부분의 두부는 성분이 비슷하다. 하지만 많은 주부들은 풀무원 두부처럼 특정상표의 두부를 더 선호하며, 다른 두부보다 비싼 값을 지불할 만하다고 여긴다. 유명 배우나 탤런트와 관련된 의류, 액세서리, 화장품 등은 일부 구매자들의 마

음을 움직인다. 많은 고객들은 유니크한 스타일의 스마트폰 케이스를 선호한다. '북극 빙하'로 만든 생수라고 포장하면 더 많은 구매자를 끌어들일 수 있다.

**어느 정도의 가격 지배력** 상품차별화가 존재하면 독점적 경쟁기업은 기업의 수가 비교적 많더라도 가격에 대한 지배력을 어느 정도 행사할 수 있다. 소비자가 특정 상품을 선호하면 다른 상품보다 더 많은 돈을 지불하려고 하기 때문이다. 순수경쟁에서처럼 구매자는 판매자를 무작위로 선택하지는 않는다. 그렇더라도 독점적 경쟁기업의 가격 지배력은 지극히 제한되어 있다. 자사 제품과 유사한 대체재가 많기 때문이다.

### 진입과 퇴출의 용이성

독점적 경쟁 산업에서 진입 · 퇴출은 과점이나 순수독점에 비해 용이하다. 독점적 경쟁기업은 대부분 중소기업이기 때문에 규모의 경제가 거의 나타나지 않고 자본도 크게 필요하지 않다. 하지만 경쟁상품과 차별화된 상품을 개발하고 이를 광고하는 데 어느 정도 자금이 필요하므로 이로 인한 진입장벽이 존재할 수 있다. 일부 기업은 영업비밀이나 상표권을 가지고 있어서 다른 기업이 이를 모방하기도 어렵고 모방하더라도 많은 비용을 필요로 한다.

독점적 경쟁 산업에서는 퇴출도 비교적 용이하다. 손실을 보고 있는 기업은 언제나 폐업 정리 세일을 하고 쉽게 문을 닫을 수 있다.

### 광고

비가격경쟁

가격 이외의 특성을 차별화하려는 판매전략

상품차별화를 위한 비용과 노력은 소비자가 이를 인식하지 못하면 소용이 없다. 따라서 독점적 경쟁기업은 자사 상품에 대해 많은 광고를 한다. 광고를 통해 상품차별화를 알리는 것은 일종의 **비가격경쟁**이라고 할 수 있다. 그렇게 하는 목적은 소비자가 가격보다 상품의 차이에 근거하여 구매하게 만들려는 것이다. 이것이 성공하면 자사 상품에 대한 수요는 증가한다. 그리고 자사 상품에 대한 소비자의 충성도가 높아져 수요의 탄력성은 낮아진다.

### 독점적 경쟁 산업의 사례

일부 제조업은 독점적 경쟁에 가깝다. 보석, 아스팔트, 목재팰릿, 상업용 간판, 피혁제품, 플라스틱 파이프, 직물 가방, 부엌 싱크대 등이 이러한 산업에서 생산된다. 야채 가게, 주유소, 미용실, 세탁소, 의류 가게, 음식점(지구촌 전망 9.1 참조) 등과 같이 대도시의 상업시설은 대부분 독점적 경쟁기업에 해당한다. 이뿐 아니라 의료, 법률자문, 부

## 지구촌 전망 9.1

### 인구 10만 명당 식당 수(2018)

독점적 경쟁시장인 식당업에서 경쟁자의 수나 밀집도는 도시에 따라 매우 다르다. 밀집도의 차이는 수요조건과 생산비용의 차이에서 기인한다.

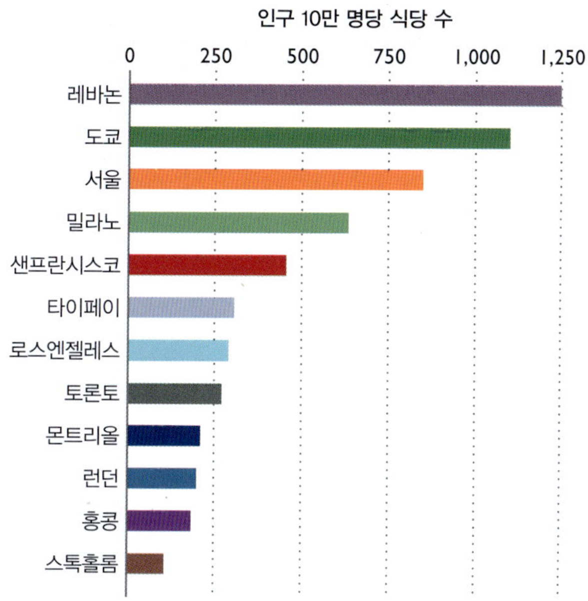


자료: World Cities Culture Forum.

동산중개, 회계 등과 같은 전문서비스업 제공자도 대부분 독점적 경쟁기업이라고 할 수 있다.

## 독점적 경쟁기업의 가격과 산출량

독점적 경쟁기업은 가격과 산출량을 어떻게 결정하는가? 먼저 모든 기업이 차별화된 상품을 생산하고 있으며, 어느 정도 광고를 하고 있다고 가정하자.

### 기업의 수요곡선

그림 9.1에서 독점적 경쟁기업의 수요곡선은 매우 탄력적이지만, 그렇다고 무한 탄력

**그림 9.1 독점적 경쟁기업: 단기와 장기**

독점적 경쟁기업은 한계수입 = 한계비용 규칙에 따라 생산하면 이윤을 극대화하거나 손실을 최소화할 수 있다. (a) 경제적 이윤이 존재하면 신규 기업이 진입하게 되어 결국에는 경제적 이윤이 사라진다. (b) 손실이 발생하면 기업의 퇴출이 이루어져 정상 이윤을 얻을 수 있게 된다. (c) 진입 · 퇴출을 거쳐 가격은 평균총비용과 같아진다. 이때의 가격이 $P_3$이고 산출량이 $Q_3$인데 이점이 독점적 경쟁 산업의 장기 균형을 나타내며, 기업은 정상 이윤만을 얻게 된다.

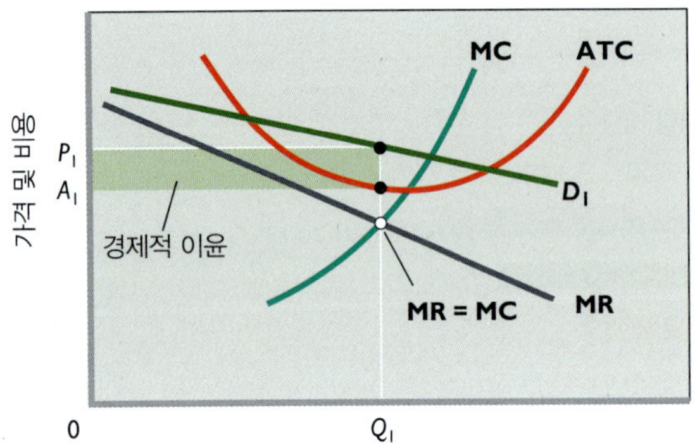


(a)
단기 이윤

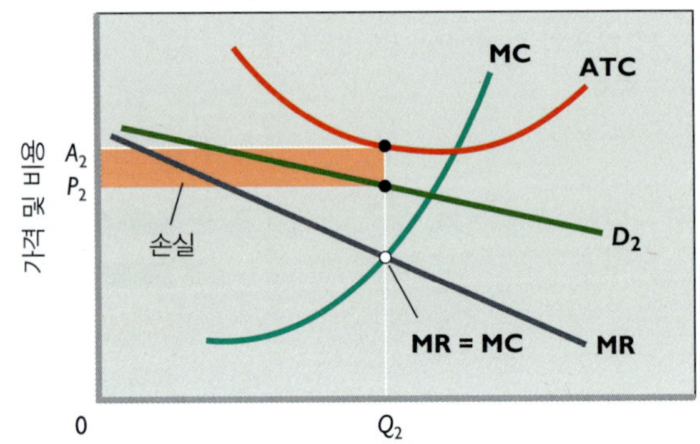


(b)
단기 손실

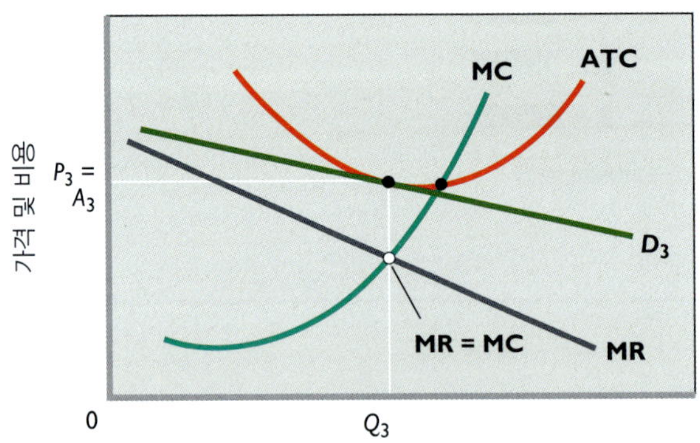


(c)
장기균형

적이지는 않다. 이 점에서 독점적 경쟁이 순수독점이나 순수경쟁과 구분된다. 독점적 경쟁기업의 수요곡선은 순수독점기업보다 탄력적이다. 순수독점에서는 경쟁기업이 존재하지 않지만, 독점적 경쟁에서는 경쟁기업들이 밀접한 대체재를 어느 정도 생산하고 있기 때문이다. 그리고 독점적 경쟁기업의 수요곡선은 순수경쟁기업처럼 무한 탄력적이지 않다. 그것은 두 가지 이유 때문이다. 첫째, 경쟁기업의 수가 순수경쟁에 비해 상대적으로 적다. 둘째, 상품차별화로 인해 완전한 대체제가 존재하지 않는다.

독점적 경쟁시장에서 개별 기업이 직면하는 수요곡선의 가격탄력성은 경쟁기업의 수와 상품차별화의 정도에 달려 있다. 경쟁기업의 수가 많을수록 그리고 상품차별화의 정도가 낮을수록 수요의 가격탄력성은 커진다. 수요의 가격탄력성이 커질수록 독점적 경쟁은 순수경쟁에 접근한다.

## 단기: 이윤 또는 손실

단기에서 독점적 경쟁기업이 이윤을 극대화하거나 손실을 최소화하기 위해 사용하는 전략은 순수경쟁기업이나 독점기업과 동일하다. 즉, 한계수입이 한계비용과 같아지는 생산량을 선택하는 것이다. 그림 9.1(a)에서 독점적 경쟁기업은 한계수입=한계비용인 생산량 $Q_1$을 선택한다. 그리고 수요곡선 $D_1$을 보면 $Q_1$만큼의 수요가 존재하는 가격은 $P_1$이므로 그 가격을 부과한다. 이 기업은 경제적 이윤을 얻게 되는데 이윤의 크기는 그림에서 녹색 부분의 면적(=$(P_1 - A_1) \times Q_1$)이다.

그러나 수요조건이나 비용조건이 불리하면 단기에 손실이 발생할 수 있다. 이러한 경우를 나타낸 것이 그림 9.1(b)인데 이때 최선의 전략은 손실을 최소화하는 것이다. 한계수입=한계비용인 $Q_2$에서 생산하면 손실이 최소화되며, 가격은 수요곡선 $D_2$에 의해 $P_2$에서 정해진다. $P_2$가 평균총비용 $A_2$보다 낮기 때문에 기업은 생산 1단위당 ($A_2 - P_2$)만큼의 손실을 보며, 총손실은 붉은 면적(=$(A_2 - P_2) \times Q_2$)으로 표시되어 있다.

## 장기: 정상 이윤

장기에서는 경제적 이윤이 발생하면 기업이 진입하고 손실이 발생하면 기업의 퇴출이 이루어진다. 따라서 장기에서 독점적 경쟁기업은 정상이윤만을 얻을 수 있을 뿐이다. 달리 말하면 손익분기 상태에 있게 된다. 다시 한 번 강조하지만 정상이윤은 암묵적 비용으로 비용곡선에 명시적 비용과 암묵적 비용이 모두 포함되어 있음을 잊지 말아야 한다.

**이윤: 기업의 진입** 그림 9.1(a)에서처럼 단기에 경제적 이윤이 발생하면 새로운 기업이 진입한다. 독점적 경쟁 산업에서 진입은 비교적 쉽기 때문이다. 새로운 기업이 진입하면 기업의 수요곡선은 왼쪽으로 이동한다. 즉, 수요가 줄어든다. 개별 기업의 시장점유율은 아주 적은데 비해 새로운 기업의 진입으로 밀접한 대체재가 증가하기 때문이다. 수요의 하락은 경제적 이윤을 감소시킨다. 계속된 신규기업의 진입으로 수요곡선이 왼쪽으로 이동하다 보면 결국 수요곡선은 평균총비용곡선에 접하게 된다. 그 점에서 생산이 이루어지면 기업은 정상이윤만을 얻게 된다. 이것을 나타낸 것이 그림 9.1(c)인데 이

때의 수요곡선은 $D_3$이며, 기업의 장기균형 생산량은 $Q_3$이다. 그림 9.1(c)가 보여주고 있듯이 기업이 $Q_3$보다 생산을 많이 하거나 적게 하면 평균총비용이 가격($P_3$)보다 커져 기업은 손실을 보게 된다. 수요곡선과 평균총비용곡선이 접하는 점에서 총수입은 총비용과 같게 된다. 경제적 이윤이 사라졌기 때문에 신규기업이 추가로 진입할 유인은 더 이상 존재하지 않는다.

**손실: 기업의 퇴출** 그림 9.1(b)에서처럼 단기 손실이 발생하면 장기적으로 일부 기업들은 퇴출된다. 이에 따라 대체재가 줄어들고 잔존기업의 시장점유율이 증가하게 되어 이들 기업의 수요곡선은 $D_3$와 같이 오른쪽으로 이동한다. 즉, 수요가 증가한다. 결국 손실이 줄어들면서 그림 9.1(c)에서처럼 기업은 정상이윤만을 얻게 된다.

## 독점적 경쟁과 효율성

제7장에서 살펴보았듯이 경제적 효율성이 달성되려면 모든 기업들이 가격 = 한계비용 = 평균총비용의 최소치라는 등식을 충족하는 점에서 생산해야 한다. 가격=평균총비용의 최소치인 점에서 생산해야 생산의 효율성이 달성된다. 그 점에서 생산이 이루어지면 상품은 가장 낮은 비용에서 생산되며, 가격은 정상이윤이 포함된 평균총비용만을 충당하게 된다. 그리고 가격=한계비용인 점에서 생산해야 배분의 효율성이 달성된다. 그 점에서 생산이 이루어지면 모든 상품이 사회적 이익을 최대화하는 수준에서 생산되며, 희소한 생산요소도 그러한 생산에 필요한만큼 개별 상품의 생산에 배분된다.

독점적 경쟁은 위의 등식에 비추어 보아 효율적인가? 구체적으로 독점적 경쟁기업은 가격 =한계비용 = 평균총비용의 최소치라는 등식을 충족하는 점에서 생산하는가?

### 생산의 비효율성과 배분의 비효율성

독점적 경쟁의 장기균형에서는 생산의 효율성도 배분의 효율성도 달성되지 못한다. 그림 9.2는 그림 9.1(c)의 일부를 확대한 것으로 이러한 결론을 분명하게 보여준다. 먼저 이윤극대화가격인 $P_3$가 평균총비용의 최저치인 $A_4$보다 약간 높다. 이윤을 극대화하는 $Q_3$ 생산량에서 기업의 평균총비용인 $A_3$는 사회적 최적수준인 $A_4$보다 약간 높아서 생산의 효율성이 달성되지 못하고 있다. 또한, 이윤극대화가격인 $P_3$가 한계비용인 $M_3$보다 크다. 이것은 독점적 경쟁이 자원을 과소 배분한다는 것을 의미한다. 수요곡선과 한계비용곡선이 만나는 $Q_5$까지 생산이 추가적으로 이루어지면 사회적 가치의 증가분(가격)이 이 때문에 희생되는 가치의 감소분(한계비용)보다 여전히 크다. 즉, 생산을 $Q_5$까

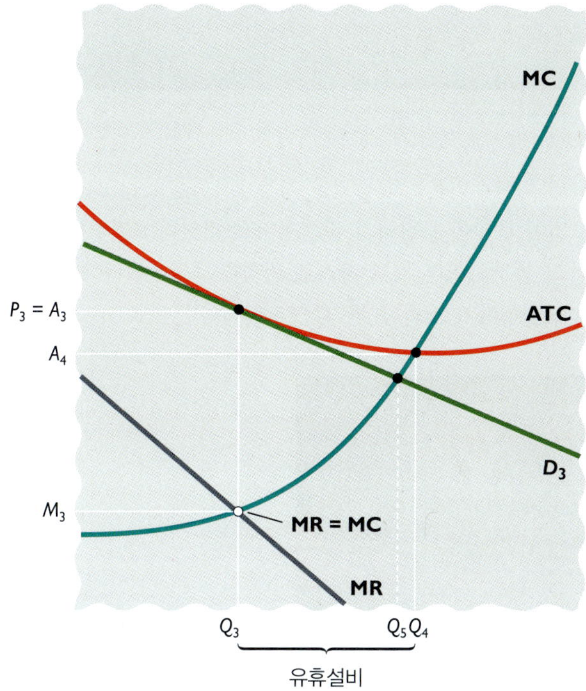


**그림 9.2 독점적 경쟁의 비효율성**

독점적 경쟁기업은 장기 균형에서 생산의 효율성도 배분의 효율성도 달성하지 못한다. 생산의 효율성이 달성되지 못하는 이유는 평균총비용 $A_3$가 평균총비용의 최소치인 $A_4$보다 크기 때문이다. 배분의 효율성이 달성되지 못하는 이유는 가격 $P_3$가 한계비용 $M_3$보다 크기 때문이다. 그 결과 자원의 과소 배분이 발생한다. 그리고 기업은 $(Q_4-Q_3)$만큼의 유휴설비를 갖게 된다.

지 증가시키는 것이 사회적으로 이익을 증가시키지만, 독점적 경쟁기업은 $Q_5$ 생산량에서 생산하지 못한다. 그것은 $Q_5$ 생산량에서 가격이 평균총비용보다 낮아 손실을 보기 때문이다. 그래서 독점적 경쟁시장은 배분의 효율성을 달성하지 못하는 것이다. 순수경쟁과 비교하면 소비자는 더 비싼 가격을 지불하며, 더 적은 양을 구매한다. 사실 장기에서 독점적 경쟁기업은 순수경쟁일 때에 비해 비싼 가격을 부과해야 정상이윤을 얻을 수 있다.

## 유휴설비

독점적 경쟁에서 이윤을 극대화하는 생산량이 평균총비용을 최소화하는 생산량에 미치지 못한다는 것은 **유휴설비**가 존재한다는 것을 뜻한다. 즉, 생산설비와 장비가 과소 사용되고 있다는 것이다. 기업이 생산을 늘리면 평균총비용을 낮출 수 있기 때문이다. 유휴설비의 규모는 그림 9.2에서 $Q_4$와 $Q_3$ 사이의 거리로 나타난다. 그림에서 평균총비용이 최소가 되는 점은 한계비용과 평균총비용곡선이 만나는 점이다. 이 점에서 생산하면 기업은 평균총비용을 낮출 수 있어서 가격도 $P_3$보다 낮게 부과할 수 있다. 나아가 이 점에서 생산하면 산업에 필요한 기업의 수도 줄어든다. 그러나 독점적 경쟁기업은 장기

유휴설비
생산설비와 장비가 과소 사용되고 있다는 것

## 분석의 응용

### 인생살이의 양념

미국의 유명한 햄버거 체인인 웬디는 1987년 익살스러운 TV 광고를 처음 내보냈다. 광고는 구 소련의 패션쇼를 보여주었다. 칙칙한 회색의 작업복을 입은 모델이 무대에 등장하자 진행자가 소리쳤다. "평상복입니다." 잠시 후 그녀가 동일한 옷을 입고 이번에는 손전등을 들고 등장하였다. 진행자가 소리쳤다. "잠옷입니다." 마지막으로 그녀가 동일한 옷을 입고 비치볼을 보이며 등장하였다. 진행자가 소리쳤다. "수영복입니다."

Chuck Nacke/Alamy Stock Photo

공산국가의 중앙계획당국은 상품의 차별화에 관심을 갖지 않는다. 저비용의 대량생산이 가능하도록 한 가지 디자인의 상품만을 생산하는 것이 흔하다. 그 결과 끔찍할 정도로 단조로운 사회가 되었다.

웬디의 TV 광고는 시청자에게 아주 단순한 사고를 전달하고자 한 것이다. 즉, 웬디가 생산하는 식품은 맥도날드나 버거킹과 같은 경쟁기업이 생산하는 것과 다르다는 것이다. 구 소련의 계획경제와 달리 시장경제에서는 아주 다양한 상품차별화가 행해진다. "다양성이 인생살이의 양념"이라면 자본주의는 양념을 아주 잘 버무린다고 말할 수 있다.

자료: Wendy's, "Soviet Fashion Show," 1987.

균형 생산량인 $Q_3$에서 생산하고 있어서 기업의 수가 지나치게 많고 생산설비가 제대로 활용되지 못한다. 예를 들어, 대도시에는 소규모 의류 판매점이나 식당들이 넘쳐나는데 이들은 대부분 생산설비의 절반도 활용하지 못하는 게 현실이다.

### 상품의 다양성과 성능 개선

독점적 경쟁은 비효율적인 측면도 있지만, 장점도 가지고 있다. 즉, 상품의 다양성과 성능 개선이라는 2가지 측면에서 그렇다. 독점적 경쟁기업은 그림 9.1(c)와 같은 상황에 결코 만족하지 않는다. 정상이윤만을 얻기 때문이다. 그래서 상품을 더욱 차별화하고 더 나은 광고를 하여 경제적 이윤을 얻고자 노력한다. 상품을 개발하고 성능을 개선하면 일시적이나마 그림 9.1(a)에서처럼 경제적 이윤을 얻을 수 있다.

이러한 상품의 다양성과 성능의 개선은 사회적으로 편익을 가져다준다. 이러한 편익이 독점적 경쟁의 비효율성에서 초래되는 비용을 상쇄할 수도 있다. 소비자들의 취향은 다양하다. 일부 사람은 장식이 많이 달린 의류를 좋아하고 다른 사람들은 단순하고 간결한 의류를 좋아한다. 어떤 사람들은 현대식 가구를 좋아하고 다른 사람들은 옛날식 가구를 좋아한다. 상품이 차별화되면 같은 상품이라도 다양한 스타일, 형태, 브랜드 등을 갖추게 된다. 이것은 순수경쟁과 비교하면 소비자에게 이익이다. 소비자의 선택폭이 넓어지고 생산자들은 소비자들의 다양한 취향을 잘 충족시키게 되는 것이다.

성능의 개선이 이루어지면 상품의 차별화는 더욱 커지고 선택의 폭은 넓어진다. 한 기업이 성능의 개선에 성공하면 일시적으로 시장에서 우위에 설 수 있게 되는데 경쟁기업들은 이를 모방하거나 자사 상품의 성능을 개선해야 한다. 그러지 않으면 경쟁에서 뒤처지기 때문이다. 그래서 새로운 상품이 등장하거나 상품의 성능이 개선되면 사회적 편익이 커지게 된다.

## 과점시장

시장구조를 경쟁의 치열함에 따라 나열하면 순수경쟁, 독점적 경쟁, 과점, 순수독점의 순서일 것이다. 이제 독점적 경쟁보다 경쟁이 적은 **과점**을 살펴보자. 과점시장이란 소수의 대규모 기업이 지배하는 시장으로 동질적이거나 차별화된 상품이 생산된다. 기업의 수가 적기 때문에 과점기업은 가격에 대해 상당한 정도의 지배력을 가지고 있다. 그러나 가격, 생산량, 광고 등을 결정할 때 경쟁기업의 반응을 반드시 고려해야만 한다.

과점

소수의 기업들이 표준화된, 또는 차별화된 제품을 판매하면서, 해당 시장으로의 진입이 어렵고, (기업 간 담합이 이루어지는 경우를 제외하면) 상호의존성의 존재로 인하여 기업들이 제품 가격에 제한적인 통제력만을 행사하는 시장구조

### 소수의 대규모 기업

'소수의 대규모 기업'이라는 표현은 사실 모호하다. 그러나 과점시장 모형이 순수독점과 독점적 경쟁 사이에 존재하는 광범위한 영역을 다루어야 하기 때문에 그러한 표현을 사용할 수밖에 없다. 삼성과 엘지라는 2개의 거대기업이 시장을 지배하고 있는 전자산업은 과점이다. 하지만 이보다 규모가 작은 3~4개의 업체가 우유를 생산하는 산업도 과점이다. 일반적으로 '빅3', '빅4', '빅6' 등과 같은 용어는 흔히 과점산업을 지칭할 때 쓰인다. 과점산업은 가전제품, 타이어, 맥주, 라면, 전구, 청량음료, 통신서비스 등을

비롯하여 대단히 많다.

## 동질적이거나 차별화된 상품

**동질적 과점**
표준화된 제품을 생산하는 과점시장

**차별화된 과점**
차별화된 제품을 생산하는 과점시장

과점은 기업이 동질적, 즉 표준화된 상품을 생산하느냐 차별화된 상품을 생산하느냐에 따라 **동질적 과점**과 **차별화된 과점**으로 나누어진다. 시멘트, 화학제품, 반도체, 정유 등은 사실상 표준화되어 있으며, 이들 상품은 과점기업에 의해 생산되고 있다. 이와 달리 타이어, 가전제품, 전자장비, 라면, 담배, 아웃도어 의류 등과 같은 소비재는 차별화된 과점 산업에서 생산된다. 대부분의 차별화된 과점기업은 막대한 광고를 통해 치열한 비가격경쟁을 벌인다.

## 가격 지배력과 상호의존성

**전략적 행위**
다른 기업의 반응을 고려하면서 자신의 이익을 추구하는 경제적 행위

**상호의존성**
기업의 이윤이 자신의 가격이나 판매 전략뿐 아니라 경쟁기업의 전략에 따라 달라진다는 것

과점기업은 소수이기 때문에 독점기업처럼 가격을 책정한다. 그래서 기업은 이윤을 극대화하는 수준에서 가격과 생산량을 정한다. 그러나 독점기업과는 달리 경쟁기업이 존재한다. 그래서 과점기업은 가격, 생산량, 상품의 특성, 광고 등을 변경할 때 경쟁기업의 반응을 반드시 고려해야 한다. 즉, 과점시장의 특징은 전략적 행위와 상호의존성이라고 할 수 있다. **전략적 행위**란 다른 기업의 반응을 고려하면서 자신의 이익을 추구하는 행위를 말한다. 기업이 가격, 품질, 입지, 서비스, 광고 전략 등을 고려하는 것은 사업을 키우고 이윤을 증대시키기 위해서다. 그런데 경쟁기업의 수가 적어 산업 집중도가 높으면 기업 간에 **상호의존성**이 발생한다. 즉, 기업의 이윤이 자신의 가격이나 판매전략 뿐 아니라 경쟁기업의 전략에 따라 달라진다는 것이다. 따라서 과점 기업은 경쟁기업의 반응을 고려하여 전략을 세우게 된다. 예를 들어, SKT가 스마트폰 요금제를 결정할 때 KT의 반응을 예측하기 위해 노력한다. 또한 현대 자동차는 광고 전략을 수립할 때 다른 자동차 회사의 반응을 고려한다.

## 진입장벽

순수독점을 초래한 진입장벽은 과점의 형성에도 동일하게 작용한다. 규모의 경제는 반도체, 철강, 고무를 비롯한 다수의 과점산업에서 중요한 진입장벽으로 작용한다. 이들 산업에서는 3~4개 기업만이 각자의 판매량에서 규모의 경제를 실현할 수 있다. 신규기업은 시장점유율이 낮을 것이므로 규모의 경제를 실현할 수 없다. 따라서 신규기업은 생산비용이 높아 생존할 수 없다. 이와 유사한 진입장벽이 산업진입에 필요한 막대한 자본규모다. 산업 진입에 필요한 생산설비와 장비를 갖추는 데 막대한 비용이 든다는 것이다. 예를 들어, 제트엔진, 자동차, 민간항공기, 정유 등의 산업에서 설립 자본의

## 개념의 이해

### 기발한 전략적 행동

시골 상점을 주제로 한 다음의 유머는 전략적 행위를 비롯한 과점의 일부 특징을 잘 보여준다.

지영은 국립공원 인근에 위치한 조그만 관광도시에서 '전통공예점'이라는 상호로 상점을 경영하고 있다. 초기에는 상점이 하나뿐이어서 사업이 잘 되었다. 공예품을 비싸게 팔 수 있어서 이윤도 많았다. 문제가 벌어진 것은 그녀의 가게 양쪽에 '모방' 상점이 개업한 이후다. 설상가상으로 이들 상점은 지영의 광고에 편승하는 상호를 붙였다. 하나는 '민속 공예점'이었고 다른 하나는 '정통 공예점'이었다. 이들이 지영의 사업을 잠식하면서 지영은 가격을 인하할 수밖에 없게 되었다. 조그만 도시에 서로 이웃한 3개의 점포는 전통상품 시장에서 국지적 과점을 형성하게 된 것이다.

지영은 이윤을 증가시킬 수 있는 전략을 생각하기 시작했다. 그녀는 다른 상점과 차별화하기 위해 고품질이면서 고가인 공예품을 주로 판매하기 시작하였다. 이 전략은 일시적으로는 성공하였지만, 얼마 지나지 않아 다른 상점이 이를 모방하였다. 그런데 한 상점이 '무지하게 싸게 팝니다.'라는 커다란 간판을 내걸며 경쟁에 불을 지폈다. 이에 다른 상점은 '우리는 싼 손님을 받지 않습니다.'라는 간판을 달았다. 이에 뒤질세라 지영은 화려한 간판을 내걸었다. 거기에는 다음과 같이 쓰여 있었다. '여기가 공예품을 파는 상점들의 정문입니다.'

**문제**

지영의 전략에 다른 상점은 어떤 식으로 대응하였을까?

규모는 매우 크다.

원자재의 사적소유권과 지배라는 진입장벽이 금, 은, 구리 등을 비롯한 광물산업의 과점을 설명할 수 있을 것이다. 그리고 특허는 컴퓨터, 화학, 스마트폰, 의약 등의 산업에서 진입장벽으로 작용한다. 나아가 과점기업은 보복적인 가격전략이나 광고전략을 통해 신규기업의 진입을 가로막기도 한다.

## 합병

일부 과점은 몇 개 기업이 성장하여 지배적 지위에 오르면서 형성되기도 한다. 설탕, 화장품, 전기밥솥, 두부 등의 산업이 여기에 해당한다. 그러나 일부 산업에서는 기업결합을 통해 과점에 이르기도 한다. 유선방송, 은행, 엔터테인먼트 산업 등이 이러한 과점산업에 속한다. '독점규제 및 공정거래에 관한 법률' 제7조는 경쟁을 실질적으로 제한하는 기업결합을 제한하고 있다. 그러나 기업결합으로 효율성이 증대하거나 회생이 불가능한 회사와의 기업결합은 예외적으로 허용하고 있다. 그리고 '경쟁의 실질적 제한'

이라는 개념을 적용하는 데 해석의 여지가 넓다. 그 결과 동일 산업에서 이루어진 기업결합이 정부의 제지를 받지 않고 성사되기도 한다.

동일 산업에서 2~3개의 기업이 결합하여 결합기업의 시장점유율이 크게 높아지면 규모의 경제를 실현할 수 있다. 규모의 경제를 실현하기 위해 합병을 하기도 하지만, 독점력을 얻기 위해 합병이 행해지기도 한다. 합병으로 결합기업의 규모가 커지면 시장공급량에 대한 통제력이 커지고 따라서 가격에 대한 통제력도 증가한다. 뿐만 아니라 결합기업은 생산요소의 대량 구매자가 될 수 있어서 생산요소의 구입가격, 즉 비용을 낮출 수 있게 된다.

## 과점기업의 행동: 게임이론 개관

과점기업의 가격 책정 행위는 포커, 바둑, 화투 등에서 나타나는 게임전략과 유사하다. 이러한 게임에서 최선의 전략은 상대방의 전략에 따라 행동하는 것이다. 게임 참가자나

### 개념의 이해

#### 죄수의 딜레마

게임은 다양한 형태로 행해지며, 전략과 이에 따른 결과도 다양하다. 그리고 게임은 사업, 정치를 비롯하여 인간관계에 이르기까지 여러 분야에 응용 가능하다.

가장 잘 알려진 것은 죄수의 딜레마 게임인데 이것은 물건을 훔친 후 경찰에 용의자로 체포된 영철과 철수의 처지와 유사하다. 범죄의 증거가 불충분하며, 경찰이 혐의를 입증할 수 있는 길은 이들의 자백뿐이라는 사실을 두 사람은 알지 못하고 있다. 경찰은 영철과 철수를 분리된 조사실에 감금한 뒤 다음과 같은 제안을 한다. 자백을 하면 처벌을 감해 주겠다는 것이다.

이제 이들은 딜레마에 봉착한다. 영철이 자백하지 않았는데 철수가 자백을 하면 영철은 중형을 선고받게 된다. 영철이 자백하고 철수가 자백하지 않으면 철수가 중형을 선고 받을 것이다. 어떤 일이 벌어질까? 두 사람 모두 자백하지 않으면 둘 다 처벌을 받지 않을 수 있지만 다른 사람이 자백할 것을 두려워하여 두 사람은 모두 자백한다는 것이다. 두 사람이 자백하여 나쁜 결과가 초래되는 것처럼 사업에서도 유사한 일이 발생한다. 두 과점 기업이 합의하여 광고비를 줄이면 모두의 이윤이 증가하지만, 두 기업은 광고비를 서로 늘려 서로의 이윤을 줄이게 된다. 정치에서도 두 후보자가 서로 인신공격을 하지 말자고 약속하지만, 결국 인신공격을 하게 되는 것도 죄수의 딜레마 때문이다.

**문제**

교도소에 수감된 죄수들이 동료를 배신한 수감자를 처벌한다고 하면 죄수의 딜레마는 어떻게 달라질까?

과점기업은 상대방의 행동과 예상되는 반응을 고려하여 자신의 행동방식을 결정하게 된다. 전략적 상황에서 사람이나 기업의 행동을 연구하는 분야가 **게임이론**이다.

게임이론

전략적 상황에서 사람이나 기업의 행동을 연구하는 분야

이제 죄수[1)]의 딜레마 게임을 자세히 살펴보자. 그래서 게임이론을 이용하여 과점기업의 가격설정행위를 분석할 것이다. 먼저 복점기업, 즉 두 기업이 운동화를 생산한다고 하자. 이들 기업은 말표 신발과 호랑이표 신발을 생산하는데 높은 가격과 낮은 가격이라는 2가지 가격을 설정할 수 있다. 개별 기업의 이윤은 자신이 택한 가격전략과 상대방 기업의 가격전략에 따라 달라진다.

두 기업이 택한 전략의 조합은 4가지이며, 그림 9.3에서 알파벳이 붙은 칸들은 이들 조합을 나타낸다. 예를 들면 C 칸은 호랑이표가 저가 전략을 택하고 말표가 고가 전략을 택한 상황을 표시한다. 그림 9.3은 보수행렬이라고 부르는데 그것은 각 칸들이 전략 조합으로부터 두 기업이 얻을 수 있는 보수(이윤)를 보여주기 때문이다. C 칸은 호랑이표가 저가 전략을 택하고 말표가 고가 전략을 택하면 호랑이표는 노란색 부분에 표시된 150억 원, 말표는 파란색 부분에 표시된 60억 원의 이윤을 얻게 됨을 나타내고 있다.

## 상호의존성: 재론

그림 9.3의 자료는 가상적이지만 자료들 간의 상호관계는 현실상황을 전형적으로 보여준다. 과점기업이 이윤을 증가시키기 위해 가격전략을 바꾸면 경쟁기업의 이윤에도 영향을 준다. 따라서 개별기업의 이윤은 자신의 가격전략뿐 아니라 경쟁기업의 가격전략에 따라 달라진다. 이러한 과점기업 간의 상호의존성이 그림 9.3에서 아주 명백히 드러나고 있다. 말표가 고가전략을 선택하였을 때 호랑이표가 저가전략을 택하면 호랑이표의 이윤은 150억 원이다(C 칸). 하지만 호랑이표의 저가전략에 대응하여 말표가 고가전략을 포기하고 저가전략을 택하면 말표는 시장점유율을 증가시킬 수 있으며, 그 결과 말표의 이윤은 60억 원에서 80억 원으로 늘어난다(D 칸). 말표의 이윤 증가는 호랑이표를 희생시킨 결과 얻어진 것으로 호랑이표의 이윤은 150억 원에서 80억 원으로 감소한다. 호랑이표의 저가전략은 말표가 고가전략을 선택한 경우에 한해서 가장 많은 이윤을 가져다 준다. 따라서 어느 기업도 자신의 이윤을 독립적으로 통제할 수 없다. 각 기업의 이윤은 경쟁기업의 전략에 상호의존하고 있다.

## 담합

담합

한 산업 내 기업들이 가격고정이나 시장분할 등의 합의를 통해 경쟁을 제한하는 것

그림 9.3은 과점기업들이 **담합**, 즉 경쟁기업과의 협력을 통해 이득을 볼 수 있음을 보

1) 여기에서 죄수는 유죄판결을 받기 전에 구금되어 있는 미결수를 말한다. 그래서 학자에 따라 용의자의 딜레마라고 칭하기도 한다. 하지만 구금되어 있는 사람도 죄수라 할 수 있으므로 여기에서는 일반적인 표현을 사용하여 죄수의 딜레마라고 쓰기로 한다.

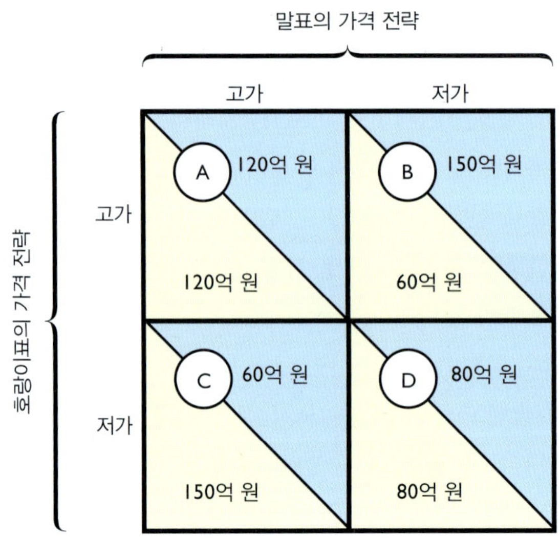


**그림 9.3 과점기업의 보수**
과점기업은 2가지의 가격전략을 선택한다. 호랑이표의 전략은 그림의 왼쪽에, 말표의 전략은 그림의 위쪽에 주어져 있다. 각 칸은 두 기업이 택한 전략의 조합을 나타내며, 칸 안에는 전략에 따른 이윤이 표시되어 있다. 두 기업의 담합이 없다면 이 게임의 결과는 D 칸으로 주어진다. 두 기업은 모두 저가 전략을 선택하고 80억 원의 이윤을 얻는다.

여준다. 담합이란 한 산업 내 기업들이 가격고정이나 시장분할 등의 합의를 통해 경쟁을 제한하는 것을 말한다. 이러한 담합이 어떻게 이득을 가져다주는지 살펴보자. 그림 9.3에서 두 기업이 최대의 이익을 얻는 것은 모두 고가전략을 선택하는 것으로 두 기업은 각각 120억 원의 이윤을 얻는다(A 칸). 그러나 이것은 담합이 행해져야 가능한 것으로 담합이 없다면 두 기업은 죄수의 딜레마에 빠져 모두 저가전략을 택하게 되고 각각 80억 원의 이윤을 얻는 데 그치게 된다(D 칸).

담합이 없을 때 서로에게 이익인 고가전략을 택하지 못하는 이유는 그런 상황에서는 말표나 호랑이표가 저가전략으로 전환하는 것이 이윤을 증가시킬 수 있기 때문이다. 호랑이표가 고가전략을 유지할 때 말표가 저가전략을 택하면(B 칸) 말표의 이윤은 120억 원에서 150억 원으로 증가하고 고가전략을 유지한 호랑이표의 이윤은 120억 원에서 60억 원으로 감소한다. 따라서 담합이 없다면 말표는 고가전략을 고수하기보다 이윤이 더 많은 저가전략을 택할 것이다. 이것은 호랑이표도 마찬가지다. 호랑이표도 말표가 고가전략을 고수할 때 저가전략을 택하는 것이 더 많은 이윤을 얻게 된다. 그 결과 담합이 없다면 두 기업은 모두 저가의 가격전략을 택하게 되고 두 기업의 이윤은 120억 원(A 칸)에서 80억 원(D 칸)으로 감소하게 되는 것이다.

과점기업은 D 칸처럼 이윤이 낮아지는 것을 어떻게 막을 수 있을까? 해답은 가격을 경쟁적, 즉 독립적으로 정하기보다 담합하여 정하는 것이다. 앞의 사례에서 두 기업이 고가전략을 유지하자고 담합할 수 있다. 그러면 두 기업의 이윤은 80억 원(D 칸)에서 120억 원(A 칸)으로 증가한다.

### 속이려는 인센티브

보수행렬은 과점기업들의 담합이 잘 지켜지지 않는 이유를 설명해준다. 호랑이표와 말표가 고가전략을 유지하기로 합의하였다고 하자. 그러면 각각 120억 원의 이윤을 얻는다(A 칸). 그러나 어느 기업이나 상대 기업을 속이고 가격을 인하하면 이윤을 150억 원으로 늘릴 수 있다. 그래서 두 기업은 가격담합의 합의를 속이려는 유혹을 느낀다. 이것이 의미하는 바는 담합이 '불안정'하다는 것이다. 담합이 기업의 이윤동기와 어긋나기 때문이다. 두 기업 모두 속임수를 쓸 가능성이 적지 않아 결국 두 기업이 저가전략을 택하는 것(D 칸)으로 되돌아 갈 수 있다. 이를 통해 알 수 있는 것은 담합은 깨지기 쉽다는 것이다. 그래서 과점시장에서는 저가의 경쟁적 행위가 광범위하게 벌어지는 것을 흔히 볼 수 있다.

## 굴절수요모형

앞의 게임이론을 통한 논의는 과점시장을 이해하는 데 도움이 되지만, 전통적인 과점모형은 주로 그래프를 사용하여 분석한다. 그런데 과점시장에서 개별 기업의 생산물에 대한 수요는 경쟁기업의 반응을 알기 전에는 구할 수 없다. 순수경쟁이나 순수독점, 독점적 경쟁시장에서 개별 기업의 수요곡선은 다른 기업의 반응과 무관하게 독립적으로 주어진다. 이에 비해 과점시장의 기업은 상호의존적이므로 경쟁기업의 반응을 알 수 없으면 개별기업은 자신의 생산물에 대한 수요가 어떻게 될지 알 수 없는 것이다. 그래서 경쟁기업이 자신의 행위와 무관하게 예를 들어 생산량이나 가격을 일정하게 유지한다는 추측을 하여야만 개별 기업은 자신의 수요곡선을 구할 수 있다. 전통적인 과점시장 모형은 대부분 이러한 추론을 기초로 과점기업의 수요곡선을 구한다.

먼저 경쟁기업들의 가격담합이 공개적으로 이루어지지 않는 모형을 살펴보자. 가격담합은 사실상 불법이다. 독점규제 및 공정거래에 관한 법률 제19조는 부당하게 경쟁을 제한하는 공동행위를 금지시키고 있다. 이를 위반하는 행위는 **당연위법**이다. 당연위법이란 담합의 성공 여부와 무관하게 담합의 시도 자체를 위법으로 처벌하는 것을 말한다. 그래서 합리의 원칙(제8장 참조)이 적용되지 않는다. 이러한 행위를 처벌하려면 가격담합이나 입찰담합, 시장분할 등의 합의 행위만 존재하면 된다. 즉, 합의의 실행 여부나 제3자의 피해 발생 여부와 무관하게 담합은 처벌된다.

당연위법

행위의 성공 여부와 무관하게 행위 자체가 위법인 것

### 굴절수요곡선

과점산업이 3개의 가상기업인 새로나, 미래내, 그래미로 구성되어 있다고 하자. 그리고

3 기업이 차별화된 상품시장을 삼등분하여 차지하고 있다고 하자. 이들 3 기업이 담합을 하지 않고 독립적으로 행동하면서 경쟁한다고 하자.

문제는 이들 기업의 수요곡선을 알 수 없다는 것이다. 앞서 논의하였듯이 개별 기업의 입장에서 중요한 것은 시장수요가 아니라 자신이 생산한 상품에 대한 수요이다. 그런데 과점시장의 상호의존성과 경쟁기업의 반응에 대한 불확실성 때문에 기업은 자신이 생산한 생산물에 대한 수요를 알 수 없다. 다른 기업이 자신의 가격전략에 어떻게 반응하느냐에 따라 개별 기업의 수요곡선의 형태나 위치가 정해진다.

이제 새로나의 수요곡선을 통해 이를 살펴보자. 이 수요곡선은 다른 기업에도 마찬가지로 적용된다. 그림 9.4에 나타나 있듯이 현재의 상품가격이 $P_0$이고 생산량은 $Q_0$라고 하자. 이제 새로나가 가격을 인상한다고 하자. 새로나가 가격을 $P_0$ 이상으로 올렸을 때 경쟁기업이 이를 무시하고 가격을 동반 인상하지 않으면 새로나의 시장은 상당 부분 경쟁기업에 빼앗기게 된다. 경쟁기업의 가격이 상대적으로 낮기 때문이다. 이 경우 새로나의 수요곡선과 한계수입곡선은 그림 9.4의 $D_2$과 $MR_2$와 같은 직선이 될 것이다. 이 때 수요곡선은 매우 탄력적이 된다. 그래서 새로나의 총수입은 감소한다. 그렇다고 새로나의 판매량이나 총수입이 0이 되지는 않는다. 상품이 차별화되어 있는데 새로나의 일부 고객은 새로나의 상품을 아주 선호하고 있어서 비싼 값을 지불하고서라도 여전히 구매할 것이기 때문이다.

이제 새로나가 가격 상승이 아니라 가격 인하를 택하면 어떻게 될까? 미래내나 그래미도 동조하여 가격을 인하할 것이라고 여기는 것이 합리적이다. 새로나의 가격 우위를 막으려 할 것이기 때문이다. 그래서 새로나의 매출은 크게 늘지 않는다. 이러한 매출의 증가분(경쟁기업의 매출증가분 포함)은 다른 산업의 매출 감소에 기인한 것이다. 새로나는 미래내나 그래미의 매출을 빼앗지 못하고 다른 산업에 있는 기업의 매출을 빼앗는 셈이다. 그래서 새로나가 가격을 $P_0$ 이하로 낮추었을 때 수요곡선과 한계수입곡선은 그림 9.4의 $D_1$과 $MR_1$과 같은 직선이 될 것이다.

굴절수요곡선

과점기업의 경쟁기업이 가격 인하는 따라하지만 가격 인상은 무시한다고 가정하는 경우 기업이 직면하게 되는 수요곡선

새로나는 경쟁기업이 자신의 가격인하 전략에는 동조하고 자신의 가격인상 전략에는 동조하지 않는다고 추론하면 자신의 생산물에 대한 수요곡선을 구할 수 있다. 그래프를 보면 새로나의 수요곡선에서 $D_2$e 부분은 경쟁기업이 동조하지 않는 영역으로 가격을 인상하는 경우에 해당한다. 그리고 $D_1$e 부분은 경쟁기업이 동조하는 영역으로 가격을 인하하는 경우에 해당한다. 그래서 담합이 없을 때 과점기업의 수요곡선은 그림 9.4의 $D_2eD_1$처럼 **굴절수요곡선**이라고 여기는 것이 논리적으로 타당하며 합리적이라고 할 수 있다. $P_0$ 이상에서 수요의 가격탄력성은 매우 크지만, $P_0$ 이하에서는 수요의

그림 9.4 굴절수요곡선

과점기업이 현재의 가격 $P_0$에서 가격을 인상하면 경쟁기업은 이를 무시하여 동조하지 않으며, 가격을 인하하면 경쟁기업은 이를 따라 가격을 인하한다. 그 결과 과점기업의 수요곡선($D_2eD_1$)은 e점에서 굴절되며, 한계수입곡선은 수직선상의 간극(fg)을 갖게 된다. 그래서 기업은 가격인상이나 인하를 매우 꺼리게 된다. 또한 한계비용이 $MC_1$과 $MC_2$ 사이에서 변한다면 점선으로 표시된 한계수입곡선의 수직선 부분(fg)과 교차하게 되어 가격 $P_0$와 산출량 $Q_0$는 전혀 변하지 않는다.

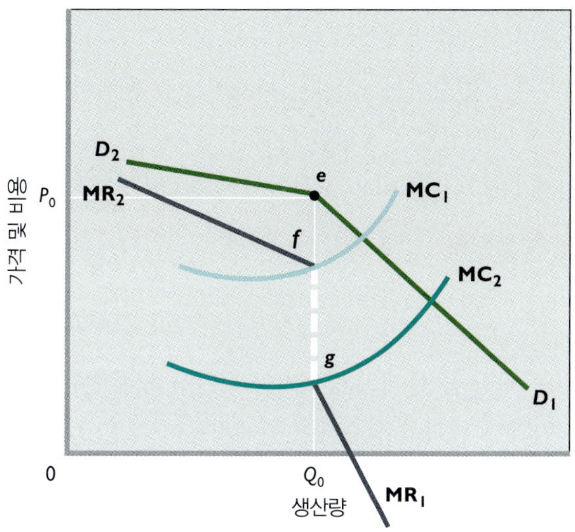


가격탄력성은 크게 줄거나 비탄력적일 수도 있다.

눈여겨 볼 점은 경쟁기업이 가격 인하는 따라하지만, 가격 인상에는 동조하지 않는다면 과점기업의 한계수입곡선은 이상한 형태가 된다는 것이다. 한계수입곡선은 두 부분으로 구성된다. 즉, 그림 9.4에서 $MR_2f$로 표시된 왼쪽의 한계수입곡선과 $MR_1g$로 표시된 오른쪽의 한계수입곡선이다. 현재의 가격보다 상승하느냐 하락하느냐에 따라 수요의 가격탄력성이 크게 달라지기 때문에 2개의 한계수입곡선 사이에 간극이 발생한다. 이러한 간극을 수직선으로 나타낼 수 있다. 이러한 간극이 그림 9.4의 한계수입곡선 $MR_2fgMR_1$에서 점선으로 표시된 $fg$ 부분이다.

## 가격 경직성

앞의 분석은 담합이 존재하지 않는 과점산업에서 가격이 안정적인 이유를 설명해 준다. 그 이유를 수요와 비용이라는 두 측면에서 살펴볼 수 있다.

수요의 측면을 보면 과점기업들은 수요곡선이 굴절되어 있어서 가격을 변경하면 상황이 나빠질 것이라고 믿게 된다. 가격을 인상하면 대부분의 고객이 이탈하고 가격을 인하하면 경쟁기업이 이를 따라할 것이므로 매출이 거의 증가하지 않는다는 것이다. 가격을 인하하였을 때 수요의 가격탄력성이 탄력적이면 과점기업의 총수입은 증가할 수 있다. 하지만 비용이 더 크게 증가할 수 있어서 이윤이 증가할지는 불확실하다. 그런데 대개의 경우 $Q_0$의 오른쪽에서 수요곡선은 비탄력적이다. 그러면 가격을 인하하였을 때 과점기업의 이윤은 분명히 감소한다. 가격인하로 총수입은 감소하였는데 생산의 증가로 총비용이 증가하기 때문이다.

비용의 측면을 보면 한계수입곡선이 단절되어 있어서 과점기업의 비용이 상당히 변하더라도 기업은 가격을 변경하지 않는다. 구체적으로 한계비용이 그림 9.4의 $MC_1$과 $MC_2$ 사이에서 변하면 과점기업은 동일한 가격과 산출량을 유지한다. 한계비용이 이 사이에 있게 되면 한계수입이 한계비용과 같아지는 생산량은 $Q_0$로 동일하다. 그리고 이 생산량에서 기업이 부과하는 가격은 여전히 $P_0$로 동일하다.

## 가격선도 모형

가격선도

암묵적 합의를 통해 과점기업들이 가격을 상호 조정하는 행동방식

과점기업이 직면하는 가장 큰 문제는 경쟁기업의 반응을 예측하기 힘들다는 것이다. 때에 따라 임금이나 원자재 가격이 상승하여 한계비용이 그림 9.4의 $MC_1$보다 위에 위치할 수 있다. 이 때 모든 과점기업이 가격인상을 주저하면 기업의 이윤은 크게 감소한다. 이러한 문제를 해결하기 위해 많은 산업에서 등장하는 것이 가격선도이다. **가격선도(price leadership)**란 암묵적 합의를 통해 과점기업들이 가격을 상호 조정하는 행동방식을 말한다. 이것은 공식 합의나 비밀회의를 통한 노골적인 담합을 거치지 않더라도 행하여진다. 이것은 산업에서 가장 규모가 크거나 효율적인 '지배기업'이 가격 변경을 선도하고 다른 기업이 거의 기계적으로 이를 추종하는 관행을 통해 행하여진다. 통신요금, 신문, 소주, 라면, 영화관 등에서 가격선도가 행해지고 있으며, 최근까지도 행해지고 있다.

다양한 산업에서 행해지는 가격선도를 살펴보면 가격선도 기업은 다음과 같은 행동전략을 취한다.

- **희소한 가격 변경**: 경쟁기업이 선도기업의 가격변경을 따르지 않을 위험이 항상 존재하므로 가격조정은 희소하게 이루어진다. 가격선도기업은 일상적인 사소한 수요나 비용의 변화에는 대응하지 않는다. 가격 변경은 비용이나 수요조건이 크게 달라져 산업 전체에 영향을 줄 때에만 이루어진다. 예를 들어, 산업의 임금이나 소비세가 인상되거나 에너지와 같은 기초적인 투입요소의 가격이 상승하였을 때이다. 자동차 산업에서 가격조정은 전통적으로 매년 가을 신차가 출시되었을 때 이루어진다.
- **의사 전달**: 가격선도기업은 흔히 주요 임원의 연설이나 협회잡지의 인터뷰, 보도

## 분석의 응용

### 가격선도의 붕괴: 가격전쟁

과점산업은 가격선도를 평화롭게 유지하려 하지만, 때때로 가격전쟁이 벌어지기도 한다. 어떤 때는 가격선도기업의 자리를 차지하기 위해 전쟁이 벌어지기도 하고 어떤 때는 경쟁기업의 시장을 '훔치기 위해' 전쟁이 벌어지기도 한다. 미국의 시리얼 산업을 통해 이를 살펴보자.

조식용 시리얼 산업에서 켈로그는 꾸준히 가격선도자의 역할을 수행하여 왔다. 그런데 1995년 제너럴밀스는 자사의 시리얼 가격을 11% 인하함으로써 켈로그의 가격선도에 반기를 들었다. 1996년 다른 경쟁기업인 포스트는 제너럴밀스의 가격 인하에 대응하여 가격을 20% 인하하였다. 그러자 켈로그도 20%의 가격 인하를 단행하였다. 이에 뒤지지 않기 위해 포스트는 가격을 11% 추가 인하하였다. 단기간에 제너럴밀스, 포스트, 켈로그 간에 전면전이 발생하였던 것이다.

다른 사례도 있다. 2009년 10월 크리스마스 쇼핑 시즌이 다가오자 월마트는 유망 신간 도서 10종의 가격을 권당 10달러로 인하하였다. 몇 시간이 지나지 않아 아마존닷컴도 가격 인하를 따라하였다. 그러자 월마트는 가격을 다시 9달러로 인하하였다. 아마존닷컴이 다시 그만큼 가격을 인하하였는데 그 시점에 월마트는 가격을 8.99달러로 내렸다. 그러자 갑자기 타겟이 뛰어들며 가격을 8.98달러로 인하하였고 아마존닷컴과 월마트도 즉각 이 가격으로 인하하였다. 여기에서 가격 하락은 멈추게 되었는데 이 가격은 책을 판매할 때마다 모든 기업이 손해를 볼 정도로 낮은 수준이었다.

대부분의 가격전쟁은 결국 정해진 순서를 따르게 된다. 가격전쟁으로 이윤이 줄어들거나 손실이 발생하였던 시기가 지나면 지배적 기업 중 하나가 다시 가격선도의 역할을 수행하게 된다. 이러한 가격선도기업이 가격을 예전 수준으로 인상하면 다른 기업은 기꺼이 그 뒤를 따르게 된다.

**문제**

저비용의 가격선도기업은 어떠한 암묵적 위협을 통해 경쟁기업이 자신을 추종하도록 '강제'할 수 있을까?

자료 등을 통해 업계에 가격조정이 임박하였음을 알린다. '가격인상의 당위성'을 알림으로써 가격선도기업은 가격 인상과 관련하여 경쟁기업의 동의를 얻고자 노력한다.

- **진입제한 가격설정**: 가격선도기업은 산업 전체의 단기이윤을 극대화하는 가격을 택하지 않는다. 신규기업의 진입을 억제할 필요가 있기 때문이다. 기존 기업이 규모의 경제와 같은 비용우위를 누리고 있어 그것이 진입이 장벽으로 작용하고 있을 때 가격선도기업이나 추종기업이 가격을 높게 설정하면 신규기업이 진입장벽을 넘어설 수 있다. 그래서 가격선도기업은 산업 전체의 단기이윤을 극대화하는 가격보다 낮은 가

격을 설정한다. 이를 통해 신규기업의 진입을 막고 기존의 과점구조를 유지할 수 있다. 신규기업의 진입을 봉쇄하기 위한 가격전략을 '진입제한 가격설정'이라고 한다.

## 담합

**카르텔**

합의된 문서를 통해 조직구성 기업의 생산량과 판매가격을 구체적으로 정하며, 합의된 가격을 유지하기 위해 시장분할 등 생산량을 통제하기도 하는 경쟁기업들의 조직

과점산업의 굴절수요나 가격선도가 초래하는 불확실성이나 불리한 점 때문에 과점기업에게 담합은 매력적이다. 과점기업이 담합을 통해 가격을 통제하면 불확실성을 줄일 수 있고 이윤을 증가시킬 수 있으며, 나아가 새로운 경쟁기업의 진입을 막을 수 있다. 담합은 다양한 행태로 이루어진다. 가장 보편적인 형태는 **카르텔**이다. 카르텔은 경쟁기업들로 구성된 조직을 말하는데 합의된 문서를 통해 가맹 기업의 생산량과 판매가격을 구체적으로 정해준다. 카르텔 기업은 합의된 가격을 유지하기 위해 시장분할 등 생산량을 통제하게 된다. OPEC과 같은 카르텔은 명시적으로 행해진다. 하지만 흔히 보이는 담합은 대부분 은밀히 이루어진다. 즉, 가격담합, 입찰담합, 시장분할 등을 은밀히 모의하는 것이다. 이러한 모의는 불법적이지만, 때때로 행해지기도 한다.

### 결합이윤의 극대화

카르텔을 비롯한 담합의 이익을 살펴보자. 먼저 건설용 단열재를 생산하는 3개의 기업, 즉 우주, 금강, 반석이 있다고 하자. 이들 기업은 동질적 상품을 생산하며, 동일한 비용곡선, 수요곡선, 한계수입곡선을 가지고 있다. 그림 9.5는 이들 곡선을 나타내고 있다

우주는 가격과 생산량을 어디에서 정할까? 우주가 순수독점기업이면 답은 쉽다. 한계수입과 한계비용이 일치하는 생산량 $Q_0$를 선택하고 가격 $P_0$를 부과하면 이윤이 극대화된다. 그러나 두 경쟁기업도 $P_0$ 가격을 부과할 것이라는 우주의 추측이 어긋나면 우주는 큰 피해를 입을 수 있다. 금강과 반석이 $P_0$ 이하에서 가격을 정하면 우주의 수요곡선은 크게 줄어 왼쪽으로 이동할 것이다. 우주의 고객이 동일한 상품을 낮게 파는 경쟁기업으로 가버릴 것이기 때문이다. 우주도 가격을 인하하여 보복에 나설 수 있지만, $P_0$ 이하로 가격을 내리면 생산량이 이윤을 극대화하는 $Q_0$보다 커지게 되어 이윤이 감소한다. 나아가 가격이 평균총비용보다 낮아지게 되면 손실이 발생할 수도 있다.

결국 문제는 '금강과 반석이 $P_0$ 이하에서 가격을 정하려 할 것인가?'라는 점이다. 이들이 $P_0$ 이하에서 가격을 설정하면 우주는 따라하는 방법밖에 없다. 이를 알고 있는 금강과 반석은 $P_0$ 이하에서 가격을 정하지 않을 것이다. 금강과 반석도 우주와 동일한 수요와 비용조건을 가지고 있기 때문에 $Q_0$를 생산하여 $P_0$ 가격을 부과하는 것이 이익일 것이다. 이러한 상황은 미묘하다. 모든 기업이 동일하게 $P_0$ 가격을 부과하는 것이 이

**그림 9.5 담합과 결합이윤의 극대화**
과점기업의 수요나 비용조건이 같거나 매우 유사하다면 과점기업은 담합을 통해 생산량을 제한하고 단일의 공동가격을 책정할 수 있다. 그래서 각 기업은 순수독점기업처럼 $Q_0$만큼 생산하여 $P_0$의 가격을 부과한다. 그러면 각 기업의 이윤(녹색 부분)은 극대화되고 이들의 결합이윤도 극대화된다.

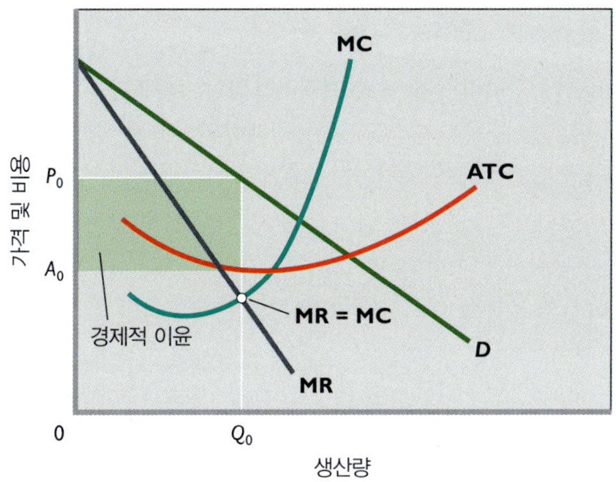


윤을 가장 크게 하지만, 이것은 경쟁기업이 실제 $P_0$의 가격을 부과해야 실현될 수 있는 것이다. 어떻게 하면 3 기업이 모두 바라는 대로 가격과 산출량이 $P_0$와 $Q_0$에서 정해지게 할 수 있을까? 어떻게 하면 이보다 가격이 높거나 낮아져 이윤이 줄어드는 것을 피할 수 있을까?

답은 분명하다. 담합을 하는 것이다. 3 기업이 함께 논의하여 $P_0$에서 가격을 정하자고 합의하는 것이다. 그렇게 하면 가격전쟁의 가능성을 줄일 수 있고 모든 기업의 이윤을 가장 크게 할 수 있다. 이 결과는 사회적으로 보면 동일한 3개의 공장을 운영하는 순수독점과 동일하다.

## 담합의 장애 요인

보통의 경우 카르텔을 비롯하여 담합에 동원되는 여러 방법들은 이를 실행하기도 어렵고 유지하기도 어렵다. 반독점법만이 아니라 다음의 여러 요인들이 담합을 어렵게 한다.

**수요 및 비용의 차이** 과점기업의 비용이나 수요가 다르면 가격합의가 어렵다. 상품이 차별화되어 있거나 모델이 자주 바뀌면 특히 그렇다. 상품이 매우 표준화되어 있더라도 기업의 시장점유율은 서로 다르고 생산의 효율성도 다르다. 따라서 동질적 상품을 생산하는 과점기업들이라도 이들 기업의 수요와 비용조건이 동일할 가능성은 매우 낮다.

어떻든 비용이나 수요조건이 다르면 이들 기업의 이윤극대화 가격도 달라진다. 따라

## 분석의 응용

### 카르텔과 담합

국제적으로 가장 유명한 카르텔은 석유수출국기구(OPEC)다. 이 기구는 알제리, 앙골라, 콩고, 적도기니아, 가봉, 이란, 이라크, 쿠웨이트, 리비아, 나이지리아, 사우디아라비아, 아랍에미레트연합, 베네수엘라 등 13개 산유국으로 구성되어 있다. OPEC은 세계 원유생산량의 40%를 차지하며, 국제 원유거래량의 60%를 공급하고 있다. OPEC은 종종 원유공급량을 늘리거나 줄임으로써 유가를 급격하게 변동시킨다. 예를 들어 1990년대 말에는 15개월 동안 배럴당 유가를 11달러에서 34달러로 급등하게 하였다.

그렇더라도 대부분의 유가 상승이 OPEC에 의해 초래된 것은 아니다. 예를 들어, 2005년부터 2008년까지 유가는 배럴당 40달러에서 140달러로 급등하였다. 이것은 중국의 급격한 수요 증가와 중동지역의 무력 충돌로 인한 공급의 불확실성에서 기인하였다. 2007년 12월부터 경기침체가 시작되면서 수요가 급락하였고 유가는 배럴당 40달러 수준으로 폭락하였다. 이러한 유가의 급등락에 OPEC은 거의 영향을 주지 못하였다. 그러나 OPEC이 생산량 합의를 실효성 있게 실행하게 되면 유가는 틀림없이 한계비용보다 훨씬 높은 수준에서 유지된다.

대부분의 나라에서 카르텔은 불법이기 때문에 담합은 묵시적이거나 비밀리에 이루어진다. 그렇지만 미국의 반독점 소송에서 드러나듯이 담합의 사례는 많다. 2011년 미국의 월풀, 일본의 파나소닉, 덴마크의 댄포스, 이탈리아의 ACC 등은 2억 달러의 벌금에 처해졌는데 국제적인 카르텔을 통해 냉장고 부품의 국제가격에 대한 담합을 시도하였다는 것이다. 2012년에는 다수의 일본 자동차 부품업체들이 주요 자동차업체에 대한 입찰에서 담합을 하였다고 유죄를 인정하였다. 이들은 가명을 사용하거나 답함의 증거를 파괴하도록 지시하는 등 여러 방법으로 담합의 은폐를 시도하였다.

그 밖에도 가격담합의 사례는 많다. 콘아그라와 호멜은 메기의 가격담합과 관련된 사건에서 2천백만 달러가 넘는 합의금을 지불하였다. 그리고 미국의 법무부는 유시 에이알 인터내셔널이 경쟁기업과 함께 용광로에 쓰이는 흑연전극의 국제시장을 분할하고 가격담합을 계획하였다는 이유로 1억 천만 달러의 벌금을 부과하였다. 소더비와 크리스티 경매회사는 6년간 동일한 경매 수수료를 받기로 공모한 사실이 밝혀지기도 하였다. 바이 엘 에이지는 고무 제조에 쓰이는 화학물질의 가격설정과 시장분할에 공모하였다는 혐의에 대해 유죄청원을 하여 6천6백만 달러의 벌금을 부과받았다.

**문제**

기업결합을 하면 담합의 처벌을 피해갈 수 있을까? 경쟁을 실질적으로 제한하는 기업결합을 규제하는 것이 왜 중요한지 알 수 있겠는가?

---

서 그림 9.5에서처럼 모든 기업들이 수용할 수 있는 단일의 가격은 존재하지 않는다. 결국 가격담합이 이루어지려면 타협과 양보가 필요한데 이것은 쉽지 않다. 그래서 담합의 장애물로 작용한다.

**기업의 수** 다른 조건이 동일하다면 기업의 수가 많을수록 카르텔을 비롯한 여러 형태의 가격담합은 어려워진다. 3~4개 기업이 전체 시장을 지배하고 있다면 가격합의는 비교적 쉽게 이뤄질 수 있다. 하지만 10개 기업이 대략 시장의 10% 정도씩 점하고 있거나, 3대 기업이 시장의 70%를 점하고 8~10개의 소규모 기업이 나머지 시장을 차지하기 위해 싸우고 있다면 가격합의는 매우 어려울 것이다.

**속임수** 죄수의 딜레마 게임이 분명히 보여주듯, 담합에 참여한 과점기업은 매출과 이윤을 늘리기 위해 몰래 가격을 인하하고자 하는 유혹에 빠지기 쉽다. 기업이 가격을 몰래 인하하면 담합은 어려움에 처하게 된다. 높은 가격을 지불하던 구매자가 저가판매를 알게 되면 저가판매와 비슷한 조건을 요구하기 때문이다. 즉, 구매자가 한 기업으로부터 가격할인을 받으면 이를 이용하여 다른 경쟁기업에 더 많은 가격 할인을 요구한다는 것이다. 구매자가 기업을 서로 비교하며 가격인하를 요구하면 기업 간에 가격전쟁이 발생할 수 있다. 몰래 가격을 할인하면 이윤이 증가할 수 있지만, 그것은 담합의 유지를 위협하는 것이다. 속임수를 쉽게 적발하고 이를 처벌할 수 있어야 담합에 공모한 기업들이 가격합의를 속일 가능성은 낮아진다. 그러면 담합의 성공 가능성은 높아질 것이다.

**경기침체** 일반적으로 장기간 지속되는 경기침체는 담합의 가장 큰 적이다. 시장수요의 감소로 평균총비용이 상승하기 때문이다. 경기침체가 지속되면 그림 9.5에 있는 과점기업의 수요곡선과 한계수입곡선은 왼쪽으로 이동하게 된다. 그러면 기업의 생산은 감소하게 되고 평균총비용은 평균총비용곡선을 따라 좌상방으로 증가한다. 기업의 유휴설비는 크게 늘어나고 매출은 감소하며, 단위생산비용은 상승하고 이윤은 감소하는 것이다. 이렇게 되면 기업은 가격을 인하하여 경쟁기업의 매출을 빼앗아 오는 것이 심각한 이윤 저하나 손실을 피할 수 있다고 여기게 되어 담합이 깨지는 것이다.

**잠재적 진입** 담합으로 인해 가격이 비싸지고 이윤이 많아지면 외국기업을 비롯한 신규기업이 시장에 진입할 수 있다. 이런 일이 발생하면 시장 공급이 증가하여 가격이 하락하고 이윤이 줄어든다. 따라서 담합이 성공하려면 과점기업들이 새로운 기업의 진입을 봉쇄할 수 있어야 한다.

## 과점과 광고

살펴보았듯이 과점기업들은 가격담합을 하고자 노력하며, 가격경쟁은 잘 벌이지 않는다. 그래서 시장점유율은 대부분 가격보다 제품 개발과 광고를 통해 결정된다. 그 이유

표 9.1 미국의 대형 광고주 (2018년)

| 회사 | 광고비 지출 (백만 달러) |
|---|---|
| 컴캐스트 | 6,122 |
| AT&T | 5,362 |
| 아마존 | 4,470 |
| 프록터앤갬블 | 4,305 |
| 제네럴모터스 | 3.139 |
| 디즈니 | 3.132 |
| 차터커뮤니케인션스 | 3,042 |
| 알파벳(구글) | 2,960 |
| 아메리칸 익스프레스 | 2,798 |
| 버라이존 | 2,682 |

자료: Advertising Age, www.adage.com

는 다음의 2가지 때문이다.

- 가격 인하는 쉽게 따라할 수 있지만, 제품 개발과 광고는 그렇지 않다. 가격 인하로 매출이 늘더라도 경쟁기업이 신속하게 이를 따라 하기 때문에 이 전략의 이득은 금방 사라진다. 하지만 제품이 개선되고 광고가 먹히면 비교적 장기간 높은 시장점유율을 유지할 수 있다. 경쟁기업이 가격 인하만큼 빠르게 이를 따라할 수 없기 때문이다.
- 과점기업은 자금을 비교적 풍부하게 가지고 있어서 제품개발과 광고를 수행할 수 있다. 대부분의 과점기업들은 과거에 비교적 많은 경제적 이윤을 벌어들인 기업들이다. 따라서 광고나 제품개발을 위해 비교적 많은 자금을 지출할 수 있다.

2018년 미국의 기업들은 미국 내에서만 1,630억 달러에 달하는 광고비를 지출하였다. 광고는 독점적 경쟁시장과 과점시장에서 광범위하게 행해진다. 표 9.1은 2018년 미국의 10대 광고주들을 보여 주고 있다.

광고는 여건에 따라 가격, 경쟁 및 효율성에 부정적인 영향을 주기도 하고 긍정적인 영향을 주기도 한다. 여기에서는 주로 과점기업의 광고 효과에 초점을 맞추겠지만, 이러한 분석은 독점적 경쟁기업에도 동일하게 적용될 수 있다.

## 광고의 긍정적 효과

소비자들이 합리적이고 효율적인 결정을 하려면 상품의 특징과 가격에 대한 정보를 알아야 한다. 광고는 소비자들에게 이러한 정보를 낮은 비용으로 제공한다. 고품질의 스마트폰을 구입하려 하는데 신문, 잡지 혹은 인터넷 어디에서도 상품에 대한 광고가 없다고 하자. 합리적 선택을 하려면 며칠 동안 매장을 돌아다니며 여러 브랜드의 가격과 사양 등을 비교해 보아야 한다. 이러한 탐색으로 직접 비용(연료비, 주차비)과 간접 비용(시간 비용)이 발생한다. 광고는 다양한 사양에 대한 정보를 제공하여 상품 구매에 따른 직 · 간접적 비용을 줄여준다.

광고는 다양한 경쟁제품에 대한 정보를 제공하여 독점력을 완화시킨다. 사실 대부분의 광고는 신제품을 도입하여 기존 브랜드와 경쟁하고자 할 때 이루어진다. 광고가 없다면 현대자동차가 미국시장에 진출할 수 있었을까? 광고가 없었다면 삼성의 스마트폰이 애플이 점하고 있던 스마트 시장을 잠식할 수 있었을까?

이렇게 보면 광고는 효율성을 개선시키는 활동이다. 광고는 비교적 저렴한 비용으로 소비자에게 유용한 정보를 제공하여 탐색 비용을 절감시켜 준다. 이를 통해 광고는 경쟁을 촉진하여 경제의 효율성을 높인다. 그리고 광고는 신상품의 도입을 용이하게 하여 기술 발전의 속도를 빠르게 한다. 나아가 광고는 매출과 생산을 증대시켜 규모의 경제가 실현되게 하며, 이를 통해 장기 평균총비용을 낮아지게 하는 것이다.

### 광고의 부정적 효과

광고의 효과가 항상 긍정적인 것은 아니다. 일부 광고는 소비자의 마음을 교묘하게 조종하거나 잘못된 믿음을 주기 위해 행해진다. 소비자의 선호를 바꾸어 광고주의 제품을 팔기 위해 행해지는 것이다. 유명인사가 특정 상품을 선전하는 텔레비전 광고는 시청자도 그래야 한다는 것을 암시한다. 그러한 광고는 대부분 가격이나 품질에 대한 정보를 전달하지 않는다. 게다가 때로는 허위 · 과장광고로 인해 소비자가 혼란에 빠지기도 한다. 사실 일부 소비자는 광고에 현혹되어 값싸고 품질이 좋은 상품을 포기하고 품질이 떨어진 비싼 상품을 구입하기도 한다. 예를 들어, 미국의 소비자 보호단체는 광고가 대대적으로 행해진 고급 엔진오일이 값싼 브랜드보다 엔진의 성능과 수명에 큰 도움을 주지 못함을 밝힌 바 있다.

기업들은 때때로 광고를 통해 브랜드에 대한 충성도를 크게 높여 독점력을 행사하기도 한다(지구촌 전망 9.2 참조). 그 결과 이들 기업은 매출을 늘려 시장점유율을 높일 수 있고 큰 이윤을 얻을 수 있다. 이윤이 많으면 광고비 지출을 더욱 늘릴 수 있고 이에 따라 시장점유율과 이윤을 더욱 증대시킬 수 있다. 그렇게 되면 소비자들은 경쟁시장이 주는 이점들을 누리지 못하고 독점시장이 주는 불이익만 감수해야 한다. 게다가 이 시

## 지구촌 전망 9.2

### 세계 10대 브랜드(2019)

다음은 세계의 10대 브랜드이다. 4가지 기준으로 선정하였다. 해당 분야의 시장점유율, 다양한 국가와 연령에 걸친 브랜드 관심도, 고객의 충성도, 그리고 구매력을 다른 상품의 구매로 이전시킬 수 있는 능력 등이다.

**세계 10대 브랜드**

1. 애플
2. 구글
3. 아마존
4. 마이크로소프트
5. 코카콜라
6. 삼성
7. 토요타
8. 메르세데스 벤츠
9. 맥도날드
10. 디즈니

자료: Best Global Brand, 2019: Iconoc Moves, Interband, www.interband.com

---

장에 신규기업이 진입하려면 대규모의 광고비를 지출해야 한다. 따라서 막대한 광고비는 진입장벽으로 작용하게 된다.

광고효과는 서로 상쇄되기도 한다. 특정 라면회사가 많은 비용을 들여 광고를 하더라도 경쟁업체가 똑같이 광고를 하게 되면 광고효과는 서로 상쇄되어 모든 업체의 수요가 사실상 거의 변하지 않게 된다. 비록 수요가 늘더라도 조금밖에 늘지 않지만 광고로 인해 비용은 크게 늘어난다. 그래서 기업의 이윤이 감소하며 이를 줄이기 위해 가격선도기업은 상품가격을 인상하게 된다. 이처럼 광고를 통해 독점력이 강화되거나 광고효과가 서로 상쇄되면 경제적 비효율성이 발생하는 것이다.

## 과점의 효율성 평가

과점은 사회적 관점에서 효율적인 시장구조인가? 과점시장의 가격과 생산량은 순수 경쟁에서처럼 가격=한계비용=평균총비용의 최소치라는 등식을 충족시킬 것인가?

## 비효율성

많은 경제학자들은 과점시장이 그림 9.5와 유사하다고 생각한다. 과점기업들이 매년 상당한 경제적 이윤을 그대로 유지하고 있다는 사실이 이러한 견해를 뒷받침한다. 그렇다면 과점시장의 생산량은 가격이 한계비용이나 평균총비용보다 높은 수준에서 정해진다. 게다가 생산량은 평균총비용을 최소화하는 생산수준보다 적다. 그래서 과점시장에서는 생산의 효율성(가격=평균총비용의 최소치)이나 배분의 효율성(가격=한계비용)이 달성되지 않는다.

일부 관찰자들은 과점이 순수독점보다 바람직하지 못하다고 주장한다. 순수독점은 독점력의 남용을 방지한다는 명분으로 정부가 이를 규제하고 있기 때문이다. 과점기업 간 묵시적 담합은 가격과 생산량의 측면에서 순수독점과 유사하다. 하지만 외형상으로는 독립적인 기업들이 경쟁하는 것으로 보이기 때문에 규제를 피할 수 있다는 것이다.

## 효율성 평가의 한계

과점시장이 비효율적이라는 견해는 3가지 한계점을 가지고 있다.

- **대외 경쟁의 확대**: 최근 몇 십 년간 대외 경쟁이 치열해지면서 과점산업에서도 경쟁기업이 늘어나고 있다. 그 예로 중국산 철강이 수입되는 철강 산업이나 수입 자동차의 시장점유율이 증가하고 있는 자동차 산업 등을 들 수 있다. 이것은 비디오게임, 전기면도기, 복사기 산업도 마찬가지다. 이로 인해 가격선도처럼 편안한 가격 설정 방식이 파괴되고 가격설정이 보다 경쟁적으로 되고 있다.
- **진입제한 가격설정**: 앞서 설명하였듯이 일부 과점기업은 진입장벽을 쌓기 위하여 가격을 의도적으로 낮게 유지한다. 즉, 가격을 단기이윤을 극대화하는 수준보다 낮춘다는 것이다. 그러면 낮은 가격이라는 진입장벽 때문에 경쟁이 증가하지 않지만, 가격은 한계비용이나 평균총비용의 최소치에 가까워질 수 있다. 이를 통해 소비자나 사회는 경쟁시장일 때의 이익을 일부 얻는 셈이다.
- **기술 진보**: 동태적으로 보면 과점산업은 순수경쟁 산업보다 상품개발을 신속히 행하며, 생산기술의 개선을 촉진한다. 경제적 이윤을 얻고 있기 때문에 과점기업은 대규모 자금이 필요한 연구개발을 수행할 수 있다. 게다가 과점기업은 연구개발이 성공하면 많은 보상을 받을 수 있다는 믿음을 가지고 있다. 진입장벽으로 신규기업의 진입이 어려워 연구개발의 이익을 대부분 누릴 수 있기 때문이다. 따라서 과점기업의 단기적 비효율성은 동태적 측면에서 발생하는 품질 개선이나 가격 하락 그리고 비용 감소 등을 통해 일부 또는 전부가 상쇄될 수 있다.

## 분석의 응용

### 인터넷 과점기업

인터넷에 일반인이 접근할 수 있게 된 것은 1990년대 중반에 이르러서다. 지난 10년 이상의 기간 동안 인터넷은 소수의 대기업이 지배하는 장으로 변하였다. 소수의 기업 중에 구글, 페이스북, 아마존 등이 선두를 차지하고 있으며, 이밖에 마이크로소프트나 애플도 주요 기업에 속한다.

이들 기업의 가장 중요한 특징은 기술 산업의 특정 분야에서 준 독점상태를 유지하고 있다는 것이다. 구글은 검색, 페이스북은 소셜 미디어, 아마존은 온라인 상거래에서 지배적 지위에 있다. 마이크로소프트는 컴퓨터 운영체계와 업무 생산성 관련 응용프로그램 등에서 준 독점적 지위에 있다. 애플은 자사의 운영체계로 움직이는 컴퓨터, 스마트폰, 태블릿 등을 생산하여 세계에서 가장 이익을 많이 내는 기업이다. 그래서 2012년에 세계에서 가치가 가장 큰 기업이 되었다.

이들 공룡기업들은 자신의 분야에서 지배적 지위를 유지하는 데 그치지 않고 준 독점으로 얻은 이윤을 바탕으로 다른 공룡 기업의 사업 분야를 빼앗고자 노력하고 있다. 그 결과 자금이 풍부한 소수 기업 간에 치열한 과점 경쟁이 일어나고 있다.

검색엔진 시장을 살펴보자. 구글은 검색시장의 63%를 점하고 있어서 막대한 광고 수입을 얻고 있다. 구글의 2018년 광고 수입은 1,000억 달러를 넘어섰는데 이것은 미국의 모든 신문과 잡지의 광고 수입을 합한 것보다 많다. 그래서 마이크로소프트가 구글과 경쟁하기 위하여 '빙'이라는 검색엔진을 출시한 것은 자연스러운 일이었다. 2018년 말 기준으로 '빙'은 검색시장의 24%를 차지하고 있으며, 야후는 12%를 점유하고 있다. 이들의 경쟁 압력으로 구글은 광고단가를 낮출 수밖에 없었다. 실제 2018년 광고단가는 거의 30%가량 하락하였다.

페이스북은 규모가 월등하게 큰 소셜 네트워크 기업인데 일반 사용자가 24억 명이 넘는다. 그런데 2011년 구글은 페이스북에 도전할 수 있는 수준의 소셜 네트워크를 출시하는 데 성공하였다. 그것이 가능하였던 것은 Gmail이나 Youtube 같은 자사의 무료 프로그램 이용자가 구글의 소셜 네트워크를 이용하도록 조장하였기 때문이다. 2012년 말 기준으로 구글의 소셜 네트워크인 구글플러스의 총 사용자는 5억 명이며, 일상적인 사용자는 2억 3천 5백만 명에 이르렀다. 그래서 페이스북과 경쟁다운 경쟁을 할 수 있게 되었다. 하지만 불행하게도 성장률이 점차 정체에 빠지고 대규모 데이터 유출 사태가 발생하자 구글은 2018년 대부분의 구글플러스 서비스를 중단하였다.

구글플러스가 구글에 중요했던 것은 페이스북이 광고주로 하여금 구글의 검색 광고 대신 페이스북의 배너 광고를 쓰도록 조장하였기 때문이다. 페이스북은 '피츠버그에 거주하면서 반려동물을 기르는 20~30대 남성' 등 특정 유형의 사용자를 대상으로 배너 광고를 할 수 있었다. 구글은 이에 대응하여 자신의 소셜 네트워크를 제공함으로써 광고주로 하여금 특정 사용자를 대상으로 광고를 할 수 있도록 한 것이다.

구글은 애플에 도전하여 안드로이드라는 스마트폰 운영체계를 배포하였는데 그것은 큰 인기를 끌었다. 그래서 애플이 아이폰과 아이패드에 사용하는 iOS 운영체계와 경쟁할 수 있었다. 이를 통해 애플이 미래에 구글의 검색광고 수입을 크게 잠식할 수 있다는 위협을 크게 줄였다. 애플의 기기에서 검색할 경우 애플 자신이 설계하고 등록한 검색엔진에서 검색이 행해지도록 할 수 있기 때문이다.

다른 인터넷 공룡기업도 애플이 지배하던 스마트폰과 태블릿 시장에 도전하였다. 구글은 스마트폰이나 태블릿의 제조업자가 원할 경우 안드로이드 운영체계를 마음껏 사용하도록 허용하였을 뿐 아니라 스스로 넥서스라는 이동통신기기를 개발하여 애플의 아이패드나 아이폰과 경쟁하려고 하였다. 마이크로소프트도 애플의 이동통신기기에 도전하였다. 윈도우즈 운영체계를 개선하여 스마트폰과 태블릿에서 운영 가능하도록 하였고, Surface 태블릿을 출시하여 아이패드와 경쟁하고자 하였다. 나아가 아이폰과 경쟁하기 위하여 윈도우즈폰을 출시하였지만 그것은 시장에서 인기를 끌지 못하였다.

위의 사례는 과점 기업 간 경쟁을 보여주는 것으로 인터넷 공룡기업들이 자신이 지배하고 있는 분야를 벗어나 다른 공룡기업과 경쟁하는 과정에서 발생하였다. 이러한 공격적인 경쟁이 발생하는 것은 단순한 이유 때문이다. 준 독점기업이 자신의 분야를 지배하고 있을 때 이윤을 크게 늘릴 수 있는 유일한 기회는 경쟁자의 사업 분야를 공격하는 것이다.

**문제**

기업이 잠재적 경쟁자의 시장지배력을 약화시키기 위하여 새로운 분야에 뛰어드는 다른 산업은 없는지 살펴보시오.

## 요약

**1.** 독점적 경쟁 시장의 특징

독점적 경쟁의 특징은 다음과 같다. (1) 비교적 많은 수의 판매자가 있어서 개별 기업이 시장 가격에 미치는 영향은 제한적이고 기업 담합이 어려우며, 기업 간 상호의존성은 거의 존재하지 않는다. (2) 상품이 차별화되어 있어서 가격경쟁 뿐 아니라 비가격경쟁이 일어난다. (3) 진입과 퇴출이 용이하다. 대부분의 대도시 상업시설을 비롯하여 규모의 경제가 크게 나타나지 않는 일부 제조업이 이에 속한다.

**2.** 독점적 경쟁기업의 장기이윤

단기에서 독점적 경쟁기업은 경제적 이윤을 얻을 수도 있고 손실을 볼 수도 있다. 하지만 장기에서는 진입과 퇴출이 용이하여 독점적 경쟁기업은 정상 이윤만을 얻는다.

독점적 경쟁의 장기균형에서는 경쟁시장과 달리 생산과 배분의 효율성도 달성되지 못한다. 가격은 한계비용보다 커서 자원이 과소 배분되며, 가격이 평균총비용의 최소치보다 커서 소비자들은 경쟁시장에서처럼 가장 낮은 가격에서 제품을 구매하지 못한다.

비가격 경쟁을 통해 독점적 경쟁기업은 장기적으로 경제적 이윤이 0으로 하락하는 것을 피할 수 있다. 독점적 경쟁기업은 상품차별화, 제품개발, 광고 등을 이용하여 자사 제품에 대한 수요를 증대시키기 위해 노력한다. 이로 인해 상품의 다양성이 커지면 소비자의 편익이 증가한다.

**3.** 과점의 특징

과점산업의 특징은 기업의 수가 적기 때문에 과점기업의 시장 점유율이 상당히 높다는 점이다. 이 때문에 과점기업 간에 상호의존성이 나타나며, 그래서 과점기업은 전략적으로 행동한다. 개별 기업의 행동은 경쟁기업에 영향을 미치며, 경쟁기업의 행동에 따라 달라진다. 과점 시장의 상품은 동질적일 수도 있지만, 차별화되어 있을 수도 있다. 규모의 경제를 포함한 다양한 진입장벽으로 인해 과점이 발생하고 유지된다.

**4.** 과점과 게임이론

게임이론은 (a) 과점기업의 가격설정이 상호의존적이며, (b) 과점기업은 담합하고자 노력하며, (c) 과점기업은 가격담합의 합의를 속이려는 유혹을 느낀다는 점 등을 보여준다.

**5.** 과점시장의 굴절수요곡선

비협조적 과점기업의 수요곡선은 굴절한다. 이러한 굴절수요곡선과 이에 따라 분절된 한계수입곡선은 과점시장의 가격 경직성을 설명해준다. 하지만 가격이 왜 그 수준에서 처음 결정되었는지는 설명하지 못한다.

**6.** 과점기업의 담합: 촉진 요인와 장애 요인

가격선도란 산업에서 가장 규모가 크거나 효율적인 '선도기업'이 가격변경을 선도하고 다른 기업이 이를 추종하는 형태로 이루어지는 비공식적 담합을 말한다.

담합을 통해 과점기업은 이윤을 증가시킬 수 있다. 하지만 담합은 여러 가지 장애 요인 때문에 유지되기 어렵다. 과점기업의 비용이나 수요가 다르면 가격합의가 어려우며, 기업의 수가 상대적으로 많아 가격합의에 이르기 어렵고, 담합에 참여한 기업은 가격을 인하하고자 하는 유혹에 빠지기 쉬우며, 경기침체가 지속되면 경쟁기업의 매출을 빼앗고자 하며, 반독점법이 이를 처벌하기 때문이다.

**7.** 광고의 긍정적 · 부정적 효과

과점산업의 시장점유율은 대부분 가격보다 제품 개발과 광고를 통해 결정된다. 과점기업이 비가격경쟁을 선호하는 이유는 다음과 같다. (1) 제품 개발과 광고는 경쟁기업이 따라 하기 힘들다. (2) 과점기업은 비가격경쟁에 필요한 자금을 비교적 풍부하게 가지고 있다.

광고는 가격, 경쟁 및 효율성에 부정적 영향을 주기도 하지만, 긍정적 영향을 미치기도 한다. 긍정적 효과를 들자면 광고는 소비자들에게 여러 상품에 대한 정보를 낮은 비용으로 제공한다. 그리고 광고는 대기업이 지배하고 있는 시장에 신상품이 쉽게 진입하도록 하여 독점력을 완화시켜 경제의 효율성을 증대시킨다. 부정적 효과를 들자면 광고는 브랜드에 대한 충성도를 크게 높여 새로운 기업의 진입을 어렵게 함으로써 독점력을 높이기도 한다. 나아가 경쟁업체가 똑같이 광고를 하게 되면 광고효과는 서로 상쇄되어 가격 상승과 비효율성만 초래될 뿐 달리 얻는 게 없게 된다.

**8.** 과점시장의 효율성

과점시장에서는 생산이나 배분의 효율성이 달성되지 않는다. 그러나 과점산업은 연구개발이나 기술진보 등에서 순수경쟁보다 나은 결과를 가져다 줄 수 있다.

## 주요 용어 및 개념

| | | |
|---|---|---|
| 가격선도 | 당연 위법 | 상호의존성 |
| 게임이론 | 독점적 경쟁 | 유휴설비 |
| 과점 | 동질적 과점 | 전략적 행위 |
| 굴절수요곡선 | 비가격경쟁 | 차별화된 과점 |
| 담합 | 상품차별화 | 카르텔 |

## 연습문제

**1.** 다음의 설명에서 독점적 경쟁시장과 무관한 것은?

① 개별기업의 낮은 시장점유율 ② 담합의 용이함
③ 상품의 차별화 ④ 가격 통제력 존재
⑤ 진입 · 퇴출의 용이함

**2.** 다음 중 상품의 차별화라고 할 수 없는 것은?

① 값싼 가격 ② 질 좋은 서비스
③ 뛰어난 성능 ④ 가까운 입지
⑤ 유명인의 상표 광고

**3.** 독점적 경쟁시장의 장기균형을 잘못 설명한 것은?

① 장기균형 생산량에서 기업의 한계수입=한계비용이다.
② 장기균형 생산량에서 가격=평균총비용이다.
③ 경제적 이윤이 존재하지 않는다.
④ 평균총비용의 최소치에서 생산이 이루어진다.
⑤ 기업은 정상 이윤을 얻는다.

**4.** 과점시장의 특징과 거리가 먼 것은?

① 기업은 가격을 책정한다.
② 기업은 상호의존적이다.
③ 기업은 제품개발과 광고를 위해 노력한다.
④ 진입 장벽이 존재한다.
⑤ 차별화된 상품만 생산한다.

**5.** 굴절 수요곡선과 무관한 것은?

① 과점시장에서 나타난다.
② 경쟁기업이 가격 인하에 동조하지 않기 때문에 나타난다.
③ 가격이 상승할 때 굴절 수요곡선은 상대적으로 탄력적이다.
④ 한계수입 곡선은 단절된 형태로 나타난다.
⑤ 가격 경직성을 설명할 수 있다.

**6.** 가격선도모형에 대한 설명으로 잘못된 것은?

① 가격변경을 선도하는 기업은 산업에서 규모가 가장 크거나 효율적인 기업이다.
② 가격선도기업은 사소한 수요나 비용의 변화에는 대응하지 않는다.
③ 가격선도기업은 보도자료 등을 통해 가격 인상의 당위성을 알리기 위해 노력한다.
④ 가격선도기업이 가격을 내리면 가격전쟁이 발생한다.
⑤ 가격선도는 경쟁 기업 간 암묵적 합의를 통해 이루어진다.

**7.** 담합에 대한 설명으로 잘못된 것은?

① 담합에 따른 생산량은 이들 기업의 합병으로 독점이 되었을 때의 생산량과 동일하다.
② 기업의 비용이나 수요조건이 다르면 담합이 이루어지기 어렵다.
③ 기업의 수가 많을수록 담합이 이루어지기 어렵다.
④ 기업이 몰래 가격을 인하하는 것을 적발할 수 있어야 담합이 유지된다.
⑤ 경기호황이 지속되면 담합이 유지되기 어렵다.

**8.** 광고에 대한 설명으로 부적절한 것은?

① 광고는 탐색비용을 절약해준다.
② 광고는 신상품의 도입을 어렵게 한다.
③ 광고는 규모의 경제를 실현하게 한다.
④ 광고는 브랜드의 충성도를 높여 독점력을 강화하는 데 이용된다.
⑤ 광고의 효과는 경쟁업체가 동일한 광고를 하게 되면 서로 상쇄된다.

**9.** 과점시장의 비효율성을 개선시키는 요인이라고 할 수 없는 것은?

① 대외 경쟁의 격화　② 진입제한가격의 설정
③ 치열한 광고　④ 막대한 연구개발비의 지출
⑤ 동태적 효율성

**10.** 두 과점기업 X와 Y의 가격전략에 따른 이윤 보수행렬이 다음과 같이 주어져 있다. 괄호 안의 앞의 값은 X 기업의 이윤, 뒤의 값은 Y 기업의 이윤이다.

| | | Y 기업의 가격 전략 | |
|---|---|---|---|
| | | 40,000원 | 35,000원 |
| X 기업의 가격전략 | 40,000원 | (57,000, 60,000) | (50,000, 69,000) |
| | 35,000원 | (59,000, 55,000) | (55,000, 58,000) |

(1) X와 Y, 이 두 기업이 담합을 하지 않는다면 부과하는 가격은 어떻게 될 것인가?
(2) X, Y가 담합을 하면 부과하는 가격은 어떻게 될까? 그리고 그 때 두 기업의 이윤은 얼마나 증가하는가?
(3) X, Y가 담합을 약속하였지만, X가 이를 지키지 않는다고 하자. 그러면 X의 이윤은 얼마나 증가하는가?

**11.** 독점적 경쟁시장의 식당이 하루에 230인분의 설렁탕을 판매하고 있다. 이 판매량에서 한계수입이 한계비용과 일치한다. 이 때 설렁탕 1인분의 평균총비용은 10,000원이고 소비자들은 1인분에 12,000원을 지불하고 있다.

(1) 단기적으로 이 기업은 어느 정도의 이윤을 얻고 있는가?
(2) 장기적으로 새로운 식당이 진입하거나 기존 식당이 문을 닫을 수 있다고 하자. 장기적으로 이 식당이 직면한 수요곡선은 어떻게 이동할까?
(3) 장기균형에서 이 식당은 11,000원에 180인분의 설렁탕을 판매한다. 180인분의 한계비용은 8,000원이라고 가정하자. 장기균형에서 이 기업의 이윤은 얼마인가?

**12.** 어떤 마을의 주민들은 마을의 중심을 가로지르는 큰 길을 중심으로 한 쪽 끝인 1번지부터 다른 쪽 끝인 100번지까지 거주하고 있다. 주민들이 상품을 구입하는 데 지불하는 교통비용은 마트까지의 거리에 비례한다.

(1) 여러분이 이 마을에 두 군데의 아이스크림 판매점을 개설하고자 한다. 그리고 아이스크림 가격을 설정할 수 있다. 여러분이 이윤을 극대화하고자 한다면 마을의 어느 곳에 아이스크림 집을 개설할 것인가? 단, 주민이 아이스크림으로부터 얻는 가치는 모두 동일하다.
(2) 경쟁적인 두 기업이 이 마을에 아이스크림 판매점을 개설하고자 한다. 이들 기업은 마을에 어떤 곳에 아이스크림 판매점을 개설할 것인가?

**13.** (1) 순수경쟁기업, 독점적 경쟁기업 및 순수독점기업이 직면하는 수요곡선을 그려 보고 이들 수요곡선의 탄력성을 비교하여 보시오.
(2) 순수경쟁기업, 독점적 경쟁기업의 장기비용곡선이 동일할 때 장기 균형생산량과 장기 균형가격을 비교하여 보시오.

**14.** 독점적 경쟁이나 과점에서 비가격경쟁이 치열한 이유는 무엇인가? 이러한 비가격경쟁이 독점적 경쟁시장이나 과점시장의 효율성에 미치는 효과를 설명하여 보시오.

PART 04

# 국내총생산, 경제성장 그리고 거시불안정

10 국내총생산과 경제성장

11 경기순환, 실업과 인플레이션

12 총수요와 총공급

13 재정정책, 재정적자 그리고 국가부채

CHAPTER 10

# 국내총생산과 경제성장

**학습내용**

1. 국내총생산(GDP)의 정의와 측정
2. 실질 GDP와 명목 GDP
3. 경제성장의 측정 방법
4. 경제성장의 결정 요인: 공급 요인, 수요 요인, 효율성 요인
5. 성장회계와 성장기여도
6. 성장률의 추세적 변화
7. 경제성장의 타당성과 지속가능성

---

이번 장부터는 거시경제 현상을 분석한다. 거시경제학은 국민경제에 초점을 맞추어 총체적인 측면에서 다음과 같은 경제문제의 답을 찾으려 노력한다. 왜 어떤 국가는 부유하고 어떤 국가는 가난한가? 왜 부유한 국가를 포함하여 모든 국가가 경기호황과 불황을 주기적으로 겪는가? 국가는 생활수준의 개선과 불황을 타개하기 위해 무엇을 할 수 있는가?

이 장에서는 먼저 모든 재화와 서비스를 총체적 수준에서 어떻게 측정할 수 있는지 살펴본다. 다음으로 어떤 요인이 생산을 증대시켜 생활수준을 개선시키는지 검토한다. 마지막으로 경제성장의 원천은 무엇이며, 경제성장이 과연 바람직한지의 여부도 살펴본다.

## 국내총생산(GDP)

국민소득계정은 한 나라 경제의 총체적 성과를 측정한다. 한국에서는 한국은행이 이를 작성하며, 미국에서는 상무부 산하의 경제분석국이 이를 작성한다. 이들 소득계정은 경제학자나 정책당국에 다음과 같은 도움을 준다.

- 생산과 고용수준을 모니터하여 경제의 건전성을 평가할 수 있다.
- 경제의 장기 성장 경로를 추적할 수 있다.
- 경제의 건전성을 보호하고 개선하기 위해 경제정책을 조정할 수 있다.

국내총생산(GDP)
1년 동안 한 나라의 국경선 안에서 생산된 모든 최종재의 시장가치

한 나라 경제의 경제성과를 측정하는 가장 기본적인 통계는 재화와 서비스의 총산출, 즉 총생산이다. 총생산을 측정하는 방법은 여러 가지다. 이중 가장 널리 쓰이는 것은 **국내총생산(GDP)**인데 이것은 통상적으로 1년 동안 한 나라의 국경선 안에서 생산된 모든 최종재의 시장가치를 말한다.

국내총생산은 한 나라 국경선 안에서 생산된 최종재만을 포함한다. 미국의 자동차 회사인 GM이 한국에서 생산한 자동차의 가치도 한국의 GDP에 포함된다. 한국 내의 공장에서 생산되었기 때문이다. 그러나 미국에 있는 현대자동차가 생산한 자동차의 가치는 한국의 GDP에 포함되지 않는다. 한국의 국경선 밖에서 생산되었기 때문이다. 국내총생산을 측정할 때 중요한 것은 누가 만들거나 소비하느냐가 아니라 어디에서 생산되느냐인 것이다.[1] 최종재가 외국에서 수입된 자원을 이용하여 생산되었더라도 국내에서 생산된 것이라면 이는 국내총생산에 포함된다.

### 화폐단위로 측정

어떤 해에 책상이 3개 그리고 컴퓨터가 2대 생산되었는데 그 다음 해에 책상이 2개 그리고 컴퓨터가 3대 생산되었다고 하자. 생산이 증가하였다고 할 수 있을까? 이에 답하려면 이들 상품을 가격으로 나타내야 한다. 가격이란 사회가 상품에 부여하는 상대적

**표 10.1 서로 다른 생산물을 화폐가치로 평가하여 더하기**

| 연도 | 연간 생산 | 시장가치 |
|---|---|---|
| 1 | 책상 3, 컴퓨터 2 | 3×50만 원 + 2×200만 원 = 550만 원 |
| 2 | 책상 2, 컴퓨터 3 | 2×50만 원 + 3×200만 원 = 700만 원 |

1) GDP와 달리 국민총생산(GNP)은 국경과 무관하게 한 국가의 국적 기업이 생산한 상품과 서비스의 가치를 측정한다. 미국은 1992년부터 경제성과를 측정하기 위해 GNP 대신 GDP를 사용하고 있다.

가치를 나타내는 것이라 할 수 있다.

국내총생산은 가격을 사용하여 생산을 측정한다. 즉, 국내총생산을 화폐단위로 측정한다. 화폐로 측정하지 않으면 한 기간에 생산된 막대한 재화와 서비스의 가치를 다른 기간과 비교할 수 없다. 표 10.1을 보면 책상의 가격은 50만 원이고 컴퓨터의 가격은 200만 원이다. 그래서 1기에 생산된 생산물의 가치는 550만 원이고 2기에 생산된 생산물의 가치는 700만 원이다. 총생산이 150만 원 증가한 것을 알 수 있다.

국내총생산을 화폐단위로 측정하면 총생산물이 증가하였는지 쉽게 알 수 있다. 국내총생산을 화폐단위로 측정하는 것은 또 다른 이점이 있다. 사람들은 자신이 좋아하는 상품에 더 높은 가치를 부여한다. 따라서 다른 조건이 동일하다면 국내총생산이 증가하였다는 것은 사람들의 만족도가 높아졌다는 것을 의미하게 된다. 이러한 이유로 정책담당자들은 국내총생산을 증가시키려 노력하는 것이다.

### 중복 계산의 방지

총산출을 정확히 측정하려면 특정 연도에 생산된 재화와 서비스를 오직 한 번만 계산하여야 한다. 그런데 대부분의 생산물은 시장에 팔리기 전에 여러 생산단계를 거친다. 그래서 중간투입물은 생산단계를 거칠 때마다 여러 번 거래상품의 가치에 포함된다. 그러면 중간투입물이 중복 계산되기 때문에 국내총생산은 중간재를 무시하고 최종재의 시장가치만을 포함한다.

#### 중간재와 최종재

목재는 중간재이고, 완성된 주택은 최종재이다.

© Shutterstock

© Shutterstock

중간재

추가적인 가공이나 제조를 위해 또는 재판매를 위해 구입하는 재화나 서비스

최종재

최종 소비자에 의해 구매되는 상품

**중간재**란 추가적인 가공이나 제조를 위해 또는 재판매를 위해 구입하는 재화나 서비스를 말한다. 이에 비해 **최종재**란 최종소비자에 의해 구매되는 상품을 의미한다. 예를 들어, 원유는 중간재이고 자가용에 사용된 휘발유는 최종재이다. 철강은 중간재이고 완공된 고층 아파트는 최종재이다. 자동차 제조회사가 구입한 타이어는 중간재이지만, 개인이 구입한 타이어는 최종재이다. 식당이 구입한 상추, 마늘, 돼지고기는 중간재이고 이들이 고객에게 판매한 삼겹살 구이는 최종재이다. 그리고 소비자가 구매한 커피, 기업이 구입한 기계설비, 정부가 구입한 통신위성, 외국 소비자가 구입한 스마트폰 등도 최종재이다.

국내총생산을 계산할 때 중간재의 가치를 포함하면 중복 계산되어 국내총생산의 수치가 왜곡된다. 예를 들어, 어떤 국가에서 자동차, 강철, 유리, 타이어가 생산된다고 하자. 그런데 자동차를 생산할 때 강철을 400만 원, 유리를 200만 원, 타이어를 100만 원어치 투입하였다고 하자. 그리고 그렇게 생산된 자동차를 2,000만 원에 팔았다고 하자. 최종재인 자동차의 가치 2,000만 원에는 강철, 유리, 타이어의 가치 700만 원이 이미 포함되어 있다. 따라서 국내총생산을 계산할 때 자동차의 가격 2,000만 원에 중간투입물의 가격 700만 원을 더하여 국내총생산이 2,700만 원이라고 하면 국내총생산은 과다 계산되고 만다.

최종재의 생산에 투입되는 중간재의 이중 계산을 피하는 또 다른 방법은 국내에서 생산된 상품의 부가가치만을 계산하여 더하는 것이다. 이를 '부가가치 접근법'이라고 한다. 국내에서 생산된 총생산물의 가치에서 생산에 투입된 중간투입물, 즉 중간재의 가치를 제외하는 것이다. 앞의 예에서 자동차를 생산할 때 중간투입물의 가치가 700만 원이고 판매가격이 2,000만 원이면 자동차 생산으로 얻어진 부가가치는 1,300만 원이다. 이처럼 중간재를 포함하여 국내에서 생산된 재화와 서비스의 부가가치만을 구하여 이를 더하면 중간재의 이중 계산을 피하면서 국내총생산을 측정할 수 있다.

### 중고품 거래와 금융 거래 제외

중고품은 과거에 생산된 것으로 현재의 생산과 무관하다. 따라서 현재의 국내총생산에 포함되지 않는다. 1975년식 현대 포니를 친구하게 판매하였다면 이러한 거래는 올해의 국내총생산 계산에서 제외된다. 1975년식 포니는 생산된 해인 1975년의 국내총생산에 포함되었을 것이다. 마찬가지로 새로 구입한 K5 자동차를 구입한 지 일주일 만에 다른 사람에게 판매하였다면 그러한 거래도 올해의 국내총생산의 계산에서 제외된다. 새로 구입할 당시에 이미 국내총생산의 계산에 포함되었기 때문이다. 이와 마찬가지로 순수

### 신상품과 중고품

쇼핑몰에서 판매되는 상품은 신상품이어서 올해의 GDP에 포함되지만, 인터넷 중고장터에서 거래되는 상품은 올해의 GDP에 포함되지 않는다.

자료: Google

자료: Google

한 금융거래도 현재의 생산과 무관하므로 국내총생산에 포함되지 않는다. 이처럼 국내총생산에서 제외되는 것들은 다음과 같다.

- **공적 이전지출** 정부가 가계부문에 직접 지불하는 연금지출이나 복지지출 등과 같은 공적 이전지출은 국내총생산에서 제외된다. 이전지출의 수혜자가 현재의 생산에 기여한 바가 없기 때문이다. 이를 포함시키면 국내총생산이 과대 평가된다.
- **민간 이전지출** 부모가 아이에게 주는 현금 등과 같은 민간 이전지출도 국내총생산에 포함되지 않는다. 화폐가 건네지지만, 생산의 대가로 주어지는 것이 아니기 때문이다. 이것은 어떤 개인에게서 다른 사람으로 단순히 자금이 이전된 것에 불과하다.
- **주식이나 채권거래** 주식이나 채권거래는 회사의 소유권(주식)이나 부채(채권)를 나타내는 종이증서가 화폐의 대가로 건네지는 것에 불과하다. 하지만 주식 거래 과정에 제공된 증권회사의 서비스는 국내총생산에 포함된다. 이러한 서비스는 올해 이루어진 생산의 일부이기 때문이다.

## 국내총생산의 측정

국내총생산을 측정하는 가장 간단한 방법은 지출접근법이다. 이것은 해당연도에 생산된 최종재의 시장가치를 직접 구하는 것이 아니라 해당년도에 행해진 최종재에 대한 모든 지출을 더하여 측정하는 방법이다. 국민소득계정을 작성할 때 4가지 항목의 지출을 엄밀하게 정의하여 구분한다.

## 민간최종소비지출($C$)

**민간최종소비지출**
가계 부문의 재화와 서비스에 대한 모든 지출

국내총생산을 구성하는 첫 번째 항목인 **민간최종소비지출**은 $C$로 나타낸다. 민간최종소비지출은 가계부문의 모든 지출을 포함한다. 이것은 자동차, 냉장고, 카메라처럼 내구연한이 1년 이상인 내구재뿐만 아니라 의복이나 신발처럼 내구연한이 1년 이상이지만, 비교적 저가인 준내구재를 비롯하여 빵, 우유, 치약과 같은 비(非)내구재에 대한 지출을 포함한다. 그리고 변호사 수임료, 의료비, 자동차 수리비 등 서비스에 대한 지출도 포함한다. 2022년 가계 부분의 국내소비지출 중 서비스지출이 57.3%로 가장 큰 비중을 차지하였고 비내구재가 23.0%, 준내구재가 9.2% 그리고 내구재가 10.4%를 차지하였다.

## 국내 민간총투자($I_g$)

**국내 민간총투자**
기업이 구입한 자본재 및 재고 증감에 대한 지출

**국내 민간총투자**에 포함되는 것은 다음의 항목들이다.

- 기업이 최종 사용을 목적으로 구입하는 공장설비, 기계, 장비 등
- 주거용 주택 건설
- 신기술 개발을 위한 연구개발(R&D) 지출
- 미술, 음악, 저작, 영화 및 소프트웨어 등의 신규 창작을 위한 지출
- 재고 변동

투자(정확하게 표현하면 경제적 투자)는 재화와 서비스의 생산에 사용하기 위해 인공적으로 제조된 생산요소인 자본재를 증대시키는 경제활동이다. 자본재는 크게 2가지 유형으로 구분할 수 있는데 여기에서는 '도구'와 '제조법'이라고 하자.

도구는 유형의 물체로 재화와 서비스의 생산에 쓰인다. 이에 비해 제조법이란 재화와 서비스의 생산을 위해 필요한 무형의 방법이나 기술, 그리고 경영기법 등을 말한다. 요리를 하려면 도구와 같은 주방시설뿐 아니라 제조법이라고 할 수 있는 조리방법도 필요하다. 경제에서 생산이 이루어지려면 공장, 무선통신망, 사회간접자본 등 유형의 자본재만 필요한 것이 아니다. 나무를 언제 심어야 하고 비행기를 어떻게 조정하며, 공장 가동을 어떻게 하는 게 최선일까 등 무형의 지적자본도 필요하다.

처음의 2 항목은 도구의 유형에 속한다. 기업이 최종사용을 목적으로 공장설비, 기

계, 장비 등을 구입하면 유형의 자본총량이 증가하여 미래의 생산이 증가할 수 있다. 주거용 주택 건설이 이루어지면 주거서비스의 제공이라는 미래의 생산이 발생한다. 주거서비스를 통해 사람들은 편안하고 안전한 생활을 영위할 수 있어서 생산활동에 종사할 수 있다.

다음의 2 항목은 제조법의 유형에 속한다. 연구개발(R&D) 지출은 생산에 이용할 수 있는 무형의 생산방법이나 기술의 총량을 증대시킨다. 미술, 음악, 저작, 영화 등의 신규 창작물은 교육과 엔터테인먼트 서비스를 증가시킨다. 그리고 소프트웨어의 개선은 스마트폰부터 자율주행차에 이르기까지 거의 모든 분야에서 생산성을 증가시킨다.

마지막으로 재고(미판매 상품)의 증가도 투자에 포함되어 있다. 아직 '소비되지 않은' 산출물도 추후에 팔리게 되면 미래의 소비에 이용될 수 있기 때문이다. 경제학자들은 새로 생산된 생산물 중에서 소비되지 않은 모든 것을 자본재로 정의한다. 그래서 재고가 증가하면 일시적으로 자본재의 양이 증가하게 된다. 재고의 증가는 일시적이기는 하지만 자본재의 총량을 증가시킨다.

**재고의 증감** 재고의 변화를 좀 더 자세히 살펴보자. 흔히 재고는 증가하기도 하지만, 감소하기도 한다. 2021년 12월 31일에서 2022년 12월 31일까지 1년 동안 재고가 10조 원 증가하였다고 하자. 이것은 2022년에 생산된 산출물이 판매된 것보다 10조 원 많았다는 것을 뜻한다. 2022년에 생산된 모든 산출물은 그해의 국내총생산에 포함된다. 비록 팔리지 않아 연말에 재고로 쌓인 산출물이라도 국내총생산에 포함되어야 하는 것이다. 이를 위해서는 10조 원의 재고 증가를 투자지출에 포함시키면 된다. 그렇게 해야 2022년의 지출이 그해의 산출을 정확하게 측정하게 된다.

이와 반대로 2022년의 재고가 10조 원 감소하였다고 하자. 이러한 재고의 '방출'은 2022년에 생산된 산출물이 판매된 것보다 10조 원 적었다는 것을 뜻한다. 이것은 2022년 이전에 생산되어 그 당시 국내총생산에 포함되었던 산출물이 2022년에 이르러 팔렸기 때문에 가능하다. 이를 고려하지 않고 2022년에 행해진 지출로 국내총생산을 측정하면 2022년의 국내총생산은 과대계상된다. 따라서 2022년에 이루어진 재고 감소는 '음(−)'의 투자로 여겨 그만큼 총투자지출에서 빼야 한다. 그렇게 하면 2022년의 총지출이 2022년의 총산출을 정확하게 측정하게 된다.

**비투자거래** 어떤 것이 투자에 포함되는지에 대한 논의는 그만하고 이제 무엇이 투자에 해당하지 않는지를 살펴보자. 경제학자나 국민소득계정 작성자는 경제적 투자와 금융투자를 구분한다. 경제적 투자는 새로운 도구나 제조법과 같은 새로운 자본재의 형성을 가져다준다. 이에 비해 금융투자는 주식이나 채권의 거래처럼 기존에 존재하는 자산의 소유권을 이전시킬 뿐이며, 새로운 자본재의 형성을 가져다주지 않는다. 따라서 이러한 거래, 즉 금융거래는 국내총생산 계정에서 투자로 여겨지지 않는다.

**총투자** '국내민간총투자'에서 '국내'는 국경선 내에서 투자가 이루어진다는 것을 뜻하며, '민간'이란 민간 기업에 의한 투자를 의미한다. 따라서 해외에서 이루어진 투자나 정부나 공공기관에서 이루어진 투자는 포함하지 않는다.

'총'이란 의미는 모든 투자를 포함한다는 것이다. 투자는 자본재의 증가뿐 아니라 생산과정에 마모되거나 수명이 다한 기계, 장비, 건물 등의 대체를 위해서도 이루어진다. 이것은 한 해의 산출물이 자본재의 증가(순투자)뿐 아니라 기존 자본재의 대체(대체투자)를 위해서도 쓰인다는 것을 뜻한다. 그래서 총투자는 순투자와 대체투자를 모두 포함한다. 순투자는 총투자에서 대체투자를 빼면 구할 수 있다. 국내민간투자지출을 $I$로 나타내며, 총투자라는 점을 강조하기 위해 보통 아래첨자에 g를 붙여 $I_g$로 표시한다.

## 정부구매($G$)

**정부구매**

정부의 소비지출과 정부 소유 자본재에 대한 지출

국내총생산 계정의 3번째 항목은 정부구매이다. 이것은 한국의 국민소득계정에서 '최종소비지출 중 정부소비'와 '총고정자본형성(정부)'으로 분류된다. 정부소비로 분류되는 것은 정부가 공공행정, 국방, 공중보건 등의 서비스를 무상으로 제공하기 위해 정부가 구입해야 하는 재화 및 서비스에 대한 지출이다. 즉, 국민소득계정에서는 공공서비스라는 정부의 산출물을 정부 자신이 소비하는 것으로 여기고 있는 것이다. 그리고 총고정자본형성(정부)에 속하는 것은 2가지이다. (1) 학교나 고속도로처럼 정부 소유의 새로운 자본재를 형성하기 위한 지출이다. (2) 경제의 지적재산의 총량을 증대시키기 위한 정부의 연구개발(R&D) 지출이다. 이러한 정부구매는 중앙정부뿐 아니라 지방자치단체의 지출도 포함한다. 정부소비에는 최종재에 대한 지출뿐 아니라 생산요소의 고용을 위한 지출(공무원의 급여 등)도 포함한다. 그러나 사회보장지출, 실업급여, 군인연금지급 같은 이전지출은 정부소비에 포함되지 않는다. 이것은 생산활동과 무관한 것으로 정부수입이 가계로 이전되는 것에 불과하기 때문이다. **정부구매**는 $G$로 표시한다.

## 순수출($X_n$)

국제 거래는 국내총생산 계정에서 주요한 구성항목이다. 국내총생산을 계산할 때 항상 염두에 두어야 할 것은 국경선 안에서 생산된 재화나 서비스에 대한 지출을 모두 합해야 한다는 것이다. 그런데 수출($X$)은 국경선 안에서 생산된 재화나 서비스에 대한 외국인의 지출이기 때문에 국내총생산에 포함된다.

수출품에 대한 지출을 외국인이 하고 있다는 사실 때문에 혼동하지 말아야 한다. 국내총생산은 국내에서 생산된 재화나 서비스를 누가 구입하였는지를 문제 삼지 않는다. 누가 구입하였는지는 중요하지 않으며, 국경선 안에서 생산된 재화나 서비스라는 점이 중요하다. 따라서 수출품에 대한 외국인의 지출은 국내총생산에 포함되어야 하는 것이다.

그러면 국내총생산이 $C+I_g+G+X$라고 생각할 수 있다. 이것은 잘못된 것이다. 국내총생산을 $C+I_g+G+X$로 측정하면 국내총생산이 과다계상되기 때문이다. 국내총생산은 국내에서 생산된 재화나 서비스에 대한 지출만을 고려해야 한다. 그런데 $C+I_g+G$는 국내에서 생산된 재화나 서비스에 대한 지출뿐 아니라 국경선 밖에서 생산된 재화나 서비스에 대한 지출도 포함하고 있다. 따라서 국내에서 생산된 재화나 서비스에 대한 지출만을 계산하려면 수입품에 대한 지출, 즉 수입($M$)을 빼야 한다. 그러면 국내총생산을 계산하는 올바른 식을 구할 수 있다.

$$\mathrm{GDP}=C+I_g+G+X-M$$

이제 (수출–수입)을 **순수출**이라고 정의하자.

순수출
수출에서 수입을 뺀 금액

$$\text{순수출}(X_n) = \text{수출}(X) - \text{수입}(M)$$

순수출에 대한 식을 이용하여 국내총생산은 다음과 같이 나타낼 수 있다.

$$\mathrm{GDP}=C+I_g+G+X_n$$

2021년 한국인의 수입품에 대한 지출은 외국인의 한국 수출품에 지출보다 74조 원 적었다. 그래서 2021년의 순수출은 74조 원이다.

## 국내총생산: GDP = $C + I_g + G + X_n$

지출의 4항목을 모두 더하면 총산출의 시장가치, 즉 국내총생산을 구할 수 있다. 2021

## 지구촌 전망 10.1

### 2021년 주요 국가의 GDP(단위: 백만 달러)

2021년 주요 국가의 GDP를 환율로 환산하여 미국의 달러로 표시하였다. 미국의 GDP가 가장 크며, 그 뒤를 중국, 일본, 독일이 차지하고 있다. 한국은 10위를 차지하였다.

2021년 주요 국가의 GDP

| 국가 | GDP(백만 달러) |
|---|---|
| 미국 | 22,996,100.00 |
| 중국 | 17,734,062.65 |
| 일본 | 4,937,421.88 |
| 독일 | 4,223,116.21 |
| 영국 | 3,186,859.74 |
| 인도 | 3,173,397.59 |
| 프랑스 | 2,937,472.76 |
| 이탈리아 | 2,099,880.20 |
| 캐나다 | 1,990,761.61 |
| 한국 | 1,798,533.92 |
| 러시아 | 1,775,799.92 |
| 브라질 | 1,608,981.22 |
| 호주 | 1,542,659.90 |
| 스페인 | 1,425,276.59 |

자료: IMF, www.imf.org

년 한국의 국내총생산은 약 2,080조 원으로 다음과 같이 구성되어 있다.

$$\text{GDP} = 956\text{조 원} + 569\text{조 원} + 481\text{조 원} + 74\text{조 원}$$
$$= 2{,}080\text{조 원}$$

한국을 비롯한 여러 국가의 2021년 국내 총생산이 지구촌 전망 10.1에 나타나 있다.

## 명목 GDP와 실질 GDP

국내총생산, 즉 GDP는 어떤 해에 생산된 최종재의 시장가치, 곧 화폐가치를 측정한다.

화폐(명목)가치로 측정하는 것은 이질적인 생산물의 집계에 공통분모가 필요하기 때문이다. 그래서 국내총생산은 개별 산출량에 산출물의 시장가격을 곱하여 구할 수밖에 없다. 그런데 물가상승에 따라 화폐가치가 변하면 매년의 국내총생산의 가치를 어떻게 비교할 수 있을까?

시장가격이 변한다면 국내총생산의 화폐가치를 비교하는 것은 잘못될 수 있다. 예를 들어, 2022년 8,000원에 팔리는 짜장면 한 그릇의 소비자 가치는 1970년에 150원에 팔리던 짜장면 한 그릇의 가치와 거의 비슷할 것이다. 그러나 화폐가치만을 비교하면 짜장면 한 그릇의 가치가 53배 증가한 것처럼 보인다. 이러한 문제는 국내총생산을 화폐가치로 나타낼 때 마찬가지로 발생한다.

이러한 문제를 피하는 방법은 GDP를 물가 상승만큼 줄이거나 물가 하락만큼 늘리는 것이다. 이러한 조정은 기준 연도의 화폐가치를 기준으로 서로 다른 해의 국내총생산을 측정하면 가능하다. 예를 들어, 올해의 산출량에 작년의 가격을 곱하여 국내총생산을 계산하면 올해의 물가변동에 따른 국내총생산의 변동 부분을 배제할 수 있다.

산출물이 생산된 그때의 가격으로 측정한 국내총생산을 **명목 GDP**(또는 경상 GDP)라고 하며, 물가변동을 고려하여 조정된 국내총생산을 **실질 GDP**(또는 불변 GDP)라고 한다.

명목 GDP
산출물이 생산된 그때의 가격으로 측정한 국내총생산

실질 GDP
물가변동을 고려하여 조정된 국내총생산

그렇다면 실질 GDP를 구하는 방법을 살펴보자. 먼저 피자만 생산하는 단순경제를 가정하자. 피자 산업으로부터 각 연도의 피자 생산량과 가격에 대한 데이터를 수집하였더니 각 년도의 피자생산량과 가격이 표 10.2의 (1)열과 (2)열처럼 주어졌다. 각 연도의 명목 GDP는 피자생산량과 가격을 곱하면 구해진다. 피자의 시장가치를 나타내는 명목 GDP는 (3)열에 나타나 있다.

이제 표 10.2에서 실질 GDP를 구해보자. 이것은 기준 연도의 가격 1만 원이 그대로 유지된다고 여기고 각 연도에 생산된 피자의 시장가치를 구하는 것이다. 두 번째 해에 생산된 피자의 실질가치는 두 번째 해의 피자량(7)을 첫 번째 해의 가격(1만 원)으로 평

**표 10.2 실질 GDP의 계산방법(기준연도=1)**

| 년도 | (1) 생산량 | (2) 가격(천 원) | (3) 명목 GDP(천 원) | (4) 실질 GDP(천 원) |
|---|---|---|---|---|
| 1 | 5 | 10 | 50 | 50 |
| 2 | 7 | 20 | 140 | 70 |
| 3 | 8 | 25 | 200 | 80 |
| 4 | 10 | 30 | ______ | ______ |
| 5 | 11 | 28 | ______ | ______ |

## 분석의 응용

### 지하경제

실질 GDP는 경제활동 성과를 정확히 나타내주는 합리적 측정치이며, 아주 유용하게 쓰이고 있다. 그러나 GDP는 시장가치만을 측정하기 때문에 일부 생산 활동은 GDP 계산에서 빠지게 된다. 즉, 지하에서 활발히 이루어지고 있는 생산 활동이 빠지게 된다. 지하에서 경제활동을 하는 대표적인 사람들은 도박꾼, 밀수업자, 성매매 종사자, 장물아비, 마약의 제조 및 밀매업자 등이다. 이들은 당연히 자신의 경제활동을 숨기려고 한다.

그러나 이를 제외한 대부분의 지하경제활동은 합법적으로 이루어지는 생산 활동에 속한다. 다만 자신의 모든 소득을 세무당국에 신고하지 않는 불법을 저지를 뿐이다. 유흥업 종사자가 받는 팁은 소득통계에 거의 잡히지 않는다. 자영업자는 매출의 일부를 누락하여 신고할 수 있다. 실업수당을 계속 받으려고 근로자는 현금만으로 거래가 이루어지는 직업이나 회계장부에 거래의 흔적을 남기지 않는 직업을 선택하려 할 것이다. 치과의사가 본인 자녀의 성형수술 대가로 돈을 받지 않고 성형외과 의사의 자녀에 대해 치과치료를 해주면 치과의사나 성형외과 의사는 수입을 누락시킬 수 있다. 이러한 거래는 모두 GDP의 계산에서 빠지게 된다.

지구촌 전망 10.2가 보여주듯이 국가에 따라 지하경제규모는 적지 않은 비중을 차지하고 있다. 한국의 지하경제의 거래 규모는 2015년을 기준으로 GDP의 19.8%를 차지하고 있다. 이는 2015년의 GDP가 약 328조 원만큼 과소계상되었다는 것을 뜻한다.

**문제**

성매매 산업이 합법화되면 실질 GDP는 어떻게 될까? 성매매 산업의 합법화가 장기적으로 실질 GDP의 성장에 어떤 부정적 영향을 줄까?

가하는 것으로 7만 원(=7단위×1만 원)이다. (4)째 열에 나타나 있듯이 7만 원이 두 번째 해의 실질 GDP이다. 이런 방식으로 세 번째 해의 실질 GDP를 구하면 8만 원(=8단위×1만 원)이다. 네 번째 해와 다섯 번째 해의 실질 GDP는 빈 칸으로 남겨놓았으니 스스로 확인하기 바란다.

실제 한국의 2021년 명목 GDP는 2,080조 원이었지만, 기준 연도인 2015년에 비해 물가가 상승하였기 때문에 2021년의 실질 GDP는 1,918.7조 원이었다. 경제학적으로는 '2015년의 물가를 기준으로 한 2021년의 실질 GDP는 1,918.7조 원'이라고 표현한다.

## 지구촌 전망 10.2

### 주요 국가의 지하경제 규모(2015년)

지하경제 규모는 국가마다 다르다. 지하경제 규모에 영향을 미치는 요인은 3가지다. (1) 정부 규제의 강도와 복잡성, (2) 조세의 종류와 세율, (3) 법 집행의 효율성 등이다.

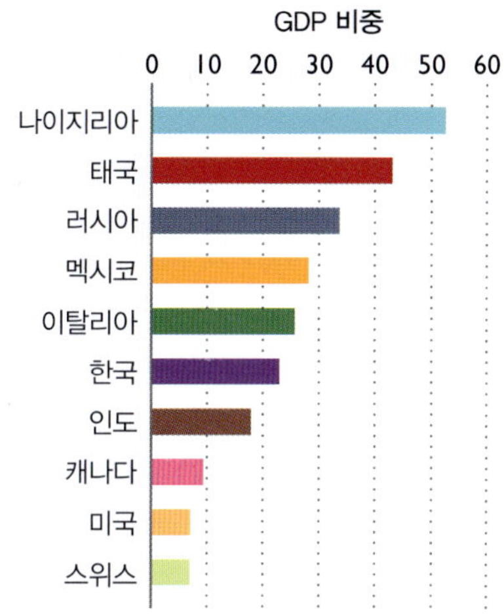


자료: Medina, Leandro, and Friedrich Schneider. *Shadow Economies Around the World: What Did We Learn Over the Last 20 Years?* International Monetary Fund (IMF), 2018.

# 경제성장

경제학자들은 **경제성장**을 다음의 하나로 정의하고 측정한다.

**경제성장**
실질 GDP의 증가 또는 1인당 실질 GDP의 증가

- 일정기간의 실질 GDP 증가
- 일정기간의 1인당 실질 GDP의 증가

첫 번째 정의에 따르면 2015년의 물가를 기준으로 하였을 때 한국경제의 2020년 실질 GDP는 1,839.5조이며, 2021년 실질 GDP는 1,918.7조 원이다. 따라서 2021년의 경제성장률은

$$\frac{1,918.7-1,839.5}{1,839.5} \times 100 = 4.3\%\text{이다.}$$

**1인당 실질 GDP**
실질 GDP를 인구로 나눈 값

이에 비해 **1인당 실질 GDP**, 즉 일인당 총산출이란 실질 GDP를 인구로 나눈 값이

## 개념의 이해

### 성장률은 중요하다!

경제성장률의 차이가 크지 않더라도 이것이 누적되면 실질 GDP나 생활수준에 큰 차이를 가져다준다. 무국, 사국, 우국이라는 가상의 3 국가를 고려해보자. 2022년 이들 국가의 실질 GDP는 6조 달러로 동일하고 인구도 2억 명으로 동일하다고 하자. 그러면 1인당 실질 GDP도 3만 달러로 동일하다. 하지만 연평균 성장률은 무국이 2%, 사국이 3%, 우국이 4%로 다르다고 하자.

이러한 성장률의 차이가 70년 후에는 각국의 실질 GDP와 일인당 GDP에 어떤 영향을 줄까? 2092년이 되면 무국의 실질 GDP는 24조 달러, 사국의 실질 GDP는 47조 달러 그리고 우국의 실질 GDP는 93조 달러가 된다. 각국의 연간 인구증가율이 1%로 동일하다고 하면 2092년 1인당 실질 GDP는 무국이 6만 달러, 사국이 11만 8천 달러 그리고 우국이 23만 3천 달러가 된다.

그래서 경제학자들은 성장률의 조그마한 차이라도 이에 큰 관심을 갖는다. 2021년 한국의 실질 GDP는 1,918.7조 원이다. 따라서 1%의 성장률 차이는 약 19조 원의 차이를 가져다준다. 이것으로 할 수 있는 일은 무척 많다. 빈곤한 나라에서 성장률이 0.5% 높아지면 굶주린 사람은 있겠지만, 굶어죽는 사람은 줄어들 수 있다. 성장률은 중요하다!

**문제**

무국과 우국의 인구증가율에 차이가 있으면 이들 국가의 1인당 GDP는 얼마나 달라질까?

다. 2020년의 1인당 실질 GDP는 3,549만 원이고, 2021년 1인당 실질 GDP는 3,708만 원이므로 1인당 실질 GDP의 성장률은 4.48%이다. 1인당 실질 GDP의 성장률이 실질 GDP의 성장률보다 높은 것은 2021년의 인구가 2020년에 비해 0.18% 감소하였기 때문이다.

어떤 국가의 실질 GDP의 성장 추세는 군사력의 확장 가능성이나 국제 정치에서의 영향력을 파악하는 데 유용하게 쓰일 수 있다. 다른 설명이 없다면 뉴스나 국제기구에서 발표하는 성장률은 이 정의를 따른 것이다. 그러나 생활수준을 비교하려면 두 번째 정의의 경제성장이 적합하다. 2021년 중국의 명목 GDP는 17조 7,340억 달러인데 비해 한국의 명목 GDP는 1조 7,985억 달러로 중국의 1/10 정도에 지나지 않았다. 하지만 한국의 1인당 명목 GDP는 34,762달러로 중국의 12,554달러보다 3배 정도 많아 한국의 생활수준이 훨씬 높다고 할 수 있다.

### 한국의 경제성장

그림 10.1은 1970년 이후 한국의 경제성장을 요약하여 보여주고 있다. 그림 10.1(a)에

그림 10.1 한국의 경제성장

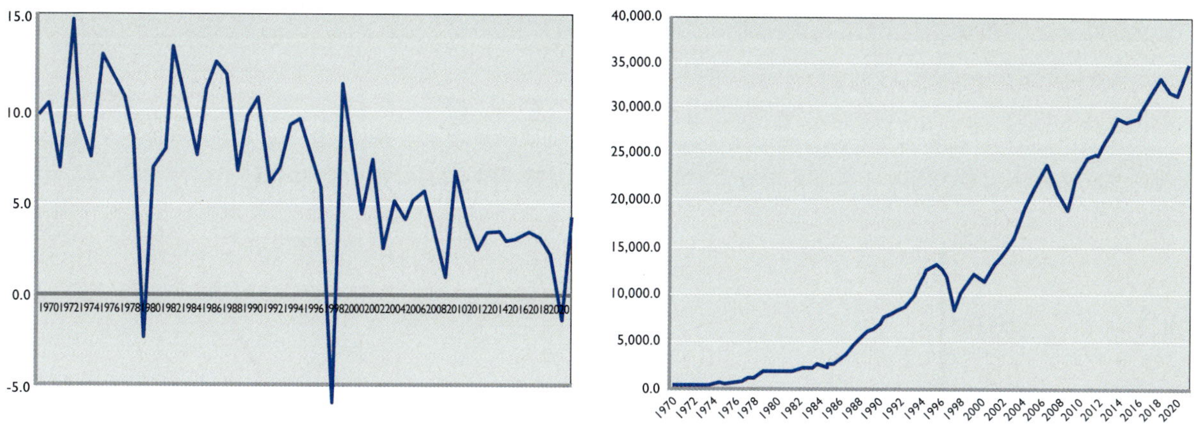

(a) 경제성장률(1970년~2021년)　　(b) 1인당 GDP

서 볼 수 있듯이 한국 경제는 70년대에 연평균 10.3%로 성장하였다. 그리고 1980년대에도 1980년을 제외하면 연평균 9.8%로 성장하였다. 70의 법칙을 고려하면 이 시기에 한국 경제의 실질 GDP는 거의 7년마다 2배가 된 셈이다. 이러한 성장률은 90년대 들어 낮아지기 시작하여 연평균 6.7%의 성장을 보였다. 그리고 세계적 금융위기 이전인 2000~2007년에는 연평균 4.7%로 더욱 낮아졌으며, 금융위기로 2009년에는 성장률이 0.8%에 그치기도 하였다. 2011년 이후 성장률은 3% 내외를 기록하고 있는데 코로나19로 인해 2020년에는 −0.7%를 기록하였다.

한국 경제의 실질 GDP가 증가함에 따라 1인당 GDP도 크게 늘어났다. 1인당 국민소득은 1970년 253달러였는데, 1977년 1천 달러를 넘어섰고 1989년에는 5천 달러를 그리고 1994년에는 1만 달러를 달성하였다. IMF 외환위기로 1인당 GDP는 1998년에 1만 달러 이하로 하락하였지만, 그 후 지속적으로 증가하여 2006년에는 2만 달러를 넘어섰고 마침내 2017년에는 3만 달러를 기록하였다. 2021년의 1인당 GDP는 34,984달러인데 1970년에 비해 138배가량 증가하였다.

주의해야 할 점은 각국의 GDP를 비교할 때 모두 달러로 환산하여 비교한다는 것이다. 달러로 표시할 경우 환율의 변화에 따라 GDP가 달라질 수 있다. 나아가 각국의 물가수준에 따라 동일 수준의 GDP라 하더라도 실질 생활수준이 달라질 수 있다. 이를 고려해 각국 화폐의 구매력을 평가하여 GDP를 나타내기도 한다. 이를 구매력 기준 GDP라 하고 GDP(PPP)로 표시하기도 한다. 세계은행의 자료에 따르면 한국의 구매력 기준 1인당 GDP는 2017년부터 일본을 추월하였는데 2021년을 기준으로 한국의 구매력 기

## 지구촌 전망 10.3

### 각국 생활수준의 격차(1820~2000)

1820년에 세계 각국의 소득수준은 비슷하였다. 그러나 현재에 이르러 큰 차이를 보이고 있다. 이것은 미국이나 서유럽을 포함한 일부 지역에서 현대적 경제성장이 다른 지역보다 일찍 시작되었기 때문이다.

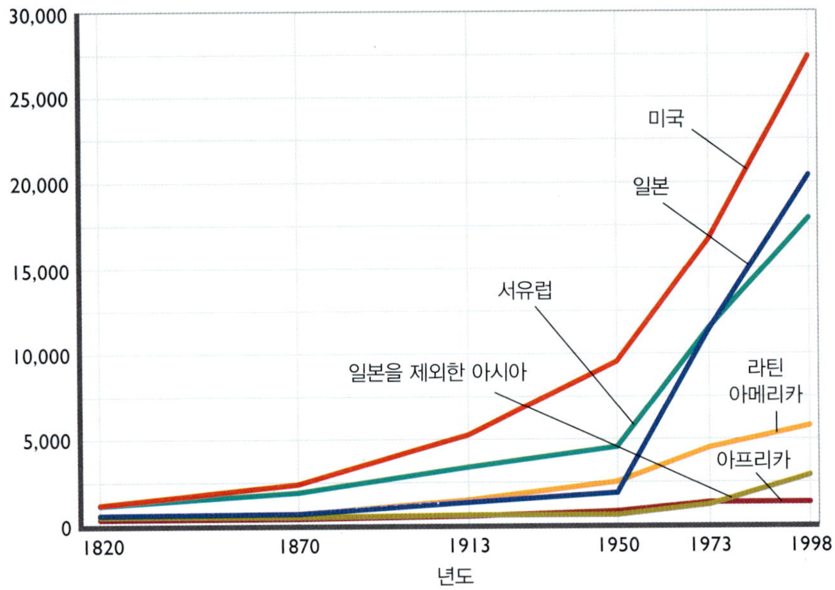


자료: Angus Maddison, *The World Economy: A Millennial Perspective*(Paris, OECD, 2001), p. 264.

준 1인당 GDP는 44,116달러였고 일본은 40,770달러였다.

지난 2백 년 동안 대부분의 국가는 1인당 GDP로 나타낸 생활수준의 향상을 경험하였다. 그러나 생활수준의 향상이 균등하게 나타나지는 않고 시간에 따라 큰 차이를 보였다. 지구촌 전망 10.3에서 볼 수 있듯이 1820년 이후 미국은 급속한 경제성장을 경험하며 일본이나 서유럽을 앞서게 된다. 1950년부터 2000년까지 일본과 서유럽의 경제성장이 급속하게 이루어지면서 다른 국가와 생활수준의 격차가 확대되었다.

## 경제성장의 결정요인

경제성장을 결정하는 주요 요인은 6가지인데 이를 공급 요인, 수요 요인 그리고 효율성 요인으로 구분할 수 있다.

### 공급요인

다음의 4가지 요인은 경제의 물리적 기술적 한계를 완화시켜 경제성장을 증대시킨다.

- 자연자원의 양적 · 질적 증가
- 인적자원의 양적 · 질적 증가
- 자본재 공급(즉 자본총량)의 증가
- 기술진보

이들 공급 요인의 어느 하나라도 증가하거나 개선되면 경제의 잠재적 GDP가 커진다. 여기에서 **잠재적 GDP**란 모든 자원을 최대한 효율적으로 활용하였을 때 달성할 수 있는 GDP 수준을 말한다. 잠재 GDP가 실현되려면 다음의 2가지 요인이 필요하다.

잠재적 GDP
모든 자원을 최대한 효율적으로 활용하였을 때 달성할 수 있는 GDP 수준

### 수요 요인

경제성장의 5번째 결정 요인은 수요 요인이다.

- 공급요인이 증가하거나 개선되어 잠재 GDP가 커지더라도 이것이 실현되려면 가계, 기업 및 정부가 이를 구매하여 새롭게 증가된 잠재 GDP에 대한 시장 수요를 제공해야 한다.

이러한 수요 요인이 충족되면 비자발적 재고가 증가하지 않으며, 자원의 완전고용이 달성된다. 경제성장이 이루어지려면 생산능력의 확대로 인한 산출의 증가만큼 지출이 늘어나야 한다.

### 효율성 요인

경제성장의 6번째 결정 요인은 효율성 요인이다.

- 완전 고용을 달성할 뿐 아니라 희소한 자원으로부터 최대의 만족 또는 효용을 얻으려면 경제적 효율성이 달성되어야 한다.

사회후생을 극대화하려면 생산과 배분의 효율성이 모두 달성되어야 한다. 생산의 효율성은 모든 자원이 가장 낮은 비용으로 사용되는 것이고 배분의 효율성은 재화와 서비스의 생산이 모두의 효용을 극대화하는 조합에서 이루어지는 것을 말한다. 생산능력이 확대되고 완전고용이 달성되었다고 해서 사회후생이 극대화되는 것은 아니다. 추가적으로 이들 자원이 효율적으로 사용되어야 하는 것이다.

경제성장의 공급 요인, 수요 요인 및 효율성 요인은 서로 연관되어 있다. 총지출의

부족(수요 요인)으로 실업이 발생하면 새로운 자본재의 축적(공급 요인)이 줄어들고 연구개발비의 지출(공급 요인)이 지연될 수 있다. 반대로 투자지출(공급 요인)이 적으면 총지출(수요 요인)이 부족해져서 실업이 발생할 수 있다. 자원 사용의 비효율성(효율성 요인)이 심화되면 재화와 서비스의 생산비용이 높아지고 이윤이 줄어든다. 그 결과 기술혁신이나 자본축적의 둔화(공급 요인)가 나타날 수 있다.

## 생산가능곡선 분석

제1장에서 설명하였던 생산가능곡선을 이용하면 6가지의 경제성장 결정 요인을 잘 이해할 수 있다.

### 성장과 생산가능곡선

생산가능곡선은 그림 10.2의 *AB* 곡선으로 주어져 있다. 이 곡선은 자연자원, 인적자원, 자본재 등의 수량과 질적 수준이 주어져 있고 기술에 관한 지식의 총량이 주어져 있을 때 최대로 생산될 수 있는 생산물의 조합을 나타낸다. 공급 요인의 하나라도 개선되면 생산가능성곡선은 *AB*에서 *CD*로 바깥쪽으로 이동한다.

그러나 생산가능곡선의 이동하더라도 경제가 실제로 *AB* 곡선의 *a*점에서 *CD* 곡선 위의 어떤 점으로 이동하려면 산출의 증가만큼 총지출(수요 요인)이 증가하여야 한다. 그리고 생산요소의 총산출에 대한 기여가 최대화되도록 효율성 요인이 충족되어야 한다. 그래야 생산비용이 최소화되고 생산물의 조합이 최적화된다. 이러한 '최적의 자원배분'은 제1장에서 살펴보았듯이 모든 재화의 한계비용이 한계편익과 같아져야 달성된

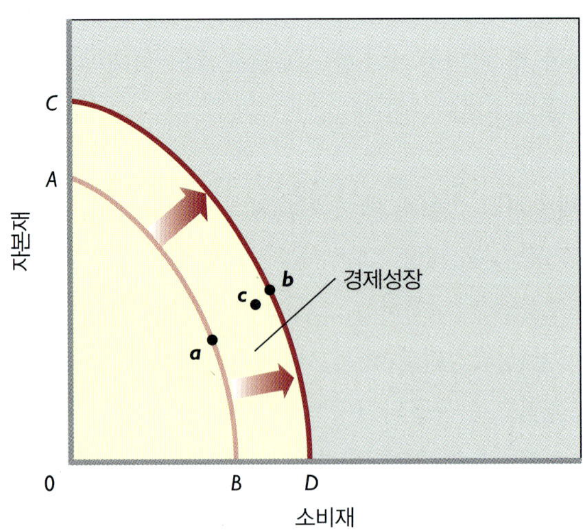


**그림 10.2 경제성장과 생산가능성곡선**

4가지 공급요인이 생산가능성곡선을 AB에서 CD로 바깥쪽으로 이동시켜야 경제성장이 가능하다. 수요요인과 효율성 요인이 경제를 a점에서 b점으로 이동시켜야 경제성장은 실현된다.

다. 여기에서는 그러한 점이 $b$로 나타나 있다.

이를 예를 들어 설명해 보자. 2015~2022년 기간 한국의 경제활동인구는 매년 20만에서 30만 명 정도 증가하고 있다. 이러한 노동력의 증가는 경제의 생산능력을 높여 생산가능곡선을 바깥으로 이동시킨다. 그러나 생산가능곡선이 바깥으로 이동하더라도 실제로 산출이 증가하려면 이들이 직장을 구해 일해야 한다. 이것은 이들의 재능이 충분히 발휘되는 최적의 일자리를 기업과 산업이 제공하느냐에 달려 있다. 사회적으로 보면 새로 노동시장에 진입한 근로자들이 실업 상태에 빠지는 것은 경제의 생산능력이 제대로 실현되지 못하고 있는 것이다. 나아가 소아과 의사의 재능을 가진 사람이 목수로 일하고 있거나 소아과 의사가 되었더라도 한계비용이 한계편익을 초과하는 병원에서 일을 하고 있다면 이 역시 사회적으로 바람직하지 않다.

일반적인 경제상황에서는 생산능력이 증가하면 총지출도 그만큼 증가하여 바깥으로 이동한 생산가능곡선의 한 점에서 생산이 이루어진다. 나아가 시장경제의 경쟁은 생산의 효율성과 배분의 효율성을 달성하게 만든다. 그러나 때에 따라서는 총지출의 부족으로 실제 총산출이 생산능력에 미치지 못할 수 있다. 그러면 경제는 그림 10.2의 c점처럼 생산가능곡선의 내부에 머무는 경우도 발생한다. 이러한 경우가 한국에서는 IMF 외환위기 직후인 1998년에 발생하였고 세계적 금융위기가 발생하였던 2008~2009년에 그리고 2020년 코로나 시기에도 나타났다. 이때의 실질 국민소득은 완전고용이 달성되었을 때의 실질국민소득보다 훨씬 적었다. 즉, 실제 GDP가 잠재적 GDP보다 낮았던 것이다.

## 노동과 생산성

**노동생산성**
근로시간당 평균산출량

총산출이나 국민소득의 증가는 기본적으로 (1) 생산요소의 투입 증가 (2) 생산요소의 생산성 개선이라는 2가지 방법에 의존한다. 그림 10.3에 제시된 분석틀은 노동 투입을 중심으로 공급요인이 성장에 어떤 역할을 하는지 잘 설명하고 있다. 이에 따르면 어떤 해의 실질 GDP는 노동투입량(총근로시간)과 **노동생산성**(근로시간당 평균 산출량)의 곱으로 나타낼 수 있다.

$$\text{실질 GDP} = \text{노동투입량} \times \text{노동생산성}$$

이런 점에서 보면 매년의 경제성장은 노동투입과 노동생산성의 증가에 의해 결정된다.

예를 통해 설명해 보자. 설국이라는 나라의 근로자는 10명이고 이들이 연간 2,000시

**그림 10.3 실질 총산출의 공급요인**

실질 GDP는 노동투입량(총근로시간)과 노동생산성의 곱으로 볼 수 있다.

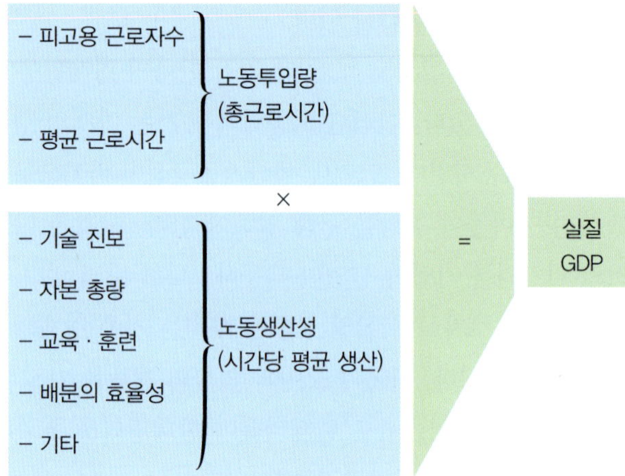


간(주당 40시간×50주)을 일한다고 하자. 따라서 총근로시간은 20,000시간이다. 만약 생산성(시간당 평균 생산)이 10,000원이면 설국의 실질 GDP는 2억 원(=20,000시간×10,000원)이다. 총근로시간이 20,200시간으로 1% 늘고 노동생산성이 10,400원으로 4% 상승하면 설국의 실질 GDP는 2억 1,008만 원으로 증가한다. 그러면 경제성장률은 약 5%[=(2억 1,008만 원– 2억 원)/2억 원]가 된다.

**경제활동참가율**

생산가능인구 중 경제활동에 참가하는 인구의 비중

**근로시간** 총근로시간을 결정하는 것은 무엇일까? 그림 10.3에 나타나 있듯이 총근로시간은 피고용 근로자의 수와 평균 근로시간에 의해 결정된다. 피고용 근로자의 수는 생산가능인구의 크기와 **경제활동참가율**(=경제활동인구/생산가능인구)에 의해 결정된다. 그리고 평균근로시간은 법 · 제도적 여건과 노사 간의 단체협약에 의해 결정된다.

**노동생산성** 그림 10.3에서 볼 수 있듯이 노동생산성은 기술진보, 자본총량, 노동의 질 등을 비롯하여 투입 생산요소의 배분 및 노무 관리의 효율성 등에 의해 결정된다. 즉, 근로자의 건강, 교육, 훈련, 동기부여 등에서 개선이 이루어지면 노동생산성이 증가한다. 근로자들이 좋은 품질의 기계와 자연자원을 사용하여 작업하거나 혹은 생산이 잘 조직 · 관리될 때도 생산성은 증가한다. 그리고 근로자들이 효율적인 산업에 재배치되더라도 생산성은 증가한다.

## 성장회계

공급요인들이 실질 GDP의 변화에 얼마나 기여하는지 상대적 중요성을 평가하기 위해

표 10.3 미국 실질 GDP의 성장회계: 연평균 증가율(1953~2017년의 실적치 및 2018~2029년의 예측치)

| | 실적치 | | | | 예측치 |
|---|---|---|---|---|---|
| 항목 | 1953 Q2 ~ 1973 Q4 | 1973 Q4 ~ 1995 Q2 | 1995 Q2 ~ 2007 Q3 | 2007 Q3 ~ 2017 Q3 | 2018 Q4 ~ 2029 Q4 |
| 실질 GDP 증가율 | 3.6 | 2.8 | 3.2 | 1.6 | 3.0 |
| 근로시간의 증가율 | 1.1 | 1.3 | 0.5 | 0.4 | 0.4 |
| 노동생산성의 증가율 | 2.5 | 1.5 | 2.7 | 1.2 | 2.6 |

자료: *Economic Report of the President*, 2008 및 2019; U.S.Bureau of Economic Analysis; U.S.Bureau of Labor Statistics

흔히 **성장회계**(growth accounting)라는 방법을 이용한다. 이 방법은 미국의 대통령 경제자문회의에서 사용하는데 공급 요인을 다음의 2가지 범주로 구분한다.

성장회계
생산요소가 성장에 기여하는 정도를 측정

- 총근로시간의 증가
- 노동생산성의 증가

## 노동투입과 노동생산성

표 10.3에 5기간 동안의 성장회계 자료가 나타나 있다. 표 10.3에서 Q는 '분기'를 의미하는 것으로 2022Q1은 2022년 1분기(1~3월)를 의미한다. 처음 4기간까지 기간이 시작한 해는 모두 미국 경기순환의 정점이었다. 그리고 마지막 기간의 자료는 미국 경제자문위원회의 예측 결과를 나타낸다. 이 표를 보면 근로시간의 증가와 노동생산성의 증가가 모두 경제성장에 크게 기여하였음을 알 수 있다. 1953년부터 2018년까지 근로자 수는 6천 3백만 명에서 1억 6천 3백만 명으로 증가하였다. 같은 기간 동안 평균 근로시간은 상대적으로 변화가 없었다. 출산율의 저하로 미국 국내 인구의 증가는 둔화되었지만, 이민의 증가가 이를 일부 상쇄하였다. 두드러진 특징은 여성의 경제활동 참여율이 크게 늘어난 것이다. 이러한 여러 요인 때문에 지난 65년간 미국의 노동력은 연평균 약 150만 명씩 증가하였다.

미국의 노동생산성 증가도 경제성장에 크게 기여하였다. 사실 노동 생산성의 증가가 노동력의 증가보다 더 중요하였다. 예를 들어, 2007~2018년에 노동투입은 매년 0.4% 증가하였다. 이 기간에 실질 GDP 증가율은 연평균 1.6%였는데 이것의 75%가 노동생산성 증가에 기인한 것이었다. 표 10.3의 마지막 열을 보면 이러한 추세가 앞으로 강화될 것으로 예측된다. 2018~2029년에는 실질 GDP 성장의 약 87%가 노동생산성 증가에 기인할 것으로 예측하고 있다.

노동생산성의 증가가 경제성장에 기여하는 바가 크기 때문에 경제학자들은 어떤 요인이 생산성 증가에 기여하는지 분석하고자 노력한다. 보통 5가지 요인이 상호작용하여 생산성 증가에 영향을 준다. 이러한 요인들은 기술진보, 근로자 1인당 자본총량, 교육 · 훈련, 규모의 경제, 배분의 효율성 등이다. 이들 요인들이 노동생산성 증가에 얼마나 기여하는지 차례로 살펴보자. 여기에서 각 요인이 노동생산성의 증가에 기여한 비율은 미국의 사례이기는 하지만, 한국 경제에도 의미하는 바가 적지 않다.

## 기술진보

노동생산성 상승에 가장 크게 기여하는 것은 기술진보로서 노동생산성 증가의 약 40%가 기술진보에 의한 것으로 여겨진다. 노벨 경제학상을 받은 경제학자 폴 로머가 지적하였듯이 '인류 역사의 교훈은 경제성장이 조리법의 개선에서 비롯된 것이지 먹거리의 증가에서 비롯된 것은 아니라는 것'이다.

기술진보에는 생산기술의 혁신뿐만 아니라 생산과정을 개선시키는 새로운 경영기법이나 사업조직도 포함된다. 기술진보는 보통 새로운 지식의 발견에서 시작된다. 이를 통해 자원이 새로운 방식으로 결합되고 그 결과 생산이 증가한다. 새로운 지식이 생산에 적용되고 얼마 지나지 않으면 다른 기업가나 기업이 이를 비교적 낮은 비용으로 이용할 수 있게 된다. 결국 기술진보는 경제 전체로 확산되면서 경제의 생산성이 높아지고 경제성장이 이루어진다.

기술진보는 자본형성(투자)과 밀접하게 관련되어 있다. 기술진보가 일어나면 흔히 새로운 기계나 장비에 대한 투자가 발생한다. 사실 기술진보는 새로운 자본재에 체화되어 있는 경우가 많다. 예를 들어, 새로운 컴퓨터를 구입하면 그것은 신기술이 내장된 빠르고 강력한 컴퓨터를 구입하는 셈이다.

지금까지 기술진보는 빠르게 진행되어 왔고 여러 분야에 막대한 영향을 미쳐 왔다. 과거에 이루어진 주요한 기술진보로는 가솔린 엔진과 디젤 엔진, 컨베이어 벨트, 조립라인을 비롯하여 높은 연비의 민간 항공기, 초소형 집적회로, 퍼스널 컴퓨터, 컨테이너 선적 등을 들 수 있다. 최근에 이르러서는 컴퓨터, 무선통신, 인공지능, 인터넷 분야에서 기술진보가 획기적으로 이루어지고 있다. 그리고 의료 및 생명과학 분야에서도 기술진보는 많은 성과를 내고 있다.

## 자본총량

노동생산성 증가에 2번째로 중요한 요인은 자본재의 증가인데 노동생산성 증가에 약 30% 정도 기여하였다. 생산설비나 장비가 증가하고 성능이 개선되면 근로자의 생산성

## 사회간접자본에 대한 공공투자와 민간투자

고속도로나 교량의 건설 같은 공공부문의 사회간접자본 투자뿐 아니라 무선통신망 같은 민간부문의 사회간접자본투자가 이루어지면 한 국가의 자본총량이 증가하여 실질 GDP의 성장에 기여하게 된다.

© Shutterstock

© Shutterstock

이 증가한다. 국민경제에서 소득의 일부를 저축하여 이를 생산설비나 장비에 투자하면 자본재 총량이 증가한다.

일부 자본재는 노동을 대체하기도 하지만, 대부분의 자본재는 노동의 보완재다. 즉, 자본재는 노동의 생산성을 향상시킨다. 사실 노동생산성을 결정하는 핵심적인 요인은 근로자 1인당 자본총량이다. 일정 기간 자본재의 총량이 증가하면서 이와 함께 노동력도 증가한다면 근로자 1인당 자본총량은 증가하지 않을 수 있다. 그러면 노동생산성은 증가하지 않을 것이다. 그러나 다행스럽게도 미국에서 근로자 1인당 자본총량은 크게 증가하여 왔다. 2017년 근로자 1인당 자본총량은 13만 9천 달러에 이르고 있다.

**사회간접자본**에 대한 공공투자도 지속적으로 증가하였다. 즉, 고속도로, 교량, 대중교통시설, 식수 및 하수시설, 공항, 산업단지, 교육시설 등에 대한 투자가 끊임없이 지속되었다. 이러한 공공의 자본재는 민간투자를 보완한다. 새로운 고속도로 건설에 투자가 이

**사회간접자본**
보통 공공부문이 제공하는 자본재들로 고속도로, 교량, 대중교통시설, 식수 및 하수시설, 공항, 산업단지, 교육시설 등

**그림 10.4 미국 성인의 교육수준 추이**

미국에서 25세 이상 성인의 고졸과 대졸자 비중이 몇십 년 동안 증가하였다.

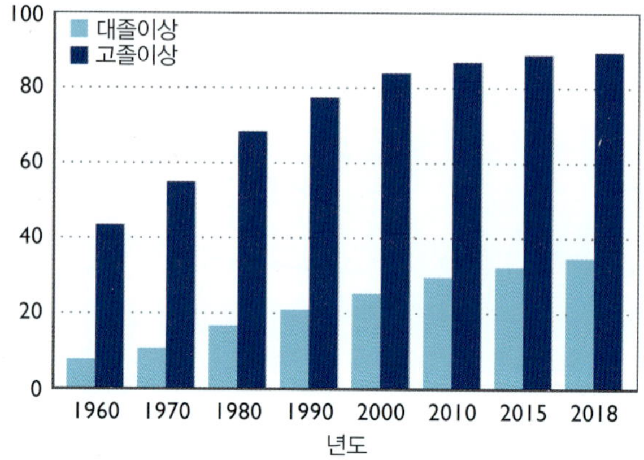


자료: U.S. Census Bureau, www.census.gov.

루어지면 그 주변 지역으로 새로운 공장과 소매점에 대한 민간투자가 행해진다.

사회간접자본에 대한 민간투자도 경제성장에 큰 기여를 한다. 예를 들어, 통신 시설과 관련하여 민간투자가 크게 증가하고 있는데 이러한 투자는 경제성장에 기여한다.

## 교육과 훈련

**인적자본**
근로자의 생산성을 높이는 지식과 기술

미국 건국의 아버지의 한 명이자 자수성가한 발명가인 벤자민 프랭클린은 '손재주를 가진 사람은 큰 재산을 가진 것이다'라고 말한 바 있다. 이것은 교육과 훈련이 근로자의 인적자본 형성에 기여한다는 것을 의미한다. 여기에서 **인적자본**이란 근로자의 생산성을 높이는 지식과 기술을 말한다. 인적자본에 대한 투자는 정규교육뿐만 아니라 직장 내 직무교육도 포함한다. 인적자본 투자는 자본재 투자와 마찬가지로 노동생산성과 소득을 증가시키는 중요한 수단이다. 생산성 증가의 약 15%가 교육과 기술에 대한 투자에서 비롯된 것으로 추정된다.

국가적 수준에서 노동력의 질은 교육수준으로 측정하기도 한다. 그림 10.4를 보면 지난 수십 년 동안 미국의 교육수준이 크게 상승하였음을 알 수 있다. 1960년에 25세 이상의 미국 인구 중 44%가 고졸 이상의 학력이었고, 8%만이 대졸 이상의 학력 수준이었다. 2018년에는 이들 수치가 각각 90%와 35%로 증가하였다. 대부분의 사람의 교육수준은 예전에 비해 높아졌다.

그러나 미국의 교육수준은 낙관적이지만은 않다. 교육의 질이 하락하였다는 지적이 많기 때문이다. 예를 들어, 과학과 수학 분야에서 미국의 학생들은 다른 나라에 비해 아주 낮은 성적을 기록하고 있다. 미국 교육이 길러내는 공학자와 과학자들이 줄어들고 있는데 이 문제는 초중고에서 과학과 수학 교육이 적절히 이루어지지 않아 발생하였을 것이다. 이 때문에 최근 들어 미국의 교육과 훈련체계의 개선을 위해 공공정책에 대한 논의와 입법 등이 이루어지고 있다.

### 규모의 경제와 자원배분

규모의 경제와 자원배분의 개선은 생산성 증가의 4번째와 5번째 요인으로 이들이 노동생산성 증가의 약 15%를 가져다준다.

**규모의 경제** 생산량이 증가함에 따라 단위 생산비용이 감소하는 것을 **규모의 경제**(economies of scale)라고 한다. 시장의 크기가 커지고 이에 따라 기업의 생산규모가 증가하면 규모의 확대에 따라 생산성이 증가한다. 생산규모와 생산량이 확대되면 생산성이 향상된 대규모 설비를 사용할 수 있고 새로운 제조방식이나 배송방법을 이용하여 생산성을 높일 수 있기 때문이다. 그리고 새로운 제품과 생산 공정의 개발에 막대한 투자를 하더라도 이러한 비용을 쉽게 회수할 수 있게 된다.

규모의 경제
생산량이 증가함에 따라 단위 생산비용이 감소하는 것

예를 들어, 자동차를 조립하는 대기업은 컴퓨터와 로봇을 이용한 조립라인을 사용할 수 있지만, 중소기업은 근로자를 많이 사용하는 구식기술을 사용할 수밖에 없다. 제약회사의 생산량이 늘어나면 알약 하나의 생산에 필요한 평균 노동투입량(연구직 및 생산직 근로자)은 크게 줄어든다. 이처럼 규모의 경제는 실질 GDP의 증가를 가져다주어 노동생산성 증가에 약 7% 기여하였다.

**자원배분의 개선** 자원배분의 개선을 통해 근로자들이 생산성이 낮은 일자리에서 높은 일자리로 이동하였다. 역사적으로 보면 많은 근로자들이 생산성이 낮은 농업에서 생산성이 높은 제조업으로 이동하였다. 최근에는 근로자들이 제조업에서 생산성이 높은 컴퓨터 소프트웨어, 기업 컨설팅 및 의약 등의 산업으로 이동하고 있다. 이러한 이동으로 미국 근로자들의 평균 생산성이 상승하였다.

과거에는 교육이나 고용의 차별로 인해 일부 여성과 소수 인종이 생산성이 높은 직장을 구하는 데 어려움을 겪기도 하였다. 이러한 차별이 점차 줄어들면서 이들 집단에 속한 많은 근로자들이 생산성이 높은 직장으로 이동하고 있다. 그 결과 노동생산성과 실질 GDP가 전체적으로 증가하였다.

마지막으로 관세, 수입쿼터 등 무역에 대한 장벽 등이 존재하면 자원은 상대적으로 생산성이 낮은 분야에 머물게 된다. 국제협정을 통한 무역의 자유화가 장기적으로 꾸준히 확대되면서 자원배분이 개선되고 있다. 그래서 교역국의 노동생산성이 증가하고 이에 따라 실질소득도 늘어났다. 자원배분의 개선은 노동생산성 증가에 약 8% 기여하였다.

## 경제성장을 촉진하는 제도

경제사학자들은 경제성장을 유지 · 발전시키는 여러 제도적 요인을 규명하고 있다. 어떤 제도는 저축과 투자를 촉진하여 경제성장에 필요한 사회간접자본의 건설 · 유지에 막대한 자금을 공급하게 하게 한다. 어떤 제도는 신기술개발을 촉진하게 하고 생산적 분야로의 자원이동을 원활하게 한다. 경제성장을 촉진하는 제도들로 알려진 것들은 다음과 같다.

- **사적 재산권의 보호**: 급속한 경제성장이 달성 · 유지되려면 사적 재산권의 보호는 절대적으로 필요하다. 도둑이나 강도를 비롯하여 탐욕스럽고 압제적인 정부가 투자나 투자수익을 강탈해 간다면 누구도 투자하지 않을 것이다.
- **특허권과 저작권**: 혁신적인 새로운 기술과 세련된 새로운 아이디어가 끊임없이 창출되려면 특허권과 저작권이 필요하다. 특허권과 저작권이 도입되어 존중받기 전에는 발명가와 저작가의 아이디어는 쉽게 도둑을 맞아 큰 이익을 낼 수 없었다. 특허권과 저작권이 도입되면서 발명가와 저작가들이 자신들의 창작물을 독점적으로 판매할 수 있게 되었다. 이에 따라 발명과 창작을 위한 금전적 유인이 크게 늘어나게 되었다.
- **효율적인 금융기관**: 효율적인 금융기관이 있어야 가계의 저축이 투자와 혁신을 수행하는 기업, 기업가 및 발명가에게 흘러간다. 은행뿐만 아니라 주식이나 증권시장도 현대의 경제성장에 필요한 중요한 제도이다.
- **낮은 문맹률과 광범위한 교육**: 고등교육을 받은 과학자나 발명가가 없다면 새로운 기술이 개발되기 어렵다. 노동력의 교육수준이 높지 않으면 새로운 기술을 생산적으로 사용할 수 없게 된다.
- **자유무역**: 자유무역은 전문화를 가능하게 하여 경제성장을 촉진한다. 전문화가 이루어져야 상품을 가장 낮은 기회비용으로 생산할 수 있는 국가가 이를 생산한다. 게다가 자유무역이 이루어지면 새로운 아이디어의 확산속도가 빨라져 한 국가의 혁신이 다른 국가로 쉽게 전파된다.
- **경쟁적인 시장경제**: 시장경제에서 가격과 이윤은 기업에 무엇을 얼마나 생산할지를 알려주는 신호의 역할을 한다. 부유한 선진국에서 정부가 시장을 규제하는 정도는 크게 다르지만, 기업이 대부분 시장 신호에 따라 자율적으로 생산이나 투자에 대한 의사결정을 하고 있다.

### 기타 요인

성장에 기여하지만 어느 정도 기여하는지 측정하기 어려운 여러 요인들이 경제의 성장 잠재력에 영향을 준다. 예를 들어, 전체적인 정치 · 사회 · 문화 환경이 경제성장에 영향을 주는 것은 분명하다. 대부분의 선진국은 시장경제를 채택하고 있을 뿐만 아니라 민주주의 원리가 지배하는 안정적 정치 체제를 유지하고 있다. 그리고 법치, 재산권, 기업의 법적 지위, 계약 등이 존중되고 있다. 경제적 자유와 정치적 자유는 '성장 친화적'이다.

또한 생산이나 물질의 개선을 긍정적으로 여기는 사회 분위기나 도덕은 경제성장에 도움이 된다. 부의 형성을 바람직하고 달성 가능한 목표로 여기는 사회 철학이 성장에 바람직한 환경을 제공한다. 역사적으로 보더라도 물질적 풍요가 전제되어야 철학이나 도덕이 발전하였던 것이다. 그리고 발명가나 혁신적 기업가가 선망의 대상으로 존경을 받을 수 있는 사회가 되어야 성장이 지속될 수 있다. 마지막으로 근로나 모험에 대해 긍정적 사고가 존중받아 열정적인 근로자들과 혁신적인 기업가들이 많아야 한다. 열정적인 이주 근로자의 유입은 이러한 근로자나 기업가의 증가에 기여할 수 있다.

## 미국 노동생산성 증가율의 추이

그림 10.5에는 1973년부터 2018년까지 미국의 노동생산성 증가율(생산성 지수의 변화율로 측정)이 나타나 있다. 그리고 1973~1995년, 1995~2010년, 2010~2018년의 3 기간의 추세선도 그려져 있다. 기업 부문의 생산성은 1973~1995년 기간에 연평균 1.5%밖에 증가하지 않았다. 그러나 1995~2010년 기간에는 평균 2.8%로 2배 가까이 증가하였는데 2010~2018년 기간에는 0.7%로 급락하였다.

생산성 증가율의 상승 추세가 중요한 것은 이로 인해 실질산출, 실질소득 및 실질임금이 증가할 수 있기 때문이다. 여러분이 무인도에 혼자 살고 있다고 하자. 그러면 노동생산성은 시간당 잡을 수 있는 물고기의 수나 딸 수 있는 딸기의 수를 뜻하는 것으로 시간당 실질임금 또는 실질소득이라고 할 수 있다. 생산성이 커진다는 것은 소비할 수 있는 물고기나 딸기(상품)가 많아지는 것을 의미하는 것으로 생산성이 증가하여야 생활수준이 향상되는 것이다.

이것은 경제 전체에도 적용된다. 장기적으로 보면 시간당 실질 평균임금은 노동생산성에 의해 결정된다. 따라서 생산성의 증가가 생활수준 향상의 주요 수단이라고 할 수 있다.

**그림 10.5 미국의 노동생산성 증가추이(1973~2018년)**

미국 기업 부문의 노동생산성은 1973~1995년의 기간에 1.5% 증가하였다. 1995~2010년에는 2.8%, 그리고 2010~2018년 기간에는 0.7% 증가하였다.

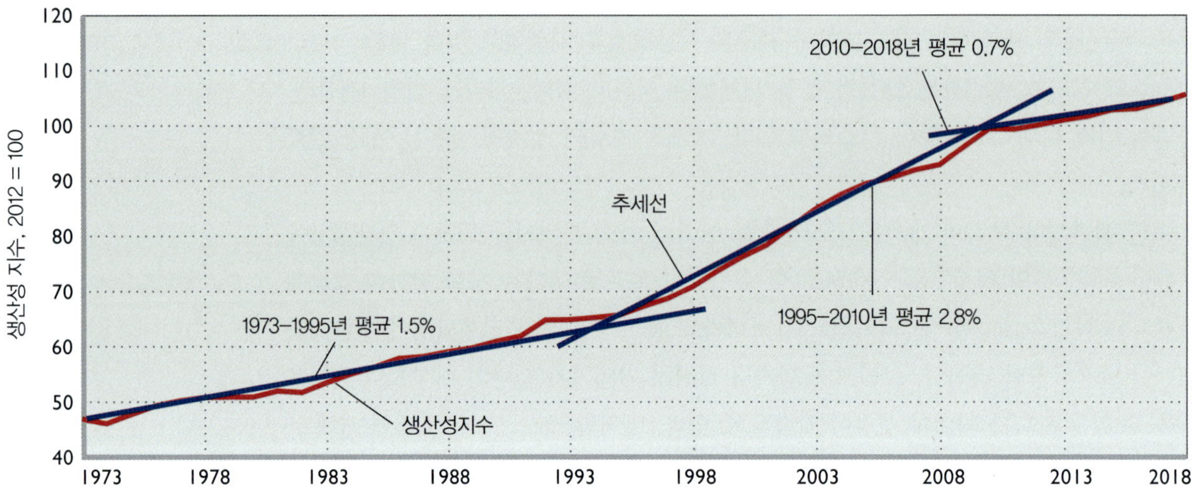


자료: U.S. Bureau of Labor Statistics, www.bls.gov.

## 1995~2010년에 미국에서 노동생산성의 증가율이 상승한 이유

1995~2010년 기간에 미국의 노동생산성 증가율이 왜 상승하였을까?

**마이크로칩과 정보기술** 1995~2010년에 생산성 증가율을 상승시킨 핵심 요소는 기업가 정신의 확산과 마이크로프로세서에 기초한 혁신이다. 마이크로프로세서는 마이크로칩이라고 불리기도 하는데 이것은 트랜지스터를 조그마한 실리콘에 집적시킨 것이다. 어떤 사람들은 마이크로칩의 발명이 전기, 자동차, 항공기, 전화, 텔레비전 등의 발명과 비교될 만큼 중요하며, 그 파급효과가 크다고 여긴다.

마이크로칩이 쓰이는 곳은 수천 가지에 이른다. 이를 통해 많은 새로운 제품과 서비스가 창출되었고 새로운 사업방식이 등장하였다. 마이크로칩은 휴대용 계산기, 바코드 스캐너, 퍼스널 컴퓨터, 노트북, 고성능의 업무용 컴퓨터 등에 직접 쓰이고 있다. 그리고 전자회로가 소형화되면서 많은 상품이 새로 개발되었다. 휴대전화, 위치정보 시스템, 도플러 레이더, 유전자정보 해독기 등이 그 산물이다.

**정보기술**

컴퓨터, 광케이블, 무선통신 기술, 인터넷 등을 이용한 정보유통 기술

가장 중요한 것은 퍼스널 컴퓨터와 휴대용 컴퓨터 등이 널리 보급되면서 이들을 서로 연결시키려는 욕구도 등장하였다는 것이다. 그 결과 인터넷이 급속히 발전하면서 이를 이용한 B2C나 B2B 같은 전자상거래가 등장하게 되었다. 컴퓨터, 광케이블, 무선통신 기술, 인터넷 등이 결합되면서 **정보기술**(IT)이 비약적으로 발전하고 있으며, 이를

통해 세계가 하나로 연결되고 있다.

**새로운 기업과 수익체증** 수백 개의 **창업기업**들이 신정보기술의 여러 분야에서 기술 혁신을 가져다주었다. 이들 기업은 상품을 생산하기보다 '과대 포장'에 열중하는 경우가 많아 대부분 금방 사라졌다. 그러나 일부 기업은 성공을 거두어 대기업으로 성장하였다. 그러한 기업으로 인텔(마이크로칩), 애플과 델(퍼스널 컴퓨터), 마이크로소프트와 오라클(컴퓨터 소프트웨어), 시스코 시스템스(인터넷 네트워크), 야후와 구글(인터넷 검색엔진), 이베이와 페이팔 및 아마존닷컴(전자상거래) 등을 들 수 있다. 이러한 기업은 수십 개 더 있다. 이들 대부분은 30년 전에는 아예 이름이 없거나 존재감이 거의 없었다. 오늘날 이들은 막대한 연간 매출을 기록하고 있으며, 수천 명의 종업원을 고용하고 있다.

창업기업
새로운 생산물이나 사업 방식을 가지고 새로 설립된 기업

신정보분야에서 성공한 신생기업들은 흔히 **수익체증**을 보인다. 수익체증이란 기업의 요소 투입 증가에 비하여 생산이 더 큰 비율로 증가하는 것을 말한다. 예를 들어, '전진'이라는 기업이 수요 증가에 발맞추어 생산능력을 2배로 확장하였다고 하자.

수익체증
요소 투입 증가에 비하여 생산이 더 큰 비율로 증가하는 것

- 공장설비와 장비를 2배로 늘리고 근로자를 100명에서 200명으로 2배로 늘리면 이 기업은 총생산이 8,000단위에서 24,000단위로 세 배로 늘어날 수 있다.
- 이것은 수익체증이 작용했기 때문인데 요소 투입이 100% 증가하였는데 총생산이 200% 증가한 것이다.
- 그 결과 기업의 노동생산성은 근로자 1인당 80단위(=8,000단위/100명)에서 120단위(= 24,000단위/200명)로 상승한다.

수익체증은 노동생산성을 증가시켜 1단위당 생산비용을 낮추게 한다. 이러한 비용 감소는 생산규모의 증가에서 기인한 것으로 규모의 경제가 작용한 때문이다.

기존 기업뿐만 아니라 신생 기업도 수익체증과 규모의 경제를 가져다주는 다음의 여러 요인을 활용할 수 있다.

- **보다 전문화된 투입요소** 기업의 생산규모가 확대되면 전문화되고 생산성이 높은 자본재와 근로자를 사용할 수 있다. 예를 들어, 전자상거래 기업이 성장하면 고도로 전문화된 재고관리 시스템을 구입하여 사용할 수 있다. 그리고 회계사, 마케팅 책임자, 시스템관리 전문가 등 전문화된 인력도 고용할 수 있다.
- **개발 비용의 분산** 제품개발에는 많은 비용이 드는데 이러한 고정비용은 생산량이 늘어나면 분산된다. 예를 들어, 새로운 소프트웨어를 개발하는 데에 1억 원의 비용이 들고 이를 제조 · 판매하는 데는 1단위당 2,000원이 든다고 하자. 소프트웨어가

1,000개 생산되면 1단위당 생산비용은 102,000원[=(1억 원+2백만 원)/1,000]이지만, 50만 개를 생산하면 2,200원[=(1억 원+10억 원)/500,000]으로 하락한다.

- **동시소비** 최근 개발된 상품이나 서비스의 대부분은 많은 소비자들이 이를 동시에 소비할 수 있다. 휘발유는 소비자의 구매량만큼 매번 생산되어야 하지만, 소프트웨어는 한번 생산되면 여러 소비자에게 무한정 판매할 수 있다. 그래서 수천 나아가 수백만의 소비자들이 아주 낮은 가격으로 소프트웨어를 구입할 수 있게 된다. 전자책, DVD 영화, 인터넷 정보 등도 마찬가지이다.

네트워크 효과

사용자의 총수가 증가하면 기존 사용자들을 포함한 모든 사용자들 각각에 대해 제품 가치가 커지게 되는 현상

- **네트워크 효과** 세계적으로 인터넷, 무선망, 소셜 미디어 등이 확대되면서 막대한 네트워크 효과가 발생하였다. **네트워크 효과**란 상품의 새로운 사용자가 등장하면 이들뿐 아니라 기존의 모든 사용자의 이익도 증가하여 상품의 가치가 커지는 효과를 말한다. 즉, 상품의 사용자가 증가할수록 상품을 이용하는 소비자의 이익이 커지는 것을 말한다. 그래서 투입 비용의 몇 배 이상으로 생산물의 가치가 커지게 된다. 네트워크 효과를 실감하려면 카카오톡을 이용하는 사람이 딱 한 명인 경우를 상상하면 된다. 다른 사람과 카톡을 할 수 없어 카카오톡을 설치한 의미가 없을 것이다. 이제 몇 천 명이 카카오톡을 이용한다고 하면 이들과 카톡을 통해 얻을 수 있는 이익은 상당할 것이다. 카카오톡을 이용하는 사용자가 많아질수록 이를 이용하는 모든 사람의 이익도 커지는 것이다. 인터넷은 지금까지 있었던 가장 큰 네트워크로 그것이 가져다주는 네트워크 효과 역시 지금껏 볼 수 없었던 규모의 엄청난 것이었다. 뿐만 아니라 이와 함께 막대한 규모의 경제도 가져다주었다.

실행에 의한 학습

반복하여 실행함으로써 지식과 숙련이 개선되어 생산성이 상승하고 평균 총비용이 하락하는 현상

- **실행에 의한 학습** 마지막으로 새로운 상품을 생산하거나 새로운 사업방식을 도입한 신생기업은 **실행에 의한 학습**(learning by doing)을 통해 수익체증을 경험하게 된다. 실행에 의한 학습이란 어떤 작업을 반복하면 지식과 기술이 향상되어 생산성이 증가하고 평균총비용이 하락하여 규모의 경제를 가져다주는 것을 말한다. 흔히 경험하듯이 처음에 몇 시간이 걸렸던 일도 방법만 정확하다면 여러 번의 실행을 통해 몇 분 내에 끝낼 수 있게 된다.

수익체증은 여러 요인에 의해 발생하며, 어느 것이든 생산성을 증가시키며, 이로 인해 1단위당 생산비용이나 배송비용이 줄어든다.

**세계적 경쟁** 1995~2010년 시기의 경제적 특징은 정보기술이나 수익체증만이 아니라 치열한 세계적 경쟁이 이루어졌다는 점이다. 1990년대 초에 중국의 시장개방이 이루어지고 사회주의 경제가 붕괴하면서 세계적으로 자본주의가 다시 힘을 얻게 되었다. 새로

### 미국 경제의 생산성 증가를 초래한 주요 요인

정보기술, 새로운 기업의 등장, 세계적 경쟁 등이 결합되면서 미국 경제의 생산성은 1995년 이후 크게 증가하였다.

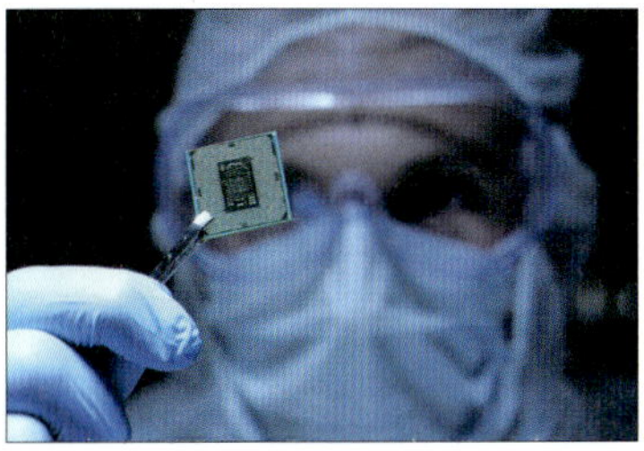

© Shutterstock

© Shutterstock

© Shutterstock

운 정보기술은 말 그대로 '지구촌'을 실현하였고 그로 인해 모든 기업들은 경쟁에서 살아남기 위해 비용을 낮추고 혁신에 나서지 않을 수 없었다. 한미자유무역협정(FTA)이나 유럽연합의 등장처럼 자유무역지대가 늘어나고 세계무역기구(WTO)를 통한 무역의 자유화가 진행되면서 무역장벽이 낮아졌고 그만큼 국제적 경쟁이 치열해졌다. 이처럼 지리적 시장이 커지면서 이제 기업은 국경을 넘어 사업을 확장하고 있다. 국가도 성장하려면 경쟁하지 않을 수 없게 된 것이다.

## 경제성장을 위한 시사점

다른 여건을 고려하지 않는다면 1995~2010년 기간에는 생산성 증가율이 상승하고 세계적 경쟁이 치열해지면서 미국의 경제성장률은 높은 수준을 유지하였다. 그림 10.1을 다시 보면 이 점이 명확해진다. 1995~2010년 기간에 생산성 증가율이 상승하지 않고 이전의 증가율을 그대로 유지하였다면 생산가능곡선이 AB에서 CD로 이동한다고 하자. 이제 이 기간에 생산성 증가율이 이전보다 상승하면 생산가능곡선은 AB에서 CD 바깥쪽으로 이동하는 것으로 나타날 것이다. 물론 총지출이 그만큼 증가하고 경제적 효율성이 달성되어야 실질 GDP가 CD 바깥의 생산가능곡선에서 실현될 것이다.

## 2010년 이후 성장률의 둔화

미국의 금융위기로 초래된 2007~2009년의 대침체 이후에 생산성이 급격하게 하락하였는데 그것이 단기에 그칠지 또는 장기적으로 계속될지는 아직 불분명하다. 일부 경제학자들의 주장에 따르면 1995~2010년의 높은 생산성 증가율은 정보기술 혁명이 초래한 이례적인 현상으로 일회적인 것이라고 한다. 정보기술이 15년에 걸쳐 생산성 증가율

## 지구촌 전망 10.4

### 국제경쟁력 지수

세계경제포럼이 해마다 발표하는 세계경쟁력 지수는 여러 나라의 경제성장 잠재력을 측정한 것이다. 이 지수는 여러 지표를 이용하여 각국의 경제성장 잠재력을 측정한다. 이들 지표로 혁신의 정도, 경제부문 간 기술이전의 정도, 금융제도의 효율성, 투자율 및 세계경제와의 통합 정도 등이 이용된다. 다음에 2021~2022년 경쟁력 지수 상위 10개국이 주어져 있다. 한국은 24위를 기록하였다.

| 국가 | 국가경쟁력 순위 (2021~2022) |
|---|---|
| 스위스 | 1 |
| 싱가포르 | 2 |
| 스웨덴 | 3 |
| 핀란드 | 4 |
| 미국 | 5 |
| 독일 | 6 |
| 네덜란드 | 7 |
| 덴마크 | 8 |
| 일본 | 9 |
| 영국 | 10 |
| 한국 | 24 |

자료: Schwab,Klaus, The Global Competitiveness Report 2021-2022, World Economic Forum, 2021, www.weforum.org.

을 크게 높였던 점을 고려하면 2010년 이후 생산성 증가율이 무척 낮아진 것은 이해하기 힘들다. 사실 정보기술 혁명 이전의 생산성 증가율에 비추어도 훨씬 낮기 때문이다.

생산성 증가율이 낮아진 원인으로 몇 가지를 지적하고 있다. 첫째, 대침체 이전에 누적된 부채규모가 높은 수준이었다는 것이다. 이 가설에 따르면 개인과 기업이 부채를 상환하느라 생산적 투자를 할 여유가 없다는 것이다. 이와 함께 생산성 향상을 꾀하는 기업가가 은행 대출을 얻기 힘들다는 것이다. 은행이 대침체 이전에 지나친 부실대출을 해주었기 때문에 이제는 대출을 꺼린다는 것이다.

둘째, 과잉설비 때문일 수 있다. 대침체 이전의 경기호황기에 세계적으로 엄청난 공장 건설이 이루어지면서 생산설비가 크게 증가하였다는 것이다. 이처럼 증가된 생산설비는 소비자의 수요에 비추어 보면 과잉일 수 있다. 그렇다면 기업은 이미 충분한 생산설비를 갖추었기 때문에 생산성이 뛰어난 새로운 생산설비나 공장을 갖추려하지 않는다는 것이다. 이러한 가설에 따르면 생산성이 정체된 것은 기업이 노후한 기계장비나 생산설비를 이용하여 생산하기 때문이다.

셋째, 대부분의 최신 상품, 그중에서도 특히 인터넷 응용프로그램은 그 산출물을 측정하여 GDP에 포함하기 힘들다는 것이다. 예를 들어, 네이버, 카카오톡, 유튜브, 인스타그램을 보면 알 수 있듯이 대부분의 소비자가 이를 무료로 이용한다. 따라서 수십억 명의 인구가 이를 이용하더라도 국민소득에 포함되지 않는다. 말하자면 측정된 소득만이 전부가 아니라는 것이다. 새로운 상품이 분명히 막대한 규모의 소비자 이익을 창출하고 있지만 GDP나 생산성 통계에 잡히지 않고 있다.

마지막으로 기술진보 자체가 정체되어 있을 수 있다. 이러한 가설에 따르면 새로운 기술개발과 혁신이 다시 등장하여야 낮은 생산성 증가율이 상승할 수 있을 것이다.

향후에 생산성 증가율이 어떻게 될지 불분명하지만 지구촌 전망 10.4를 보면 미국 경제의 국제경쟁력은 여전히 높은 편이다. 그래서 장기적으로 생산성이 향상될 것이라는 전망에 힘이 실리고 있다.

## 성장은 바람직할까 그리고 지속 가능할까?

경제학자들은 경제성장을 바람직하고 지속 가능한 것으로 여긴다. 그러나 모든 사람들이 이에 동의하는 것은 아니다.

### 성장반대론

성장반대론자들은 산업화와 성장으로 인해 공해, 기후변화, 희귀종의 멸종 등 환경문제가 발생한다고 말한다. 이러한 부정적 외부효과가 발생하는 것은 생산에 사용된 투입물이 나중에는 폐기물이 되어 되돌아오기 때문이다. 그래서 성장이 빠를수록, 생활수준이 높아질수록 환경에 되돌아와 처리해야 하는 폐기물이 많아진다. 이미 부유한 선진국을 보면 성장은 아주 사소한 욕구를 충족시킬 뿐인데 이러한 성장의 대가로 생태계가 심각한 위협에 처해 있다는 것이다.

경제성장이 빈곤, 노숙, 차별과 같은 사회문제를 해결한다고 하지만 성장반대론자들은 이 또한 설득력 있는 증거가 부족하다고 주장한다. 빈곤의 예를 들면 성장반대론자들은 빈곤은 생산이 부족해서 발생하는 것이 아니라 분배 때문에 발생한다고 여긴다. 이 문제는 생산의 증가로 해결되는 것은 아니며, 기업이 부와 소득을 재분배하려는 결단을 하여야 해결된다는 것이다.

성장반대론의 동조자들은 성장이 '풍족한 삶'을 가져다 줄 수 있지만, '행복한 삶'을 가져다주는 것은 아니라고 말한다. 생산이 많아졌지만 이를 즐기지 못하며, 물질에 집착하여 가족, 우정이나 공동체 등에 소홀하다는 것이다. 성장이 일과 생활의 균형을 깨뜨리고 근로자의 심신을 녹초로 만들며, 이들을 소외시킨다는 것이다. 게다가 성장의 핵심인 기술변화로 인해 근로자의 직장이 불안정해지는 등 새로운 걱정거리가 등장한다는 것이다. 거침없는 기술혁신은 숙련 근로자나 미숙련 근로자의 기술이나 경험을 쓸모없게 만들 수 있기 때문이다. 고도성장 경제에서는 스트레스도 많으며, 이것이 육체적 · 정신적 건강을 해칠 수 있다.

마지막으로 성장반대론자들은 성장의 지속가능성에 대해서도 회의적이다. 지구의 자원은 한정되어 있는데 이를 소비하는 속도가 우려스러울 정도로 빠르다는 것이다. 경제성장률이 높아지면 지구 자원의 소모와 고갈속도가 빨라질 뿐이다. 이런 점에서 보면 낮은 성장률이 지속 가능성의 측면에서 높은 성장률보다 바람직하다고 여긴다.

### 성장옹호론

성장옹호론의 가장 중요한 근거는 다수 대중이 원하는 물질적 풍요와 생활수준의 향상을 가능하게 하는 것이 성장이라는 것이다. 성장이 이루어지면 사회간접자본이 개선되고, 병자나 노인에 대한 보살핌이 늘어나며, 장애인을 위한 접근성 보장이 증가하고 경찰 및 소방 서비스가 늘어난다.

소득재분배의 강화는 정치적으로 큰 지지를 받기 어렵기 때문에 성장이야말로 빈곤을 완화할 수 있는 유일한 현실적 대안이다. 빈곤층의 경제적 지위를 개선하는 가장 좋은 방법은 생산성을 향상하고 성장률을 높여 가계소득을 높이는 것이다. 그리고 선진국의 성장이 멈추면 빈곤국의 성장은 심각한 타격을 받는다. 빈곤국에 대한 해외투자와 개발원조가 감소하여 빈민들의 가난이 계속될 것이기 때문이다.

성장반대론자들은 경제성장으로 노동이 힘들고 위험해진다고 하지만 그렇지 않다. 새로운 기계는 이전의 기계보다 다루기가 힘들지 않고 위험하지 않다. 냉방시설을 갖춘 작업장은 후텁지근한 작업장보다 쾌적하다. 게다가 경제성장이 멈추더라도 물질만능주의나 소외가 줄어들지 않는다. 물질만능주의를 반대하는 목소리는 현재 물질적 풍요를 가장 많이 누리는 나라나 집단들에서 제일 시끄럽다. 성장으로 생활수준이 높아져 여가시간이 많아지고 자기성찰과 자기실현의 시간이 늘어났기 때문이다.

성장이 환경을 위협하는 것은 아니라고 성장옹호론자들은 주장한다. 공해는 성장의 부산물이 아니라 '공유재의 문제'라는 것이다. 개울, 호수, 바다, 대기 등 대부분의 환경은 공유재로 여겨져 이를 이용하는 데 제한이 거의 없다. 그래서 이들 공유지에 폐기물을 내다 버린다. 이들 공유지는 지나친 이용으로 악화되는 것이다. 환경오염은 음(–)의 외부성 문제이므로 이 문제를 해결하려면 법적 규제나 공해배출부과금 같은 조세가 필요하다. 즉, 환경오염을 치유할 수 있는 시장유인이 필요한 것이다. 게다가 성장이 되어야 가계소득을 증가시키면서 자연보전지역의 관리, 국립공원과 천연기념물의 지정, 유해폐기물의 정화 등을 할 수 있다.

성장은 지속가능한가? 성장옹호론자들은 그렇다고 답한다. 자연자원이 발견된 것보다 많이 소모된다면 이들 자연자원의 가격은 상승할 것이다. 그러나 이런 일은 일어나지 않았고 오히려 자연자원의 가격은 대부분 하락하여 왔다. 어떤 자연자원이 지나치게 비싸지면 이를 대체하는 다른 자원이 개발될 것이다. 성장옹호론자에 따르면 경제성장은 인간 지식과 정보가 확대되고 이를 응용하는 과정이지 자연자원을 채굴하여 이를 확대 응용하는 과정이 아니다. 이들에 따르면 경제성장을 제약하는 것은 인간의 상상력 부족이며, 이것은 성장으로 초래된 문제의 해결에서도 마찬가지다.

# 요약

**1.** 국내총생산(GDP)의 정의와 측정

국내총생산(GDP)이란 1년 동안 한 나라의 국경선 안에서 생산된 모든 최종재의 시장가치를 말한다. 최종재란 최종 소비자에 의해 구매되는 상품을 의미하며, 중간재란 추가적인 가공이나 제조를 위해 또는 재판매를 위해 구입하는 재화나 서비스를 말한다. 중간재, 비생산적 거래, 그리고 중고품은 GDP의 계산에서 제외된다.

GDP는 민간소비지출, 국내민간총투자, 정부구매 그리고 순수출을 더한 것이다. 즉, $GDP=C+I_g+G+X_n$ 이다.

**2.** 실질 GDP와 명목 GDP

명목 GDP(또는 경상 GDP)는 산출물이 생산된 그때의 가격으로 측정한 것이다. 그리고 실질 GDP(또는 불변 GDP)는 산출물을 기준년도의 가격으로 측정한 것이다. 실질 GDP는 물가변동을 고려하여 조정된 것으로 실질 GDP의 변동은 총산출량의 변동을 의미한다.

**3.** 경제성장의 측정방법

경제성장은 실질 GDP의 증가 또는 1인당 실질 GDP의 증가로 나타낸다. 2021년 한국의 1인당 GDP는 34,984달러인데 1970년에 비해 138배가량 증가하였다. 성장이 이루어지면 희소성에 따른 부담이 완화된다. 실질 GDP가 증가하면 이를 이용하여 여러 사회 · 경제적 문제를 해결할 수 있다.

**4.** 경제성장의 결정 요인: 공급 요인, 수요 요인, 효율성 요인

경제성장의 공급 요인은 (a) 자연자원의 양적 · 질적 증가, (b) 인적자원의 양적 · 질적 증가, (c) 자본재 공급(자본총량)의 증가, (d) 기술진보 등이다. 그리고 성장잠재력이 실현되려면 생산능력의 증대만큼 총수요가 늘어나야 하며, 경제적 효율성이 달성되어야 한다.

생산능력의 확대란 생산가능곡선이 바깥쪽으로 이동하는 것을 말한다. 생산능력의 확대만큼 총지출이 증가하여야 성장이 실현될 수 있다.

**5.** 성장회계와 성장기여도

실질 GDP의 증가는 노동투입의 증가나 노동생산성의 증가에 기인한다. 노동생산성의 증가는 기술진보, 노동자 1인당 자본총량의 증가, 노동의 질 개선, 규모의 경제 그리고 노동력 배분의 효율성 증가에 의해 이루어진다.

생산성이 증가하면 장기적으로 실질임금이 상승하여 생활수준이 향상된다.

**6.** 미국 경제성장률의 추세적 변화

미국 경제의 생산성은 1973~1995년에는 매년 1.5% 그리고 1995~2010년에는 매년 2.8% 증가하였으며, 2010~2018년에는 매년 0.7% 증가하였다.

1995~2010년에 미국의 노동생산성 증가율이 향상된 것은 (a) 마이크로프로세서와 정보기술로 초래된 급속한 기술개발 (b) 수익체증과 단위 노동비용의 하락 (c) 가격하락을 끌어낸 세계적 경쟁 등에서 비롯된 것이다.

수익체증은 (a) 기업의 성장에 따른 보다 전문화된 투입요소의 사용 (b) 개발에 투입된 고정비용의 분산 (c) 동시소비 (d) 네트워크 효과 (e) 실행에 의한 학습 등에서 주로 기인하고 있다. 수익체증이 나타나면 생산성이 증가하고 이에 따라 단위 생산비용이 하락한다.

2007~2009년의 대침체 이후 미국의 생산성 증가가 낮아진 것은 높은 부채비율, 과잉설비, 무상의 인터넷 상품 증가, 기술혁신의 둔화 때문으로 여겨진다.

**7.** 경제성장의 타당성과 지속 가능성

성장반대론자들은 성장으로 인해 환경오염, 스트레스 증가, 지구자원의 고갈이 발생한다고 말한다. 반면에 성장옹호론자들은 성장으로 대부분이 원하는 생활수준의 향상을 이룰 수 있고, 성장으로 환경오염이 나빠지지 않으며, 성장이 자원을 고갈시킨다는 증거도 없다고 주장한다. 성장옹호론자들에 따르면 지속 가능하고 환경 친화적인 성장을 가로막는 자연적 장애는 없다고 주장한다. 성장이란 인간지식을 확대 적용하여 달성되는 것으로 지속적 성장을 막는 것은 인간의 상상력 부족 때문이라는 것이다.

## 주요 용어 및 개념

| | | |
|---|---|---|
| 개인소비지출 | 노동생산성 | 인적자본 |
| 경제성장 | 명목 GDP | 잠재적 GDP |
| 경제활동참가율 | 사회간접자본 | 정보기술 |
| 국내민간총투자 | 성장회계 | 정부구매 |
| 국내총생산(GDP) | 수익체증 | 중간재 |
| 국민소득계정 | 순수출 | 창업기업 |
| 규모의 경제 | 실질 GDP | 최종재 |
| 네트워크 효과 | 실행에 의한 학습 | 1인당 실질 GDP |

## 연습문제

**1.** 다음에서 GDP 계산에 포함되는 것은?

① 외국 소비자에 대한 스마트폰 판매액
② 자동차 제조 회사의 타이어 구입액
③ 중고차 매매소의 거래액
④ 주식 거래액
⑤ 정부의 노인연금 지출액

**2.** GDP를 구성하는 항목에 대한 설명 중 잘못된 것은?

① 내구 소비재에 대한 지출은 투자지출에 해당된다.
② 주거용 건물의 건설은 투자지출에 포함된다.
③ 연구개발비는 투자지출에 포함된다.
④ 그 해의 미판매 생산물은 그 해의 투자지출에 포함된다.
⑤ 마모된 기계를 대체하기 위한 지출도 투자지출에 포함된다.

**3.** 지하경제에 대한 설명 중 잘못된 것은?

① 지하경제 종사자는 총산출에 기여하지 못한다.
② 대부분의 지하경제 활동은 합법적이다.
③ 지하경제가 존재하면 실제 GDP는 과소평가된다.
④ 정부 규제가 커지면 지하경제가 증가한다.
⑤ 한국의 지하경제 규모는 비교적 큰 편이다.

**4.** 한국의 경제성장에 대한 잘못된 설명은?

① 1970년대 성장률은 약 10%로 GDP가 7년 만에 2배가 되었다.
② 1970년대 이후 한국경제의 성장률은 계속 낮아지는 추세이다.
③ 1970년대 이후 한국이 음(−)의 성장률을 기록한 것은 1980년과 1998년, 2020년 세 해이다.
④ 원화 가치가 상승하면 달러 표시 1인당 GDP는 커진다.
⑤ 달러 표시 GDP가 한 국가의 실질 구매력을 가장 잘 나타낸다.

**5.** 다음의 경제성장 요인 중에서 2007~2009년의 세계적 금융위기와 가장 관련이 깊은 것은?

① 인적자원의 양적 증가 ② 자본재 공급의 증가
③ 기술진보 ④ 수요 요인
⑤ 배분의 효율성

**6.** 다음에서 노동생산성의 증가를 직접 가져다주지 않는 것은?

① 평균 근로시간의 감소 ② 기술진보
③ 자본총량의 증가 ④ 교육훈련의 개선
⑤ 노무 관리의 효율성 개선

**7.** 1953~2017년 기간 동안 미국의 노동생산성 증가에 가장 크게 기여한 것은?

① 기술진보 ② 자본재의 증가

③ 교육수준의 향상　　④ 규모의 경제
⑤ 경쟁의 확대

**8.** 경제성장을 촉진하는 제도와 거리가 먼 것은?
① 재산권의 보호　　② 특허권과 저작권
③ 효율적인 금융제도　　④ 자유무역
⑤ 강력한 정부

**9.** 정보기술이 초래한 신경제의 특징과 거리가 먼 것은?
① 수익체증　　② 창업기업의 높은 성공률
③ 막대한 고정비용　　④ 동시소비
⑤ 네트워크 효과

**10.** 3가지 최종 소비재만을 생산하는 어떤 국가가 있다. 2021년과 2022년 각 상품의 생산량과 시장가격이 다음과 같이 주어져 있다.

| | 쌀 | | 의복 | | 스마트폰 | |
|---|---|---|---|---|---|---|
| | 생산량 | 가격 | 생산량 | 가격 | 생산량 | 가격 |
| 2021 | 3,000 | 150,000 | 100,000 | 12,000 | 100 | 450,000 |
| 2022 | 2,800 | 145,000 | 120,000 | 12,500 | 150 | 450,000 |

(1) 2022년의 명목 GDP를 계산하시오.
(2) 2021년을 기준으로 한 2022년의 실질 GDP를 계산하시오.
(3) 2022년의 GDP 성장률을 계산하시오.

**11.** 어느 국가의 2022년도 개인별 소비지출은 500조 원, 주식과 채권의 구입이 300조 원, 순수출은 −100조 원, 정부지출은 200조 원, 중고품 판매가 80조 원 그리고 총투자가 250조 원이었다. 이 국가의 2022년도 GDP를 계산하시오.

**12.** 1970년대 이후 한국의 경제성장률을 설명하고 이러한 성장률의 변화에 영향을 주었던 사건들을 조사하여 보시오.

CHAPTER 11

# 경기순환, 실업과 인플레이션

**학습내용**

1. 경기순환 국면의 구분
2. 실업과 인플레이션 측정 방법
3. 실업과 인플레이션의 유형과 경제 파급효과

한국을 비롯하여 미국 등 여러 선진 국가들은 장기에 걸쳐 괄목할만한 경제성장을 경험하였다. 그러나 이러한 경제성장이 매년 일정한 수준에서 매끄럽게 이루어지거나 예측 가능한 방식으로 진행된 것은 아니다. 때에 따라 경기침체가 등장하고 실업이 크게 늘기도 하며, 인플레이션이 진행되기도 한다. 한국의 실업률은 외환위기 때인 1998년 7.6%에 이르렀다. 그리고 한국의 소비자 물가상승률은 1980년에 28.7%를 기록하기도 하였다. 이러한 현상은 여러 나라에서도 관찰된다. 2007~2009년 대침체기에 미국의 실업자는 8백만 명에 이르렀고 실업률은 4.7%에서 10.1%로 급증하였다. 코로나 19 팬데믹 초기인 2020년 2분기에 미국의 실질 GDP는 연율로 −31.4% 급락하였고 3분기에 연율로 33.4% 폭등하였다. 다른 국가도 높은 실업률과 물가 상승을 겪기는 마찬가지다. 2015년 그리스의 실업률은 25%를 넘었고 2018년 베네수엘라의 물가상승률은 1,400,000%까지 치솟았다.

여기에서는 거시경제의 불안정과 관련된 개념, 용어, 역사적 사실 등을 다룬다. 구체적으로 경기순환, 실업과 인플레이션을 검토한다.

## 경기순환

경기순환

경제활동 수준이 상승과 하락을 반복하는 현상

2000년 이후 미국의 실질 GDP는 매년 평균 1.9% 성장하였고 한국은 약 4% 성장하였다. 이러한 경제의 장기성장 추세는 그림 11.1에서 '성장추세'로 표시된 우상향의 직선에 나타나 있다. 그러나 추세선을 중심으로 많은 변동이 있다. 이것은 경제 불안정으로 성장에 장애가 발생하기 때문인데 경기순환으로 나타난다. **경기순환**이란 경제활동수준이 몇 년을 주기로 상승과 하락을 반복하는 것을 말한다. 한 주기(한 차례의 상승과 하락)는 지속기간과 진폭에서 아주 다양한 형태를 보인다.

경기침체기

총산출, 소득, 고용이 감소하는 기간

그림 11.1에서 볼 수 있듯이 일반적인 경기순환은 경기확장기와 경기침체기라는 두 국면으로 나누어진다. 경기고점과 경기저점은 경기가 바뀌는 지점이다. **경기침체기**는 총산출, 소득, 고용이 최소한 6개월 이상 감소하는 기간이다. 실질 GDP의 하락과 함께 실업률이 크게 증가한다. 표 11.1에는 한국이 1972년 이후 2020년까지 겪었던 12차례의 경기순환이 표시되어 있다.

경기확장기

총산출, 소득, 고용이 증가하는 기간

경기침체기는 결국 경기저점에 도달하게 되고 이후 경기가 회복되면서 **경기확장기**가 시작된다. 경기확장기는 총산출, 소득, 고용이 증가하는 기간이다. 때가 되면 완전고용이 다시 달성되는데 이것은 흔히 경기정점에 도달하였다는 것을 의미한다. 총지출이 생산능력보다 빠르게 늘어나면 거의 모든 재화와 서비스의 가격이 상승한다. 즉, 인플레이션이 발생한다.

미국에서 경기침체기의 시작과 끝은 비영리 연구기관인 전미경제연구소(NBER)의 경기순환판정위원회에서 공식적으로 선언한다. 2007~2009년의 경기침체기에 대해 전미경제연구소는 실질총산출 감소와 고용 하락의 데이터를 인용하며 2007년 12월이 시작점이라고 공식 선언하였다. 미국에서는 이 기간을 1930년대의 대공황에 빗대어 흔

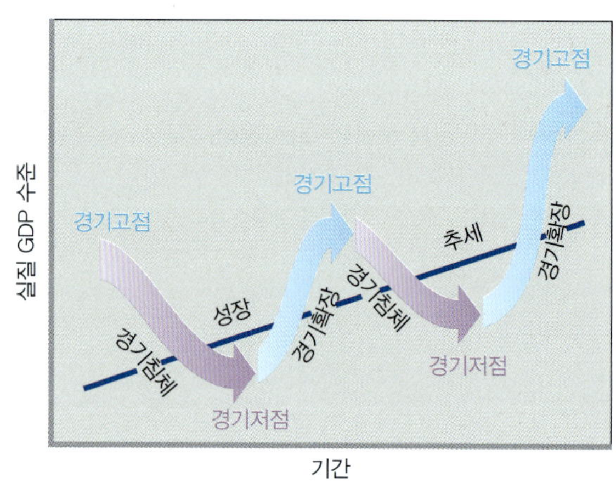


**그림 11.1 경기순환**

경기순환은 경기침체와 경기확장이라는 2 국면으로 나누어진다. 각 국면의 변동 폭과 지속 기간은 다를 수 있다.

표 11.1 한국의 경기순환(1972년 이후)

| | 기준순환일 | | | 지속기간(개월) | | |
|---|---|---|---|---|---|---|
| | 저점 | 정점 | 저점 | 확장기 | 수축기 | 순환기 |
| 제1순환기 | 1972.3 | 1974.2 | 1975.6 | 23 | 16 | 39 |
| 제2순환기 | 1975.6 | 1979.2 | 1980.9 | 44 | 19 | 63 |
| 제3순환기 | 1980.9 | 1984.2 | 1985.9 | 41 | 19 | 60 |
| 제4순환기 | 1985.9 | 1988.1 | 1989.7 | 28 | 18 | 46 |
| 제5순환기 | 1989.7 | 1992.1 | 1993.1 | 30 | 12 | 42 |
| 제6순환기 | 1993.1 | 1996.3 | 1998.8 | 38 | 29 | 67 |
| 제7순환기 | 1998.8 | 2000.8 | 2001.7 | 24 | 11 | 35 |
| 제8순환기 | 2001.7 | 2002.12 | 2005.4 | 17 | 28 | 45 |
| 제9순환기 | 2005.4 | 2008.1 | 2009.2 | 33 | 13 | 46 |
| 제10순환기 | 2009.2 | 2011.8 | 2013.3 | 30 | 19 | 49 |
| 제11순환기 | 2013.3 | 2017.9 | 2020.5 | 54 | 32 | 86 |
| 제12순환기 | 2020.5 | – | – | – | – | – |
| 평 균 | – | – | – | 33 | 20 | 53 |

자료: 통계청 보도자료, 2023.3.2.

히 대침체라고 말한다. 전미경제연구소는 경기 침체가 18개월 지속되었으며, 2009년 6월에 끝났다고 발표하였다. 경기확장은 2009년 6월부터 다시 시작하여 128개월 지속되었으며, 2020년 2월에 정점에 도달하였다.

한국의 경우 통계청의 국가통계위원회 산하 경제통계분과위원회에서 논의를 거쳐 경기순환의 기준순환일을 설정한다. 이에 따르면 한국경제는 1972년 3월 이후 12차례의 경기순환을 겪었다. 표 11.1을 보면 알 수 있듯이 경기침체는 평균 20개월 지속되었으며, 2020년 5월 이후 경기확장을 겪고 있다.

## 경기순환의 원인

거시경제학의 핵심 쟁점은 경제가 왜 순탄한 성장세를 보이지 않고 경기순환을 하느냐는 것이다. 그림 11.1로 설명하자면 총산출이 직선의 추세선을 따라 증가하지 않고 왜 추세선을 중심으로 상승 또는 하락하느냐는 것이다.

경기순환을 설명하는 가장 유력한 이론에 따르면 경기순환은 충격에 의해 발생한다는 것이다. **충격**이란 기업이나 가계가 예상하지 못한 일이 발생하는 것을 말한다. 예를 들어, 기업이 수도권 지역에 대규모 실버타운을 건설한다고 하자. 찾는 사람이 많아 이윤이 발생할 것을 기대하며 건설할 것이다. 그러나 기대와 달리 찾는 사람이 적어 손실

충격
기업이나 가계가 예상하지 못한 일이 발생하는 것

이 발생한다면 어떤 조치를 취해야 한다. 사업을 접어야 할까, 서비스를 개선해야 할까, 아니면 대대적인 광고를 하여야 할까? 예상치 못한 뜻밖의 긍정적, 부정적 충격이 발생하면 이러한 의사결정을 내려야만 하는 것이다.

**수요충격**
재화나 서비스의 수요에 발생한 예상치 못한 변화

**공급충격**
재화나 서비스의 공급에 발생한 예상치 못한 변화

경제는 수요충격과 공급충격에 노출되어 있다. **수요충격**이란 재화나 서비스의 수요에 발생한 예상치 못한 변화를 말한다. **공급충격**이란 재화나 서비스의 공급에 발생한 예상치 못한 변화를 말한다. 여기에서 충격이란 예상치 못한 일이 발생하였다는 것을 말할 뿐이며, 그러한 충격이 바람직하다거나 부정적이라는 것을 뜻하지는 않는다. 경제학자들은 구체적인 용어를 사용하여 양(+)의 충격과 음(−)의 충격을 구분한다. 즉, 수요가 예상보다 많을 때는 양(+)의 수요충격이라는 용어를 쓰며, 수요가 예상보다 적을 때는 음(−)의 수요충격이라는 용어를 쓴다.

경제학자들은 단기적인 GDP 변동이나 경기순환은 대부분 수요충격에서 발생하는 것으로 보고 있다. 공급충격이 발생하기도 하고 매우 중요하지만 여기에서는 주로 수요충격을 다룰 것이다. 다음의 장들에서 충격이 어떻게 경제에 영향을 주고 정부정책이 충격에 대한 경제의 조정과정에 어떤 도움을 줄 수 있는지 살펴볼 것이다.

그런데 수요충격이 왜 큰 문제를 초래하는가? 왜 정부의 도움이 필요한가? 기업은 이러한 충격을 스스로 극복할 수 없는 것인가?

**가격의 경직성**
가격이 수요나 공급의 변화에 느리게 반응한다는 것

이러한 질문에 대한 답은 재화나 서비스의 가격이 단기적으로 비신축적이기 때문에 그렇다는 것이다. 가격의 비신축성이란 수요나 공급이 변하였음에도 최소한 일정기간 가격이 변하지 않고 원래 상태를 유지한다는 것으로 이를 흔히 **가격의 경직성**이라고도 한다. 이 때문에 수요와 공급이 일치하도록 가격이 즉각 변하지 않게 된다. 그래서 수요충격이 발생하면 단기에서는 가격이 조정될 수 없기에 생산과 고용이 조정될 수밖에 없는 것이다.

경제학자들에 따르면 경기순환을 초래하는 충격은 다음과 같은 요인에 의해 발생한다.

- **불규칙적인 혁신:** 철도, 자동차, 컴퓨터, 인터넷처럼 매우 중요한 신상품이나 생산기술이 등장하여 경제에 급속히 퍼지면 투자, 소비, 생산 및 고용 등이 크게 증가한다. 이러한 혁신이 대부분 실현되고 나면 경제성장은 다시 느려지거나 후퇴할 수 있다. 이러한 혁신은 대부분 불규칙하게 그리고 예상치 못하게 발생하기 때문에 경기순환이 초래된다.
- **생산성 변화:** 생산성(투입요소 1단위당 산출량)이 예상치 못하게 상승하면 경제는 호황을 누리고, 생산성이 예상치 못하게 하락하면 경제는 침체를 겪는다. 생산성 변

화는 가용자원(원유 혹은 농산물 등)의 양이 예상치 못하게 변하거나 평상적인 기술 진보율이 예상치 못하게 변하였을 때 나타난다.

- **통화 요인:** 일부 경제학자들은 경기순환이 통화에서 비롯된다고 여긴다. 중앙은행이 예상한 것보다 많은 통화를 공급하면 일시적으로 총산출이 증가하지만, 결국 인플레이션을 초래한다. 반면에 예상보다 적은 통화가 공급되면 총산출이 감소하고 결국 물가수준이 하락하게 된다.
- **정치적 사건:** 예상치 못한 정치적 사건(평화조약, 연평도 포격, 9/11 테러 등)이 발생하면 새로운 확장 기회가 주어지거나 많은 경제적 부담이 초래된다. 이러한 충격의 조정과정에서 경기 상승이나 하락이 나타날 수 있다.
- **금융 불안정:** 예상치 못한 자산버블(자산가격의 급격한 상승)이나 버블붕괴(자산가격의 급격한 하락)는 경제 전체에 파급된다. 이로 인해 금융대출이 증가하거나 감소하며, 소비자나 기업의 경제에 대한 신뢰가 높아지거나 낮아진다. 그래서 다른 부문에서도 버블이 발생하거나 붕괴할 수 있다.
- **우연한 사건:** 자연재해나 코로나19와 같은 질병의 세계적 유행 등 우연한 사건들이 발생하면 이것은 예상하지 못한 변화를 초래하여 경제에 광범위한 영향을 미친다. 인명 손실과 건물의 파괴는 생산능력을 감소시키고 국가와 공동체의 대응에 따라 새로운 기술혁신을 자극하기도 한다. 소비자와 기업의 선택과 대응능력에 따라 총지출이 증가 또는 감소할 수 있다.

2007~2009년에 미국에서 발생한 심각한 경기침체는 미국중앙은행의 과도한 화폐공급과 금융시장의 광풍이 어우러지면서 부동산 가치가 과대평가되고 모기지(주택담보대출) 부채가 유지되기 어려울 만큼 늘어났기 때문에 발생하였다. 금융기관은 모기지 부채를 기초로 새로운 증권, 즉 자산담보채권이라는 일종의 파생상품을 만들어 투자자에게 판매하였다. 그리고 일부 투자자들은 이들 증권의 손실에 대비해 보험을 구입하였다. 하지만 부동산 가격이 폭락하면서 모기지 부채의 채무불이행이 급증하자 모기지-증권-보험 등으로 연결된 구조가 연쇄적으로 붕괴하기 시작하였다. 이에 따라 신용시장이 얼어붙고 비관론이 확산되면서 가계와 기업의 지출이 감소하였던 것이다.

2020년 2월에 시작된 경기침체는 코로나 19의 유행과 이에 맞선 소비자, 기업 그리고 정책당국자의 대응조치에 의해 촉발되었다. 가계와 기업은 지출을 크게 줄였는데 폐쇄 명령에 따라 강제로 줄인 측면도 있다. 대부분의 비필수적 사업체가 문을 닫아 생산은 크게 줄었고 수백만 명의 근로자는 갑자기 실업자로 전락하여 이들의 소득도 크게 줄었다. 일부 산업의 공장폐쇄는 공급망 문제를 야기하여 다른 산업의 생산을 크게 줄이게 되었다. 그러나 일부 기업은 팬데믹으로 매출이 크게 늘었다. 온라인 쇼핑몰이나 배달 업체를 비롯하여 마스크나 안면 보호장비 등 개인보호장비 제조업자 그리고 코로나 19 백신이나 치료제를 생산하는 제약업체 등은 큰 이익을 보았다.

대부분의 경제학자들은 충격의 원인이 무엇이든 경기순환을 초래하는 주요 원인은 예상치 못한 총지출의 변화라는 점에 동의한다. 총지출이 예상치 못하게 감소하였는데 기업이 가격을 낮출 수 없다면 결국 산출물의 일부만 팔리게 된다. 가격이 고정되어 있는 상태에서 지출이 감소하면 구매량이 감소하기 때문이다. 매출이 계속 감소하면 기업은 생산을 줄일 수밖에 없다. 그렇게 되면 GDP가 하락하게 되는 것이다. 생산이 줄어들면 필요한 근로자도 줄어들어 고용이 감소한다. 이에 따라 경제는 위축되며 침체기에 들어가게 된다.

반면에 총지출이 예상치 못하게 증가하면 총산출, 고용, 소득이 증가한다. 가격이 경직되어 있을 때 지출이 증가하면 소비자들의 구매량은 증가한다. 증가된 지출로 가격이 고정된 재화나 서비스를 더욱 많이 구매할 수 있기 때문이다. 그러면 기업은 이에 반응하여 생산을 증가시키고 이에 따라 GDP가 상승한다. 생산이 증가하려면 근로자가 더 필요하게 되므로 고용도 증가한다. 그래서 경제는 호황을 맞으면서 확장한다. 시간이 지나면서 가격이 신축적으로 변할 것이므로 총지출의 증가는 결국에는 물가 수준의 상승을 가져오게 된다.

### 경기순환의 영향: 내구재와 비내구재

경기순환은 경제의 모든 부문에 영향을 주지만, 부문에 따라 경기순환이 파급되는 경로나 영향의 정도가 다를 수 있다.

경기순환의 영향을 가장 크게 받는 부문은 자본재(주택, 상업용 건물, 중장비 등)와 내구소비재(자동차, PC, 냉장고 등)를 생산하는 기업이나 산업이다. 경기순환이 발생하면 자본재의 구입이나 내구소비재의 구입이 먼저 영향을 받기 때문이다. 경기침체가 시작되면 생산자는 흔히 새로운 설비의 구입이나 공장의 건설을 연기한다. 경기전망이 밝지 않아 자본총량을 증가시킬 이유가 없기 때문이다. 경기가 좋을 때 자본재는 보통 완전히 마모되기 전에 교체된다. 그러나 경기침체기가 닥치면 기업은 오래된 설비를 대충 수선해서 사용한다. 그 결과 자본재에 대한 투자지출이 급격하게 감소한다. 또한 자동차나 주요 가전제품 같은 내구소비재도 마찬가지다. 경기침체로 가계부문이 예산을

## 분석의 응용

### 주가지수와 거시불안정

주식시장에서는 매일 거의 수천 개 기업의 주식이 거래되고 있다. 주가는 주식시장의 수요 · 공급에 의해 결정된다. 주주들은 기업이 벌어들인 이윤의 일부를 배당금으로 받기 때문에 기업 이윤에 대한 투자자들의 기대치에 따라 주가가 등락하는 경우가 많다. 기업의 이윤이 증가하면 통상적으로 배당이 증가한다. 그래서 이윤이 증가하면 배당에 대한 기대치가 상승하면서 투자자는 비싼 가격에도 주식을 사려고 하는 것이다.

대중매체는 주가지수를 매일 자세히 보도하고 있다. 한국의 대표적인 주가지수는 종합주가지수(KOSPI)이고, 미국의 대표적인 주가지수는 주요 30개 기업의 주가를 가중 평균한 다우존스지수이다. 그런데 이들 주가지수는 시간이 지나면서 변하기 마련인데 어떤 때는 단 하루 만에 급격한 등락을 보일 때가 있다. 한국의 종합주가지수는 1997년 한국정부가 IMF 구제금융을 신청하자 9일간 25% 폭락하였다. 1997년 한 해 동안 주가지수는 42.4% 하락하였다. 그러던 주가지수는 1998년 6월부터 1999년 7월까지 300% 넘게 상승하였다. 그리고 팬데믹이 시작된 2010년 2월 중순부터 1달이 조금 넘는 기간에 종합주가지수는 35% 급락하였고 그 후 급등하여 연말까지 97%가 넘게 상승하였다.

주가지수의 변동이 극심한 것은 미국도 마찬가지다. '블랙먼데이'라고 불리는 1987년 10월 19일에 다우존스지수는 20% 하락하였다. 반면에 1998년과 1999년에 주가지수는 크게 상승하였는데 다우존스지수는 각각 16%, 25% 상승하였다. 2002년에 다우존스지수는 17% 하락하였고 2003년에는 25% 상승하였다. 2008년의 마지막 3개월 동안에 다우존스지수는 34% 폭락하였는데 이것은 1930년대 이래 가장 급격한 하락이었다. 2015년 다우존스지수는 유가 하락, 중국 경제의 성장 둔화 그리고 통화정책에 대한 불확실성이 겹치면서 약간 하락하였는데 2016년에 크게 반등하여 전해에 비해 23% 상승하였다.

주가의 변동성과 관련하여 자주 제기되는 질문은 주가지수의 변동, 즉 시가총액의 변동이 거시 불안정성을 초래하느냐는 것이다. 주식시장이 경제와 연결되어 있기 때문에 주가의 변동이 경제의 불안정성을 초래한다고 생각할 수 있다. 예를 들어, 주가가 급격하게 상승한다고 하자. 주가의 상승으로 금융자산이 증가하였다고 느끼는 주주들은 소비지출을 증가(자산효과)시키게 된다. 그리고 기업은 신주발행을 통해 자금조달을 쉽게 할 수 있어서 새로운 자본재의 구입을 증가(투자효과)하게 된다. 주가의 급락은 이와 반대되는 결과를 초래할 것이다.

그러나 미국의 연구에 따르면 주가의 변동이 소비와 투자에 미치는 영향은 비교적 미약하였다. 1년간 주식시장의 시가총액이 10% 상승하더라도 소비지출은 그 후 3년간에 걸쳐 4% 증가하는 데 그쳤다. 투자에 미치는 효과는 그보다 낮았다. 따라서 매일 그리고 매년 이루어지는 일상적인 주가변동은 거시경제에 거의 영향을 미치지 않는다.

이에 비해 주식시장의 버블은 경제에 피해를 끼치게 된다. 버블이란 주가가 지속적으로 급격하게 상승하는 것을 말하는데 이러한 버블이 발생하면 지나친 낙관과 '묻지마' 투자로 거의 모든 주가가 급등한다. 이러한 주가상승은 경제나 기업의 미래실적에 대한 현실적 기대에 바탕을 둔 것이 아니다. 그런데 이러한 버블은 서서히 줄어들지 않고 일순간에 터지며 경제에 해를 끼친다. 주가의 급락이 오래 지속되면 부(−)의 자산효과가 나타난다. 나아가 주식시장이 붕괴하면 경제에 대한 비관론이 번지면서 소비지출과 투자지출이 크게 줄어드는 것이다. 실제 2007~2008년의 주가 폭락은 금융기관을 위태롭게 하였고 경제의 미래에 대한 엄청난 비관론을 등장시켜 2007~2009년에 심각한 경기침체를 초래하였던 것이다.

**문제**

어느 사립대학이 100억 원의 발전기금을 주식에 투자하였는데 주식시장의 급락으로 발전기금이 50억 원으로 줄고 말았다. 대학등록금에 어떤 영향을 주며, 그 대학에 재학 중인 학생들의 소비지출에 어떤 영향을 줄까?

줄일 때 흔히 내구소비재의 구매를 먼저 연기한다. 자동차나 가전제품을 새로 구입하기보다 쓰던 것을 수리하여 사용한다. 그래서 이러한 내구소비재를 생산하는 기업은 고통을 느끼게 된다. 이와 반대로 경기확장이 이루어지면 자본재나 내구소비재를 생산하는 기업이 가장 큰 수혜를 입게 된다.

반면에 서비스산업이나 비내구소비재산업은 경기침체가 심해지더라도 영향을 비교적 덜 받는다. 예를 들어, 경기가 어려워지더라도 의료서비스나 법률서비스를 줄이는 것은 쉽지 않다. 그리고 중고거래상이나 파산 전문 법무법인 같은 일부 서비스 기업은 오히려 경기침체의 수혜를 누리기도 한다. 식품이나 의류 같은 비내구재소비재의 구입을 연기하는 것도 쉽지 않다. 비내구소비재의 구매가 감소하기는 하겠지만, 자본재나 내구소비재만큼은 아닐 것이다.

## 실업

경기순환과정에 실업과 인플레이션이라는 두 가지 문제가 발생한다. 먼저, 실업에 대해서 살펴보자.

### 실업의 측정

통계청은 전국 3만 5천 가구에 달하는 표본가구를 방문하여 15세 이상 인구에 대해 취업상태를 조사한다. 지난 15일이 포함된 1주일을 기준으로 가족원 중 누가 취업하였고 실업상태에 있는 가족이 구직활동을 하고 있는지 등을 묻는다. 이 때 지난 4주간 구직활동을 한 적이 있지만 일자리를 구할 수 없어서 15일이 포함된 1주간 수입을 목적으로 일한 적이 없으면 실업자로 분류된다. 구직활동 기간이 예전에는 1주일이었지만, 1999년부터 4주간으로 늘어났다. 따라서 1999년 이전과 이후의 실업자 통계를 비교하는데 주의를 기울여야 한다.

**그림 11.2 노동력, 취업자와 실업자(2022.8월)**

**노동력은 15세 이상의 인구로 구성되는데 (1) 미취업이지만 일자리를 구하지 않는 비경제활동인구 (2) 취업자와 실업자로 구성된 경제활동인구로 나누어진다.**

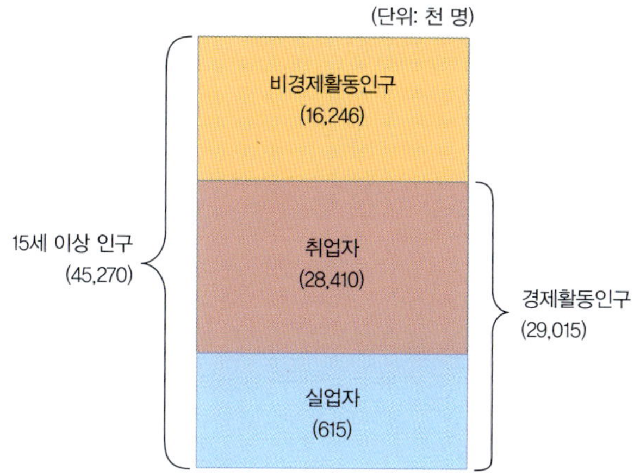


자료: 통계청, 국가통계포털(www.kosis.kr)

실업자 수를 구하였으면 이제 실업률을 계산할 수 있다. 그림 11.2는 실업률 계산방식을 보여준다. 먼저 15세 이상 전체인구를 2집단으로 구분한다. 첫 번째 집단은 '비경제활동인구'로 표시되어 있는데 이들은 현재 미취업 상태에 있으면서 구직활동을 하지 않은 사람들로 취업자나 실업자로 분류되지 않는다. 즉, 집안에서 가사와 육아를 전담하는 가정주부, 학교에 다니는 학생, 일을 할 수 없는 연로자와 심신장애자, 자발적으로 자선사업이나 종교단체에 관여하는 자 등을 말한다. 이들은 15세 이상 인구 중 35.9%를 차지한다. 두 번째 집단은 **경제활동인구**인데 2022년 15세 이상 인구의 64.1%를 차지한다. 전업 근로자나 시간제 근로자뿐 아니라 취업상태에 있지 않더라도 구직활동을 하는 인구가 이에 포함된다.

**경제활동인구**
15세 이상의 인구 가운데 비경제활동인구를 제외한 인구

이러한 경제활동인구 중에서 조사 대상기간 1주일 중 1시간 이상 일을 하면 취업자로, 그렇지 못하면 실업자로 분류한다. 일을 하지 않는다고 모두 실업자는 아니다. 가정주부, 학교에 다니는 학생, 일을 할 수 없는 할아버지, 할머니와 군인이나 죄를 짓고 감옥에 가 있는 사람들은 실업자로 보지 않는다. 이들은 일할 능력이나 의사가 없기 때문에 앞에서 분류한 비경제활동인구에 포함된다. **실업률**은 경제활동인구에 대한 실업자의 비율로 계산한다.

**실업률**
경제활동인구에 대한 실업자의 비율

$$실업률 = \frac{실업자}{경제활동인구} \times 100$$

그림 11.2에 해당집단의 수치가 괄호 안에 주어져 있는데 이 수치로 계산하면 2022년 8월의 실업률은 다음과 같이 계산된다.

$$실업률 = \frac{615}{29,015} \times 100 = 2.12\%$$

## 실업의 유형

실업은 마찰적 실업, 구조적 실업, 경기적 실업의 3형태로 구분된다.

**마찰적 실업** 어느 시점에서 보면 일부 근로자는 전직과정에 있기 마련이다. 과거의 직장을 스스로 떠나 새로운 직장을 구하려는 사람도 있고 해고되어 재취업을 하려는 사람도 있다. 계절적 요인으로 인해 일시적으로 일자리를 떠난 사람도 있다. 이들 외에 노동시장에 막 들어서는 젊은이들도 있다.

이들이 직장을 새로운 구하거나 옛날 직장에 복귀하더라도 새로운 전직자나 일시 해고근로자가 등장하여 일자리를 구하는 대열에 합류한다. 중요한 것은 이러한 '실업자군'이 항상 존재할 것이라는 점이다. 새로운 전직자는 언제나 나타나기 때문이다. 하지만 이들은 '실업자군'에 오래 머무르지 않는다. 실제 경기가 좋아지면 대부분의 실업자는 몇 개월 안에 새로운 직장을 구한다. '실업자군'이 항상 존재한다고 해서 이들이 항상 실업자로 머문다고 여기는 것은 잘못된 것이다. 물론 실업자로 몇 년을 보내는 사람도 있다. 하지만 전직과정에 있는 실업자는 이들과는 다른 유형의 실업자인 것이다. 따라서 실업상태가 오래 지속되는 실업 유형도 있지만, 실업상태가 일시적인 실업 유형도 있다는 점을 염두에 두어야 한다.

마찰적 실업
직장을 탐색하거나 직장을 얻기 위해 대기 중인 근로자 때문에 발생하는 실업

경제학자들은 직장을 탐색하는 근로자(탐색실업)나 직장을 얻기 위해 대기 중인 근로자(대기 실업)를 지칭하여 **마찰적 실업**이라고 한다. '마찰적'이라고 단어는 노동시장에 마찰이 존재하여 즉각적으로 구직자와 일자리가 연결되지 않는다는 점을 지적한 것이다. 즉, 노동시장이 완전하지 않다는 것이다.

마찰적 실업은 불가피하게 발생하는 것으로 어찌 보면 바람직스러운 측면도 있다. 대부분의 마찰적 실업은 저임금 · 저생산성의 직장에서 고임금 · 고생산성의 직장으로 옮기는 과정에 발생하기 때문이다. 이로 인해 근로자의 임금이 상승하고 노동배분의 효율이 개선되어 실질 GDP가 증가하면 경제적으로 바람직한 것이다.

## 분석의 응용

### 하방경직적 임금과 실업

노동시장은 매우 중요한 특징을 가지고 있는데 그 점이 경기침체 기간에 실업률이 크게 증가하는 이유를 설명해 준다. 그 특징이란 임금이 상방으로는 신축적이지만, 하방으로는 경직적이라는 점이다.

근로자는 임금이 오르면 아주 기뻐한다. 그래서 경기가 좋아져 기업이 부족한 근로자를 얻고자 경쟁하면 임금은 매우 신속하게 올라가곤 한다. 반면에 근로자는 임금의 삭감에 분개한다. 그래서 경기침체로 기업이 노동비용을 줄이고자 하더라도 임금을 삭감하는 경우는 거의 없다. 임금의 삭감은 근로자의 불만을 야기하여 생산성을 떨어뜨릴 뿐 아니라 극단적인 경우 근로자로 하여금 회사 물품을 훔치거나 생산 활동을 방해하게 만들 수 있다.

그래서 기업은 흔히 정리해고를 선택한다. 근로자는 누구나 정리해고 되어 실업자가 되는 것을 싫어한다. 하지만 직장에 남게 된 근로자는 이전과 같은 임금을 받을 수 있다. 이전과 마찬가지의 생산성과 협조적 분위기가 유지될 수 있는 것이다.

기업이 임금 삭감보다 정리해고를 선호하기 때문에 임금이 하방 경직적이 되고 비공식적인 가격 하한이 존재하게 된다. 이것이 경기침체 기간에 실업이 크게 증가하는 이유인 것이다. 경기침체로 노동의 수요가 줄어들었지만, 비공식적인 가격 하한의 존재로 인해 임금이 떨어지지 않는다는 것이 문제를 야기한다. 임금이 하락하면 최소한 일부 기업이라도 근로자를 더 고용하려고 하겠지만, 그런 일이 일어날 수 없다. 따라서 경기침체가 발생하면 임금이 하방으로 신축적일 때에 비하여 고용이 급격하게 감소하게 된다.

**구조적 실업** **구조적 실업**은 마찰적 실업과 유사한 면이 있다. 시간이 지나면서 소비자의 수요를 비롯하여 생산기술이 변하면 직종이나 공장입지 면에서 노동 수요의 '구조', 즉 산업별 구성이 달라진다.

구조적 실업

노동수요의 산업구조가 달라져 발생하는 실업

직종을 살펴보면 농업 노동이나 삯바느질에 대한 수요는 현재 크게 줄어들었고 아예 사라지고 있다. 소프트웨어 설계나 컴퓨터 시스템 정비에 대한 수요는 크게 늘어나고 있다. 노동력의 공급이 새롭게 등장하는 산업구조에 맞추어 즉각 변하지 않기 때문에 실업이 발생한다. 자신의 기술이나 경험이 쓸모없게 된 근로자는 자신을 필요로 하는 직장을 찾기 어렵다. 이들은 새로운 기술을 익히거나 새로운 직업에 적응할 때까지 구조적 실업 상태에 놓이게 된다.

공장입지가 달라지면 지리적으로 노동 수요도 달라진다. 지난 몇십 년 동안 한국의 산업은 수도권 지역으로 이전하였고 일자리도 따라 이동하였다. 그리고 도심에 있던 공장들이 주변의 산업단지로 이전하면서 일자리도 이동하였다. 기업의 해외 이전이 나타나 국내 기업의 일자리가 외국기업으로 이전되기도 하였다. 일자리가 다른 지역으로 이동하면 일부 근로자는 구조적 실업 상태에 빠지게 된다.

구조적 실업과 마찰적 실업은 혼동하기 쉽다. 이를 구분하는 결정적인 차이는 새로운 기술을 습득해야 하는가의 여부이다. 마찰적 실업자는 시장에서 필요로 하는 기술을 가지고 있다. 직장을 구할 수 있는 곳에 거주하고 있거나 거주지를 다른 지역으로 이동할 수 있다. 이에 비하여 구조적 실업자는 새로운 기술교육을 받지 않으면 새로운 직장을 구하기 어렵다. 마찰적 실업은 대부분 단기에 그치지만, 구조적 실업은 비교적 장기간 지속되어 상대적으로 심각한 결과를 초래한다.

경기적 실업
총지출의 감소로 야기된 실업

**경기적 실업** **경기적 실업**이란 총지출의 감소로 야기된 실업으로 경기순환 과정의 경기침체기에 주로 나타난다. 재화와 서비스에 대한 수요가 감소하면 고용이 줄고 실업이 늘어난다. 1933년 미국의 대공황시절 기록한 25%의 실업률이나 한국의 외환위기 시절인 1999년 2월에 기록한 8.8%의 실업률은 대부분 경기적 실업을 반영한다. 코로나 19로 인해 2020년 4월 미국이 기록한 14.8%의 실업률, 그리고 2021년 1월 한국의 기록한 5.7%의 실업률도 많은 부분 경기적 실업에 의한 것이다.

경기적 실업이 발생하게 되면 그것은 매우 심각한 문제다. 경기적 실업의 경제적 비용을 이해하려면 완전고용을 먼저 알아야 한다.

### 완전고용의 정의

마찰적 실업이나 구조적 실업은 동태적 경제에서는 불가피하게 발생한다. 그래서 경제활동인구가 100% 모두 고용된 것을 완전고용이라고 하지 않는다. 경제학자들이 '완전고용'이라고 하는 것은 마찰적 실업과 구조적 실업만이 존재할 때이다. 즉, 경기적 실업이 없는 상태를 말한다. 완전고용 상태에서의 실업률, 즉 자연실업률은 나라마다 다르다. 경제학자들은 미국의 경우 실업률이 4~5%일 때 완전고용이 달성된 것으로 여긴다. 한국은행의 연구에 따르면 한국의 자연실업률은 2000년 이후 3~4% 수준인 것으로 추정되었다.[1] 완전고용일 때 달성되는 실질 GDP를 **잠재적 GDP**라고 한다.

잠재적 GDP
완전고용일 때 달성되는 실질 GDP

## 실업의 경제적 비용

실업의 경제적 비용은 기본적으로 사라진 생산기회다. 일할 의도와 필요한 기술을 가진 근로자가 실업상태에 있으면 이들이 고용되었다면 생산되었을 재화나 서비스가 영원히 사라지고 만다. 경기적 실업이 존재한다는 것은 생산가능곡선의 안쪽에서 생산이 이루어짐을 뜻한다. 이로 인해 희생된 총산출을 경제학자들은 GDP 갭이라고 한다. 그래서 **GDP 갭**은 다음과 같이 정의된다.

GDP 갭
실제 GDP와 잠재 GDP 간의 격차

GDP 갭= 실제 GDP− 잠재 GDP

GDP 갭은 실제 GDP가 잠재 GDP보다 작으면 음(−)의 값을 갖고 실제 GDP가 잠재 GDP보다 크면 양(+)의 값을 갖는다. GDP 갭은 실업률과 밀접하게 관련되어 있다. 실업률이 높을수록 GDP 갭의 음(−)의 값이 커진다. 실업률이 자연실업률 이하로 줄어들면 GDP 갭은 양(+)의 값을 갖는다.

실업의 사회적 비용은 총산출의 상실분이지만, 실업은 개인에게 소득의 상실을 가져다준다. 그런데 모든 근로자가 이를 동일하게 부담하는 것은 아니다. 일부 집단의 실업률은 다른 집단보다 높아서 이들은 경기침체기에 증가하는 실업의 칼날을 피하지 못한다. 예를 들어, 대부분의 국가에서 육체노동자와 같은 미숙련 근로자의 실업률은 전문직 근로자와 같은 숙련 근로자의 실업률보다 높다. 즉, 미숙련 근로자들이 실업의 영향을 가장 심하게 그리고 오랫동안 받는다. 이들이 자영업에 종사할 기회도 숙련 근로자보다 적다. 제조업, 건설업, 광업 등에 종사하는 근로자가 특히 경기침체의 영향을 크게 받지만, 기업들은 훈련 비용을 투자해 키운 숙련근로자들은 계속 고용할 것이다.

평균적으로 저학력 근로자의 실업률이 고학력 근로자보다 높다. 저학력 근로자는 흔히 기술이 별로 필요하지 않으며, 지속력이 떨어지는 직업에 종사하고 있는데, 이들 직업 간에 이직하는 데는 시간이 많이 걸린다. 이들 직업은 경기에 따른 정리해고에 훨씬 취약한 편이다.

미국에서 성별에 따른 실업률은 큰 차이가 없다. 그러나 2007~2009년의 침체기에 남성의 실업률은 여성보다 크게 높았다. 팬데믹 초기인 2020년에 여성의 실업률이 더

1) 오삼일 외, "구직기간별 실업자 분포를 이용한 자연실업률 추정", BOK 이슈노트, 제2021-10호, 2021.6.

높았지만, 연말이 되자 남성과 여성의 실업률은 비슷해졌다.

10대 청소년 근로자의 실업률은 성인보다 훨씬 높다. 이들은 가진 기술이 별로 없고 직장을 쉽게 그만두며 해고도 자주 당한다. 그리고 성인보다 지리적 이동이 어렵다. 대부분의 10대 청소년 실업자는 처음으로 직장을 구하는 노동시장의 신규참여자들이다. 이들의 실업률은 경기침체기에 크게 상승하는데 미국에서 팬데믹 초기에 이들의 실업률은 32%를 넘었다.

마지막으로 미국에서 아프리카나 남아메리카 출신의 실업률은 백인이나 아시아 출신보다 대체로 높다. 이들의 실업률이 높은 것은 이들의 교육수준이 낮고 저숙련 직종에 취업이 집중되어 있기 때문이기도 하지만, 노동시장에 차별이 존재하기 때문이기도 하다. 일반적으로 아프리카 출신 미국인의 실업률은 백인의 2배에 이른다. 아프리카 출신 미국인이면서 남성이고 10대 청소년에 속한 집단의 실업률이 여러 인구집단 중에서 가장 높다.

## 인플레이션

인플레이션
일반 물가수준의 상승

**인플레이션**이란 일반 물가수준의 상승을 의미한다. 인플레이션이 발생하면 화폐소득으로 구매할 수 있는 재화와 서비스의 양이 감소한다. 즉, 인플레이션은 화폐의 '구매력'을 감소시킨다. 그러나 인플레이션이 발생하더라도 모든 상품의 가격이 상승하는 것은 아니다. 인플레이션이 급격히 진행되더라도, 일부 상품의 가격은 비교적 안정되어 있거나 하락하기도 한다. 미국의 예를 들자면 1970년대와 1980년 초반에 인플레이션율이 높았지만 비디오 녹화기, 디지털시계, 개인 컴퓨터의 가격은 하락하였다.

### 인플레이션의 측정

소비자물가지수
도시소비자가 주로 구매하는 상품의 가격 지수

인플레이션을 측정하는 대표적인 지수가 **소비자물가지수**(CPI)다. 통계청은 전국 약 2만 6천여 개의 소매점과 서비스 업체를 비롯하여 약 10,000여개의 임차가구를 표본으로 선정하여 매월 1~3회에 걸쳐 조사원이 이들을 직접 방문하여 가격을 조사한다. 조사 대상은 소비자가 일상생활에 소비하는 상품과 서비스로 2020년 기준으로 458개의 대표 품목이다. 이들 품목은 2020년을 기준으로 가계동향조사 결과에서 가구의 월평균 소비 지출액 비중이 0.01% 이상인 항목 중에서 지속적으로 가격 조사가 가능한 대표품목으로 구성되어 있다. 2015년의 대표품목은 460개였는데 소비지출의 변화를 반영하여 연탄이 빠지고 쌀국수 등이 새롭게 선정되는 등 458개 품목으로 조정되었다.

소비자물가지수는 결국 대표품목으로 구성된 '장바구니'의 가격을 조사하는 셈이다.

대표품목이 장바구니에서 차지하는 비중인 가중치는 2~3년마다 갱신되는데 이것은 소비자의 소비지출에서 차지하는 대표품목의 중요성을 반영한다. 소비자물가지수는 기준 년도인 2020년의 지수를 100으로 하여 산정된다. 따라서 특정 연도의 소비자물가지수는 다음과 같이 계산된다.

$$\text{소비자 물가지수} = \frac{\text{특정 년도(비교 년도) 장바구니의 가격}}{\text{기준 년도(2020년) 장바구니의 가격}} \times 100$$

인플레이션율은 그 해의 지수를 이전 해의 지수와 비교하여 백분율로 나타낸 것이다. 예를 들어, 2021년의 소비자물가지수가 102.50이고, 2020년에 100이라고 하면 2021년의 인플레이션율은 2.5%이다.

$$\text{인플레이션율} = \frac{102.50-100}{100} \times 100 = 2.5\%$$

디플레이션
물가수준의 하락

드물기는 하지만 소비자 물가지수가 전년보다 하락하기도 한다. 이러한 물가수준의 하락을 **디플레이션**이라 한다. 한국의 경우, 통계가 작성된 1965년 이후 소비자물가지수가 전월보다 하락한 적은 적지 않지만 전년보다 하락한 경우는 없다. 하지만 미국의 경우, 2009년의 인플레이션율이 −0.4%를 기록하였다.

제10장에서 '70의 법칙'이라는 수학적 어림셈법에 대해 설명한 바 있다. 증가율이 백분율로 주어져 있을 때 70을 백분율 증가율로 나누면 어떤 수치가 2배가 되는 데 걸리는 연수를 계산할 수 있는 법칙이다. 이것은 인플레이션에도 마찬가지로 적용된다. 연간 인플레이션율이 3%이면 물가 수준은 약 23년(=70/3)만에 2배가 된다.

### 인플레이션에 관한 몇 가지 사실

그림 11.3은 1966~2021년 한국의 연간 인플레이션율을 보여주고 있다. 인플레이션율은 1970년대 2차례의 오일쇼크 기간에는 20%를 넘기도 하였다. 그러나 1982년 이후 한 자릿수의 상승률을 보이고 있다. 그리고 1999년 이후에는 5% 내에서 안정적인 추세를 보이고 있다.

최근 한국의 물가상승률은 다른 선진국에 비해 특별히 높거나 낮지 않다(지구촌 전망 11.1 참조). 그림에 나타내지 않았지만, 최근 들어서도 2자리 이상의 인플레이션율을 보이는 국가도 있다. 예를 들어, 2017년에 연간 인플레이션율은 우크라이나 14%, 아르

그림 11.3 한국의 물가상승률(1966~2021년)

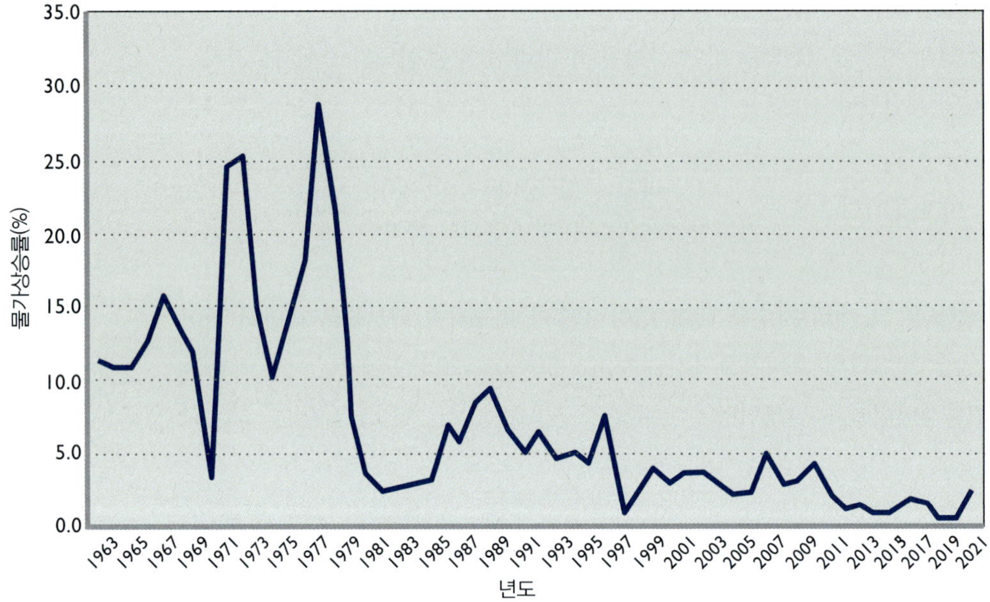


자료: 통계청, 국가통계포털(www.kosis.kr)

헨티나 25%, 리비아 33%, 에멘 53% 등이었는데, 특히 베네수엘라의 인플레이션율은 1,400,000%였다.

## 인플레이션의 유형

경제의 거의 모든 가격은 공급과 수요에 의해 결정된다. 따라서 인플레이션, 즉 일반 물가수준이 상승하고 있다면 이를 수요와 공급의 면에서 설명해야 한다. 이런 점을 고려하여 경제학자들은 인플레이션을 수요견인 인플레이션과 비용인상 인플레이션으로 구분한다.

수요견인 인플레이션
경제의 생산능력을 넘어선 초과수요로 발생하는 인플레이션

**수요견인 인플레이션** 총지출이 경제의 생산능력을 초과하면 흔히 물가수준이 상승한다. 인플레이션이 지속적으로 빠르게 진행되면 그것은 틀림없이 중앙은행의 과도한 통화발행 때문이다. 초과수요가 발생하였을 때 생산요소가 완전 고용되어 있다면 기업은 생산을 증가시킬 수 없다. 따라서 경제의 생산능력을 넘어선 초과수요가 발생하면 가격이 상승할 수밖에 없는데 이것이 **수요견인 인플레이션**이다. 수요견인 인플레이션이 발생하는 근본적 요인은 '물건은 부족한데 돈은 넘치기' 때문이다.

## 지구촌 전망 11.1

### 주요국의 물가상승률(2008~2018년)

한국의 물가상승률은 주요국의 물가상승률과 비교하더라도 크게 높거나 낮지 않다.

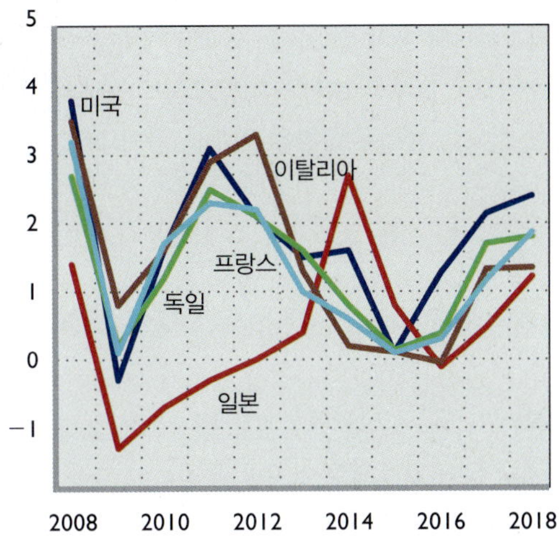


자료: International Monetary Fund, www.imf.org.

**비용인상 인플레이션** 인플레이션은 공급 측면, 즉 비용 측면에서 발생하기도 한다. 과거 미국 경제를 보면 특히 1970년대 중반의 경우 총지출이 생산능력을 초과하지 않았지만, 일반적 물가수준이 상승하였다. 이 기간 동안 고용과 산출이 감소하였는데 이것은 총지출이 과다하지 않았다는 것을 보여준다. 그럼에도 일반적 물가수준은 상승하였던 것이다.

**비용인상 인플레이션** 이론에 따르면 이런 상태에서 물가수준이 상승한 것은 총산출의 평균 생산비용(단위생산비용)이 증가하였기 때문이다. 평균비용이 증가하면 이윤이 줄어들어 경제 전체의 재화와 서비스의 생산이 줄어든다. 즉, 비용의 증가는 물가수준을 아래에서 위로 밀어 올리는 셈(비용 인상)이다. 이에 비해 수요견인 인플레이션은 물가수준을 위에서 끌어당기는 셈(수요 견인)이다.

비용인상 인플레이션
생산비용의 상승으로 발생하는 인플레이션

비용인상 인플레이션의 주요 원인은 '공급충격'이다. 구체적으로 원재료나 에너지 가격이 급격히 상승하면 상품 1단위당 생산비용이 증가하여 상품의 가격이 상승한다. 실제 1973~1974년과 1979~1980년에 있었던 원유 가격의 급등이 이를 잘 보여준다. 이

## 개념의 이해

### 금화 긁어내기

수요견인 인플레이션에 대한 흥미로운 사례는 봉건시대였던 9~15세기의 유럽에서 등장하였다. 봉건사회에서 영주는 토지를 지배하고 있었고 농노들이 농사를 지었다. 초기에 농노들은 추수한 농작물의 일부를 조세로 지불하였다. 영주가 법정 화폐를 주조하기 시작하면서 점차 농노들은 조세를 금화로 납부하게 되었다.

그러자 영주들은 농노들에게 명시적으로 조세를 부과하지 않고서도 농노의 구매력을 자신들에게 이전시킬 수 있는 방법을 깨닫게 되었다. 영주들은 조세로 납부된 금화의 일부를 긁어내어 금화가 약간 줄어들게 하였다. 그리고 긁어낸 금화조각을 모아 새롭게 금화를 주조하고 이를 이용해 더 많은 재화를 구매할 수 있었다.

금화 긁어내기로 새로운 금화를 주조하는 것은 교묘하게 조세를 부과하는 방법이다. 이를 통해 영지에서 생산된 재화의 양은 동일한데 금화의 양은 증가하게 된다. '재화의 양은 적은데 이를 사려는 통화의 양이 증가'하면서 인플레이션이 일어나게 되었다. 가격이 상승하면 농부들이 벌어들인 금화의 구매력은 하락한다. 통화량의 증가가 농노들의 구매력을 영주에게로 이전시켰던 것이다. 이것은 사실상 영주가 농노들에게 조세를 증가시킨 것과 같다.

최근에도 일부 독재자들은 화폐를 찍어 자기 가족이나 주요 충복들에게 필요한 재화를 구매한다. 이러한 독재자들 역시 인플레이션을 통해 국민들에게 눈에 띄지 않는 조세를 부과하고 있는 셈이다.

이러한 이야기가 주는 교훈은 간단하다. 사회가 물가 안정을 중요시한다면 인플레이션으로부터 이익을 보는 사람들에게 통화 공급을 절대 맡겨서는 안 된다는 것이다.

**문제**

대외적인 부채가 막대하다면 정부는 때에 따라 국내통화량을 늘려 인플레이션을 일으키려고 시도하기도 한다. 그 이유는 무엇일까?

기간에 에너지 가격이 급등하면서 이로 인한 거의 모든 상품의 생산비용 및 수송비용이 상승하였다. 그래서 비용인상 인플레이션이 뒤따르게 되었다.

## 인플레이션의 소득 재분배 효과

인플레이션은 실질소득을 재분배한다. 대부분의 사람은 크게 영향을 받지 않겠지만, 일부 사람은 이익을 보기도 하고 손해를 보기도 한다. 누가 손해를 보고 이익을 볼까? 먼저 몇 가지 용어를 정리해보자.

명목소득
화폐로 표시한 소득

실질소득
화폐의 구매력으로 표시한 소득

명목소득(화폐소득)과 실질소득은 다르다. **명목소득**이란 임금, 지대, 이자, 이윤을 화폐액으로 표시한 것이다. 이에 비해 실질소득이란 화폐소득으로 구매할 수 있는 상품의 양을 나타낸다. 즉, 화폐소득의 구매력을 의미한다. **실질소득**은 인플레이션을 고려하여 명목소득을 다음과 같이 조정하여 구해진다.

$$실질소득 = \frac{명목소득}{물가지수}$$

인플레이션이 발생하더라도 실질소득, 즉 경제 전체의 구매력이 달라지지 않을 수 있다. 명목소득이 물가지수와 같은 비율로 증가하면 실질소득은 동일하다.

그러나 인플레이션이 발생하였을 때 모든 사람들의 명목소득이 물가지수와 같은 비율로 증가하는 것은 아니다. 그래서 실질소득이 재분배될 수 있는 것이다. 개인의 명목소득 증가율이 물가지수의 증가율과 다르면 개인의 실질소득은 달라진다. 실질소득의 변화는 다음의 식을 통해 개략적으로 구해진다.

$$실질소득\ 변화율(\%) \fallingdotseq 명목소득의\ 변화율(\%) - 물가지수의\ 변화율(\%)$$

예를 들어, 어느 해의 물가지수가 6% 상승하였다고 하자. 지성의 명목소득이 6% 증가하면 그의 실질소득은 변함이 없다. 그러나 명목소득이 10% 증가하였다면 실질소득이 4% 증가한 것이고 명목소득이 2%만 상승하였다면 실질소득은 4% 하락한 것이 된다.

인플레이션의 재분배 효과는 인플레이션을 예상할 수 있었느냐에 다르게 나타난다. 인플레이션을 완전히 예상할 수 있다면 인플레이션이 실질소득에 미치는 부정적 효과를 피하거나 줄일 수 있기 때문이다. 이제부터 다른 언급이 없으면 인플레이션은 예상치 못한 것이라고 가정한다.

## 누가 손해를 보나?

예상치 못한 인플레이션은 고정소득자, 저축자 그리고 채권자에게 손해를 준다. 이들의 실질소득은 다른 사람에게 재분배된다.

**고정소득자** 인플레이션이 발생하면 고정소득자들의 실질소득이 감소한다. 매달 일정 액수의 민간연금으로 생활하는 노인 부부를 생각해보자. 그들은 은퇴 당시에는 민간 연금으로 충분히 생활을 할 수 있다고 여겼을 것이다. 그러나 시간이 지나면서 인플레이션이 그들의 연금 구매력, 즉 실질소득을 크게 감소시켰음을 깨닫게 된다.

마찬가지로 고정된 집세를 받는 집주인도 인플레이션으로 집세의 실질가치가 하락하므로 손해를 본다. 고정 급여의 공무원도 인플레이션으로 손해를 입을 수 있다. 호봉 인상분(매년의 급여 상승분)이 인플레이션을 따라가지 못할 수 있기 때문이다. 최저임금 근로자나 고정된 복지비를 지급받는 가족도 인플레이션으로 손해를 본다.

**저축자** 예상치 못한 인플레이션은 저축자에게 손해를 끼친다. 물가수준이 상승하면 저축으로 축적된 예금자산의 실질가치, 즉 구매력이 줄어든다. 저축예금, 보험, 연금 등의 금융자산은 편안한 은퇴생활이나 만일의 경우에 대비한 것이지만, 인플레이션으로 이들 자산의 실질가치는 하락한다. 간단한 사례로 2010년에 예금한 1,000만 원의 실질가치는 이자수입을 제외하면 2020년에는 864만 원에 지나지 않는다. 그동안 소비자물가지수가 15.8% 증가하였기 때문이다. 이자수입을 포함하면 실질가치는 증가하겠지만, 이자율보다 인플레이션율이 높다면 실질가치가 하락할 것은 분명하다.

**채권자** 예상치 못한 인플레이션은 채권자(금전대부자)에게 손해를 입힌다. 은행이 수지에게 2년 만기로 100만 원을 대출해주었다고 하자. 2년 후 물가수준이 2배로 뛰면 수지가 갚게 되는 100만 원의 구매력은 대출받은 100만 원의 절반에 불과하다. 물가수준의 상승으로 화폐가치가 하락하기 때문이다. 그래서 채무자는 채권자로부터 빌린 돈을 그보다 낮은 가치의 돈으로 갚게 되어 이익이다. 이에 비해 은행은 실질소득의 감소라는 손해를 보게 된다.

## 누가 손해를 보지 않거나 이익을 보는가?

어떠한 사람들은 인플레이션의 영향을 받지 않고 어떤 사람은 이익을 본다. 이들의 이익은 인플레이션이 다른 사람의 실질소득을 빼앗아 재분배한 것이다.

**변동 소득자** 소득이 변동하면 인플레이션에 따른 손해를 피할 수 있으며, 때에 따라 이익을 볼 수도 있다. 사회보장혜택이 소비자물가지수에 연동되어 있으면 이러한 혜택을 받는 개인들은 인플레이션의 영향을 거의 받지 않는다. 한국의 모든 공적 연금은 매년 연초에 전년의 소비자물가상승률을 반영하여 연금지급액을 조정한다. 따라서 소비자 물가지수가 상승하면 혜택이 자동적으로 증가하여 인플레이션으로 구매력이 줄어드는 것을 막을 수 있다. 물론 개인에 따라 주로 소비하는 상품의 가격이 상대적으로 크게 오르면 이들은 연금이 조정되더라도 손해를 보겠지만, 상대적으로 덜 오른 상품을 주로 소비하는 개인은 연금 조정으로 이익을 보게 된다. 생계비 연동임금을 받는 근로자들도 소비자물가지수가 상승하면 그만큼 임금이 늘어나 손해를 보지 않을 수 있지만 개별적인 생계비의 상승률이 인플레이션율과 정확히 일치하는 않을 수 있어 개인에 따라 손해를 보거나 이익을 볼 수 있다.

일부 변동소득자는 예상치 못한 인플레이션으로 이익을 볼 수도 있다. 수요견인 인플레이션이 빠르게 진행되고 있다면 상품 수요가 급증하고 노동력이 부족하게 된다. 그래서 물가수준이 오르기 전에 일부 명목소득이 먼저 상승하여 실질소득이 증가할 수 있다. 예를 들어, 인플레이션으로 부동산 시장이 호황이면 집주인은 다른 물가가 오르기 전에 집세를 먼저 올릴 수 있다. 그리고 인플레이션으로 이익을 보는 기업가도 있다. 상품 가격이 생산요소의 가격보다 빨리 상승하면 기업의 수입이 비용보다 빨리 증가하기 때문이다.

**채무자** 예상치 못한 인플레이션은 채무자(금전 차입자)에게 이익을 준다. 앞의 예에서 보았듯이 인플레이션으로 인해 은행이 손해 보는 것만큼 수지의 실질소득이 증가한다. 수지는 '비싼' 화폐로 대출받았지만, 인플레이션으로 구매력이 낮아진 '싼' 화폐로 이자와 원금을 갚는다. 실질소득이 은행의 소유자로부터 수지에게로 재분배된 것이다.

## 기대 인플레이션

사람들이 인플레이션을 예상하여 명목소득에 예상 인플레이션율을 반영할 수 있다면 인플레이션의 재분배 효과가 크지 않거나 아예 없을 수 있다. 1960년대 후반부터 시작된 인플레이션이 지속되자 1970년대에 들어 대부분의 노동조합은 임금협상과정에서 인플레이션만큼의 임금이 자동으로 상승하는 생계비 연동 임금계약을 요구하였다.

마찬가지로 인플레이션이 예상되면 채권자의 소득이 채무자로 재분배되지 않을 수 있다. 은행(채권자)이 가계(채무자)에 1년 만기로 대출해 줄 때 물가수준이 안정되어 있을 때는 5%의 이자율이 적용된다고 하자. 그런데 인플레이션이 발생하여 연간 인플레이션율이 6%로 예상된다고 하자. 그러면 은행은 5%의 이자율에 예상 인플레이션율인 6%만큼의 인플레이션 프리미엄을 합하여 11%의 이자율을 부과할 것이다. 이를 통해 인플레이션의 영향은 사라질 것이다.

앞의 사례는 **명목이자율**과 **실질이자율**이 다를 수 있음을 보여준다. 실질이자율이란 채무자가 채권자에게 상환하는 금액이 구매력으로 표시하였을 때 원금보다 얼마나 증가하는가를 백분율(%)로 나타낸 것이다. 앞의 사례에서 실질이자율은 5%이다. 명목이자율이란 채무자가 채권자에게 상환하는 금액이 화폐로 표시하였을 때 원금보다 얼마나 증가하는가를 백분율(%)로 나타낸 것이다. 명목이자율은 인플레이션 프리미엄을 포함한다. 즉, 명목이자율은 다음과 같이 계산된다.

명목이자율
화폐로 표시한 이자율

실질이자율
실질구매력으로 표시한 이자율

명목이자율 = 실질이자율 + 인플레이션 프리미엄(기대 인플레이션율)

**그림 11.4 명목이자율, 실질이자율 그리고 인플레이션 프리미엄**

명목이자율은 기대 인플레이션율, 즉, 인플레이션 프리미엄을 포함한다. 실질이자율이 5%이고 기대 인플레이션율이 6%이면, 명목이자율은 11%가 된다.

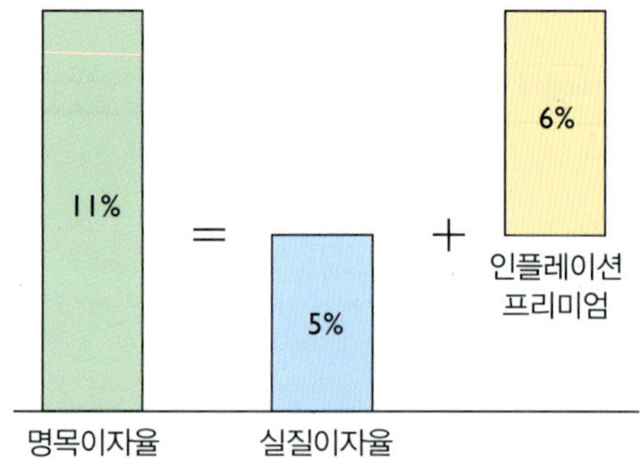


그림 11.4에 나타나 있듯이 우리의 사례에서 명목이자율은 11%이다.

## 인플레이션이 생산에 미치는 영향

지금까지 인플레이션이 주어진 실질소득을 어떻게 재분배하는지에 대해 주로 설명하였다. 그러나 인플레이션은 실질 총산출, 즉 GDP 수준 자체에도 영향을 미칠 수 있다.

### 비용인상 인플레이션과 실질 총산출

원유와 같은 주요 원자재 가격이 예상치 못하게 급등하면 전반적으로 생산비용이 상승하여 비용인상 인플레이션이 발생한다고 언급한 바 있다. 가격이 상승하면 재화와 서비스의 수요량은 하락한다. 이에 따라 기업이 생산을 줄임에 따라 실질 총산출이 감소하고 실업이 증가한다.

### 수요견인 인플레이션과 실질 총산출

3% 미만의 완만한 인플레이션율이 실질 총산출에 미치는 영향에 대해 경제학자들의 의견은 다르다. 일부 경제학자들은 완만한 인플레이션율이라도 실질 총산출을 줄인다고 주장한다. 인플레이션이 발생하면 인플레이션의 피해를 줄이기 위해 시간과 노력이 투입되기 때문이다.

- 인플레이션이 발생하면 기업은 수천 개 상품의 가격표를 바꾸거나 컴퓨터에 수록된 가격을 고쳐야 한다.
- 기업이나 가계는 가격, 임금, 이자율 등의 실질가치와 명목가치를 구분하기 위해 상당한 시간과 노력을 들여 필요한 정보를 얻어야 한다.

이들 경제학자들에 따르면 인플레이션이 없었다면 더 많은 시간과 노력이 상품과

## 분석의 응용

### 디플레이션이라는 유령

경기순환의 확장 국면에서는 대부분 인플레이션율이 상승한다. 경제 전체적으로 수요가 공급보다 앞서 증가하기 때문이다. 그러나 경기 정점을 지나 경기침체 국면에 들어서면 인플레이션율은 하락한다. 실업이 증가하고 상품과 서비스에 대한 수요가 감소하기 때문이다. 어떤 때는 수요의 감소가 너무 급격하게 이루어져 물가수준이 하락하는 디플레이션이 나타날 수 있다.

경제학자들이 디플레이션을 두려워하는 이유는 이로 인해 금융부채를 가진 기업의 연쇄도산이 나타날 수 있기 때문이다. 가격이 하락하면 기업은 수입이 부족해져 금융부채를 갚는 데 어려움을 겪게 된다. 기업의 파산이 어느 정도 진행되면 근로자의 정리해고가 등장하고 수요가 추가로 감소하면서 디플레이션이 심화될 수 있다. 소비자가 앞으로 가격이 하락할 것을 예상하여 상품의 구매를 연기하면 디플레이션은 악화된다. 한 달 후에 가격이 크게 떨어질 것을 예상하고 있다면 누가 오늘 구매하려고 할 것인가?

디플레이션의 악순환을 막기 위해 중앙은행은 통화정책을 통해 항상 양(+)의 인플레이션율을 유지하려고 한다. 중앙은행의 정책은 거의 대부분 성공적이어서 2007~2009년의 대침체 기간처럼 심각한 경기침체가 발생하더라도 디플레이션은 거의 발생하지 않는다. 이것은 반가운 소식이다. 인플레이션율이 비록 적은 값이더라도 항상 양(+)의 수준을 유지하면 디플레이션의 악순환은 결코 시작될 수 없기 때문이다.

**문제**

소비자들은 낮은 가격을 선호하며, 이를 찾아다닌다. 일부 상품의 가격이 낮아지는 것은 소비자에게 좋은 일이지만, 일반적인 물가수준이 낮아지는 것은 그렇지 않다. 그 이유는 무엇인가?

서비스의 생산에 투입될 수 있다는 것이다. '인플레이션율 0%'에 찬성하는 경제학자들은 주장의 근거로 인플레이션율이 낮으면 경제성장율이 높다는 국제 비교연구를 지적하고 있다. 이들에 따르면 완만한 인플레이션이라도 총산출을 줄이게 된다는 것이다.

이와는 달리 일부 경제학자들은 완만한 인플레이션은 경제성장에 도움이 된다고 주장한다. 이들에 따르면 총지출이 뒷받침되어야 완전고용과 경제성장이 달성된다고 지적한다. 총지출이 증가하여야 이윤이 증가하고 노동수요가 늘어나며 기업이 공장설비를 확장한다는 것이다. 이들에 따르면 완만한 인플레이션이란 견조한 총지출의 부산물로 완전고용과 지속적인 경제성장을 위해 지불해야 하는 댓가라는 것이다. 이들은 이왕 잘못된 것이라면 총지출의 부족, 실업, 경기침체, 디플레이션을 겪는 것보다 총지출 과다, 완전고용, 경제성장, 완만한 인플레이션을 택하는 것이 훨씬 경제에 도움이 된다고 말한다.

## 분석의 응용

### 하이퍼인플레이션

하이퍼인플레이션이란 인플레이션이 매우 가파르게 진행되는 것을 말하는데 경제학자들은 이것이 실질 총산출과 고용에 치명적인 타격을 가한다는 데 모두 동의하고 있다.

- 하이퍼인플레이션이 진행되는 동안 상품 가격이 제각기 급등하기 때문에 정상적인 경제 관계가 유지되기 어렵다. 기업은 어떤 가격을 매겨야 할지 알 수 없고 소비자들은 얼마나 지불해야 할지 알 수 없다.
- 기업은 상품 가격의 추가 상승을 예상하고 있어서 생산을 줄인다. 원자재를 투입하여 생산한 상품을 팔기보다 원자재를 비축하고 생산된 상품을 재고로 쌓아놓은 것이 금전적으로 도움이 되기 때문이다. 내일 더 비싼 값에 팔 수 있는 상품을 왜 오늘 팔겠는가?
- 대출의 상환이 가치가 급격히 하락한 화폐로 이루어질 것을 알기 때문에 금융기관이 기업 대출을 연장하려하지 않는다. 그래서 투자가 감소한다.
- 대부분의 사람들은 화폐의 사용을 포기하고 물물교환으로 돌아간다. 그래서 생산과 거래가 감소한다. 사람들이 거래와 교환에 더 많은 시간을 보내면서 근로와 생산에 쓰일 시간이 줄어들기 때문이다.
- 총체적인 결과는 경제의 붕괴이고 흔히 정치적 혼란이 야기된다.

하이퍼인플레이션은 제1차 세계대전 후의 독일과 제2차 세계대전 후의 일본에서 발생하였다. 독일에서는 가격이 너무 빨리 올라 음식점의 메뉴 가격이 심지어는 점심을 먹는 동안에도 여러 번 바뀌었고 어떤 때는 주문할 때의 메뉴 가격보다 2배를 지불하기도 하였다.[1] 1947년 전후의 일본에서는 어부와 농부들은 현금과 동전을 일일이 세기보다 저울로 무게를 달았다.[2]

이러한 하이퍼인플레이션은 모두 정부의 무분별한 통화팽창이 고착화되어 발생한다. 통화 공급이 급격하게 치솟으면 총지출이 크게 늘면서 심각한 수요견인 인플레이션이 발생하는 것이다. 최근에 발생한 최악의 하이퍼인플레이션은 2008년에 짐바브웨에서 발생하였는데 인플레이션율이 149억%에 달했다. 2018년의 베네수엘라를 비롯하여 지난 세기에는 수십 개 국이 연율 100만%가 넘는 인플레이션율을 경험하였다.

1) Theodore Morgan, *Income and Employment*, 2nd Ed.(Eaglewood Cliffs, N.J.:Prentice Hall, 1952), p.361.
2) Rabum M. Williams, *Inflation! Money, Jobs, and Politicians*(Arlinton Heights, IL: AHM Publishing, 1980), p.2.

## 요약

**1.** 경기순환 국면의 구분

경기순환이란 경제활동수준이 상승과 하락을 반복하는 것을 말한다. 경기순환은 경기확장기와 경기침체기라는 두 국면으로 나누어진다.

**2.** 실업과 인플레이션 측정방법

통계청은 전국 3만 5천 가구에 달하는 표본가구를 방문하여 15세 이상 인구에 대해 취업상태를 조사한다. 지난 15일이 포함된 1주일을 기준으로 가족원 중 누가 취업하였고 실업상태에 있는 가족이 구직활동을 하고 있는지 등을 묻는다. 이에 따라 취업자, 실업자, 비경제활동 인구로 구분한다. 일할 능력이나 구직 의사가 없는 사람은 비경제활동인구에 속한다. 경제활동인구 중에서 조사 대상기간 1주일 중 1시간 이상 일을 하면 취업자로, 그렇지 못하면 실업자로 분류한다. 실업률은 경제활동 인구에 대한 실업자의 비율로 계산한다.

인플레이션이란 일반 물가수준의 상승을 의미한다. 그리고 인플레이션은 소비자물가지수로 측정한다. 인플레이션이 발생하면 화폐소득으로 구매할 수 있는 재화와 서비스의 양이 이전보다 감소한다. 즉, 인플레이션은 화폐의 '구매력'을 감소시킨다. 디플레이션이란 일반 물가수준의 하락을 의미한다.

**3.** 실업과 인플레이션의 유형과 경제파급효과

실업은 마찰적 실업, 구조적 실업, 경기적 실업의 3 형태로 구분된다. '완전고용'은 마찰적 실업과 구조적 실업만이 존재할 때이다. 이때의 실업률을 자연실업률이라고 하는데 미국은 4~5% 정도이며, 한국은 3~4%로 추정하고 있다.

실업의 경제적 비용은 비자발적 실업으로 인해 사라져버린 재화나 서비스인데 이것은 음(−)의 GDP 갭으로 측정한다.

인플레이션의 유형은 수요견인 인플레이션과 비용인상 인플레이션으로 구분된다. 수요견인 인플레이션은 총지출이 경제의 생산능력을 넘어설 때 발생한다. 비용인상 인플레이션의 주요 원인은 주요 원재료나 에너지 가격의 급격한 상승이다. 이러한 공급충격으로 상품 1단위당 생산비용이 증가하여 소비재의 가격이 상승한다.

예상치 못한 인플레이션은 고정소득자, 저축자 그리고 채권자를 희생시키면서 실질소득을 재분배한다. 인플레이션을 완전히 예상할 수 있었다면 기업이나 개인은 자신에게 불리한 재분배 효과를 피하거나 줄일 수 있다.

비용인상 인플레이션은 실질 총산출과 고용을 줄인다. 인플레이션율을 0%로 유지해야 한다고 주장하는 일부 경제학자들은 1~3%의 완만한 인플레이션율이라도 실질 총산출을 줄인다고 주장한다. 이와는 달리 일부 경제학자들에 따르면 완만한 인플레이션이란 높은 산출수준, 완전고용, 경제성장을 가져다주는 견고한 총지출로 인해 불가피하게 발생하는 부산물에 지나지 않는다.

하이퍼인플레이션은 모두 정부의 무분별한 통화팽창에서 비롯된 것이다. 하이퍼인플레이션이 발생하면 통화 제도가 무너지고 실질 총산출과 고용에 치명적인 타격을 준다.

## 주요 용어 및 개념

가격의 경직성
경기순환
경기적 실업
경기침체
경기확장
경제활동인구
공급충격
구조적 실업
디플레이션
마찰적 실업
명목소득
명목이자율
비용인상 인플레이션
소비자물가지수
수요견인 인플레이션
수요충격
실업률
실질소득
실질이자율
인플레이션
잠재 GDP
충격
GDP 갭

## 연습문제

**1.** 경기순환을 초래하는 요인과 거리가 먼 것은?
① 예상하지 못한 혁신
② 예상하지 못한 생산성 증가
③ 예상하지 못한 통화 증가
④ 예상하지 못한 물가 하락
⑤ 예상하지 못한 정치적 사건

**2.** 다음에서 경기순환의 영향을 비교적 적게 받는 분야는?
① 건설 산업 ② 자동차 산업
③ 의류 산업 ④ 가전 산업
⑤ 중장비 산업

**3.** 주식시장이 경제에 미치는 효과를 틀리게 설명한 것은?
① 주가의 변동은 투자자의 소득을 변화시킨다.
② 주가의 변동은 자산효과를 초래한다.
③ 주가의 변동은 투자효과를 초래한다.
④ 주가의 변동이 소비에 미치는 영향은 미약하다.
⑤ 버블의 붕괴는 경제에 비관론을 확산시킨다.

**4.** 다음의 실업의 유형 중에서 경기순환과 관련된 실업은 무엇인가?
① 마찰적 실업 ② 구조적 실업
③ 경기적 실업 ④ 실망 실업
⑤ 대기 실업

**5.** 실업에 대한 다음의 설명 중 틀린 것은?
① 실업이 존재하면 생산 가능곡선의 안쪽에서 생산이 이루어진다.
② 실업률이 높을수록 음(−)의 GDP 갭이 크다.
③ 미숙련 근로자의 실업률이 숙련 근로자보다 높다.
④ 10대 청소년 근로자의 실업률이 성인보다 높다.
⑤ 근로자의 고용을 보호할수록 실업률이 낮다.

**6.** 다음에서 인플레이션을 측정하는 방식을 틀리게 설명한 것은?
① 소비자 물가지수로 측정한다.
② 표본가구를 직접 방문하여 물가를 조사한다.
③ 월평균 지출액이 0.01% 이상인 품목만 조사한다.
④ 물가지수는 2020년의 지수를 100으로 하여 산정한다.
⑤ 품목의 구성비는 5년마다 달라진다.

**7.** 다음에서 비용인상 인플레이션과 무관한 것은?
① 국민소득이 감소한다.
② 고용이 감소한다.
③ 원자재 가격이 인상되면 초래된다.
④ 총산출의 평균비용이 상승한다.
⑤ 수요의 충격으로 발생한다.

**8.** 예상하지 못한 인플레이션이 발생하였을 때 이익을 보는 사람은 누구인가?
① 연금 생활자 ② 고정된 월세 받는 집주인
③ 보험 상품 가입자 ④ 은행 대출자
⑤ 주식 투자자

**9.** 예상된 인플레이션이 발생하였을 때의 효과를 바르게 설명한 것은?
① 실질이자율이 상승한다.
② 명목이자율이 상승한다.
③ 국민소득이 증가한다.
④ 고용이 증가한다.
⑤ 소비가 증가한다.

**10.** 다음은 어떤 국가의 경제통계 자료이다.

| 총 인구: 5천만 명<br>15세 이하 인구: 1천2백만 명<br>비경제활동인구: 1천5백만 명<br>실업자: 230만 명<br>정규직을 고대하는 비정규직 근로자: 100만 명 |
|---|

(1) 경제활동인구를 계산하시오.
(2) 실업률은 얼마인가?

**11.** 인플레이션이 발생하였을 때 그것이 비용인상 인플레이션인지 또는 수요견인 인플레이션인지 어떻게 구분할 수 있는지 설명하여 보시오.

## CHAPTER 12

# 총수요와 총공급

### 학습내용

1. 총수요의 정의와 변화 요인
2. 총공급의 정의와 변화 요인
3. 균형 GDP와 균형 물가수준
4. 총수요 · 총공급 모형의 응용: 인플레이션과 경기침체

---

2007~2009년의 경기침체기 때 예전에는 주로 경제학술지에 등장하던 총수요 · 총공급이라는 경제용어를 신문, TV를 비롯하여 각종 웹 사이트 등에서 자주 접하게 되었다.

언론매체와 대중들은 궁금해 했다. 어떤 이유로 미국의 총수요가 감소하여 1982년 이후 가장 심각한 경기침체와 실업률을 초래하였을까? 미국에서 금융위기가 발생하였을 때 한국은행이 2008년 8월 5.25%였던 기준금리를 2009년 2월에는 2%까지 인하하였는데 이것이 총수요를 진작시켜 미국발 경기침체를 방어할 수 있었을까? 정부는 2009년 초에 약 18조 원에 달하는 대규모 재정지출을 편성하였는데 이러한 정책이 의도한 대로 총수요를 진작시키고 실업을 감소시킬 것인가? 유가를 비롯한 에너지 가격의 급등이 총공급을 줄여 경기확장세를 멈추게 할 것인가?

이 장은 총수요 · 총공급 모형(AD-AS모형)을 집중 분석한다. 이 모형은 총수요곡선과 총공급곡선을 이용하여 실질 GDP와 물가수준의 변화를 모두 분석할 수 있게 한다. 이러한 분석을 통해 인플레이션, 경기침체, 실업, 경제성장 등에 대한 예리한 통찰력을 얻을 수 있다. 2008~2009년에 경기하강을 막고 경기회복을 촉진하기 위해 재정정책과 통화정책이 시행되었는데 추후의 장에서 총수요 · 총공급모형은 이러한 정책의 효과를 쉽게 설명해준다.

## 총수요

총수요
주어진 물가수준에서 전체 구매자가 매입하고자 하는 총산출량

**총수요**란 주어진 개별 물가수준에서 전체 구매자가 매입하고자 의도하는 총산출량(실질 GDP)을 나타내는 표 또는 곡선이다. 구매자는 국내의 가계, 기업, 정부뿐 아니라 해외에 거주하는 가계, 기업, 정부 등 해외 소비자를 포함한다.

가계, 기업, 정부가 매입하고자 의도하는 실질 총산출량은 물가수준과 역의 관계에 있다. 여기에서 물가수준은 소비자 물가지수가 아니라 GDP 물가지수(명목 GDP/실질 GDP)로 측정한다. 물가수준이 상승하면 실질 GDP에 대한 수요는 감소하고 물가수준이 하락하면 실질 GDP에 대한 수요는 증가한다.

그림 12.1에 물가수준과 실질 GDP의 수요 간에 존재하는 역의 관계가 그래프로 그려져 있다. 총수요곡선(AD)이 우하향한다는 것은 국내 물가수준이 상승하면 국내 및 해외 구매자가 국내 실질 GDP에 대한 지출을 줄인다는 것을 뜻한다. 그리고 물가수준이 하락하면 실질 총산출에 대한 지출이 증가한다.

**그림 12.1 총수요곡선**
총수요곡선은 우하향한다. 이것은 물가수준과 실질 GDP 지출 간에 역의 관계에 있다는 것을 뜻한다.

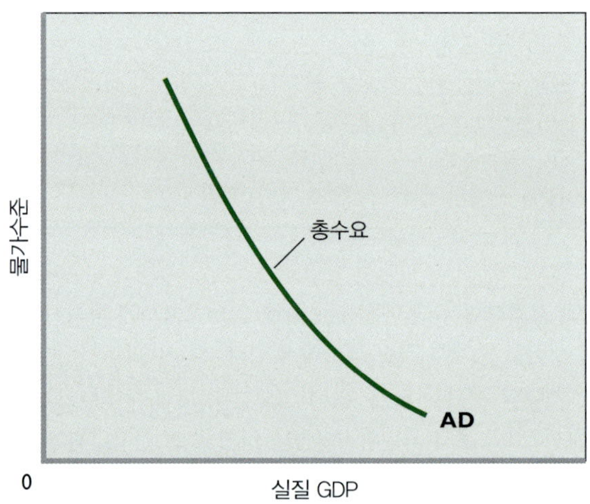


## 총수요의 변화

총수요곡선의 이동요인
소비지출의 변화, 투자지출의 변화, 정부지출의 변화, 순수출의 변화

다른 모든 조건이 변하지 않는다면 물가수준의 변화는 총지출을 변화시켜 실질 GDP에 대한 수요량을 달라지게 한다. 물가수준의 변화에 따른 실질 GDP에 대한 수요량의 변화는 총수요곡선을 따라 나타난다. 그러나 변하지 않는다고 여긴 조건이 변하면 총수요곡선이 이동한다. 변하지 않는다고 여긴 조건들을 **총수요곡선의 이동요인**이라고 할 수 있는데 이들이 변하면 총수요곡선이 이동하는 것이다. 이러한 총수요곡선의 이동요

**표 12.1** 총수요곡선의 이동요인

| 총수요곡선의 이동요인 |
|---|
| 1. 소비지출의 변화 |
| ① 소비자의 자산 |
| ② 가계부채 |
| ③ 소비자의 기대 |
| ④ 개인소득세 |
| 2. 투자지출의 변화 |
| ① 이자율 |
| ② 기대수익 |
| i) 미래의 사업전망 |
| ii) 기술 |
| iii) 생산시설의 과잉 정도 |
| iv) 사업소득세 |
| 3. 정부지출의 변화 |
| 4. 순수출의 변화 |
| ① 해외 국민소득 |
| ② 환율 |

**그림 12.2** 총수요곡선의 이동

총수요곡선의 이동요인이 하나라도 변하면 총수요곡선은 이동한다. 총수요가 증가하면 총수요곡선은 $AD_1$에서 $AD_2$로 우측으로 이동한다. 총수요곡선이 $AD_1$에서 $AD_3$로 좌측으로 이동하는 것은 총수요의 감소를 나타낸다.

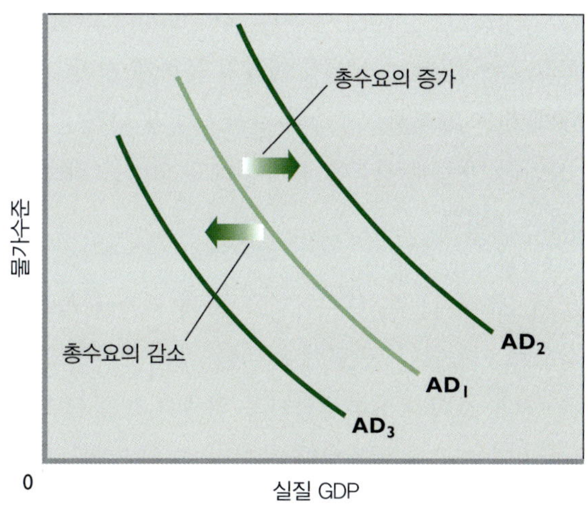


인들이 표 12.1에 나열되어 있다. 그림 12.2에 나타나 있듯이 총수요가 증가하면 총수요곡선은 $AD_1$에서 $AD_2$로 우측으로 이동한다. 총수요곡선이 $AD_1$에서 $AD_3$로 좌측으로 이동하는 것은 총수요의 감소를 나타낸다. 그림에 나타난 총지출의 구성요소는 국민소득계정에 나타난 것과 동일한 것이다(제10장 참조). 총수요의 이동요인을 명확히 이해하기 위해 이를 자세히 살펴보자.

### 소비지출

주어진 물가수준에서 소비자가 더 많은 생산물을 구입하게 되면 총수요곡선은 그림 12.2의 $AD_1$에서 $AD_2$로 오른쪽으로 이동한다. 그리고 더 적은 생산물을 구입하면 총수요곡선은 $AD_1$에서 $AD_3$로 왼쪽으로 이동한다.

소비자의 지출을 변화시켜 총수요곡선을 이동시키는 요인은 여러 가지이다. 그림 12.2의 표에 나타나 있듯이 이러한 요인은 소비자의 자산, 가계부채, 소비자의 기대, 개인소득세 등이다.

**소비자의 자산** 소비자의 자산은 소비자가 보유한 총자산에서 부채를 뺀 것이다. 총자산에 속하는 것은 주식, 채권, 부동산 등이고 부채에 속하는 것은 부동산담보대출, 학자금대출, 신용카드사용액 등이다.

흔히 자산가치가 급격하게 변하면 소비자의 자산은 예상치 못하게 급변한다. 예상치 못한 주가의 급등이 그러한 경우다. 자산이 증가하면 이를 예상치 못한 소비자들은 즐거운 마음으로 이전에 계획했던 것보다 저축을 줄이고 소비를 늘리게 된다. 이로 인해 소비자의 지출이 증가하는데 이를 자산효과라고 한다. 자산효과로 인해 총수요곡선은 오른쪽으로 이동한다. 반면에 예상치 못하게 자산 가격이 하락하면 소비자는 허리띠를 졸라매게 되고 그래서 '음(−)의 자산효과'가 나타난다. 갑작스런 사태에 직면한 소비자들은 불안한 마음에 저축을 증가시키고 소비를 감소시켜 총수요곡선이 왼쪽으로 이동하게 되는 것이다.

**가계부채** 소비자들은 부채차입을 통해 지출을 늘리기도 한다. 그러면 총수요곡선은 오른쪽으로 이동한다. 반면에 소비를 위한 부채차입이 감소하면 총수요곡선이 왼쪽으로 이동한다. 소비자가 부채상환을 위해 저축을 늘리면 총수요곡선은 왼쪽으로 이동한다. 소비자가 저축을 예전보다 늘리면 소비지출이 감소하여 총수요곡선이 왼쪽으로 이동하는 것이다.

**소비자의 기대** 미래에 대한 소비자의 기대가 변하면 소비자의 지출이 달라진다. 미래의 실질소득이 증가할 것이라고 기대하면, 소비자들은 현재의 소득에서 더 많은 부분을

## 분석의 응용

### 자산효과가 있다고?

총수요를 구성하는 소비지출은 비교적 안정되어 있어서 경제가 비정상이더라도 크게 변하지 않는다. 이를 미국의 주식시장 변동을 통해 설명해보자. 미국의 주가총액은 2000년 3월부터 2002년 7월까지 3조 7천억 달러만큼 줄어들었다. 그러나 2002년 7월의 소비지출은 2000년 3월보다 많았다. 어떻게 이런 일이 일어날 수 있을까? 왜 음(−)의 자산효과에도 불구하고 소비지출은 줄지 않았을까?

여러 가지 이유가 있다. 가장 중요한 이유는 소비지출이 자산이라는 저량 변수가 아니라 소득이라는 유량 변수에 의해 주로 결정된다는 것이다. 그 당시 미국의 처분가능 소득, 즉 납세 후 소득은 연 9조 달러에 가깝다. 이중 대부분이 소비지출이었다. 2001년부터 경기침체가 완만히 진행되었지만, 2002년 7월의 처분가능 소득은 2000년 3월보다 많아서 소비지출이 줄지 않았다. 둘째, 그 기간 동안 정부의 개인소득세 인하가 이루어져 소비지출이 증가하였다. 셋째, 주가총액이 3조 7천억 달러 줄었지만, 가계 자산은 그만큼 줄지 않았다. 그 기간 동안 부동산 가격이 크게 올랐기 때문이다. 넷째, 그 기간 동안 이자율이 하락하여 가계의 부동산 대출금리가 낮아졌다. 그래서 대부분의 가계는 부동산 담보대출의 상환에 필요한 자금을 조달할 수 있었고 대출금의 원리금 부담이 감소하여 소비지출이 증가할 수 있었다. 이러한 여러 요인들이 주가 폭락에 따른 부정적 효과를 상쇄하여 총수요를 구성하는 소비 지출은 오히려 증가하였던 것이다.

2007~2008년의 경기침체기는 소비지출이 감소하였다는 점에서 이전과 달랐다. 하지만 자산 효과가 나타났다고 할 만큼 소비지출의 감소는 크지 않았다. 미국 가계부문의 자산은 주택시장과 주식시장의 손실로 2007년 6월~2009년 3월에 약 14조 달러나 감소하였다. 경기하락은 2007년 12월부터 시작되었는데 정부의 경기부양정책이 일부 효과를 발휘하여 가계의 처분 가능 소득은 2008년 하반기에 이르러서야 줄어들기 시작하였다. 처분 가능 소득은 2009년 초에 저점을 기록한 후 느리지만 꾸준히 회복되었다. 소비지출도 비슷한 형태를 보였는데 2008년 후반기부터 감소하기 시작하여 2009년 1분기에 저점을 찍었다. 주택시장과 금융시장의 위기로 인해 소비자의 자산이 감소하였고 이 때문에 소비지출이 감소하거나 최소한 소비지출의 증가세가 둔화되었다는 점은 분명하다. 그러나 가계 부문의 지출감소는 예상하였던 것보다 훨씬 적었다.

**문제**

납세 후 개인소득이 10% 감소한 경우와 주가가 10% 감소한 경우 중 어떤 것이 소비지출을 더 크게 감소시킬 것인지 설명하여 보시오.

지출하게 된다. 그래서 현재의 소비지출이 증가하고 현재의 저축이 감소하여 총수요곡선은 오른쪽으로 이동한다. 또한 조만간 인플레이션이 발생할 것이라는 기대가 광범위하게 퍼져 있다면 소비자는 가격이 급등하기 전에 상품을 구입하려고 할 것이다. 그래서 현재의 총수요는 증가한다. 이와는 반대로 미래의 소득이 감소하거나 미래의 가격이 하락할 것이라는 기대가 형성되면 현재의 소비가 감소하여 총수요곡선이 왼쪽으로 이동한다.

**개인소득세** 개인소득세율이 하락하면 처분가능 소득이 증가하여 주어진 물가수준에서 소비자의 상품구입이 증가한다. 그래서 조세 인하는 총수요곡선을 오른쪽으로 이동시킨다. 조세가 인상되면 소비지출이 감소하여 총수요곡선이 왼쪽으로 이동한다.

### 투자지출

투자지출, 즉 자본재의 구입은 총수요에서 2번째로 큰 비중을 차지하고 있다. 주어진 물가수준에서 투자지출이 감소하면 총수요곡선이 왼쪽으로 이동하고 투자지출이 증가하면 총수요곡선이 오른쪽으로 이동한다.

투자의 결정은 한계편익과 한계비용을 비교하여 이루어진다. 투자의 한계편익이란 투자를 통해 얻어질 것으로 기대되는 이윤의 증가분이다. 경제학자들은 이러한 이윤의 증가분, 즉 수입의 증가분에서 경상경비의 증가를 뺀 순수입의 증가분을 백분율(%)로 나타내어 이를 투자의 기대수익률($r$)이라고 말한다. 예를 들어, 휴대폰 부품업체가 1천만 원짜리 프레스 기계에 대한 투자여부를 고려하고 있다고 하자. 이 기계를 이용하면 생산을 늘릴 수 있으며, 기계의 수명은 1년이라고 하자. 수명이 1년을 넘더라도 계산만 복잡할 뿐 결론이 달라지지는 않는다. 생산이 증가하면 전기요금, 원자재비용, 인건비, 세금 등 경상경비도 증가한다. 생산의 증가에 따른 수입의 증가분에서 경상경비의 증가분을 뺀 순수입의 기대치가 1,100만 원이라고 하자. 그러면 순수입의 증가분에서 기계구입비용을 뺀 100만 원이 투자에 따른 이윤의 증가분이다. 따라서 투자의 기대수익률($r$)은 100만 원을 기계에 대한 투자비용 1천만 원으로 나눈 10%이다.

여기에서 유의할 점은 기대수익률이란 예상되는 값이지 보장되거나 실현된 값은 아니라는 것이다. 투자에는 위험이 따르므로 기대수익이 얻어지지 않을 수 있다. 게다가 투자수익은 체감한다. 수익을 많이 내는 사업기회부터 투자를 먼저 행하기 때문에 다음 차례로 행하는 투자기회의 기대수익률은 낮아진다. 그래서 투자가 점차 증가할수록 기대수익률($r$)은 점차 하락한다.

자금을 차입하여 투자비용을 마련하였다면 투자의 한계비용은 차입이자이며, 이것은 명시적 비용이다. 그러나 기업 내 유보이윤을 사용하여 투자하였다면 투자의 한계비용은 묵시적 비용이 된다. 이러한 이자비용을 투자비용 1,000만 원의 백분율(%)로 계산한 다음 제11장에서 설명하였듯이 인플레이션율을 뺀 것이 실질이자율($i$)이다.

기업은 실질이자율(한계비용)과 기대수익률(한계편익)을 비교하여 투자 여부를 결정한다. 기대수익률이 6%이고 이자율이 5%이면 투자를 행한다. 투자가 이윤을 증가시키기 때문이다. 그러나 이자율이 7%로 기대수익률(6%)보다 높으면 투자를 행하지 않는다. 투자로 이윤이 감소하기 때문이다. 이윤의 극대화를 추구하는 기업은 이윤을 가져다주는 모든 투자기회를 놓치지 않을 것이다. 따라서 기업은 기대수익률($r$)이 실질이자율($i$)보다 높은 모든 투자를 행하게 되는데 이것은 투자가 $r=i$인 점까지 이루어진다는 것을 의미한다.

결국 투자 지출은 실질이자율($i$)과 기대수익률($r$)이라는 2가지 요인에 의하여 결정된다.

**실질이자율** 다른 조건이 변하지 않았을 때 실질이자율이 상승하면 차입비용이 증가하고 이에 따라 투자지출이 감소하여 총수요가 감소한다. 이와는 반대로 이자율이 하락하면 총수요가 증가한다. 다음에 살펴보겠지만 중앙은행이 통화정책을 시행하면 이자율이 상승하거나 하락한다. 이에 따라 경제의 총수요곡선이 이동하게 된다.

**기대수익** 투자계획의 기대수익이 커지면 자본재 수요가 증가하여 총수요곡선이 오른쪽으로 이동한다. 반면에 기대수익이 낮아지면 투자가 감소하여 총수요곡선이 왼쪽으로 이동한다. 기대수익은 다음과 같은 요인에 의해 영향을 받는다.

- **미래의 사업전망:** 기업이 미래의 사업전망을 낙관하게 되면 투자의 기대수익이 커질 것을 예상하여 투자를 늘리게 된다. 반면에 경제가 나빠질 것으로 예상하면 투자의 기대수익이 낮아질 것으로 여겨 투자를 줄인다.
- **기술:** 새로운 기술을 개발하거나 이를 개선하게 되면 투자의 기대수익이 커져 총수요가 증가한다. 예를 들어, 최근 분자생물학 분야에서 기술진보가 일어나자 제약회사들은 새로운 실험실이나 생산설비를 설치하였다.
- **생산설비의 과잉 정도:** 자본재의 과잉, 즉 유휴설비가 늘어나면 신규 투자의 기대수익이 낮아져 총수요가 감소한다. 다른 조건이 변하지 않는다면 생산설비의 가동률이 낮은 기업은 새로운 공장을 건설하려고 하지 않는다. 그러나 과잉설비가 줄어들거나 완전히 사라지면 새로운 공장건설이나 새로운 자본재 투자의 기대수익은 커진다. 그러면 투자지출이 증가하여 총수요곡선은 오른쪽으로 이동한다.
- **사업소득세:** 법인세와 같은 사업소득세율이 높아지면 자본재 투자에 대한 세후 이윤이 줄어들어 기대수익이 낮아진다. 그래서 투자가 줄고 총수요가 감소한다. 반면에 사업소득세가 감소하면 투자가 늘고 총수요가 증가한다.

이자율과 기대수익이 잘 변하기 때문에 투자의 변동성은 매우 크다. 소비는 비교적

## 지구촌 전망 12.1

### 주요국 총투자의 GDP 비중(%)

총투자의 GDP 비중은 국가마다 크게 다르다. 이러한 차이는 매년 달라진다.

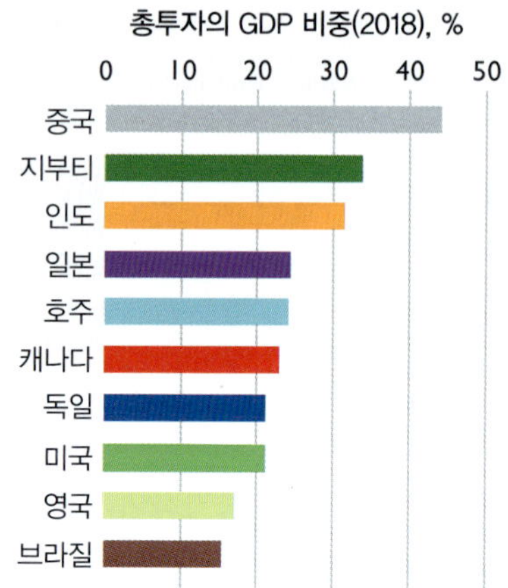


자료: The World Bank, www. worldbank.org.

안정되어 있는 데 비해 투자는 총소득의 변화와 관계없이 빈번하게 증가 또는 감소한다. 사실 투자는 총수요의 구성 요소 중에서 변동성이 가장 크다.

지구촌 전망 12.1에 2018년 주요 국가의 GDP에서 차지하는 총투자의 비중이 나타나 있다.

### 정부지출

정부지출(구매)은 총수요의 3번째 구성 요소다. 광역 도시철도의 건설 등으로 정부지출이 증가하면 이로 인해 총수요곡선이 오른쪽으로 이동한다. 정부지출이 늘어나면 조세가 늘어나거나 이자율이 상승할 수 있지만, 여기에서는 그러한 일이 일어나지 않는다고 가정한다. 반면에 군사장비의 구입 축소 등으로 정부지출이 감소하면 총수요곡선이 왼쪽으로 이동한다.

### 순수출

총수요의 마지막 구성요소는 순수출이다. 다른 조건이 변하지 않는다면 수출의 증가는

## 지구촌 전망 12.2

### 주요국의 순수출(2019)

독일이나 중국 등 일부 국가의 순수출은 양(+)의 값이지만, 미국이나 영국 등 일부 국가의 순수출은 음(−)의 값이다.

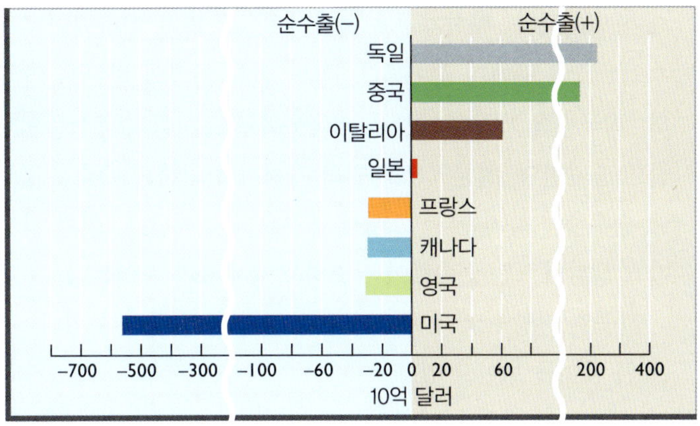


자료: The World Bank, data.worldbank.org

국내 상품에 대한 해외수요의 증가를 의미한다. 그래서 순수출(수출−수입)이 증가하면 총수요곡선이 오른쪽으로 이동한다. 반면에 순수출이 감소하면 총수요곡선이 왼쪽으로 이동한다.

물가수준이 변하면 순수출이 변할 수 있지만, 그것은 총수요곡선을 이동시키지 않고 총수요 곡선을 따라 총수요량이 달라진다. 순수출에 영향을 주어 총수요 곡선을 이동시키는 요인은 2가지다. 즉, 해외 국민소득의 변화와 환율의 변화이다.

**해외 국민소득** 해외 국민소득이 증가하면 외국인의 국내 상품에 대한 수요가 증가한다. 그래서 순수출이 증가하여 총수요곡선이 오른쪽으로 이동한다. 해외 국민소득이 감소하면 반대의 효과가 발생한다. 순수출이 감소하고 총수요곡선이 왼쪽으로 이동한다.

**환율** **환율**이란 일반적으로 국내통화가 외국통화와 어떤 비율로 교환되는가를 나타낸다. 즉, 국내 통화인 원화 1,000원이 미국 달러 0.8달러나 일본의 엔화 102엔과 교환된

환율
국내 통화로 표시한 외국 통화의 가치

다면 국내 통화 1,000원의 환율은 0.8달러 또는 102엔이라고 한다. 그러나 우리나라에서는 관행적으로 미국 1달러나 일본 100엔과 교환되는 국내 통화의 비율을 환율로 사용하고 있다. 이를 혼동하지 않기 위해 이를 원달러 환율 또는 원엔 환율이라고 한다. 그래서 원달러 환율이 상승하면 국내통화가치는 하락하는 것이고 원달러 환율이 하락하면 국내통화가치가 상승하는 것이다.

국내 통화로 표시한 외국 통화의 가치, 즉 환율이 변하면 순수출이 영향을 받아 총수요가 달라진다. 원화가치가 하락하면, 즉 평가 절하되면 수입상품의 가격이 상승하여 수입상품의 구매가 줄어든다. 한편 원화 가치의 하락은 외국통화 가치의 상승을 뜻한다. 외국통화 가치의 상승은 외국통화로 표시한 수출상품의 가격하락을 의미하므로 수출이 증가한다. 결론적으로 원화 가치가 하락하면 수출은 증가하고 수입이 감소하게 되어 순수출이 증가한다. 그래서 총수요가 늘어난다. 원화 가치가 상승하면 반대의 효과가 발생한다. 즉, 순수출이 감소하고 총수요가 줄어든다.

지구촌 전망 12.2에 주요 국가의 순수출이 나타나 있다. 주요 선진국 간에도 순수출은 큰 차이를 보이고 있다.

## 총공급

총공급

주어진 물가수준에서 기업이 생산하고자 하는 총산출량

**총공급**이란 물가수준과 기업이 생산하고자 하는 국내 실질 총산출량과의 관계를 나타내는 표나 곡선이다. 이들의 관계는 분석 기간에 따라 다른데 특히 생산물이나 생산요소의 가격이 얼마나 신속히 변하느냐에 따라 달라진다. 일반적으로 분석기간은 3 기간으로 나누어진다.

- **초단기:** 초단기에는 생산물의 가격뿐 아니라 생산요소의 가격도 고정되어 있다.
- **단기:** 단기에는 생산요소의 가격은 고정되어 있지만, 생산물의 가격은 변할 수 있다.
- **장기:** 장기에는 생산물의 가격뿐 아니라 생산요소의 가격도 변할 수 있다.

제11장에서 가격의 경직성(비신축성)에 대해 설명한 바 있다. 그런데 요소가격이 생산물의 가격보다 경직적이기 때문에 위에서 구분한 3 기간에 따라 물가수준과 총산출의 관계가 달라진다. 시간이 지나면 요소 가격이나 생산물의 가격이 신축적으로 변하지만, 생산물의 가격이 요소 가격보다 빨리 조정되는 것이 일반적이다.

### 초단기의 총공급

기업의 유형에 따라 초단기는 며칠 또는 몇 달이 될 수 있다. 생산요소와 생산물의 가

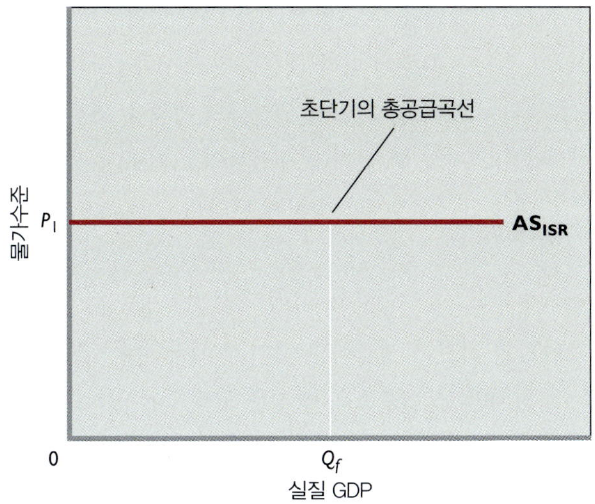


**그림 12.3 초단기의 총공급곡선**

초단기의 총공급곡선은 현재의 물가수준 $P_1$에서 수평선이다. 생산물의 가격이 고정되어 있어서 기업은 수요되는 총산출 수준만큼 공급하게 된다.

격이 모두 고정되어 있는 기간은 그 기간이 얼마이든 초단기라고 할 수 있다. 생산요소의 가격은 초단기뿐 아니라 단기에도 공급계약에 의해 고정되어 있을 때가 많다. 구체적으로 보면 2020년 한국 제조업의 생산원가에서 재료비나 인건비가 차지하는 비중은 73.0%에 이르렀다. 그런데 원자재나 노동은 공급계약이나 근로계약을 통해 몇 달 또는 몇 년 동안 묶여 있다. 그래서 생산물의 가격보다 오랜 기간 고정되어 있는 게 보통이다. 이에 비해 생산물의 가격은 기업에 따라 며칠이나 몇 달 만에 바뀔 수 있다.

그렇더라도 초단기에는 생산물의 가격도 고정되어 있다. 기업은 흔히 정해진 가격을 고객에 제시한 후 그 가격에 고객이 원하는 물량만큼 공급하겠다는 약속을 한다. 예를 들어, 가전제품회사가 냉장고, 에어컨, 전자오븐 등의 가격 리스트를 매년 공지하면 그 가격에 소비자가 원하는 물량만큼 공급해야만 한다. 마찬가지로 회사가 상품의 카탈로그를 발행하면 새로운 카탈로그가 나오기 전까지는 현재의 가격으로 소비자가 원하는 물량만큼 공급해야 한다.

**초단기 총공급곡선**
생산물의 가격과 생산요소의 가격 모두 고정되어 있는 기간의 총공급곡선

생산물의 가격이 고정되어 있고 기업이 소비자가 원하는 물량만큼 공급해야 한다면 **초단기 총공급곡선($AS_{ISR}$)**은 그림 12.3에서 볼 수 있듯이 수평선이 된다. 즉, 총공급곡선($AS_{ISR}$)은 물가수준 $P_1$에서 수평선이다. 여기에서 $P_1$은 모든 기업이 부과한 가격을 가중 평균하여 구한 것이다. 공급곡선이 수평선이라는 것은 경제에 공급되는 총산출량이 물가수준 $P_1$일 때의 총지출수준에 의해 바로 결정된다는 것을 의미한다. 물가수준 $P_1$일 때의 총지출이 낮은 수준이라면 기업의 공급은 낮은 수준에서 이루어진다. 반면에 물가수준 $P_1$일 때의 총지출이 크다면 기업의 총산출은 많을 것이다. 이때의 총산출 규모는

완전고용 총산출수준($Q_f$)보다 많을 수도 있고 적을 수도 있다.

유의할 점은 기업이 총지출 수준에 따라 생산량을 조정하는 것은 생산물의 가격이 고정되어 있을 때만 그렇다는 것이다. 기업이 생산물의 가격을 조정할 수 있게 되면 총지출이 변했을 때 생산량을 조정할 뿐 아니라 생산물의 가격도 조정하게 된다. 이렇게 되면 다음에 설명하듯이 총공급곡선은 우상향하게 된다.

## 단기의 총공급

거시경제학에서 초단기의 기간이 경과하면 단기가 시작된다. 구체적으로 단기란 생산물의 가격은 변할 수 있지만, 생산요소의 가격은 고정되어 있거나 매우 경직되어 있는 기간이다.

생산요소에 따라 가격의 신축성은 다를 수 있다. 휘발유는 택배회사에서 주요한 생산요소로 여겨질 수 있는데 휘발유 가격은 매우 신축적이다. 따라서 택배회사는 매우 신축적인 생산요소를 최소한 하나는 가지고 있는 셈이다. 그러나 택배회사의 임금은 운송차량 운전자와 맺는 근로계약에 의해 결정된다. 임금은 투입비용의 가장 중요한 부분으로 비중도 크기 때문에 전체적으로 보면 요소가격은 계약기간 동안 경직적이다. 택배회사의 '단기'는 투입요소의 가격은 경직되어 있고 택배가격은 변화할 수 있는 기간인데 그것은 짧지 않은 기간이라고 볼 수 있다. 이를 염두에 두고 단기의 총공급곡선을 구해보자. 단기 총공급곡선에 적용되는 단기는 얼마 동안의 기간이 '단기'라는 식으로 정해지지 않는다. 여기에서 단기는 생산물의 가격은 신축적이나 생산 요소의 가격이 고정되어 있거나 거의 고정되어 있는 임의의 기간을 말한다는 점을 염두에 두기 바란다.

단기 총공급곡선

생산요소의 가격은 고정되어 있으나 생산물의 가격은 변하는 기간의 총공급곡선

**단기 총공급곡선**(AS)은 그림 12.4에서와 볼 수 있듯이 우상향한다. 생산요소의 가격이 고정되어 있을 때 생산물의 가격이 변하면 이에 따라 기업의 실질이윤이 달라지기 때문이다. 이를 구체적으로 살펴보자. 경제에 만물회사라는 기업 하나만 존재하며, 이 기업이 여러 제품을 생산한다고 하자. 그리고 완전고용 산출수준은 100단위이며, 이를 생산하려면 기업은 20,000원의 실질이윤을 얻어야 한다고 가정하자. 기업가의 경영능력은 논외로 하고 기업의 생산요소는 노동뿐이며, 근로자 10명을 1사람당 8,000원의 임금을 주고 고용하고 있다고 하자. 따라서 총임금은 80,000원이다. 상품을 개당 1,000원에 판매한다고 하면 총수입은 100,000원이며, 만물회사의 명목이윤은 20,000원이다. 상품을 1개당 1,000원에 판매할 때 물가지수가 100이라고 하면 실질이윤은 20,000원(=20,000원/1.00)으로 명목이윤과 같다. 그러면 기업은 운이 좋게도 완전고용 산출수준에서 생산할 수 있게 된다.

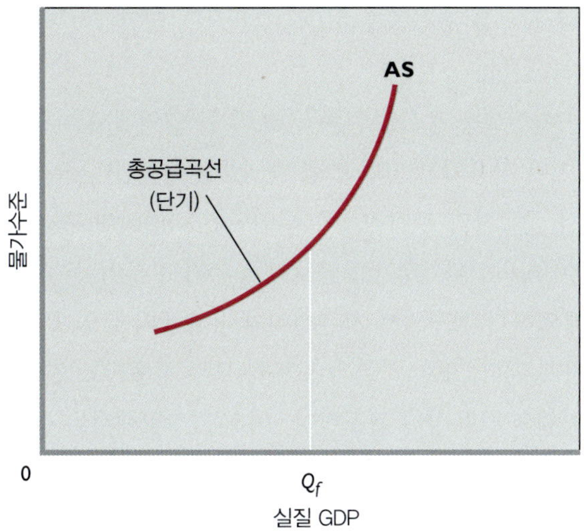


**그림 12.4 단기 총공급곡선**
단기 총공급곡선이 우상향한다는 것은 물가수준과 기업이 공급하고자 하는 총산출량은 양(+)의 관계에 있다는 것을 뜻한다. 총산출이 완전고용수준에 미치지 못할 때 총공급곡선의 기울기는 완만하다. 가격이 약간 상승하더라도 실업상태의 자원을 사용하여 산출을 크게 증가시킬 수 있기 때문이다. 총산출이 완전고용수준을 넘어서면 총공급곡선의 기울기는 가파르게 된다. 가격이 오르더라도 자원부족과 생산설비의 한계로 산출을 크게 증가시킬 수 없기 때문이다.

이제 만물회사가 생산하는 모든 상품의 가격이 2배로 인상되었다고 하자. 모든 상품의 가격이 2배가 되면 총수입은 100,000원에서 200,000원으로 증가한다. 단기에 생산요소의 가격은 고정되어 있으므로 임금은 8,000원으로 변하지 않고 따라서 총비용은 여전히 80,000원이다. 그러나 명목이윤은 20,000원에서 120,000원(=200,000원−80,000원)으로 증가한다. 물가지수는 200으로 증가하였기 때문에 만물회사의 실질이윤은 60,000원(120,000/2.0)이다. 실질이윤이 20,000원에서 60,000원으로 증가하면 기업은 생산을 늘리게 된다. 반대로 물가수준이 하락하면 실질이윤이 감소하여 생산이 감소한다. 그래서 단기에서는 물가수준과 실질 총산출은 양(+)의 관계를 갖는다. 물가수준이 상승할 때 실질 총산출은 증가하고 물가수준이 하락하면 실질 총산출은 감소한다. 그 결과 단기의 총공급곡선은 우상향하게 된다.

주의할 점은 단기 총공급곡선의 기울기가 변한다는 것이다. 실질 총산출이 완전고용 총산출수준($Q_f$)보다 적은 영역에서 곡선의 기울기는 완만하고, 완전고용 총산출보다 큰 영역에서는 기울기가 가파르다. 단기 총공급곡선은 단위 생산비용과 관련되어 있는데 완전고용 수준을 넘어서면 단위 생산비용이 급격하게 증가하기 때문이다.

단기에 경기확장이 이루어지면 점차 비효율적 요소가 투입되어 단위 생산비용은 일반적으로 증가한다. 생산비용의 증가 정도는 생산설비의 가동률에 따라 다르다. 총산출이 완전고용 총산출 수준에 미달하면 유휴상태의 기계류나 과잉설비가 많고 실업자도 적지 않게 존재한다. 기업이 이런 유휴설비나 인력을 이용하여 생산을 증가시키면 단위 생산 비용은 거의 상승하지 않는다. 그리고 생산이 점차 확대되어 투입물의 부족이나 생산의 병목현상이 나타나면 단위 생산비용은 조금씩 증가하게 된다. 이러한 이유로 실질 총산출이 완전고용 총산출수준($Q_f$)보다 작은 영역에서 단기 총공급곡선의 기울기는 완만하게 증가한다.

반면에 총산출이 완전고용 총산출수준($Q_f$)보다 큰 영역에서 이루어지고 있다면 대부분의 가용 자원은 이미 사용되고 있다고 할 수 있다. 생산설비나 장비가 지나치게 사용되고 있는 상태에서 근로자가 추가적으로 투입되면 작업장이 번잡해져 근로자의 평균 생산성, 즉 효율성이 하락한다. 그리고 근로자를 추가로 투입할 수 없는 상태에서 자본재를 추가적으로 투입하더라도 일부 자본설비가 유휴상태에 있게 되어 자본의 생산성, 즉 효율성이 감소하게 된다. 또한 자본과 노동이 모두 사용되고 있을 때 자연 자원이 추가되더라도 자연 자원의 효율성이 감소한다. 이러한 상황에서는 총산출의 증가보다 총투입비용이 더 빨리 상승하여 단위 생산비용이 빠르게 증가한다. 그 결과 총산출이 완전고용 총산출수준($Q_f$)보다 큰 영역에서는 단기 총공급곡선의 기울기가 가파르게 된다.

## 장기의 총공급

거시경제학에서 장기란 생산물의 가격뿐 아니라 생산요소의 가격도 신축적으로 변할 수 있는 기간을 말한다. 단기의 기간이 경과하면 장기가 시작된다. 기업이나 산업에 따라 장기는 몇 주 또는 몇 년이 될 수도 있다. 하지만 경제 전체적으로 장기란 생산물의 가격뿐 아니라 임금을 포함한 모든 생산요소의 가격이 완전히 신축적인 기간을 말한다.

장기 총공급곡선

생산물의 가격과 생산요소의 가격 모두 변할 수 있는 기간의 총공급곡선

**장기 총공급곡선($AS_{LR}$)**은 그림 12.5에 나타나 있듯이 완전고용 산출수준에서 수직선이다. 수직선이라는 것은 물가수준에 상관없이 총산출이 완전고용 총산출수준에서 이루어진다는 것을 뜻한다. 어떻게 이것이 가능할까? 물가수준이 상승할 때 왜 기업은 생산을 증가시지 않는가? 그 이유는 장기에서는 생산물의 가격뿐 아니라 생산요소의 가격이 신축적이어서 이윤 조정이 이루어지기 때문이다. 즉, 생산이 정확히 완전고용 산출수준($Q_f$)에서 이루어지도록 이윤이 조정된다.

이를 알아보기 위해 그림 12.4에 주어진 단기 총공급곡선을 다시 살펴보자. 생산이 완전고용산출수준($Q_f$)에서 이루어지고 있으며, 물가지수는 100(P=100)이라고 하자. 이제 생산물의 가격이 2배가 된다고 하면 물가지수는 200이 된다. 앞에서 설명하였듯이 물가수준이 2배가 되면 단기에서 기업의 실질이윤은 증가하고 따라서 기업은 생산을 증가시킬 것이다.

이것이 가능하였던 것은 단기에 생산요소 가격이 고정되어 있었기 때문이다. 생산요소의 가격이 신축적인 장기에서는 어떻게 될지 살펴보자. 기업이 완전고용 산출수준 이상으로 생산하려면 공장설비나 기업의 가동률을 아주 높은 수준으로 올려야 한다. 이로 인해 공급이 제한된 생산요소에 대한 수요는 크게 증가하게 된다. 특히 고용이 완전 고

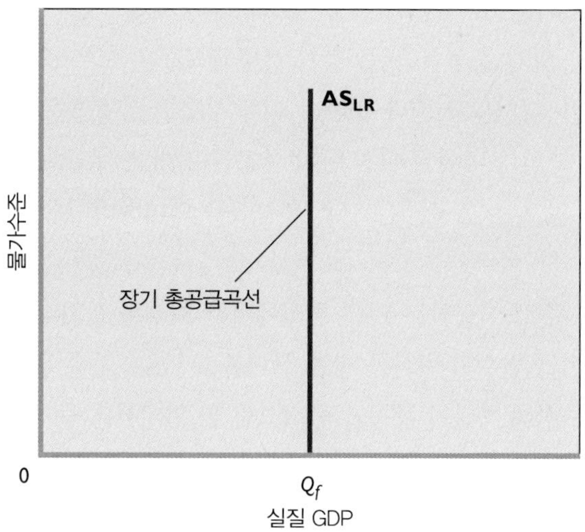


**그림 12.5 장기의 총공급곡선**

장기 총공급곡선($AS_{LR}$)은 완전고용 GDP 수준($Q_f$)에서 수직선이다. 모든 생산요소의 가격이 물가와 같은 비율로 변하기 때문에 물가수준의 변동은 기업의 이윤에 영향을 주지 않는다. 그래서 물가수준이 변하더라도 기업은 산출량을 변경시킬 인센티브를 느끼지 못한다.

용상태인데 그 이상으로 노동 투입을 증가시키려면 근로자에게 정규 근로시간 이상으로 잔업을 시킬 수밖에 없다.

시간의 경과로 생산요소의 가격이 변할 수 있게 되면 생산요소에 대한 증가된 수요는 생산요소의 가격 상승을 초래한다. 특히 초과근무를 하게 된 근로자들은 임금 인상을 요구하게 되고 결국 임금 인상이 실현된다. 경제가 완전고용 수준을 넘어서면서 나타나는 노동력 부족에 대처하려면 임금을 올려줄 수밖에 없기 때문이다. 생산요소의 가격이 상승하면 기업의 이윤은 하락하기 시작한다. 기업의 이윤이 하락하기 시작하면 완전고용 산출 수준 이상으로 생산하려는 기업의 인센티브도 줄어든다.

생산요소의 가격 상승과 이윤의 하락은 생산요소의 가격상승률이 생산물의 가격상승률과 정확히 같아질 때까지 지속된다. 생산요소의 가격상승률이 생산물의 가격상승률보다 여전히 낮다면 기업은 완전고용수준 이상의 생산을 유지하는 게 더 큰 이윤을 얻을 수 있다. 그래서 생산요소의 부족은 계속될 것이고 이에 따른 생산요소의 가격 상승은 생산물의 가격상승률과 정확히 같아질 때까지 지속되는 것이다. 앞의 예에서는 생산물의 가격이 2배로 상승하였다. 따라서 생산요소의 가격이 2배가 될 때까지 생산요소의 가격은 계속 상승한다. 그러면 기업의 실질이윤은 예전과 같아지고 기업은 예전의 완전고용 산출수준에서 다시 생산하게 된다. 이러한 조정과정을 통해 장기에서는 물가수준에 상관없이, 즉 $P$=100이든 혹은 $P$=200이든 총산출은 완전고용수준에서 이루어지는 것이다. 그래서 장기 총공급곡선($AS_{LR}$)은 완전고용 수준에서 수직선이 된다. 즉, 장기에서는 어떤 물가수준에서도 총산출은 완전고용수준에서 이루어진다.

### 단기 공급곡선의 이용

초단기 총공급곡선, 단기 총공급곡선, 장기 총공급곡선은 모두 중요하다. 생산요소나 생산물의 가격이 얼마나 신축적이냐에 따라 이에 부합한 총공급곡선을 이용하면 된다. 그러나 지금부터는 그림 12.4에 주어진 단기 총공급곡선(AS)을 주로 이용할 것이다. 명시적으로 언급하지 않으면 '총공급'은 단기 총공급을 의미하며, 단기 총공급곡선(AS)를 뜻한다.

단기 공급곡선을 주로 이용하는 것은 현실에서는 대부분 물가수준과 총산출이 함께 변하기 때문이다. 이들 변수의 변화를 함께 살펴볼 수 있는 것은 우상향하는 단기 총공급곡선뿐이다. 이에 비해 초단기 총공급곡선(그림 12.3)에서는 물가수준이 고정되어 있고 장기 총공급곡선(그림 12.5)에서는 총산출이 완전고용 수준에서 고정되어 있다. 그래서 이들 총공급곡선은 경기순환이나 거시 경제정책을 이해하는 데 도움을 주지 못한다. 이러한 문제를 정확하게 분석하려면 단기 총공급곡선을 이용할 수밖에 없다.

## 총공급의 변화

총공급곡선은 다른 조건이 변하지 않는다는 것을 전제로 물가수준과 실질 총산출의 관계를 그래프로 나타낸 것이다. 그러나 다른 조건이 변하면 총공급곡선은 이동한다. 총공급이 증가하면 그림 12.6에 나타나 있듯이 총공급곡선은 $AS_1$에서 $AS_2$로 이동한다. 이것은 기업이 주어진 물가수준에서 실질 총산출을 증가시킨다는 것을 의미한다. 총공급이 감소하면 총공급곡선이 $AS_1$에서 $AS_3$로 이동한다. 즉, 주어진 물가수준에서 기업의 총산출이 이전보다 감소한다.

총공급곡선의 이동요인

생산요소의 가격, 생산성, 법 및 제도적 환경

표 12.2에 총공급곡선을 이동시키는 '다른 조건'들이 나열되어 있다. 이를 **총공급곡선의 이동요인**이라고 하는데 이들에 의해 총공급곡선의 위치가 정해지고 이들이 변하면 총공급곡선이 이동한다. 이들 요인이 변하면 주어진 물가수준에서 단위 생산비용이 변한다. 단위 생산비용이 변하면 기업의 이윤이 달라져 기업이 주어진 물가수준에서 생산하려는 총산출이 변하게 된다. 이동요인이 변하여 이윤이 증가하면 기업의 생산은 증가하고 이윤이 감소하면 기업의 생산은 감소한다.

예를 들어, 물가수준이 1.0(물가지수=100)에서 변하지 않더라도 총공급곡선의 이동요인이 변하면 실질 총산출이 1,300조 원에서 1,500조 원으로 증가할 수 있기도 하고 1,300조 원에서 1,100조 원으로 감소할 수도 있다. 중요한 것은 그림 12.6에 나열된 이동요인이 변하게 되면 총공급곡선이 오른쪽이나 왼쪽으로 이동한다는 점이다. 이들 요인의 변화로 단위 생산비용이 감소하면 총공급곡선이 $AS_1$에서 $AS_2$로 오른쪽으로 이동

**그림 12.6 총공급의 변화**

표 12.2에 있는 총공급곡선의 이동 요인이 하나라도 변하면 총공급곡선은 이동한다. 총공급이 증가하면 총공급곡선은 $AS_1$에서 $AS_2$로 오른쪽으로 이동한다. 총공급이 감소하면 총공급곡선은 $AS_1$에서 $AS_3$로 왼쪽으로 이동한다.

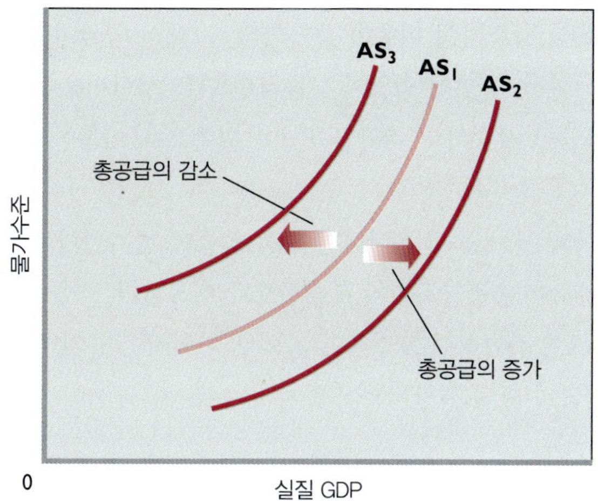


**표 12.2 총공급곡선의 이동요인**

| 총공급곡선의 이동요인 |
| --- |
| 1. 생산요소의 가격변화 |
| (1) 국내 생산요소의 가격 |
| (2) 수입 생산요소의 가격 |
| 2. 생산성의 변화 |
| 3. 법 · 제도적 환경 변화 |
| (1) 기업관련 조세 |
| (2) 정부규제 |

하고 이들 요인의 변화로 단위 생산비용이 증가하면 총공급곡선이 $AS_1$에서 $AS_3$로 왼쪽으로 이동한다.

표 12.2에 나열된 총공급 이동요인은 매우 중요하기 때문에 이를 하나씩 자세히 살펴보자.

## 생산요소의 가격

생산물의 가격은 물가수준을 구성하지만, 생산요소의 가격은 단위 생산비용의 주요 구성요소이다. 따라서 생산요소의 가격이 총공급 곡선의 이동요인 중에서 가장 중요하다. 이러한 생산요소는 국내에서 공급되거나 해외에서 수입될 수 있다.

**국내 생산요소의 가격** 앞에서 언급한 바 있듯이 제조업의 생산원가에서 재료비나 인건비가 차지하는 비중은 73.0%에 이른다. 다른 조건이 변하지 않았을 때 임금이 하락하면 단위 생산비용이 감소하여 이윤이 증가한다. 그래서 임금이 하락하면 총공급곡선이 오른쪽으로 이동한다. 반면에 임금이 상승하면 단위 생산비용이 증가하여 이윤이 줄어든다. 따라서 임금이 상승하면 총공급곡선이 왼쪽으로 이동한다. 여러 사례를 살펴보자.

- 외국인 노동자의 유입이 크게 늘어나면 노동 공급이 증가한다. 그 결과 임금과 단위 생산비용이 하락하여 총공급곡선이 오른쪽으로 이동한다.
- 노령연금 등이 크게 증가하여 노령 근로자의 조기퇴직이 증가하면 노동 공급이 감소한다. 그러면 임금과 단위 생산비용이 증가하여 총공급곡선이 왼쪽으로 이동한다.

마찬가지로 자연 자원이나 자본재의 가격이 변하면 총공급곡선이 이동한다. 예를 들어 보자.

- 철강이나 전자부품의 가격이 하락하면 기계설비나 장비의 가격이 하락한다. 그러면 단위 생산비용이 하락하게 되고 이에 따라 총공급곡선은 오른쪽으로 이동한다.
- 광산의 발견이나 '쓸모없는 자원(황무지)'을 유용한 자원(생산적 토지)으로 만드는 기술개발 등이 이루어지면 자연자원의 공급이 증가한다. 이로 인해 자연 자원의 가격이 하락하고 단위 생산비용이 감소하여 총공급곡선이 오른쪽으로 이동한다.

**수입 생산요소의 가격** 원유, 철광석, 구리 등과 같은 수입 생산요소의 가격도 총공급에 영향을 준다. 국내 자원이나 수입 자원의 공급이 증가하면 대부분 자원의 가격이 하락하므로 단위 생산비용이 감소한다. 다른 조건이 변하지 않을 때 수입 생산요소의 가격 하락은 국내 기업의 이윤을 증가시켜 국내 총산출이 증가한다. 이와 반대로 수입 생산요소의 가격이 상승하면 기업의 이윤이 감소하여 국내 총산출이 감소한다.

수입 생산요소의 가격 변화로 총공급이 크게 달라진 대표적인 사례가 1970년대의 유가 급등이다. 그 당시 OPEC 회원국은 원유생산량을 줄이기로 담합하여 원유가격을 인상시켰다. 이에 따라 유가는 10배나 폭등하였고 단위 생산비용이 급등하여 총공급곡선이 왼쪽으로 크게 이동하였던 것이다.

수입 생산요소의 가격을 변화시키는 다른 요인은 환율 변동이다. 국내 통화가치가 상승하면 예를 들어 원달러 환율이 하락하면 국내 기업은 같은 비용으로 예전보다 많은 해외 생산요소를 수입할 수 있다. 이것은 수입 생산요소의 국내가격이 하락하였다는 것을 의미한다. 이에 따라 해외 생산요소의 수입이 증가하고 상대적으로 비싸진 국내 생산요소가 값싼 수입 생산요소로 대체된다. 이에 따라 각 총산출수준에서 단위 생산비용이 감소한다. 단위 생산비용이 감소하면 총공급곡선이 오른쪽으로 이동한다.

국내 통화가치의 하락은 이와 반대되는 효과를 초래하여 총공급곡선이 왼쪽으로 이동한다.

## 생산성

2번째로 중요한 총공급곡선의 이동요인은 **생산성**이다. 생산성은 주어진 생산요소로 얼마나 생산할 수 있는지를 측정하는데 단위 투입당 평균산출량으로 나타낸다. 수학적으로 생산성은 실질 총산출을 생산에 투입된 생산요소의 총량으로 나눈 값, 즉 생산요소의 평균생산성으로 나타낸다.

생산성
실질 총산출을 생산에 투입된 생산요소의 총량으로 나눈 값

$$\text{생산성} = \frac{\text{총 산출량}}{\text{생산요소의 총 투입량}}$$

생산요소의 가격이 변하지 않은 상태에서 생산성이 증가하면 단위 생산비용이 하락하여 총공급에 영향을 준다. 단위 생산비용은 총비용을 총산출의 가치로 나눈 값이다. 생산성이 증가하면 총비용은 일정한데 총산출이 증가하여 총산물의 가치는 증가한다. 그래서 단위 생산비용이 감소하는 것이다. 예를 들어, 총생산비용이 2조 원이고 총산출이 4조 원이라고 하자. 그러면 단위 생산비용은 0.5원(=2조 원/4조 원)이다. 생산성이 증가하여 총산출이 4조 원에서 5조 원으로 증가하면 단위 생산비용은 0.4원이 된다.

생산성이 증가하여 단위 생산비용이 하락하면 총공급곡선이 오른쪽으로 이동한다. 생산성 증가의 주요한 요인은 생산기술의 개선이다. 개선된 기술은 흔히 과거의 장비나 생산설비를 대체한 새로운 생산설비나 장비에 구현되어 있다. 근로자의 교육 · 훈련이 개선되더라도 생산성이  증가한다. 또한 기업의 사업방식이 개선되고 노동력이 생산성이 낮은 곳에서 높은 분야로 재배치되더라도 생산성이 증가한다.

생산성이 감소하는 일은 드물지만, 그러한 일이 발생하면 단위 생산비용이 증가하여 총공급이 감소한다. 즉, 총공급곡선이 왼쪽으로 이동한다.

## 법 · 제도적 환경

마지막으로 총공급 곡선을 이동시키는 요인은 법 · 제도적 환경의 변화이다. 이러한 변

화가 발생하면 단위 생산비용이 달라져 총공급곡선이 이동한다. 구체적인 예로 (1) 기업 관련 조세나 보조금의 변화 (2) 정부규제의 변화를 들 수 있다.

**기업관련 조세나 보조금** 판매세, 물품세 및 사회복지 부담금 등 기업 관련 조세가 증가하면 임금 상승 때와 마찬가지로 기업의 단위 생산비용이 증가한다. 이러한 조세의 일부를 기업이 부담하기 때문이다. 따라서 단위당 생산비용이 증가하고 단기 총산출이 감소하게 되어 총공급곡선이 왼쪽으로 이동한다.

이와 마찬가지로 정부가 기업에 지급하는 보조금은 생산비용을 낮추어 단기 총산출을 증가시킨다. 예를 들어, 산업용 전력에 대해 보조금을 지급하면 특히 대규모 데이터센터를 운용하는 기업의 단위 생산비용은 감소한다. 이러한 효과가 경제에 어는 정도 파급되느냐에 따라 총공급곡선은 오른쪽으로 이동하게 된다.

**정부규제** 일반적으로 기업이 정부규제를 따르는 데는 비용이 든다. 따라서 규제가 많아지면 단위 생산비용이 증가하고 총공급곡선이 왼쪽으로 이동한다. 규제 완화를 '공급 측면'에서 찬성하는 학자들은 규제 완화로 효율성이 증가할 뿐 아니라 복잡한 규제에 따른 서류 업무가 줄어들어 단위 생산비용이 감소하며 이에 따라 총공급곡선이 오른쪽으로 이동한다고 주장한다. 그러나 일부 경제학자들은 그러한 효과가 뚜렷하지 않다고 여긴다. 규제 완화로 분식회계, 독과점, 부실투자 등이 초래되면 총공급곡선이 오른쪽으로 이동하기보다 왼쪽으로 이동한다는 것이다.

## 균형 물가수준과 균형 GDP

균형 물가수준

총수요와 총공급이 만나는 점에서의 물가수준

균형 GDP

총수요와 총공급이 만나는 점에서의 GDP

물가수준과 실질 GDP의 조합은 여러 가지로 가능하다. 이 중에서 경제는 최소한 단기적으로 어떤 조합을 향해 갈까? 그림 12.7과 표 12.3에서 답을 구할 수 있을 것이다. 실질 GDP에 대한 수요와 공급을 일치시키는 물가수준에서 균형을 구할 수 있다. 즉, 총수요곡선(AD)과 총공급곡선(AS)이 교차하는 점에서 **균형 물가수준**과 **균형 GDP**가 결정된다. 총수요곡선과 총공급곡선이 동시에 작용하여 균형 물가수준과 균형 GDP를 정하게 되는 것이다.

그림 12.7에서 균형 물가수준은 100이고, 균형 GDP는 5,100억 원이다. 물가수준이 100이 아니고 92이면 균형이 달성되지 않는다. 표 12.3에서 알 수 있듯이 물가수준이 92이면 기업은 5,020억 원의 총산출을 공급하려고 한다. 이 점은 총공급곡선의 a점으로 표시되어 있다. 그런데 표 12.3에서 알 수 있듯이 물가수준이 92이면 구매자의 총산

**그림 12.7 균형 물가수준과 균형 GDP**

총수요곡선과 총공급곡선이 교차하는 점에서 균형 물가수준과 균형 GDP가 결정된다. 물가수준이 100이면 실질 총산출에 대한 수요는 5,100억 원이고 실질 총산출에 대한 공급은 5,100억 원으로 일치한다. 따라서 균형 물가수준은 100이고, 균형 GDP는 5,100억 원이다.

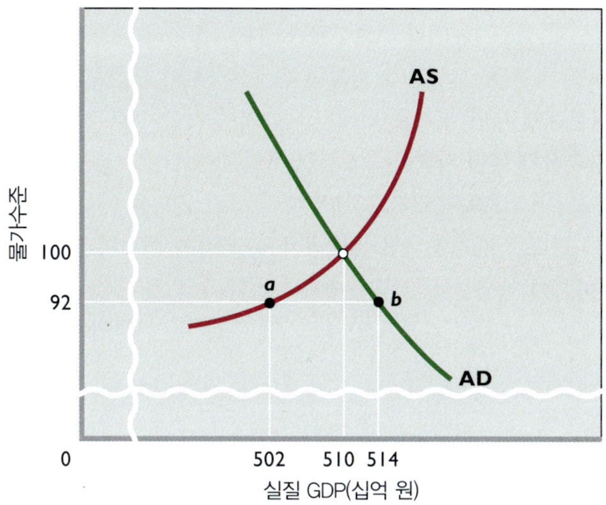


출에 대한 수요는 5,140억 원인데 이 점이 총공급곡선의 b점이다. 결과적으로 총산출에 대한 공급이 총산출에 대한 수요보다 120억 원(=5,140억 원 − 5,020억 원)만큼 적다.

이러한 물자부족은 지속되지 않는다. 구매자들 간에 부족한 물자를 구매하려는 경쟁이 나타나 물가수준이 100까지 상승하면 120억 원의 물자 부족이 해소된다. 먼저 물가수준이 92에서 100으로 상승하면 기업은 실질 총산출을 5,020억 원에서 5,100억 원으로 증가시킨다. 그리고 구매자는 5,140억 원에서 5,100억 원으로 지출을 줄이게 된다. 물가수준이 100이 되면 다시 실질 총산출에 대한 수요와 공급이 일치하여 실질 GDP 5,100억 원에서 경제의 균형이 달성되는 것이다. 여기에서 균형 물가수준이 100이라고

**표 12.3 물가수준과 총산출에 대한 수요 · 공급**

| 실질 총산출 (수요) (단위: 십억 원) | 물가수준 | 실질 총산출 (공급) (단위: 십억 원) |
|---|---|---|
| 506 | 108 | 513 |
| 508 | 104 | 512 |
| **510** | **100** | **510** |
| 512 | 96 | 507 |
| 514 | 92 | 502 |

## 분석의 응용

### 수요 견인 인플레이션

경제가 완전고용 GDP 수준을 유지하고 있는데 정부지출이나 기업투자가 증가하였다고 하자. 그러면 총수요곡선이 오른쪽으로 이동한다. 표 12.1에 있는 총수요의 이동 요인을 살펴보면 총수요곡선이 오른쪽으로 이동한 다양한 이유를 알 수 있을 것이다. 기업이 새로운 자본재에 대한 투자로 미래의 이윤이 증가할 것을 기대하며 투자지출을 확대하였을 수 있다. 또는 정부가 국방력을 강화하기 위해 지출을 증가시킨 것일 수 있다.

어떻든 이런 일이 발생하면 총수요가 완전고용 GDP보다 커지고 이에 따라 그림 12.8에 나타있듯이 경제가 a점에서 b점으로 이동하면서 물가수준이 $P_1$에서 $P_2$로 상승하는 인플레이션이 발생한다. 이것이 수요 견인 인플레이션인데 총수요의 증가가 물가수준을 위로 견인하여 발생한다. 그래프에서 확인할 수 있듯이 실질 GDP는 완전고용 GDP 수준($Q_f$)보다 큰 $Q_1$으로 증가한다. $Q_f$에서 $Q_1$까지의 거리가 양(+)의 GDP 갭, 즉 인플레이션갭이다. 이때 실제 GDP는 잠재적 GDP를 넘어서고 있다.

**그림 12.8 수요 견인 인플레이션**

총수요곡선이 $AD_1$에서 $AD_2$로 이동하면 경제는 a점에서 b점으로 이동한다. 이에 따라 물가수준은 $P_1$에서 $P_2$로 상승하여 수요 견인 인플레이션이 발생한다. $Q_f$에서 $Q_1$까지의 거리가 양(+)의 GDP 갭, 즉 인플레이션갭이다.

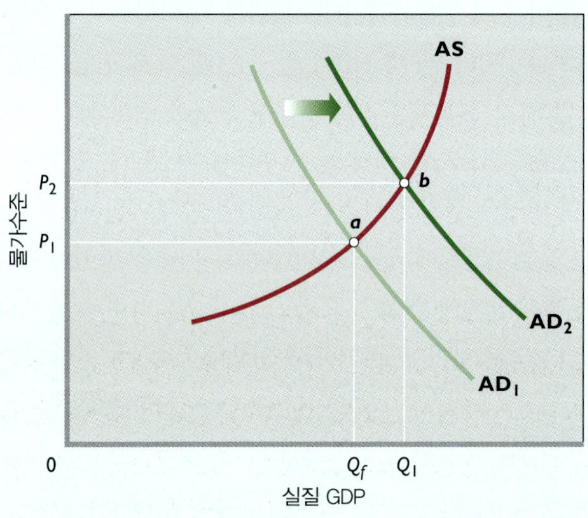


수요 견인 인플레이션의 고전적인 사례로 1960년대 후반에 미국에서 발생한 인플레이션을 들 수 있다. 그 당시 베트남 전쟁이 확전으로 치달으면서 미국의 국방비 지출은 1965~1967년에 40%나 증가하였고 1968년에는 다시 15% 증가하였다. 경제가 확장기를 맞고 있는 상태에서 정부지출이 늘어나자 총수요곡선은 오른쪽으로 크게 이동하였고 그 결과 20년 만에 최악의 인플레이션이 발생하였다. 실제 GDP가 잠재 GDP를 초과하였고 인플레이션갭이 만들어지면서 인플레이션율은 1965년 1.6%에서 1970년에 5.7%로 크게 높아졌다.

비교적 최근인 1980년대 후반에도 미국에서 수요 견인 인플레이션이 발생하였다. 1986~1990년에 총수요가 완전고용 GDP를 넘어섰다. 그래서 물가수준은 가파르게 상승하였다. 구체적으로 1986년의 인플레이션율은 1.9%였으며, 1987년에 3.6%, 1988년에 4.1% 그리고 1989년에는 4.8%로 점차 높아졌다. 그림 12.8로 설명하자면 총수요곡선이 매년 오른쪽으로 이동하면서 물가수준이 상승하고 양(+)의 GDP 갭도 커진 것이다. 인플레이션갭이 사라지고 인플레이션율이 하락한 것은 미국에서 경기침체가 시작된 1990~1991년에 이르러서였다.

**문제**

총공급곡선이 우상향한다는 사실이 수요 견인 인플레이션을 설명하는데 왜 중요한가?

한 것은 하나의 예에 불과한 것으로 특별한 의미는 없다. 균형 물가수준은 여건에 따라 달라질 수 있다.

## 균형 물가수준과 균형 GDP의 변화

총수요와 총공급은 시간이 지나면 변하기 마련이다. 총수요와 총공급이 같은 비율로 증가하면 GDP가 증가하면서도 수요 견인 인플레이션이나 경기적 실업이 등장하지 않을 수 있다. 그러나 앞서 경기순환을 논의하면서 거시경제의 안정성이 항상 유지되는 것은 아니라는 점을 지적하였다. 경제에 바람직하지 못한 상황이 발생할 수 있다는 것이다. 그러한 상황을 총수요 · 총공급모형을 이용하여 설명해 보자. 설명의 번잡함을 피하기 위해 물가지수와 총산출을 표시할 때 실제 수치 대신에 $P$와 $Q$라는 기호로 나타내기로 하자. $P$는 물가지수를 의미하며, $Q$는 실질 GDP를 나타낸다.

## 물가의 하방경직성

앞의 사례에서 물가수준의 상승은 신축적으로 이루어졌다. 하지만 물가수준의 하락은 경직적일 수 있다. 실제 한국경제에서 높았던 인플레이션율이 낮아진 적은 있지만, 물가수준 자체가 하락하는 디플레이션은 발생한 적이 없다. 물가수준이 경직적(비신축적)인 이유는 무엇인가? 특히 하방 경직적인 이유는 무엇인가? 경제학자들이 제시하는 이유는 여러 가지다.

- **가격전쟁의 공포:** 일부 과점기업은 자신이 가격을 내리면 경쟁기업이 자신보다 가격을 더 내려 보복할 수 있다고 여긴다. 한번 가격을 낮추기 시작하면 번갈아 계속 가격을 인하해야 하는 가격전쟁이 시작될 수도 있다는 것이다. 그런 일이 발생하면 가격을 그대로 유지할 때보다 기업의 이윤은 크게 감소하거나 손실이 발생할 수도 있

## 분석의 응용

### 비용인상 인플레이션

주요 테러 집단이 원유시설을 공격하여 그로 인해 원유 공급이 크게 감소하면서 유가가 300%나 급등하였다고 하자. 에너지 가격의 상승은 경제 전체에 파급되어 다양한 상품과 서비스의 생산비용과 유통비용을 증가시킬 것이다. 그러면 그림 12.9에서처럼 총공급곡선은 $AS_1$에서 $AS_2$로 왼쪽으로 이동한다. 그 결과 물가수준은 상승하는데 이것이 비용인상 인플레이션이다.

**그림 12.9 비용인상 인플레이션**

총공급곡선이 $AS_1$에서 $AS_2$로 왼쪽으로 이동하면 경제는 a점에서 b점으로 이동하는데 그 결과 물가수준은 $P_1$에서 $P_2$로 상승하여 비용인상 인플레이션이 발생한다. 실질 GDP는 하락하는데 이 때 $(Q_1-Q_f)$만큼의 음(−)의 GDP 갭이 나타난다.

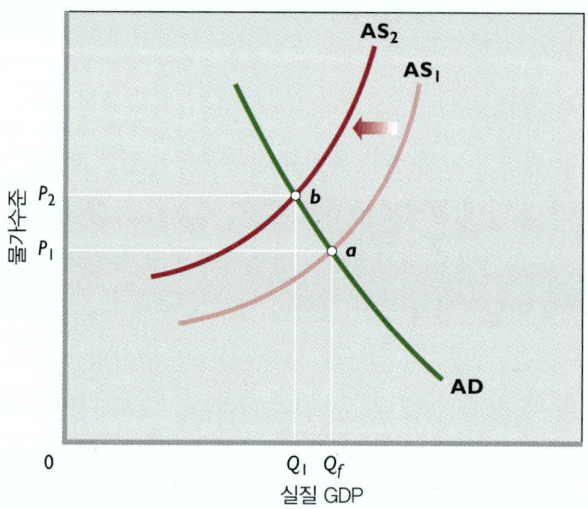


총공급곡선이 왼쪽으로 이동하면 부정적 효과가 이중으로 나타난다. 물가수준이 상승하여 비용인상 인플레이션이 발생할 뿐 아니라 경기침체가 나타나 음(−)의 GDP갭이 나타나는 것이다. 이것이 OPEC이 원유 생산을 할당하여 원유가격이 급등하면서 1970년대 중반 세계 많은 국가들이 실제 겪었던 일이다.

오늘날 유가가 경제에 미치는 영향은 예전에 비해 크게 줄어들었다. 그동안 다양한 대체 에너지가 개발되고 에너지를 절약하는 생산기술이 크게 늘어났기 때문이다. 하지만 한국경제의 원유 의존도는 여전히 높은 상태다. 그래서 원유나 에너지 관련 '공급 충격'이 발생하면 총공급곡선이 왼쪽으로 이동하면서 실질 GDP가 감소하고 비용인상 인플레이션이 발생하는 일이 다시 나타날 것이다.

**문제**

수요 견인 인플레이션과 비용인상 인플레이션, 어느 것이 경제에 더 큰 부담을 줄까?

## 수요 견인 인플레이션과 비용인상 인플레이션

새로운 건설 사업처럼 투자지출이 붐을 이루면 수요 견인 인플레이션이 발생할 수 있다. 원유와 같은 주요 자원의 가격이 급등하면 비용인상 인플레이션이 발생할 수 있다.

© Shutterstock

© Shutterstock

다. 그래서 기업은 먼저 나서서 가격을 인하하기보다 생산량을 줄이고 노동자의 정리해고를 택한다는 것이다.

- **메뉴비용:** 경기침체가 단기에 끝난다고 여기면 기업은 가격 인하를 망설인다. 예를 들어, 레스토랑이 가격을 인하하게 되면 메뉴판을 새로 마련하는 데 비용이 든다. 가격 인하가 단기에 끝나 가격을 다시 인상하게 되면 새로 메뉴판을 마련해야 하는 데 이 또한 비용이 든다. 경제학자들은 이러한 비용을 **메뉴비용**이라고 한다. 메뉴비용이란 말 그대로 메뉴판을 새로 만드는 데 드는 비용이다. 메뉴비용에는 메뉴판을 새로 마련하는 비용만 있는 것이 아니다. 다음과 같은 비용도 발생한다. (1) 가격 인하 여부를 결정하려면 수요 감소의 크기와 지속기간을 추정해야 하고 (2) 재고로 남은 상품의 가격표를 다시 붙여야 하며, (3) 새로운 카탈로그를 인쇄하고 발송해야 하며, (4) 광고를 통해 소비자에게 새로운 가격을 알려야 하는 등 여러 비용이 든다. 메뉴비용이 존재하면 기업은 메뉴비용을 피하기 위해 현재의 가격을 그대로 유지할 수 있다. 기업은 경기침체가 얼마 동안 지속될지 알아본 후 가격 인하 여부를 결정할 것이다.

메뉴비용

가격 변화로 메뉴판을 새로 마련하는 데 드는 비용

## 개념의 이해

### 톱니효과

톱니를 유추해 보면 물가수준 변동의 비대칭성을 쉽게 이해할 수 있다. 톱니는 에스컬레이터나 리프트카 등에 쓰이는 도구인데 회전하는 바퀴를 앞으로 나아가게 하지만, 물러서게 만들지는 못한다. 그래서 필요한 곳에 설치하면 에스컬레이터, 리프트카 등을 한 방향으로 움직이게 하며, 반대 방향으로는 움직이지 못하게 한다.

총수요가 증가하면 총공급곡선과 교차하는 점을 따라 물가수준이 즉각 상승하고 임금, 단위 생산비용도 바로 상승한다. 한국의 물가수준은 1963년 이래 매년 상승하였고 미국의 경우 1950년 이후 2차례(1955년과 2009년)를 제외하고 매년 상승하였다.

그러나 총수요가 감소하면 물가수준, 임금, 단위 생산 비용은 하방 경직성을 보인다. 그래서 그동안 총수요와 실질총산출은 여러 해에 걸쳐 감소한 적은 많았지만, 물가수준이 하락하는 것은 어느 나라나 매우 드물었다.

총수요의 증가는 물가수준이 마치 톱니에 물린 것처럼 앞으로 움직이게 만든다. 이렇게 물가수준이 일단 상승하면 톱니의 작용에 의해 하락하는 경우는 발생하지 않고 제자리에 머물러 있다가 때가 되면 다시 상승한다. 총수요가 감소하더라도 일단 상승한 물가수준은 하락하지 않는 것이다. 그래서 인플레이션율이 상승하거나 인플레이션율의 상승률이 낮아진 적은 있지만, 물가수준은 상승하기만 하였던 것이다.

**문제**

물가수준의 변동에서는 톱니효과가 나타난다. 그러나 실질 GDP의 변동에서는 톱니효과가 나타나지 않는다. 그 이유는 무엇일까?

- **임금계약:** 기업이 임금을 낮출 수 없다면 상품가격을 인하하는 것은 이윤 증가에 도움이 되지 못한다. 그런데 임금은 대부분 하방 경직적이다. 근로기준법 제94조에 따르면 임금 등 취업규칙을 근로자에게 불리하게 변경하려면 노동조합이나 근로자 과반수의 동의를 받아야 한다. 따라서 고용계약 기간 중일 때는 물론이고 새롭게 고용계약을 갱신하는 경우에도 임금의 인하는 사실상 어려운 형편이다. 이 때문에 기업은 수요가 감소하면 임금을 조정하기보다 고용조정을 택하는 경우가 많다.
- **근로의욕, 열정, 생산성에 대한 우려:** 대부분의 고용주들이 임금 인하를 꺼려하기 때문에 임금의 하방 경직성이 심해진다. 근로자의 생산성, 즉 근로 시간당 총산출이 일정할 때 임금을 인하하면 단위 노동비용이 감소하기는 한다. 그러나 임금 인하로 근로자의 근로의욕이나 열정이 낮아지면 생산성이 하락한다. 생산성 하락 효과가 크면 단위 노동비용이 오히려 증가할 수 있다. 생산성 감소로 인한 노동비용의 증가가 임금 인하로 인한 노동비용의 절감보다 커서 단위 노동비용이 감소하지 않고 오히려

## 분석의 응용

### 경기침체와 경기적 실업

총수요의 감소는 경기침체와 경기적 실업을 초래한다. 예를 들어 어떤 이유로 투자지출이 급락하였다고 하자. 그러면 그림 12.10이 보여주듯 총수요가 감소하여 총수요곡선이 $AD_1$에서 $AD_2$로 왼쪽으로 이동한다.

**그림 12.10 경기침체**

물가수준이 하방경직적일 때 총수요가 $AD_1$에서 $AD_2$로 감소하면 경제는 a점에서 b점으로 이동하고 실질 GDP는 $Q_f$에서 $Q_1$으로 감소한다. 이에 따라 일부 생산설비가 유휴상태에 있게 되고 경기적 실업이 등장하며 $Q_1$과 $Q_f$ 만큼의 음(−)의 GDP 갭이 발생한다.

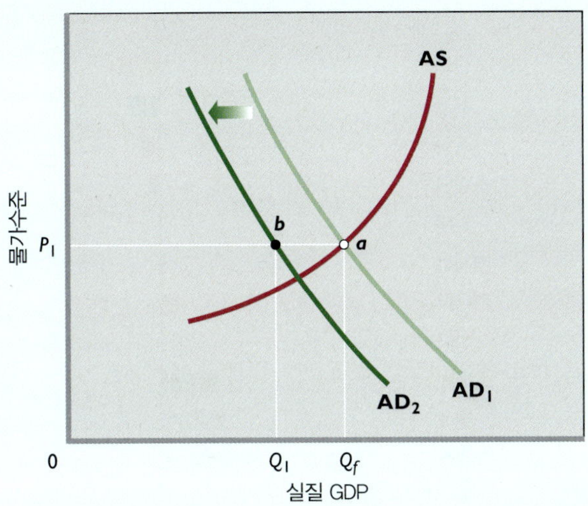


물가수준이 $P_1$에서 하방 경직적이기 때문에 총수요가 하락하면 경제는 점 a에서 점 b로 이동하고 실질 총산출은 $Q_f$에서 $Q_1$으로 감소한다. $Q_1$과 $Q_f$의 차이는 음(−)의 GDP 갭을 나타내는 것으로 실질 GDP가 잠재적 GDP에 얼마나 미달하는지를 보여준다.

그림 12.10이 보여주는 '디플레이션이 없는 GDP 갭'은 2007~2009년 미국에서 총수요의 감소로 발생한 경기침체를 잘 설명해준다. 그 당시 미국 경제는 금융시장의 혼란으로 기업과 가계부문의 지출이 크게 줄었다. 총수요가 급격하게 감소하자 2009년에 실제 GDP는 잠재 GDP에 1조 달러만큼 미달하였다. 그러나 물가수준은 거의 움직이지 않았다. 2008년에 물가지수는 −0.3%만큼 하락하였고 2010년에는 조세 감면과 재정지출 확대 같은 정부의 경기부양 효과가 나타나면서 상승하였다.

**문제**

신규 주택이나 공동주택을 비롯하여 사무용 건물 등의 건설에 따른 투자의 기대수익의 하락이 경기침체에 어떤 영향을 주는가?

## 지구촌 전망 12.3

### 주요 국가의 GDP 갭 크기(2017)

잠재적 GDP와 실제 GDP의 차이인 GDP 갭은 잠재적 GDP의 백분비로 표시할 수 있다. 2017년 주요 국가들의 GDP 갭은 국가에 따라 크게 차이가 났다. 각 국가의 경제 여건이 다를 뿐 아니라 이들 국가가 처한 경기순환의 국면이 달랐기 때문이다. 여기에 따로 표시되어 있지 않지만, GDP 갭이 음(–)인 국가를 포함하여 모든 국가의 인플레이션율은 양(+)의 값이었다.

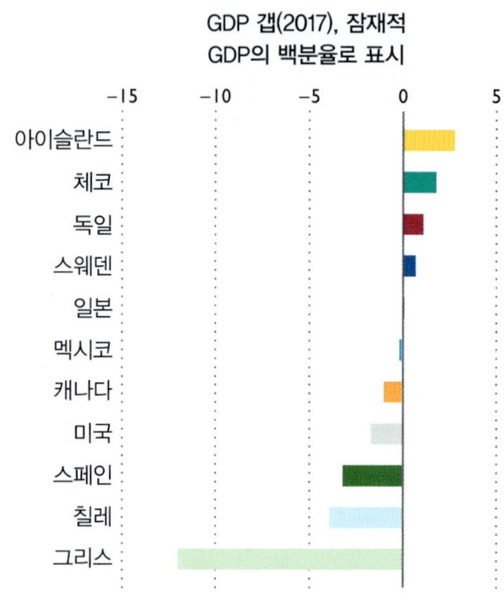


자료: OECD

증가하는 것이다. 그런 상황에 직면하게 되면 기업은 총수요가 감소하더라도 임금 인하를 하지 않을 것이다.

- **최저임금:** 최저임금이란 미숙련 근로자에게 지불되는 임금의 법정하한선이다. 기업이 현재 지급하고 있는 임금이 최저임금수준이면 총수요가 감소하더라도 기업이 임금을 인하할 수 있는 방법은 없다.

결과적으로 물가수준은 위로 상승할 수는 있어도 아래로 하락하는 경우는 거의 없다.

## 승수효과

총수요 · 총공급 모형을 끝내기 전에 승수효과와 경제의 자기교정이라는 2가지 점을 더 살펴보고자 한다. 먼저 승수효과를 살펴보자. 그림 12.8이나 그림 12.10에 있는 총수요곡선의 이동은 투자지출의 '초기변화'뿐 아니라 이로 인해 초래되는 '추가적 변화'를 모두 반영하고 있다. 초기에 투자지출이 증가하면 이들 지출은 최종적으로 기업이나 가계의 수입을 증가시켜 이들의 지출이 추가적으로 증가하고 이로 인해 총지출이 누적적으로 증가한다. 총수요곡선의 이동은 이러한 모든 변화를 반영하여 그려진 것이다.

이제 경제에 경기 확장의 여력이 존재한다고 가정하자. 즉, 지출이 증가하더라도 가격이 상승하지 않는다고 가정한다. 그러면 지출의 변화와 실질 GDP의 변화 간에 직접적인 양(+)의 관계가 존재하게 된다. 그러나 단순히 지출의 변화만큼 실질 GDP가 증가하는 것이 아니다. 예를 들어, 투자지출이 증가하면 초기에 증가하였던 투자지출보다 훨씬 크게 총산출과 실질 GDP가 증가한다. 이러한 놀라운 결과를 초래하는 것을 **승수효과**라고 한다. 승수란 GDP가 최종적으로 얼마나 변하는지를 측정하는 수치로 GDP의 최종적 변화를 초기의 지출변화로 나눈 값이다. 이를 식으로 표시하면 다음과 같다.

승수효과
투자지출이 증가하면 총수요와 GDP가 투자지출의 증가보다 훨씬 더 크게 증가하는 것

$$\text{승수} = \frac{\text{GDP 변화}}{\text{초기의 지출 변화}}$$

이를 정리하면 다음과 같다.

$$\text{GDP 변화} = \text{승수} \times \text{초기의 지출 변화}$$

예를 들어, 투자가 300억 원 증가하였을 때 총수요와 실질 GDP가 900억 원 증가하였다면 승수는 3이다. 승수에 대해 알아두어야 할 점은 2가지다.

- 지출의 초기 변화는 흔히 변동성이 큰 투자지출의 변화 때문에 발생한다. 그러나 소득이 증가하지 않았음에도 소비지출이 늘어나거나 정부지출이나 순수출이 늘어나도 승수효과가 발생한다.
- 승수효과는 지출이 증가할 때도 나타나지만, 감소할 때도 나타난다. 지출이 처음 조금 증가하면 GDP는 지출 증가에 승수를 곱한 것만큼 증가하고 지출이 처음 조금 감소하면 GDP는 지출 감소에 승수를 곱한 것만큼 감소한다.

승수효과가 나타나는 것은 제2장의 소득순환모형에서 보았듯이 소득과 지출의 흐름

이 서로 연결되어 끊임없이 되풀이되기 때문이다. 이 과정에서 수지의 지출은 지수의 소득이 되고 지수의 지출은 지영의 소득이 된다. 예를 들어, 수지가 100을 지출하여 지수의 소득이 100만큼 늘어나면 지수는 늘어난 소득의 일부인 20을 저축하고 나머지 80을 지출할 것이므로 지영의 소득은 80으로 처음에 수지가 지출하였던 100보다 적어진다. 지영도 소득의 일부를 저축하고 나머지를 지출할 것이므로 지영의 지출로 누군가는 80보다 적은 소득을 얻게 된다. 이 과정이 지속되면 추가적인 지출과 이로 인한 추가적인 소득의 증가는 점차 줄어들고 결국 승수효과는 사라지게 된다.

### 경기침체의 자기 교정이 가능한가?

총수요 · 총공급모형과 관련하여 살펴봐야 할 2번째 논의는 이론의 적용에 신중해야 한다는 것이다. 미국의 경우 물가수준이나 임금의 하방 경직성이 점차 완화되고 있다는 연구 결과들이 있다. 국제 경쟁이 치열해지고 노조의 힘이 약화되면서 가격 인하나 임금 인하에 대한 저항이 총수요의 감소 시기에 줄어들고 있기 때문이다. 이처럼 상품의 가격과 임금이 신축적으로 되면서 2001년의 경기 침체가 상대적으로 심해지지 않았다는 것이다. 예를 들어, 수요가 감소하면 자동차업계는 흔히 무이자 할부행사를 시행한다. 할부이자를 받지 않는다는 것은 사실상 가격을 인하한 것과 같다. 이러한 가격 인하로 수요가 크게 감소하지 않아 자동차업계는 생산수준을 어느 정도 유지할 수 있었다.

이론적으로 보았을 때 물가와 임금이 완전히 신축적이면 경기침체는 스스로 '자기 교정'의 과정을 거친다. 총수요가 줄어들어 음(−)의 GDP 갭이 발생하고 실업이 증가하였을 때 물가와 임금이 신축적이면 물가수준이나 임금수준(명목)이 하락하게 된다. 그림 12.10에서 보았듯이 임금수준이 낮아지면 단위 생산비용이 감소하여 총공급곡선이 오른쪽으로 이동한다. 결국 경제는 이전의 물가수준보다 낮은 상태에서 완전고용 총산출수준으로 되돌아가는 것이다. 즉, 경제는 그림 12.5에서 보여주었던 수직인 장기공급곡선의 한 점으로 이동하는 것이다.

현실에서는 이러한 '교정' 과정이 느리고 확실치 않아서 정부나 통화당국은 이를 잘 기다리지 못한다. 이들은 총수요를 경기침체 이전 상태로 되돌려놓으려 애쓴다. 예를 들어, 2007년 말 주택시장과 금융시장이 위기를 맞아 갑자기 경기침체가 시작되자 미국의 중앙은행은 서둘러 금리인하를 여러 차례 단행하여 지출을 촉진하였다. 2008년 2월 미국 정부는 조세 환급정책을 시행하였고 이어 2009년 2월에는 7,870억 달러에 달하는 정부지출 확대 및 조세 감면을 단행하였다. 이를 통해 총수요를 부양하여 경기침체를 막고자 한 것이다. 경기침체는 2009년 6월에 공식적으로 종식되고 점차 경기회복이 시작되었다. 그렇게 시작된 경기순환은 2020년 2월에 정점에 도달하였다.

2020년 3월에 코로나 19 팬데믹으로 인해 경제의 많은 부분이 폐쇄되거나 크게 축소되었다. 2020년 2분기에 미국의 GDP는 31.4% 줄어들었다. 미국의 중앙은행인 연방준비제도는 재빨리 이자율을 낮추었고 의회는 입법을 통해 고통을 겪고 있는 가계와 기업을 지원하였다. 정책입안자들은 경제의 자기 교정 과정을 기다리지 않았고 정부 정책과 경제의 재개에 힘입어 2020년 3분기에 GDP는 33.4% 급등하였다. 이러한 강한 회복세에도 불구하고 상당한 수준의 실업과 이로 인한 음(−)의 GDP 갭은 2021년까지 계속되었다. 경제가 스스로 완전히 회복되기를 기다릴 생각이 없어서 연방준비제도는 이자율을 낮게 유지하였고 정부는 추가적인 지원을 통해 가계 부문에 지원금과 추가 실업수당을 제공하였고 기업에 대출과 보조금을 지급하였다.

이러한 경제 안정화 정책은 다음 장들에서 자세히 다룰 것이다.

# 요약

**1. 총수요의 정의와 변화요인**

총수요 · 총공급모형은 총수요 · 총공급을 통해 실질 GDP와 물가수준의 변화를 동시에 살펴보도록 한다.

총수요곡선은 주어진 물가수준에서 전체 구매자가 매입하고자 하는 총산출량(실질 GDP)을 나타낸다. 구매자는 국내의 가계, 기업, 정부뿐 아니라 해외에 거주하는 가계, 기업, 정부 등 해외 소비자를 포함한다. 실질 GDP 수요량은 물가수준(GDP 물가지수로 측정)과 역의 관계에 있다.

총수요곡선의 이동 요인은 소비지출의 변화, 투자지출의 변화, 정부지출의 변화, 순수출의 변화 등이다. 표 12.1에 표시된 요인이 하나라도 변하면 총수요곡선이 이동한다.

**2. 총공급의 정의와 변화 요인**

총공급곡선이란 주어진 물가수준에서 기업이 생산하고자 하는 총산출량(실질 GDP)을 나타낸다. 총공급곡선의 기울기는 생산물이나 요소의 가격이 얼마나 신속히 변하느냐에 따라 달라진다.

총공급곡선은 가격의 반응 정도에 따라 3 기간으로 나누어진다. 기간에 따라 생산물이나 생산요소의 가격 신축성이 다르다. 초단기 총공급곡선에서 생산요소와 생산물의 가격은 모두 고정되어 있다. 생산물의 가격이 고정되어 있다면 초단기의 총공급곡선은 수평선이 된다. 단기의 공급곡선에서 생산물의 가격은 변할 수 있지만, 생산요소의 가격은 고정되어 있다. 단기 총공급곡선은 우상향한다. 생산물의 가격이 증가하면 기업의 이윤이 커져 산출이 증가하기 때문이다. 총산출이 완전고용 수준에 미치지 못하면 총공급곡선의 기울기는 완만하지만, 총산출이 완전고용 수준을 넘어서면 총공급곡선의 기울기는 가파르게 된다. 장기공급곡선에서 모든 생산요소의 가격은 물가와 같은 비율로 변한다. 장기 총공급곡선은 완전고용 GDP 수준에서 수직선이다.

단기 총공급곡선은 물가수준과 총산출의 변화를 한꺼번에 고려할 수 있다. 그리고 단기 총공급곡선은 경기순환을 분석하고 정부의 경기정책을 설명하는 데 유용하다. 다른 특별한 설명이 없으면 총공급곡선은 단기 총공급곡선을 의미한다.

총공급곡선의 이동요인은 생산요소의 가격변화, 생산성의 변화, 법 · 제도적 환경 변화 등이다. 이는 표 12.2에 나타나 있다. 이러한 이동요인이 하나라도 변하면 단위 생산비용이 변하게 되고 따라서 총공급곡선이 이동하게 된다.

**3. 균형 GDP와 균형 물가수준**

총수요곡선과 총공급곡선이 교차하는 점에서 균형 물가수준과 균형 GDP가 결정된다. 교차점에서 실질 GDP의 수요량과 실질 GDP의 공급량은 같다.

**4. 총수요 · 총공급모형의 응용: 인플레이션과 경기침체**

총수요가 완전고용 총산출수준보다 커지면 수요 견인 인플레이션이 발생하며, 양(+)의 GDP 갭이 나타난다. 단위 생산비용의 상승으로 총공급곡선이 왼쪽으로 이동하면 비용인상 인플레이션이 발생한다. 그리고 음(−)의 GDP 갭이 나타난다.

총수요곡선이 완전고용이 가능한 수준보다 왼쪽으로 이동하면 경기침체가 발생하며 음(−)의 GDP 갭이 나타나고 경기적 실업이 등장한다. 경기침체 기간에도 한국의 물가수준이 한 번도 하락하지 않았던 것은 가격과 임금의 하방 경직성 때문이다. 이러한 경직성은 가격전쟁의 공포, 메뉴비용, 임금계약, 근로의욕에 대한 우려 그리고 최저임금 등이 초래한 결과이다.

경제에 경기확장의 여력이 있을 때 소비지출, 투자, 정부지출, 순수출 등 지출이 변하면 승수효과로 인하여 GDP의 변화는 초기지출의 변화보다 훨씬 커진다.

이론적으로 보았을 때 물가와 임금이 완전히 신축적이면 경기침체는 스스로 자기 교정의 과정을 거친다. 현실에서는 가격과 임금의 하방 경직성 때문에 이러한 교정 속도가 느리고 불확실하다. 경기침체가 닥치면 흔히 중앙은행이나 정부는 경제의 자기 교정 과정을 기다리지 못하고 경기침체를 막기 위해 총수요를 증가시키는 정책을 시행하게 된다.

## 주요 용어 및 개념

| | | |
|---|---|---|
| 균형 GDP | 승수효과 | 총수요 |
| 균형 물가수준 | 장기 총공급곡선 | 총수요 · 총공급 모형 |
| 단기 총공급곡선 | 초단기의 총공급곡선 | 총수요의 이동요인 |
| 메뉴비용 | 총공급 | |
| 생산성 | 총공급곡선의 이동요인 | |

## 연습문제

**1.** 다음에서 총수요곡선을 우측으로 이동시키는 요인은?

① 경기침체에 대한 경계 심리 확산
② 부가가치세의 인상
③ 유가의 급락
④ 인플레이션에 기대심리 확산
⑤ 국내통화가치의 상승

**2.** 다음에서 소비지출에 가장 큰 영향을 줄 것으로 여겨지는 것은?

① 주가의 변동　② 처분가능 소득의 변동
③ 부동산 가격의 변동　④ 이자율의 변동
⑤ 정부지출의 변동

**3.** 다음에서 투자의 기대수익에 영향을 미치는 변수가 아닌 것은?

① 경제의 미래전망　② 이자율
③ 기술혁신　④ 법인세
⑤ 과잉설비의 규모

**4.** 총공급곡선에 대한 설명으로 틀린 것은?

① 생산요소가격의 가변성에 따라 초단기, 단기, 장기로 구분한다.
② 생산물가격과 생산요소가격이 모두 경직적이면 총공급곡선은 수평선이다.
③ 장기 총공급곡선은 수직선이다.
④ 완전고용 수준보다 낮은 소득 수준에서 단기 총공급곡선은 상대적으로 완만하다.
⑤ 단기 총공급곡선은 우상향한다.

**5.** 단기 총공급곡선을 우측으로 이동시키는 요인은?

① 물가수준의 상승　② 생산성의 향상
③ 원자재 가격의 상승　④ 판매세의 인상
⑤ 환경규제의 도입

**6.** 물가의 하방경직성을 초래하는 요인과 무관한 것은?

① 경쟁기업과의 가격전쟁 회피심리
② 인플레이션 심리
③ 메뉴비용의 절약
④ 임금인하를 어렵게 하는 임금계약
⑤ 근로의욕의 하락 우려

**7.** 물가의 하방경직성이 존재할 때 총수요가 감소하면 나타날 수 있는 경제현상이라고 할 수 없는 것은?

① 디플레이션　② 경기침체의 심화
③ 디스인플레이션　④ 실업의 증가
⑤ 음(−)의 GDP 갭

**8.** 다음에서 투자의 변화로 인한 승수효과가 가장 큰 경우는 언제인가?

① 초단기　② 단기
③ 장기　④ 총공급곡선이 수직선일 때
⑤ 총수요곡선이 수직선일 때

**9.** 다음은 어떤 국가의 물가수준에 따른 총수요 · 총공급을 나타낸다. 다음의 설명 중 틀린 것은? 단, 현재의 GDP는 510조 원이며, 잠재적 GDP와 같다.

| 총수요 | 물가수준 | 총공급 |
|---|---|---|
| 506조 | 108 | 513조 |
| 508조 | 104 | 512조 |
| 510조 | 100 | 510조 |
| 512조 | 96 | 507조 |
| 514조 | 92 | 502조 |

① 균형 물가수준은 100이다.
② 각 물가수준에서 총수요가 7조 원 증가하면 물가수준이 8% 상승한다.
③ 각 물가수준에서 총수요가 7조 원 증가하면 3조 원 만큼의 양(+)의 GDP 갭이 발생한다.
④ 각 물가수준에서 총수요가 5조 원 감소하면 물가수준은 4% 감소한다.
⑤ 각 물가수준에서 총수요가 5조 원 감소하면 4조 원 만큼의 음(−)의 GDP 갭이 발생한다.

**10.** 다음은 어떤 국가의 총공급곡선을 나타낸다. 틀린 설명은?

| (A) | | (B) | | (C) | |
|---|---|---|---|---|---|
| 물가수준 | 실질 GDP(조) | 물가수준 | 실질 GDP(조) | 물가수준 | 실질 GDP(조) |
| 110 | 275 | 100 | 200 | 110 | 225 |
| 100 | 250 | 100 | 225 | 100 | 225 |
| 95 | 225 | 100 | 250 | 95 | 225 |
| 90 | 200 | 100 | 275 | 90 | 225 |

① 이 국가의 잠재적 GDP는 225조 원이다.
② A는 단기 공급곡선을 나타낸다.
③ 이 국가의 단기 균형 물가수준이 100이라고 하면 음(−)의 GDP 갭이 존재한다.
④ 이 국가의 장기 균형 물가수준은 95이다.
⑤ 단기 균형 물가수준이 100이라고 하면 총수요는 점차 감소할 것이다.

**11.** 총수요와 총공급이 다음의 표와 같이 주어져 있다.

| 실질 GDP 수요(조) | 물가수준(물가지수) | 실질 GDP 공급(조) |
|---|---|---|
| 100 | 300 | 450 |
| 200 | 250 | 400 |
| 300 | 200 | 300 |
| 400 | 150 | 200 |
| 500 | 100 | 100 |

(1) 균형 물가수준과 균형 GDP를 구하시오.
(2) 생산성이 100% 증가하였다. 균형 물가지수와 균형 GDP를 구하시오.
(3) 총수요가 100% 증가하였다. 균형 물가지수와 균형 GDP를 구하시오.

**12.** 다음 표는 어떤 국가의 노동 투입량과 실질 GDP의 관계를 나타낸다.

| | 노동투입량(백만 시간) | 실질 GDP(조 원) |
|---|---|---|
| 2000년 | 8,000 | 20.0 |
| 2010년 | 10,000 | 37.5 |
| 2020년 | 11,000 | 49.5 |

(1) 2000~2010년 기간의 연평균 노동생산성 증가율을 구하시오.
(2) 2020년 노동 1시간당 임금이 10,000원이라고 하면 단위당 생산비용은 얼마인가?

**13.** 총수요 · 총공급 곡선을 이용하여 수입 원유가격의 상승이 물가수준 및 국민소득에 미치는 효과를 설명하여 보시오.

**14.** 총수요 · 총공급 곡선을 이용하여 승수효과의 크기가 총공급곡선에 따라 달라질 수 있음을 설명하여 보시오.

**15.** 현실 경제에서 총수요의 감소는 물가수준이 신축적일 때보다는 실질 생산을 더 감소시킨다. 그 이유를 총수요 · 총공급곡선을 이용하여 설명하여 보시오.

CHAPTER 13

# 재정정책, 재정적자 그리고 국가부채

**학습내용**

1. 재정정책의 목적, 수단, 한계
2. 자동안정장치
3. 경기조정 예산
4. 재정정책의 시행에 따른 문제
5. 공공부채의 크기, 구성, 결과
6. 재정의 장기 불균형과 사회복지

---

제12장에서 보았듯이 총수요가 과도하게 증가하면 수요견인 인플레이션이 발생하고, 총수요가 지나치게 감소하면 경기침체와 경기적 실업이 초래된다. 이런 이유로 중앙정부는 때때로 인플레이션을 억제하거나 경기를 부양하기 위한 정책을 시행한다. 이러한 경기안정화를 위한 재정정책은 정부지출과 조세를 의도적으로 변화시켜 완전고용을 달성하고 인플레이션을 통제하며, 경제성장을 촉진하려는 것이다.

이 장에서 먼저 재정정책의 근거와 현재 상태, 그리고 한계 등을 검토한다. 그리고 이와 관련된 2가지 주제, 즉 공공부채와 사회복지제도의 재원조달 문제 등을 다룬다.

## 재정정책과 총수요 · 총공급 모형

재량적 재정정책

경제안정을 위해 정부지출과 조세를 의도적으로 변화시키는 정책

재정정책이란 정부지출과 조세를 의도적으로 변화시켜 완전고용, 물가안정 그리고 경제성장을 달성하려는 것이다. 재정정책은 재량적(적극적) 재정정책과 비재량적(소극적) 재정정책으로 나누어진다. **재량적 재정정책**이란 정부가 재량껏 예산을 편성하여 정부지출과 조세를 변화시킬 수 있는 것을 말한다. 하지만 이들 정책은 국회의 승인을 거쳐야 하기 때문에 정부의 재량에는 한계가 있다. 우리나라의 경우 기획재정부가 예산 편성을 담당하며, 경제상황에 따라 재정지출이나 조세의 규모를 변경한다. 때에 따라서는 정부지출의 집행 시기를 조정하기도 하며, 긴급히 정부지출을 늘리고자 할 경우에는 '추가경정예산'을 편성하여 국회에 제출하기도 한다. 이에 비해 미국의 경우 재량적 재정정책은 흔히 대통령 경제자문위원회(CEA)의 권고에 따라 시행된다. 이 위원회는 대통령에 의해 임명된 3명의 경제학자들로 구성되며, 경제 문제에 대해 대통령에게 자문과 조언을 한다. 재량적 재정정책의 구체적 내용이 의회에 제출되면 의회는 다양한 위원회를 거쳐 최종적으로 승인 여부를 결정한다.

이에 비하여 비재량적(소극적) 재정정책은 국회의 승인을 거치지 않아도 자동적으로 정부지출과 조세가 변하는 것으로 자동적 재정정책이라고도 한다. 이것은 기존의 예산안에 따라 집행되는 정부지출과 조세가 여건에 따라 자동적으로 변하기 때문에 나타난다.

확장적 재정정책

정부가 총수요 증가를 목적으로 정부지출을 증가하거나 조세를 인하하는 것

### 확장적 재정정책

경기침체가 발생하면 정부는 **확장적 재정정책**을 시행한다. 확장적 재정정책은 정부 지

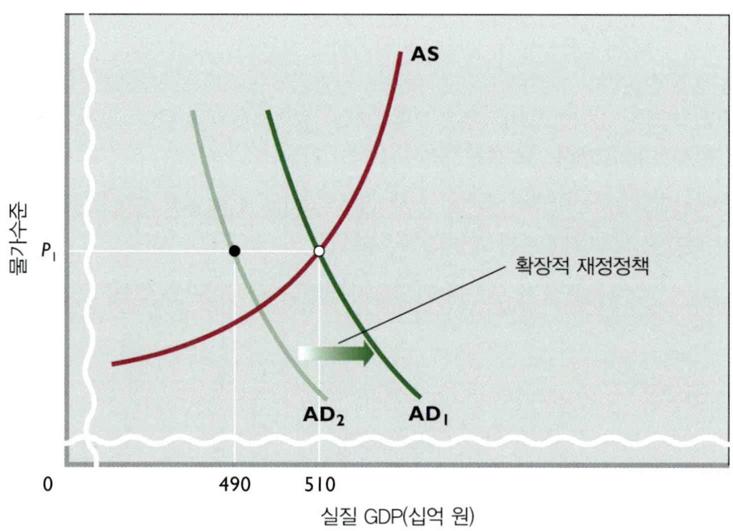


**그림 13.1 확장적 재정정책**

확장적 재정정책은 정부지출을 증가하거나 조세를 인하하는 것으로 이를 통해 총수요를 확대시켜 경기침체에서 벗어나려는 것이다. 확장적 재정정책이 시행되면 총수요가 $AD_2$에서 $AD_1$으로 이동하게 되어 실질 GDP가 4,900억 원에서 5,100억 원으로 증가한다. 이에 따라 완전고용 GDP 수준이 회복된다.

출을 증가하거나 조세를 인하하는 것으로 이를 통해 총수요를 증대시켜 실질 GDP를 증가시키려는 것이다. 그림 13.1에서처럼 투자지출이 급격히 하락하여 총수요곡선이 $AD_1$에서 $AD_2$로 좌측으로 이동하였다고 하자. 투자의 기대수익이 줄어들어 투자지출과 총수요가 감소하면서 경기침체가 시작된 것이다.

경제의 잠재적 GDP, 즉 완전고용 총산출이 그림 13.1에서처럼 5,100억 원이라고 하자. 물가수준이 $P_1$에서 하방 경직적이면 총수요곡선이 $AD_1$에서 $AD_2$로 왼쪽으로 이동하였을 때 실질 GDP는 4,900억 원으로 감소한다. 그래서 200억 원(= 4,900억 원 − 5,100억 원)만큼의 음(−)의 GDP 갭이 발생한다. 이 갭으로 인해 실업이 증가한다. 산출물이 감소하여 생산에 필요한 근로자가 줄어들기 때문이다. 단기적으로 경기침체와 경기적 실업이 발생하게 된 것이다.

이런 상황을 해결하려면 중앙정부는 어떤 재정정책을 시행해야 할까? 3가지 선택이 가능하다. 즉, (1) 정부지출의 증가 (2) 조세의 인하 (3) 정부지출 증가와 조세 인하의 적절한 조합 등이다. 이전에 정부재정이 균형이었다면 확장적 재정정책은 **재정적자**, 즉 정부 지출이 조세수입을 초과하는 상태를 초래한다.

재정적자
정부지출이 조세수입을 초과한 것

**정부지출의 증가** 정부가 정부지출을 증가시키면 총수요는 증가한다. 예를 들어, 정부가 도로건설, 서민층 생계지원, 고용보조금 등에 대한 지출을 늘릴 수 있다. 다른 조건이 변하지 않았을 때 정부지출이 적절히 증가하면 총수요곡선은 그림 13.1의 $AD_2$에서 $AD_1$으로 이동하게 된다. 그러면 총산출은 경기침체 때의 4,900억 원에서 200억 원 증가하여 5,100억 원이 된다. 산출이 증가하면서 기업은 완전고용 수준까지 고용을 늘리게 되고 이에 따라 음(−)의 GDP 갭은 사라진다.

**조세 인하** 정부가 조세를 적절히 인하하더라도 총수요곡선은 $AD_2$에서 $AD_1$인 오른쪽으로 이동하게 된다. 정부가 개인소득세를 인하한다고 하자. 그러면 가계의 처분 가능소득이 증가하고 이 가운데 일부는 소비될 것이고 나머지는 저축될 것이다. 새롭게 증가한 소비지출로 인해 총수요가 증가한다. 조세가 적절히 인하된다면 총수요곡선은 그림 13.1의 $AD_2$에서 $AD_1$으로 이동하게 되고 실질 GDP를 200억 원 증가시켜 음(−)의 GDP 갭이 사라지게 된다. 이에 따라 고용은 증가하고 실업률은 하락하게 된다.

총수요곡선을 그림 13.1의 $AD_2$에서 $AD_1$으로 이동시키는데 필요한 조세 인하의 규모는 앞서 논의한 정부지출의 증가 규모보다 커야 한다. 조세 인하로 인해 증가한 소득의 일부가 저축되기 때문이다. 증가된 소득에서 소비 지출된 부분만이 총수요곡선을 이동시킨다. 증가된 소비지출의 크기가 증가된 정부지출의 크기와 같아야 하기 때문에 조세

**그림 13.2 긴축적 재정정책**

긴축적 재정정책은 정부지출의 감소, 조세인상, 또는 양자의 결합 등을 통해 총수요를 줄여 수요견인 인플레이션을 낮추거나 아예 없애려는 것이다. 이러한 정책이 시행되면 총수요곡선은 $AD_4$에서 $AD_3$로 왼쪽으로 이동하고 이에 따라 물가상승압력이 줄어들어 수요견인 인플레이션이 멈추게 된다. 그러나 인플레이션이 멈추더라도 가격이 경직적이면 물가수준이 $P_1$으로 하락하지는 않는다.

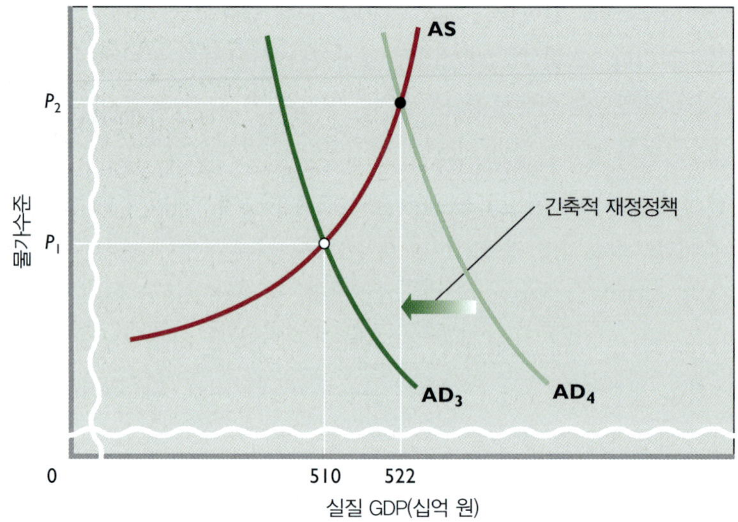


인하의 규모가 정부지출의 증가 규모보다 커야 하는 것이다.

**정부지출 증가와 조세 인하의 조합** 정부는 정부지출 증가와 조세 인하를 적절히 조합하여 원하는 만큼의 총수요를 증가시킬 수 있다. 이를 통해 실질 GDP를 늘릴 수 있다. 정부지출의 증가와 조세의 인하가 함께 적절히 이루어지면 총수요곡선이 그림 13.1의 $AD_2$에서 $AD_1$으로 이동하게 되고 음(−)의 GDP 갭이 사라지게 된다.

## 긴축적 재정정책

긴축적 재정정책

총수요를 줄이기 위해 정부지출을 줄이거나 조세를 인상하는 것

수요견인 인플레이션이 발생하면 중앙정부는 **긴축적 재정정책**을 시행한다. 먼저 그림 13.2에서 실질 GDP가 5,100억 원일 때 완전고용이 달성된다고 하자. 이 때 투자지출이나 순수출이 크게 증가하여 총수요곡선이 $AD_3$에서 $AD_4$로 이동하였다고 하자. 그러면 수요 견인 인플레이션이 발생하여 물가수준이 $P_1$에서 $P_2$로 상승하고 120억 원만큼의 양(+)의 GDP 갭(= 5,220억 원 − 5,100억 원)이 발생한다.

재정흑자

조세수입이 정부지출을 초과하는 것

정부가 인플레이션을 잡기 위해 선택할 수 있는 정책은 3가지인데 이것은 경기침체 때와 정반대이다. 즉, (1) 정부지출의 감소 (2) 조세의 인상 (3) 앞의 (1), (2) 정책의 조합 등이다. 수요 견인 인플레이션이 발생하면 재정정책은 **재정흑자**(조세수입이 정부지출을 초과하는 상태)를 지향하게 된다.

**정부지출의 감소** 수요 견인 인플레이션을 잡기 위해 정부지출이 감소하면 총수요가 줄어든다. 그림 13.2에서 볼 수 있듯이 정부지출의 감소로 총수요곡선은 $AD_4$에서 $AD_3$

인 왼쪽으로 이동한다. 물가수준이 신축적이면 물가수준은 $P_1$이 되어 총산출은 완전고용수준인 5,100억 원이 되어 경제는 수요 견인 인플레이션이 발생하기 이전의 상태로 되돌아간다.

그러나 불행하게도 현실 경제는 그림 13.2처럼 단순하지 않다. 톱니바퀴가 작용하는 것처럼 총수요가 증가하면 물가수준이 상승하지만, 총수요가 감소하면 물가수준은 하락하지 않는다. 따라서 인플레이션 대책은 물가수준의 상승을 멈추게 하지만, 이전 수준으로 낮추지는 못한다.

물가수준을 이전으로 낮추지 못한다면 인플레이션 대책은 왜 필요한가? 수요 견인 인플레이션은 흔히 총수요곡선이 지속적으로 오른쪽으로 이동하기 때문에 발생한다. 총수요의 증가가 1회에 그친다면 물가 상승도 1회에 그칠 것이다. 하지만 총수요가 지속적으로 증가하면 물가도 지속적으로 오를 것이다. 그래서 긴축적 재정정책의 목적은 총수요곡선이 추가적으로 이동하는 것을 막으려는 것으로 물가수준을 원래 수준으로 낮추는 것은 아니다. 재정정책이 성공하면 양(+)의 GDP 갭, 즉 인플레이션 갭이 추가적으로 나타나지 않게 되고 그래서 물가수준은 더 이상 오르지 않게 된다. 이러한 한계에도 불구하고 그림 13.2는 기본 원리, 즉 정부지출의 감소가 수요 견인 인플레이션을 완화하는 데 유용하다는 점을 보여주고 있다.

**조세 인상** 조세가 인하되면 소비지출이 증가하듯이 반대로 조세가 인상되면 소비지출이 감소한다. 조세 인상이 적절히 이루어지면 소비지출이 감소하여 그림 13.2의 총수요 곡선이 $AD_4$에서 $AD_3$로 이동하게 된다. 그렇게 되면 수요견인 인플레이션이 사라진다. 조세의 인상으로 처분가능 소득이 줄더라도 처분가능 소득의 감소만큼 소비지출이 감소하는 것은 아니다. 저축도 줄기 때문이다. 즉, 처분가능 소득의 감소 = 소비지출의 감소 + 저축의 감소이다. 따라서 정부지출의 감소 규모보다 조세의 인상 규모가 커야 총수요에 미치는 효과의 크기가 동일해진다. 조세의 인상으로 줄어든 소비지출만이 총수요에 영향을 주기 때문이다.

**정부지출 감소와 조세인상의 조합** 중앙정부는 총수요를 감소시키기 위해 정부지출 감소와 조세인상을 조합하여 사용함으로써 인플레이션을 억제할 수 있다. 정부지출 감소와 조세 인상을 적절히 조합하면 총수요곡선을 $AD_4$에서 $AD_3$로 이동시킬 수 있다.

## 재정의 자동안정성

일반적으로 정부의 조세수입은 경기순환에 따라 자동적으로 변하면서 경제를 안정화시

**그림 13.3 재정의 자동안정성**

조세수입($T$)은 GDP와 양(+)의 관계를 가지며, 정부지출($G$)은 GDP 수준과 무관하다. 경기침체로 GDP가 감소하면 자동적으로 재정적자가 발생하여 경기침체가 완화된다. 경기확장으로 GDP가 증가하면 자동적으로 재정흑자가 발생하여 인플레이션이 줄어든다.

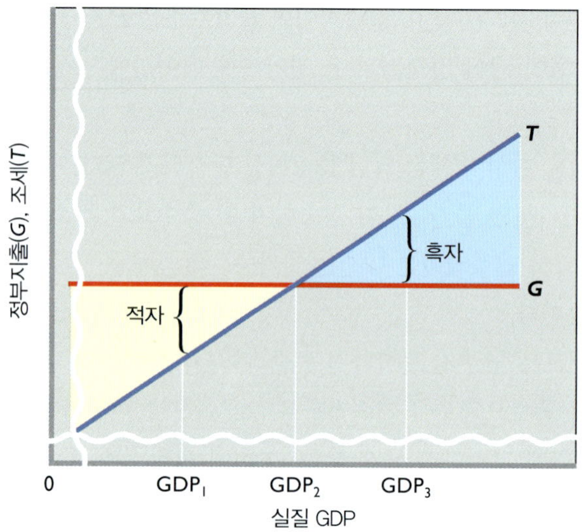


키는 방향으로 작용한다. 이러한 자동적 변동(자동 안정성)이 비재량적(소극적 또는 자동적) 재정정책이며, 대부분의 조세제도가 이러한 특성을 가지고 있다. 자동안정성은 앞의 재량적 재정정책에서 논의될 수 없었다. GDP 수준이 달라지더라도 동일한 조세가 징수된다고 가정하고 있었기 때문이다. 그러나 현실에서 순조세수입은 GDP에 따라 달라진다. 여기에서 순조세수입은 조세수입에서 이전 지출이나 보조금 등을 뺀 것으로 앞으로 조세는 순조세를 의미하기로 한다.

사실 GDP가 증가하여 총소득이 늘어나면 거의 모든 유형의 조세수입이 증가한다. 특히, 개인소득세는 누진세율이 적용되므로 소득세 증가율은 GDP 증가율보다 높다. 게다가 GDP가 증가하여 재화와 서비스의 구입이 증가하면 법인세, 부가가치세, 물품세 등도 증가한다. 마찬가지로 경기확장으로 일자리가 늘고 임금이 증가하면 국민연금이나 건강보험의 부담금도 증가한다. 반면에 GDP가 감소하면 이러한 유형의 모든 조세는 감소한다.

그러나 이전지출, 즉 음(−)의 조세는 조세수입과 반대로 움직인다. 예를 들어, 실업급여와 각종 복지급여는 경기확장 시에는 감소하고 경제침체 시에는 증가한다.

## 자동안정장치

**자동안정장치**란 정부의 재량적 조치가 없더라도 경기침체 때 재정적자를 증가(또는 재정흑자를 감소)시키고 경기확장 때는 재정흑자를 증가(또는 재정적자를 감소)시키는 메커니즘을 말한다. 그림 13.3에서 보여주듯이 실제 조세제도는 이러한 역할을 하고 있

자동안정장치

정부의 조치가 없더라도 경기침체 때 재정적자를 증가시키고 경기확장 때는 재정흑자를 증가시키는 메커니즘

다. 정부지출($G$)은 GDP 수준과 무관하게 일정하게 주어져 있다. 이러한 정부지출의 규모는 국회에서 매년 결정한다. 그러나 전체 조세 규모가 미리 정해지는 것은 아니다. 국회는 세율만 결정하기 때문에 조세수입은 GDP 수준과 양(+)의 관계를 가진다. 그림 13.3에서 직선 $T$는 GDP와 조세수입 간의 관계를 보여준다.

### 자동안정장치의 경제적 중요성

다음 2가지 점에서 조세수입이 GDP와 양(+)의 관계에 있다는 점은 중요하다.

- 조세가 증가하면 지출이 줄어들어 총수요가 감소한다.
- 인플레이션이 진행되면 지출 감소가 바람직하고 경기침체 때는 지출 증가가 바람직하다.

그림 13.3에서 보여주듯이 경기 확장으로 GDP가 증가하면 조세수입은 자동적으로 증가한다. 조세가 증가하면 가계와 기업의 지출이 감소하여 경기확장이 억제된다. 즉, GDP가 증가하면 조세수입이 자동적으로 증가하여 정부재정이 흑자로 변하는 것이다. 그림 13.3에서 GDP가 $GDP_3$로 증가하여 인플레이션이 발생할 것 같으면 긴축적 재정정책이라고 여길 수 있는 재정흑자가 나타나고 있음을 확인할 수 있다.

반면에 경기침체 때 총산출과 소득이 감소하면 조세수입은 자동적으로 줄어들어 가계와 기업의 지출이 증가한다. 이를 통해 경기침체가 완화된다. 즉, 경기침체로 GDP가 감소하면 정부재정은 재정적자로 변하는 것이다. 그림 13.3에서 볼 수 있듯이 GDP가 $GDP_1$으로 감소하면 확장적 재정정책이라고 여길 수 있는 재정적자가 발생한다.

이러한 자동안정장치로 인해 경기순환의 변동성은 줄어든다. 미국의 사례를 보면 자동안정장치는 GDP의 변동을 8~10% 줄이는 것으로 나타난다.[1] 예를 들어, 2009년의 경기침체 때 개인소득세가 22%나 줄었고 이로 인해 가계의 소비지출이 어느 정도 유지될 수 있어서 실질 GDP의 감소는 크지 않았던 것이다. 그렇더라도 자동안정정치가 GDP의 변동을 막지는 못하며, 단지 이를 완화시킬 뿐이라는 점을 인식해야 한다. 그래서 일정 수준 이상의 경기침체나 인플레이션이 발생하면 재량적 재정정책(정부지출이나 세율의 변경)이나 통화정책(중앙은행의 이자율 변경)이 필요하다.

## 재정정책의 평가

재정정책이 확장적인가 또는 긴축적인가 아니면 중립적인가를 어떻게 알 수 있을까?

---

1) Alan J. Auerbach and Daniel Feenberg, "The Significance of Federal Taxes as Automatic Stabilizers," *Journal of Economic Perspectives*, Summer 2000, p. 54.

그림 13.4 **경기조정 예산**

완전고용 GDP 수준($GDP_1$)에서 경기조정 예산은 균형이다. 경기침체 때의 GDP 수준($GDP_2$)에서도 경기조정 예산은 균형이다. 완전고용 GDP 수준($GDP_1$)으로 회복되었을 때의 조세수입(5천억 원)이 정부지출(5천억 원)과 같기 때문이다. 따라서 경기침체에도 불구하고 정부의 재정정책은 변화가 없다. 재정적자는 경기변동에 의해 초래된 것에 불과하다.

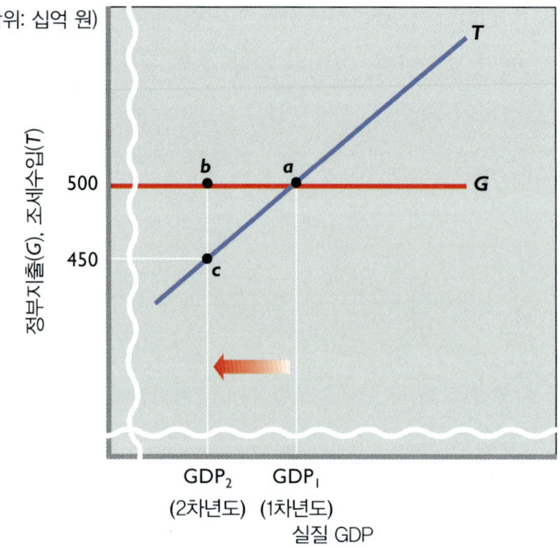


단순히 실제 예산이 적자인지 또는 흑자인지의 여부만을 가지고 재정정책의 확장 또는 긴축 여부를 판단할 수 없다. 왜냐하면 실제 예산에는 GDP의 변화에 따른 조세수입의 자동적 변화가 포함되어 있기 때문이다. 게다가 재량적 재정정책이 얼마나 확장적인가 또는 긴축적인가라는 정책의 강약에 대한 판단은 적자나 흑자의 절대적 크기가 아니라 경제 규모에 대한 상대적 크기에 달려 있다. 따라서 재정정책을 평가할 때는 먼저 예산의 적자나 흑자에서 조세수입의 자동적 변화를 제거하고, 이렇게 조정된 예산의 적자나 흑자규모를 잠재적 GDP와 비교해 보아야 한다.

경기조정 예산

잠재적 GDP가 달성되었을 때 기존의 세율과 정부지출이 유지된다면 달성되었을 예산

실제 예산에서 GDP 변화에 따른 조세수입의 자동 변화를 조정한 예산을 **경기조정 예산** 또는 완전고용 예산이라고 한다. 이것은 경제가 완전고용일 때, 즉 잠재적 GDP가 달성되었을 때 기존의 세율과 정부지출이 유지된다면 정부예산의 적자나 흑자 규모가 얼마인가로 측정한다. 완전고용 GDP 수준이 달성되었다면 얻게 될 조세수입을 실제 정부지출과 비교하는 것이다. 이렇게 하면 경기순환에 따른 GDP의 변화로 초래되는 재정적자나 재정흑자 부분을 제거할 수 있다. 그래야 현재의 재량적 재정정책이 확장적인가, 긴축적인가 아니면 중립적인가를 알 수 있다.

그림 13.4에서 직선 *G*는 정부지출을 나타내고, 직선 *T*는 조세수입을 나타낸다. 1차년도에 완전고용이 달성되어 있는데 이때 정부지출은 5,000억 원으로 조세수입과 같다. 이를 나타내는 것이 직선 *G*과 직선 *T*가 교차하는 a점이다. 1차 연도에 실제 예산은 균형이며, 경기조정 예산도 균형이다. 즉, 실제 정부지출이 실제 조세수입과 같을 뿐 아니라 완전고용 GDP 수준에서 얻게 되는 조세수입과도 같다. 또한 경기조정 예산의 적

## 분석의 응용

### 미국의 재정정책 동향

표 13.1에 2000~2018년 미국 연방정부의 실제 예산수지(2열)가 실제 GDP의 비중으로 표시되어 있고 경기조정 예산수지(3열)가 잠재적 GDP의 비중으로 표시되어 있다. 표를 보면 다음과 같은 사실을 알 수 있다.

- 경기조정 예산의 적자비율은 실제예산의 적자비율보다 낮다. 왜냐하면 실제 예산에는 경기변동에 따른 예산적자 부분이 포함되어 있는 반면, 경기조정 예산에는 경기변동에 따른 예산적자 부분이 빠져 있기 때문이다.
- 잠재적 GDP의 비중으로 나타낸 경기조정 예산(3열)만이 재량적 재정정책의 평가에 필요한 정보를 제공하며, 재정정책이 확장적인지 또는 긴축적인지, 아니면 중립적인지를 판단할 수 있게 해준다.

**표 13.1 미국 연방정부의 예산수지(2000~2018년)의 GDP 비중**

| 연도 | 실제 예산수지<br>(–) 적자, (+) 흑자 | 경기조정 예산수지<br>(–) 적자, (+) 흑자 |
|---|---|---|
| 2000 | +2.4 | +1.5 |
| 2001 | +1.2 | +1.1 |
| 2002 | -1.4 | -0.8 |
| 2003 | -3.3 | -2.4 |
| 2004 | -3.4 | -2.9 |
| 2005 | -2.5 | -2.3 |
| 2006 | -1.8 | -1.9 |
| 2007 | -1.1 | -1.3 |
| 2008 | -3.1 | -2.9 |
| 2009 | -9.3 | -7.6 |
| 2010 | -8.3 | -6.4 |
| 2011 | -8.1 | -6.5 |
| 2012 | -6.6 | -5.3 |
| 2013 | -4.0 | -2.8 |
| 2014 | -2.7 | -1.8 |
| 2015 | -2.4 | -1.9 |
| 2016 | -3.1 | -2.7 |
| 2017 | -3.4 | -3.1 |
| 2018 | -3.9 | -3.9 |

2000년의 자료를 보면 그 해에 경제는 완전고용에 가까웠고 조세수입이 크게 증가하면서 조세수입이 정부지출을 2.4% 초과하기에 이른 것이다. 그러나 2000년에 모든 게 잘 진행된 것은 아니었다. 그해 주식시장에서 닷컴거품이 터지면서 2000년 하반기에 미국 경제는 둔화되기 시작하면서 2001년 3월에는 마침내 경기침체에 빠졌다.

미국 의회와 부시 행정부는 2001년에 440억 달러에 달하는 조세 인하 조치를 단행하였고 2002년에 추가적으로 520억 달러의 조세를 인하하기로 하였다. 이러한 경기부양책들이 경기를 끌어올리면서 경기침체는 완화되었다. 그리고 이러한 조치는 9 · 11 테러 공격에 의한 경제적 충격을 흡수하는 데에도 기여하였다. 2002년 3월에 미국 의회는 향후 2년간 1,220억 달러에 달하는 조세 인하를 추가적으로 단행하였고 실업수당의 지급을 연장하는 조치도 취하였다.

표 13.1이 보여주듯이 경기조정 예산은 2000년에 잠재적 GDP의 1.5% 흑자에서 2002년에는 −0.8%의 적자로 바뀌었다. 확장적 재정정책으로 바뀐 것이다. 그렇지만 경제는 2002~2003년에 여전히 부진을 면치 못했다.

그래서 2003년 6월 미국 의회는 다시 조세를 인하하였는데 이번에는 수 년에 걸쳐 3,500억 달러를 인하하는 대규모 감세조치를 단행하였다. 특히 몇 년 후 실시하기로 한 한계세율의 인하가 앞당겨 실시되었고 배당소득세율과 자본이득세율도 대폭 인하되었다. 그리고 가계와 소기업의 과세소득구간을 상향 조정하였다. 이러한 조세인하 조치들로 인해 표에서 볼 수 있듯이 경기조정 예산적자는 2003년에 잠재적 GDP의 −2.4%에 달했다. 그 후 경제가 상승세를 타기 시작하면서 2003~2007년에 걸쳐 실질 GDP와 고용은 증가하였다. 2007년에 이르러 완전고용 수준은 회복되었지만, 경기조정 예산적자는 여전히 GDP의 −1.3% 수준에 머물러 있었다.

2007년 여름에 주택담보대출 시장에서 위기의 불씨가 타오르며 다른 금융시장으로 급속히 번졌다. 은행이 파산하고 GM 같은 대기업이 부도위기에 몰리면서 주식시장이 50%가량 폭락하였다. 위기가 심화되면서 비관적 전망이 금융시장을 넘어 경제 전체로 퍼져 나갔다. 기업과 가계는 차입과 지출을 크게 줄였고 미국 경제는 2007년 12월에 대침체에 빠지게 되었다. 경기진작을 위해 2008년 미국 의회는 1,520억 달러에 달하는 경기부양조치를 입법화하였는데 이것은 주로 납세자들, 퇴역 군인들, 그리고 사회복지 수혜자들에게 최고 600달러의 현금을 지급하는 것이었다.

그래서 실제 예산적자는 2007년 GDP의 −1.1%에서 2008년 −3.1%로 크게 증가하였다. 이것은 2008년에 지급된 현금 지원뿐 아니라 경기침체로 인한 조세수입의 자동적 감소를 반영한 것이다. 경기조정 예산의 적자는 표 13.1에 나타나듯이 2007년 잠재적 GDP의 −1.3%에서 2008년 −2.9%로 증가하였다. 경기조정 예산의 적자가 증가하였다는 것은 2008년의 재정정책이 확장적이었다는 것을 보여준다.

미국 정부가 기대한 것은 현금 지원을 받는 사람들이 이를 지출에 사용하여 소비와 총수요가 크게 늘어나는 것이었다. 그러나 미국의 가계들은 이를 소비하지 않고 저축하거나 신용카드 대금을 갚는 데 사용하였다. 그래서 지출은 여전히 위축된 상태로 머물렀고 경제는 침체의 늪에서 빠져 나오지 못하였다.

이에 따라 미국 의회는 2009년에 '미국 경제 재건 및 재투자법'을 제정하였다. 이법의 예산은 7,870억 달러에 달하였는데 조세 환급을 비롯하여 사회간접자본, 교육, 의료 등에 대한 대규모 지출 증가 등이 포함되었다. 이를 통해 지출을 추가적으로 증가시켜 총수요를 진작하고 일자리를 늘리려 하였던 것이다.

2008년에는 한꺼번에 현금을 지원하였지만, 2009년의 조세환급은 매월 근로자들의 월 급여에 조금씩 나누어 이루어졌다. 그렇게 하면 증가된 소득의 대부분을 저축에 쓰기보다 소비지출에 사용할 것으로 여겨졌기 때문이다.

경기침체는 2009년 여름에 공식적으로 종식되었다. 그러나 경제의 활력은 회복되지 않았다. 실업률은 여전히 높았고 조세수입은 경기침체로 크지 않았다. 그 결과 정책당국은 대규모 재정확장을 지속하였다. 실제예산수지는 2013년, 2014년, 2015년에 각각 GDP의 −4.0%, −2.7%, −2.4%에 달하였다. 경기조정 예산수지는 각각 잠재적 GDP의 −2.8%, −1.8%, −1.9%의 수준을 유지하였다. 재정확장의 강도가 점차 줄어들고 있음에도 여전히 상당한 수준의 확장적 재정을 유지하고 있었던 것이다.

근래에 들어 재정을 통한 경기부양책이 다시 사용되었는데, 이것은 2017, 2018년에 경기조정 예산수지가 잠재적 GDP의 −3%를 넘어선 것으로 확인할 수 있다. 그러나 그 당시는 완전고용이 달성되었던 시기다. 그래서 소수지만 일부 경제학자들은 완전고용 시기에 정부가 그러한 수준의 부양책을 시행하는 것이 적절한지 의문을 제기하였다. 이들의 논리에 따르면 그러한 수준의 부양책은 물가상승을 초래할 뿐이라는 것이다. 이에 반해 다른 경제학자들은 금융부문에 남아 있는 문제를 해결하려면 강력한 재정적 경기부양책이 필요하다고 여겼다.

물가 상승은 2017년에 2.1%, 2018년에 2.4%에 머물렀다. 양쪽 진영은 이러한 수치가 자신의 주장을 지지하는 것으로 여겼다. 물가 상승을 우려한 집단은 물가 상승이 미국 연방준비제도의 물가 상승 목표인 2%를 넘어섰고 그것도 점차 증가하고 있다고 지적하였다. 경제가 과열되었고 물가 상승의 속도가 커지고 있다는 것이다. 이에 비해 다른 경제학자들은 3% 이하의 물가 상승으로 경기가 과열되었다고 할 수 없다고 주장하였다.

2020년 2월 코로나19 팬데믹이 시작되면서 경제침체의 소용돌이가 시작되자 물가 상승의 우려는 점차 사라졌다. 미국 의회는 2020년 3월 '코로나바이러스 지원, 구호 및 경제안정법'을 신속히 통과시켰다. 이것은 2조 2천억 달러 규모의 재정적 경기부양책인데 여기에는 대부분의 성인에 대한 1인당 1,200달러의 지원(경제위기 지원금)이 포함되었다. 그리고 실업수당의 증액을 비롯하여 중소기업의 급여지급을 지원하기 위한 '급여보장 프로그램', 대기업에 대한 대출 지원, 주정부 및 지방정부에 대한 보조금 등이 포함되었다. 2020년 12월에 규모는 줄었지만, 2차 현금지원법이 통과되었고 2021년 3월에 바이든 행정부는 추가적으로 코로나 구호를 위해 1조9천억 달러에 달하는 '미국 구호계획' 법안을 제안하여 의회가 이를 통과시켰다.

예상할 수 있듯이 이러한 확장적 재정정책은 미국정부의 예산적자를 확대시켰다. 2020년 예산수지의 적자는 GDP의 14.9%에 이르렀는데 이것은 제2차 세계대전이후 최대 규모이고 2021년의 예산적자는 GDP의 10.3%에 이를 것으로 추정되는데 이 역시 1945년 이후 역대 2번째 규모의 적자 수준이다.

**문제**

일부의 주장에 따르면 코로나 19에 대한 재정정책은 지원이 가장 시급한 집단만을 대상으로 선택적으로 시행되었어야 한다. 이에 반해 지원집단을 넓히는 보편적 지원책이 충분히 이루어지지 못하였다는 주장도 있다. 이들의 주장은 경제 회복과 완전고용의 달성에 각기 어떤 효과를 가져다 줄 것으로 예상하는가?

---

자 규모가 잠재적 GDP에서 차지하는 비중도 0이다. 이때의 재정정책은 중립적이라고 할 수 있다.

이제 경기침체가 발생하여 그림 13.4에서 GDP가 $GDP_1$에서 $GDP_2$로 감소하였다고 하자. 정부가 어떠한 재량적 재정정책도 시행하지 않는다고 가정하면 정부지출을 나타내는 직선 $G$나 조세수입을 나타내는 직선 $T$에는 아무 변화가 없다. 그런데 $GDP_2$에서 조세수입은 자동적으로 감소하여 4,500억 원(c점)이 되고 정부지출은 여전히 5,000억 원(b점)을 유지하고 있다. 이로 인해 실제 예산은 bc 거리만큼인 500억 원의 적자를 보이고 있다. 이것은 경기변동으로 조세수입이 감소하여 발생한 경기 변동적 적자이며, 정부가 확장적 재정정책을 시행하여 발생한 것은 아니다. 재정적자가 발생한 것만을 보고 정부가 확장적 재정정책을 시행하였다고 결론을 내리는 것은 잘못된 것이다. 정부의 재정정책은 변하지 않았고 여전히 중립적이다.

이점은 그림 13.4에서 2차 년도의 경기조정예산을 고려하면 명확해진다. 2차 년도에도 정부지출은 직선 $G$의 b점으로 표시되었듯이 여전히 5,000억 원이다. 그리고 2차 년도에 완전고용 GDP 수준이 달성되었다면 얻게 되었을 조세수입은 점 a로 표시된 5,000억 원이다. a점이나 b점에서 정부지출과 조세수입이 5,000억 원이기 때문에 2차 년도의 경기조정예산은 균형이며, 경기조정 예산의 적자 규모가 GDP에서 차지하는 비중도 0이다. 1, 2차 년도 모두 경기조정 예산이 균형이므로 경기침체로 500억 원의 재정적자가 실제 발생하였지만, 정부의 재정정책은 변화가 없는 것이다.

반면에 1차 년도에 경기조정 예산이 균형이었는데 2차 년도의 경기조정 예산이 흑자라고 하면 재정정책이 중립적에서 긴축적으로 변경되었다고 할 수 있다. 경기조정 예산이란 조세수입의 자동적 변화를 제거한 것이므로 경기조정 예산이 흑자라는 것은 정부지출($G$)이 줄었거나 세율이 높아져 조세수입($T$)이 증가하였다는 것을 뜻한다. 즉, 정부가 그림 13.4의 직선 $G$를 아래쪽으로 이동시키거나 직선 T를 위쪽으로 이동시킨 것이다. 이처럼 직선을 변화시키는 것이 정부의 재량적 재정정책이며, 앞에서 논의한 긴축적 재정정책 수단에 따라 직선 $G$나 $T$가 이동하거나 두 직선 모두 이동하는 것이다.

## 재정정책의 문제점, 비판 그리고 복잡성

경제학자들에 따르면 정부가 재정정책을 입법화하고 이를 시행하는 데는 넘어야 할 여러 가지 난관이 존재한다.

### 시차의 문제

재정정책과 관련된 시차는 여러 가지이다.

- **인식시차:** 인식시차란 경기침체나 인플레이션의 발생 시점과 이를 분명히 인식하게

되는 시점 간에 존재하는 시차를 말한다. 이러한 시차가 존재하는 것은 경기침체나 경기확장이 지속적으로 계속되는 것이 아니기 때문이다. 경기 호황기에는 몇 개월 간 급속한 팽창이 이루어지다가도 몇 개월 간 성장이 둔화되기도 한다. 이 때문에 경기 침체를 인식하기 어렵다. 본격적인 경기침체를 확신하였을 때는 이미 몇 달간 경기 하락이 진행된 후이다. 이것은 인플레이션의 경우에도 마찬가지다. 인플레이션이 진행되고 있다고 결론을 내릴 때면 인플레이션은 이미 수개월간 진행되고 있는 상태이다. 인식시차 때문에 관련 통계를 통해 경제상황을 분명하게 인식할 때면 경기침체나 인플레이션이 통상 4~6개월 간 진행된 상태다. 이러한 인식시차 때문에 경제상황을 파악하여 즉시 필요한 조치를 취하였을 때보다 경기침체나 인플레이션이 더 심각해질 수 있다.

- **집행시차:** 집행시차란 재정정책의 필요성이 인식되는 시점과 실제 재정정책이 집행되는 시점 간에 존재하는 시차를 말한다. 민주주의 정부는 정책을 집행하는 데 시간이 걸린다. 2007년 후반 유가의 지속적으로 상승으로 실질 GDP의 성장률이 둔화되자 한국정부는 2008년에 들어서 제1회 추가경정예산안을 2008년 6월 20일에 국회에 제출하였지만, 여야 간의 협상에 시간이 걸리면서 3개월이 지난 2008년 9월 18일에 통과되었다. 그리고 9·11 테러 이후 미국 의회는 무려 5개월간의 협상을 거쳐 2002년 3월에 이르러서야 경기부양법안을 통과시켰다.
- **외부시차:** 외부시차란 정책의 집행시점과 정책 효과의 발생시점 간에 존재하는 시차를 말한다. 재정정책이 집행되더라도 정책이 총산출, 고용 및 물가수준에 영향을 미치는 데는 시간이 걸리는 것이다. 세율을 변경시키는 정책의 외부시차는 비교적 짧다. 세율의 변경은 가계와 기업의 지출에 즉각적인 영향을 미치기 때문이다. 이에 비하여 댐이나 고속도로의 건설 등 공공사업을 위한 정부지출의 외부시차는 비교적 길다. 이를 계획하고 건설하는 데 많은 시간이 걸리기 때문이다. 따라서 경기침체기가 6~12개월의 짧은 기간이라면 이러한 정부지출은 경기대책으로는 효과가 없다. 그래서 재량적 재정정책은 외부시차 때문에 정부지출보다 세율의 변경에 의존하는 바가 점차 커지고 있다.

### 정치적 고려

재정정책은 정치의 장에서 시행된다. 이 때문에 재정정책의 입법이 느릴 뿐만 아니라 정치적 고려가 경제적 고려보다 우선될 수 있다. 정치인도 인간이기 때문에 다음의 선거에서 재선되고 싶어 한다. 선거 때 경제가 호황이면 정치인들은 큰 도움을 받는다. 그래서 정치인들은 확장적 재정정책을 명분삼아 경제적 타당성이 결여된 조세 인하를 단행하기도 한다. 또한 정치인 들은 표를 얻기 위해 농업보조금, 고속도로, 교육, 국가 안보 등에 대한 정부지출 증가를 합리화하기도 한다.

정치적 경기변동

선거용 재정정책에서 초래된 실질 GDP의 변동

극단적인 경우에는 선출직 공무원이나 정당들이 정치적 목적을 위해 서로 담합하여 재정정책을 좌지우지할 수도 있다. 그러면 총수요가 부적절하게 변하고 이에 따라 경기변동이 오히려 커질 수 있다. 즉, 선출직 공무원들이 정치적 경기변동을 초래할 수 있다. **정치적 경기변동**이란 민간부문의 불안정을 줄이려는 목적이 아니라 선거를 목적으로 마련된 재정정책으로 인해 발생하는 전체 경제활동이나 실질 GDP의 변동을 말한다. 정치적 경기변동의 존재 여부를 확인하거나 입증하기는 쉽지 않다. 그러나 분명한 것은 재정정책을 짜는 데 정치적 고려가 크게 작용한다는 것이다.

## 미래 정책기조의 변경

가계부문이 정책기조의 변경을 예상하고 있다면 재정정책은 의도했던 목적을 달성하기 어렵다. 예를 들어, 조세 인하가 이루어진다고 하자. 이 때 납세자가 조세인하를 일시적인 것이라고 여기고 미래에 원래 수준으로 조세가 인상될 것이라고 예상한다고 하자. 그러면 납세자들은 인하된 조세의 대부분을 저축하게 된다. 현재의 저축이 늘어나야 납세자는 이를 사용하여 미래에 조세가 인상되더라도 자신의 소비 수준을 유지할 수 있다. 따라서 납세자가 조세인하를 일시적인 것으로 여기면 소비지출이 크게 늘지 않아 총수요는 그림 13.1의 단순 모형에서처럼 크게 증가하지는 않게 된다.

조세가 인상되는 경우도 마찬가지다. 납세자들이 조세 인상을 일시적인 것이라고 여기면 납세자는 저축을 줄여 현재의 소비 수준을 유지하려 할 것이다. 미래의 세율 인하로 소득이 늘어나면 감소한 저축을 메울 수 있다고 생각하기 때문이다. 따라서 납세자들이 조세 인상을 일시적인 것으로 여기면 소비지출이 크게 줄지 않는다. 그래서 총수요는 정책당국이 의도하는 만큼 감소하지 않게 된다.

소비 평활화

소비자들이 장기적으로 소비수준을 일정하게 유지하려는 것

소비자들이 장기적으로 소비수준을 일정하게 유지하려는 것을 **소비 평활화**라고 한다. 소비 평활화의 정도에 따라 재정정책의 효과는 반감될 수밖에 없다.

## 지방정부의 상반된 재정정책

지방정부의 재정은 경기 순응적이어서 경기호황 때 조세수입이 증가하고 경기침체 때 조세수입이 감소한다. 그래서 지방정부의 재정정책은 경기침체나 인플레이션을 교정하기보다 오히려 이를 악화시킨다. 지방 정부는 중앙정부와 달리 법률적 제약으로 인해 균형 예산을 유지해야 한다. 따라서 지방정부는 가계나 민간 기업과 마찬가지로 경기호

황 때는 지출을 늘리고 경기침체 때는 지출을 줄인다.

1930년대 대공황 시절 미국 연방정부의 지출은 증가하였지만, 지방정부의 지출은 감소하였다. 그래서 연방정부의 지출 증가 효과는 대부분 상쇄되고 말았다. 그리고 2001년 경기침체가 시작될 때부터 미국의 지방정부는 조세수입이 감소하자 재정적자를 메꾸기 위한 조치를 취하였다. 즉, 재정의 균형을 위해 지방정부는 세율을 인상시키고 새로운 조세를 도입하였으며 재정지출을 줄였던 것이다.

이러한 문제를 줄이기 위해 미국의 연방정부는 2009년 7,870억 달러에 달하는 재정정책을 시행하면서 지방정부에 상당한 규모의 재정을 지원하였다. 이러한 재정지원으로 인해 지방정부는 조세를 인상하거나 지출을 줄일 필요가 없었다. 그 결과 중앙정부의 경기부양책은 어느 정도 효과를 볼 수 있었다.

## 구축효과

재정정책의 또 다른 문제는 **구축효과**다. 구축효과란 확장적 재정정책으로 적자재정이 되면 이자율이 상승하여 투자지출이 감소하게 되는데 이로 인해 확장적 재정정책의 효과가 줄어들거나 사라지는 것을 말한다. 이자율이 상승하면 투자만 감소하는 것이 아니라 자동차의 할부 구매처럼 이자율에 민감한 소비지출이 감소하여 구축효과가 발생할 수도 있다. 그러나 구축효과는 대부분 투자에 초점을 맞추고 있는데 그것은 투자가 GDP의 구성 요소 중에서 변동성이 가장 크기 때문이다. 그래서 구축효과를 설명할 때는 적자재정의 경기부양 효과가 투자지출의 감소로 인해 어느 정도 상쇄되는지를 주로 따진다.

구축효과
확장적 재정정책으로 적자재정이 되면 이자율이 상승하고 투자지출이 감소하여 이로 인해 확장적 재정정책의 효과가 줄어들거나 사라지는 것

구축효과가 초래하는 문제를 알기 위해서는 정부가 적자재정의 자금조달을 위해 자금을 차입하면 화폐에 대한 전체적인 수요가 증가한다는 점에 주목해야 한다. 금융당국이 통화 공급을 일정하게 유지하고 있을 때 화폐 수요가 증가하면 자금차입에 지불하는 가격, 즉 이자율이 상승한다. 투자지출은 이자율과 역의 관계에 있기 때문에 이자율이 상승하면 투자지출이 줄어들어 구축효과가 발생하는 것이다.

구축효과는 경기침체 때는 큰 문제가 되지 않는다. 경기침체 때는 투자수요가 이미 낮은 수준에 있다. 경기침체 때는 생산물에 대한 매출이 줄어들어 대부분의 기업이 상당한 정도의 과잉생산설비를 가지고 있기 때문이다. 그래서 기업은 기계를 새로 구입하거나 공장을 새로 건설하려고 하지 않는다. 일부 생산설비가 유휴 상태에 있는데 추가적으로 생산설비를 늘릴 이유가 없는 것이다.

경기침체 때 투자 수요가 이미 낮은 상태에 있다면 구축효과의 크기는 매우 작을 것

이다. 간단히 말해, 정부의 재정정책으로 구축될 수 있는 투자 자체가 그리 많지 않다는 것이다. 나아가 적자재정으로 이자율이 상승하더라도 이로 인한 구축효과는 기업이 경기 부양책으로 기대하는 투자여건의 개선으로 완전히 상쇄될 수도 있다.

이에 비해 경제가 완전고용 수준에 가까워지면 투자수요가 매우 클 것이기 때문에 구축효과는 심각한 문제를 일으킬 수 있다. 경제가 호황이면 공장은 거의 완전 가동상태일 것이고 기업은 다음의 2가지 이유로 투자수요를 증가시키려 한다. 첫째, 공장설비가 완전가동 상태이면 마모도 빠르게 진행된다. 그래서 기업들은 마모되거나 감가상각되는 기계나 장비의 대체투자를 상당 수준 늘릴 것이다. 둘째, 경제가 전체적으로 성장하면 기업은 수요 증가의 기회를 놓치지 않기 위해 생산설비의 확대를 위한 투자를 늘리게 된다.

## 공공부채

공공부채
정부가 직접 상환의무를 지는 부채

**공공부채**, 즉 국가부채란 정부가 직접 상환의무를 지는 부채를 말한다. 이러한 국가부채는 주로 정부재정의 적자가 누적되어 나타난 결과라고 할 수 있다. 정부가 총수요를 진작시키기 위하여 정부지출을 증가시키거나 조세를 낮추면 정부 예산의 일반회계에서 적자가 발생한다. 재정적자는 국채를 발행하여 조달하게 되는데 이는 정부가 상환 의무를 지는 국가부채의 중요한 부분을 차지한다. 그런데 국채는 재정적자를 메꾸기 위하여 발행되기도 하지만, 정부가 관리하는 각종 기금의 자금조달을 위해 발행되기도 한다. 예를 들어, 정부는 외환시장 안정을 위하여 외국환평형기금을 운용하고 있다. 이것은 원화 가치의 안정을 위하여 외국환(주로 달러)을 매입하기 위하여 조성된 자금이다. 이 기금의 재원은 정부국채를 발행하여 조달한다. 그리고 정부는 금융기관의 구조조정을 위해 조성된 공적자금에 출자하고 있는데 이러한 자금도 국채발행을 통해 조달하고 있다. 또한 정부는 서민들의 주거 안정을 위하여 국민주택기금을 운용하고 있다. 이에 필요한 자금조달을 위해 정부는 국민주택채권이라는 국채를 발행하고 있다.

### 미국의 국가부채

미국의 국가부채를 살펴보는 것은 중요하다. 그 이유는 미국의 국가부채가 달러화의 가치를 비롯하여 세계경제에 미치는 영향이 크기 때문이다. 미국의 재정은 흑자일 때보다 적자인 경우가 많았고 이러한 재정적자는 전비 조달, 경기침체, 재정정책 때문에 주로 발생하였다. 이러한 재정적자가 누적되어 미국의 국가부채는 크게 증가하였다. 2021년 2월 미국의 공공부채는 27조 9천억 달러에 달한다. 21조 8천억 달러는 민간 및 비연방

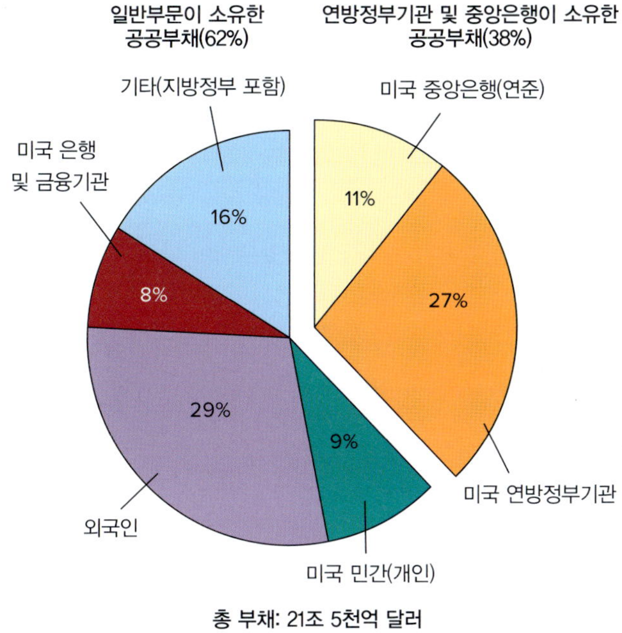


자료: *Economic Report of the President, 2019*, and *Treasury Bulletin*, March 2019, U.S. Treasury.

**그림 13.5 미국의 공공부채에 대한 채권자**

2018년 미국의 공공부채는 21조 5천억 달러인데 일반부분이 62%, 연방정부기관 및 중앙은행이 38%를 소유하고 있다. 총부채의 29%는 외국인이 소유하고 있다.

기관 등 일반부문에 대한 부채이며, 6조 1천억 달러는 연방 정부기관과 미국 중앙은행인 연방준비제도에 대한 부채이다.

역사적 추세를 살펴보면 미국의 공공부채는 2007~2009년의 경기침체 이전에는 아주 적었다. 2006년에 8조 5천억 달러에 지나지 않았다. 그 이후로 대침체를 극복하기 위해 대규모 적자예산이 편성되면서 공공부채는 2015년에 18조 2천억 달러로 2배나 증가하였다. 2017년 미국 경제는 완전고용에 도달하였지만, 2010년대 후반에도 공공부채는 꾸준히 증가하였다. 2020년 코로나 팬데믹으로 경기침체를 맞자 구호지원금이 지출되면서 총부채는 크게 늘어 2020년 2월부터 2021년 2월까지 1년 사이에 거의 4조 5천억 달러만큼 늘어났다.

완전고용 기간에도 공공부채가 계속 늘어나면서 많은 실망과 우려를 낳았는데 이점은 다음에 논의하면서 분석할 것이다. 경제학에서 많은 것이 그러하듯이 공공부채는 비용과 편익을 함께 가져다준다.

## 미국 국가부채의 채권자

2018년 미국 연방정부의 부채, 즉 미국의 국가부채는 21조 5천억 달러에 이른다. 미국 국가부채는 미국 정부가 미국 국채의 소유자에게 갚아야 하는 부채 총액을 의미한다. 미국 국채란 미국 정부가 재정적자를 메꾸기 위하여 발행하는 금융상품이다. 미국 국채(차입수단)는 4가지 유형이 있다. 즉, 단기재정증권(Treasury Bill), 중기재정증권(Treasury Note), 장기재정증권(Treasury Bond) 그리고 장기저축채권(시장 거래 불가) 등이다.

그림 13.5에 따르면 2018년 미국 정부 부채의 62%를 미국 중앙은행을 제외한 일반부문이 소유하고 있고 연방정부기관과 미국의 중앙은행이 나머지 38%를 소유하고 있다. 국적별로 보면 외국인이 미국 공공부채의 29%를 소유하고 있다. 외국인이 보유한 6조 2천억 달러 중에서 중국이 21%, 일본이 19% 그리고 원유 수출국이 3%를 각각 소유하고 있다.

미국인이 미국 공공부채의 71%를 소유하고 있어서 대부분의 미국 공공부채는 대외 채무가 아니라 대내 채무다. 즉, 미국인이 갚아야 하는 공공부채의 71%는 미국인에 대한 부채인 것이다.

### 국가부채와 GDP

국가부채의 절대적인 크기만을 보는 것은 그 국가의 자산 규모나 생산성을 무시하는 것이다. 미국의 국가부채는 막대하지만, 미국의 경제규모도 엄청나게 크다는 것을 알아야 한다. 빈곤국에 비해 부유하고 생산성이 높은 국가는 대규모의 공공부채를 용이하게 조달하고 이를 부담할 수 있다. 공공부채의 크기를 측정하는 유의미한 수치는 GDP 비중이다. 그림 13.6에 미국의 일반부분이 보유한 미국 공공부채의 GDP 비중을 나타내었다. 그 비중은 2018년에 미국 GDP의 76%에 달하였다. 이 수치는 2008년을 기점으로 재정적자가 크게 늘면서 급격하게 상승하였다. 이 비율이 증가하였다는 것은 최근에 이르러 미국의 국가부채수준은 예전보다 훨씬 부담스러워졌다는 것을 뜻한다.

### 국가부채의 국제 비교

상당한 정도의 국가부채를 가진 국가는 쉽게 볼 수 있다. 지구촌 전망 13.1에서 볼 수 있듯이 국가부채의 GDP 비중이 가장 큰 국가는 일본으로 200%가 넘는다. 미국 국가부채의 GDP 비중은 다른 선진국에 비해 특별히 높거나 낮은 것이 아니다. 한국의 공공부채 비율은 따로 표시되어 있지 않지만, 2021년 한국의 국가부채는 GDP의 46.9%로 다른 국가에 비하여 비교적 낮은 편이다.

### 국가부채에 대한 이자부담

대부분의 경제학자에 따르면 국가부채로 인한 가장 큰 부담은 국공채에 대한 이자 지급

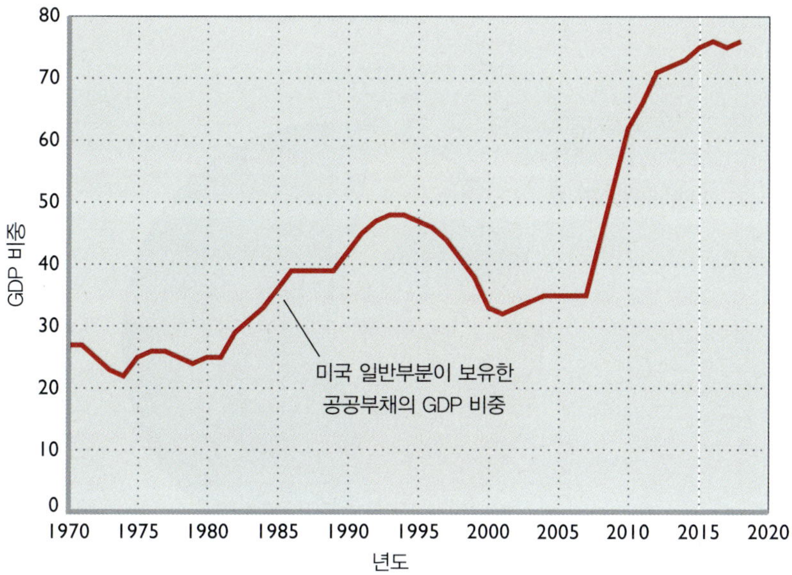


자료: Federal Reserve Bank of St. Louis and U.S. Office of Management and Budget.

**그림 13.6 미국의 일반 부분(중앙은행 제외)이 보유한 미국 공공부채의 GDP 비중(1970~2018)**

일반부문이 보유한 미국공공부채의 GDP 비중은 1980~1995년 기간에 급격하게 증가하였고 1995~2001년 기간에 크게 감소하였다. 2001년 이후 다시 증가하기 시작하였는데 2008년을 기점으로 크게 증가하였다.

## 지구촌 전망 13.1

### 국가부채의 국제 비교(2017)

미국 국가부채의 절대적 규모는 세계에서 제일 크지만, GDP 비중으로 보면 미국보다 높은 나라도 많다.

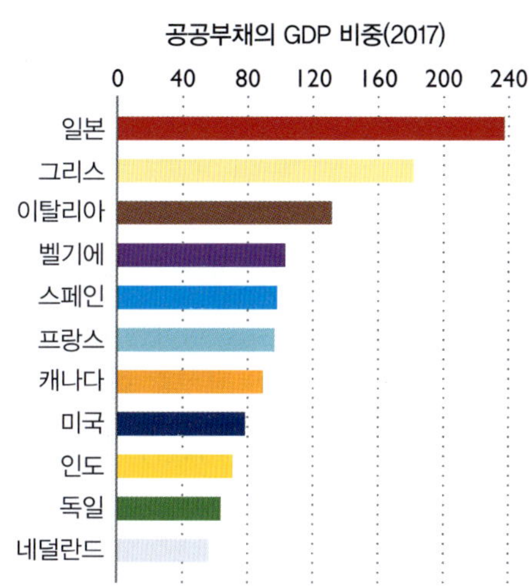


자료: 미국 CIA

**그림 13.7 한국의 국가부채 (2021)**

2021년 한국의 국가부채는 970조 7천억 원으로 GDP의 46.9%에 달한다. 이러한 국가부채의 54%는 일반회계 적자를 메꾸기 위한 국채발행 때문이다.

또한 정부는 서민들의 주거안정을 위하여 국민주택기금을 운용하고 있다. 이에 필요한 자금 조달을 위해 정부는 국민주택채권이라는 국채를 발행하고 있다. 이것이 국가부채의 8.5%를 차지한다. 정부는 금융기관의 구조조정을 위해 조성된 공적자금에 출자하고 있는데 이러한 자금도 국채발행을 통해 조달하고 있다.

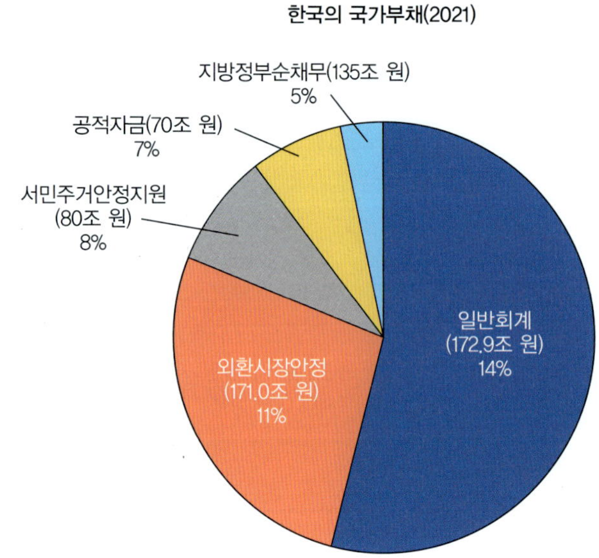


자료: 국가통계포털(kosis.kr)

이다. 2018년 미국 국가채무에 대한 이자 지급은 3,710억 달러에 달하였다. 이 액수는 절대적 기준으로 보면 상당히 크지만, GDP 비중으로 보면 1.8%에 지나지 않는다. 따라서 미국연방정부가 국가부채에 대한 이자를 지급하려면 GDP의 1.8%에 해당하는 조세를 징수해야 하는 것이다. 미국의 국가부채는 계속 증가하고 있지만, 지급이자의 GDP 비중은 2000년 이후 거의 변화가 없다. 그것은 미국의 중앙은행인 연방준비제도가 대침체를 맞아 이자율을 계속 낮게 유지하였기 때문이다.

## 한국의 국가부채

그림 13.7에 한국의 국가부채[2]의 채무내역별 구성비가 나타나 있다. 2021년 한국의 국가부채는 970조 7천억 원으로 GDP의 46.9%에 달한다. 이러한 국가부채의 54%는 일반회계 적자를 메꾸기 위한 국채발행 때문이다. 그런데 국채는 재정적자를 메꾸기 위하여 발행되기도 하지만 정부가 관리하는 각종 기금의 자금 조달을 위해 발행되기도 한다. 예를 들어, 정부는 외환시장 안정을 위하여 외국환평형기금을 운용하고 있다. 이것은 원화 가치의 안정을 위하여 외국환(주로 달러)을 매입하기 위하여 조성된 자금이다. 이 기금의 재원은 정부국채를 발행하여 조달한다. 이로 인한 국가부채가 27%를 차지하

2) 한국의 국가채무는 다음과 같이 추계한다. 국가채무 = (국채잔고 + 차입금잔고 + 국고채부담행위 + 지방정부채무) − 지방정부의 대중앙정부채무. 일부 학자들은 미래에 정부가 부담해야 할 국민연금이나 공무원 연금에 대한 부담금까지 포함하여 국가채무로 추계하기도 한다.

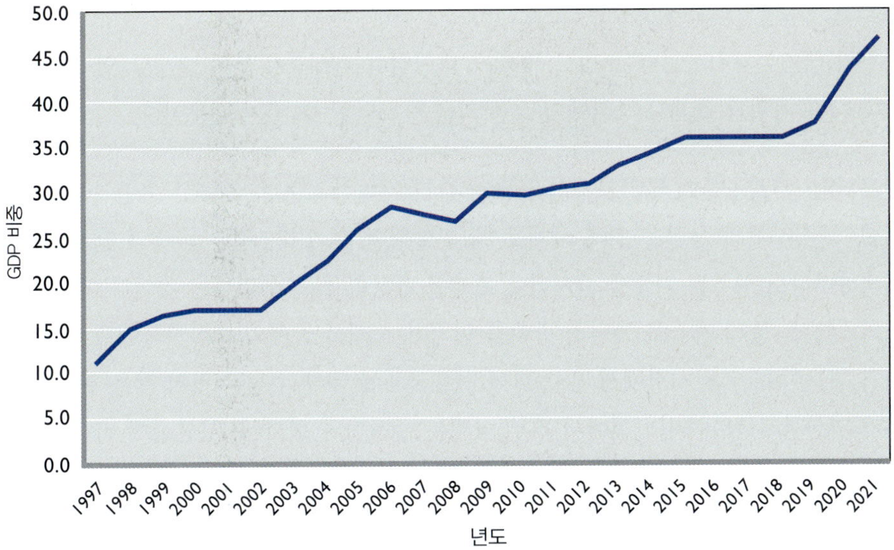


그림 13.8 한국의 국가부채 추이(GDP 비중, 1997~2021년)

고 있다.

한국의 국가부채 규모는 다른 국가에 비하면 비교적 낮은 편이다. 하지만 국가부채의 GDP 비중이 꾸준히 증가하고 있다. 그림 13.8을 보면 알 수 있듯이 한국의 국가부채비중은 1997년 외환위기를 거치면서 1997년 11.9%에서 1999년 17.5%로 크게 증가하였다. 그 후 2002년까지 국가부채비중은 더 이상 증가하지 않았다. 하지만 2003년부터 2006년까지 그동안 외환위기 때 투입된 공적자금 중에서 회수 불가능한 자금이 국채로 전환되면서 국가부채 비중은 2006년 29.3%로 증가하였다. 그리고 2007~2009년 세계적 금융위기에 따른 재정지출의 증가로 일반회계의 적자가 늘어나면서 국가부채는 2009년 GDP의 31.2%로 증가하였던 것이다. 그리고 외환시장의 불안정에 따른 외국환평행채권의 발행도 꾸준히 증가하였다.

2020년 코로나 19로 인해 대규모 적자재정을 편성하고 국채발행으로 재원을 조달하면서 한국의 국가부채는 급격하게 증가하였다. 2019년 37.6%에서 2021년 46.9%로 어느 때보다 크게 증가하였던 것이다.

## 국가부채에 대한 잘못된 우려

대규모 국가부채로 인하여 정부가 파산하거나 후손들이 국가부채를 부담해야 한다고 걱정할 수 있다. 다행히도 이러한 걱정은 크게 우려할 것은 아니다. 이러한 걱정은 예전에도 여러 번 제기되었던 것들이다.

## 정부의 파산

정부의 국가부채가 막대하더라도 정부가 파산하여 채무불이행이 발생할 염려는 거의 없다. 신규차입과 조세로 상환에 필요한 자금을 조달할 수 있기 때문이다.

**신규차입** 투자자들이 국가부채의 규모가 관리 가능하고 지속 가능한 수준이라고 여기는 한 국가부채의 상환을 위해 국채를 새로 발행할 수 있다. 정부 국채의 만기가 매달 도래하더라도 정부는 지출을 줄이거나 조세를 인상할 필요가 없다는 것이다. 새로운 국채의 발행을 통해 자금을 조달하여 이를 만기가 도래한 국채의 소유자들에게 지불하면 되기 때문이다. 자금시장에서 새로 발행하는 국채에 대한 수요는 적지 않은 편이다. 정부가 파산할 위험은 거의 없어서 정부 국채는 주식이나 회사채, 부동산에 비해 위험이 거의 없다. 그래서 투자자들은 국채에 투자함으로써 무위험 수익을 확보할 수 있기 때문이다.

물론 국가부채의 GDP 비중이 높으면 국채의 신규발행이 어려울 수 있다. 실제 그리스와 같은 일부 국가들은 이러한 어려움에 직면했다. 한국의 국가부채 비율이 높고 계속 증가한다면 마찬가지의 어려움에 처할 수 있다. 그러나 현재 한국의 국가부채가 GDP에서 차지하는 비중은 그리 높지 않다. 물론 경제성장률이 낮아지고 경기침체가 장기화되면 어려움에 처할 수는 있다. 하지만 아직 그러한 상황이 현실화될 것이라고 여기는 사람은 많지 않다.

**조세** 가계나 기업은 경제적으로 어렵더라도 조세를 강제로 부과하여 재정적 어려움을 회피할 수 없다. 따라서 지출에 비해 소득이 적거나 판매수입이 부족하면 파산할 수 있다. 그러나 정부는 부채를 갚기 위해 필요하다면 언제나 새로운 조세를 부과하거나 기존의 세율을 인상할 수 있다. 이러한 조세부담의 증가는 정치적으로 인기가 없으며, 근로 의욕이나 투자 유인을 약화시킬 수 있다. 그럼에도 이것은 부채상환을 위해 필요하다면 언제나 실행 가능한 분명한 수단이다.

## 미래 세대의 부담

2021년 한국의 총인구는 5천 173만 8천 명이다. 그래서 1인당 국가부채는 1,876만 원을 넘는다. 2021년에 태어난 신생아들은 1,876만 원의 부채를 모두 갚아야 하는가? 그렇지 않다. 국가부채는 생각과 달리 미래 세대에 큰 부담을 주지 않는다.

국가부채는 대부분 한국인에 대한 부채라고 여겨진다. 은행을 비롯하여 투자금융기관, 정부기관, 연금기금 등 내국인과 국내 금융기관들이 국채의 상당 부분을 보유하고 있다. 이들 부채는 한국인(납세자)의 부채이기도 하지만, 동시에 한국인(국채 보유자)의 자산이기도 한 것이다.

국가채무가 완전히 청산되려면 막대한 규모의 자금이 한국인으로부터 한국인에게로 이전되어야 한다. 납세자들의 조세부담이 크게 늘겠지만, 국채의 소유자들은 동일한 금액을 돌려받게 된다. 그래서 한국의 구매력은 크게 변하지 않을 것이다. 물론 한국 국채의 외국인 보유 부분만큼 한국의 구매력에 대한 부정적 영향은 불가피할 것이다.

미국의 사례를 보면 제2차 세계대전 기간 전비 조달로 인해 미국의 국가채무는 크게 늘었지만, 이로 인해 미래세대가 이를 감당한 것은 아니었다. 제2차 세계대전으로 인한 경제적 비용은 전쟁물자의 생산을 위해 희생된 민간 부문의 상품이다. 이것이 조세의 증가나 국채발행 등 어떤 방법으로 행하여졌든지 전쟁의 경제적 비용은 달라지지 않는다. 이러한 비용의 대부분은 전쟁 당시 살았던 사람들이 전적으로 부담하였다. 이들은 전쟁물자의 생산 때문에 많은 상품을 소비할 수 없었던 것이다.

제2차 세계대전으로 다음 세대가 부채를 물려받았지만, 그만큼의 정부 국채도 물려받았다. 뿐만 아니라 전쟁의 승리로 인한 많은 편익도 물려받았다. 미국의 국내 정치·경제제도가 보존될 수 있었고 이러한 제도는 독일, 이탈리아, 일본 등에 '수출'될 수 있었다. 그 결과 전후 미국의 경제 성장이 개선되어 미래 세대의 생활수준이 향상될 수 있었던 것이다.

## 국가부채의 실제적 문제

앞에서 논의한 문제는 크게 걱정할 것은 아니지만, 다음의 쟁점은 결코 기우가 아니다. 하지만 이들 쟁점의 중요성은 학자에 따라 다르다.

### 소득분배

정부 국채의 소유권은 매우 불평등하게 분배되어 있다. 어떤 사람은 1인당 공공부채에 해당하는 액수 이상으로 국채를 소유하고 있고 일부 사람은 이에 못 미치는 액수를 소유하고 있다. 일반적으로 부유한 집단이 대부분의 정부 국채를 소유하고 있다. 일정 수준 이상의 이자소득은 종합소득에 포함되어 누진세가 적용되겠지만, 그럼에도 불구하고 공공부채에 대한 이자지급은 소득 불평등을 다소 증가시킬 것이다. 부유한 집단의 국채 이자수입이 국채의 이자지급을 위한 조세부담보다 크다면 그렇게 될 수 있다. 그러면 저소득 집단으로부터 소득이 높은 국채 소유자로 소득이 이전되는 셈이다. 소득분배의 개선을 사회가 지향하고 있다면 이러한 소득 재분배는 바람직하지 않을 것이다.

## 인센티브

국가부채는 2021년에 970조 규모인데 이에 대한 이자는 국채의 평균 금리를 2%라 하면 매년 20조가량 된다. 이러한 이자를 조세수입으로 지급할 수 있어야 국가부채의 증가를 막을 수 있다. 조세가 인상되면 위험을 감수하려는 인센티브뿐 아니라 혁신, 투자, 근로 등의 인센티브도 줄어든다. 따라서 국가부채가 많아지면 이러한 인센티브에 영향을 주어 경제성장이 저해되고 미래 세대의 총산출과 소득이 줄어들 수 있다.

## 대외 공공부채

대외 공공부채

외국인과 외국 기관들이 보유한 국채

외국인과 외국기업을 비롯하여 외국 정부가 보유한 국채는 **대외 공공부채**로서 한국경제에 부담을 준다. 특히 달러 등 외국통화로 발행된 국채(외화국채)는 국내통화가 아닌 외국통화로 원금과 이자를 상환하여야 하기 때문에 특히 그렇다. 외국인이 보유한 국채에 원금과 이자를 지급하면 국내 상품의 구매력이 외국 투자자에게 양도된다. 이들로부터 자금을 차입하여 얻은 혜택에 대해 대가를 지불하는 셈이다. 물론 한국인도 외국 국채를 소유하고 있어서 외국 정부로부터 원금과 이자를 받게 되면 외국 상품에 대한 구매력이 국내로 이전되기도 한다. 하지만 이것이 정부의 부채상환능력에 직접 영향을 주는 것은 아니다.

## 구축효과: 재론

보다 심각한 것은 대규모 국가채무의 자금조달과 국채의 신규 발행으로 미래의 자본재 총량이 줄어들 수 있다는 점이다. 미래 세대의 자본재 총량이 줄어들면 국가채무의 실질적 부담이 미래 세대에게 전가된다. 앞에서 논의한 구축 효과가 발생하면 그렇게 될 가능성이 크다. 정부차입이 늘어나면 실질 이자율이 상승하고 이로 인해 민간투자가 감소한다. 정부차입이 경기침체 때 이루어진다면 구축효과는 큰 문제가 되지 않는다. 경기침체 때는 민간투자가 작기 때문에 정부차입으로 이자율이 상승하더라도 투자는 기껏해야 조금 감소할 뿐이다.

그러나 국채를 계속 발행하여 자금을 조달해야 한다면 문제가 될 수 있다. 경제가 완전고용 총산출 수준에 가까이 있을 때에도 대규모 자금차입이 이루어져야 하기 때문이다. 경제가 경기고점에 가까워 민간 투자가 많은 상태에서 국채의 대규모 신규 발행으로 이자율이 상승하면 투자지출이 크게 감소할 수 있다. 이러한 구축효과가 매우 크다면 미래 세대가 물려받는 자본재 총량, 즉 생산능력은 줄어들고 이에 따라 다른 조건이 변하지 않는다면 그들의 생활수준도 하락하게 된다.

**공공투자와 민간투자의 상호보완관계** 구축효과가 발생하더라도 다음의 두 가지 요인들로 인해 미래 세대에 전가되는 경제적 부담은 완전히 또는 부분적으로 상쇄될 수 있다. 첫째, 민간지출이 소비지출과 투자지출로 구성되어 있듯이 정부지출도 마찬가지다. 공공부채로 조달된 정부지출은 부분적으로 고속도로, 대중교통, 전력시설과 같은 사회간접자본 투자뿐만 아니라 교육, 직업훈련, 의료와 같은 인적자본 투자에 쓰인다. 사회간접자본 투자와 인적자본 투자에 대한 정부지출을 **공공투자**라 하는데 이러한 공공투자는 기계나 생산 장비에 대한 민간투자와 마찬가지로 경제의 미래 생산능력을 증가시킨다. 즉 미래 세대가 물려받는 자본총량이 증가하는 것이다. 공공투자로 인한 자본재 총량의 증가가 구축효과로 인한 민간 자본재 총량의 감소를 상쇄하면 경제 전체의 생산능력은 변하지 않게 된다.

공공투자

사회간접자본(고속도로, 대중교통, 전력시설 등) 및 인적자본(교육, 직업훈련, 의료 등)에 대한 정부지출

둘째, 공공투자와 민간투자의 상호보완관계로 인해 구축효과가 줄어들 수 있다. 일부 공공투자는 민간투자와 상호보완관계에 있다. 따라서 공공부채로 자금을 조달하여 공공투자가 이루어지면 민간투자의 기대 수익률이 상승하여 민간투자가 일부 증가할 수 있다. 예를 들어, 어느 도시에 중앙정부의 건물이 들어서면 인근에 사무실, 가게, 식당 등의 형태로 민간투자가 행해진다. 이러한 상호보완관계를 통해 민간의 투자수요곡선이 오른쪽으로 이동한다. 새로운 정부 건물의 신축을 위한 정부차입으로 이자율이 상승하더라도 전체 민간투자가 반드시 감소하지는 않는다는 것이다. 그러나 민간투자가 기대한 것보다 적게 증가할 수 있다. 그러면 구축효과는 완전히 상쇄되지 않을 것이다.

## 재정의 장기 불균형: 사회복지제도

정부재정과 관련된 가장 중요한 쟁점은 재정적자나 국가채무가 아니다. 그보다 국민연금을 비롯한 각종 연금제도와 건강보험 등 사회복지 때문에 발생하는 재정의 장기 불균형이다. 이에 대한 논의는 많이 있지만, 여기에서는 미국을 중심으로 살펴보자. 그 이유는 미국이 우리보다 사회복지제도를 먼저 도입하였기 때문에 우리에게 시사해주는 바가 많기 때문이다. 실제 한국이 안고 있는 문제는 미국의 경우와 크게 다르지 않다.

미국에서 62세 이상 인구 비중은 앞으로도 계속 증가할 것으로 예상된다. 그래서 연금 지급이나 건강보험에 필요한 재원을 위해 조세를 부담하는 근로자는 갈수록 줄어들 것이다. 이에 반해 인구의 노령화로 복지 수혜자는 더 많아진다. 그 결과 복지 수혜자 1인당 근로자의 비는 1960년 5명이었지만, 근래에는 3명 그리고 2040년에는 2명일 것으로 예상된다. 즉, 2명의 근로자가 1명의 복지 수혜자를 위해 조세를 부담해야 한다는 것이다. 현재의 세율로는 이를 감당할 수 없다는 뜻이다. 그래서 조세를 올리거나 복지

혜택을 줄여야 하는 것이다. 사회복지제도에 초점을 맞추어 자세히 살펴보자.

### 사회복지제도의 재원부족

사회복지를 위한 재원 조달방법은 적립 방식과 부과 방식으로 구분되는데 적립 방식이란 가입자가 미리 보험료를 적립해 두고 나중에 이를 돌려받는 것이고 부과 방식이란 그 해에 필요한 사회복지 비용을 그 해의 모든 가입자에게 부과하는 방식이다. 미국의 사회복지제도는 부과 방식으로 현재의 근로자가 부담하는 사회보장세의 수입으로 현재의 복지수급자에게 지급한다.

미국에서 사회복지 연금은 은퇴자를 위한 주요 공공보장 대책이다. 그 비용은 매년 8,880억 달러에 달하는데 임금과 급여에 부과하는 12.4%의 사회보장세로 조달된다. 사회보장세의 상한액이 정해져 있는데 2016년에 11만 8천 5백 달러였다. 사회보장세의 절반은 근로자가 부담하고 절반은 고용주가 부담한다.

2009년까지 사회보장세의 수입이 연금지출보다 많았다. 잉여금은 미국 연방정부의 사회보장 신탁기금에 맡겨져 미국재무증권에 투자되었다. 2009년을 기점으로 사회보장세 수입이 연금지급액에 미치지 못하게 되었다. 그래서 부족분은 신탁기금에서 인출하여 지급하였다. 이에 따라 2033년 신탁기금이 고갈될 것으로 예상된다. 신탁기금이 고갈되면 사회보장세 수입으로는 법적 지급 의무가 있는 연금 지급 총액의 75%밖에 지급하지 못한다. 미국의 건강보험도 비슷한데 건강보험기금은 2024년에 고갈될 것으로 여겨진다.

### 지속 가능한 방법

사회복지비

교육비 · 보건위생비, 협의의 사회복지에 관한 소득보조비 · 연급보조, 비영리 사회사업단체에 대한 보조비 등

사회복지제도가 장기적으로 지속 가능하려면 복지 혜택을 줄이거나 조세를 인상해야 한다. 이것은 보기에 간단하지만 생각보다 복잡하다. 미국의 사회복지 부서에 따르면 향후 75년간 **사회복지비** 수입과 지출이 균형을 맞추려면 연금 지급을 16% 줄이거나 사회보장세를 13% 올려야 한다. 아니면 이 둘을 적절히 조정하야 한다.[3)]

사회복지 연금이나 건강보험의 수지 균형을 위한 여러 방법들은 경제적 대가를 지불하거나 나아가 정치적 위험을 초래할 수 있다. 사회복지 개혁을 위한 다음의 몇 가지 방법들을 살펴보자.

- 복지수급 개시 연령을 늦춘다. 이것은 은퇴를 앞둔 근로자의 분노를 초래한다. 이들이 받는 복지혜택이 늦게 시작하기 때문이다.

3) Social Security Board of Trustees, "*Status of the Social Security and Medicare Programs: A Summary of the 2011 Annual Reports*," www.ssa.gov.

### 나에게도 사회복지 연금이 지급될까?

미국의 사회복지연금은 부과 방식이다. 현재의 사회보장세 수입으로 현재의 연금수급자에게 지급하는 방식이다. 은퇴자의 수가 근로자의 수보다 빨리 증가하고 있어서 미래에 기금이 고갈될 것으로 예상된다.

- 소득의 많은 부분을 사회보장세로 내도록 한다. 이것은 고학력이나 전문직 종사자들의 부담을 엄청 크게 만든다. 이로 인해 젊은 세대가 교육이나 경력을 쌓으려는 인센티브가 줄어들 수 있다.
- 고소득층의 복지혜택을 제한한다. 그러면 복지제도가 보험의 기능에서 재분배 기능으로 기울게 되어 복지제도에 대한 기존의 정치적 지지가 줄어들 수 있다.
- 미숙련 저소득 이민자를 줄이고 전문직 고소득 이민자를 늘리는 방향으로 이민정책을 전환하여 사회보장세 수입을 늘인다. 이것은 이민자와 경쟁하게 되는 미국 태생 전문직 근로자뿐 아니라 가족 결합을 위한 이민을 지지하는 사람들을 화나게 만든다.
- 사회보장세를 정부기금에 넣기보다 근로자 개인 계좌에 넣어 근로자가 이를 소유하고 관리하며 상속할 수 있게 한다. 그렇게 되면 복지제도가 부과 방식에서 적립 방식으로 전환되는 셈이다. 적립 방식은 연금수급액이 정해진 부과 방식에 비해 실적에 따라 연금수급액이 달라진다. 주식시장의 변동이 단기에 매우 큰데 불운이 발생하면 은퇴 후에 빈곤한 상태에 빠지게 된다.

사회복지제도의 재정 불균형이 초래하는 문제는 결코 만만하지 않으며, 없어지지도 않을 것이다. 정부와 국민은 결국 고혜택-저부담의 복지 문제에 직면하게 될 것이고 이를 해결하는 방법을 찾아야만 할 것이다.

## 요약

**1. 재정정책의 목적, 수단, 한계**

재정정책은 정부지출이나 조세를 의도적으로 변화시켜 완전고용을 달성하고 인플레이션을 통제하며 경제성장을 촉진하려는 것이다. 확장적 재정정책은 정부지출을 증가시키거나 조세를 인하하는 것으로 이를 통해 총수요를 확대시켜 경기침체에서 벗어나려는 것이다. 긴축적 재정정책은 정부지출을 감소시키거나 조세를 인상하여 총수요를 줄여 수요 견인 인플레이션을 통제하려는 것이다.

**2. 자동안정장치**

자동안정장치란 경기침체 때 재정적자가 자동적으로 증가하고 경기확장 때는 재정흑자가 자동적으로 증가하는 것으로 조세수입이 GDP 수준에 따라 변하기 때문에 작동한다. 자동안정정치는 GDP의 변동을 막지는 못하며, 단지 이를 완화시킬 뿐이다.

**3. 경기조정 예산**

정부예산의 적자나 흑자 규모는 재정정책뿐 아니라 GDP의 변화에 따라 달라진다. 경기변동에 따른 GDP의 변화로 조세수입이 감소하여 발생한 재정적자를 경기변동적 적자라 한다. 이에 비하여 경기조정 예산이란 예산에서 GDP 변화에 따른 조세수입의 자동 변화를 조정한 예산, 즉 경기변동적 적자를 제외한 예산으로 완전고용이었다면 달성하였을 예산을 말한다. 이것을 통해 재량적 재정정책이 확장적인가, 긴축적인가 아니면 중립적인가를 알 수 있다. 실제 예산이 적자인지 또는 흑자인지의 여부만을 가지고 재정정책의 확장 또는 긴축 여부를 판단할 수는 없다. 실제 예산에는 GDP의 변화에 따른 조세수입의 자동적 변화가 포함되어 있기 때문이다.

2001년 미국의 부시 행정부와 의회는 한계 세율을 낮추고 상속세를 단계적으로 폐지하기로 하였다. 2001년에 경기침체가 시작되었고 이와 함께 테러와의 전쟁을 수행하기 위한 정부지출이 크게 늘었다. 그 결과 미국 연방정부의 예산수지는 2001년 1,280억 달러의 흑자에서 2002년 1,580억 달러의 적자로 전환하였다. 2003년 부시 행정부와 미 의회는 2001년 조세 법안에 따른 조세감축을 조기 시행하였고 자본이득세와 배상세를 낮추었다. 이것은 침체에 빠진 경제를 부양하기 위한 것이었다. 2007년 미국 경제는 완전고용 수준에 도달하였다.

2007~2009년의 대침체를 맞아 미국정부는 대규모 확장적 재정정책을 시행한다. 2008년에 조세환급 정책을 시행하여 일정 자격의 개인에게 600달러의 현금을 지급하였다. 그 결과 경기조정 예산적자는 2007년 잠재적 GDP의 −1.3%에서 2008년에 −2.9%로 증가하였다. 경기하락이 지속되자 오바마 행정부와 의회는 7,870억 달러에 달하는 부양책을 마련하였다. 경기조정 예산은 2008년 잠재적 GDP의 −2.9%의 적자에서 2009년 −7.6%로 크게 증가하였다. 이것은 2014년 −1.8%로 줄어들다가 2018년 −3.9%로 다시 증가하였다.

코로나19 팬데믹은 2020년에 급격한 경기침체를 초래하였고 이에 대응하여 대규모 재정지출을 시행하였다. 2020년 3월 '코로나바이러스 지원, 구호 및 경제안정법'이 제정되어 대부분의 성인에게 1인당 1,200달러의 현금을 지급하였고 실업수당의 증액을 비롯하여 기업에 대한 구제금융이 행해졌다. 2020년 12월에 규모는 줄었지만, 2차 현금지원법이 통과되었다. 이로 인해 2020년 재정적자 규모는 GDP의 −14.9%로 급증하였고 2021년에는 −10.3%에 이를 것으로 예상된다.

**4. 재정정책의 시행에 따른 문제**

정부가 재정정책을 입법화하고 이를 시행하는 데는 넘어야 할 여러 가지 난관이 존재한다. 즉, (1) 인식시차, 집행시차 그리고 외부시차로 인한 재정정책효과의 지연 (2) 경제적 목적보다 정치적 고려에 의한 재정정책의 오용 가능성 (3) 지방정부의 재정은 경기 순응적이라는 사실 (4) 가계 부분이 미래의 재정정책이 변경될 것을 예상할 때 나타나는 정책 효과의 무력화 (5) 재정정책으로 인한 민간투자의 구축 가능성 등이다.

**5. 공공부채의 크기, 구성, 결과**

공공부채란 정부가 직접 상환의무를 지는 부채를 말한다. 이러한 국가부채는 주로 정부재정의 적자가 누적되어 나타난 결과라고 할 수 있다. 2018년 미국의 공공부채는 21조 5천억 달러로 1인당 65,709달러에 달한다. 부채의 63%는 일반부문이 소유하고 있으며, 중앙은행과 연방정부기관이 37%를 소유하고 있다. 외국인의 미국 정부부채의 29%를 소유하고 있으며, 2018년에 정부부채에 대해 지급한 이자는 미국 GDP의 1.8%에 해당한다.

대침체 기간 및 그 이후에 이루어진 대규모 재정지출로 인하여 미국의 공공부채는 2006년에 비해 3배가 증가하여 2021년 2월에 28조 달러에 달하였다. 대규모 국가부채로 인한 정부의 파산 가능성을 크게 우려할 것은 아니다. 정부는 (a) 신규차입을 통해 기존의 부채를 갚거나 (b) 조세를 높여 부채의 대한 이자를 지급할 수 있기 때문이다.

국가부채는 생각과 달리 미래 세대에 큰 부담을 주지 않는다. 국가부채는 대부분 내국인의 부채이면서 동시에 내국인(국채 보유자)의 자산이기 때문이다. 국가 부채가 증가하면 납세자들의 조세부담이 크게 늘겠지만, 국채의 소유자들은 동일한 금액을 돌려받게 된다.

2021년 한국의 국가부채는 970조 7천억 원으로 GDP의 46.9%에 달한다. 이러한 국가부채의 54%는 일반회계 적자를 메꾸기 위한 국채발행이다. 또한 정부는 서민들의 주거 안정을 위하여 국민주택기금을 운용하고 있다. 이에 필요한 자금 조달을 위해 정부는 국민주택채권이라는 국채를 발행하고 있다. 이것이 국가부채의 8.5%를 차지한다. 정부는 금융기관의 구조조정을 위해 조성된 공적자금에 출자하고 있는데 이러한 자금도 국채발행을 통해 조달하고 있다.

한국의 국가부채 규모는 다른 국가에 비하면 비교적 낮은 편이다. 하지만 국가부채의 GDP 비중이 꾸준히 증가하고 있다. 특히 2020년 코로나 19로 인해 대규모 적자재정을 편성하고 국채발행으로 재원을 조달하면서 한국의 국가부채는 급격하게 증가하였다. 2019년 37.6%에서 2021년 46.9%로 어느 때보다 크게 증가하였던 것이다.

국가부채에 따른 실제적 문제는 다음과 같다. (1) 국가부채에 대한 이자 지급은 소득 불평등을 다소 증가시킬 수 있다. (2) 국가부채가 많아져 조세가 증가하면 인센티브를 저해한다. (3) 외국인이 보유한 국채에 대해 원리금을 지급하면 국내소득이 국외로 이전된다. (4) 국채 상환을 위해 국채가 신규 발행되면 이자율이 상승하여 투자지출이 감소하는 구축효과가 발생할 수 있다. 이로 인해 미래 세대가 물려받는 생산능력이 줄어들고 이들의 생활수준도 하락하게 된다.

국가부채로 조달된 자금이 공공 자본에 투자되면 구축효과가 상쇄되거나 전혀 나타나지 않을 수 있다. 또한 공공 투자의 증가로 이와 보완관계에 있는 민간투자가 늘어나면 구축효과는 상쇄될 수 있다.

### 6. 재정의 장기 불균형과 사회복지

사회복지제도는 장기적으로 심각한 재원조달 문제를 안고 있다. 점차 복지수급자의 수는 크게 늘고 이들의 평균적인 기대수명도 늘어날 것으로 예상된다. 이에 비해 사회복지 비용을 부담하는 근로자의 수는 이보다 적게 증가할 것이다. 그래서 연금지급액이 사회복지세 수입보다 점차 커질 것이다. 그래서 사회복지 재정의 적자규모는 결국 늘어나게 된다. 이러한 문제로 인해 복지제도의 지속 가능성을 위한 여러 형태의 제도 개혁이 필요하다.

## 주요 용어 및 개념

| | | |
|---|---|---|
| 경기조정 예산 | 대외 공공부채 | 재정정책 |
| 공공투자 | 사회복지비 | 재정흑자 |
| 구축효과 | 소비 평활화 | 정치적 경기순환 |
| 국가부채 | 자동안정장치 | 확장적 재정정책 |
| 긴축적 재정정책 | 재정적자 | |

## 연습문제

**1.** 다음에서 경기침체 때 정부가 선택하는 재정정책이라고 할 수 없는 것은?

① 도로건설 확대　　② 예산의 조기집행
③ 법인세의 인하　　④ 국채의 상환
⑤ 서민생계 지원비 확대

**2.** 다음의 설명 중 잘못된 것은?

① 정부지출은 동일한 액수의 조세변동보다 총수요에 미치는 영향이 크다.
② 수요 견인 인플레이션 때 긴축적 재정정책을 시행하면 양(+)의 GDP 갭이 줄어든다.
③ 비용 인상 인플레이션 때 긴축적 재정정책을 시행하면 음(–)의 GDP 갭이 줄어든다.
④ 물가수준이 하방 경직적이면 긴축적 재정정책으로 GDP의 변동이 더 커진다.
⑤ 경기침체 때 확장적 재정정책을 시행하면 음(–)의 GDP 갭이 줄어든다.

**3.** 다음의 표는 어떤 국가의 국민소득 수준에 따른 정부지출과 조세수입을 나타낸다. 틀리게 설명한 것은? 이 국가의 잠재적 GDP는 700조 원이며, 현재의 GDP는 600조 원이다.

| 실질 GDP | 정부지출 | 조세수입 |
|---|---|---|
| 500조 원 | 160조 | 100조 |
| 600조 원 | 160조 | 120조 |
| 700조 원 | 160조 | 140조 |
| 800조 원 | 160조 | 160조 |
| 900조 원 | 160조 | 180조 |

① 이 국가는 경기침체를 겪고 있다.
② 이 국가의 한계세율은 20%이다.
③ 이 국가의 조세제도는 누진적이다.
④ 이 국가의 '경기조정 예산적자'는 20조이다.
⑤ 이 국가는 확장적 재정정책을 시행하고 있다.

**4.** 자동안정장치에 대해 틀리게 설명한 것은?

① 조세수입이 GDP와 양(+)의 관계에 있어서 조세는 자동안정장치로 작동한다.
② 정부지출이 GDP 변화와 같은 방향으로 조정되면 GDP의 변동이 줄어든다.
③ 비례세보다 누진세일 때 자동안정장치의 효과가 크다.
④ 실업급여는 일종의 자동안정장치라고 할 수 있다.
⑤ 자동안정장치는 GDP의 변동을 줄인다.

**5.** 다음의 설명 중 잘못된 것은?

① 대부분의 민주주의 국가에서 재정정책의 집행시차는 비교적 길다.
② 실업급여 확대정책이 고속도로 건설정책보다 외부시차가 짧다.
③ 선거 때가 되면 경기부양정책은 쉽게 정치인의 지지를 받는다.
④ 경제주체가 재정정책의 변화를 예상하고 있으면 재정정책의 효과는 커진다.
⑤ 지방정부가 균형재정을 유지하면 중앙정부의 재정정책 효과가 줄어들 수 있다.

**6.** 구축효과에 대한 다음의 설명 중 틀린 것은?

① 정부가 적자재정을 위해 자금차입을 늘리면 이자율이 상승한다.
② 이자율의 상승은 투자와 소비를 줄인다.
③ 경기침체 때 구축효과의 크기는 상대적으로 크다.
④ 정부지출의 증가만큼 투자가 감소하면 총수요는 증가하지 않을 수 있다.
⑤ 정부가 자금조달을 위해 발행한 국채를 중앙은행이 매입하면 구축효과가 나타나지 않는다.

**7.** 국채에 대한 다음의 설명 중 틀린 것은?

① 신규로 발행한 국채가 금융시장에서 팔리는 한 국가부도는 발생하지 않는다.
② 국가부채는 미래세대가 갚아야 하는 빚이다.
③ 국가부채가 증가하면 소득분배가 악화될 수 있다.
④ 국가 채무가 증가하면 투자 및 근로의 인센티브가 줄어들 수 있다.
⑤ 국가채무가 증가하면 미래의 자본총량이 줄어들 수 있다.

**8.** 정부 예산에 GDP 1%의 여유가 있다.

(1) 정부 국채발행 금리가 2%라고 하면 정부는 최대 GDP의 몇 %에 해당하는 국채를 발행할 수 있을까?

(2) 발행한 국채의 만기가 도래하면 원금을 상환하여야 한다. 그러나 정부의 여유예산은 국채발행액에 훨씬 못 미친다. 어떻게 국채의 원금을 상환할 수 있을까?

(3) 국제 금융위기로 국내경기가 침체에 빠지고 국제금리가 크게 상승하였다. 이로 인해 국채시장에 어떤 영향을 줄 것인가?

**9.** 한계소비성향(MPC)이 0.8인 어떤 국가가 심각한 경기침체를 겪고 있다고 가정하자. 단, 이 국가의 재정정책은 구축효과를 발생시키지 않는다고 가정한다.

(1) 총수요를 25조 원만큼 증가시키려면 정부지출은 얼마나 증가하여야 하는가?

(2) 총수요를 25조 원만큼 증가시키려면 조세를 얼마나 감소시켜야 하는가?

**10.** 어떤 국가의 투자는 다음과 같이 결정된다. 실질 이자율이 1%포인트 증가할 때마다 투자가 10조 원 감소한다. 그리고 투자의 기대 수익률이 1%포인트 증가할 때마다 동일한 실질 이자율 수준에서 투자는 15조 원 증가한다.

(1) 정부가 경기침체에서 벗어나기 위해 정부지출을 30조 원 확대하였다. 이러한 재원을 조달하기 위하여 정부국채를 발행한 결과 실질 이자율이 2%포인트 상승하였다. 한계 소비성향이 0.8이라고 하면 총수요는 얼마나 증가하는가?

(2) 정부지출이 대부분 사회간접자본에 투자되어 장기적으로 민간기업의 투자에 대한 기대 수익을 1%포인트 증가시킨다고 하자. 이 때 정부지출이 30조 원 확대되면 민간의 투자는 얼마나 이루어질 것인가?

**11.** 경기가 불황에 빠졌을 때 정부가 택할 수 있는 재정정책 수단을 설명하고 작은 정부를 지지하는 사람은 이들 중 어떤 정책을 지지할 것으로 생각되는가?

**12.** 재정의 장기 불균형을 초래하는 요인은 무엇인가? 이를 해결하기 위해 미국에서 논의되고 있는 다양한 방안을 설명하고 우리 경제에 주는 시사점이 무엇인지 설명하여 보시오.

PART 05

# 화폐, 금융과 통화정책


14 화폐, 금융과 금융기관

15 이자율과 통화정책

CHAPTER 14

# 화폐, 금융과 금융기관

### 학습내용

1. 화폐의 기능
2. 통화량의 구성
3. 화폐 가치의 보증
4. 중앙은행의 구성
5. 중앙은행의 기능과 책임
6. 2007~2008년 미국 금융위기의 주요 원인
7. 부분 지급준비제도와 통화 창출(신용 창조)

---

화폐는 경제에서 대단히 흥미로운 부분이다.

> 돈은 사람의 넋을 빼놓는다. 사람들은 돈 때문에 애를 태우고 돈을 벌려고 땀을 흘린다. 기발한 방법으로 돈을 벌기도 하고 기발한 방법으로 돈을 잃기도 한다. 돈은 그 자체로는 아무 쓸모없지만, 내 손을 떠나면서 쓸모가 생긴다. 돈은 먹을 수도 없고 입을 수도 없으며, 덮고 잘 수도 없지만, 돈을 쓰거나 투자하면 쓸모가 생긴다. 돈과 이별해야 가치를 얻게 된다. 사람은 돈을 얻기 위해 무슨 짓이든지 다 하고 돈은 사람을 부려 무슨 짓든지 하게 만든다. 돈은 돌고 돌면서 사람을 사로잡지만, 좀처럼 자신을 드러내지 않는 수수께끼 같은 존재다.[1)]

이 장과 다음 장에서 화폐의 중요한 역할을 밝힐 것이다. 통화제도가 잘 작동하면 경제는 완전고용과 자원의 효율적 사용을 달성할 수 있다. 그러나 통화제도가 잘 작동하지 않으면 자원의 배분이 왜곡되며 총산출, 고용 그리고 물가수준이 극심한 변동을 겪게 된다.

1) Federal Reserve Bank of Philadelphia, "Creeping Inflation," *Business Review*, August 1957, p. 3.

## 화폐의 기능

'화폐 역할을 하는 것이 화폐'라는 옛말처럼 개념적으로 보면 화폐로서 기능하는 모든 것이 화폐다. 다음이 화폐가 수행하는 기능이다.

교환의 매개수단

교환에서 모든 사람들이 거래의 대가로 인정하고 있는 것

- **교환의 매개수단:** 화폐의 가장 중요한 기능은 **교환의 매개수단**으로 재화와 서비스를 사고 파는데 화폐가 사용된다는 것이다. 마트의 종업원은 급여를 20 가마니의 쌀로 받고 싶지 않을 것이다. 마트의 사장도 쌀을 팔고 사과로 받고 싶지 않을 것이다. 그런데 종업원에게 화폐로 급여를 지급하고 마트의 사장에게 화폐로 대가를 지급하면 이를 기꺼이 받아준다. 화폐는 사회적 발명품으로 자원의 공급자나 판매자에게 거래의 대가를 이를 지불할 수 있다. 그래서 화폐를 가지고 시장의 어떤 품목이라도 구매할 수 있다. 화폐가 교환의 매개수단으로 사용되기 때문에 물물교환의 어려움을 피할 수 있는 것이다. 화폐가 교환을 원활하게 하기 때문에 지리적 전문화나 인적 전문화의 이익이 실현될 수 있다.

회계의 단위

다양한 재화나 서비스의 상대가치를 측정하는 척도

- **회계의 단위:** 화폐는 **회계의 단위**로 사용된다. 화폐를 이용하면 다양한 재화나 서비스의 상대가치를 쉽게 측정할 수 있다. 사물 간의 거리를 킬로미터나 마일로 측정하듯이 재화의 가치는 화폐로 측정한다. 화폐가 회계의 단위로 인정되면 모든 재화의 가격은 화폐로만 표시해도 서로 비교하는 데 부족함이 없다. 예를 들어, 암소의 가격을 쌀이나 컴퓨터, 금의 수량으로 표시할 필요가 없다는 것이다. 모든 상품의 가격이 화폐로 표시되면 구매자나 판매자는 재화나 서비스의 가격을 쉽게 비교할 수 있어서 합리적인 의사결정을 내릴 수 있다. 그리고 채무나 조세납부금을 비롯하여 GDP를 화폐로 표시할 수 있게 된다.

가치저장

현재의 구매력을 미래로 이전하는 것

- **가치의 저장:** 화폐는 **가치저장**의 수단으로 사용된다. 그래서 사람들은 현재의 구매력을 화폐에 저장하여 이를 미래로 이전할 수 있다. 사람들은 보통 오늘의 소득을 그날 다 쓰지 않는다. 소득의 일부를 나중에 쓰려고 이를 화폐로 저장해둔다. 화폐를 금고나 예금에 넣어놓고 몇 주 혹은 몇 달 후 필요할 때 언제든지 이를 꺼내 사용할 수 있다. 인플레이션이 없거나 완만한 때 부(wealth)를 화폐로 저장하는 것은 비교적 안전하게 가치를 저장하는 방법이다.

사람들은 자신의 부를 화폐가 아닌 다른 형태의 자산으로 보유할 수 있다. 부동산, 주식, 채권, 금과 같은 귀금속을 비롯하여 미술품이나 우표 같은 수집품으로 보유할 수도 있다. 그런데 화폐의 장점은 다른 자산에 비해 유동성이 가장 크다는 것이다.

유동성

구매력이 하락하지 않고 얼마나 빨리 현금으로 전환될 수 있는가를 나타내는 것

자산의 **유동성**이란 자산의 구매력이 하락하지 않고 얼마나 빨리 현금(가장 널리 통

용되는 화폐)으로 전환될 수 있는가를 나타낸다. 유동성이 클수록 자산은 신속하게 현금으로 전환되어 재화나 서비스를 비롯한 다른 자산의 구매에 사용될 수 있다.

자산에 따라 유동성은 천차만별이다. 정의상 현금의 유동성은 완전하다. 이에 비해 주택의 유동성은 매우 낮다. 첫째, 구매자를 찾아 계약을 체결하는 데 몇 달을 보내야만 주택을 현금화할 수 있다. 둘째, 주택을 팔 때 구매력의 손실이 발생한다. 거래를 성사시키기 위해 부동산 중개인을 비롯하여 여러 사람들에게 적지 않은 수수료를 지불해야 하기 때문이다.

다음에 언급하겠지만 경제에는 다양한 형태의 화폐가 존재한다. 한국은행권, 주화, 요구불예금, 저축성 예금을 비롯하여 양도성 예금증서 같은 특이한 것도 화폐에 속한다. 이러한 다양한 화폐의 유동성을 서로 비교해보기 바란다. 그리고 이들 화폐의 유동성을 주식, 회사채, 부동산 등 다른 자산의 유동성과 비교해 보기 바란다. 현금의 유동성만이 완전하며, 다른 형태의 화폐는 유동성이 아주 높기는 하지만 현금보다는 덜하다.

## 통화량의 구성요소

화폐는 소득과 같은 유량(flow) 변수가 아니라 저량(stock) 변수이다. 그래서 '2022년 말 통화량은 1,324조 원이다'처럼 어느 시점이 주어져야 정의될 수 있다. 역사적으로 보면 고래 이빨, 원형의 돌, 코끼리의 꼬리털, 금화, 은병, 모피 그리고 종이 증서 등이 화폐로 사용되었다. 교환의 매개수단으로 널리 인정되는 것은 무엇이든지 화폐라고 할 수 있다. 화폐의 역할을 하는 것은 현금만이 아니다. 나중에 살펴보겠지만 정부나 금융기관의 부채가 화폐로 사용되기도 한다.

### 통화량의 정의: M1(협의 통화)

통화량을 가장 좁게 정의한 것이 M1(협의 통화)이다. M1은 다음과 같이 구성된다.

- 현금통화(한국 은행권과 주화)
- 요구불예금(은행이나 저축금융기관의 예금으로 예금주가 지급을 원하면 언제든지 인출이 가능한 예금)
- 수시입출식 저축성예금

M1

협의의 통화로 현금통화, 요구불예금, 수시입출식 저축성예금의 합으로 정의되는 화폐 개념

한국은행이 한국은행권과 주화를 공급하며, 은행을 비롯한 금융기관들이 요구불예금을 비롯한 수시입출식 저축성예금 등의 화폐를 공급한다.

**그림 14.1** M1(협의 통화)의 구성비

2022년 말 기준으로 한국의 M1(협의 통화)은 총 1,324조 5,591억 원인데, 이중 현금통화는 M1의 13%를 차지하고 있다.

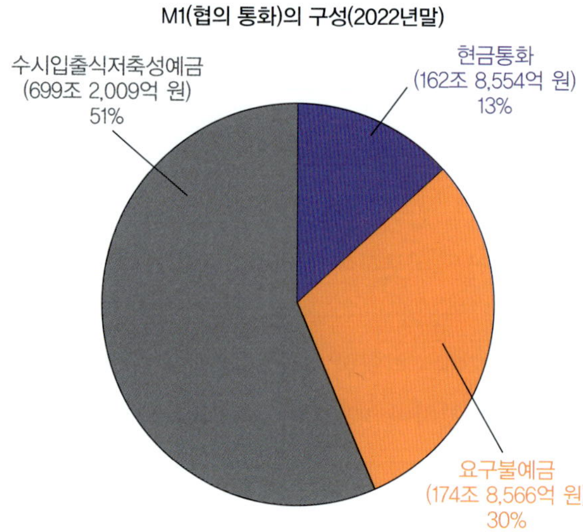


한국은행권

한국은행이 공급하는 현금통화

금속주화

표면의 표시에 따라 고유가치나 교환가치가 보증된 금속 조각

**현금통화: 한국은행권과 주화** 현금통화는 **한국은행권**과 **금속주화**로 이루어져 있다. 이러한 현금통화는 한국은행법 제47조에 의해 한국은행에서만 발행할 수 있다. 현금통화의 제조는 한국조폐공사에서 이루어지며, 한국은행은 이를 구입하여 금고에 보관하고 있다가 사용한다. 모든 나라가 현금을 중앙은행에서 발행하는 것은 아니다. 미국의 금속주화는 재무부에서 발행하며, 지폐는 중앙은행인 연방준비제도에서 발행한다. 미국의 금속주화나 지폐의 제조는 미국 재무부의 산하 기관에서 이루어진다.

다른 나라와 마찬가지로 한국의 현금통화는 명목화폐다. 명목화폐의 액면가는 이를 제조하는 데 들어간 금속, 종이, 잉크와 같은 물질의 가치, 즉 소재가치보다 크다. 예를 들어 2014년에 조폐공사가 한국은행에 공급한 5만 원짜리 지폐의 납품가격은 120원에 지나지 않았다. 액면가가 소재가치보다 커야 금속주화나 지폐를 망가뜨려 파는 일이 발생하지 않는다. 그러나 2006년 이전에 발행된 10원짜리 동전의 금속가치는 액면가의 3~4배에 달하였다. 그래서 이를 녹여 금속으로 팔려는 사람도 있었다. 그렇게 되면 10원짜리 동전은 유통되지 않고 급속히 사라지게 된다. 그림 14.1을 보면 알 수 있듯이 2022년 말 기준으로 한국의 M1(협의통화)은 총 1,324조 5,591억 원인데 이중 현금통화는 M1의 13%를 차지하고 있다.

요구불예금

예금주의 요구가 있을 때 언제든지 지급할 수 있는 예금

**요구불예금** 현금통화는 사용하기에 편리하지만, 분실의 우려가 있을 뿐 아니라 거액의 거래에 불편하다. 그래서 현금을 은행에 요구불예금으로 예치하고 이를 기초로 수표 발행, 체크카드 결제, 인터넷뱅킹을 통한 계좌이체 등을 할 수 있다. **요구불예금**이란 예금주가 언제든지 인출할 수 있는 예금을 말한다. 요구불예금은 결제수단으로 쓰일 수

있다는 점에서 통화량에 포함된다.

요구불예금을 통화로 여긴다는 것이 이상하게 들릴지도 모른다. 하지만 교환의 매개수단으로 사용되는 것이 화폐라는 점을 고려하면 쉽게 이해할 수 있다. 요구불예금은 언제든지 현금으로 인출되어 결제수단으로 사용될 수 있다. 나아가 요구불예금을 기초로 수표, 체크카드, 인터넷뱅킹 등을 통해 결제하면 요구불예금의 소유권을 다른 사람에게 이전하는 형태로 결제가 이루어진다. 따라서 요구불예금은 사실상 현금과 동일한 것이다.

은행의 당좌예금이나 보통예금, 별단예금 등이 요구불예금에 속한다. 당좌예금이란 기업이 당좌수표를 발행할 때 이를 결제하기 위해 개설하는 예금을 말한다. 당좌수표가 은행에 제시되면 수표 발행자의 당좌예금에서 예금이 인출된다. 별단예금이란 은행에서 예금을 자기앞수표로 인출할 때 해당 금액을 임시로 보관하는 예금으로 자기앞수표가 은행에 제시되면 이 예금에서 현금이 인출된다.

수표는 교환의 매개수단으로 널리 통용되고 있으며, 특히 기업 간의 거래나 고액 거래에서는 지불수단으로 널리 쓰이고 있다. 특히 고액의 거래에서는 수표가 많이 쓰인다. 거액의 현금을 가지고 가서 이를 일일이 세어 지불하는 것보다 한 장의 수표로 지불하는 것이 훨씬 편리하기 때문이다. 또한 수표는 분실되거나 도난당하더라도 분실신고를 하면 현금으로 인출되는 것을 막을 수 있다.

이러한 요구불예금은 M1의 상당한 부분을 차지하고 있다. 그림 14.1에 나타나 있듯이 M1의 30%를 차지하고 있다.

**요구불 예금 취급 금융기관** 다양한 금융기관들이 요구불예금을 취급하고 있다. **은행**은 요구불 예금을 취급하는 대표적인 금융기관이다. 은행은 가계와 기업의 예금을 수납하며, 언제든지 인출을 요구하면 안전하게 보관된 예금을 지급한다. 은행은 예금이 인출되기 전까지 이를 다양한 대출에 이용한다. 은행은 기업에 단기 금융자금을 대출해줄 뿐 아니라 소비자에게 자동차나 내구재 구매에 필요한 금융을 제공한다. 근래 들어 K뱅크처럼 은행 업무를 전자금융거래 방법으로 영위하는 인터넷 전문은행도 등장하였다. 이들은 일반 은행과 동일한 업무를 하고 있으며, 이를 비대면으로 하고 있다는 점만 다를 뿐이다.

은행
예금과 대출을 취급하는 대표적인 금융기관

상호저축은행이나 신용금고, 신용협동조합 등도 요구불예금을 취급하고 있는데 이들은 은행의 보완적 기능을 수행한다. 이들은 모두 **저축금융기관**이라고 부른다. 상호저축은행은 가계와 기업의 예금을 받아서 이를 주택담보대출을 비롯한 여러 형태의 대출에 이용한다. 신용협동조합은 조합원의 예금을 받아 조합원에게 대출을 해준다. 조

저축금융기관
은행의 보완적 기능을 수행하는 금융기관

### 화폐: 고대와 현대

아주 오래 전에는 카우리 조개껍질이 화폐로 쓰이기도 하였다. 오늘에 이르러 동전과 지폐를 비롯하여 요구불예금을 기초로 발행된 수표 등이 M1(협의 통화)을 구성한다.

© Shutterstock

© Shutterstock

© Shutterstock

합원은 대부분 같은 회사나 조직에 근무하는 사람들이다.

은행과 저축금융기관은 다양한 명칭의 요구불예금을 제공한다. 은행은 보통예금뿐 아니라 급여이체예금, 스마트폰 전용예금 등을 제공한다. 상호저축은행은 법인이나 개인사업자에게 입출금이 자유로우며, 결제자금으로 이용할 수 있는 기업자유예금 등을 제공하고 있다. 이들의 공통점은 예금자들이 언제든지 필요한 액수만큼 계좌이체를 할 수 있다는 점이다.

수시입출식 저축성 예금

예금의 인출이 자유롭고 각종 이체와 결제가 가능하지만 요구불예금보다 높은 금리가 적용되는 저축성 예금

**수시입출식 저축성 예금** **수시입출식 저축성 예금**이란 예금의 인출이 자유롭고 각종 이체와 결제가 가능하면서 요구불예금보다 높은 금리가 적용되는 저축성 예금을 말한다. 이러한 예금에는 은행의 저축예금과 머니마켓 예금계정(Money Market Depository Account: MMDA, 시장금리부 수시입출금식 예금) 등이 있다. 은행의 저축예금은 가계의 저축을 증대시킬 목적으로 도입된 것으로 수시로 입출금이 가능하면서도 요구불예금보다 높은 금리를 제공한다. 이 예금은 가입 대상, 예치 금액, 예치 기간, 입출금 횟수 등에 아무런 제한 없이 자유롭게 거래가 가능하다. 이에 비해 은행의 머니마켓 예금계정(MMDA)은 1997년 7월부터 도입되었는데 수시로 예금을 하고 찾을

수 있다는 점에서 요구불예금과 크게 다르지 않지만, 시장금리를 주는 게 특징이다. 이러한 금리는 금액별로 차등화되어 있으며 예금액이 클수록 고금리를 받는다. 가입 기간과 한도에는 제한이 없고 개인이든 법인이든 누구나 가입할 수 있다.

앞의 논의를 정리하면 협의 통화인 M1은 다음과 같이 정의된다.

협의 통화(M1)= 현금통화 + 요구불예금 + 수시입출식 저축성 예금

**2가지 주의할 점** 앞의 논의에서 2가지를 특히 주의해야 한다. 첫째, 중앙은행을 비롯하여 은행 등 금융기관이 보유한 현금은 M1을 비롯한 통화량지표에서 제외된다는 것이다. 예를 들어, 수지의 지갑 속에 있는 1,000원은 틀림없이 통화량에 포함된다. 수지가 지갑 속의 1,000원을 요구불예금으로 은행에 예금하였다고 하자. 이 때 은행의 현금을 통화량에 포함시키면 통화량은 이중 계산이 된다. 수지가 보유한 요구불예금 1,000원이 통화량에 포함될 뿐 아니라 은행의 금고에 있는 1,000원도 통화량으로 계산되기 때문이다. 통화량을 계산할 때 은행이 보유한 현금을 제외하여야 통화량의 이중 계산을 피할 수 있다.

둘째, 요구불예금이더라도 정부나 중앙은행이 은행이나 저축금융기관에 예치한 것은 협의의 통화량에 포함되지 않는다. 그렇게 하는 것은 민간부문이 지출에 사용할 수 있는 통화량을 정확히 측정하기 위해서다. 가계나 기업이 사용할 수 있는 통화량이야말로 중앙은행이 통화정책을 수행할 때 가장 관심을 갖는 사항이다.

## 통화량의 정의: M2(광의의 통화)

통화량은 넓게 정의될 수 있는데 이것은 M1에 여러 형태의 **준화폐**를 더한 것이다. 준화폐란 M1보다 유동성이 높지는 않지만, 언제든지 현금으로 인출이 가능한 금융자산을 말한다. 이것은 교환의 매개수단으로 직접 기능하지는 않지만, 언제나 현금이나 요구불예금으로 전환될 수 있는 자산이다. 이러한 광의의 통화량이 **M2**이다. 준화폐로 M2에 포함되는 주요 금융상품은 다음과 같다.

- **2년 미만의 정기 예 · 적금:** 은행이나 저축금융기관의 정기예금은 일정기간 예금을 유지하여야 약정한 이자를 받게 된다. 그리고 적금이나 부금은 일정 기간 지속적으로 불입하여야 이자를 받게 된다. 이러한 정기예금과 적금 · 부금은 높은 이자를 받기 위한 저축의 성격이 강하여 직접 결제수단으로 쓰이지는 않는다. 하지만 예금자가 높은 이자를 포기하면 언제든지 현금으로 찾을 수 있다. 그런 점에서 정기 예금과 적금 · 부금은 광의의 통화량에 포함된다. 다만 2년 이상의 정기 예금이나 적 · 부금

준화폐

M1보다 유동성이 낮지만 언제든지 현금으로 인출이 가능한 금융자산

M2

M1에 비해 보다 광의의 통화개념으로 M1에 정기예 · 적금 부금(2년 미만), 양도성 예금증서, 수익증권, 금전신탁(2년 미만) 등을 포함한 화폐 개념

은 저축수단의 성격이 강하므로 여기에서 제외한다.

- **수익증권:** 수익증권이란 투자신탁회사 등 자산운용사가 펀드투자자에게 발행하는 증서를 말한다. 예를 들어, 자산운용사가 여러 고객이 맡긴 자금을 모아 3년간 운용하는 100억 원의 펀드를 구성하였다고 하자. 이러한 펀드를 이용하여 자산운용사는 주식, 회사채, 국채 등에 투자하여 이익을 얻게 된다. 그리고 이러한 수익은 펀드투자자에게 펀드지분에 따라 배분된다. 펀드지분에 따라 수익을 배분받을 수 있는 권리가 표시된 증서가 수익증권이다.

펀드의 채무불이행
자산운용사가 펀드에 대한 중도인출 요구에 응할 수 없게 되는 상태

펀드투자자는 수익증권을 중도에 해지하여 현금으로 인출할 수 있다. 이 때 펀드투자자는 환매수수료를 지불해야 한다. 중도인출이 발생하면 펀드를 운용하는 자산운용사는 펀드에 편입된 주식이나 채권을 매각하여 현금을 지불하거나 새로운 펀드투자자가 맡긴 자금으로 현금을 지불하게 된다. 펀드에 대한 중도 인출이 급격하게 증가하면 펀드에 편입된 채권 매각이 증가하여 채권가격의 급락을 초래할 수 있다. 그렇게 되면 자산운용사는 펀드에 대한 중도인출 요구에 응할 수 없게 될 수 있다. 이러한 것을 **펀드의 채무불이행**(Fund Run)이라고 한다. 수익증권은 환매수수료를 지불하면 언제든지 현금화할 수 있다는 점에서 이를 M2에 포함시키고 있다.

금전신탁
은행이나 증권사들이 고객의 자금을 신탁 받아 이를 대출이나 회사채 등에 투자하여 수익을 올린 다음 일정기간 후에 원금과 수익을 고객에게 내주는 것

- **2년 미만의 금전신탁: 금전신탁**이란 은행이나 증권사들이 고객의 자금을 신탁받아 이를 대출이나 회사채 등에 투자하여 수익을 올린 다음 일정기간 후에 원금과 수익을 고객에게 내주는 것을 말한다. 고객이 자금의 운용방법을 미리 정해주는가에 따라 특정 금전신탁과 불특정 금전신탁으로 구분된다. 예를 들어, 투자자가 증권사에 돈을 맡기면서 회사채나 기업어음 등을 사달라고 정할 수 있다. 이것은 특정 금전신탁으로 증권사는 이러한 자금을 회사채나 기업어음 등에 투자하여 수익을 얻게 되면 이를 투자자에게 돌려주게 된다.

  금전신탁도 만기가 되기 전에 중도해지가 가능하다. 이때에는 낮은 금리를 받거나 중도해지 수수료를 지급해야 한다. 금전신탁도 언제든지 현금으로 인출할 수 있다는 점에서 M2에 포함된다. 그러나 2년 이상의 금전신탁은 저축의 의미가 크기 때문에 제외된다.

- **2년 미만의 외화예수금:** 외화예수금이란 국내금융기관에 국내통화인 원화가 아니라 달러나 엔화 같은 외국 화폐로 예치된 것을 말한다. 금융기관이 예치된 외화에 대해 이자를 지급하고 있어서 외화예금이라고 할 수 있다. 외화예금은 수시입출금이 가능한 일반예금과 예치 기간을 정한 정기 예금으로 구분된다. 금융기관에 예치된 외환은 언제나 원화로 인출될 수 있어서 M2에 포함된다. 그러나 2년 이상의 외화예수금은 제외한다.

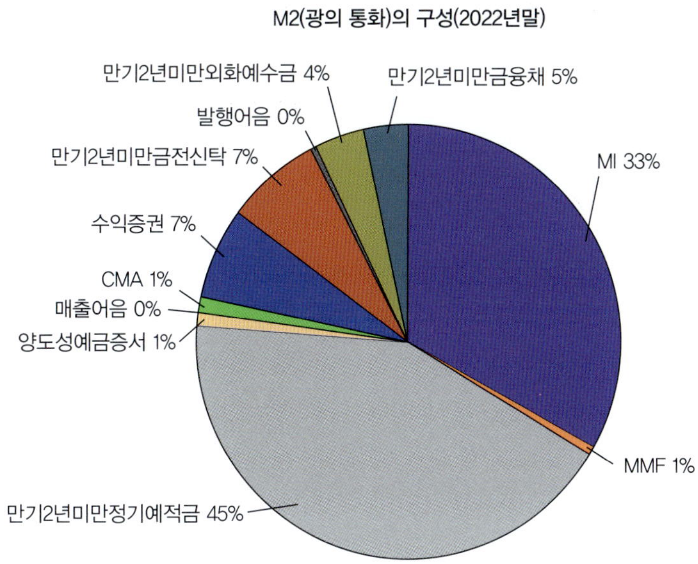


**그림 14.2** M2(광의 통화)의 구성(2022년 말)

2022년 말 기준 광의의 통화(M2)는 3,439조 1,948억 원으로 협의의 통화(M1)의 약 3.3배 정도 된다.

- **양도성 예금증서**(Certificate of Deposit: CD): **양도성 예금증서**(CD)란 정기 예금의 소유자에게 발행되는 증서로 예금자는 이 증서를 금융시장에서 매각할 수 있다. 예금은 중도에 해지가 불가능하지만, 양도성 예금증서는 만기 전에라도 이를 양도하여 현금화할 수 있다는 점에서 유동성이 높다. 예금은 예금자의 요구에 의해 인출되지만, 양도성 예금증서는 무기명으로 발행되기 때문에 최종 보유자가 만기일에 은행에 인출을 요구할 수 있다. 양도성예금증서는 최소 30일부터 1년까지를 만기로 하여 발행된다.

양도성 예금증서
정기예금의 소유자에게 무기명으로 발행되어 양도 가능한 예금증서

- **기타 예금 및 금융채**: 금융채란 금융기관이 자금조달을 위하여 발행하는 채권을 말한다. CD도 금융채라 할 수 있지만, 여기에 말하는 금융채는 대부분 CD보다 상환기간이 장기다. 은행이 발행한 은행채, 카드회사가 발행하는 카드채 등 금융기관에 따라 다양한 금융채가 발행된다. 금융채는 상환기간이 정해져 있지만, 채권시장에서 현금화할 수 있어서 M2에 포함된다. 그밖에 M2에 포함되는 것으로 머니마켓 펀드(MMF)와 자산관리계정(CMA)이 있다. 머니마켓 펀드란 투자신탁회사가 취급하는 금융 상품으로 가입 금액에 제한이 없으며, 언제든지 입 · 출금이 가능하다. 투자신탁회사는 고객의 예금을 모아 기업어음이나 양도성 예금증서 등 단기금융상품에 투자하여 이에 따른 이익을 배당하기 때문에 요구불예금보다 높은 수익을 제공할 수 있다. 자산관리계정(CMA)이란 주로 증권사나 종합금융회사가 취급하는 상품으로 투자자의 예탁금을 받아 단기 금융상품에 투자하여 수익을 투자자에게 돌려주는 상

## 개념의 이해

### 신용카드는 화폐인가?

신용카드는 일상생활에서 현금처럼 사용된다. 2022년 11월 1달간 14억 5,588만 건, 80조 5,364천억 원이 카드로 결제되었다. 일상 거래에서 자주 사용되는 결제수단인 것이다. 그런데 왜 통화량을 설명하면서 신용카드를 화폐에서 제외하고 있는 것일까? 신용카드는 화폐가 아니라 카드발급회사가 카드 소유자에게 카드 사용액만큼 단기대출을 해준 것에 불과하기 때문이다.

신용카드로 물건을 사는 경우를 생각해보자. 카드사는 수수료를 제한 다음 판매점에 상품 판매 대금을 지불한다. 카드사용자는 매달 결제일에 카드사에 대금을 납부한다. 그 기간 동안 카드사는 사용자에게 단기대출을 해준 셈이다. 이를 위해 사용자는 연회비를 납부하고 할부기간에 따라 높은 대출이자를 지불하게 된다. 따라서 신용카드란 상품의 구매대금의 지불을 일정 기간 유예해주는 수단에 불과하다. 그래서 사용자의 예금 잔액은 분명 통화에 포함되지만, 신용카드 사용액은 통화에 포함되지 않는 것이다. 달리 말하면 신용카드 사용액은 카드 사용자의 단기부채이며, 이러한 부채로 인해 발생하는 은행이나 개인의 요구불 예금의 변동이 통화량에 반영된다.*

신용카드는 화폐가 아니지만, 개인이나 사업자의 화폐 사용을 줄여준다. 신용카드가 있으면 현금을 많이 가지고 다닐 필요가 없다. 그리고 결제일 이전이면 통장에 돈이 없더라도 신용카드를 사용할 수 있다. 신용카드는 급여일과 지출의 시차를 조정해주는 장점도 있다.

**문제** 신용카드 사용이 증가하면 M1, M2 형태의 금융자산 보유에 어떤 영향을 미칠까?

* 직불카드는 신용카드와 달리 계좌이체와 유사하다. 직불카드로 상품을 구입하면 통장에서 결제금액만큼의 현금이 빠져나간다. 이때에도 직불카드 사용액을 통화량에 포함하면 이중 계산이 된다. 직불카드 사용액의 변동이 이미 요구불예금에 반영되기 때문이다.

품을 말한다.

M2에 포함된 금융상품은 비교적 유동성이 크다. 즉, M2에는 교환의 매개수단으로 바로 사용되는 M1(현금과 요구불예금)뿐 아니라 현금이나 요구불예금으로 쉽게 전환될 수 있는 금융상품(준화폐)이 포함된다. 우리나라의 경우 그림 14.2에서 볼 수 있듯이 2022년 말 기준으로 광의의 통화(M2)는 3,439조 1,948억 원으로 협의의 통화(M1)의 약 3.3배 정도 된다. M2를 식으로 표현하면 다음과 같다.

M2(광의의 통화) = M1 + 2년 미만의 정기 예 · 적금 + 수익증권 + 2년 미만의 금전신탁 + 외화예수금 + 양도성 예금증서 + 기타 예금 및 금융채

## 화폐의 가치 보증

화폐의 가치는 정부가 이를 얼마나 안정적으로 유지할 수 있느냐에 따라 달라진다. 다른 어떤 것도 화폐의 가치를 보장해주지 않는다. 화폐는 그 자체로 어떤 가치도 가지고 있지 않기 때문이다. 실제 지폐나 요구불예금의 소재가치는 거의 없다. 5만 원짜리는 종이쪽지에 불과하며, 실제 제조원가는 2014년에 120원에 지나지 않았다. 그리고 요구불예금은 통장에 기록된 숫자에 불과하다. 금속주화의 소재가치도 대부분 액면가에 미치지 못한다.

정부가 화폐를 일정량의 금이나 은으로 교환해준다면 정부는 보유한 금이나 은을 담보로 화폐를 발행한 것이라 할 수 있다. 그래서 화폐 가치는 정부가 보유한 금이나 은의 양만큼 보장받을 수 있다. 그러나 어떤 정부도 화폐를 금이나 은과 같은 어떤 유형의 상품으로 결코 바꾸어주지 않는다.

정부가 화폐를 발행하면서 어떠한 담보도 제공하지 않는다는 사실 때문에 많은 사람은 이를 부당하게 여기고 불안해한다. 그러나 이러한 결정은 합당한 이유에서 비롯된 것이다. 정부가 금을 담보로 화폐를 발행하면 금의 양에 따라 통화량이 달라진다. 정부가 담보 없이 화폐를 발행해야 경제가 필요한 만큼의 화폐를 재량껏 발행할 수 있다. 즉, 정부가 통화량을 자유롭게 관리할 수 있다. 그래서 통화당국은 완전고용, 물가수준의 안정, 경제성장의 달성에 필요한 만큼의 통화를 재량껏 공급하게 된다.

그러나 모든 경제학자들이 중앙은행의 재량적 통화관리제도에 찬성하는 것은 아니다. 재량적 관리통화제도는 적정 통화량의 공급을 통해 완전고용, 물가수준의 안정 및 경제성장을 달성할 수 있다는 전제에서 출발한다. 그러나 얼마만큼의 통화를 공급하는 것이 적정한지 알기 어려울 뿐 아니라 중앙은행의 통화정책은 정치적 영향을 받기도 한다. 통화 공급량이 적정 통화량보다 과소하게 또는 과다하게 공급될 수 있다는 것이다. 통화량이 고용, 물가 및 성장에 미치는 영향이 클수록 잘못된 통화정책은 경제에 부정적 영향을 주게 된다. 그래서 일부 경제학자들은 재량적 통화정책보다 규칙에 의해 통화가 공급되어야 한다고 주장한다.

### 화폐의 가치

현금과 요구불예금은 화폐이고 인터넷 사이트의 게임머니는 왜 화폐가 아닌가? 5만 원짜리 지폐와 10만 원의 예금은 무엇 때문에 가치를 갖는가? 이 질문에 대한 답은 3가지이다.

**화폐로 인정** 현금과 요구불예금이 화폐인 까닭은 사람들이 이를 화폐로 인정해주기 때문이다. 오랜 상거래 관습으로 굳어지면서 현금과 요구불예금은 화폐의 기능을 수행한다. 즉, 사람들이 교환의 매개 수단로 인정해주고 있는 것이다. 지폐를 상품 판매의 대가로 받는 것은 이렇게 얻은 지폐를 다른 사람에게서 재화나 서비스를 구입할 때 사용할 수 있다는 믿음이 있기 때문이다.

법화
한 국가의 공식적인 통화로, 법률에 의해 합법적인 지불수단으로 인정되고 있는 화폐

**법화** 정부가 한국 은행권을 **법화**로 지정하면 한국은행권을 재화나 서비스를 구입할 때 사용할수 있다는 믿음은 더욱 커진다. 구체적으로 한국은행법 제48조에 따르면 '한국은행이 발행하는 한국은행권은 법화로서 모든 거래에 무제한 통용된다.' 이것이 의미하는 바는 한국은행권이 모든 거래의 유효하고 합법적인 지불수단이라는 것이다. 물론 민간 기업이나 정부가 거래의 대가를 반드시 한국은행권만으로 받아야 하는 것은 아니다. 지불수단을 당좌수표, 자기앞수표, 우편환, 신용카드 등 다른 형태로 정하더라도 불법은 아니다.

그러나 한국은행권이 일상의 거래에서 화폐로 인정받는 것이 법화로 지정되는 것보다 중요하다. 사실 정부는 수표를 법화로 지정한 적이 없지만, 수표는 재화나 서비스를 비롯한 생산요소의 거래에서 대부분 법화처럼 쓰이고 있다. 예금보험공사는 은행과 저축금융기관의 예금에 대해 5천만 원까지 보증해주고 있다. 이 때문에 재화, 서비스, 생산요소를 사고자 할 때 기꺼이 화폐를 요구불예금에 넣어두고 수표를 발행하거나 계좌이체 등에 이용하고 있는 것이다.

**상대적 희소성** 화폐의 가치도 다른 상품과 마찬가지로 수요와 공급에 의해 결정된다. 화폐의 가치는 화폐의 효용(수요)과 희소성(공급)의 상대적 크기에 따라 달라진다. 화폐의 효용은 현재나 미래에 재화와 서비스의 거래 대가로 사용될 수 있다는 사실에 달려 있다. 따라서 화폐수요는 현재의 총거래 규모뿐 아니라 미래의 거래를 위해 기업이나 개인이 보유하려는 화폐량에 따라 결정된다. 이러한 화폐 수요는 단기적으로 일정하므로 화폐의 가치, 즉 화폐의 구매력은 결국 중앙은행이 공급하는 통화량에 의해 결정된다.

## 화폐와 물가

화폐의 구매력
화폐 1단위로 구매할 수 있는 재화와 서비스의 양

**화폐의 구매력**이란 화폐 1단위로 구매할 수 있는 재화와 서비스의 양을 의미한다. 화폐의 구매력이 급격하게 하락하면 그러한 화폐는 화폐로서의 기능을 상실한다.

**화폐의 구매력** 화폐 1단위로 구매할 수 있는 재화와 서비스의 양은 물가수준에 반비례한다. 즉, 물가수준과 화폐의 구매력은 역의 관계에 있다. 소비자물가지수, 즉 생계비지수가 상승하면 화폐의 구매력은 하락한다. 물가수준이 높아질 때 화폐의 구매력이 낮아지는 이유는 예전과 같은 양의 재화나 서비스를 구매하더라도 더 많은 화폐를 지출

해야 하기 때문이다. 예를 들어, 물가수준이 2배로 상승하면 화폐의 구매력은 절반으로 떨어진다.

반면에 물가수준이 낮아지면 화폐의 구매력은 상승한다. 예전과 같은 양의 재화나 서비스를 구매할 때 더 적은 화폐를 지출하기 때문이다. 예를 들어, 물가수준이 절반으로 하락하면 화폐의 구매력은 2배가 된다.

**인플레이션과 화폐로 인정될 가능성** 제11장에서 현금의 가치가 사라져 현금이 화폐로 인정받지 못하는 사례를 살펴보았다. 급격한 물가 상승이 발생하면 거래대금으로 화폐를 받는 시점과 거래대금을 화폐로 지불하는 시점 사이에 화폐의 가치가 크게 줄어든다. 현금의 가치가 급격하게 하락하면 개인이나 기업은 더 이상 화폐를 거래의 매개수단으로 인정하지 않게 된다. 즉, 상품이나 생산요소의 판매대금으로 현금을 받지 않는다는 것이다. 화폐로 받으면 이를 가지고 있는 동안 화폐의 가치하락으로 손실을 입기 때문이다.

교환의 매개수단이 사라지면 경제는 물물교환으로 돌아가게 된다. 또는 가치가 안정된 달러나 유로화처럼 다른 나라의 화폐를 거래에 쓰게 된다.[2] 하이퍼인플레이션을 피하려는 극단적인 수단으로 외국 화폐를 자국의 공식화폐로 채택할 수도 있다.

동일한 이유로 화폐가 가치의 저장수단으로 사용되려면 인플레이션으로 화폐의 가치가 크게 줄어들지 않아야 한다. 그리고 화폐가 회계의 단위로 사용되려면 화폐의 구매력이 어느 정도 안정되어 있어야 한다. 화폐의 구매력이 급격히 하락하면 구매자나 판매자는 거래조건을 정확히 정할 수가 없다. 화폐의 가치가 급격히 하락하는 상황에서 판매자는 얼마를 받아야 할지 그리고 구매자는 얼마에 사야 할지 알 수 없기 때문이다.

## 중앙은행과 은행제도

중앙은행은 통화 공급의 중심적 역할을 수행한다. 흔히 말하는 '통화당국'은 중앙은행을 뜻한다. 한국의 중앙은행은 **한국은행**이다. 한국은행은 한국은행권의 독점적 공급권한을 가지고 있다. 그리고 한국은행의 주요 통화정책을 결정하는 곳은 금융통화위원회이다.

**한국은행**
한국의 중앙은행으로 화폐발행을 비롯하여 통화정책을 수행하는 기관

### 금융통화위원회

**금융통화위원회**는 한국은행의 통화신용정책에 관한 주요 사항을 심의 · 의결하는 정책

**금융통화위원회**
한국은행의 통화신용정책에 관한 주요 사항을 심의 · 의결하는 정책 결정기구

2) 한국전쟁 시기에 극심한 인플레이션이 발생하자 일부 거래에서 원화가 쓰이기보다 미군의 군표가 사용되기도 하였다.

결정기구로서 한국은행 총재 및 부총재를 포함하여 총 7인의 위원으로 구성된다. 한국은행 총재는 금융통화위원회 의장을 겸임하며, 국무회의 심의를 거쳐 대통령이 임명한다. 부총재는 총재의 추천에 의해 대통령이 임명하며, 다른 5인의 위원은 각각 기획재정부 장관, 한국은행 총재, 금융위원회 위원장, 대한상공회의소 회장, 전국은행연합회 회장 등의 추천을 받아 대통령이 임명한다. 총재의 임기는 4년이고 부총재는 3년으로 각각 1차에 한하여 연임할 수 있으며, 나머지 금통위원의 임기는 4년으로 연임할 수 있다.

금융통화위원회는 의장이 필요하다고 인정하는 때 또는 위원 2인 이상의 요구가 있을 때에 의장이 소집할 수 있는데 현재는 매월 둘째 주와 넷째 주 목요일에 정기회의를 열고 있다. 금융통화위원회가 안건을 심의 · 의결하기 위해서는 통상 7인의 금융통화위원 중 5인 이상의 출석과 출석위원 과반수의 찬성이 필요하다. 금융통화위원회는 통화신용정책에 관한 논의 사항을 외부에 공개하고 있다.

### 은행의 은행

한국은행은 '은행의 은행'이다. 은행이나 저축금융기관이 일반 대중을 상대하듯이 한국은행은 이들 기관을 상대한다. 은행과 저축금융기관이 일반 대중의 예금을 받고 일반 대중에게 대출해 주듯이 한국은행은 은행과 저축금융기관의 예금을 받고 이들에게 대출을 해준다. 금융기관이 일시적으로 자금 부족에 빠지면 하루짜리 대출을 해주기도 하며, 금융기관의 여유 자금을 하루짜리 예금으로 받아준다. 그러나 유사시에 한국은행은 은행제도에 대한 '최종 대부자'가 되어 은행과 저축금융기관에 대한 현금인출요구가 보장될 수 있도록 충분한 자금을 대출해 준다. 즉, 금융기관의 유동성이 악화되는 등 긴급한 사유가 발생하면 이들 기관에 특별대출을 하기도 하는 것이다.

그리고 한국은행은 은행이나 저축금융기관에는 없는 기능을 수행한다. 즉, 현금통화를 발행한다.

**중앙은행의 기능과 책임** 중앙은행은 여러 가지 기능을 수행한다. 앞에서 언급한 몇 가지를 포함하여 모든 기능을 정리하면 다음과 같다.

- **발권 기능:** 중앙은행은 중앙은행권을 발행하는데 이것은 은행제도에서 현금으로 사용된다. 한국은행이 발행한 지폐에는 한국은행 총재의 인장이 찍혀 있으며, 미국의 달러에는 재무부장관과 재무부 출납 담당국장의 서명이 들어 있다.
- **법정지급준비금의 설정과 예치:** 중앙은행은 법정지급준비율을 설정한다. **법정지급준비율**이란 요구불예금에 대해 은행이 반드시 보유해야 하는 현금의 비율을 말한다. 은행이나 저축금융기관은 법정지급준비금을 원칙적으로 중앙은행에 예치하여야 하

법정지급준비율

요구불예금에 대해 은행이 반드시 보유해야 하는 현금의 비율

지만, 일부를 자신의 금고에 보유할 수 있다.

- **금융기관에 대한 대출과 최종대부자의 역할:** 평상시에도 중앙은행은 은행과 저축금융기관에 자금을 대출해 준다. 그러나 금융위기 때는 중앙은행은 최종대부자로서 은행이나 저축금융기관뿐 아니라 금융산업의 주요 부문에도 자금을 대출해주기도 한다.
- **수표의 결제:** 중앙은행은 은행제도에 수표의 결제수단을 제공한다. 수지가 동현에게 국민은행의 수표를 보내주었는데 동현이 이 수표를 자신의 거래은행인 우리은행에 예금했다고 하자. 그러면 우리은행은 어떻게 국민은행으로부터 돈을 회수할 수 있을까? 이것은 중앙은행에 예치된 두 은행의 지급준비금이 서로 조정되는 방식으로 이루어진다. 한국은행에 예치된 국민은행의 지급준비금이 감소하고 그만큼 한국은행에 예치된 우리은행의 지급준비금이 증가한다. 일반적으로 증권거래대금 등 거액의 자금은 한국은행의 금융망을 통해 직접 이루어지지만, 자기앞수표처럼 소액의 결제는 1차적으로 금융결제원의 전산망을 통해 이루어진다. 금융결제원은 금융기관 간 지급할 액수를 정산 후 차액지급을 한국은행에 요청한다. 한국은행은 차액만큼 금융기관의 지급준비금을 조정하게 된다.
- **정부의 은행:** 중앙은행은 정부의 은행으로 정부의 각종 재정 관련 업무를 대행한다. 정부는 과세를 통해 막대한 자금을 수납하고 이를 지출한다. 그리고 정부 국채를 발행하거나 상환한다. 정부는 이러한 업무를 수행하면서 중앙은행을 자신의 은행으로 이용한다.
- **은행 감독:** 대부분의 국가에서 중앙은행은 은행의 업무를 감독한다. 하지만 우리나라의 경우 금융감독원이 금융위원회의 지도를 받아 금융기관의 대한 검사나 감독을 행한다. 한국은행은 통화정책의 수행에 필요할 경우 금융감독원에 금융기관에 대한 검사를 요구할 수 있을 뿐이다.
- **통화량의 조절:** 중앙은행의 마지막 주요 업무는 경제상황에 맞추어 통화량을 조절하여 이자율을 간접적으로 설정하는 것이다. 총산출과 고용수준이 높은 수준을 유지하면서 계속 증가하고 동시에 물가수준이 안정될 수 있도록 통화량을 조절한다. 앞에서 살펴본 중앙은행의 업무가 대부분 일상적이라면 통화량의 관리는 간헐적으로 행해지는 정책적 결정이다. 이것은 경제적 상황에 따라 필요한 때는 언제나 적절히 이루어져야 한다(통화정책에 대한 자세한 논의는 제15장 참조).

### 중앙은행의 독립성

한국은행법 제3조는 한국은행의 중립성을 보장하고 있다. 한국은행의 통화신용정책은 중립적으로 수립되고 자율적으로 집행되어야 하며, 한국은행의 자주성은 존중되어야 한다는 것이다. 이처럼 한국은행의 중립성 · 자율성 · 자주성을 보장한 것은 중앙은행이 정치적 압력으로부터 독립되어야 통화량과 이자율이 효율적으로 조절되어 물가 안정이 달성될 수 있기 때문이다. 이익집단이 국회와 행정부에 정치적 압력을 가해 조세 인하를 비롯하여 다양한 지출증가를 요구할 수 있다. 그래서 재정정책은 때에 따라 인플레이션을 유발하게 된다. 통화정책이 국회와 행정부의 통제를 받게 되면 시민단체나 로비단체들은 틀림없이 이들에게 압력을 가할 것이다. 그래서 인플레이션의 발생으로 이자율을 인상하여 총수요를 줄여야 할 때에도 오히려 이자율이 낮아질 수 있다. 통화당국, 즉 중앙은행이 이러한 정치적 압력으로부터 독립되어 있어야 인플레이션을 잡기 위해 이자율 인상이 필요할 때 이자율 인상에 필요한 조치를 취할 수 있다. 연구에 따르면 중앙은행이 독립된 국가들의 인플레이션율이 그렇지 않은 국가들에 비해 평균적으로 낮은 것으로 나타난다.

## 미국의 중앙은행

연방준비제도

연방준비제도 이사회와 12개의 지역 연방준비은행으로 구성된 미국의 중앙은행시스템

대부분 국가에서 중앙은행은 하나다. 한국의 한국은행, 영국의 잉글랜드은행(영란은행이라고 불리기도 함), 일본의 일본은행처럼 하나의 중앙은행만이 있다. 그러나 미국의 중앙은행은 12개의 지역 연방준비은행들로 구성되어 있다. 즉, 12개의 지역 연방준비은행들이 모여 중앙은행의 역할을 수행한다. 이러한 미국의 중앙은행제도를 **연방준비제도**(Federal Reserve System, 약칭 연준)라고 한다. 이들의 정책은 연방준비제도이사회에 의해 조정된다. 그림 14.3에서 볼 수 있듯이 연방준비제도이사회(the Board of Governors)는 12곳의 연방준비은행의 활동을 감독한다. 그리고 연방준비은행이 은행과 저축금융기관의 대출활동을 조절한다.

### 연방준비제도이사회

미국에서 통화 및 은행제도를 책임지는 핵심부서는 연방준비제도이사회이다. 미국의 대통령이 상원의 인준을 받아 7명의 이사를 임명한다. 이들의 임기는 14년이며, 2년마다 한 명씩 교체된다. 이사가 사임하면 새로운 이사가 임명되기도 한다. 대통령이 이사들 가운데 의장과 부의장을 임명하며, 이들의 임기는 4년으로 연임이 가능하다. 이사들의 임기가 14년으로 긴 것은 연속성, 전문성, 독립성을 보장하기 위한 것이다. 정치적 압력으로 인플레이션이 발생할 수 있는데 독립성이 보장되어야 정치적 압력을 배제할 수 있다.

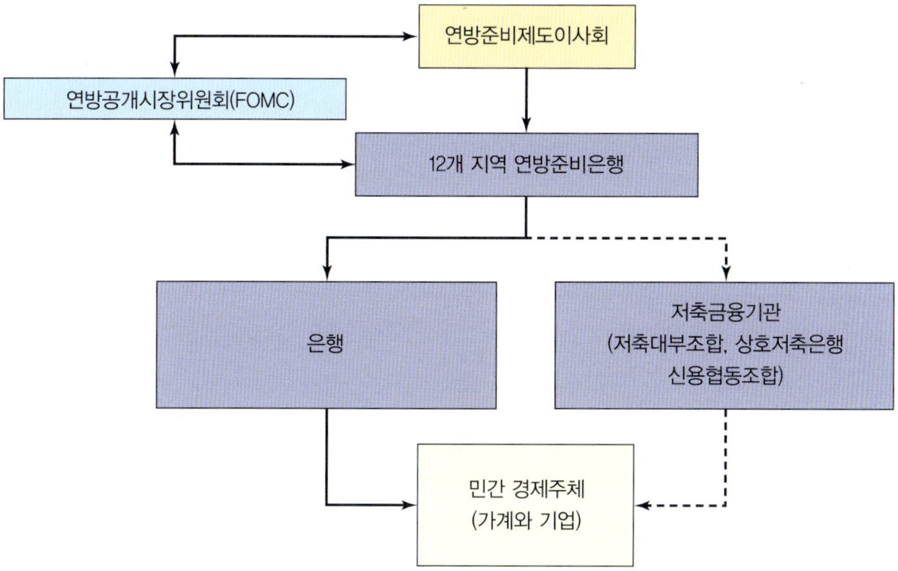


**그림 14.3 연방준비제도의 구조와 민간부문과의 관계**

연방준비제도이사회는 미국의 통화량을 조절하는 기본적인 정책결정을 담당한다. 12개의 연방준비은행들은 이사회의 결정을 집행하는 기관이며, 연방공개시장위원회는 이사회와 연방준비은행들을 지원하는 역할을 한다.

## 12곳의 연방준비은행

12곳의 지역연방준비은행은 미국 중앙은행의 역할을 수행한다. 이들 은행은 사적으로 소유되지만, 연방준비제도이사회 등으로부터 공적 통제를 받는다. 그리고 은행의 은행으로서의 역할을 수행한다.

**중앙은행의 역할** 12곳의 지역 연방준비은행이 하나로 묶여 중앙은행의 역할을 수행한다. 이들 은행들은 연방준비제도이사회의 기본 정책을 집행한다. 12개의 연방준비은행의 위치는 지역의 지리적 크기, 경제력의 차이, 은행과 저축금융기관의 수효 등을 고려하여 정해졌다. 그림 14.4는 12개 연방준비은행의 위치와 관할구역을 표시하고 있다.

**준공공기관** 이들 12곳의 연방준비은행은 민간 소유이지만 공적 통제를 받는 준공공기관이다. 연방준비은행은 관할 지역의 민간 은행이 소유하고 있다. 미국 정부는 은행을 인가하면서 관할 지역에 있는 연방준비은행의 주식을 소유하도록 의무화하고 있다. 이들 연방준비은행의 기본 정책은 정부기관인 연방준비제도이사회에 의해 결정된다.

연방준비은행은 민간 소유이지만, 사실상 공적 기관이다. 이들은 민간 기업과 달리 이윤을 추구하지 않는다. 이들의 목표는 경제 전체의 후생을 증대시키는 것으로 연방준비제도이사회에 의해 주어진다. 그리고 이들은 일반 은행과 경쟁하지 않는다. 이들은 일반 대중과 거래하지 않으며, 정부, 은행 그리고 저축금융기관을 상대로 거래한다.

그림 14.4 12개 연방준비은행 위치와 관할 지역

연방준비제도에 따라 미국은 12개의 지역으로 나누어지고 각각의 지역에는 이를 관할하는 하나의 지역 연방준비은행이 존재하는데 간혹 어떤 지역에는 하나 혹은 그 이상의 지점들이 존재하는 경우도 있다.

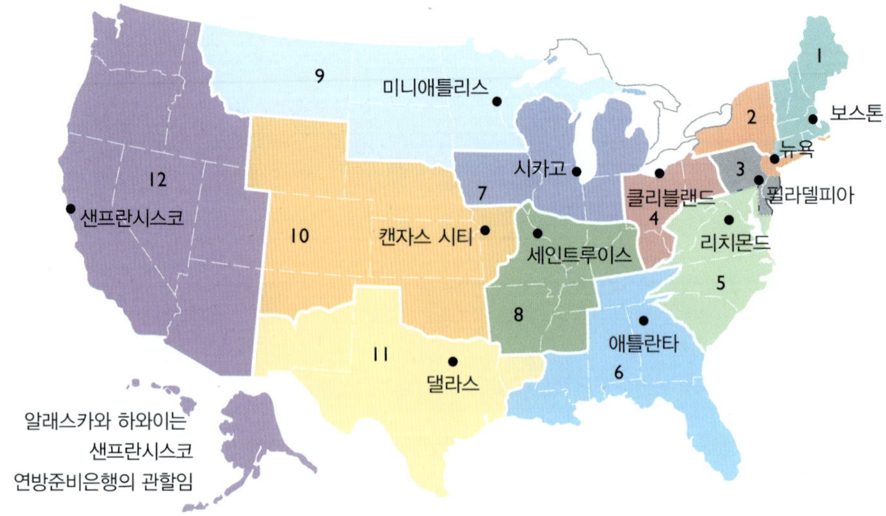


**은행의 은행** 연방준비은행은 '은행의 은행'이다. 이들은 금융기관이 일반 대중과 거래하는 방식과 동일하게 금융기관과 거래한다. 금융기관의 예금을 받고 대출을 행한다. 정상적일 때는 하루에 1억 5천만 달러 정도 대출하지만, 금융위기 상황에서는 은행과 저축금융기관의 현금 인출을 보장하기 위해 이들이 필요한만큼 대출을 행하기도 한다. 즉 '최종 대부자'의 역할을 한다. 2001년 9 · 11 테러 다음날 연방준비은행은 은행과 저축금융기관에 450억 달러를 대출해 주었다. 뉴욕과 워싱턴에서 발생한 충격이 미국의 금융위기를 초래하지 않도록 대비하였던 것이다.

그밖에 연방준비은행은 은행과 저축금융기관이 행하지 않는 기능을 수행하는데 그것은 통화의 발행이다. 미국 의회는 연방준비은행에 은행권을 발행할 수 있는 권한을 부여하였다. 연방준비은행이 발행하는 은행권이 현금통화인 달러 지폐이다.

## 연방공개시장위원회(FOMC)

연방공개시장위원회

공개시장에서 연방준비은행의 정부국채 거래를 지도 · 감독하기 위한 위원회로서 12인의 위원으로 구성

연방준비제도이사회를 보조하여 통화정책을 수행하는 곳이 **연방공개시장위원회**다. 위원회는 다음과 같은 12명의 위원으로 구성된다.

- 연방준비제도이사회의 전체 이사 7명
- 뉴욕 연방준비은행 총재 1명
- 뉴욕을 제외한 11개 연방준비은행 총재 중 4명(1년마다 교체)

위원회는 정례적인 회합을 통해 공개시장에서 장 · 단기 정부국채를 살 것인지 팔 것

인지를 결정한다. 여기에서 공개시장이란 정부국채를 비롯한 각종 채권이 매일 거래되는 시장을 말한다. 이러한 정책은 공개시장운영(또는 공개시장조작)이라고 불리는데 그 목적은 제15장에서 논의하겠지만, 통화량을 조절하여 이자율에 영향을 주려는 것이다. 연방준비은행의 공개시장운영은 대부분 뉴욕 연방준비은행에서 이루어진다.

## 한국의 금융기관

우리나라의 금융기관은 금융서비스의 성격에 따라 은행, 비은행예금취급기관, 보험회사, 금융투자회사, 기타 금융기관, 금융보조기관 등으로 분류할 수 있다. 표 14.1에 2017년 현재 한국에서 금융서비스를 제공하는 금융기관이 나타나 있다.

은행에는 은행법에 의해 설립된 일반은행과 개별 특수은행법에 의해 설립된 특수은행이 있다. 일반은행은 시중은행, 지방은행, 외국은행 국내지점으로 분류된다. 2017년

**표 14.1** 한국의 금융기관 현황 (2017년 12월 말 기준)

(단위: 개)

| 구분 | | | 기관 수[1] | 비고 |
|---|---|---|---|---|
| 은행 | 일반은행 | 시중은행 | 8 | 인터넷전문은행 2 포함 |
| | | 지방은행 | 6 | |
| | | 외은지점 | 38 | 점포 수 45 |
| | 특수은행 | 한국산업은행 | 1 | |
| | | 한국수출입은행 | 1 | |
| | | 중소기업은행 | 1 | |
| | | 농협은행 | 1 | |
| | | 수협은행 | 1 | |
| 비은행 예금취급기관 | 상호저축은행 | | 79 | |
| | 신용협동기구 | 신용협동조합 | 808 | |
| | | 새마을금고 | 1,315 | |
| | | 농협 · 수협 · 산림조합의 상호금융(신용사업부문) | 1,358 | |
| | 우체국예금 | | 1 | |
| | 종합금융회사 | | 1 | 우리 |
| 금융투자업자[2] | 투자매매중개업자 | 증권회사 | 55 | 외국사 지점 11 포함 |
| | | 선물회사 | 5 | |
| | 집합투자업자 | | 215 | |
| | 투자일임자문업자 | | 179 | 역외사 포함 371 |
| | 신탁업자[3] | 은행/증권/보험/부동산신탁 | 56 | 19/20/6/11 |

<table>
<tr><td rowspan="6">보험회사</td><td>생명보험회사</td><td></td><td>25</td><td>외국사 9 포함</td></tr>
<tr><td rowspan="3">손해보험회사</td><td>손해보험회사</td><td>19</td><td>외국법인(4), 지점(4) 포함</td></tr>
<tr><td>재보험회사</td><td>10</td><td>외국사 지점 9 포함</td></tr>
<tr><td>보증보험회사</td><td>3</td><td>외국사 지점 1 포함</td></tr>
<tr><td>우체국보험</td><td></td><td>1</td><td></td></tr>
<tr><td>공제기관</td><td></td><td>3</td><td>수협, 신협, 새마을</td></tr>
<tr><td rowspan="5">기타 금융기관</td><td>금융지주회사</td><td>은행지주<br>비은행지주</td><td>8<br>1</td><td>지방은행지주 포함</td></tr>
<tr><td>여신전문금융회사</td><td>리스/카드/할부금융/신기술금융</td><td>97</td><td>26/8/21/42</td></tr>
<tr><td>벤처캐피탈회사</td><td>중소기업창법투자회사</td><td>120</td><td></td></tr>
<tr><td>증권금융회사</td><td></td><td>1</td><td></td></tr>
<tr><td>대부업자</td><td></td><td>8,084</td><td></td></tr>
<tr><td rowspan="5">공적보조기관</td><td>한국무역보험공사</td><td></td><td>1</td><td></td></tr>
<tr><td>한국주택금융공사</td><td></td><td>1</td><td></td></tr>
<tr><td>한국자산관리공사</td><td></td><td>1</td><td></td></tr>
<tr><td>한국투자공사</td><td></td><td>1</td><td></td></tr>
<tr><td>서민금융진흥원</td><td></td><td>1</td><td></td></tr>
</table>

주: 1) 인가 및 전업 기준
2) 하위 구분은 자본시장법 시행 이전의 구제체계에 따른 기관별 분류
3) 겸업사 포함

자료: 한국은행

한국의 은행은 인터넷전문은행 2개사를 포함하여 14개다. 특수은행은 특정 부문에 자금을 공급하기 위하여 설립된 곳으로 한국산업은행 등 6개이다.

비은행예금취급기관은 상호저축은행, 신용협동기구, 우체국예금, 종합금융회사 등이 있다. 한국의 금융기관 수에서 가장 큰 비중을 차지하는 것은 상호저축은행과 신용협동기구이다. 이들은 2017년 3천 650곳에 이른다. 상호저축은행은 특정한 지역의 서민 및 소규모 기업을 대상으로 하는 여신업무를 전문으로 한다. 신용협동기구는 조합원에 대해 저축과 대출을 행하는 곳으로 신용협동조합, 새마을금고 그리고 농업협동조합 · 수산업협동조합 · 산림조합 등이 있다. 우체국예금은 전국의 우체국을 금융 창구로 활용하는 국영금융이며, 종합금융회사는 가계대출, 보험, 지급 결제 등을 제외한 대부분의 기업금융 업무를 영위한다.

## 지구촌 전망 14.1

### 세계12대 금융기관(2018)

2018년 자료에 따르면 세계 12대 민간 금융기관의 본사는 대부분 중국, 일본, 영국, 미국, 프랑스에 위치하고 있다.

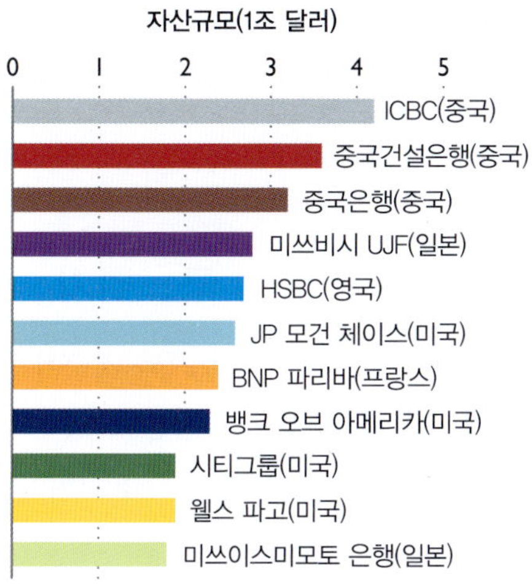


자료: "The World's Largest Public Companies 2018," *Forbes*.

보험회사는 보험을 인수 · 운영하는 금융기관으로 생명보험회사, 손해보험회사, 우체국보험, 공제기관 등으로 구분된다. 금융투자업자는 주식, 채권 등 유가증권과 장내 · 장외파생상품 등 금융투자상품의 거래와 관련된 업무를 하는 금융기관이다. 기타 금융기관에는 금융지주회사, 리스 · 신용카드 · 할부금융 · 신기술사업금융을 취급하는 여신전문금융회사, 벤처캐피탈회사, 대부업자 및 증권금융회사 등이 있다.

공적금융기관은 금융거래에 직접 참여하기보다 정책적 목적으로 각각의 기능에 맞게 설립된 기관을 의미한다. 여기에는 한국무역보험공사, 한국주택금융공사, 한국자산관리공사, 한국투자공사 등이 해당된다.

## 미국의 금융기관

미국에는 약 4,600개의 은행이 존재한다. 이 중 약 75%가 지방은행으로 주정부가 주내에서만 영업을 하도록 인가하고 있다. 나머지 25%는 전국은행으로 연방정부가 전국에서 영업하도록 인가하고 있다. 일부 전국은행은 규모가 매우 커서 세계적인 대형금융기관에 속한다(지구촌 전망 14.1 참조).

미국의 저축 금융기관은 7,000개 정도 되는데 대부분은 신용협동조합이다. 이들은 연방준비제도이사회나 연방준비은행을 비롯하여 이와 별개인 다른 정부기관의 규제를 받는다. 예를 들어 신용협동조합은 전국신용조합감독청(NCUA)의 감독과 규제를 받는다. 그러나 저축금융기관도 중앙은행의 통화량 조절 대상기관에 속한다. 그림 14.3의 점선이 나타내듯이 저축금융기관은 연방준비제도이사회와 연방준비은행의 통화량 조절에 의해 부분적으로 영향을 받는다. 통화정책은 은행뿐 아니라 저축금융기관에도 영향을 주고 있다.

## 2007~2008년 미국의 금융위기

금융제도가 잘 작동하면 경제의 소득과 지출이 큰 어려움 없이 계속 순환한다. 그래서 완전고용과 낮은 물가상승률이 달성된다. 반면에 금융제도가 잘못 작동하면 금융시장에 심각한 문제가 발생하여 총산출, 고용 그리고 물가 수준에 극심한 변동이 초래될 수 있다.

2007~2008년 미국의 금융위기를 설명하면서 금융제도가 '잘못' 작동되었다고 표현하는 것은 점잖은 편에 속한다. 그 시기에 미국의 금융제도는 1930년대 대공황 이후 가장 큰 위기를 맞았다. 미국의 금융위기는 세계적으로 번져나가면서 2007~2009년에 대부분의 국가는 심각한 경기침체를 맞게 된다. 앞에서 2007~2009년의 심각한 경기침체에 대해서 여러 번 논의하였기 때문에 여기서는 경기침체를 초래한 미국의 금융위기를 살펴보고자 한다. 금융위기의 원인은 무엇이며, 그것이 미국 금융산업의 구조를 어떻게 바꾸었는가를 설명해보자.

### 개관

2007년에 주택모기지 대출(미국형 주택 담보대출)의 채무불이행이 크게 증가하면서 모기지 대출을 직접해준 금융기관뿐 아니라 모기지 대출을 취급하는 금융기관이나 이에 직·간접적으로 투자한 많은 금융기관들이 재무건전성에서 의심을 받기 시작했다.

서브프라임 모기지

신용도가 평균보다 낮은 주택 구입자에게 이루어지는 이자율이 비교적 높은 대출

모기지 채무불이행은 대부분 서브프라임 모기지에서 발생하였다. **서브프라임 모기지**란 신용도가 평균보다 낮은 주택 구입자에게 이루어지는 대출로 이자율이 비교적 높다. 그런데 이들 주택 구입자들이 매달 지불해야 할 원리금의 상환이 원활히 이루어지지 못한 것이다. 여러 대형 은행들이 이러한 서브프라임 모기지에 대규모의 간접투자를

하였다. 은행들이 주택 모기지를 담보로 발행한 채권을 투자회사에 팔면서 투자회사들에 인수자금을 대출해 주었던 것이다.

모기지 대출이 잘 상환되지 않자 투자회사는 빈털터리가 되었고 은행은 이들로부터 대출자금을 회수할 수 없게 되었다. 규정에 따라 은행들은 투자회사에 대한 대출금을 부실 처리할 수밖에 없었고 이에 따라 은행의 지급준비금이 줄어들어 대출 여력도 크게 감소하였다. 이로 인해 수백 개의 은행, 보험회사, 금융투자회사들이 파산하거나 거의 파산지경에 이르렀다. 연방준비제도와 미국 재무부는 전체 금융제도의 붕괴를 막기 위해 개입할 수밖에 없었다.

## 위기의 서막

위기가 터지기 전까지만 해도 은행이나 규제당국은 모기지 대출의 채무불이행이 발생하더라도 은행의 손실은 크지 않을 것이라고 잘못 믿고 있었다. 즉, **모기지 담보증권**이라는 혁신적인 금융상품이 은행이 위험에 노출되는 것을 막아줄 것이라고 믿었던 것이다. 모기지 담보증권이란 모기지 대출의 상환금을 담보로 발행되는 채권이다. 은행이나 모기지 대출회사가 모기지 대출을 하면 이들은 대출을 자산으로 보유하면서 매달 원리금을 상환 받을 수 있다. 그렇게 하면 매달 원리금을 받을 수 있지만, 이보다 큰 금액인 대출 원금은 상환기간 동안 묶이게 되어 유동성이 떨어진다. 유동성 확보를 위해 이들은 수백 수천 개의 모기지 대출을 하나의 펀드로 묶어 이를 채권으로 팔아치울 수 있다. 펀드에 포함된 모기지 대출의 상환금을 받을 수 있는 권리를 파는 셈이다. 은행은 모기지대출을 한꺼번에 회수하여 유동성을 확보할 수 있고 채권투자자는 모기지 대출의 상환금을 투자수익으로 얻게 된다.

모기지 담보증권

모기지 대출의 상환금을 담보로 발행되는 채권

이것은 은행의 입장에서 보면 괜찮은 사업으로 보였다. 은행은 미래에 발생할 수 있는 모기지대출의 채무불이행 위험을 채권투자자에게 떠넘겼기 때문이다. 은행은 모기지 대출의 족쇄에서 벗어났다고 생각했다. 그러나 불행하게도 은행은 모기지 담보증권을 팔아 회수한 자금을 상당량 이들 증권에 투자한 투자펀드에 빌려주었다. '왼손으로 판 것을 오른손으로 다시 산 것이다.' 결과적으로 은행은 채무불이행의 위험에 여전히 노출되어 있었던 것이다. 2006년부터 수백만의 주택 소유자가 모기지 대출의 원리금을 갚지 못하자 은행은 대규모 손실을 보게 되었다.

## 원인

사건의 발단이 된 모기지 대출의 채무불이행은 왜 갑자기 크게 늘어났을까? 여러 가지 원인이 존재하지만, 주택 매입에 보조금을 지급한 정부 정책과 부동산시장에 형성되었던 거대한 버블의 붕괴를 먼저 들 수 있다.

이에 못지않게 중요한 요인은 앞서 논의한 모기지 담보증권이 잘못된 인센티브를 제공했다는 점이다. 모기지 대출회사는 모기지 담보증권을 팔면 채무불이행의 위험에 더 이상 노출되지 않는다고 여겨 대출 요건을 느슨하게 적용하였다. 그래서 자금력이 부족하여 매월 모기지 원리금을 상환하기 어려운 사람에게도 수백만 건의 서브프라임 모기지 대출을 해주었다.

일부 모기지 대출 기업은 신규 주택 구입자와 대출 계약을 하려는 욕심에 신용조사를 생략하였고 대출 신청자가 대출자격 요건에 미달한 소득을 속임수로 높여 신청하더라도 이를 허용하기까지 하였다. 그 결과 많은 사람이 과도한 모기지 대출을 받았고 얼마 후 대출 원리금을 상환할 수 없게 된 것이다.

## 위기의 발생

주택시장의 버블이 붕괴하고 주택 가격이 하락하자 집값에 근접한 대출을 받은 주택 구입자들은 자신의 주택가치보다 모기지 채무가 더 커진 것을 알게 되었다. 집을 팔더라도 대출금을 갚을 수 없게 된 것이다. 경기가 후퇴하면서 모기지 대출로 집을 장만한 사람들은 매달 갚아야 하는 상환금을 연체하기 시작했다. 모기지 대출 기업은 많은 집들을 압류하기 시작하였고 모기지 대출을 받은 많은 사람들은 말 그대로 집 열쇠를 넘겨주고 집을 떠남으로써 모기지 부채에서 벗어났다.

모기지 담보증권의 가치가 폭락하자 대형 금융회사의 여러 곳이 파산하거나 거의 파산 지경에 이르렀다. 증권회사인 메릴린치는 2년 만에 과거 십 년 동안 벌었던 이익보다 많은 손실을 냈고 결국 헐값에 뱅크 오브 아메리카에 매각되었다. 모기지 담보증권을 대량 보유하고 있던 리먼 브라더스는 결국 파산하였다. 투자은행이던 골드만삭스와 모건 스탠리는 서둘러 은행지주 회사로 전환하였다. 그래서 미국의 중앙은행이 은행이나 은행지주회사에 제공하는 대규모의 긴급자금을 받을 수 있었다. 미국 금융체계의 총체적 붕괴라는 악몽 같은 시나리오가 실현될 수도 있었다.

## 긴급구제조치

**부실자산 구제금융**

2008년 금융위기에 대응하여 미 재무부가 도산 위기에 처한 금융회사 또는 일반회사에 대한 긴급 대출에 약 7,000억 달러를 사용하도록 승인한 구제 금융 프로그램

**재무부의 긴급구제금융** 2008년 말 미국 의회는 **'부실자산 구제금융'** 법안을 통과시켰다. 미국 재무부에 7,000억 달러의 자금을 배정하여 주요 금융회사나 기업에 긴급 대출이 이루어지도록 하였다. 대부분의 구제금융은 시티뱅크, 뱅크 오브 아메리카, JP모건 체이스, 골드만삭스 등에 배정되었다. 나중에는 GM이나 크라이슬러와 같은 비금융기업도 수십억 달러의 긴급구제금융을 받았다.

긴급구제금융은 여러 금융기관을 파산의 위기에서 구하였다. 이들 금융기관이 파산하였다면 쓰나미 같은 2차 충격이 발생하여 다른 금융기업이 파산하고 금융시장이 얼어붙었을 것이다. 긴급구제금융을 비롯한 정부의 여러 자금지원은 본질적으로 금융기관에 일종의 보험금을 지급하는 셈이다. 그러나 막대한 구제금융으로 파산을 면한 금융기관은 사실 보험료를 한 푼도 내지 않았다.

**중앙은행의 최종대부자 역할** 앞서 논의하였듯이 미국의 중앙은행인 연방준비제도는 금융위기 때 금융기관에 대한 최종대부자의 역할을 수행한다. 이러한 중요한 기능을 9 · 11 테러 때 미국의 중앙은행은 잘 수행하였다. 2007~2008년의 금융위기는 이보다 훨씬 광범위한 요인으로 발생한 금융의 긴급사태였다. 그 당시 미국의 연방준비제도(이사회 의장: 버냉키)는 최종대부자의 역할을 수행하면서 양적 완화(QE)와 같은 아주 창의적인 조치들을 새롭게 도입하여 시행하였다. 그리고 이러한 조치를 통해 금융권에 막대한 자금을 쏟아 부었다.

이러한 조치들로 인해 미국 중앙은행의 총자산은 2008년 2월 8,850억 달러에서 2011년 3월 1조 9,030억 달러로 크게 늘어났다. 미국 정부의 채권을 비롯하여 주택담보증권 등 엄청난 양의 채권을 매입하였던 것이다. 미국의 중앙은행은 최종대부자의 기능을 수행하면서 이들 채권을 금융기관으로부터 매입하였다. 채권은 금융위기 때는 잘 팔리지 않아 현금화하기 어렵다. 중앙은행이 이를 담보로 잡고 유동성이 가장 높은 현금을 금융권에 풀어줌으로써 금융권의 유동성을 높이려 한 것이다.

많은 경제학자들은 부실자산 구제금융과 중앙은행의 조치들을 통해 제2의 대공황을 막을 수 있었다고 믿고 있다. 그러나 이러한 정책들은 도덕적 해이라는 문제를 심화시켰다. **도덕적 해이**란 개인이나 조직이 계약이나 합의를 믿고 태도가 달라질 수 있는 상태를 말한다. 금융투자에서 도덕적 해이란 금융투자자나 금융회사가 투자손실의 일부라도 구제받을 수 있다고 믿고서 위험이 큰 상품에 투자하는 것을 뜻한다. 미국의 재무부와 중앙은행이 금융기관의 막대한 손실을 막아줌으로써 이들 기관은 자신의 행동에 따른 책임을 지지 않을 수 있었다. 이로 인해 금융기관들이 앞으로 위험관리에 주의를 덜 기울일 것이라는 우려가 있었다. 2007년과 2008년과 같은 사건들이 다시 발생하면 그 때도 구제금융을 받을 수 있으리라 기대할 것이기 때문이다.

도덕적 해이
개인이나 조직이 계약이나 합의를 믿고 자신의 태도를 바꿀 수 있는 상태

## 금융위기 이후 새로 도입된 정책

2007~2008년의 금융위기를 계기로 무엇이 잘못되었는지 그리고 어떻게 해야 위기의 재발을 방지할 수 있는지에 대해 많은 반성이 이루어졌다. 먼저 정치권과 금융당국은 대출 기준을 강화하였다. 그래서 모기지 대출을 기초로 발행된 증권이 대출 위험의 전가 수단으로 이용되지 못하게 하였다. 그리고 법을 제정하여 주택 대출금이 집값보다 큰 주택 소유자도 집에 계속 거주할 수 있도록 하였다. 또한 원리금 상환능력이 없는 사람에게 대출이 이루어지지 않게 하였다.

2010년에 미국 의회는 '월가 개혁 및 소비자 보호법'을 통과시켰다. 이 법은 광범위한 내용을 담고 있는데 주요 내용은 다음과 같다.

- 중앙은행에 모든 대형금융기관을 규제할 수 있는 포괄적인 권한을 부여한다.
- 금융안정 감시위원회를 설립하여 금융제도의 리스크를 감시한다.
- 예금보험공사가 파산 은행의 자산을 정리하는 것처럼 연방정부가 파산한 대형 비은행 금융기관의 자산을 매각할 수 있도록 절차를 마련한다.
- 연방 정부가 모기지 담보증권을 비롯한 파생상품의 규제 · 감독을 하며, 이들 상품이 거래소에서 거래되도록 의무화한다.
- 자산담보증권의 판매회사가 판매증권의 일부를 보유하도록 의무화하여 판매회사가 위험의 일부를 분담하도록 한다.
- 중앙은행에 소비자금융보호국을 설치하여 금융 소비자의 보호를 강화한다.

이 법의 지지자들은 이 법의 제정으로 2007~2008년의 금융위기를 초래한 많은 관행들이 방지될 것이라고 여긴다. 그리고 이 법이 도덕적 해이를 줄일 것이라고 주장하였다. 대형금융기관이 다시 한 번 심각한 금융위기에 처하면 이들 기관의 주주, 채권자, 경영자들도 막대한 개인적 손실을 피할 수 없다는 강력한 경고의 메시지를 보낸 것이다.

이 법에 회의적인 사람들은 규제당국이 이전에도 금융위기를 막을 수 있는 모든 수단을 가지고 있었다고 지적한다. 오히려 정부가 주택 소유를 장려한 것이 금융위기에 크게 기여하였다고 주장한다. 회의론자들에 따르면 이 법으로 금융 산업이 새로운 규제 비용을 크게 부담하게 될 뿐이며 정부가 구제금융을 지급하는 사태를 막지는 못할 것이라고 한다.

## 부분 지급준비제도

앞에서 살펴본 바와 같이 협의의 통화량(M1)이나 광의의 통화량(M2)에 현금과 요구불예금이 포함되어 있다. 현금통화를 구성하는 한국은행권과 금속주화는 조폐공사가 제조하고 한국은행이 공급한다. 그렇다면 통화량의 상당 부분을 차지하는 요구불예금은 누가 공급하는가? 놀랍게도 그것은 은행이나 저축금융기관의 대출담당직원이 공급한

### 개념의 이해

#### 금 세공업자와 부분 지급준비제도

부분 지급준비제도의 유래는 다음과 같다.

옛날 상인들은 시장거래에 금을 사용하였는데 거래할 때마다 금을 가져가 무게를 달고 순도를 따지는 것이 불편할 뿐더러 위험하기도 하였다. 그래서 16세기에 이르면 상인들은 수수료를 지불하고 금 세공업자의 금고에 금을 예치하기 시작했다. 그리고 금 세공업자는 예치한 사람에게 금 보관증인 영수증을 발행하였다. 얼마 지나지 않아 상인들은 금 세공업자의 영수증으로 물건 값을 지불하기 시작했다. 이 영수증이 최초의 지폐라고 할 수 있다.

이때까지도 은행의 시초라 할 수 있는 금 세공업자들은 100% 지급 준비를 하였다. 그들은 거래에 유통되고 있는 영수증(지폐)만큼 금고에 금을 보관하고 있었다. 지폐인 영수증은 실물인 금으로 담보되어 있었던 것이다. 그런데 사람들이 금 세공업자의 영수증을 지폐로 인정하게 됨에 따라 금 세공업자에게 영수증을 제시하고 금을 찾아가는 일은 매우 드물었다. 사실 매주 또는 매달 예치되는 금이 인출되는 금보다 대부분 많았다.

그러자 일부 영리한 금 세공업자들이 보관된 금보다 많은 영수증을 발행하기 시작했다. 금 세공업자들은 상인, 생산자, 소비자들에게 영수증을 내주는 방식으로 대출해주었다. 영수증이 언제나 금으로 교환될 수 있기 때문에 영수증을 지급하는 것은 사실상 금을 지급하는 것과 동일한 것이었다. 그래서 금 세공업자는 대출에 대한 이자수입을 얻게 된 것이다. 예를 들어 1,000만 원 가치의 영수증을 빌려준 뒤 1년 후에 1,050만 원(5% 이자율) 가치의 영수증으로 받는 것이었다. 차입자는 기꺼이 영수증의 형태로 대출을 받았다. 영수증이 시장에서 교환의 매개물로 인정되고 있었기 때문이다.

예를 들어, 누군가 금을 예치하여 금 세공업자가 1억 원의 영수증을 발행하였다고 하자. 그리고 누군가에게 대출을 해주면서 1억 원의 영수증을 추가로 발행하였다고 하자. 그러면 실제 유통되는 영수증은 2억 원으로 보관중인 금의 2배가 된다. 금 준비금은 유통되는 영수증(지폐)의 50%에 불과하다.

이것이 부분 지급준비제도의 시작이었다. 그래서 지금도 은행은 요구불예금의 일부만을 중앙은행에 예치한 지급준비금이나 은행금고의 시재금 형태의 지급준비금으로 보유하고 있다.

**문제**

금 세공업자가 발행한 영수증이 화폐의 3가지 기능을 어떻게 수행하였는지 설명하여 보시오.

다. 그것은 대부분의 국가가 은행의 부분 지급준비제도를 허용하고 있기 때문이다.

부분 지급준비제도

은행이나 저축금융기관이 요구불 예금의 일부분만을 현금 형태의 지급준비금으로 보유하는 것

**부분 지급준비제도**란 은행이나 저축금융기관이 요구불예금의 일부분만을 현금 형태의 지급준비금으로 보유하는 것을 말한다. 은행의 요구불예금이 10조 원이면 언제나 10조 원만큼의 예금이 인출될 수 있다. 따라서 은행은 10조 원만큼의 현금을 준비금으로 보유하여야 10조 원만큼의 예금 인출에 대비할 수 있다. 하지만 실제 은행은 10조 원보다 훨씬 적은 현금만을 중앙은행에 예치한 지급준비금이나 은행 금고에 보관된 시재금의 형태로 보유하고 있다는 것이다.

이제 부분 지급준비제도에서 은행이나 저축금융기관이 어떻게 대출을 통해 요구불예금을 창출하는지 살펴보자. 주로 은행을 중심으로 살펴보겠지만, 저축금융기관도 요구불예금을 취급하기 때문에 분석의 결과는 저축금융기관에도 마찬가지로 적용된다.

위에 나오는 금 세공업자의 사례는 부분 지급준비제도의 두 가지 중요한 특징을 보여준다. 첫째, 은행은 대출을 통해 통화를 창출할 수 있다는 것이다. 금 세공업자는 실제 보관 중인 금을 초과하여 금 보관증인 지폐를 발행하였고 이를 차입자들에게 대출해 주었던 것이다. 보관 중인 금을 초과하여 발행될 수 있는 통화의 양은 인출에 대비해 보관해야만 하는 금의 양, 즉 금 준비금에 달려 있다. 금 세공업자가 신중히 생각한 결과 필요하다고 여겨지는 준비금이 적을수록 더 많은 양의 지폐가 발행될 수 있다. 오늘날 금은 더 이상 은행의 준비금으로 쓰이지 않는다. 대신에 현금이 은행의 지급준비금 역할을 한다. 따라서 은행이 대출을 통해 창출하는 요구불예금의 양은 은행이 현금으로 보유하는 지급준비금에 따라 결정된다. 이러한 지급준비금의 양은 법률에 의해 정해지기도 하다.

둘째, 은행이 지급준비를 부분적으로 하면 은행은 예금 인출 사태에 취약해진다는 것이다. 금 세공업자가 보관 중인 금의 두 배에 해당하는 지폐를 발행하였다고 하자. 지폐를 보유한 사람들이 한꺼번에 금 인출을 요구하면 금 세공업자는 모든 지폐를 금으로 바꾸어줄 수 없다. 과거에 유럽과 미국의 많은 은행들이 이러한 불행한 사태를 맞아 파멸을 맞았다. 그러나 은행이 지급준비금이나 대출 정책을 신중히 마련하면 예금 인출 사태는 거의 일어나지 않는다. 사실 은행에 대한 규제가 많은 이유도 예금 인출 사태를 방지하려는 것이다. 일정 규모 이하의 예금을 보호하는 이유도 마찬가지이다. 예금을 보장해 줌으로써 예금보험이 없던 시절 자주 발생하였던 은행의 파산이 어느 정도 방지될 수 있는 것이다.

## 개별 은행의 신용창조

부분 지급준비제도가 어떻게 작동하는지 살펴보려면 개별 은행의 대차대조표를 이해할 필요가 있다.

은행(저축 금융기관 포함)의 **대차대조표**는 은행의 재무 상태를 요약한 표다. 은행의 자산은 대차대조표의 좌변에 표시되어 있고 부채는 우변에 표시된다. 대차대조표의 좌변과 우변은 항상 같아야 한다. 즉, 자산과 부채는 같아야 한다는 것이다. 대차대조표에서 은행의 부채는 2가지로 분류된다. 하나는 은행의 소유주가 아닌 사람들에 대한 부채(liability)다. 그리고 다른 하나는 은행의 소유자에 대한 부채로 이는 은행의 순자산(net worth)이다. 순자산은 은행 소유자의 입장에서는 자산이지만, 은행의 입장에서는 은행 소유자에게 지고 있는 부채인 것이다. 그래서 대차대조표의 좌변과 우변은 항상 일치한다. 즉 다음과 같다.

대차대조표
어느 한 시점에서 회사나 개인의 자산, 부채 및 순자산(자본)의 규모와 구성을 나타내는 재무제표

자산=부채+순자산

자산이 1,000원 증가하면 부채와 순자산의 합도 1,000원 증가해야 한다. 부채와 순자산의 합이 1,000원 감소하면 자산도 1,000원 감소해야 한다. 이제 은행의 거래를 대차대조표를 통해 살펴보자. 그러면 은행이 통화를 어떻게 창출하는지 알 수 있을 것이다.

### 거래 1: 은행의 설립

일부 지역의 주민들이 지역 경제를 위해 자본금 250억 원 규모의 새로운 지역은행인 미래은행을 설립한다고 하자. 정부로부터 설립 허가를 받고나면 주식을 발행하여 250억 원의 자본금을 조달하여야 한다. 자본조달이 성공하여 미래은행이 설립되었다고 하자. 이 단계에서 미래은행의 대차대조표는 어떤 모양일까?

은행의 설립자들이 250억 원의 주식을 팔아 자금을 조달하였기 때문에 은행은 250억 원의 현금을 보유하게 된다. 은행은 현금의 일부를 중앙은행에 지급준비금으로 예치하거나 은행의 금고에 보관할 수 있다. 은행의 금고에 보관된 현금을 흔히 시재금(vault cash)이라고 부른다. 현금이 어떤 형태로 보관되든지 은행의 입장에서는 자산으로 이것은 대차대조표의 좌변에 표시된다. 그리고 250억 원의 발행주식 납입금은 은행의 자본금으로 은행의 입장에서는 주식 소유자에 대한 부채(순자산)이기 때문에 대차대조표의 우변에 표시된다. 그래서 미래은행의 대차 대조표에는 다음과 같다.

**은행 설립**
**대차대조표 1: 미래은행**

| 자산 | | 부채 및 순자산 | |
|---|---|---|---|
| 현금 | 250억 원 | 자본금(주식발행액) | 250억 원 |

대차대조표의 각 항목은 계정과목(account)이라고 한다.

## 거래 2: 자산과 집기의 취득

은행 주주들의 대리인인 이사회는 미래은행의 영업을 개시해야 한다. 먼저, 자산과 설비를 취득하여야 한다. 은행의 성공을 확신하는 은행 임원이 건물 매입에 220억 원, 사무실 집기 구입에 20억 원을 지출하였다고 하자. 이러한 거래로 은행의 자산 구성이 달라진다. 현금이 240억 원 감소하고 그만큼의 새로운 유형 자산이 증가한다. 이들 거래로 달라진 계정과목을 파란색으로 표시하여 미래은행의 대차대조표를 나타내면 다음과 같다.

**자산 및 집기 취득**
**대차대조표 2: 미래은행**

| 자산 | | 부채 및 순자산 | |
|---|---|---|---|
| 현금 | 10억 원 | 자본금(주식발행액) | 250억 원 |
| 유형 자산 | 240억 원 | | |

위에서 알 수 있듯이 대차대조표의 좌변과 우변의 합은 같다.

## 거래 3: 예금의 수취

은행의 기본적인 2가지 기능은 예금과 대출이다. 이제 은행이 영업을 시작하자 지역 주민과 기업이 100억 원을 예금하였다. 미래은행의 대차대조표는 어떻게 변하는가?

은행이 수취한 현금은 은행의 자산이다. 따라서 자산 항목의 현금이 100억 원 증가한다. 이 예금이 저축예금이나 정기예금의 형태가 아니라 요구불예금으로 예치되었다고 하자. 예금주는 언제나 미래은행에 요구불 예금의 인출을 청구할 수 있다. 새롭게 발생한 요구불예금은 미래은행의 예금주에 대한 부채인 것이다. 따라서 요구불 예금은 대차대조표의 부채계정에 기록된다. 이제 미래은행의 대차대조표는 다음과 같이 된다.

**예금의 수취**
**대차대조표 3: 미래은행**

| 자산 | | 부채 및 순자산 | |
|---|---|---|---|
| 현금 | 110억 원 | 요구불예금 | 100억 원 |
| 유형 자산 | 240억 원 | 자본금(주식발행액) | 250억 원 |

거래 3이 이루어지더라도 전체 통화량은 변하지 않는다. 통화량의 구성만 달라질 뿐이다. 은행의 요구불예금이 100억 원 증가하고 민간 보유 현금이 그만큼 감소하기 때문이다. 요구불예금은 통화량에 포함되지만, 은행의 자산항목에 나타나는 현금은 통화량에 포함되지 않는다는 사실에 주의해야 한다.

예금자가 현금을 인출하면 은행의 부채인 요구불예금이 감소하고 은행의 현금자산이 그만큼 감소한다. 이때에도 전체 통화량은 변하지 않고 통화량의 구성만 달라진다.

### 거래 4: 지급준비금의 중앙은행 예치

요구불예금을 수취하는 모든 은행과 저축금융기관은 법률에 따라 요구불예금의 일정 비율을 법정지급준비금으로 유지해야 한다. **법정지급준비금**이란 법률에 따라 은행이 보유해야 하는 현금이다. 흔히 예금부채의 일정 비율로 정해진다. 은행은 법정지급준비금을 중앙은행에 예치하거나 은행의 시재금으로 보유해야 한다. 논의의 단순화를 위해 미래은행이 법정지급준비금을 전부 중앙은행에 예치한다고 하자. 잊지 말아야 할 것은 시재금도 지급준비금이며, 실제 은행은 지급준비금의 상당 부분을 시재금으로 보유한다는 것이다.

법정지급준비금

은행이나 저축금융기관이 법에 따라 정해진 비율만큼 의무적으로 중앙은행에 예치하거나 시재금으로 보유해야 하는 현금

은행이 지급준비금으로 보유해야 하는 요구불예금의 일정 비율이 지급준비율이다. **법정지급준비율**이란 은행의 요구불예금에 대한 법정지급준비금의 비율을 말한다.

법정지급준비율

요구불예금에 대한 법정지급준비금의 비율

법정지급준비율=은행의 법정지급준비금/은행의 요구불예금

지급준비율이 0.1, 즉 10%이면 미래은행이 민간으로부터 100억 원의 예금을 수취하였을 때 10억 원을 지급준비금으로 보유해야 한다. 지급준비율이 0.2, 즉 20%이면 20억 원을 지급준비금으로 보유해야 하며, 지급준비율이 0.5, 즉 50%이면 50억 원을 지급준비금으로 보유해야 한다.

중앙은행은 법률이 정한 범위 내에서 지급준비율을 정하고 이를 변경할 수 있다. 한국은행법 제56조 제2항에 따르면 특별한 경우를 제외하고 지급준비율은 50%를 초과할 수 없다. 2023년 1월 현재 지급준비율은 예금의 종류에 따라 0~7%로 차등 적용되고 있다. 한국의 경우 2011년 12월 17일부터 금융기관의 예금채무뿐 아니라 은행 발행의 일부 금융채무에도 지급준비율이 부과될 수 있다. 금융기관은 지급준비금을 원칙적으로 한국은행에 예치하여야 하나 지급준비금의 35%까지 한국은행권으로 이를 보유할 수 있다.

미국의 연방준비제도이사회는 2020년 3월부터 미국의 은행이나 저축금융기관에 적용되는 법정지급준비제도를 폐지하였다. 즉, 미국의 법정지급준비율은 0이다. 이러한 조치 이전에는 요구불 예금의 규모에 따라 0~10%의 법정지급준비율을 적용하였다.

지준부리
중앙은행에 예치된 지급준비금에 지급되는 이자

미국의 연방준비은행은 법정지급준비제도를 폐지하면서 예치된 지급준비금에 이자를 지불하기 시작하였다. 중앙은행에 예치된 지급준비금에 지급되는 이자를 **지준부리**라고 하는데 금융 위기의 시기인 2008년에 초과 지급준비금에 대해 이자를 지급하기 시작하였고 2021년 7월부터 연방준비은행에 예치된 모든 지급준비금에 이자를 지급하고 있다. 그래서 미국의 금융기관은 법적 의무와 무관하게 여전히 연방준비은행에 지급준비금을 예치하고 있다. 미국의 연방준비제도이사회가 법정지급준비제도를 폐지한 것은 지급준비금에 대한 이자율 변경을 통해 통화정책을 수행할 수 있다고 여기고 있기 때문이다. 한국은행도 금융기관이 예치한 자금조정 예금에 대해 이자를 지급하고 있지만, 미국과 달리 통화정책수단으로 이용하는 경우가 아주 드물다.

많은 국가의 중앙은행이 법정지급준비제도를 유지하고 있기 때문에 여기에서는 법정지급준비율이 존재한다고 여기고 그것이 통화량에 미치는 효과를 설명한다.

간단히 은행의 요구불예금에 대한 법정 지급준비율이 0.2, 즉 20%라고 하자. 이것은 현실의 지급준비율보다 높지만, 계산에 편리하다. 중요한 점은 100% 지급준비를 요구하지 않고 부분 지급준비만을 요구한다는 것이다.

미래은행은 요구불예금이 100억 원이므로 20억 원을 중앙은행에 예치하면 지급준비의무를 이행할 수 있다. 은행의 중앙은행 예치금은 사실상 예금이지만, '지급준비금'이라고 불린다. 이것은 민간이 은행에 예치한 예금과 구분하기 위한 것이다.

이제 미래은행이 앞으로 요구불예금이 계속 늘어날 것으로 예상한다고 하자. 그래서 최소 법정준비금인 20억 원만 예치하지 않고 나머지 90억 원까지 합쳐 총 110억 원을 중앙은행에 예치한다고 하자. 이렇게 하면 은행은 요구불예금이 늘어날 때마다 매번 중앙은행에 지급준비금을 추가로 예치해야 하는 불편을 덜 수 있다. 곧 알게 되겠지만 은행은 이러한 지급준비금을 이용하여 대출을 하며 이자수입을 얻는다.

미래은행이 보유한 현금 110억 원을 모두 중앙은행에 예치하면 미래은행의 대차대조표는 다음과 같이 된다.

**중앙은행 예치**
**대차대조표 4: 미래은행**

| 자산 | | 부채 및 순자산 | |
|---|---|---|---|
| 현금 | 0 | 요구불예금 | 100억 원 |
| 지급준비금 | 110억 원 | | |
| 유형 자산 | 240억 원 | 자본금(주식발행액) | 250억 원 |

이 거래와 관련하여 3가지를 추가적으로 살펴볼 필요가 있다.

**초과지급준비금** **초과지급준비금**이란 실제지급준비금에서 법정지급준비금을 뺀 것이다.

초과지급준비금
실제지급준비금에서 법정지급준비금을 뺀 것

초과지급준비금=실제지급준비금−법정지급준비금

미래은행의 초과지급준비금은 다음과 같이 계산된다.

| | |
|---|---|
| 실제지급준비금 | 110억 원 |
| 법정지급준비금 | − 20억 원 |
| 초과지급준비금 | 90억 원 |

초과지급준비금을 계산하는 가장 정확한 방법은 법정지급준비금을 구하고 이를 은행 대차대조표의 좌변(자산항목)에 있는 실제지급준비금에서 빼는 것이다. 법정지급준비금은 은행의 요구불예금에 법정지급준비율을 곱해서 구한다(100억 원×0.2=20억 원).

대차대조표 4에서 지급준비율이 10%, 30%, 50%일 때 미래은행의 초과지급준비금이 각각 얼마가 되는지 스스로 계산해 보기 바란다.

이러한 초과지급준비금에 따라 은행의 대출 여력이 달라진다는 점을 다음에 설명할 것이다. 초과지급준비금의 개념을 이해하는 것이 은행의 신용창조를 설명하는 데 매우 중요하다.

**은행의 대출 통제** 중앙은행이 지급준비금을 규제하는 기본 목적이 은행의 유동성을 높여 예금자를 보호하는 것으로 여길지 모른다. 예금자가 갑자기 대규모로 현금을 인출하였을 때 지급준비금은 즉시 동원될 수 있는 자금이기는 하지만, 이런 생각은 꼼꼼히 살펴보면 잘못된 것이다.

역사적으로 보면 지급준비금이 유동성의 원천으로 여겨져 왔기 때문에 이를 통해 예금자가 보호될 수 있다고 생각할 수 있다. 하지만 법정준비금만으로는 대규모의 급작스러운 현금인출을 감당하기에 한참 부족하다. 은행의 악몽, 즉 요구불예금을 가진 모든 사람이 한꺼번에 나타나 예금 인출을 요구하는 상황이 현실로 나타난다고 하자. 그러면 시재금이나 중앙은행에 예치된 법정지급준비금으로는 부족하게 된다. 은행은 '금융 공황' 때 발생하는 대규모 현금인출요구를 감당할 수 없다. 지급준비금은 부분적으로 준비되기 때문에 요구불예금은 은행의 법정준비금보다 훨씬 많다.

지급준비금 규제의 목적이 금융공황에 대비하는 것이 아니라면 지급준비금은 어떤 기능을 하는가? 그것은 은행의 대출을 통제하려는 것이다. 중앙은행은 법정지급준비제도를 통해 은행의 대출 여력을 통제할 수 있다. 중앙은행이 법정지급준비율을 변경하면 은행의 대출여력은 영향을 받는다. 이를 통해 은행의 대출이 과다하게 증가하거나 위축되는 것을 방지할 수 있다. 이러한 정책이 얼마나 성공적으로 은행의 대출에 영향을 미치느냐에 따라 경기순환이 예방될 수 있다. 또한 지급준비금은 수표의 결제를 원활하기 위해 이용된다.

### 거래 5: 은행에 제시된 수표의 결제

거래 3에서 미래은행이 수취한 예금의 상당부분이 그 지역 사업가인 병수의 것이라고 하자. 이제 병수가 50억 원 만큼의 원자재를 다른 지역의 회사인 (주)믿음상사로부터 사들였다고 하자. 병수는 미래은행의 예금을 기초로 50억 원의 수표를 발행하여 이를 원자재 대금으로 지불하였다. 이것은 어떤 결과를 초래할까?

믿음상사는 수표를 자기 지역의 거래은행인 한양은행에 예금한다고 하자. 그러면 한양은행은 믿음상사의 예금계좌를 50억 원 증가시킨다. 믿음상사는 물품대금을 받은 셈이고 병수도 원자재 구입 대금을 지불한 셈이다.

이제 한양은행은 병수가 발행한 수표를 가지고 있다. 이 수표는 미래은행에 대해 수표 액수만큼 인출을 요구할 수 있는 청구권일 뿐이다. 그래서 한양은행은 청구권 행사를 위해 중앙은행에 이 수표를 보내 수표액만큼을 회수하게 된다. 이러한 수표의 결제과정을 통해 중앙은행에 예치된 한양은행의 지급준비금은 50억 원 증가하고 그만큼 미래은행의 지급준비금은 감소하게 된다. 수표의 결제는 장부상의 표시만으로 완료되는데 그 결과 중앙은행에 대한 미래은행의 청구권이 50억 원 줄고 한양은행의 청구권은 50억 원 증가한다.

마지막으로 중앙은행은 결제가 완료된 수표를 미래은행에 보내게 되는데 그때서야 미래은행은 병수가 요구불예금에서 50억 원을 수표로 인출하였다는 것을 깨닫게 된다. 그리고 수표의 결제로 중앙은행에 예치된 지급준비금이 그만큼 감소한 것을 알게 된다. 이에 따라 미래은행은 병수의 요구불예금에서 50억 원을 차감한다.

이 모든 과정이 끝나고 살펴보면 모든 은행의 대차대조표는 여전히 균형이다. 미래은행의 자산(지급준비금)과 부채(병수의 요구불예금)는 모두 50억 원 감소하였다. 그리고 한양은행의 자산(지급준비금)과 부채(믿음상사의 요구불예금)는 모두 50억 원 증가하였다. 중앙은행에 예치된 지급준비금의 소유권에 변화가 발생하여 미래은행의 소유지분은 50억 원 감소하고 한양은행의 소유지분은 50억 원 증가한다. 하지만 중앙은행에 예치된 전체 지급준비금은 변화가 없다. 은행 전체로 보더라도 지급준비금이나 요구불예금에는 변화가 없다. 한 은행이 감소하면 다른 은행은 그만큼 증가하기 때문이다.

거래 5가 종료된 후 미래은행의 대차대조표는 다음과 같이 된다.

**수표의 결제**
**대차대조표 5: 미래은행**

| 자산 | | 부채 및 순자산 | |
|---|---|---|---|
| 지급준비금 | 60억 원 | 요구불예금 | 50억 원 |
| 유형 자산 | 240억 원 | 자본금(주식발행액) | 250억 원 |

지급준비율이 20%일 때 미래은행의 초과지급준비금은 이제 50억 원으로 줄었음을 확인할 수 있다.

### 거래 6: 대출과 통화창출(신용창조)

은행은 예금을 받을 뿐 아니라 차입자에게 대출을 해준다. 은행이 대출을 하면 대차대조표는 어떻게 달라질까?

마천루 건설회사가 아파트를 건설하려고 한다. 이를 위해 50억 원의 자금이 필요하다고 하자. 이 금액은 우연히 미래은행의 초과지급준비금과 일치하고 있다.

마천루 회사는 미래은행에 50억 원의 대출을 신청한다. 미래은행은 마천루 회사의 평판이 양호하며, 재무구조도 건전하다는 것을 알고 있다. 그래서 미래은행은 마천루 회사의 대출상환능력을 신뢰하여 대출을 승인한다. 대출을 위해 마천루 회사의 사장은 일종의 차용증서라고 할 수 있는 대출 서류를 미래은행에 건네준다. 마천루 회사는 대출금을 수표로 인출하는 것이 안전하고 편리하다는 것을 안다. 그래서 마천루 회사는 대출금을 현금다발로 받는 대신에 수표를 발행할 수 있는 통장으로 받기를 바란다. 즉, 50억 원의 현금을 받는 대신에 50억 원이 입금된 요구불 예금통장을 받는 것이다. 즉, 마천루 회사는 50억 원만큼의 요구불예금을 갖게 되는 것이다.

미래은행은 대출이라는 수익자산을 취득하고 그 대가로 요구불예금이라는 부채를 부담하는 셈이다. 마천루 회사는 대출이라는 부채를 지고 미래은행의 요구불예금을 기초로 50억 원의 수표를 발행할 수 있는 권리를 취득한 셈이다. 이것은 모두가 만족스러운 결과다.

대출이 완료된 후 미래은행의 대차대조표 6a는 다음과 같다.

대출
대차대조표 6a: 미래은행

| 자산 | | 부채 및 순자산 | |
|---|---|---|---|
| 지급준비금 | 60억 원 | 요구불예금 | 100억 원 |
| 대출 | 50억 원 | | |
| 유형 자산 | 240억 원 | 자본금(주식발행액) | 250억 원 |

이 거래는 매우 단순해 보인다. 그러나 대차대조표를 자세히 살펴보면 놀라운 사실이 드러난다. 미래은행이 대출을 하면서 신용 창조, 즉 통화 창출이 이루어진 것이다. 마천루 회사의 사장이 은행에 들어갈 때는 대출 서류(화폐가 아니다!)를 들고 있었는데 은행에서 나올 때는 요구불예금(이것은 화폐다!)을 들고 있는 것이다.

거래 6a를 거래 3과 비교해 보자. 거래 3에서는 유통되던 현금이 은행에 예금되면서 요구불예금이 그만큼 증가한다. 이로 인해 통화량의 구성은 달라지지만, 전체 통화량은 변하지 않는다. 그러나 은행이 대출을 하게 되면 통화인 요구불예금이 새롭게 창출된다. 미래은행은 신용을 제공함으로써 마천루 회사의 대출 서류를 화폐로 만든 것이다. 미래은행과 마천루 회사는 서로에 대한 청구권을 새로 만들었다. 미래은행은 자신에 대한 예금인출 청구권인 요구불 예금을 새로 만들었고 마천루 회사는 자신에 대한 원리금 상환 청구권인 대출 서류를 새로 만들어 이를 서로 맞바꾼 것이다. 마천루 회사가 미래은행에 제공한 청구권(대출 서류)은 화폐가 아니다. 대출 서류는 교환의 매개물로 받아들여지지 않기 때문이다. 그러나 미래은행이 마천루 회사에 제공한 청구권(요구불예금)은 화폐다. 요구불예금을 기초로 발행한 수표는 교환의 매개물로 받아들여지기 때문이다. 요구불예금은 협의의 통화(M1)뿐 아니라 광의의 통화(M2)의 구성요소인 것이다. 이처럼 통화량의 상당 부분은 은행의 대출에서 비롯된 것이다.

그러나 은행이 대출을 통해 요구불예금(통화)을 창출하는 능력에는 여러 가지 한계가 있다. 먼저 미래은행은 새로 창출된 50억 원의 요구불예금이 곧 인출될 것으로 여길 것이다. 마천루 회사가 이자를 지불하며 빌린 50억 원을 계좌에 그대로 남겨놓지 않을 것이기 때문이다.

이제 마천루 회사는 아파트의 시공을 반석건설회사에 발주하면서 50억 원의 계약금을 미래은행의 수표로 지급한다고 하자. 반석건설회사는 받은 수표를 미래은행 대신 자신이 거래하는 한양은행에 예금했다. 이제 한양은행은 미래은행에 대해 50억 원의 예금인출청구권을 가지게 된다. 이 수표는 앞의 거래 5에서처럼 중앙은행에 의해 결제된다. 그러면 미래 은행의 지급준비금과 요구불예금은 50억 원 감소한다. 그리고 한양은행의 지급준비금과 요구불예금은 같은 금액만큼 증가하게 된다.

결국 차입자가 대출금을 기초로 수표(50억 원)를 발행하여 이를 다른 회사에 지급하였고 그 회사는 이를 다른 은행에 예금하였다면 수표결제가 끝난 후 미래은행의 대차대조표는 다음과 같이 변한다.

**발행 수표의 결제**
**대차대조표 6b: 미래은행**

| 자산 | | 부채 및 순자산 | |
|---|---|---|---|
| 지급준비금 | 10억 원 | 요구불예금 | 50억 원 |
| 대출 | 50억 원 | | |
| 유형 자산 | 240억 원 | 자본금(주식발행액) | 250억 원 |

수표결제가 끝난 후 미래은행은 법정지급준비율 20%(=10억 원/50억 원)를 정확히 유지하게 된다. 그래서 초과지급준비금은 존재하지 않는다. 여기에서 미래은행이 대출 전 초과지급준비금인 50억 원을 초과하여 대출할 수 있지 않을까 의문을 가질 수 있다. 즉, 미래은행이 50억 원을 초과하여 대출하고 이렇게 대출된 돈이 전부 수표로 발행되어 결제되더라도 미래은행은 법정지급준비율 20%를 유지할 수 있지 않을까? 그렇게 할 수 없다. 미래은행의 대출 여력이 이미 소진되었기 때문이다.

그 이유를 살펴보자. 미래은행이 초과지급준비금을 넘어서는 55억 원을 마천루 회사에 대출하고 마천루 회사는 이를 전액 수표로 발행하여 반석 회사에 지급하였다고 하자. 수표 결제가 끝나면 미래은행의 지급준비금은 5억 원이 되고 요구불예금은 50억 원이 된다. 지급준비금은 60억 원에서 수표 결제로 55억 원이 감소하여 5억 원이 된다. 그리고 요구불예금은 대출로 처음에는 105억 원으로 증가하였다가 55억 원의 수표 결제가 끝나면 50억 원이 된다. 미래은행의 대차대조표는 여전히 균형이다. 대출자산이 55억 원 증가하고 지급준비금이 5억 원으로 감소하였기 때문이다. 하지만 이제 지급준비율은 10%(=5억 원/50억 원)로 법정지급준비율인 20%를 충족시키지 못한다. 그래서 미래은행은 초과지급준비금을 넘어서는 55억 원을 대출할 수 없는 것이다.

대출금을 달리 하여 살펴보면 대출액이 50억 원을 초과하였을 때 법정지급준비율이 유지될 수 없다는 사실을 확인할 수 있을 것이다. 즉, 미래은행이 거래 6에서 할 수 있는 최대 대출한도는 50억 원이다. 이는 대출 당시 은행의 초과지급준비금과 일치한다.

여러 금융기관이 존재할 때 개별 은행의 최대 대출한도는 대출 당시 초과지급준비금이다. 은행은 대출해 줄 때 대출금 전액이 인출될 가능성에 대비한다. 대출금 전액이 다른 은행으로 인출되면 은행의 지급준비금은 대출 금액만큼 감소한다. 그래서 은행은 안전을 위해 초과지급준비금까지만 대출해 주게 된다.

은행의 통화 창출(신용 창조)은 흥미로운 문제를 제기한다. 은행이 초과지급준비금의 한계 내에서 대출하면 통화가 창출된다고 하였는데 차입자가 대출을 상환하면 통화가 줄어드는가? 답은 통화가 줄어든다는 것이다. 대출이 상환되면 앞에서 설명한 과정이 역으로 진행된다. 은행의 요구불예금은 대출금 상환액만큼 줄어드는 것이다.

## 은행 전체의 통화 창출

지금까지 개별 은행의 대출은 초과지급준비금의 한도 내에서만 가능하다는 것을 살펴보았다. 그러나 은행 전체로 보면 상황이 달라진다. 은행 전체로 보면 초과지급준비금의 몇 배가 대출될 수 있고 이를 통해 초과지급준비금의 몇 배에 해당하는 통화가 창출된다. 개별 은행이 초과지급준비금 만큼 대출하고 있더라도 은행 전체의 대출은 초과지급준비금의 몇 배로 이루어진다는 것이다.

어떻게 이처럼 모순되는 일이 발생할 수 있을까? 이를 간단히 설명하기 위해 다음과 같이 3가지 가정을 하자.

- 모든 은행의 법정 지급준비율은 20%이다.
- 초기에 모든 은행의 지급준비율은 20%를 정확히 유지하고 있다. 따라서 어떤 은행에도 초과지급쥬비금이 존재하지 않는다. 은행업계의 표현에 따르면 모든 은행의 대출 여력이 소진된 상태다.
- 어떤 은행의 예금이 새롭게 증가하여 초과지급준비금이 발생하면 전액 대출이 이루어지며, 차입자는 전체 대출금액에 해당하는 수표를 발행하여 다른 사람에게 지급한다. 이 수표를 지급받은 사람은 이를 다른 은행에 예금한다. 이 가정은 모든 대출은행에 발생할 수 있는 최악의 상황을 전제한 것이다. 즉, 대출금 전액이 인출되어 다른 은행에 예금된다는 것이다.

### 은행 전체의 대출여력

폐차장 주인이 몇 년 동안 방치된 차를 폐차하다가 그 안에서 5만 원짜리 2장을 발견하였다. 폐차장 주인이 이를 은행 A에 예금하면 은행 A의 지급준비금은 10만 원 증가한다. 이제부터는 각 은행 대차대조표에 거래에 따른 변화만을 기록할 것이다. 은행 A가 초과지급준비금을 대출하고 이 대출이 수표로 발행되어 청산된다면 은행 A의 대차대조표는 다음과 같이 변한다. 여기에서 요구불예금의 증가는 $(a_1)$ 항목으로 표시되어 있다.

**은행 전체의 통화창출과정**
**대차대조표: 은행 A**

| 자산 | | 부채 및 순자산 | |
|---|---|---|---|
| 지급준비금 | + 10만 원($a_1$) | 요구불예금 | + 10만 원($a_1$) |
| | − 8만 원($a_3$) | | + 8만 원($a_2$) |
| 대출 | + 8만 원($a_2$) | | − 8만 원($a_3$) |

거래 3에서 보았듯이 폐차장 사장이 10만 원을 예금하여도 전체 통화량은 변하지 않는다. 요구불예금(통화)이 10만 원 증가하지만, 현금 10만 원(통화)이 폐차장 주인의 손에서 사라지기 때문이다. 그러나 은행 A의 초과지급준비금은 8만 원 증가한다. 증가된 요구불예금 10만 원의 20%인 2만 원은 법정 지급준비금으로 보유되고 나머지 8만 원이 초과지급준비금으로 남는다. 개별은행은 초과지급준비금만큼 대출해 줄 수 있기 때문에 은행 A의 최대 대출한도는 8만 원이 된다. 은행 A가 8만 원을 대출해주면 은행의 대출은 8만 원 늘어나고 차입자의 요구불예금이 8만 원 증가한다. 이러한 거래는 대차 대조표에 ($a_2$) 항목으로 표시되어 있다.

이제 앞의 3번째 가정에 따라 차입자는 대출금 전액(8만 원)을 수표로 발행하여 이를 다른 사람에게 지급한다. 그리고 그 사람은 이 수표를 은행 B에 예금한다. 그러면 거래 6에서처럼 은행 A의 지급준비금과 요구불예금은 대출 금액만큼 감소한다. 이를 표시한 것이 ($a_3$) 항목이다. 그 결과 은행 A의 지급준비금은 2만 원(=10만 원−8만 원), 대출은 8만 원 그리고 요구불예금은 10만 원(=10만 원+8만 원−8만 원)이 된다. 이 때 은행 A의 지급준비율은 정확히 20%를 유지하게 된다.

은행 A에서 발행된 수표가 은행 B에 예금되면 은행 B의 지급준비금과 예금은 8만 원 증가하게 된다. 이로 인한 은행 B의 대차대조표의 변화가 ($b_1$) 항목으로 표시되어 있다.

**은행 전체의 통화창출과정**
**대차대조표: 은행 B**

| 자산 | | 부채 및 순자산 | |
|---|---|---|---|
| 지급준비금 | + 8만 원($b_1$) | 요구불예금 | + 8만 원($b_1$) |
| | − 6.4만 원($b_3$) | | + 6.4만 원($b_2$) |
| 대출 | + 6.4만 원($b_2$) | | − 6.4만 원($b_3$) |

은행 A의 차입자가 발행한 수표가 결제되면 은행 A의 지급준비금과 예금은 8만 원 감소하지만, 은행 B의 지급준비금과 예금은 그만큼 증가하는 것이다. 그런데 은행 B는 증가된 예금(8만 원)의 20%인 1.6만 원을 법정지급준비금으로 보유해야 하므로 은행 B의 초과지급준비금은 6.4만 원(=8만 원−1.6만 원)이 된다. 은행 B가 이를 전액 대출하

게 되는데 이것은 대차대조표에 ($b_2$) 항목으로 표시된다. 이제 은행 B로부터 대출받은 차입자는 대출금 전부를 수표로 발행하여 물품을 구입하고 물품판매자는 받은 수표를 은행 C에 예금한다. 수표의 결제가 이루어지면 은행 B의 지급준비금과 예금은 6.4만 원 감소한다. 이를 표시한 것이 ($b_3$) 항목이다. 이러한 거래의 결과 은행 B의 지급준비금은 1.6만 원(=8만 원−6.4만 원), 대출은 6.4만 원, 그리고 요구불예금은 8만 원(=8만 원+6.4만 원−6.4만 원)이 된다. 그래서 은행 B의 지급준비율은 20%를 정확히 유지하게 된다.

이러한 과정은 은행 C, D, E, …, N으로 계속 진행될 수 있다. 사실 이 과정은 무한정 지속된다. 단 1원이라도 새로운 예금이 증가하면 이를 이용해 대출을 늘리고 그래서 통화 창출이 계속되는 것이다. 이 과정에 대한 이해를 확실히 하기 위해 C, D, E 은행의 경우도 계산하여 보기 바란다.

표 14.2에 이러한 과정의 전체가 요약되어 있다. C 은행부터 N 은행에 해당하는 과정은 각 행에 되어 있다. 여기서 놀라운 결과를 발견하게 된다. 누군가 은행 A에 10만 원을 예금하여 처음에 8만 원의 초과지급준비금이 발생하였을 뿐인데 은행 전체로는 40만 원의 초과지급준비금이 발생하여 그만큼을 대출할 수 있었던 것이다. 이것은 (4)열의 아래에 합으로 표시되어 있다. 법정지급준비율이 20%이면 은행 전체의 초과지급준비금은 처음보다 5배(=40만 원/8만 원) 증가한 것이다. 그렇지만 개별 은행은 여전히 자신의 초과지급준비금만큼만 대출하고 있다. 어떻게 이런 일이 발생할 수 있을까? 개별 은행은 초과지급준비금 이상을 대출할 수 없는데 은행 전체의 초과지급준비금은 이보다 몇 배 큰 것일까?

그것은 개별 은행의 지급준비금이 감소하더라도 은행 전체의 지급준비금은 감소하지 않기 때문이다. 은행 A의 지급준비금이 감소하면 은행 B의 지급준비금은 그 만큼 증가한다. 은행 B의 지급준비금이 감소하면 C의 지급준비금이 증가한다. 이러한 과정은 은행 D, E, F, …, N에서도 마찬가지다. 개별 은행의 지급준비금은 감소하지만, 은행 전체의 지급준비금은 앞의 예에서 언제나 10만 원으로 일정하다. 처음 은행에 유입된 10만 원은 계속 은행권에 머물러 있었던 것이다. 10만 원이 여러 은행의 지급준비금으로 분산되어 있을 뿐이다.

개별 은행은 최대 초과지급준비금까지 대출할 수 있지만, 은행 전체로는 초과지급준비금의 몇 배까지 대출할 수 있다. 처음 은행권에 유입된 현금이 10만 원이면 은행 전체의 지급준비금은 항상 10만 원이다. 따라서 법정 지급준비율이 20%이면 은행 전체로 따졌을 때 50만 원의 요구불예금을 보유할 수 있다. 처음 은행권에 유입된 현금 10만

표 14.2 은행 전체의 신용창조

| 은행 | (1) 수취한 예금액 | (2) 법정준비금 (지급준비율 = 0.2) | (3) 초과지급준비금 (1) - (2) | (4) 대출 가능액: 새로 창출된 화폐량=(3) |
|---|---|---|---|---|
| 은행 A | 100.000 ($a_1$) | 20.000 | 80.000 | 80.000 ($a_2$) |
| 은행 B | 80.000 ($a_3$, $b_1$) | 16.000 | 64.000 | 64.000 ($b_2$) |
| 은행 C | 64.000 ($b_3$, $c_1$) | 12.800 | 51.200 | 51.200 ($c_2$) |
| 은행 D | 51.200 | 10.240 | 40.960 | 40.960 |
| 은행 E | 40.960 | 8.190 | 32.770 | 32.770 |
| 은행 F | 32.770 | 6.550 | 26.210 | 26.210 |
| 은행 G | 26.210 | 5.240 | 20.970 | 20.970 |
| 은행 H | 20.970 | 4.200 | 16.780 | 16.780 |
| 은행 I | 16.780 | 3.360 | 13.420 | 13.420 |
| 은행 J | 13.420 | 2.680 | 10.740 | 10.740 |
| 은행 K | 10.740 | 2.150 | 8.590 | 8.590 |
| 은행 L | 8.590 | 1.720 | 6.870 | 6.870 |
| 은행 M | 6.870 | 1.370 | 5.500 | 5.500 |
| 은행 N | 5.500 | 1.100 | 4.400 | 4.400 |
| 기타 은행 | 21.990 | 4.400 | 17.590 | 17.590 |
| 총신용창조액 | | | | 400.000 |

원이 요구불예금이므로 은행 전체로는 40만 원의 대출을 통해 요구불 예금(통화)을 창출할 수 있는 것이다.

## 통화승수

**통화승수** 또는 예금승수란 은행 전체에 초과지급준비금이 새로 발생하였을 때 은행 전체의 요구불예금이 몇 배나 증가하는가를 나타내는 수치이다. 통화승수가 존재하는 것은 한 은행의 지급준비금이나 예금이 감소하면 그만큼 다른 은행의 지급준비금과 예금이 증가하기 때문이다. 이로 인해 통화인 요구불예금이 초과지급준비금의 몇 배로 증가한다. 대출 단계마다 지급준비금의 일부가 법정지급준비금으로 빠져나간다. 따라서 은행 전체의 지급준비금이 1원 증가하였을 때 1원이 법정 지급준비금으로 모두 빠져 나갈 때까지 요구불예금이 계속 증가할 것이다. 즉, 증가된 요구불예금×법정지급준비율($R$) = 1원이 되어야 한다. 따라서 통화승수($m$)는 법정지급준비율의 역수가 된다.

통화승수
은행 전체에 초과지급준비금이 새로 발생하였을 때 은행 전체의 요구불예금이 몇 배나 증가하는가를 나타내는 수치

$$통화승수 = \frac{1}{법정지급준비율}$$

이를 기호로 나타내면 다음과 같다.

$$m = \frac{1}{R}$$

여기에서 통화승수($m$)는 법정지급준비율이 $R$일 때 1원의 초과지급준비금이 창출할 수 있는 최대의 요구불예금(화폐)을 나타낸다. 따라서 은행 전체의 초과지급준비금($E$)에 통화승수($m$)를 곱하면 은행 전체로 창출할 수 있는 최대의 요구불예금(화폐)을 구할 수 있다. 이를 식으로 표현하면 다음과 같다.

최대 예금창출액=초과지급준비금×통화승수

요구불예금의 창출액을 $D$라고 하면 이를 간단하게 표시할 수 있다.

$$D = E \times m$$

표 14.2에서 $R$이 0.2이고 $m$은 5(=1/0.2)였다. 따라서 최대 예금창출액 $D$는 다음 식에 의해 40만 원이 된다.

$$D = 8\text{만 원} \times 5 = 40\text{만 원}$$

### 은행 전체의 통화 수축: 대출의 상환

앞에서 설명한 과정은 역으로도 작용한다. 은행이 대출을 하면 통화가 창출되듯이 대출이 상환되면 통화가 사라진다. 대출이 은행 전체의 통화를 몇 배로 창출하였듯이 대출의 상환은 은행 전체의 통화를 몇 배로 위축시킨다. 그런데 동일한 기간에 대출도 발생하고 대출의 상환도 일어난다. 따라서 통화량의 증가 또는 감소는 상반되는 2 과정의 순 효과에 달려 있다. 어떤 기간에 신규 대출액이 대출상환액을 초과하면 요구불예금이 증가하고 이에 따라 통화량은 늘어난다. 반대로 대출상환액이 신규대출액을 초과하면 요구불예금은 감소하고 통화량은 줄어든다.

역사적으로 보면 은행의 통화창출을 조절하는 것이 중앙은행의 주요 정책수단이었다. 중앙은행은 이를 비롯하여 다음 장에서 설명할 여러 정책수단을 가지고 있다.

## 개념의 이해

### 1930~1933년의 미국 은행 파산

미국의 대공황 초기에 재무구조가 부실한 여러 은행들이 파산하였다. 그런데 그 시기에는 예금보험이 존재하지 않았다. 그래서 파산 은행의 고객들이 예금을 날렸다는 소문이 퍼지면서 다른 은행에도 비슷한 일이 일어날 수 있다는 우려가 번지기 시작했다. 예금자들은 은행들이 예금의 일부만을 현금으로 보유하고 있다는 사실에 놀랐다. 이것은 부분지급 준비제도에서는 당연한 것이다. 그러나 두려움을 느낀 사람들은 집단적으로 은행계좌의 예금을 현금으로 인출하려고 하였다. 다른 사람이 은행의 현금을 다 찾기 전에 은행으로 달려갔다. 말 그대로 뱅크런(bank run)이 발생하였다. 이로 인해 재무적으로 건전했던 많은 은행들이 파산을 선언하였다. 3년 만에 무려 9,000개가 넘는 은행들이 무너지고 말았다.

1930~1933년에 요구불예금이 대규모로 현금화되었는데 이것이 통화량을 줄이는 요인이 되었다. 이것이 이상하게 여겨질지 모른다. 요구불예금이 현금화되면 요구불예금은 줄겠지만, 민간보유 현금이 그만큼 늘기 때문이다. 그런데 어떻게 통화량이 감소한다는 것인가? 그 답은 통화창출과정에 대한 논의에서 찾을 수 있다. 다만 이 경우는 통화수축이라는 점이 다를 뿐이다.

예를 들어, 사람들이 집단적으로 10조 원의 예금을 인출한다고 하자. 그러면 요구불예금이 10조 원 감소하고 그만큼 민간보유 현금이 증가한다. 그 자체로 통화량이 변하는 것은 아니다. 그러나 여기에 문제가 숨겨져 있다. 지급준비율이 20%이면 은행은 10조 원의 현금을 기초로 50조 원의 요구불예금(통화)을 보유할 수 있다. 예금으로 인한 요구불예금 10조뿐 아니라 대출을 통해 40조 원의 새로운 요구불예금을 창출할 수 있는 것이다. 그런데 현금 10조 원이 은행에서 인출되면 은행은 법정준비금을 유지하기 위해 40조 원의 대출을 줄여야 한다. 따라서 40조 원의 요구불예금(통화)이 줄어든다. 즉, 40조 원의 통화수축이 발생하는 것이다. 이러한 과정이 1930년대 초에 일어났던 것이다.

요구불예금이 몇 배로 수축하자 은행들은 추가적인 현금 인출에 대비하여 경쟁적으로 유동성확보에 나서게 되었다. 은행들은 현금 확보를 위해 보유하고 있던 많은 정부채권을 민간에 매각하였다. 은행이 정부채권을 민간에 매각하면 대출이 감소할 때와 마찬가지로 통화량이 감소한다. 민간이 채권 매입을 위해 수표를 발행하면 그만큼 은행의 요구불예금(통화)이 감소하기 때문이다. 채권의 매각대금으로 현금이 일부 유입되었지만, 은행은 이를 대출에 쓰기보다 빗발치는 예금 인출 요구에 지급하였다. 요약하면 은행 전체의 지급준비금이 감소하고 이와 함께 은행들이 유동성확보에 나서게 됨에 따라 요구불예금(통화)의 감소가 민간 보유 현금의 증가보다 훨씬 컸던 것이다. 그 결과 통화량은 붕괴라고 할 정도로 급감하였다.

1933년 루스벨트 대통령이 '은행 휴무'를 선언하면서 금융공황은 종식되었다. 휴무 기간 동안 연방정부에서 허가받은 모든 은행들이 1주일간 폐쇄되었다. 그래서 정부 감독관들이 개별 은행의 회계자료를 검토할 수 있는 시간을 벌었다. 지급준비금이 충분한 건전한 은행들만이 다시 영업을 재개할 수 있었다. 이로 인해 사람들은 은행 휴무 후 영업을 재개한 은행들을 신뢰할 수 있었다. 이처럼 건전한 은행이 확인되었을 뿐 아니라 예금보험제도가 도입됨에 따라 예금자들은 재차 안심할 수 있었고 결국 금융공황은 종식되었다.

이러한 정책들로 사태가 호전되기 전까지 미국의 통화량은 통화량을 어떻게 정의하느냐에 따라 25~33% 정도 급격히 감소하였다. 이는 미국 역사상 가장 큰 폭의 통화량 감소였다. 이러한 통화량의 감소로 인해 대공황은 역사상 가장 심각하고 긴 불황이 되었다. 통화량이 감소하면 재화나 서비스에 대한 지출도 줄어들 뿐 아니라 기업에 대한 대출도 감소한다. 이러한 2가지 효과가 대공황을 악화시킨 것이다.

오늘날에는 1930~1933년 때처럼 급격한 통화 수축이 발생하기는 어렵다. 예금보험이 있어서 개별 은행의 파산이 금융공황으로 확산되지 않기 때문이다. 예를 들어, 2007~2008년 금융위기 때 미국의 예금보험공사는 예금보험 한도를 계좌당 10만 달러에서 25만 달러로 확대하였고 연방정부는 머니마켓펀드의 잔액에 대해 원금을 보장해주었다. 또한 1930~1933년 금융공황 때 미국의 중앙은행은 어떤 조치도 취하지 않았지만, 2007~2008년에는 신속하고 강도 높은 조치를 취하였다. 그래서 은행 전체의 지급준비금과 경제 전체의 통화량이 유지되도록 하였다. 이러한 조치가 앞에서 논의한 최종대부자로서의 역할이다. 다음 장에서는 금융위기 때 미국의 중앙은행이 취했던 이자율 정책을 논의할 것이다.

**문제**

현재의 금융제도에서 부분지급제도와 예금보험은 상호 밀접하게 관련되어 있다. 그 이유는 무엇이라고 생각하는가?

## 요약

**1. 화폐의 기능**

화폐란 화폐의 기능을 하는 모든 것, 즉, (a) 교환의 매개수단, (b) 회계의 단위, (c) 가치의 저장으로 인정받는 모든 것이 화폐다.

**2. 통화량의 구성**

통화량을 가장 좁게 정의한 것이 M1(협의의 통화)이다. M1은 현금통화, 요구불예금, 수시입출식 저축성예금 등으로 구성된다. 광의의 통화가 M2인데 이것은 M1에 여러 형태의 준화폐를 더한 것이다. 준화폐란 M1보다 유동성이 높지는 않지만, 언제든지 현금으로 인출이 가능한 금융자산을 말한다.

**3. 화폐 가치의 보증**

화폐 가치의 보증은 정부가 화폐의 가치를 얼마나 안정적으로 유지할 수 있느냐에 달려 있다. 이것은 정부가 얼마나 통화량을 잘 조절할 수 있느냐에 따라 달라진다.

**4. 중앙은행의 구성**

은행제도의 중심적 지위를 차지하고 있는 것이 중앙은행으로 한국의 중앙은행은 한국은행이다. 한국은행은 화폐 발행의 독점적 권한을 가지고 있다. 한국은행의 통화정책은 금융통화위원회에서 결정한다. 금융통화위원회는 매월 둘째 주와 넷째 주 목요일에 정기회의를 한다. 이에 비해 미국의 중앙은행은 12개의 지역 연방준비은행들로 구성되어 있으며, 이들의 정책은 연방준비제도이사회에 의해 조정된다. 그리고 연방준비제도이사회를 보조하여 통화정책을 수행하는 곳이 연방공개시장위원회(FOMC)이다. 이러한 미국 중앙은행제도를 연방준비제도(연준, Fed)라고 한다.

**5. 중앙은행의 기능과 책임**

대부분의 중앙은행은 (1) 중앙 은행권을 발행하며, (2) 법정 지급준비율을 정하고 (3) 금융기관에 대한 대출을 행하고 금융위기 때 최후의 대부자 역할을 수행하며, (4) 수표의 결제수단을 제공하고 (5) 정부의 은행 역할을 하며, (6) 은행의 업무를 감독하고 (7) 통화량을 조절한다.

한국은행은 한국은행법에 따라 통화정책의 중립성을 보장받고 있다. 한국은행의 통화신용정책은 중립적으로 수립되고 자율적으로 집행되어야 하며, 한국은행의 자주성은 존중되어야 한다는 것이다. 이처럼 한국은행의 중립성 · 자율성 · 자주성을 보장한 것은 중앙은행이 정치적 압력으로부터 독립되어야 통화량과 이자율이 효율적으로 조절되어 물가안정이 달성될 수 있기 때문이다.

**6. 2007~2008년 미국 금융위기의 주요 원인**

2007~2008년 미국의 금융위기의 원인은 주택모기지 대출의 채무불이행 급증, 여러 대형 금융기관의 파산, 전반적인 신용 경색 등이다. 이것은 부실한 주택모기지 대출과 부동산 가격의 하락에서 촉발되었다. 모기지 대출의 채무불이행이 금융시장으로 확산된 것은 증권화를 통해 모기지 대출이 모기지 담보증권으로 발행되어 주요 금융기관의 자산에 편입되었기 때문이다.

미국의 정책당국은 금융위기 이후에 여러 가지 개혁을 단행하였는데 대표적인 것이 '월가 개혁 및 소비자 보호법'이다. 이 법에 따라 (a) 미국의 중앙은행인 연방준비제도는 금융기관에 대한 광범위한 규제 권한을 갖게 되었고 (b) 모기지 담보증권에 대한 규제 감독 및 이들 상품의 거래소에서의 거래를 의무화하였고 (c) 자산담보증권의 판매회사가 판매증권의 일부를 보유하도록 의무화하여 판매회사가 위험의 일부를 분담하도록 하였고 (d) 중앙은행에 소비자 금융보호국을 설치하여 금융소비자의 보호를 강화하였다.

**7. 부분 지급준비제도와 통화창출(신용창조)**

대부분의 국가는 은행의 부분지급준비제도를 허용하고 있다. 부분지급준비제도란 은행이나 저축금융기관이 요구불예금의 일부만을 현금 형태의 지급준비금으로 보유하는 것을 말한다. 은행은 법정지급준비금을 중앙은행에 예치하거나 은행의 금고(시재금)에 보관하여야 한다. 법정지급준비금이란 법률에 따라 은행이 보유해야 하는 현금으로 예금부채의 일정 비율로 정해진다. 초과지급준비금이란 실제지급준비금에서 법정지급준비금을 뺀 것이다.

은행이 대출을 하면 요구불예금이라는 통화가 창출된

다. 개별 은행의 통화창출은 초과지급준비금의 한도 내에서만 가능하다. 차입자가 대출의 일부를 인출하여 다른 은행에 예금하면 대출을 행한 은행의 초과지급준비금이 줄어들어 대출여력이 줄어든다.

은행 전체로 보면 초과지급준비금의 몇 배가 대출될 수 있고 이를 통해 초과지급준비금의 몇 배에 해당하는 통화가 창출된다. 그것은 개별 은행의 지급준비금은 감소할 수 있지만, 은행 전체의 지급준비금은 감소하지 않기 때문이다. 통화(예금)승수란 은행 전체에 초과지급준비금이 새로 발생하였을 때 은행 전체의 요구불예금이 몇 배나 증가하는가를 나타내는 수치인데 법정지급준비율의 역수로 계산한다. 역으로 대출이 상환되면 통화승수만큼 통화량이 감소한다.

## 주요 용어 및 개념

가치저장
교환의 매개수단
금속주화
금융통화위원회
금전신탁
긴급구제금융
대차대조표
도덕적 해이
머니마켓펀드
모기지 담보증권
법정지급준비금
법화
부분지급준비제도
서브프라임 모기지
수시입출식 저축성 예금
수익증권
양도성 예금증서(CD)
연방공개시장위원회
연방준비제도
요구불예금
유동성
은행
저축금융기관
준화폐
지급준비율
초과지급준비금
통화승수
펀드의 채무불이행(펀드런)
한국은행
한국은행권
화폐의 구매력
회계의 단위
M1
M2

## 연습문제

**1.** 다음의 설명 중 틀린 것은?

① 일반 은행의 금고에 있는 현금은 통화량에 포함되지 않는다.
② 체크카드 사용액은 통화량에 포함된다.
③ 한국은행의 기준금리는 7일물 RP 금리이다.
④ 한국은행의 금고에 있는 화폐는 통화량에 포함되지 않는다.
⑤ 한국은행에 예치한 지급준비금은 한국은행의 입장에서는 부채이다.

**2.** 다음에서 협의의 통화(M1)에 해당하지 않는 것은?

① 수시입출식 저축성예금 ② 한국은행권
③ 별단 예금 ④ 신용금고의 예금
⑤ CD

**3.** 당신의 은행 통장에 100만 원이 예금되어 있다. 당신이 거래은행의 현금인출기에서 현금카드를 이용해 현금 10만 원을 인출하였다. 이 결과와 무관한 것은? 단, 법정 지급준비율은 10%이다.

① 현금 통화가 10만 원 증가한다.
② 거래은행의 예금이 10만 원 감소한다.
③ 거래은행의 대출 여력이 최대한 100만 원 감소할 수 있다.
④ 경제 전체의 M1이 최대 90만 원 감소할 수 있다.
⑤ 경제 전체의 M2는 최대 90만 원 감소할 수 있다.

**4.** 다음 설명 중 올바른 것은?

① 은행의 실제 지급준비금은 초과지급준비금에서 법정 준비금을 뺀 것이다.
② 은행의 부채와 자본의 합은 은행의 자산과 같다.
③ 차입자가 대출을 상환하면 경제의 통화량은 증가한다.
④ 개별 은행은 초과지급준비금의 몇 배에 해당하는 금액을 대출할 수 있다.
⑤ 법정지급준비율이 20%이면 통화승수는 4이다.

**5.** 다음 중 통화량이 감소하는 경우는?

① 은행이 민간으로부터 정부채권을 매입
② 은행이 민간에게 신규 대출
③ 은행이 민간에게 정부채권을 매각
④ 은행이 초과지급준비금을 한국은행에 예치
⑤ 은행 A로부터 인출된 수표가 은행 B에 예치되어 결제

**6.** 다음에서 증권화와 관련이 적은 것은?

① 지급준비제도 ② 그림자 금융
③ 개별 증권의 위험 분산 ④ 금융위기의 연쇄적 파급
⑤ 유동성 확보

**7.** 다음의 설명 중 잘못된 것은?

① 한국의 통화정책을 결정하는 기관은 금융통화위원회이다.
② 금융통화위원회는 매월 2째 주와 4째 주 목요일에 정기회의를 열고 있다.
③ 미국의 중앙은행은 뉴욕의 연방준비은행이다.
④ 미국 연방준비은행의 공개시장조작은 뉴욕 연방준비은행에서 이루어진다.
⑤ 미국의 연방준비은행은 지방은행들이 소유하고 있다.

**8.** 다음은 은행 1과 은행 2의 대차대조표이다.

| 은행 1 | | | | 은행 2 | | | |
|---|---|---|---|---|---|---|---|
| 자산 | | 부채 및 자본 | | 자산 | | 부채 및 자본 | |
| 지급준비금 | 20조 | 예금 | 40조 | 지급준비금 | 15조 | 예금 | 30조 |
| 유형 자산 | 60조 | 자본금 | 100조 | 유형 자산 | 25조 | 자본 | 70조 |
| 대출 | 60조 | | | 대출 | 60조 | | |

(1) 은행 1과 거래하는 기업이 예금 1조를 당좌 수표로 인출하여 은행 2와 거래하는 기업에 지급하였고 그 기업은 이를 은행 2에 예금하였다. 은행 1과 2의 대차대조표는 어떻게 달라지는가?
(2) 지급준비율이 10%라고 하면 은행 1, 2의 초과지급준비금은 얼마인가?
(3) 은행 1, 2가 최대로 가능한 대출액은 얼마인가?

**9.** 다음은 전체 은행의 연결대차대조표이다. 단, 지급준비율은 20%이다.

| 자산 | | 부채와 자본 | |
|---|---|---|---|
| 지급준비금 | 52조 | | |
| 채권 | 48조 | 예금 | 200조 |
| 대출 | 100조 | | |

(1) 전체 은행의 초과지급준비금은 얼마인가?
(2) 전체 은행의 최대 대출가능금액은 얼마인가? 그 때의 예금액은 얼마인가?

**10.** 대형 금융기관의 파산이 경제에 미칠 영향을 설명하여 보시오.

CHAPTER 15

# 이자율과 통화정책

**학습내용**

1. 균형 이자율의 결정과정
2. 통화정책의 목표와 수단
3. 통화정책이 GDP와 물가에 미치는 영향
4. 통화정책의 효과와 문제점
5. 거시안정과 미국 중앙은행의 통화정책

---

일부 경제신문의 해설자들은 한국은행 총재를 경제계에서 가장 영향력 있는 인사로 묘사하곤 한다. 이러한 묘사는 물론 과장된 것이다. 한국은행 총재라도 7인으로 구성된 금융통화위원회에서 한 표만을 행사하기 때문이다. 그러나 분명한 것은 한국은행 총재의 한 마디에 금융시장이 크게 요동치곤 한다는 것이다. 그만큼 통화정책이 경제에 미치는 영향은 대단히 크며, 이를 결정하는 금융통화위원회나 한국은행 총재의 영향력이 경제에서 차지하는 비중이 크다는 것을 뜻한다. 통화정책이란 통화량을 의도적으로 변화시켜 이자율을 조정하려는 정책을 말한다. 이를 통해 경제의 총지출 수준이 달라진다. 이러한 통화정책의 궁극적 목표는 물가수준의 안정, 완전고용의 달성 그리고 경제성장 등이다.

## 이자율

중앙은행이 어떻게 통화량과 이자율을 조정하는지 살펴보기 전에 시장에서 이자율이 어떻게 결정되는지 이해할 필요가 있다. 표 15.1에서 볼 수 있듯이 이자율은 용도, 금액의 크기, 위험의 정도, 만기 그리고 과세 여부 등에 따라 다양하게 달라진다. 지구촌 전망 15.1은 여러 국가의 이자율을 비교하고 있는데 이 때 쓰인 이자율은 3개월 만기 대출 이자율이다. 하지만 경제학자들은 흔히 하나의 이자율만 있는 것처럼 말한다. 이것은 논의를 간단히 하려는 것에 불과하다. 살펴보겠지만 이자율은 화폐의 수요와 공급에 의해 결정된다.

### 화폐수요

사람들은 자산을 국채나 회사채 등 수익증권으로 보유하면 수익을 얻을 수 있다. 그럼에도 왜 자산의 일부를 요구불예금처럼 이자율이 낮거나 거의 없는 화폐로 보유하려 할까? 그 이유는 크게 2가지다.

- **거래적 동기:** 재화와 서비스를 구매할 목적으로 화폐를 보유한다.
- **가치저장 동기:** 자산을 다른 형태로 보유하기보다 화폐로 보유하는 게 유리하기 때문에 화폐를 보유한다.

이러한 동기에 의한 화폐수요를 각각 화폐의 거래수요, 화폐의 자산수요라고 한다. 이를 살펴보자.

**표 15.1** 주요 이자율(2023.1월 말)

| 주요 이자율 | (년 %) |
|---|---|
| 한국은행 기준금리 | 3.50 |
| 국고채권(3년) | 3.33 |
| 국고채(10년) | 3.30 |
| 통화안정증권(91일)[1] | 3.43 |
| 은행채(3개월)[1] | 3.53 |
| CD(91일) | 3.63 |
| CP(A1, 91일) | 4.57 |
| 회사채(3년, AA–)[1] | 4.31 |
| 회사채(3년, BBB+)[1] | 8.14 |

주: 1) 민간채권평가사 4사 평균
자료: 한국은행

## 지구촌 전망 15.1

### 주요국의 단기 이자율

다음은 2020년 주요국의 3개월 만기 대출이자율이다. 명목이자율이기 때문에 이자율의 차이는 대부분 각국의 인플레이션율 차이를 반영한다. 그러나 국가마다 중앙은행의 통화정책이 다르고 채무불이행의 위험이 다르기 때문에 이자율에 차이가 나는 부분도 있다.

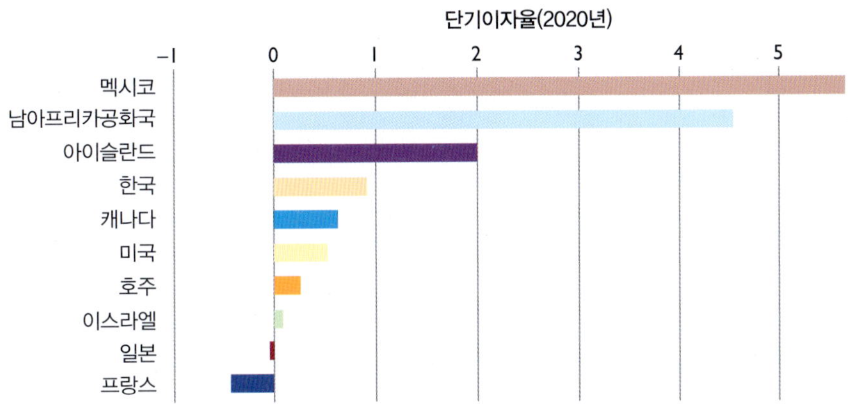


자료: Organization for Economic Cooperation and Development, www.oecd.org. 2021.3.2.일 접속.

**화폐의 거래수요**
거래의 목적으로 보유하고자 하는 화폐량

화폐의 거래수요($D_t$) 사람들이 화폐를 보유하려는 것은 재화와 서비스를 구매하는 데 편리하기 때문이다. 가계의 수입은 대개 1주이나 1달 단위로 주어진다. 이에 비해 가계의 지출은 때를 가리지 않고 수시로 이루어진다. 그래서 수중에 돈을 어느 정도 지니고 있어야 식료품을 사고 할부금을 상환하며 각종 공과금을 낼 수 있다. 기업의 지출도 수입과 시간적으로 일치하지 않는다. 그래서 화폐를 보유하고 있어야 노동력, 원자재, 에너지 등의 비용을 지불할 수 있다. 이처럼 거래의 목적으로 화폐를 보유하려는 것을 **화폐의 거래수요**라고 한다.

거래에 필요한 화폐량의 크기는 명목 GDP 수준에 의해 주로 결정된다. 거래되는 재화나 서비스의 화폐가치가 클수록 이를 거래하는 데 필요한 화폐량도 많아지기 때문이다. 그래서 화폐의 거래수요는 명목 GDP와 양(+)의 상관관계에 있다. 실질 GDP가 아니라 명목 GDP라고 한 점에 유의하기 바란다. 실질 총생산뿐 아니라 물가가 상승하더라도 거래액이 커져 거래에 필요한 화폐가 많아지기 때문이다.

그림 15.1(a)에 화폐의 거래수요와 이자율의 관계가 나타나 있다. 단순화를 위해 화

**그림 15.1** **화폐수요, 화폐공급 그리고 균형이자율**

화폐수요($D_m$)는 화폐의 거래수요($D_t$)와 화폐의 자산수요($D_a$)를 더한 것이다. 거래수요는 수직선이다. 거래수요는 이자율의 영향을 받지 않고 명목국민소득의 영향만 받기 때문이다. 자산수요는 이자율과 음(−)의 관계에 있다. 현금이나 요구불예금에 이자가 거의 붙지 않는데 이때 포기된 이자율이 자산을 화폐로 보유하는 데 따른 기회비용이기 때문이다. 화폐시장에서 화폐수요($D_m$)와 화폐공급($S_m$)에 의해 균형이자율($i_e$)이 결정된다.

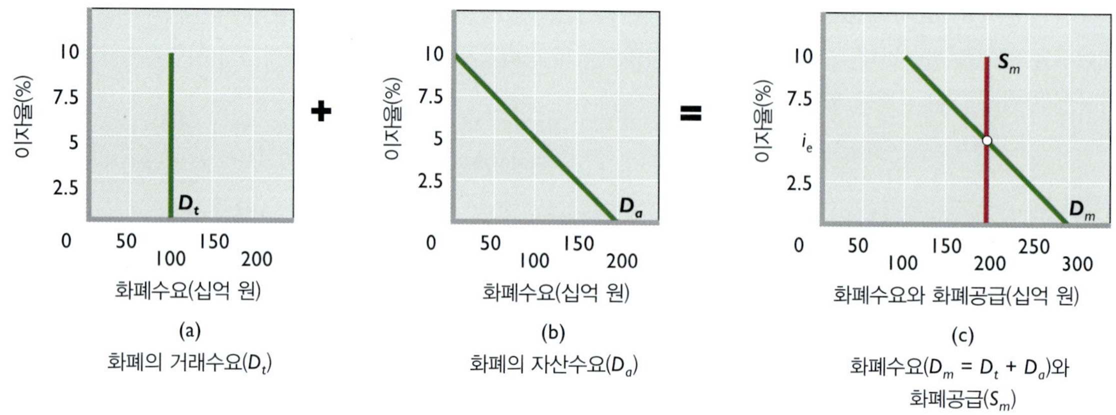


폐의 거래수요는 명목 GDP 수준에 의해서만 영향을 받으며, 이자율의 영향을 받지 않는다고 가정하였다. 물론 현실에서는 이자율이 높아지면 화폐의 거래수요가 약간 줄어들기는 한다. 이를 무시하고 화폐의 거래수요가 이자율의 영향을 받지 않는다고 가정하면 화폐의 거래수요곡선($D_t$)은 수직선이 된다. 이제 명목 GDP가 3천억 원이고 거래를 목적으로 보유하는 화폐가 일 년에 평균 세 번 쓰인다고 가정하자. 화폐가 평균적으로 사용되는 횟수를 화폐의 유통속도라고 한다. 화폐의 유통속도가 3이라고 하면 3,000억 원의 GDP를 거래하는 데 보유해야 하는 화폐량은 1,000억 원(=3,000천억 원/3)이다. 그래서 화폐의 거래수요곡선이 1,000억 원에서 수직으로 그려져 있다.

화폐의 자산수요
사람들이 가치의 저장수단으로 보유하고자 하는 화폐량

**화폐의 자산수요($D_a$)** 자산을 화폐 형태로 보유하려는 것은 화폐가 가치저장 수단으로 이용되기 때문이다. 사람들은 금이나 부동산 같은 실물자산을 비롯하여 다양한 형태의 금융자산을 보유한다. 금융자산도 주식이나 회사채, 정부채권으로 보유하기도 하지만, 화폐로 보유하기도 한다. 어느 정도의 화폐를 자산으로 보유하려는가에 따라 **화폐의 자산수요**가 달라진다.

사람들은 왜 금융자산의 일부를 수익이 낮은 화폐로 보유하려고 하는가? 그 이유를 이해하려면 화폐를 국채나 회사채와 같은 채권과 비교해 보아야 한다. 채권은 일정 기간이 경과하면 정기적으로 상당한 이자수입을 가져다준다. 이에 비하여 화폐는 현금으로 보유하면 이자가 없거나 요구불예금으로 보유하면 이자율이 아주 낮다. 이런 점에서 보면 금융자산을 채권으로 보유하는 것이 유리하다.

하지만 다른 면을 고려해야 한다. 채권이나 주식을 비롯한 다른 금융자산은 화폐보다 위험하다. 예를 들어 채권 가격이 떨어져 자본손실이 발생할 수 있는 것이다. 이에 비해 화폐의 가치는 심한 인플레이션만 아니라면 비교적 안정되어 있다. 따라서 화폐는 거의 수익을 낳지 않지만, 금융자산을 화폐로 보유하는 것이 채권 등 다른 금융자산보다 유리할 때가 있는 것이다. 이러한 이유로 사람들은 자산의 일부를 화폐로 보유한다.

자산의 일부를 화폐로 보유하려는 또 다른 이유는 화폐의 유동성이 가장 높기 때문이다. 화폐는 유동성이 높아서 투자 기회를 잡았을 때 즉각 다른 자산을 구매하는 데 사용될 수 있다. 주식시장이 폭락하였을 때 현금을 보유한 사람이 빛을 발한다. 현금을 보유한 사람은 아주 싼 가격에 주식을 매수할 수 있다. 저가매수를 할 수 있는 유일한 방법은 다른 자산의 가격이 하락하였을 때 손에 현금을 들고 있는 것이다.

사람들은 자산을 화폐로 보유하는 데 따른 이익과 손해를 비교해서 얼마만큼의 금융자산을 화폐로 보유할지를 결정한다. 이러한 결정에 영향을 미치는 주 요인이 이자율이다. 가계나 기업이 자산을 화폐를 보유하면 기회비용이 발생한다. 이를 채권으로 보유하였을 때 얻을 수 있었을 이자수입을 포기해야 하기 때문이다. 예를 들어, 채권 이자율이 6%일 때 100만 원을 현금이나 이자가 붙지 않는 요구불예금으로 보유한다면 매년 6만 원의 기회비용이 발생한다. 6만 원의 이자수입을 포기하였기 때문이다.

따라서 화폐의 자산수요는 이자율과 음(−)의 관계에 있다. 이자율이 자산을 화폐로 보유하는 데 따른 기회비용이기 때문이다. 이자율이 상승하면 유동성이 높고 자본손실이 없는 현금을 보유하는 데 따른 기회비용이 높아진다. 그래서 사람들은 금융자산을 화폐로 보유하는 것을 줄이게 된다. 반면에 이자율이 하락하면 현금 보유의 기회비용이 낮아진다. 따라서 사람들은 금융자산을 화폐로 보유하는 양을 늘리게 된다. 이러한 음(−)의 관계가 그림 15.1(b)의 $D_a$에 나타나 있다.

**화폐수요($D_m$)** 그림 15.1(c)에 나타나 있듯이 **화폐수요($D_m$)**는 화폐의 거래수요와 자산수요를 더한 것이다. 화폐수요곡선은 우하향하는데 이것은 개별 이자율에서 사람들이 거래를 위해 보유하려거나 자산으로서 보유하려는 화폐의 총량을 나타낸다.

화폐수요
화폐의 거래수요와 자산수요의 합

화폐의 거래수요는 명목 GDP의 영향을 받기 때문에 명목 GDP가 변하면 화폐의 거래수요가 달라져 화폐수요곡선이 이동한다. 그래서 명목 GDP가 증가하면 사람들은 거래를 위해 더 많은 화폐를 보유하려고 하고 이러한 수요의 증가로 인해 화폐수요곡선은 오른쪽으로 이동한다. 반면에 명목 GDP가 감소하면 화폐수요곡선은 왼쪽으로 이

## 개념의 이해

### 그것이 이자라는 것이요!

이자가 필요한 것은 사람들로 하여금 유동성을 포기하거나 현재의 소비를 희생하도록 유도하기 위해서다. 그래야 다른 사람이 이들의 화폐를 일정 기간 사용할 수 있다. 다음의 일화는 경제학자 어빙 피셔(Irving Fisher, 1867~1947)가 경험한 것인데 '화폐의 시간가치'를 잘 설명해 준다. 피셔는 이러한 개념을 이미 이자이론에서 제시한 바 있는데, 이러한 일이 실제 일어났다는 점이 흥미롭다.

> 피셔가 마사지를 받는 동안 마사지사는 자신이 사회주의자라고 밝히며 다음과 같이 말했다. "자본주의를 떠받치고 있는 이자는 강도짓이나 다름없습니다."
>
> 마사지가 끝난 후 피셔는 말했다. "얼마를 드려나 하나요?"
>
> 마사지사는 말했다. "30달러입니다."
>
> 피셔가 말했다. "잘 알았습니다. 그런데 저는 100년 후에 지급되는 수표로 요금을 내겠습니다. 당신은 이자를 붙이지 않더라도 이 수표를 받겠지요. 100년 후 당신이나 당신 손자가 이 수표를 현금으로 바꿀 수 있을 것입니다."
>
> 마사지사는 답했다. "그렇게 오래 기다릴 수 없는데요."
>
> "당신은 이자를 강도짓이라고 하지 않았나요. 이자가 강도짓이라면서 돈을 받기 위해 그 정도 못 기다리나요. 그런데 10년을 기다려야 한다면 어느 정도 요금이 적당하다고 여기십니까?"
>
> "그야 30달러보다는 더 받아야겠지요."
>
> 피셔는 그때서야 이자가 강도짓이라는 마시자사의 말에 답을 준다.
>
> "바로 그것이 이자라는 것이요!"

**문제**

이자를 주고받으며 자금거래가 이루어지면 누가 이익을 크게 볼까? 자금 차입자일까 아니면 자금 대여자일까?

* Irving Norton Fisher, *My Father, Irving Fisher* (New York: Comet, 1956), p. 77.

동한다. 예를 들어, 명목 GDP가 3,000억 원에서 4,500억 원으로 증가하고 거래 목적으로 보유된 화폐가 일 년에 평균 3번 쓰인다고 하자. 화폐의 거래수요는 1,000억 원(=3,000억 원/3)에서 1,500억 원(=4,500억 원/3)으로 증가한다. 그러면 화폐수요곡선은 모든 이자율에서 500억 원만큼 오른쪽으로 이동하게 된다.

### 균형이자율

균형이자율은 화폐의 수요와 공급에 의해 결정된다. 그림 15.1(c)에서 화폐공급곡선($S_m$)

은 수직선으로 주어져 있다. 수직선인 까닭은 통화당국과 금융기관들이 이자율과 무관하게 통화량을 공급하기 때문이다. 여기에서는 2,000억 원으로 주어져 있다고 하자.

균형이자율은 상품시장이나 요소시장에서도 그렇듯이 **화폐시장**의 수요 · 공급곡선이 교차하는 점에서 결정된다. 그림 15.1(c)에서 균형이자율은 $i_e$이다. 이 이자율에서 화폐의 수요와 공급은 2,000억 원으로 동일하다.

화폐시장
화폐의 수요공급에 의해 이자율이 결정되는 시장

앞에서 설명하였듯이 화폐의 수요나 공급이 변하면 균형이자율이 달라진다. 그러나 주로 관심을 가져야 할 사항은 화폐공급의 변화다. 중앙은행이 화폐의 공급량을 변화시킬 수 있기 때문이다. 따라서 다음의 사항을 꼭 기억하기 바란다.

중앙은행이 통화량을 증가시키면 균형이자율이 하락하고 통화량을 감소시키면 균형이자율이 상승한다.

## 통화정책의 수단

이제 중앙은행이 어떻게 은행의 통화창출 능력에 영향을 미치는지를 살펴보자. 한국은행은 통화량을 조절하기 위해 주로 3가지의 정책수단을 이용한다. 즉, 공개시장 운영, 지급준비제도, 그리고 여수신제도 등이다.

### 공개시장 운영

정부국채 등이 거래되는 채권시장은 모든 투자자에게 개방되어 있는 '공개시장'이다. 이러한 시장에서 회사채나 정부국채 등이 거래된다. 정부국채는 정부가 적자예산을 메꾸거나 각종 기금의 자금조달을 위해 발행한다. 금융기관들은 자기자금이나 고객자금을 운용하면서 회사채뿐 아니라 정부국채를 사고판다.

**공개시장 운영(조작)**이란 중앙은행이 통화량을 조절하기 위해 공개된 채권시장에서 금융기관을 상대로 채권 등을 사고 파는 것을 말한다. 이것은 중앙은행이 통화량 조절을 위해 매일 사용하는 가장 중요한 정책수단으로 주로 거래되는 채권은 국채, 정부보증채권 그리고 통화안정증권 등이다.

공개시장 운영(조작)
중앙은행이 통화량을 조절하기 위해 공개된 채권시장에서 금융기관을 상대로 국채 등을 사고파는 것

한국은행은 국채 등의 채권을 단순 매매나 환매조건부매매(RP 또는 REPO) 방식으로 거래한다. 단순 매매는 채권을 완전히 매각하거나 매입하는 것을 말하며, **환매조건부매매**란 일정 기간이 경과 후 미리 정해진 가격으로 동일한 채권을 반대 매매하는 것을 말한다. 한국은행은 통상 7일 후에 다시 사고 파는 조건으로 국채를 매각(RP 매도 또는 REPO 매도)하거나 매수(RP 매수 또는 REPO 매수)하고 있다. 한국은행의 국채 거래는 환매조건부 거래를 중심으로 하고 있으며, 이를 원활하게 운영하기 위하여 국

환매조건부매매(RP)
일정기간이 경과 후 미리 정해진 가격으로 동일한 채권을 반대 매매하는 것

## 개념의 이해

### 통화안정증권

통화안정증권은 한국은행이 통화량을 조절하기 위해 발행하는 채권이다. 통화안정증권은 91일물(만기가 91일)에서 최대 3년물(만기가 3년)까지 발행된다. 이것은 주로 금융기관을 상대로 경쟁입찰방식으로 발행된다. 예를 들어, 한국은행은 2023년 2월 27에 경쟁입찰을 실시하여 91일 만기의 통화안정증권 0.98조 원을 3.61%의 금리로 할인 매각하였다.

금융기관들이 통화안정증권을 사기 위해 3.0~3.64%의 금리를 제시하였지만, 응찰금액의 부족으로 한국은행이 원래 매각하려던 1.2조 원을 채우지 못하고 0.98조 원만 매각되었다. 한국은행이 통화안정증권을 매각하면 금융기관의 지급준비금이 감소하여 통화량이 줄어들게 된다.

**문제**

한국은행 홈페이지에서 최근 거래된 통화안정증권의 발행 조건과 낙찰 금리를 조사해 보시오.

채 등을 단순매입하기도 한다. 이에 비해 미국 중앙은행인 연방준비제도는 연방정부의 국채인 장 · 단기 미국재무증권의 단순 거래를 중심으로 공개시장을 운영하고 있으며, 2008년의 금융위기 이후에 환매조건부 매매라는 방법을 도입하여 이용하고 있다. 이에 비하여 한국은행의 공개시장 운영에서 가장 큰 비중으로 활용되고 있는 것은 통화안정증권이다. 한국은행은 다른 국가의 중앙은행과는 달리 3년 이내의 채권을 직접 발행하고 있다. 이것은 주로 유통되는 통화량을 흡수할 목적으로 발행된다.

미국 중앙은행은 뉴욕 연방준비은행 창구를 통해 프라이머리 딜러라고 불리는 23곳의 대형금융회사들과 국채를 거래한다. 이들은 대부분 JP모건 체이스나 골드만삭스 같은 주요 투자은행 등이다. 미국의 중앙은행이 환매조건부 거래를 할 때는 61개의 주요 금융기관과 거래한다. 여기에는 주요 은행, 투자관리 회사 뿐 아니라 패니메이라는 미국 정부가 지원하는 연방주택저당공사도 포함된다.

**채권 단순매입** 중앙은행이 채권을 100억 원 매입한다고 하자. 중앙은행은 이러한 채권을 은행이나 민간으로부터 매입할 수 있는데 어느 경우나 은행의 지급준비금이 증가하게 된다.

중앙은행이 은행으로부터 채권을 매입하게 되면 먼저 이들 은행은 보유 채권을 중앙은행에 인도한다. 그 대가로 중앙은행은 100억 원의 수표를 은행에 교부한다.

그러면 은행은 교부받은 수표를 자신의 계좌에 입금하게 된다. 수표의 청산이 이루어지면 은행의 중앙은행 예치금이 100억 원 증가한다. 은행의 요구불예금에는 변동이 없기 때문에 은행의 초과지급준비금이 100억 원 증가하는 셈이다.

제14장에서 살펴보았듯이 초과지급준비금은 그 몇 배로 은행 전체의 대출을 증가시키고 그만큼 통화량이 늘어나게 된다. 이 때 법정지급지분율이 20%라고 하면 통화승수는 5이다. 그래서 초과지급준비금이 100억 원이면 요구불예금은 새로 500억 원까지 늘어나게 된다. 이러한 승수효과가 있어서 공개시장 운영은 지렛대(레버리지) 효과를 가지고 있다. 중앙은행이 채권을 약간 사거나 팔더라도 통화공급량은 승수효과로 인해 크게 변한다.

중앙은행이 민간으로부터 채권을 매입하더라도 유사한 효과가 나타난다. 중앙은행이 민간으로부터 채권을 100억 원 매입하면 그 금액의 수표가 민간에 교부된다. 민간은 이를 은행의 요구불예금계좌에 입금할 것이다. 수표의 청산이 이루어지면 100억 원의 새로운 지급준비금이 중앙은행에서 은행으로 이체된다. 지급준비율이 20%이면 은행의 초과지급준비금은 80억 원이다. 이러한 초과지급준비금의 대출이 이루어지면 은행 전체로 400억 원의 신규 대출이 일어난다. 대출로 새로 늘어난 요구불예금 400억 원과 정부채권 매출대금의 입금으로 생긴 요구불예금 100억 원을 합하면 통화량은 500억 원 늘어난 셈이다.

**채권 단순매각** 중앙은행이 채권을 팔면 은행의 지급준비금이 감소하게 된다. 그 이유를 살펴보자. 이제는 수치로 설명하는 것을 생략한다. 채권을 매입하는 것과 정반대로 나타나기 때문이다.

중앙은행이 공개시장에서 은행에 채권을 매각하면 중앙은행이 보유한 채권이 은행에 인도된다. 그리고 은행은 채권인수 대금으로 수표를 발행하여 중앙은행에 지급하게 된다. 수표의 결제가 이루어지면 지급준비금이 은행에서 중앙은행으로 이체된다. 은행이 채권을 인수할 때 법정초과지급금이 존재하지 않는 상태였다고 하면 은행은 대출을 회수하여 법정지급준비금의 부족 상태를 해소해야 한다. 대출이 은행의 지급준비금의 감소 없이 대출자의 요구불예금을 대출액만큼 증가시키는 방식으로 이루어졌듯이 대출의 회수도 은행의 지급준비금의 증가 없이 대출자의 요구불예금을 대출액만큼 감소시키는 방식으로 이루어진다. 요구불예금이 감소하면 법정 지급준비금의 부족 상태도 점차 나아진다. 그런데 대출의 회수로 법정지급준비금의 부족상태가 해소되려면 그 몇 배에 해당하는 요구불예금(대출)이 감소해야 한다. 이에 따라 통화량이 줄어든다. 통화량은 채권매입 금액에 통화승수를 곱한 것만큼 줄어든다.

이것은 중앙은행이 채권을 민간에 매각하더라도 마찬가지다. 민간은 정부채권의 매수대금을 은행의 요구불예금에 기초한 수표로 지급할 것이다. 수표의 청산이 이루어지면 지급준비금이 은행에서 중앙은행으로 이체된다. 은행에 법정초과지급금이 존재하지 않는 상태였다고 하면 민간의 정부채권 매수액만큼 은행의 법정지급준비금이 부족하게 된다. 이에 따라 은행은 대출을 회수하게 되고 통화량은 그 몇 배로 감소하게 되는 것이다.

**환매조건부 거래** 중앙은행은 채권의 환매조건부거래를 통해 통화 공급량을 조절할 수 있다. 환매조건부 거래는 사실상 채권을 담보로 제공하여 자금을 차입하고 일정 기간이 지난 다음에 빌린 자금을 상환하여 채권을 되찾는 담보대출이라고 할 수 있다. 예를 들어, 미진이 대출을 받아 주택을 매입한다고 하자. 주택모기지란 미진이 매입한 주택을 담보로 대출을 받는 것이다. 은행은 미진의 채무불이행에 대비하여 주택을 담보로 잡는 것이다. 미진이 주택담보대출을 갚지 못하면 은행은 주택을 법원 경매에 넘겨 대출금을 회수하게 된다. 미국 주택모기지의 경우 대출을 갚지 못하면 주택의 소유권이 아예 은행으로 넘어가게 된다. 이와 마찬가지로 환매조건부 거래에서는 채권이 채무불이행에 대한 담보로 제공되고 있는 셈이다.

- **환매조건부 매입:** 한국은행은 7일 후 환매조건부로 국채 등을 매입할 수 있다. 환매조건부 매입이 이루어지면 중앙은행에서 금융기관으로 현금이 흘러간다. 중앙은행이 채권을 매입하는 것과 같이 통화량이 증가한다. 채권의 단순매입과 다른 점은 환매조건부 매입은 비교적 단기에 현금의 환수가 이루어진다는 점이다. 미국 중앙은행은 보통 1일 후 환매조건부로 국채 등을 매입하지만, 환매시점은 65 영업일까지 연장될 수 있다. 환매가 정상적으로 이루어지면 미국중앙은행은 채권을 돌려주지만, 그렇지 않을 경우 채권을 소유하게 된다.
- **환매조건부 매각:** 환매조건부 매각은 매입과 반대로 중앙은행이 보유한 채권을 담보로 금융기관으로부터 자금을 차입하는 것이다. 환매조건부 매각이 이루어지면 금융

기관에서 중앙은행으로 현금이 흘러간다. 중앙은행이 채권을 단순 매각하는 것과 같이 통화량이 감소한다. 앞서 지적하였듯이 환매조건부 매각이 이루어지려면 중앙은행이 정부국채 등을 보유하고 있어야 한다. 미국의 경우 연방준비제도가 국채의 단순 매매를 중심으로 공개시장을 운영하기 때문에 문제가 없지만, 한국의 경우 환매조건부 매각을 위해 국채를 단순 매입하기도 한다.

정리하자면 환매조건부 매입이 이루어지면 중앙은행에서 금융기관으로 현금이 흘러가고 환매조건부 매각이 이루어지면 금융기관에서 중앙은행으로 현금이 흘러간다. 이에 따라 환매조건부 매입은 채권 단순매입과 유사하게 통화량을 증가시키며, 환매조건부 매각은 채권 단순매각과 유사하게 통화량을 감소시킨다.

### 지급준비제도

제14장에서 설명하였듯이 미국은 법정지급준비제도를 폐지하였지만, 대부분의 국가에서 금융기관은 법률에 따라 요구불예금의 일정 비율을 지급준비금으로 유지해야 한다. 현재 한국은행은 은행의 예금에 대해서뿐만 아니라 일부 금융채권에 대해서도 지급준비율을 부과할 수 있다. 즉, 금융통화위원회는 통화가 현저하게 증가하거나 증가할 우려가 있을 때 은행이 발행한 금융채권에 대해 지급준비율을 부과할 수 있다. 현재 한국은행이 예금에 부과하는 지급 준비율이 표 15.2에 나타나 있다.

중앙은행은 지급준비율을 조정하여 은행의 대부여력에 영향을 줄 수 있다. 예를 들어, 어떤 은행의 실제 지급준비금이 500만 원이고 요구불예금이 2,000만 원이라고 하자. 표 15.3의 (2)번째 행처럼 법정 지급준비율이 20%라고 하면 은행의 법정지급준비금은 400만 원이다. 실제 지급준비금이 500만 원이므로 이 은행의 초과지급준비금은 100만 원이다. 이 은행은 100만 원까지 대출해줄 수 있지만, 제14장에서 설명한바 있듯이 은행 전체의 대출은 표 15.3의 (7) 열처럼 최대 500만 원까지 가능하며, 따라서 그만큼

**표 15.2 예금종류별 지급준비율**

(2023년 1월 현재)

| 예금 종류 | 지급준비율 |
|---|---|
| 장기주택마련저축, 재형저축 | 0.0% |
| 정기예금, 정기적금, 상호부금, 주택부금, CD* | 2.0% |
| 기타예금 | 7.0% |

* 지급준비 예치대상 금융기관을 상대로 발행된 경우 제외

자료: 한국은행

**표 15.3 지급준비율의 변경이 은행의 대출여력에 미치는 효과** (단위: 천 원)

| (1) 지급준비율 | (2) 요구불예금 | (3) 실제지급준비금 | (4) 법정지급준비금 | (5) 초과지급준비금 | (6) 개별 은행의 통화창출 | (7) 은행 전체의 통화창출 |
|---|---|---|---|---|---|---|
| (1) 10 | 20,000 | 5,000 | 2,000 | 3,000 | 3,000 | 30,000 |
| (2) 20 | 20,000 | 5,000 | 4,000 | 1,000 | 1,000 | 5,000 |
| (3) 25 | 20,000 | 5,000 | 5,000 | 0 | 0 | 0 |
| (4) 30 | 20,000 | 5,000 | 6,000 | -1,000 | -1,000 | -3,333 |

의 통화창출이 이루어진다.

**지급준비율의 인상** 중앙은행이 표 15.3의 (3) 행처럼 지급준비율을 20%에서 25%로 인상하였다고 하자. 그러면 법정지급준비금은 400만 원에서 500만 원으로 증가하여 초과지급준비금이 100만 원에서 0원으로 줄어든다. 은행의 대출 여력이 사라지는 것이다.

이처럼 지급준비율이 인상되면 은행의 법정지급준비금이 증가하게 된다. 이에 따라 은행의 초과지급준비금이 줄어드는데 그래도 아직 초과지급준비금이 남아 있다면 대출을 통한 통화창출능력만 줄어들게 된다. 그러나 지급준비율의 인상으로 은행의 법정지급준비금이 부족한 상태가 된다면 은행은 대출을 회수하게 된다. 대출금의 회수가 이루어지면 요구불예금이 감소하게 되고 이에 따라 통화량이 줄어든다. 개별 은행의 통화창출능력은 표 15.3의 (6) 열처럼 100만 원에서 0원으로 줄어들지만, 은행 전체의 통화창출능력은 표 15.3의 (7) 열처럼 볼 수 있듯이 500만 원에서 0원으로 크게 줄어든다.

중앙은행이 표 15.3의 (4) 행처럼 지급준비율을 30%로 인상하면 어떻게 될까? 은행이 법정지급준비율을 유지하려면 요구불예금이 줄거나 지급준비금이 늘어나야 한다. 요구불예금을 줄이기 위해 은행은 만기가 도래한 대출을 연장하지 않고 회수하게 된다. 이에 따라 통화량은 줄어들게 된다. 그리고 지급준비금을 늘리기 위해 은행은 채권을 매각할 수 있다. 중앙은행이 채권을 사주지 않는다면 은행은 채권을 민간에 매각하게 된다. 채권을 매입한 민간이 매입대금을 수표로 지불하면 은행 전체의 지급준비금에는 변화가 없다. 그래서 채권을 매각한 은행의 지급준비금은 증가하지만, 다른 은행의 지급준비금은 감소한다. 모든 은행의 초과지급준비금이 0인 상태에서 어느 한 은행의 법정지급준비금이 부족해지면 은행 전체의 요구불예금이 법정지급준비금의 부족분보다 몇 배 감소하여야 법정지급준비금의 부족 상태를 해소할 수 있다. 결국 은행이 채권을 매각하더라도 중앙은행이 채권을 매입하지 않는 이상 통화량은 감소하는 것이다.

**지급준비율의 인하** 중앙은행이 표 15.3의 (1) 행처럼 지급준비율을 20%에서 10%로 인하하였다고 하자. 그러면 법정지급준비금이 400만 원에서 200만 원으로 줄어들어 초과지급준비금이 100만 원에서 300만 원으로 증가하게 된다. 따라서 개별은행의 통화창출능력은 표 15.3의 (6) 열처럼 100만 원에서 300만 원으로 증가하지만, 은행 전체의 통화 창출능력은 표 15.3의 (7) 열처럼 500만 원에서 3,000만 원으로 크게 증가한다. 이처럼 지급준비율이 인하되면 법정준비금의 일부가 초과지급준비금으로 전환되면서 대출을 통한 은행의 통화창출능력이 증가한다.

표 15.3에서 알 수 있듯이 지급준비율의 변경은 초과지급준비금을 변화시킬 뿐 아니라 통화승수의 크기에도 영향을 준다. 예를 들어, 법정지급준비율이 10%에서 20%로 인상되면 초과지급준비금은 300만 원에서 100만 원으로 감소하고 통화승수는 10에서 5로 하락한다. 따라서 은행 전체의 통화창출능력은 3,000만 원(=300만 원×10)에서 500만 원(=100만 원×5)으로 크게 줄어드는 것이다. 이처럼 지급준비율이 인상되면 은행은 대출을 통해 창출하였던 요구불예금을 줄여야만 하는 것이다.

## 여수신제도

일반은행이 개인이나 기업에 대출을 하거나 이들의 예금을 받듯이 중앙은행은 금융기관에 대출을 하거나 예금을 받는다. 중앙은행은 이를 통해 통화량을 조절한다.

### 재할인율

중앙은행은 '최종대부자'의 역할을 수행한다. 은행은 때때로 예기치 못한 긴급자금을 필요로 할 때가 있다. 이 때 은행은 중앙은행으로부터 단기대출을 받을 수 있다. 단기대출을 받을 때 은행은 이에 대한 담보로 정부채권 등을 제공한다. 중앙은행은 은행에 대한 대출에 이자를 부과하는데 이때 적용되는 이자율이 **재할인율**이다.

재할인율
중앙은행이 은행에 대출하여 줄 때 적용되는 이자율

중앙은행이 은행에 대출을 해주면 은행의 지급준비금이 증가한다. 중앙은행으로부터의 대출금은 요구불예금이 아니기 때문에 은행은 이에 대해 법정지급준비금을 쌓아놓을 필요가 없다. 그래서 증가된 은행의 지급준비금은 전액 초과지급준비금이 된다. 즉, 은행의 중앙은행 차입금은 은행의 지급준비금을 증가시키며, 이에 따라 은행의 대출 여력이 커지는 것이다.

은행의 입장에서 보면 재할인율은 지급준비금을 마련하는 데 따른 비용이다. 이를 이용하여 중앙은행은 은행의 지급준비금에 영향을 주기 위해 재할인율을 변경할 수 있다. 재할인율이 하락하면 은행은 지급준비금을 늘이고자 중앙은행으로부터 대출을 받고자 할 것이고 이에 따라 통화량이 늘어난다. 재할인율이 상승하면 은행은 중앙은행으로부터 대출을 줄이게 되어 은행의 지급준비금이 감소하고 통화량이 줄어든다.

한국은행은 은행에 긴급자금을 대출해 줄 뿐 아니라 은행의 중소기업 대출 실적에 따라 1개월짜리 대출을 행하기도 한다. 이 때 적용되는 금리는 0.25~2.0%로 기준 금리보다 낮다. 이러한 대출은 중소기업을 지원하기 위한 일종의 정책금융이라 할 수 있다. 한국은행은 2007~2008년 금융위기 때 유동성 공급을 위하여 이러한 대출한도를 증액시킨 바가 있다.

중앙은행의 재할인율 변경이 통화량에 미치는 효과는 다음과 같이 정리할 수 있다.

- 재할인율이 낮아지면 금융기관은 중앙은행으로부터 지급준비금을 추가적으로 차입하려는 인센티브를 갖게 된다. 금융기관이 이렇게 확보한 지급준비금을 기초로 대출을 늘이면 통화량이 증가한다.
- 재할인율이 높아지면 금융기관은 중앙은행으로부터 지급준비금을 추가적으로 차입하려는 인센티브가 줄어든다. 따라서 중앙은행이 통화량을 줄이고자 할 때 재할인율을 높일 수 있다.

### 지급준비금에 대한 이자 지급

중앙은행은 최종대부자로서 은행에 긴급 자금을 대출해줄 뿐 아니라 은행의 여유자금을 예금으로 받아 이자를 지급하기도 한다. 오랫동안 중앙은행의 통화정책수단이란 공개시장 운영, 지급준비제도 그리고 재할인율 등을 의미하였다. 그러나 2007~2008년 세계적 금융위기 이후 많은 중앙은행들이 은행으로부터 여유자금을 예금으로 받아 이자를 지급하기 시작하였다. 그 이전에는 중앙은행에 예치된 은행의 지급준비금에 대해 어떤 이자도 지급하지 않았다. 따라서 은행은 중앙은행에 예치하는 지급준비금을 되도록 낮게 유지하려고 하였다.

한국은행도 2008년에 이 제도를 도입하여 시행하고 있다. 이는 자금조정예금으로 불리며, 예금에 대해 기준금리에서 1%를 뺀 금리를 은행에 지불한다. 미국의 연방준비제도도 2008년에 법 개정을 통해 연방준비제도에 예치된 은행의 초과지급준비금에 대해 이자를 지급하였다. 그리고 미국 중앙은행은 2021년 법정지급준비제도를 폐지하고 예치된 모든 지급준비금에 이자를 지급하고 있다. 이에 따라 지급준비금에 대한 이자 지급은 더욱 중요해졌다.

중앙은행은 은행의 초과지급준비금에 지불하는 이자율을 변경함으로써 통화량을 조절할 수 있다. 중앙은행이 초과지급준비금에 지불하는 이자율을 인상하면 은행의 대출

**표 15.4 한국은행의 여수신제도 현황** (2023년 1월)

<table>
<tr><th colspan="3">구분</th><th>목적</th><th>담보</th><th>금리</th><th>만기</th></tr>
<tr><td rowspan="5">대출</td><td colspan="2">자금조정대출</td><td>금융기관이 자금수급 과정에서 발생하는 부족자금을 지원</td><td rowspan="3">1. 금융기관이 대출로 취득한 신용증권[1]<br>2. 국공채<br>3. 통화안정증권<br>4. 산업금융채권<br>5. 중소기업금융채권<br>6. 수출입금융채권<br>7. 주택금융공사발행 MBS<br>8. 특수채[2) 3)]<br>9. 일부 채권[3) 4)]</td><td>한국은행기준 금리+100bp[5]</td><td>1 영업일[6]</td></tr>
<tr><td colspan="2">금융중개지원대출</td><td>한도 범위 내에서 은행의 중소기업 대출 실적 등에 따라 자금 지원</td><td>연 0.25~2.00%</td><td>1개월</td></tr>
<tr><td colspan="2">일중당좌대출</td><td>당일 영업시간 중 금융기관의 일시적인 결제 부족자금 지원</td><td>무이자[7]</td><td>당일 자금 이체 종료 시각</td></tr>
<tr><td rowspan="2">특별대출[8]</td><td>금융기관에 대한 긴급 여신</td><td>자금조달 및 운용 불균형 등으로 유동성이 악화된 금융기관에 대한 자금 지원</td><td colspan="3" rowspan="2">세부조건은 금융통화위원회가 지정</td></tr>
<tr><td>영리기업에 대한 여신</td><td>금융기관으로부터의 자금조달에 중대한 애로가 발생하거나 발생할 가능성이 높은 경우 영리기업에 대한 지금 지원</td></tr>
<tr><td>예금</td><td colspan="2">자금조정예금</td><td>금융기관이 자금수급 과정에서 발생하는 여유자금을 예치</td><td>–</td><td>한국은행 기준 금리 −100bp[9]</td><td>1 영업일</td></tr>
</table>

주: 1) 한국은행이 취득한 날로부터 1년 이내에 만기가 도래하는 것에 한함
2) 발행기관이 국가철도공단, 예금보험공사, 중소벤처기업진흥공단, 한국가스공사, 한국도로공사, 한국수자원공사, 한국전력공사, 한국철도공사, 한국토지주택공사인 경우로 한정
3) 2022년 11월 1일부터 2023년 4월 30일까지 한시적으로 운영
4) 「농업협동조합법」 제153조에 따른 농업금융채권, 「수산업협동조합법」 제156조에 따른 수산금융채권, 「은행법」 제33조제1항제1호에 따른 금융채만 해당
5) 기준금리가 1% 미만인 경우 한국은행 기준금리의 2배에 해당하는 금리 적용
6) 1개월 범위 내에서 연장 가능
7) 금융기관 자기자본의 25%를 초과하는 일중당좌대출에 대해서는 직전분기 말월의 3년물 국고채 유통수익률에서 무담보 익일물 콜금리를 차감한 금리(최저금리는 0%)
8) 금융통화위원회 위원 4인 이상의 찬성으로 시행
9) 최저금리는 0% 적용
자료: 한국은행

이 감소하여 통화량이 줄어든다. 은행은 위험이 없는 중앙은행 예치금을 놀리기 위해 위험이 따르는 자동차나 주택 구입을 위한 대출이나 기업에 대출을 줄일 것이기 때문이다. 이와 반대로 중앙은행이 은행의 대출을 증가시켜 통화량을 늘리려고 한다면 초과지급준비금에 지불하는 이자율을 낮출 것이다. 그러면 은행은 중앙은행에 초과지급준비

금을 예치하기보다 소비자나 기업에 대한 대출을 증가시킬 것이다. 이는 총지출을 증가시켜 경기를 부양할 수 있다.

2023년 1월 현재 한국은행의 여수신제도 현황을 나타낸 것이 표 15.4이다.

### 상대적 중요성

통화정책 수단 중에서 가장 중요한 정책수단은 공개시장 운영이다. 이를 통해 중앙은행은 선제적으로 통화량을 변경시킬 수 있다. 그리고 이것은 경제에 즉각 영향을 준다. 중앙은행은 필요하다면 원하는 양만큼 채권을 사고 팔거나 차입 또는 대여해 줄 수 있으며, 이것이 은행의 지급준비금에 미치는 영향력은 즉각적인 것이다. 이에 비하여 재할인율은 이를 인하하더라도 은행의 지급준비금에 전혀 영향을 주지 않을 수 있다. 재할인율이 낮아졌음에도 은행이 중앙은행으로부터 대출을 받지 않을 수 있기 때문이다.

지급준비율의 변경도 동일한 문제를 가지고 있다. 은행이 과다한 지급준비금을 가지고 있다면 법정지급준비율을 크게 인상하더라도 여전히 초과지급준비금이 존재할 수 있다. 그러면 은행은 대출을 줄이려는 인센티브를 가지지 못해 지급준비율의 인상은 대출에 전혀 영향을 주지 못하게 된다. 실제 미국의 금융기관은 대침체 이후 과다한 초과지급준비금을 가지고 있었다.

법정 지급준비제도를 폐지하기 이전에 미국의 중앙은행은 은행의 초과지급준비금에 지급하는 이자율을 변경하여 은행의 지급준비금과 통화량을 관리하는 방법에 많은 관심을 가지고 있었다. 2007~2009년의 대침체이후 미국 금융기관의 초과지급준비금은 경제가 정상화되어가던 2014년에 2조 7천억 달러로 최고조에 달하였다. 실업률은 2016년에 5% 이하로 떨어졌고 2018년에 4% 이하로 하락하였다. 그러면서 미국의 은행들은 초과지급준비금을 연방준비제도에 그대로 예치할 것인지 아니면 이를 대출 재원으로 이용할 것인지 기로에 서게 되었다. 미국경제가 점차 견조한 성장세에 들어가면서 대출 수요가 크게 늘었기 때문이다. 미국의 연방준비제도는 초과지급준비금에 지급하는 이자율을 점차 인상하여 이자율은 2015년 1월 0.25%에서 2019년 4월 2.4%에 이르렀다. 이를 통해 미국의 연방준비제도는 은행 대출의 증가가 급속히 이루어지지 않도록 하였다. 초과지급준비금에 지급하는 이자율이 은행으로서는 신규대출에 대한 기회비용인데 기회비용이 증가하면 신규 대출이 크게 늘지 않을 것이기 때문이다. 이와 함께 공개시장 운영을 통해 미국의 중앙은행은 통화량을 관리하여 물가 안정과 실질 GDP의 증가라는 목표를 달성할 수 있었다.

2019년에 들어서서 미국의 중앙은행은 초과지급준비금에 지급하는 이자율을 점차 낮추기 시작하여 이자율은 2020년 초에 1.6%에 이르렀다. 코로나19 팬데믹이 발생하자 미국의 중앙은행은 2020년 3월에 초과지급준비금에 지급하는 이자율을 0.1%로 즉각 낮추었다. 거의 1년 이상 그 수준을 유지함으로써 은행대출의 증가를 통해 코로나19 팬데믹으로 인한 경기침체에서 벗어나고자 하였던 것이다.

## 통화 긴축과 통화 확장

경제가 경기침체를 겪으며 실업이 발생한다고 하자. 그러면 흔히 중앙은행은 통화량을 늘려 총수요를 증대시킴으로 해서 유휴 자원의 고용을 증가시키려고 한다. 중앙은행이 통화량을 늘리려면 은행의 지급준비금을 증가시켜야 한다. 어떻게 하면 은행의 지급 준비금이 늘어날 수 있을까?

- **채권이나 환매조건부 채권 매입:** 중앙은행이 공개시장에서 채권이나 환매조건부 채권을 매입하면 은행의 지급준비금이 증가한다. 중앙은행이 매입대금으로 수표를 지불하면 그만큼 중앙은행에 예치된 은행의 지급준비금이 그만큼 늘어난다.
- **지급준비율 인하:** 중앙은행이 지급준비율을 인하하면 초과지급준비금이 늘어나고 통화승수도 커진다.
- **재할인율 인하:** 중앙은행이 재할인율을 인하하면 은행에 대한 중앙은행 대출이 늘어나 지급준비금이 증가한다.
- **초과지급준비금에 대한 이자율 인하:** 초과지급준비금에 지급하는 이자율이 인하되면 은행은 초과지급준비금을 중앙은행에 예치하기보다 대출에 이용하려 하기 때문에 통화량이 증가한다.

이러한 조치들이 **통화확장정책**이다. 이러한 정책의 목적은 은행의 대출재원을 늘리려는 것이다. 은행의 대출이 증가하면 총수요가 증가하고 총산출과 고용도 늘어난다.

통화확장정책
중앙은행이 통화량을 늘려 이자율을 낮춤으로써 총수요를 확대하려는 정책

총수요의 지나치게 확장으로 경제가 인플레이션을 겪는다고 하자. 그러면 중앙은행은 통화량을 수축시켜 총수요를 줄이고자 한다. 중앙은행이 통화량을 수축시키려면 은행의 지급준비금을 감소시켜야 한다. 어떻게 하면 은행의 지급준비금이 줄어들 수 있을까?

- **채권이나 환매조건부 채권 매각:** 중앙은행이 공개시장에서 채권을 매각하면 은행의 지급준비금이 줄어든다.
- **지급준비율 인상:** 중앙은행이 지급준비율을 인상하면 은행의 초과지급준비금이 줄어들고 통화승수가 작아진다.
- **재할인율 인상:** 재할인율이 인상되면 은행에 대한 중앙은행 대출이 줄어든다. 그래

서 지급준비금이 감소한다.

- **초과지급준비금에 대한 이자율 인상:** 초과지급준비금에 지급하는 이자율이 인상되면 은행은 초과지급준비금을 소비자나 기업에 대출하기보다 중앙은행에 예치하게 된다.

**통화긴축정책**
중앙은행이 통화량을 줄여 이자율을 상승시킴으로써 총수요를 줄이려는 정책

이러한 조치들이 **통화긴축정책**이다. 이러한 정책은 총수요를 줄여 인플레이션을 수습하려는 목적에서 시행된다.

## 통화정책과 실질 GDP 그리고 물가수준

지금까지 통화확장정책과 통화긴축정책의 수단에 대해 살펴보았다. 이제 통화정책이 투자지출, 총수요, 실질 GDP 그리고 물가수준에 어떤 영향을 주는지 살펴보자.

### 통화정책의 파급경로

그림 15.2에 있는 3개의 그래프를 통해 통화정책이 어떤 경로로 목표를 달성하는지 살펴보자.

**화폐시장** 그림 15.2(a)는 화폐시장을 나타내는 것으로 화폐의 수요곡선($D_m$)과 3개의 공급곡선($S_{m1}$, $S_{m2}$, $S_{m3}$)이 주어져 있다. 앞에서 논의하였듯이 화폐수요는 화폐의 거래수요와 자산수요로 구성되어 있다. 화폐수요곡선은 이들 2가지 수요를 더한 것이다.

3개의 화폐공급곡선은 수직선으로 주어져 있다. 이들은 각각 중앙은행이 공급한 통화량을 반영한다. 화폐공급곡선이 수직선인 것은 중앙은행이 자신이 원하는 통화량을 이자율과 무관하게 결정하기 때문이다. 이것은 통화 공급량이 이자율의 영향을 받지 않는다는 것을 뜻한다.

균형이자율은 화폐의 수요와 공급이 일치하는 점에서 결정된다. 그림 15.2(a)에 화폐수요곡선($D_m$)이 주어져 있는데 이 때 화폐공급량이 1,250억 원($S_{m1}$)이면 균형이자율은 10%이고 화폐공급량이 1,500억 원($S_{m2}$)이면 균형이자율은 8%이다. 그리고 화폐공급량이 1,750억 원($S_{m3}$)이면 균형이자율은 6%가 된다.

**투자** 그림 15.2(b)에 실질이자율이 각각 10%, 8%, 6%일 때 이에 대응하는 투자가 투자수요곡선($ID$)에 나타나 있다. 실질이자율이 낮을수록 투자는 증가한다. 투자지출은 투자자금의 조달비용인 이자율과 음(−)의 관계에 있으므로 투자수요곡선은 우하향하

**그림 15.2 통화정책과 균형 GDP**

통화확장정책이 시행되면 통화 공급곡선이 $S_{m1}$에서 $S_{m2}$로 이동하게 되어 균형이자율이 10%에서 8%로 하락한다. 그래서 투자지출이 150억 원에서 200억 원으로 증가하고 총수요곡선이 $AD_1$에서 $AD_2$로 이동한다. 총산출은 경기침체 수준의 $Q_1$에서 완전고용 수준의 $Q_f$로 증가한다. 여기에서 균형 GDP가 $Q_1$인 것은 물가가 하방경직성(제12장의 톱니효과 참조)으로 인해 $P_2$ 이하로 하락하지 않기 때문이다. 통화긴축정책이 시행되면 통화 공급곡선이 $S_{m3}$에서 $S_{m2}$로 이동하고 균형이자율은 6%에서 8%로 상승한다. 이에 따라 투자지출이 250억 원에서 200억 원으로 감소하여 총수요곡선이 왼쪽으로 이동한다. 그래서 인플레이션이 진정된다.

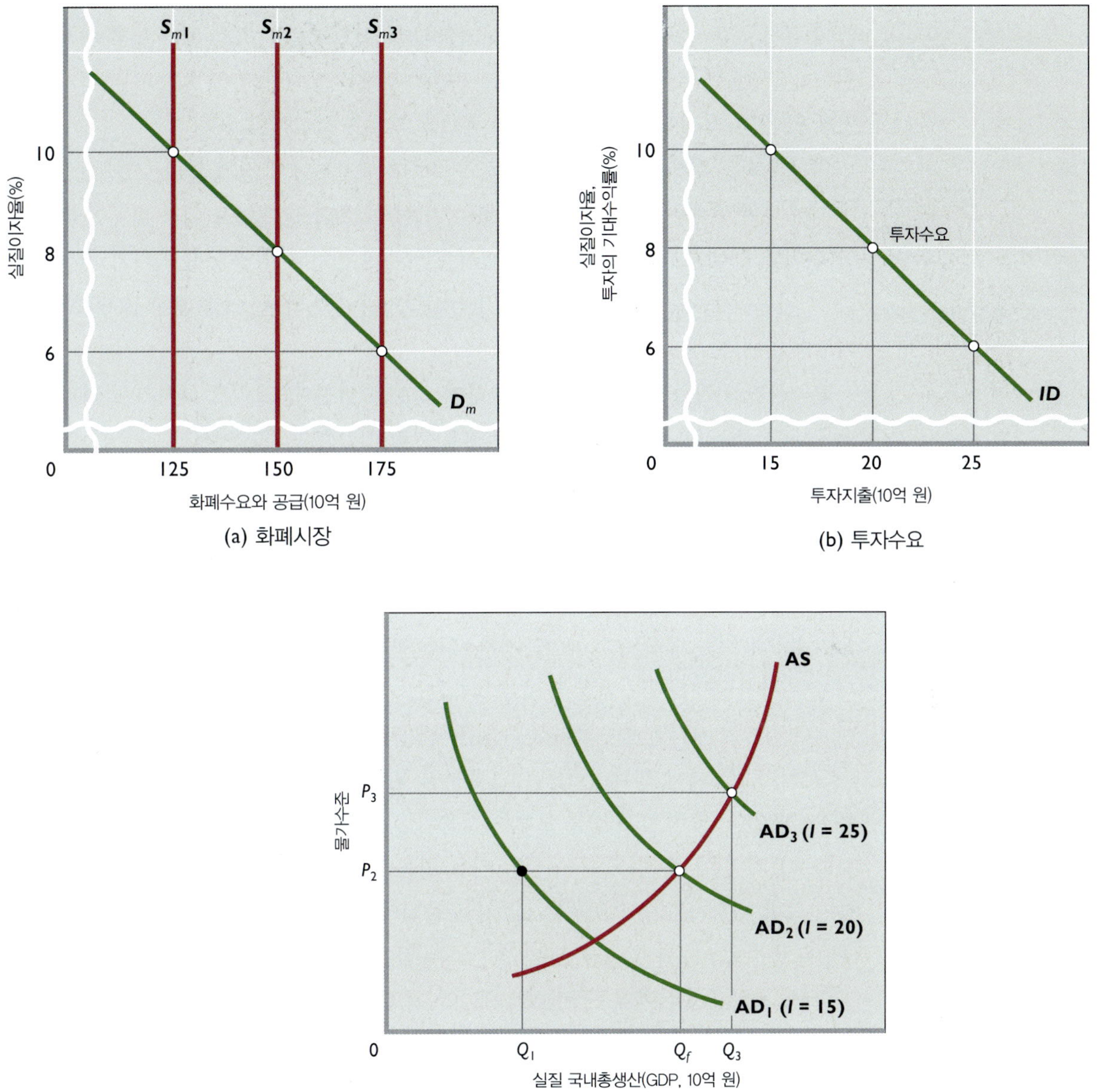


(c) 균형 실질 GDP와 균형물가수준

는 곡선으로 그려진다. 이자율이 10%이면 기업의 투자는 150억 원이 되며, 이자율이 8%이면 200억 원, 그리고 이자율이 6%이면 기업의 투자는 250억 원이 된다.

이자율의 변화는 총 수요의 구성 요소 중 주로 투자에 영향을 미친다. 물론 신용으로 구입하는 자동차 등 내구소비재에 대한 소비지출에도 영향을 준다. 하지만 이자율이 투자지출에 미치는 효과가 훨씬 크다. 자본재 구입은 큰 비용이 소요될 뿐 아니라 장기간에 걸쳐 이루어지기 때문이다. 실제 자본설비, 공장건물 그리고 창고 등은 매우 비싼 편이다. 절대 액수로 보더라도 자본재 구입을 위해 차입한 자금에 지불하는 이자가 상당히 많다. 따라서 이자율이 낮아지면 기업은 투자를 늘리려고 한다.

마찬가지로 주택담보대출로 주택을 구입하면 이자부담이 적지 않다. 그래서 2억 원을 대출하여 주택을 구입하였다면 대출 이자율이 0.5%p만 변해도 이자 비용이 매년 백만 원이나 늘어난다. 이자율의 변화에 p(포인트)를 붙인 것은 혼동을 피하기 위한 것이다. 이자율이 1%에서 2%로 상승하면 100% 증가한 것이지만, 이를 흔히 1%p 증가하였다고 나타낸다.

요약하면 이자율의 변화는 주로 투자에 영향을 미친다. 그리고 투자가 달라지면 총수요, 총산출, 고용, 물가수준이 달라진다. 그리고 그림 15.2(b)에서 볼 수 있듯이 투자지출은 실질 이자율과 음의 관계에 있다.

**균형 GDP** 그림 15.2(c)는 3가지의 이자율이 각각 총수요에 어떤 영향을 미치는지 보여주고 있다. 그리고 이에 상응하는 투자지출도 함께 표시되어 있다. 여기에서 투자지출이 150억 원일 때 총수요곡선은 $AD_1$이고, 투자지출이 200억 원일 때 총수요곡선은 $AD_2$, 투자지출이 250억 원일 때 총수요곡선은 $AD_3$이다. 다른 모든 조건이 변하지 않을 때 투자지출이 커지면 총수요곡선은 오른쪽으로 이동한다.

그림 15.2(a)에서 화폐 공급량이 1,500억 원($S_{m2}$)이라고 하자. 그러면 균형이자율은 8%가 된다. 그림 15.2(b)를 보면 이자율이 8%일 때 투자지출은 200억 원이다. 투자지출 200억 원에 총수요를 구성하는 다른 항목인 소비지출, 순수출, 정부지출 등을 더하면 그림 15.2(c)의 총수요곡선 $AD_2$가 도출된다. 균형 실질 GDP($Q_f$)와 균형물가수준($P_2$)은 총수요 $AD_2$와 총공급 AS가 일치하는 점에서 결정된다.

그림 15.2(a)에서 화폐공급량이 1,250억 원 그리고 1,750억 원으로 주어질 때 이자율, 투자수준, 총수요곡선 그리고 균형 GDP가 어떻게 변화하는지를 스스로 연습해 볼 수 있을 것이다.

### 통화확장정책의 효과

이제 그림 15.2(a)에서 통화 공급량이 1,250억 원으로 주어져 있다고 하자. 이때의 균형 GDP는 그림 15.2(c)에서 볼 수 있듯이 완전고용 GDP($Q_f$)에 훨씬 미치지 못하고 있어서 경제는 경기침체와 실업을 겪고 있다. 이때 중앙은행은 통화확장정책을 시행하게 된다.

화폐 공급을 늘리기 위해 중앙은행은 다음의 여러 정책을 시행한다. 즉, (1) 공개시장에서 채권 및 환매조건부 채권의 매입 (2) 지급준비율의 인하 (3) 재할인율의 인하 (4) 초과지급준비금에 지급하는 이자율 인하 등의 정책수단을 동원한다. 이러한 정책의 의도는 은행 전체의 초과지급준비금을 확대시켜 대출과 통화량을 증가시키려는 것이다. 통화량이 증가하면 이자율이 하락하고 따라서 투자, 총수요, 균형 GDP가 늘어나게 되는 것이다.

예를 들어 중앙은행이 화폐공급을 1,250억 원($S_{m1}$)에서 1,500억 원($S_{m2}$)으로 증가시키면 그림 15.2(a)에서 볼 수 있듯이 이자율은 10%에서 8%로 하락한다. 그러면 투자는 그림 15.2(b)에 나타나 있듯이 150억 원에서 200억 원으로 증가하게 된다. 투자지출이 50억 원 증가하면 그림 15.2(c)에서 총수요곡선은 $AD_1$에서 $AD_2$로 오른쪽으로 이동한다. 총수요곡선이 오른쪽으로 이동함에 따라 음(−)의 GDP 갭이 사라지면서 GDP는 $Q_1$에서 $Q_f$로 증가하게 된다.[1)]

표 15.5의 (1) 열은 통화확장정책의 효과가 전달되는 경로를 요약하고 있다.

### 통화긴축정책의 효과

이제 통화긴축정책을 살펴보자. 먼저 그림 15.2(a)에서 통화 공급량이 1,750억 원($S_{m3}$)이라고 하자. 이 때 이자율은 6%이고 투자지출은 250억 원이며, 총수요곡선은 $AD_3$로 주어지게 된다. 그러면 그림 15.2(c)에서 볼 수 있듯이 ($Q_3-Q_f$)만큼 양(+)의 GDP 갭이 발생한다. 즉, 수요견인 인플레이션이 발생한다. 총수요가 완전고용 총산출수준($Q_f$)보다 큰 것이다. 이처럼 지나친 수요를 줄이기 위해 중앙은행은 통화긴축정책을 시행하게 된다.

화폐 공급을 줄이기 위해 중앙은행은 다음의 여러 정책을 시행한다. 즉, (1) 공개시장에서 채권 및 환매조건부 채권의 매각 (2) 지급준비율의 인상 (3) 재할인율의 인상 (4) 초과지급준비금에 지급하는 이자율 인상 등의 정책수단을 동원한다. 이러한 정책의 의도는 은행 전체의 초과지급준비금을 줄여 대출과 통화량을 감소시키려는 것이다. 통화

1) 명목 GDP가 증가하면 화폐의 거래수요가 증가한다. 그래서 이자율이 상승할 수 있다. 그림 15.2(a)에서 이자율이 6%까지 하락하지 않을 수 있는 것이다. 그러나 여기에서는 논의를 줄이기 위해 이러한 과정을 생략하였다. 그리고 논의에서는 물가수준이 경기침체가 시작될 때의 물가수준($P_2$)에서 하방경직적이라고 가정하고 있다. 그래서 통화확대정책으로 GDP가 $Q_1$에서 $Q_f$로 증가하더라도 물가수준은 상승하지 않는다.

**표 15.5 통화정책: 경기침체와 인플레이션**

| (1) 통화확장 | (2) 통화긴축 |
| --- | --- |
| 경제상황: 실업과 경기침체 | 경제상황: 인플레이션 |
| ↓ | ↓ |
| 채권 매입, 지급준비율 인하 재할인율 인하, 초과지급준비금에 대한 이자 인하 | 채권 매각, 지급준비율 인상, 재할인율 인상, 초과지급준비금에 대한 이자 인상 |
| ↓ | ↓ |
| 초과지급준비금 증가 | 초과지급준비금 감소 |
| ↓ | ↓ |
| 통화량 증가 | 통화량 감소 |
| ↓ | ↓ |
| 이자율 하락 | 이자율 상승 |
| ↓ | ↓ |
| 투자지출 증가 | 투자지출 감소 |
| ↓ | ↓ |
| 총수요 증가 | 총수요 감소 |
| ↓ | ↓ |
| 실질 GDP 증가 | 실질 GDP 감소 |

량이 감소하면 이자율이 상승하고 따라서 투자, 총수요, 균형 GDP가 줄어들게 되어 수요견인 인플레이션은 수습된다.

예를 들어, 중앙은행이 화폐 공급을 1,750억 원($S_{m3}$)에서 1,500억 원($S_{m2}$)으로 감소시키면 그림 15.2(a)에서 볼 수 있듯이 이자율은 6%에서 8%로 상승한다. 그러면 투자는 그림 15.2(b)에 나타나 있듯이 250억 원에서 200억 원으로 감소하게 된다. 투자지출이 50억 원 감소하면 그림 15.2(c)에서 총수요곡선은 $AD_3$에서 $AD_2$로 왼쪽으로 이동한다. 총수요곡선이 왼쪽으로 이동함에 따라 양(+)의 GDP 갭이 사라지고 수요견인 인플레이션은 멈추게 된다.[2] 현실에서 통화긴축정책의 목적은 물가수준을 낮추기보다 추가적인 물가수준의 상승을 멈추게 하는 것이다. 물가수준이 하방경직적이기 때문에 낮아지지는 않기 때문이다. 그래서 물가수준이 하방경직적일 때 통화량이 1,500억 원으로 줄어들면 균형 GDP는 완전고용 GDP 수준보다 낮아질 수 있다(이 때의 균형 GDP를

2) 명목 GDP가 감소하면 화폐의 자산수요가 감소한다. 그래서 이자율이 하락할 수 있다. 그림 15.2(a)에서 이자율이 8%까지 상승하지 않을 수 있는 것이다. 그러나 여기에서는 논의를 줄이기 위해 이러한 과정을 생략하였다.

그래프에서 찾아보기 바란다). 따라서 인플레이션을 잡기 위한 통화긴축은 1,500억 원 ($S_{m2}$)보다 적어야 한다. 그래야 경기침체를 유발하지 않으면서 물가 안정과 완전고용을 달성할 수 있다.

표 15.5의 (2) 열은 통화긴축정책의 효과가 전달되는 경로를 요약하고 있다.

## 통화정책의 현실

이제 통화정책을 이론적인 면이 아니라 현실적인 면에서 살펴보자. 통화정책은 대부분의 국가에서 경제 안정화를 위한 대표적 정책수단으로 여겨지고 있다. 통화정책은 재정정책에 비해 2가지 장점을 가진다.

- 신속성과 유연성
- 정치적 영향력의 배제

통화정책은 재정정책에 비해 신속하게 변경될 수 있다. 재정정책은 국회의 논의를 거치다 보면 시행에 몇 달이 걸릴 수 있다. 이에 비해 중앙은행은 매일 채권거래를 하기 때문에 자유롭게 통화정책을 변경시킬 수 있다.

그리고 통화정책은 이익집단의 로비로부터 비교적 자유롭다. 한국은행 금융통화위원회 위원의 임기는 4년이다. 이 기간 동안 위원들의 임기는 보장된다. 이들은 유권자의 인기에 매달릴 필요가 없어서 경제의 장기적 건강성에 필요한 정책들을 수행할 수 있다. 즉, 중앙은행은 국회와 달리 고금리 정책처럼 정치적으로 인기가 없는 정책을 잘 시행할 수 있다. 미국 중앙은행의 정책을 결정하는 연방준비제도이사회의 이사들 임기는 14년이어서 한국보다 훨씬 안정적인 통화정책을 시행할 수 있다. 이러한 이유로 통화정책은 재정정책에 비해 비교적 정치적 영향을 덜 받는다. 또한 통화정책은 재정정책보다 눈에 잘 뜨이지 않으며, 정치적으로 특정 집단에 유리한 결과를 초래하지 않는다. 그러나 정부지출의 변화는 자원배분에 직접 영향을 주며, 어떤 세율을 변화시키느냐에 따라 정치적 이해관계가 달라진다. 이에 비해 통화정책은 눈에 잘 띄지 않기 때문에 정치적으로 선호되는 것이다.

### 통화정책의 목표

각국의 중앙은행이 지향하는 궁극적인 통화정책의 목표는 통화가치의 안정, 즉 물가수준의 안정이다. 하지만 국가에 따라 추가적으로 완전고용의 달성이나 금융안정과 같은 목표를 동시에 추구하기도 한다.

한국은행법 제1조 제1항에 따르면 한국은행의 설립 목적이 효율적인 통화신용정책의 수립과 집행을 통하여 물가 안정을 도모함으로써 국민경제의 건전한 발전에 이바지함이라고 명확히 밝히고 있다. 즉, 통화정책의 최우선 목표가 물가 안정이라는 것이다. 또한 한국은행법 제1조 제2항에 따르면 한국은행은 통화신용정책을 수행할 때에는 금융안정에 유의하여야 한다. 한국은행은 물가 안정이라는 목표뿐 아니라 추가적으로 금융안정이라는 목표를 가지고 있는 것이다.

미국의 중앙은행은 완전고용과 물가안정이라는 분명한 2가지 목표를 가지고 있다. 미국 의회는 1977년 연방준비제도 법안을 개정하면서 미국의 중앙은행으로 하여금 최대의 고용, 안정된 물가 그리고 적절한 장기이자율이라는 목표를 추구하도록 강제하였다. 이후에 이러한 목표는 물가 안정과 완전고용이라는 연방준비제도의 2가지 책무로 알려져 있다. 연방준비제도는 이를 달성하기 위해 2가지의 구체적인 목표를 가지고 있다.

- 완전고용 수준의 실업률 달성으로 현재는 4~5%의 실업률 달성
- 인플레이션 목표의 달성으로 현재는 년 2%의 물가상승률 달성

**완전고용 목표** 완전고용 수준의 실업률, 즉 자연실업률이란 경제가 잠재적 GDP에 도달하였을 때의 실업률이다. 일자리를 구하려는 사람들은 모두 고용되기 때문에 경기적 실업이 존재하지 않는다. 물론 이직하고 새로운 일자리를 구하는 사람이 있어서 마찰적 실업이 존재할 수 있다. 또한 소비자 선호의 변화나 생산 기술의 발전 또는 공장의 이전 등으로 재교육이 필요한 구조적 실업도 존재할 수 있다. 따라서 완전고용 수준의 실업률은 0이 아니며, 마찰적 실업과 구조적 실업을 반영하여 어느 정도 양(+)의 값을 갖는다.

정부의 산업정책이나 노동시장 규제 정책을 비롯하여 노동 수요 증가율에 대한 노동력(노동 공급)의 증가율이 완전고용 수준의 실업률에 영향을 준다. 그밖에 완전고용 GDP 생산에 필요한 노동력의 크기, 가용 노동력의 크기 그리고 구조적 실업자와 마찰적 실업자의 직장 복귀에 드는 시간 등 다양한 요인들도 영향을 준다. 이러한 요인들은 시간이 지나면서 변하기 때문에 자연실업률도 일정한 것이 아니다.

현재의 미국 경제에서 자연실업률은 4~5% 사이에 있을 것으로 추정된다. 2020년 후반에 미국의 연방공개시장위원회(FOMC)가 추정한 중간값은 4.1%였다. 미국의 공개시장위원회가 고용목표를 정할 때 실무적으로 다음을 고려한다.

- 실업률이 4.1% 이상으로 눈에 뜨일 만큼 상승하면, 예를 들어 5% 수준으로 상승하면 연방준비제도는 통화확장정책을 시행하기 위해 (a) 대출 촉진을 위한 은행 지급준비금 증가 (b) 투자지출의 증대를 위한 이자율의 하락 등을 고려한다.
- 실업률이 4.1% 이하로 크게 하락하면, 예를 들어 3.8%보다 낮은 수준으로 하락하면

연방준비제도는 급격한 인플레이션의 위험을 경계한다. 그래서 통화긴축정책을 시행하기 위해 (a) 대출 억제를 위한 은행 지급준비금의 감소 (b) 투자지출의 억제를 위한 이자율의 인상 등을 고려한다.

**물가안정목표** 실업률 그 자체만으로 통화확장정책이냐 통화긴축정책이냐 등을 정할 수는 없다. 미국의 중앙은행인 연방준비제도는 물가상승률이 목표 물가상승률보다 높은지 또는 낮은지를 고려한다. 연방준비제도는 2012년부터 연간 목표물가상승률을 2%로 정하고 있다. 2%로 정한 이유는 다음처럼 여러 가지다.

- **상향 측정편차의 보정:** 경제학자들이 동의한 바에 따르면 소비자물가지수를 비롯하여 물가상승률을 측정하는 지수들은 상향편차를 가지고 있다. 즉, 실제 물가상승률을 약 0.5% 과대평가한다는 것이다. 연방준비제도가 물가상승목표를 0.5% 이하로 정하면 실제 물가가 오르지 않았음에도 수치상의 물가상승률을 보고 통화긴축정책을 시행할 수 있다. 이러한 통화긴축정책이 시행되면 물가가 하락하여 경제를 침체에 빠뜨릴 위험이 초래될 수 있다.
- **예금자 보호:** 연방준비제도는 지나치게 높은 물가상승목표를 바라지는 않는다. 물가상승률이 높으면 고정급여 생활자, 예금자, 채권자들이 구매력의 하락으로 인해 예상하지 못한 막대한 손실을 볼 수 있기 때문이다. 5%의 정도의 물가상승률이라도 이를 예상하지 못하였거나 대응할 방법이 없는 사람들은 상당한 손해를 보게 된다. 연방준비제도가 2%의 물가상승 목표를 택한 것은 0.5% 이상이면서 부담스럽지 않을 정도의 수준이라는 절충점을 찾은 셈이다.

다른 변수가 없다면 연방준비제도는 물가상승률이 목표보다 높다면 통화긴축정책을 택하고 목표보다 낮다면 통화확장정책을 택할 것이다. 하지만 실업률이 완전고용수준의 실업률보다 높은지 또는 낮은지도 고려해야 한다. 이러한 2가지의 책무를 동시에 추구해야 하는 것이다.

## 기준금리

중앙은행이 통화정책의 목표를 달성하기 위해 구체적으로 사용하는 수단은 기준금리이다. **기준금리**란 중앙은행이 통화정책을 통해 달성하고자 하는 목표 이자율을 말한다. 미국이나 일본 등 대부분 국가의 중앙은행은 은행 간 자금거래에 적용되는 이자율을 기준금리로 활용한다. 이를 흔히 콜금리라고 하는데 미국에서는 이를 특별히 연방기금금리(federal fund rate)라고 한다.

기준금리
중앙은행이 통화정책을 통해 달성하고자 하는 목표 이자율

**그림 15.3 한국은행의 기준금리 변동 추이**

한국의 기준금리는 2020년 코로나19 팬데믹으로 0.5%까지 낮아졌지만, 그 후 소비자물가가 급격히 상승하면서 여러 차례 인상되어 2023년 3월 현재 3.5%를 유지하고 있다.

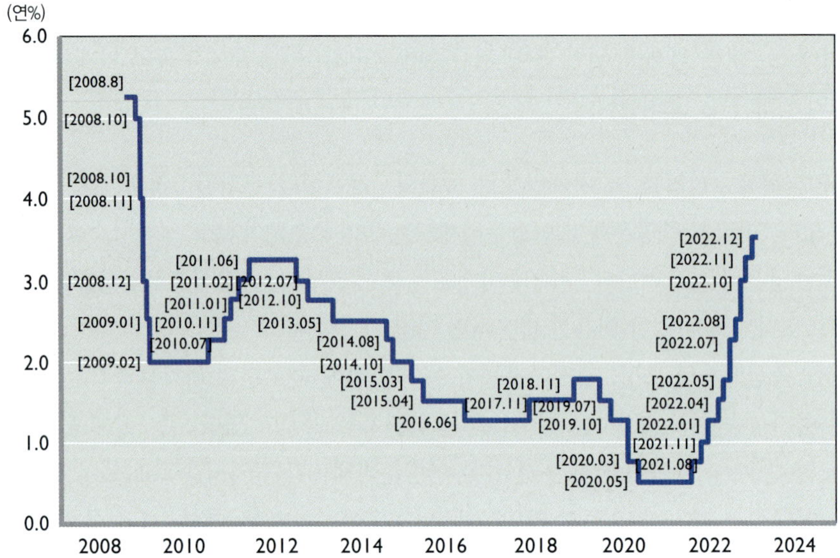


자료: 한국은행

은행이 매일 자금거래를 하면서 그 날의 법정지급준비금을 정확히 유지하기 어렵다. 일시적으로 지급준비금이 부족한 은행은 이를 타 은행으로부터 차입할 수 있다. 차입기간은 1일에 불과해서 이를 대여해준 은행의 유동성은 큰 문제가 되지 않는다. 이처럼 은행 간에 1일짜리 자금거래가 이루어지는 시장이 콜시장이며, 이 때 적용되는 금리가 콜금리이다.

중앙은행이 기준금리를 정책수단으로 삼는 이유는 기준금리의 변화에 따라 다른 금리가 달라지기 때문이다. 즉, 기준금리가 달라지면 상환기간, 채무불이행 등 위험의 정도에 따라 다양한 장 · 단기금리들이 변하는 것이다. 이러한 이자율의 변동이 소비 지출이나 투자 등에 영향을 주는 것이다.

한국은행은 1999년부터 콜금리를 기준금리로 활용하였으나 2008년 3월부터 7일 만기의 환매조건부 채권(RP)의 금리를 기준금리로 활용하고 있다. 한국은행 금융통화위원회는 매월 물가수준 등 경제상황을 고려하여 기준금리를 결정한다. 이렇게 결정된 기준금리를 7일 만기의 환매조건부 채권을 매각할 때 고정입찰금리로 사용하고 있다.

그림 15.3에 한국은행의 기준금리 변동추이가 나타나 있다. 그림을 보면 알 수 있듯이 2008년 세계적 금융위기로 인해 2008년 10월부터 2009년 2월까지 6차례에 걸쳐 기준금리를 인하하였다. 그리고 경기가 회복되면서 2010년 7월부터 2011년 6월까지 5차례에 걸쳐 기준금리를 인상하였다. 그러나 경기회복이 예상보다 더디어지면서 2012

## 분석의 응용

### 최근의 미국통화정책

최근 20년 간 미국의 중앙은행은 대단히 분주하게 움직였다. 2007년 늦은 여름에 주택담보대출의 채무불이행 위기가 발행하면서 미국 경제와 금융제도에 중대한 위협이 가해졌다. 이에 대응하여 미국의 중앙은행은 여러 가지 조치를 취하였다. 8월에 재할인율을 0.5%p 낮추었다. 그리고 2007년 9월부터 2008년 4월까지 기준금리를 5.25%에서 2%로 인하하였다. 그밖에 주요 금융회사들의 파산을 막기 위해 일련의 이례적인 조치들을 추가적으로 내놓았다.

2008년의 막바지에 이르자 미국경제가 1930년대의 대공항 이래 최악의 위기를 맞고 있다는 점이 분명해졌다. 이에 대해 연방준비제도는 여러 혁신적인 통화정책 수단을 도입하여 GDP와 고용을 증대시키고자 하였다.

먼저 미국의 중앙은행은 2008년 12월에 제로금리 정책을 시행하였다. 경기부양을 위해 단기금리를 거의 0 수준으로 낮춘 것이다. 즉, 기준금리의 목표치를 급격히 낮추어 0~0.25% 범위에 머물게 하였던 것이다. 또한 최종대부자의 역할을 적극적으로 수행하여 은행 및 금융기관으로부터 채권을 매입하였다. 이를 통해 이들 기관이 필요로 하는 유동성을 공급하여 부채상환이 적기에 이루어지도록 하였고 결국 이들 기관은 파산을 피할 수 있었던 것이다.

2009년 하반기에 들어서서 당면한 위기가 사라지자 연방준비제도는 최종대부자의 역할을 더 이상 수행하지 않았다. 그러나 실업률이 10%에 이르자 연방준비제도는 이자율 이외의 다른 방법으로 경기를 부양할 수 있는 수단을 찾아야 했다. 제로금리 정책을 시행하고 있어서 이자율을 음(−)으로 하지 않는 이상 단기금리를 낮출 수 있는 방법이 없었기 때문이다.

연방준비제도가 찾아낸 방법은 공개시장 운영을 통해 수조 달러의 중 · 장기 채권을 매입하는 것이었다. 이들 채권에는 주택담보채권이나 만기가 장기인 국채가 포함되었다. 이것은 양적 완화(QE)정책이라고 불린다. 이러한 정책의 목표는 이자율의 하락이 아니라 은행의 지급준비금을 확대시키는 것이었다. 제로금리정책으로 단기금리를 낮출 수 없지만, 중 · 장기 채권의 매입을 통해 은행의 지급준비금을 증가시켜 대출을 촉진할 수 있기 때문이다.

2015년이 끝날 무렵 여러 경제지표는 통화확장정책을 끝내 수 있다는 신호를 보내고 있었다. 특히 2009년에 10%에 달하였던 실업률이 5.0%까지 떨어졌다. 이에 연방준비제도는 제로금리정책과 양적완화정책을 끝낼 준비를 하였다. 그러면서 이자율을 정상 수준으로 되돌리기 위해 앞에서 설명한 정책수단, 예를 들어 초과지급준비금에 대한 이자율 하락 등을 시도하였다. 그 후 4년간 이자율은 점차 상승하였고 경제는 지속적으로 개선되었다. 2020년 2월에 이르러 실업률은 3.5%까지 떨어졌고 미국 경제는 거의 완전고용수준에 도달하였다.

2020년 3월부터 코로나19 팬데믹의 영향으로 미국 경제는 부분적으로 폐쇄되었다. 몇 달 만에 실질 GDP는 거의 1/3이나 감소하였고 실업률은 4월에 14.8%로 치솟았다. 연방준비제도는 다시 한 번 단기 이자율을 거의 제로 수준으로 낮추었고 그것은 2021년까지 지속되었다.

**질문**

연방준비제도의 웹 사이트(www.federalreserve.gov)를 방문하여 현재 미국의 중앙은행이 이자율을 어떻게 움직이고 있는지, 통화정책의 방향이 어떤지 살펴보시오.

년 7월부터 2016년 6월까지 9차례에 걸쳐 기준금리를 인하하였다. 2020년 초에 코로나19 팬데믹이 발생하자 3월에 기준금리를 0.5%p 인하하였고 5월에는 추가적으로 인하하였다. 코로나 팬데믹이 어느 정도 수습이 되자 2021년 8월 기준금리를 0.5%에서 0.75%로 올리는 것을 시작으로 그 후 9차례에 걸쳐 기준금리를 인상하여 2023년 3월 현재 기준금리는 3.5%를 유지하고 있다. 이러한 급격한 기준금리의 인상은 2021년 초부터 소비자물가지수가 오르기 시작하였기 때문이다. 2021년 하반기에 월간으로 전년 대비 4% 이상 상승하였으며, 2022년 7월에는 7.7%까지 올랐다.

미국 중앙은행인 연방준비제도는 정부채권이나 환매조건부 채권의 거래를 통해 기준금리를 목표수준에 유지하려고 한다. 미국의 기준금리인 연방기금금리는 연방공개시장위원회에서 결정하며, 뉴욕 연방준비은행이 채권거래를 담당한다. 연방준비제도는 코로나 19 팬데믹이 발생하자 2020년 3월에 기준금리의 목표치를 한꺼번에 1%p나 인하하여 0.0~0.25%로 유지하였다. 2021년 하반기부터 시작된 미국의 소비자물가지수 상승이 예상보다 급격하게 진행되자 연방준비제도는 2022년 3월부터 8차례에 걸쳐 기준금리를 인상하여 2023년 2월 말 현재 4.50~4.75%를 유지하고 있다.

### 통화정책의 한계와 문제점

통화정책은 여러 가지 한계점을 지닌다. 그리고 이를 현실에 적용할 때 여러 복잡한 문제도 나타난다.

**인식시차와 외부시차** 재정정책의 효과는 인식시차, 실행시차, 외부시차 등 3가지 시차로 인해 지연된다는 것을 제13장에서 지적한 바 있다. 통화정책에도 인식시차와 외부시차가 존재한다. 하지만 재정정책에 비해 실행시차는 거의 존재하지 않는다. 중앙은행은 몇 시간 만에 통화정책기조를 변경하고 이를 실행에 옮길 수 있기 때문이다.

통화정책에 인식시차가 존재하는 것은 경제가 정상적인 경우에도 경제활동수준이나 물가수준이 매주 또는 매달 변동하기 때문이다. 그래서 중앙은행은 그 주나 그 달의 경제 상태만을 보고 경기침체나 인플레이션율이 시작되었다고 인식할 수 없는 것이다. 통화정책을 시행하더라도 외부시차는 적어도 3~6개월 정도 된다. 이자율의 변화가 투자, 총수요, 실질 GDP 그리고 물가수준에 충분한 영향을 미치는 데 그 정도의 시간이 소요되기 때문이다. 이러한 인식시차와 외부시차 때문에 중앙은행이 통화정책의 달성 목표와 시행 시점을 정확히 정하기 어렵다.

**경기 비대칭성과 유동성함정** 통화정책은 경기확장을 낮추고 인플레이션을 수습하는

## 분석의 응용

### 마이너스 금리

미국 중앙은행의 계획은 2016년 중반까지 단기이자율을 올려 과거의 정상 수준으로 돌아가려는 것이었다. 이러한 조치를 준비하면서 미국의 중앙은행이 우려한 것은 이자율이 정상수준으로 돌아가기 전에 미국 경제가 침체에 빠지면 어쩔 것인가 하는 점이었다.

이자율이 거의 제로에 가까운 상태에서 경제가 침체에 빠지면 중앙은행이 할 수 있는 한 가지 방법은 이전과 마찬가지로 양적완화를 하는 것이다. 그러나 유럽중앙은행(ECB)은 이와는 다른 방법을 택한 바 있다. 2014년부터 유럽중앙은행은 0이라는 이자율의 하한을 벗어나 마이너스 금리를 시도하였다. 즉 2016년 4월까지 유로화 국가들의 기준금리를 −0.4%로 유지하였던 것이다. 그리고 덴마크와 스위스는 각각 기준금리를 −0.65%, −0.75%로 정하였다.

유럽중앙은행이 마이너스 금리를 택한 것은 은행들이 어쩔 수 없이 대출을 할 것이라 기대한 때문이다. 은행이 대출을 하지 않고 지급준비금으로 예치하면 매년 0.4%의 손실을 입게 된다. 따라서 은행은 −0.4%보다 높은 금리의 예를 들어 −0.35%나 −0.12%로 대출해 주는 것이 이익이다.

이상하게 보일지 모르지만 실제 그런 일이 벌어졌다. 일부 국가에서 주택담보대출 금리가 마이너스를 기록한 것이다. 주택을 구입하기 위해 대출을 하면 대출이자를 내는 것이 아니라 은행이 대출자에게 마이너스 금리에 해당하는 금액을 지불한 것이다.

요구불예금이나 저축예금의 금리도 마이너스로 떨어졌다. 그렇게 되자 금리의 하한이 0이었던 이유가 명확히 드러나기 시작하였다. 사람들이 은행의 예금을 인출하여 현찰의 형태로 보관하기 시작한 것이다. 예금의 형태로 보유하면 마이너스 금리라는 기회비용을 지불하기 때문이다. 현찰의 형태로 보유하면 손실을 입지 않는데 누가 은행에 예금을 하겠는가?

마이너스 금리로 현금의 인출이 늘어나자 유럽의 은행들은 곤경에 처하게 되었다. 금리가 마이너스 이하로 떨어질수록 은행은 초과지급준비금을 줄여 대출을 늘리고자 하였다. 그러나 그럴수록 현금으로 보유하려고 예금의 인출이 증가하여 은행이 대출에 쓸 초과지급준비금이 줄어들었던 것이다.

금리의 하한이 0이라는 점을 아쉽게 생각하였던 거시경제학자들은 이제 마이너스 금리도 하한이 존재할 수 있다고 여기게 되었다. 이들의 추론에 따르면 마이너스 금리가 일정 수준, 예를 들어 −3.0% 이하로 떨어지면 역효과가 나타나 경기부양이 되지 않는다. 마이너스 금리로 대출이 증가하기보다 예금 인출로 인한 지급준비금의 감소로 은행의 대출총량이 감소할 수 있다는 것이다. 마이너스 금리가 일정 수준에 이르기까지 경기부양에 도움이 될 수는 있다. 그러나 그것도 점차 효과가 줄어들며, 일정 수준에 이르면 경기부양 효과는 나타나지 않는다.

그렇다면 마이너스 금리의 하한은 얼마인가? 중앙은행은 경기부양의 효과를 얻으려면 마이너스 금리를 어느 정도까지 낮출 수 있는가? 실마리는 예금을 통한 전자결제의 편리함에서 찾을 수 있다. 오늘날 많은 유럽인들은 현금을 거의 사용하지 않는다. 상품 구매의 결제에 신용카드나 직불카드를 긋거나 스마트폰의 결제 기능을 이용하는 것이 훨씬 편하다. 사람들이 은행의 예금계좌에 돈을 예치하는 가장 큰 이유는 이를 이용해 전자결제를 할 수 있기 때문이다. 예금을 인출해 현금으로 보유하면 그러한 편리함을 상실하게 되는 것이다.

따라서 마이너스 금리의 하한을 추정하는 한 가지 방법은 다음과 같이 물어보는 것이다. "마이너스 금리가 어느 정도까지 떨어지면 예금으로 인한 구매력의 손실이 예금을 통해 얻게 되는 전자결제의 편리함보다 커질까?" 그것이 어떤 사람에게는 −1.0%일 수 있고 다른 사람에게는 −2.5%나 −4.0%일 수 있다. 분명한 것은 어떤 수준 이하로 마이너스 금리가 하락하면 이로 인한 구매력의 손실이 사람들의 마음속에 크게 자리 잡을 것이라는 것이다. 그래서 마이너스 금리가 더욱 낮아질수록 은행 예금이 갖는 매력이 떨어질 것이고 은행예금을 찾아 현찰로 보유하려는 사람이 늘어나 은행의 초과지급준비금은 줄어들 것이다.

경기부양이 필요할 때 과거처럼 양적 완화를 할 것인가 아니면 유럽중앙은행처럼 마이너스 금리를 시도할 것인가? 단기 이자율을 과거 수준으로 정상화하기 이전에 경기침체가 찾아와서 중앙은행이 마이너스 금리를 시행할 수 있다. 그 때에는 반드시 앞에서 논의한 마이너스 금리의 딜레마를 고려해야 할 것이다. 2021년 3월 현재 유럽중앙은행은 여전히 마이너스 금리를 유지하고 있는데 그것은 코로나19 팬데믹으로 인한 경기침체로 인해 이전보다 낮아진 수준이다.

**질문**

마이너스 금리일 때 금융자산(주식이나 채권 등)과 실물자산(주택 등)의 자산 포트폴리오 구성은 어떤 영향을 받을까? 이로 인해 총수요, 실질 GDP는 어떤 영향을 받을까? 설명하여 보시오.

---

**경기 비대칭성**
통화정책의 효과가 경기 상황에 따라 달라진다는 것으로 통화긴축정책이 인플레이션을 억제하는 데 매우 효과적이지만 통화확장정책이 침체상태에 빠진 경제를 회복시키는 데 효과가 적다는 것

데는 매우 효과적이다. 그러나 통화정책은 극심한 침체상태에 빠진 경제를 회복시키는 데는 효과를 크게 발휘하지 못한다. 경제학자들은 이를 통화정책의 **경기비대칭성**이라고 한다. 이러한 문제는 흔히 '줄 당기기와 줄 밀기'에 비유된다. 예를 들어, 그림 15.2(c)의 왼쪽에 중앙은행이 서 있다고 하자. 중앙은행은 '통화정책'이라는 줄의 한쪽 끝을 잡고 있고 총수요(AD)곡선은 줄의 다른 쪽 끝에 묶여 있다고 하자. 중앙은행이 통화정책이라는 줄을 잡아당기면 줄이 팽팽해진다. 그래서 통화정책은 총수요를 왼쪽으로 끌어 내릴 때 효과적이다. 그러나 줄을 오른쪽으로 밀어내면 줄은 느슨해진다. 그래서 통화정책은 총수요를 오른쪽으로 끌어올릴 때 효과를 발휘하기 어렵게 된다.

이러한 비대칭성은 경제주체들이 은행 지급준비금의 변화에 비대칭적으로 반응하기 때문에 나타난다. 중앙은행은 통화긴축정책을 강력하게 시행하여 은행이 대출을 줄이지 않으면 안 되는 수준까지 은행의 지급준비금을 줄어들게 할 수 있다. 그러면 통화량이 줄고 이자율이 상승하며 총수요는 위축된다. 중앙은행은 언제든지 통화긴축정책의 목표를 달성할 수 있는 것이다.

그러나 중앙은행이 통화확장정책을 통해 은행의 지급준비금을 증가시키더라도 유동성 함정 때문에 정책목표가 달성되기 어렵다. 유동성함정이란 은행의 지급준비금이 증가하

더라도 대출, 투자, 총수요가 거의 증가하지 않는 상태를 말한다. 예를 들어, 2007~2008년 대침체 때 미국의 중앙은행은 수십억 달러의 초과지급준비금을 공급하여 연방기금금리를 0.15%까지 떨어뜨렸다. 그러나 은행의 대출은 경기침체가 시작된 후 15개월이 지나도록 꿈쩍도 하지 않았다. 그 후 5년간이나 제로금리정책과 양적완화 정책을 시행하였지만, 은행의 대출은 크게 늘지 않았다. 대출을 해주면 대출금이 상환되지 못할까봐 두려워했기 때문이다.

유통성함정의 존재는 중앙은행이 만능선수가 아님을 보여준다. 통화확장정책의 문제는 '말을 물가로 데려갈 수는 있지만, 물을 마시게 할 수는 없다'는 것이다. 중앙은행이 초과지급준비금을 창출할 수는 있지만, 그것이 은행의 대출 증가를 보장할 수는 없다. 은행이 대출을 하려해도 가계와 기업이 이를 대출받지 않는다면 통화확장정책의 효과는 마찬가지로 큰 효과를 발휘하지 못한다. 중앙은행이 민간의 채권을 매입하면 민간의 현금 보유가 증가할 수는 있다. 그러나 민간이 이 자금을 재화나 서비스의 구입에 쓰기보다 기존 대출금의 상환에 사용하면 통화확장정책의 효과는 마찬가지로 나타나지 않는다.

심각한 경기침체 때 발생하는 유동성함정 때문에 2009년에 미국 의회는 재정정책 쪽으로 현저하게 그리고 불가피하게 이동하게 되었다. 통화의 확장정책을 최대로 유지한 채 미국 의회는 2009년에 엄청난 규모의 '미국 경제 재건 및 재투자법'을 통과시켰다. 이에 따르면 2009년과 2010년에 걸쳐 행하여진 조세의 인하와 정부지출의 증가는 7,870억 달러에 달하였던 것이다. 이러한 지출로 이자율이 제로 상태로 떨어지고 은행이 초과지급준비금을 대출해주기보다 중앙은행에 예치하고 있는 어려운 상태에서 미국 경제는 어느 정도 도움을 받을 수 있었다.

## 요약

**1.** 균형 이자율의 결정 과정

이자율은 용도, 금액의 크기, 위험의 정도, 만기 그리고 과세 여부 등에 따라 다양하다. 하지만 경제학자들은 흔히 하나의 이자율만 있는 것처럼 말한다. 이것은 논의를 간단히 하려는 것에 불과하다.

화폐수요는 화폐의 거래수요와 자산수요를 더한 것이다. 화폐의 거래수요는 명목 GDP와 양(+)의 상관관계에 있다. 그리고 화폐의 자산수요는 이자율과 음(−)의 관계에 있다. 균형이자율은 화폐의 수요와 공급에 의해 결정된다.

**2.** 통화정책의 목표와 수단

통화정책의 목표는 물가안정, 완전고용 및 경제성장의 달성이다. 중앙은행의 주요 4가지 통화정책수단은 (a) 공개시장운영 (b) 지급준비율 (3) 재할인율 (4) 초과지급준비금에 대한 이자 지급 등이다.

**3.** 통화정책이 GDP와 물가에 미치는 영향

통화정책은 다양한 경로를 거쳐 경제에 영향을 미친다. (1) 통화정책이 은행의 지급준비금에 영향을 준다. (2) 은행의 지급준비금이 변하면 통화량이 달라진다. (3) 통화량의 변동은 이자율에 영향을 미친다. (4) 이자율의 변화는 투자에 영향을 준다. (5) 투자가 달라지면 총수요가 변한다. (6) 총수요의 변화는 균형 GDP와 물가수준에 영향을 준다. 표 15.5는 통화정책에 대한 기본적인 경로를 보여준다.

**4.** 통화정책의 효과와 문제점

통화정책의 장점은 신축적으로 운영할 수 있으며, 정치적으로 잘 수용된다는 점이다. 최근에 미국의 중앙은행은 통화정책을 매우 적극적으로 사용하고 있다. 이를 통해 2007~2009년의 대침체 시기에 주택담보채권의 부실로 위기가 발생하였을 때 금융부문을 안정화시켰고, 경기회복을 촉진하였다. 오늘날 대부분의 경제학자들은 통화정책을 대단히 중요한 경제안정화 수단으로 여기고 있다.

통화정책은 2가지 한계점과 문제점을 지니고 있다. (1) 통화정책에는 인식시차와 외부시차가 존재하여 통화정책의 시행 시점을 정확하게 정하기 어렵다. (2) 경제가 극심한 침체상태에 빠지면 은행이 대출을 꺼리고 기업이나 가계가 자금 차입을 회피하는 유동성함정이 나타나 확장적 통화정책이 큰 효과를 발휘하기 어렵다.

**5.** 거시안정과 미국 중앙은행의 통화정책

2007~2009년에 금융위기가 발생하였을 때 미국의 중앙은행은 재할인율과 기준금리를 인하하는 등 다양한 통화확장정책을 사용하였다. 2008년 12월에는 제로금리정책을 시행하여 경제회복과 성장을 위한 경기부양을 시도하였다. 이자율을 거의 제로 수준으로 낮추었음에도 원하는 경기부양효과가 나타나지 않자 미국의 중앙은행은 양적완화를 시행하였다.

2015년 미국의 중앙은행은 이자율을 인상하여 과거의 정상적인 수준으로 돌아가고자 하였다. 그래서 제로금리 정책과 양적완화 정책을 그만두었다. 2020년 초까지 순조롭게 진행되었지만, 코로나19 팬데믹으로 인한 경기침체로 이자율은 다시 제로수준으로 낮아졌다. 2021년 초 현재 이자율은 거의 제로 상태이며, 경제는 완전히 재개되거나 회복되지 않은 상태이다.

## 주요 용어 및 개념

경기비대칭성
공개시장운영
기준금리
물가안정 목표
양적 완화
유동성함정
자연실업률
재할인율
초과지급준비금에 대한 이자
통화긴축정책
통화정책
통화확장정책
화폐수요
화폐시장
화폐의 거래수요
화폐의 자산수요
확장적 통화정책
환매조건부채권

## 연습문제

**1.** 다음에서 화폐의 수요곡선을 우측으로 이동시키는 요인이라고 할 수 없는 것은?

① 이자율의 하락　　② 명목 GDP의 증가
③ 물가지수의 상승　　④ 실질 GDP의 증가
⑤ 화폐가 거래에 쓰이는 평균 횟수의 감소

**2.** 다음에서 한국은행이 가장 자주 사용하는 통화정책 수단은 무엇인가?

① 지급준비율　　② 공개시장 운영
③ 재할인율　　④ 환율
⑤ 국고채

**3.** 한국은행이 목표로 삼고 있는 물가상승률은 어느 수준인가?

① 1~3%　　② 1.5~3.5%
③ 2~4%　　④ 2.5~4.5%
⑤ 3~5%

**4-5.** 다음은 화폐시장, 투자함수, 총수요 · 총공급곡선을 나타낸다(단위: 조 원).

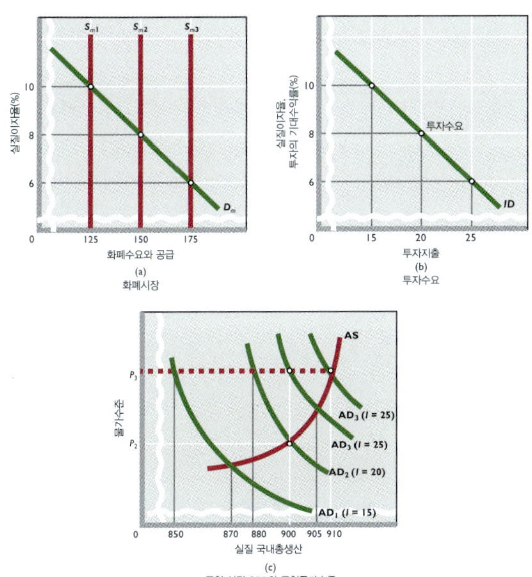


**4.** 통화량이 150조 원일 때 균형 GDP는 얼마인가?(단위: 조 원)

① 870　　② 880
③ 900　　④ 905
⑤ 910

**5.** 총수요가 $AD_3$로 증가하여 물가수준이 $P_2$로 증가하는 등 인플레이션이 발생하였다. 중앙은행이 총수요를 $AD_2$로 줄이는 정책을 시행하였다. 이 때 물가가 하방경직적이라면 균형 GDP는 얼마가 될 것인가?(단위: 조 원)

① 870　　② 880
③ 900　　④ 905
⑤ 910

**6.** 사람들이 거래 목적으로 보유하는 화폐가 최종재 구입을 위해 1년에 평균 4번꼴로 지출된다고 한다. 이 때 화폐의 거래 수요는?

① 명목 GDP의 4%에 해당하는 금액이 된다.
② 명목 GDP의 25%에 해당하는 금액이 된다.
③ 명목 GDP의 4배가 된다.
④ 명목 GDP를 25로 나눈 금액이 된다.
⑤ 위의 자료로는 알 수 없다.

**7.** 다음의 설명 중 틀린 것은?

① 지급준비율의 변화는 은행 전체의 초과지급준비금의 양뿐만 아니라 통화승수에도 영향을 미친다.
② 한국은행은 은행의 예금을 받는다.
③ 한국은행이 인플레이션을 억제하려면 은행으로부터 통화안정증권을 매입해야 한다.
④ 통화긴축정책은 투자를 줄이고 경제의 총수요곡선을 좌측으로 이동시킨다.
⑤ 유동성함정은 통화확장정책의 효과를 줄인다.

**8.** 통화정책과 재정정책을 틀리게 설명한 것은?

① 통화정책은 재정정책보다 정치적 영향을 많이 받는다.
② 통화정책은 재정정책보다 실행시차가 짧다.
③ 대부분의 국가에서 통화정책이 재정정책보다 자주 쓰인다.

④ 유동성함정이 존재하면 통화정책은 큰 효과를 발휘할 수 없다.
⑤ 구축효과가 존재하면 재정정책은 큰 효과를 발휘할 수 없다.

**9.** 액면금액이 1억 원인 3년 만기 회사채가 8천6백5십3만 원에 할인되어 발행되었다.
(1) 이 회사채의 발행금리는 얼마인가? 단, 금리는 복리로 계산한다.
(2) 회사채의 만기가 1년 남은 시점에서 시중금리가 3%로 하락하였다. 회사채의 시장 가격은 얼마일 것으로 예상되는가?

**10.** 다음의 표는 이자율에 따른 화폐의 자산수요를 나타내고 있다.

| 이자율(%) | 화폐의 자산수요(조 원) |
|---|---|
| 8 | 200 |
| 7 | 300 |
| 5 | 400 |
| 4 | 500 |

(1) 명목 GDP가 2,000조 원이고 화폐의 거래수요는 명목 GDP의 10%이다. 중앙은행의 화폐공급량이 500조 원이라고 하면 균형이자율은 얼마인가?
(2) 중앙은행이 통화량을 700조로 증가시키면 균형이자율은 얼마가 될 것인가?

**11.** 다음의 표는 어떤 국가의 이자율 변화에 따른 화폐수요, 투자지출, 실질 GDP 등을 나타낸다. 이 국가의 잠재적 GDP는 350조 원이다.

| 이자율(%) | 화폐수요(조 원) | 투자지출(조 원) | 실질 GDP |
|---|---|---|---|
| 2 | 80 | 50 | 390조 |
| 3 | 70 | 40 | 370조 |
| 4 | 60 | 30 | 350조 |
| 5 | 50 | 20 | 330조 |
| 6 | 40 | 10 | 310조 |

(1) 중앙은행의 통화 공급이 50조 원이면 균형이자율은 얼마인가? 이 때 경제에 GDP 갭은 어느 정도인가?
(2) 경제가 잠재적 GDP 수준을 유지하려면 중앙은행은 통화를 어떻게 조정해야 하는가?

## APPENDIX

# 소비자 심리의 탐구: 행동 경제학

### 학습내용

1. 행동 경제학과 주류 경제학
2. 인간두뇌 작용의 특징: 인지오류
3. 전망이론과 소비자 행동
4. 근시안적 행동과 시간비일관성
5. 공정성과 인간행동

---

이론의 가치는 이론이 현실을 얼마나 정확하게 예측하느냐에 달려 있다. 예를 들어 물리학은 인공위성을 쏘아 올리는 최적의 궤도를 찾거나 실내에서 휴대폰 통신이 가능하게 하는 최적의 주파수를 찾는 데 이용된다. 이런 일을 해결하는 데 물리학 시간에 배운 방정식이 쓸모없다면 아무도 물리학을 수강하지 않을 것이다. 주류 경제학, 즉 신고전파 경제학은 많은 분야에서 인간의 행동을 비교적 정확하게 예측한다. 특히 금전적 인센티브나 가격변화에 대한 기업과 소비자의 반응을 잘 예측한다. 그러나 예측이 크게 벗어나는 일도 적지 않다. 예를 들어 위험과 불확실성에 대처하는 인간행동을 잘 예측하지 못한다. 위험과 불확실성이 존재할 때 선택을 하려면 의지력과 헌신이 필요하고 의사결정에는 공정성, 상호부조, 신뢰 등이 수반되는 게 일반적이다.

행동경제학은 경제학, 심리학 및 생물학의 통찰력을 종합하여 인간의 행동을 예측하려고 시도한다. 부록에서는 인간의 경제행위에 대한 이해를 크게 증대시킨 행동경제학의 여러 분야를 소개한다. 이들 중 뛰어난 것이 전망이론으로 위험과 불확실성에 대처하는 인간행동을 이해하는 데 크게 도움을 주었다. 그래서 이를 처음 개발한 Daniel Kahneman은 노벨 경제학상을 수상하게 되었다.

## 체계적 오류와 행동경제학의 등장

우리는 자신을 괜찮은 결정을 내리는 존재로 여긴다. 때로 실수를 하지만 자신감을 가지고 살아간다. 분별력을 가지고 반응하며 의사결정을 내려야 할 때는 언제나 합당한 선택을 할 수 있다고 굳게 믿고 있다. 경제학 용어로 표현하면 의사결정을 합리적으로 행하여 자신의 욕구를 충족시킬 기회를 극대화한다고 믿고 있다.

그러나 과학자들이 축적한 많은 증거들은 이와는 반대다. 사람들은 끊임없이 의사결정의 오류를 범해서 자신의 욕구를 충족시킬 기회를 늘리기보다 줄이고 있다. 나아가 대부분의 오류는 체계적 오류이다. 즉, 비슷한 상황에 계속 직면하더라도 동일한 오류를 반복적으로 저지른다는 것이다.

행동경제학이 신고전파 경제학과 다른 길을 걷게 된 이유는 수없이 저질러지는 인간의 체계적 오류를 신고전파 경제학이 잘 설명할 수 없기 때문이다. 이러한 문제는 인간이 근본적으로 합리적이라는 가정에서 초래된 것이다. 이러한 가정에서도 인간이 새로운 상황에 부딪히면 처음에는 오류를 범할 수 있다. 그러나 경험이 축적되면 학습을 통해 상황에 적응하게 된다. 그래서 의사결정 오류는 잘 일어나지 않는다. 즉, 의사결정 오류는 계속 반복되지 않아 체계적 오류가 나타날 수 없다.

경험이 풍부한 사람도 체계적 오류를 저지른다는 증거가 20세기 후반에 축적되기 시작하였다. 이에 대해 신고전파 경제학은 사람들이 무엇이 최선인지에 대해 무지하기 때문이라고 여겼다. 어느 정도 교육이 이루어지면 모든 것이 해결될 것이라고 생각한 것이다. 그러나 사람들에게 자신의 행동이 스스로의 이익을 해친다고 알려주었음에도 사람들은 여전히 동일한 오류를 저질렀다.

결국 일부 학자들은 사람들이 근본적으로 합리적이라는 신고전파 경제학의 가정을 포기하게 되었다. 이를 통해 이들 경제학자들은 인간행동을 보다 정확하게 예측할 수 있는 다른 이론을 개발할 수 있었다. 인간이 어떤 상황에서는 체계적 오류를 저지를 수 있다는 점을 설명할 수 있게 된 것이다. 이러한 노력의 결과들이 지금에 이르러 행동경제학을 낳게 되었다. 행동경제학의 가장 큰 특징은 실제 많은 행동에서 인간은 비합리적이며 체계적 오류에 빠지기 쉬우며 그러한 행동을 잘 수정하지 않는다고 여기고 있는 점이다.

### 행동경제학과 신고전파 경제학의 비교

인간의 합리성에 대한 상반된 견해가 행동경제학과 신고전파 경제학의 가장 큰 차이이기는 하지만 그 밖의 점에서도 차이를 보인다. 행동경제학은 신고전파 경제학이 인간의

**표 A.1 신고전파 경제학과 행동경제학의 주요 차이점**

| 주제 | 신고전파 경제학 | 행동 경제학 |
|---|---|---|
| 합리성 | 사람은 기본적으로 합리적이며 자신의 목적을 달성하기 위해 선택과 행동을 수정한다. 결과적으로 체계적 오류를 저지르지 않는다. | 사람들은 비합리적이며 자신의 목적을 달성할 수 있는 기회를 놓치는 오류를 저지른다. 일부 오류는 반복되는 체계적 오류이다. |
| 선호의 안정성 | 사람들의 선호는 안정적이며 주변 상황에 따라 달라지지 않는다. | 사람들의 선호는 불안정하며 일관성이 없을 때가 많다. 주변 상황의 영향(프레이밍 효과)을 받기 때문이다. |
| 지적 계산 능력 | 사람들은 계산에 몰두하며 정확하게 계산하는 존재이다. | 사람들은 수학에 약하며 되도록 어려운 계산을 피하려 한다. |
| 미래에 대한 평가능력 | 사람들은 현재뿐 아니라 미래의 선택을 잘 평가한다. | 사람들은 미래의 결과를 덜 중요시한다. |
| 의지력 | 사람들은 유혹을 잘 이겨낸다. | 사람들은 의지력이 약해 유혹에 잘 빠진다. |
| 이기심 | 사람들은 대부분 아주 이기적이며 자기 중심적이다. | 사람들은 공평무사하고 관대한 편이다. |
| 공정성 | 사람들은 공정성에 관심이 없다. 이에 관심을 갖는 때는 그렇게 하면 자신이 원하는 것을 얻을 수 있을 때뿐이다. | 사람들은 공정성에 큰 관심을 갖는다. 자기에게 이익이 안 될 때에도 다른 사람에게 베푼다. |

능력이나 동기에 대해 다음과 같이 아주 비현실적인 가정을 한다고 주장한다.

- 인간의 선호는 안정되어 있어서 상황의 영향을 받지 않는다.
- 인간은 계산에 몰두하며 기계처럼 정확하게 계산하는 존재이다.
- 인간은 강한 의지력을 가지고 계획을 잘 실천한다.
- 인간은 대부분 아주 이기적이며 자기중심적이다.

앞과 같은 가정들은 '단순화 가정'이라고 하는데 신고전파 경제학이 이렇게 가정하는 이유는 2가지 때문이다. 첫째, 이러한 가정이 있어야 신고전파 경제학의 모형은 수학적으로 우아하게 되며 이를 통해 답을 쉽게 구할 수 있다. 둘째, 이러한 가정을 바탕으로 신고전파 경제학모형은 인간행동을 정밀하게 예측할 수 있다.

그러나 불행하게도 정밀성이 정확성을 의미하는 것은 아니다. 저명한 행동경제학자인 Richard Thaler는 이 점을 지적하고 있다. '우아하지만 분명 잘못된 것을 택할 것인가 아니면 어수선하지만 어렴풋하게 옳은 것을 택할 것인가?'

행동경제학은 지나치게 어수선하고 치밀함도 떨어진다. 결론적으로 행동경제학은 신고전파 경제학의 단순화 가정을 대체하여 인간의 능력, 동기 그리고 정신 과정에 대한 보다 현실적이고 복잡한 모형을 제시한다. 표 A.1은 신고전파 경제학과 행동경제학의 주요 차이점을 보여주고 있다.

**의사결정에 영향을 주는 정신과정에 초점** 행동경제학과 신고전파 경제학의 주요 차이점은 의사결정의 예측에 부여하는 비중이나 중요성에만 있는 것이 아니다. 이러한 결정에 도달하게 하는 정신 과정을 이해하는 방식에도 차이를 보인다. 신고전파 경제학은 거의 대부분 행동의 예측에 초점을 맞춘다. 그러나 행동경제학은 행동의 원동력인 정신과정도 중요하게 여긴다.

신고전파 경제학이 예측에 초점을 맞추는 것은 사람들이 합리적으로 행동한다는 가정 때문이다. 이러한 가정을 통해 어떤 행동을 하느냐는 것과 어떻게 그런 행동에 이르게 되느냐는 것은 완전히 분리될 수 있다. 예를 들어 완벽하게 합리적인 인간은 언제나 자신의 욕구를 가장 잘 충족시킬 수 있는 행동을 선택한다. 현실적으로 어떻게 그런 행동에 도달할 수 있느냐의 문제는 흥미롭기는 하지만 이를 알 필요가 없다. 이를 모르더라도 인간이 완벽하게 합리적이라면 그러한 행동을 선택할 것이기 때문이다. 즉 어떤 과정을 거치든 자신의 이익에 가장 부합하는 행동으로 끝을 맺는다. 결과적으로 신고전파 경제학은 의사결정의 배후에 있는 정신과정을 망설이지 않고 무시한다.

행동경제학자들은 정신과정을 무시하는 신고전파 경제학에 전혀 찬성하지 않는다. 인간의 합리성이 완전하지 않기 때문에 다음의 2가지 점에서 의사결정의 배후에 있는 정신과정을 이해할 필요가 있다는 것이다.

- 인간의 정신과정을 이해하면 인간 행동을 더 잘 예측할 수 있다.
- 더 나은 의사결정을 하게 하는 지침을 마련할 수 있다.

**더 나은 의사결정을 통한 결과의 개선** 신고전파 경제학과 행동경제학은 인간의 후생수준을 개선하는 방식에서 차이를 드러낸다. 신고전파 경제학의 관심은 인간의 선택 범위를 넓히는 데 있다. 완벽하게 합리적인 인간은 자신의 후생이 최대가 되는 선택을 할 것이므로 어떤 것이 주어진 상태에서는 추가적으로 후생을 증대시킬 수 있는 방법이 없다. 결국 인간의 행복을 증진시키는 유일한 방법은 주어진 상태를 확장시켜 추가적인 선택을 제공하는 길밖에 없다.

이에 비해 행동경제학은 추가적인 선택이 주어지지 않더라도 인간의 행복을 증진시킬 수 있다고 여긴다. 비합리적인 선택이 존재할 수 있으므로 보다 더 잘 선택하도록 개선하면 효용이나 행복수준이 증가할 수 있다는 것이다.

의사결정을 개선함으로써 결과를 개선할 수 있다고 강조하는 것이 행동경제학의 주요 특징 중의 하나다. 부록 뒤편의 분석의 응용에 제시된 여러 사례들은 사람들로 하여금 더 나은 선택을 하도록 도와줌으로써 상당한 이익을 얻을 수 있다는 것을 보여주고 있다.

**행동경제학과 신고전파 경제학의 상호보완** 행동경제학과 신고전파 경제학이 근본적으로 대립한다거나 양립할 수 없다고 여기는 것은 성급한 결론이다. 오히려 많은 경제학자들은 이들이 상호보완적이며 함께 사용하면 인간행동을 이해하는 데 도움이 된다고 생각한다.

이들이 상호보완적이라는 점은 지방에 있는 대형 매장에서의 소비자행동을 살펴보면 알 수 있다. 이들 2가지 접근방법을 동시에 사용하면 소비자의 행동을 잘 이해할 수 있다.

**대형매장에서 신고전파 경제학의 설명** 신고전파 경제학이 소비자 구매행위를 이해하는 방식은 '인센티브가 중요하다'는 말로 표현된다. 구체적으로 소비자들은 가격에 큰 관심을 갖는다. 가격이 상승하면 구매를 줄이고 가격이 하락하면 구매를 늘인다.

이러한 통찰은 소비자의 행동을 이해하는 데 많은 도움을 준다. 그러나 사람들이 인센티브와 가격에 합리적으로 반응한다고 여기는 신고전파 경제학으로는 설명할 수 없는 소비자 행동도 있다. 이럴 때 행동경제학은 사람들의 행동을 이해하는 데 도움을 줄 수 있다.

**대형매장에서 행동경제학의 설명** 신고전파 경제학이 잘 설명할 수 없는 소비자 행위의 사례는 우연히 마주친 상품을 구매하는 경향이다. 이것은 충동구매라 할 수 있는데 소비자들이 구매를 할 때 한계효용과 가격을 신중히 비교한다는 신고전파 경제학의 가정과 모순된다. 하지만 이러한 충동구매는 주변에서 흔히 볼 수 있으며 판매자들은 이를 적극 활용하기도 한다.

예를 들어 거의 모든 대형매장은 소비자의 충동구매를 활용하기 위해 우유나 달걀 같은 일상 식품을 매장의 끝부분에 진열한다. 그렇게 하면 소비자들이 이를 사기 위해서 수백 개의 다른 상품을 지나게 되어 이들의 충동구매를 자극할 수 있다. 일부 상품이 소비자의 눈길을 끌게 마련이고 그러면 소비자들은 처음 매장에 왔을 때 구매의사가 없었던 상품을 구매하게 되어 매출이 늘어나게 된다.

마케팅 담당자도 진열대에 눈높이로 쌓여 있는 상품의 충동구매가 가장 크다는 것을 알고 있다. 그래서 식료품 제조업자들은 이 자리를 차지하기 위해 경쟁적으로 대형매장에 뒷돈을 준다고들 한다. 과자류를 판매하는 진열대에서 가장 비싼 곳은 어른의 눈높이에 있는 곳이 아니다. 이보다 낮은 곳으로 부모와 같이 온 아이들의 눈높이에 있는 곳

## 분석의 응용

### Wannamaker의 한탄

마케팅 전문가들은 소비자행동에 대한 정보를 이용하여 매출을 늘리고자 하며 신상품을 홍보한다. 이러한 사실을 알게 되는 사람들은 대부분 소름이 돋아서 정말 광고의 조정을 받아 원하지 않은 신상품을 구매하게 되었는지 놀라워한다. 그런데 마케팅 전문가들은 얼마나 알고 있을까?

이들의 성공률을 보면 그렇지 않는 것 같다. 대부분의 광고는 매출에 별 영향을 주지 않는다. 신상품의 80%는 출시된 지 3개월 이내에 매출이 감소한다. 거의 대부분의 할리우드 영화는 시장조사와 광고에 매년 수십 억 달러를 쓰지만 흥행실패로 끝나는 경우가 많다.

19세기 후반 John Wannamaker는 마케팅 전문가들이 겪는 어려움을 잘 표현하였다. 그는 광고의 천재이면서 백화점 경영자였는데 처음으로 가격표와 환불제도를 도입하였다. 그의 다음과 같은 불평은 유명하다. "내가 광고에 쓴 돈의 절반은 낭비였다. 문제는 어느 쪽(구매로 이끈 반쪽 아니면 구매로 이끌지 못한 반쪽)이 낭비인지 모른다는 것이다."

Wannamaker의 한탄을 넘어서기 위해 최근에는 무엇이 매출을 늘릴 수 있는지에 대한 여러 실험이 무수히 시행되고 있다. 아마존닷컴은 매달 수백 번씩 웹 사이트의 구성을 달리하면서 소비자집단의 매출이 어떻게 달라지는지 체계적으로 살펴보고 있다. 라스베가스 카지노는 에어컨에 어떤 향기를 집어넣어야 도박이 가장 크게 늘어나는지 실험을 통해 체계적으로 알아보고 있다. 바닐라 향이 가장 큰 효과를 발휘하며 일부 향기는 매출수입을 20%까지 늘리는 것으로 알려져 있다.

이다. 아이들은 어른보다 충동구매의 경향이 커서 과자 제조업자들은 아이들의 눈높이에 있는 진열대를 차지하기 위해 기꺼이 비용을 지불한다.

**상호보완적 설명** 행동경제학은 충동구매를 비롯한 비합리적 행위를 설명한다. 이러한 행위의 기저에는 인지적 편향, 휴리스틱, 정보처리를 두고 벌리는 두뇌영역 간 경쟁 등이 있다고 여긴다.

이러한 기저적 요인들을 부록에서 설명할 것이다. 그러나 우선 마음에 새겨야 할 것은 인간행동을 이해하기 위해서는 행동경제학뿐 아니라 주류 경제학의 방법도 함께 필요하다는 점이다. 구매자들의 인센티브와 가격에 대한 적극적 반응 등 일부 인간의 행동은 인간이 완벽하게 합리적이라고 여기는 신고전파 경제학모형에 의해 잘 설명된다. 그러나 충동구매처럼 일부 행동은 합리성과는 전혀 거리가 먼 것으로 이러한 행동은 행동경제학의 방법으로 더 잘 설명되는 것이다.

## 효율적이지만 오류를 범하기 쉬운 두뇌

인간의 두뇌는 우주에서 가장 복잡한 존재라 할 수 있다. 신경세포인 뉴런이 1천억 개이며 이들은 1만 개가 넘는 연결망을 가지고 있다. 이들의 상호 협력을 통해 우리는 주변을 인식하고 창의성을 발휘하며 주변의 사람 또는 사물과 상호작용을 한다.

그러나 두뇌는 오류를 범하기 쉽다. 이러한 취약점은 눈의 착각에서 가장 잘 드러나는데 이를 보여주고 있는 것이 그림 A.1이다. 그림 A.1에 있는 지시사항을 따르다 보면 우리의 두뇌가 사물의 색채를 일관성 있게 인식하지 못한다는 점을 금방 깨달을 수 있다.

시각정보가 왜곡된다는 것은 인간두뇌의 한계에 대해 시사하고 있는 바가 크다. 인간 두뇌는 시각정보를 처리하고 해석하는 데 가장 많은 신경세포를 이용하고 있기 때문이다. 그래서 두뇌가 시각정보의 처리에 오류를 범하고 있다면 다른 모든 분야에서도 오류를 범하고 있다고 여길 수 있다.

**그림 A.1 눈의 착각**

인간의 두뇌는 시각정보 등을 처리할 때 다양한 휴리스틱(우회경로)을 사용한다. 대부분의 휴리스틱은 주변 상황을 활용하여 특정 정보를 해석한다. 주변 상황이 변하면 휴리스틱을 거치는 두뇌의 해석도 달라진다. 아래의 그림에서 중간 부분을 손가락으로 가리면 그림의 색깔이 달라진다.

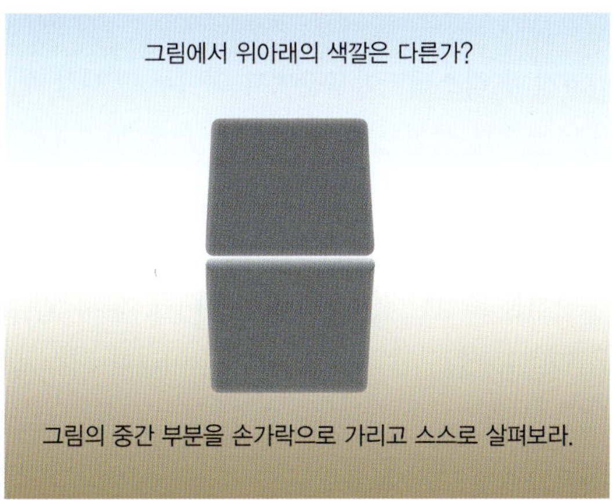

### 에너지를 절약하는 휴리스틱

정보처리과정에서 나타나는 두뇌의 오류는 진화의 산물이다. 인류의 조상이 충분한 식량을 구하기 어려웠던 것은 분명하다. 이것이 문제가 되는 것은 우리의 두뇌가 에너지를 지극히 많이 소비하기 때문이다. 실제 두뇌는 몸무게의 5%에 불과하지만 인간이 매일 소비하는 에너지의 20%를 필요로 한다. 인류의 조상이 생존을 위해 사냥하거나 쓰레기 더미를 뒤지던 시절에는 생존에 필요한 에너지를 얻는 일은 쉽지 않았다.

이에 반응하여 인간의 두뇌는 진화하면서 두뇌의 에너지 소모가 적도록 다양한 우회경로를 발전시킨다. 이를 휴리스틱이라고 한다. 이것은 어림짐작을 하는 것이므로 가장 정확한 두뇌 작용이라고 할 수 없다. 그러나 에너지를 구하기 어려울 때 어느 정도의 어림짐작은 에너지 소모가 적어서 비용이 많이 드는 완벽한 두뇌작용보다는 우월한 선택이었다.

그림 A.1에서 두뇌가 시각정보를 처리할 때 오류를 범하기 쉽다는 점을 보여주었는데, 이러한 오류가 초래된 것은 두뇌가 시각정보를 처리할 때 다양한 휴리스틱을 사용하였기 때문이다. 일상생활에서는 그림 A.1에서 보여준 눈의 착각은 거의 발생하지 않는다. 그래서 이러한 눈의 착각을 줄이려고 두뇌를 더 사용하는 것은 자원을 낭비하는 것이다. 경제학 용어로 말하자면 두뇌 사용의 증가에 따른 수익은 체감한다. 정확성 증가에 따른 기회비용이 매우 크기 때문에 휴리스틱을 이용하는 것이다.

**일상적인 휴리스틱 사례** 다음의 사례를 보면 두뇌가 우리의 거의 모든 행동이나 의사결정에 휴리스틱을 사용하고 있다는 것을 알 수 있다.

**야구공 잡기와 시선고정 휴리스틱** 야구장에서 외야수가 자기 쪽으로 날아오는 공을 잡고자 할 때 직면하는 문제를 살펴보자. 공을 잡기 위해 물리학을 법칙을 이용하여 공이 향하는 방향을 계산하고 그곳으로 달려가는 것은 많은 두뇌작용을 필요로 한다.

외야수가 실제 하는 것은 야구공에 시선을 고정시킨 다음에 공을 자신의 앞에서 잡을 수 있도록 자신의 위치를 조정한다. 이 때 그는 야구공에 시선을 처음 고정시켰을 때의 각도를 그대로 유지한다. 빨리 달릴 수만 있다면 이러한 시각고정 휴리스틱을 통해 공을 잡을 수 있는 정확한 위치를 항상 찾을 수 있다. 야구공을 잡기 위해 물리학을 배울 필요가 없는 것이다.

**자전거 타기와 방향조정 휴리스틱** 자전거를 탈 때 넘어지지 않기 위한 간단한 휴리스틱이 있다. 그것은 넘어지려고 하면 그 쪽으로 핸들을 돌리는 것이다. 이러한 방향조정 휴리스틱이 효과적인 것은 넘어지는 방향으로 핸들을 돌리면 원심력이 작용하여 넘어지기까지 어느 정도 시간이 걸리고 이틈을 이용하여 자전거의 균형을 다시 잡을 수 있기 때문이다. 이러한 방향조정 휴리스틱을 명시적으로 배울 기회는 거의 없지만 어린아이들은 자전거를 배울 때 이를 무의식적으로 배우게 된다.

**순위 추측과 인지 휴리스틱** 독일의 뮌헨과 슈투트가르트 중에서 인구가 많은 도시는? 독일에 대해 전혀 알지 못하는 사람도 정답을 곧잘 고른다. 즉, 인지 휴리스틱을 이용하여 정답인 뮌헨이라고 추측한다. 인지 휴리스틱이란 익숙한 선택문항이 좀 더 중요하거나 순위가 높다고 여기는 것을 말한다.

인지 휴리스틱이 항상 정답을 말해주지 않지만 효과적인 측면이 있다. 주요 인물이나 장소가 언론에 더 자주 언급되기 때문이다. 따라서 보다 익숙한 선택문항이 순위가 높거나 더 중요하다고 여긴다.

대부분의 광고는 인지 휴리스틱을 활용한다. 기업은 수조 원을 지출하여 소비자로 하여금 자신의 제품에 친숙하게 만든다. 소비자는 구매할 때 자신에게 친숙한 제품에 마음이 쏠리기 때문이다.

**깊이 인식과 그림자 휴리스틱** 세상은 3차원이다. 그러나 우리 눈의 망막세포는 2차원으로 인식한다. 따라서 우리의 두뇌는 망막의 2차원 이미지를 해석할 때 여러 휴리스틱을 이용하여 깊이를 인식한다.

그림 A.2는 그림자 휴리스틱이 그림자가 드리워진 2차원의 원을 어떻게 해석하는지 보여주고 있다. 즉, 그림자가 위쪽에 있는지 또는 아래쪽에 있는지에 따라 원이 들어가 있거나 솟아 있다고 여긴다. 그림 A.2에서 몇 개의 원이 솟아 있는지 세어보자. 그리고

**그림 A.2 그림자 휴리스틱**

두뇌는 빛이 항상 위에서 비친다고 여기고 빛에 관한 정보를 휴리스틱을 이용하여 분석한다. 이러한 조건에서 볼록 솟아난 것의 그림자는 아래쪽으로 나타나고 들어간 것의 그림자는 위쪽에 나타나기 마련이다. 따라서 아래의 그림에서 두뇌는 5개의 원을 볼록 솟아있는 것으로 인식하고 아래 줄의 가운데 원은 들어가 있는 것으로 인식한다. 아래의 그림을 뒤집어보면 놀랍게도 반대의 결과가 나타난다.

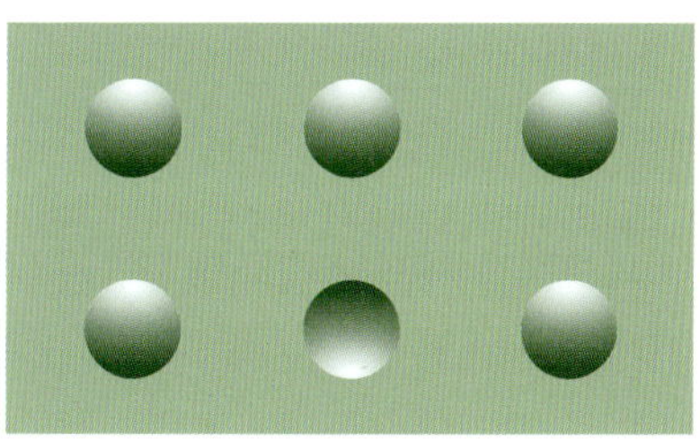

그림을 뒤집어 놓고 다시 새어보자. 보통의 시각을 가진 사람에게는 솟아있던 원이 이제는 들어가 있는 것처럼 보일 것이다.

왜 이런 현상이 나타날까. 그림자 휴리스틱은 태양빛을 제외한 다른 빛이 거의 존재하지 않을 때 진화한 것이다. 따라서 그 시절에 빛은 항상 위에서 비추는 것으로 여겨졌다. 그런 경우에 표면에서 볼록 솟아난 것의 그림자는 아래쪽으로 나타나고 들어간 것의 그림자는 위쪽에 나타나기 마련이다. 두뇌는 모든 사물에 그림자 휴리스틱을 사용하므로 그림 A.2에 있는 원은 2차원 평면에 있는 것이지만 그림자가 있어서 이를 3차원의 사물로 인식하며 그림자가 위 또는 아래에 있느냐에 따라 들어가거나 솟아 있는 것으로 인식하는 것이다.

**고착된 휴리스틱이 주는 시사점** 부록을 공부하면서 염두에 두어야 하는 것은 대부분의 휴리스틱이 두뇌에 고착되어 있다는 점이다. 따라서 이를 고의적으로 잊어버리거나 회피할 수 없다. 휴리스틱을 피할 수 없다는 것은 3가지 주요한 시사점을 던진다.

1. 잘못을 지적받더라도 자신에게 해로운 행동이나 습관을 고치기 어렵다.
2. 인간은 인간의 고착된 행동양식을 잘 이해하는 사람들의 먹잇감이 되기 쉽다.
3. 사람들의 행동을 긍정적으로 변화시키려면 휴리스틱이 작동하여 무의식적으로 바람직한 결과에 이를 수 있도록 환경을 만들어주어야 한다.

## 두뇌의 모듈

현대 인간의 두뇌는 모듈 형태로 작동한다. 그래서 두뇌의 특정부분이 시각, 호흡 그리고 분노 등 특정한 감각과 행동 그리고 감정을 담당한다.

이러한 모듈 구조는 현생 인류의 조상이 지녔던 단순한 두뇌로부터 진화하여 수백만 년 동안 점차 형성되었다. 두뇌에서 가장 오래된 부분은 두개골의 뒤쪽, 즉 척추와 두개골의 연결 부위에 위치하고 있다. 이에 비해 최근에 형성된 부분은 이마에 가까운 전두엽 부분이다.

오래 전에 형성된 두뇌의 뒤쪽 부분은 호흡이나 땀의 배출과 같은 무의식적인 행동뿐 아니라 공포나 즐거움 같은 반사적인 정서적 반응을 지배한다. 최근에 형성된 앞쪽 부분은 창의적 사고, 미래에 대한 상상, 사회적 관계를 맺고 있는 인물에 대한 기억 등을 지배한다. 즉, 대부분의 의식적인 행동을 지배한다.

**시스템1과 시스템2** 두뇌의 의사결정 체계는 시스템 1과 시스템 2라는 2가지 범주로 나누어진다고 보면 이해하기 쉽다. 시스템 1은 오래전에 형성된 부분에 존재하는 수많은 휴리스틱을 이용하여 신속하면서도 무의식적인 반응을 이끌어낸다. '직감'을 경험한 적이 있다면 그것은 시스템 1이 작동한 것이다. 이에 비해 시스템 2는 최근에 형성된 두뇌부분을 이용하여 비용과 편익에 대한 느리지만 신중하고 의식적인 계산을 행한다. '심사숙고'한 적이 있다면 그것은 시스템 2를 이용한 것이다.

때에 따라 무의식적인 시스템 1의 직관이 의식적인 시스템2의 논리와 갈등을 빚기도 한다. 예를 들어, 시스템 1은 재빨리 모든 과자를 먹도록 지시하지만 시스템 2는 하나만 먹고 다이어트를 하도록 주의를 준다. 그러나 많은 증거들에 따르면 대부분의 의사결정은 시스템 1의 직관이나 휴리스틱에 의해 거의 또는 전적으로 이루어진다. 문제가 되는 것은 이러한 무의식적인 정신작용이 다양한 인지적 편향을 초래한다는 점이다.

**인지적 편향** 인지적 편향이란 체계적 오류를 초래하는 잘못된 인식이나 오해를 뜻한다. 인지적 오류는 다양하지만 크게 2가지 범주로 분류할 수 있다. 첫 번째 범주는 잘못된 휴리스틱에서 초래되는 정신과정의 오류이다. 앞에서 설명하였듯이 잘못된 휴리스틱은 진화과정에서 신속함과 효율성을 위해 정확성이 희생된 결과 나타난 것이다.

두 번째 범주는 두뇌가 지금껏 다루어보지 못한 문제에 적합하도록 진화하지 못해서 발생하는 정신과정의 오류이다. 즉, 계산문제를 풀거나 컴퓨터 프로그램을 짜는 것처럼 현대적 문제나 도전을 해결할 수 있는 능력을 두뇌가 갖추지 못하였다는 것이다. 인류의 조상은 수학, 공학, 통계학 등을 접해보지 못하였다. 그래서 이러한 문제를 다루는 시스템 1의 휴리스틱은 전혀 존재하지 않는다. 게다가 느리지만 의식적인 시스템 2의 정신과정은 이러한 문제를 다루는 데 크게 도움이 되지 못한다. 그 이유는 시스템 2는 사회적 관계를 맺고 있는 인물을 기억하거나 어느 때 사냥을 하는 게 도움이 되는지 등 전혀 다른 문제를 다루도록 진화하였기 때문이다.

따라서 대부분의 사람들에게 수학이나 물리학처럼 최근에 발전한 지적 도전들은 매우 피곤하게 다가온다. 나아가 인지적 편향도 자주 발생하는데 그것은 다른 목적에 적합한 시스템 2를 현대적 문제를 해결하는 데 사용하면 원활하게 작동하지 않기 때문이다.

심리학자들은 수십 가지의 인지적 편향을 찾아냈다. 경제학이나 의사결정과 관련된 몇 가지 편향만을 살펴보자.

**확증 편향** 확증편향이란 자신의 신념과 일치하는 정보에만 주의를 기울이는 경향을 말한다. 자신의 신념과 일치하지 않는 정보는 무시하거나 스스로 합리화하여 이를 배제한다. 확증편향이 문제가 되는 것은 의사결정이 잘못되었다는 객관적인 증거들이 쌓여도 잘못된 의사결정을 반복할 수 있기 때문이다. 잘못된 정책이나 부정확한 견해를 포기하고 다른 대안을 찾아야 한다는 증거가 엄청나게 많음에도 이를 고집하는 사람이 있다면 그는 확증 편향에 빠져 있을 가능성이 크다.

**자기위주 편향** 자기위주 편향이란 자신의 성공은 자신의 노력이나 성격 때문이라고 여기는 반면 자신의 실패는 외부적 요인 때문이라고 여기는 경향을 말한다. 이러한 편향은 자존심을 유지하는 데 도움이 되지만 실수를 그만두기 어렵게 만든다. 자신은 어떻게 할 수 없는 실수였다고 잘못 인식하기 때문이다.

**과잉확신** 과잉확신이란 자신의 판단이나 견해의 정확성에 대해 지나치게 확신하는 경향을 말한다. 예를 들어 어떤 질문에 대한 자신의 답을 '99% 정확하다'고 확신한 사람들의 40% 이상이 실제는 잘못된 답을 하였다. 이러한 과잉확신이 잘못된 의사결정을 초래하는 것은 처음의 예감이 실제 올바른지 조금도 검증하지 않고서 행동하도록 만들기 때문이다.

**사후과잉확신 편향** 사후과잉확신 편향이란 사건의 사후에 이를 사전에 예측할 수 있었다고 여기는 경향을 말한다. 예를 들어, 철수와 수철이 선거에서 맞붙었다고 하자. 개표 전에는 많은 사람들이 철수가 질 것이라고 예측하였다. 그러나 철수가 승리한 것으로 판명된 다음에는 잘못 예측하였던 많은 사람들이 '그렇게 될 줄 알았다'고 스스로 생각한다. 이처럼 '그렇게 될 줄 알았다'는 식의 잘못된 인식은 자신의 예측력을 지나치게 과대평가하게 만든다.

**가용성 휴리스틱** 가용성 휴리스틱이란 어떤 사건의 발생확률을 객관적 사실에 근거하여 평가하는 것이 아니라 유사한 사건이 얼마나 빨리 생각나느냐, 즉 자신의 기억에서 얼마나 쉽게 가용한가에 따라 평가하는 것을 말한다. 격한 감정이 담긴 생생한 이미지가 가장 쉽게 떠오르기 때문에 사람들은 살인사건, 항공기사고, 어린이 유괴 사건 등이 실제보다 자주 발생한다고 여긴다. 반면에 기억나지 않는 사건들의 발생확률은 낮다고 여긴다.

예를 들어, 살해될 확률이 위암으로 죽을 확률보다 훨씬 낮지만 대부분의 사람들은 그 확률을 비슷하게 여긴다. 사람들은 실제 사건이나 미디어 등에서 살인을 자주 접해서 이를 생생하게 기억하지만 위암으로 죽은 사람들에 대한 기억은 거의 가지고 있지 않기 때문이다.

가용성 휴리스틱 때문에 실제 발생확률은 낮으나 눈에 띄는 위험에 대해서는 지나

그림 A.3 프레이밍 효과에 따른 글자의 착각

위아래 줄의 가운데 글자는 동일하다. 그러나 A와 C 사이에 놓여 있으면 두뇌는 이를 B로 인식한다. 그리고 12와 14 사이에 놓여 있으면 이를 13으로 인식한다. 우리 두뇌가 실제 보는 것은 주변 상황(프레임)에 크게 좌우된다.

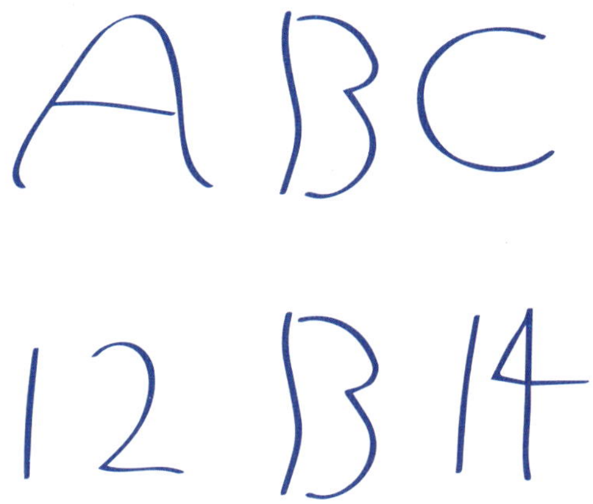


칠 정도로 대비를 하지만 발생확률이 꽤 높은 둔감한 위험에 대한 대비는 소홀히 하게 된다.

**계획오류** 계획오류란 작업의 완수에 걸리는 시간을 지나치게 과소평가하는 경향을 말한다. 정신없이 벼락치기로 시험공부를 하는 사례가 이를 잘 보여준다. 벼락치기로 시험공부를 하는 학생들은 시험 준비시간을 과소평가한 것이다. 계획오류는 건설공사나 사업계획을 비롯하여 정부의 개혁조치가 원래 계획보다 상당히 늦게 시행된다는 점을 잘 설명해준다.

**프레이밍 효과** 프레이밍 효과란 전후사정, 즉 프레임을 어떻게 달리하느냐에 따라 특정정보나 동일한 환경에 대한 반응이 달라지는 것을 말한다.

그림 A.3이 이를 보여주고 있다. 위아래 줄의 중간글씨는 동일하다. 그러나 주변의 글씨가 무엇이냐에 따라 달리 인식된다. 윗줄에서처럼 알파벳 사이에 놓여있으면 두뇌는 이를 B로 인식하지만 아랫줄처럼 숫자 사이에 놓이면 13으로 인식한다.

전후사정이 바뀌면 행동이 극적으로 달라질 수 있다. 실험에 따르면 정상적인 사람이라도 낙서와 쓰레기가 많은 장소에서는 쓰레기 무단투기와 절도 그리고 무단침입을 저지를 가능성이 2배로 증가한다. 깨끗하게 정돈된 지역을 허름하거나 무질서한 지역으로 바꾸어 놓으면 정상적인 사람도 무의식적으로 범죄를 저지를 수 있다는 것이다.

프레이밍 효과는 소비자의 구매도 변화시킨다. 슈퍼마켓에서 예쁜 스티커를 붙여 놓은 사과는 비싼 값에 팔린다. 그리고 모양 좋은 플라스틱 용기에 담긴 고기는 빨리 팔린다. 명품상점에서 소비자는 고가의 포장용기에 쌓인 제품의 가치를 높게 여긴다. 쇼핑 장소를 고급스럽게 꾸미는 것도 마찬가지의 효과를 가져다 준다. 그래서 명품상점은 건물의 내부구조나 상품진열에 막대한 비용을 쓰는 것이다.

## 전망이론

신고전파 경제학의 관심은 주로 소비자의 선택에 집중하는데 이때 비재화를 배제하고 재화의 선택만을 다룬다. 즉, 돈을 어떻게 쓸 것인가를 결정할 때 소비자는 양(+)의 한계효용을 주는 재화만을 고려한다고 여긴다. 그 후에 효용극대화의 규칙에 따라 주어진 예산으로 각 재화를 얼마만큼 구입해야 효용을 극대화할 수 있는지 살핀다.

그러나 인생을 살다보면 비재화의 선택에 직면하는 경우도 흔하다. 주택에 화재가 날 수도 있다. 투자가 실패하기도 하고 빌려준 돈을 받지 못할 때도 있다.

행동경제학은 부정적 결과가 초래될 가능성이 있을 때 사람들이 어떤 선택을 하는지에 큰 관심을 가지고 있다. 재화뿐 아니라 비재화를 선택해야 하는 전망이 존재할 때 사람들이 이에 어떻게 대처하는지에 대한 수많은 관찰 기록이 존재한다. 3가지 흥미로운 결과를 정리하면 다음과 같다.

- 사람들이 재화와 비재화를 판단하는 기준은 상대적인 것으로 현재의 상태에 비추어 이익 또는 손해 여부를 따진다.
- 사람들이 경험하는 이익의 한계효용은 체감한다. 즉, 이익이 증가하면 기분이 좋아지지만 이익이 증가할수록 예전만큼 기분이 좋아지지 않는다. 그리고 손실의 한계비효용도 체감한다. 즉, 손실이 증가하면 기분이 상하지만 손실이 증가할수록 예전만큼 기분이 상하지 않는다.
- 사람들은 손실회피 심리를 보인다. 손실회피심리란 현재의 상태에서 동일한 크기의 손실 또는 이익이 발생하였을 때 손실로 인한 상실감이 이익으로 인한 행복감보다 훨씬 크다는 것이다. 실제 2.5배 정도 더 컸다. 즉 현재의 자산에서 1,000원의 손실이 발생하였을 때 투자자가 느끼는 고통은 1,000원의 이익을 보았을 때의 만족감보다 2.5배 정도 강렬하다는 것이다.

사람들이 재화나 비재화에 대처하는 3가지 방식이 전망이론의 기초를 이룬다. 전망이론은 소비자들이 인생의 부침에 대해 어떻게 대처하는지를 설명해 주고 나아가 사람들이 왜 편협하며 '큰 그림'을 왜 보지 못하는지도 설명하여 준다. 전망이론은 대단한 설득력을 지니고 있다. 이 때문에 이를 처음 소개한 Daniel Kahneman은 노벨 경제학상을 받게 된다. 이제 전망이론이 아니면 설명하기 어려운 소비자행동을 몇 가지 살펴보자.

## 손실과 포장용량 줄이기

사람들은 자신들에게 익숙한 현재의 상태에 견주어 이익과 손해를 판단한다. 따라서 기업은 제품의 가격을 인상할 때 주의를 매우 기울인다. 현재의 가격에 익숙한 소비자들이 가격인상을 현재의 가격에 비추어 손해라고 여길 것이기 때문이다.

소비자들이 가격인상을 손해로 여기지 않는다면 많은 식료품 회사들이 원가가 상승하였을 때 제품의 용량을 줄이는 현상을 달리 설명할 수 없다. 허쉬 초콜릿 회사는 용량을 줄이는 것으로 유명하다. 이 회사는 100년 전에 설립되었는데 초기 10년간은 초콜릿바 하나에 항상 5센트의 가격을 매겼다. 하지만 크기는 원가에 따라 커지기도 하고 작아지기도 하였다. 원자재 가격이 오르면 가격은 5센트에 고정한 채 크기를 줄였다. 원자재 가격이 하락하면 가격을 5센트로 유지한 채 크기를 늘렸다.

이러한 전략이 묘한 것은 소비자들이 원가변동으로부터 전혀 보호받지 않기 때문이다. 소비자가 합리적이라면 관심의 대상은 초콜릿바 10g당 지불하는 가격이다. 비록 가격이 고정되어 있더라도 크기가 변하면 10g당 지불하는 가격은 달라진다.

그런데 이점에서 소비자가 완전히 합리적인 것은 아니다. 소비자의 마음은 가격에 고착되어 있다. 가격이야말로 소비자가 구매를 결정할 때 주로 관심을 기울이는 익숙한 특성이기 때문이다. 5센트의 가격이 소비자가 익숙한 현재의 상태인 것이다. 그래서 허쉬 초콜릿 회사는 가격인상이 소비자의 마음에 손실로 여겨질 것을 우려하였다. 따라서 현명하게도 원가가 상승하였음에도 가격을 5센트로 유지하였던 것이다.

요즈음 여러 기업들이 이러한 전략을 사용하고 있다. 2007년~2008년의 대침체기 이후 설탕, 콩, 옥수수 등의 원자재 가격이 크게 올랐다. 이에 주요 대기업들은 제품의 가격을 올리지 않고 크기를 줄였다. 아이스크림 업체인 하겐다즈는 슈퍼마켓에 공급하는 아이스크림의 용량을 16온스에서 14온스로 줄였다. 치즈업체인 크라프트는 1팩에 든 슬라이스 치즈를 24개에서 22개로 줄였다. 오렌지주스 업체인 트로피카나는 오랫동안 공급하던 64온스의 용기를 59온스로 줄였다. 프록터앤드갬블은 종이타월의 개수를 60개에서 52개로 줄였다.

## 프레이밍 효과와 광고

사람들은 주어진 상황을 이익과 손실의 관점에서 평가한다. 따라서 의사결정은 이익과 손실을 평가하는 데 이용하는 정신적 프레임에 따라 크게 달라진다. 몇 가지 사례를 통해 전후사정, 즉 '프레임'의 변화가 어떻게 동일한 상황을 때에 따라서 이익 또는 손실로 달리 받아들이게 하는지 살펴보자. 아래의 질문에 스스로 답해보자.

- 연봉 1억 원에 만족하십니까? 대부분 그렇다고 답할 것이다. 그러나 작년의 연봉이 1억 5천만 원이었어도 동일한 답을 하겠습니까? 작년에 비해 5천만 원의 연봉이 깎였다는 것을 알면서도 이전과 같이 만족한다는 답을 하겠습니까?
- 시간제 일자리를 가지고 있는데 사장이 급여를 10% 인상한다고 말하면 만족하겠습니까? 그러나 다른 사람의 급여가 모두 15% 인상되었어도 동일한 답을 하겠습니까? 아니면 다른 사람에 비해 손해를 보았다고 여길 것입니까?

전망이론이 고려하는 것은 전후사정의 정보에 따라 어떤 상황을 이익 또는 손실로 받아들이는데 그 결과 사람들의 선호도가 크게 달라진다는 점이다. 이러한 프레이밍 효과를 깨닫는 것이 대단히 중요하다. 광고업자, 변호사, 정치인들이 이를 이용하여 사람들의 의사결정을 바꿀 수 있기 때문이다. 예를 들어, '99% 천연 식품'이라고 광고하는 게 나을까 아니면 '1% 인공첨가 식품'이라고 광고하는 게 나을까? 광고의 내용은 동일하지만 첫 번째 광고는 주어진 상황(99% 천연식품)을 이익이라는 프레임으로 받아들이게 하고, 두 번째 광고는 주어진 상황(1% 인공첨가 식품)을 손실이라는 프레임으로 받아들이게 한다.

어떤 약을 복용하면 99.9% 생존한다는 약을 살 것인가 아니면 0.1%의 사람이 사망한다는 약을 살 것인가? 생존은 이익이고 사망은 분명 손실이다. 어떤 프레임이 바람직할까?

프레이밍 효과는 소비자 행동에 커다란 영향을 미친다. 이익 또는 손실을 판단하는 데 이용되는 프레임을 바꾸어 소비자의 의사결정을 달라지게 만들기 때문이다.

## 기준점 효과와 신용카드 청구서

사람들이 이익과 손실을 평가하려면 이러한 평가의 기준이 되는 현재의 상태를 먼저 상정하여야 한다. 그런데 현재의 상태와 무관한 정보가 사람들의 기준에 무의식적인 영향을 준다는 점이 밝혀졌다. 아주 흥미로운 예를 들어 보자. 사람들에게 자신의 주민등록번호 뒤쪽 2자리를 쓰도록 한 다음 자신에게 보여준 무선키보드의 가치가 얼마나 될지 써보도록 하였다. 주민등록번호의 뒷자리가 큰 숫자인 사람, 예를 들어 67이나 89인 사람이 18이나 37인 사람에 비해 무선키보드의 가치를 높게 평가하였다. 이러한 차이는 생각보다 크다. MIT 대학의 MBA 과정에 다니는 학생 중 뒤쪽 2자리 숫자가 80부터 99 사이에 있는 학생은 무선키보드에 대해 56,000원의 가치를 부여하였고 00에서 20 사이에 있는 학생은 16,000원의 가치를 부여하였다.

심리학자와 행동경제학자들은 이러한 현상을 기준점 효과라고 한다. 주민등록번호의 뒤쪽 2자리라는 최근의 정보가 영향을 미쳐서, 즉 기준점이 되어 무선키보드의 가치평가가 이루어졌기 때문이다. 현재의 상황과 전혀 무관한 정보가 무선키보드의 가치평가에서 기준점이 되는 원인은 아직 밝혀지지 않았다. 하지만 기준점 효과는 실제 존재하는 것으로 사람들이 여러 대안을 선택할 때 이들 대안의 평가를 무의식적으로 바뀌게 한다.

불행하게도 신용카드회사는 진작부터 이러한 현상을 알아차렸다. 이를 이용하여 이윤을 증가시킬 목적으로 신용카드회사는 신용카드청구서에 소액의 최소상환금액을 적어 보낸다. 최소상환금액을 높일 수도 있지만 이는 대부분 청구금액의 2%에 불과하다. 왜 이렇게 적은 금액을 정하였을까? 이 금액이 기준점이 되어 사람들은 무의식적으로 적은 금액만을 상환하기 때문이다. 이에 따라 카드사용금액의 상환기간이 크게 늘어나고 이들이 지불하는 이자도 증가한다. 카드사용대금이 1백만 원이고 미상환카드대금에 대한 연이자율이 19%라고 하자. 그러면 미상환대금의 2%를 매달 상환하면 전체를 상환하는데 22년이 걸리고 이자를 포함한 총 상환금액은 3,398,120원이 된다. 아주 적은 최소상환금액을 보여줌으로써 카드회사는 고객들이 이를 기준점으로 삼아 비싼 이자를 지불하며 카드대금을 천천히 상환하도록 만들고 있는 것이다.

### 심리적 회계와 보증에 대한 과대평가

효용극대화 규칙이 가정하고 있는 것은 주어진 소득으로 총효용을 극대화하고자 할 때 소비자들은 모든 소비 대안을 동시에 고려한다는 것이다. 그러나 경제학자 Richard Thaler가 관찰한 바에 따르면 사람들은 소비 대안을 개별적으로 고려하며 그래서 전체 소비대안을 동시에 고려하지 않는 비합리적인 행동을 한다. 이러한 발견은 널리 알려졌으며 Richard Thaler는 이를 심리적 회계라고 이름 붙였다. 사람들이 일부 소비 대안을 임의로 별개의 '심리적 회계항목'으로 분류하여 이들 항목 이외의 소비대안을 전혀 고려하지 않는 것처럼 행동하기 때문이다.

이러한 차선의 극대화가 어떤 결과를 초래하는지 수리 보증의 사례로 살펴보자. 소

## 장기기증 동의자의 인구 비중

사람들은 대부분 설문지에서 기본선택으로 제시된 문항을 선호한다. 장기기증 동의자의 비율이 높은 7개 국가에서 기본선택은 장기를 기증하는 것이었다. 반면에 장기기증 동의자의 비율이 낮은 4개 국가에서 기본선택은 장기기증을 하지 않는 것이었다.

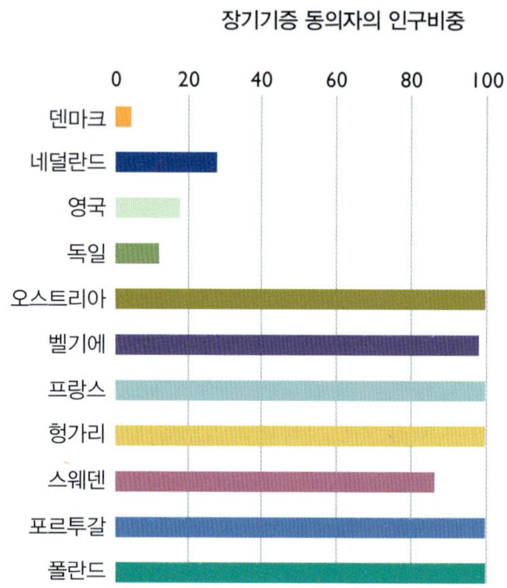


자료: Eric Johnson and Daniel Goldstein, " Defaults and Donation Decision," Transplantation 78. no.12, December 27, 2004. 저작권 센터를 통하여 Wolters Kluwer Health의 허락을 구함.

비자가 고가의 TV를 살 때 판매점은 흔히 보증기간의 연장을 제안한다. 전자제품은 거의 고장 나지 않기 때문에 연장된 보증의 가격은 아주 비싼 편이다. 금융전문가들은 이러한 보증연장을 사지 말도록 권고한다. 그러나 많은 사람들은 이를 구매하는데 그것은 심리적 회계 때문이다.

이들은 심리적으로 TV의 구매를 개별적이고 독립적인 거래로 여긴다. 그래서 이를 '새로운 TV 구매' 같은 독립된 심리적 항목으로 두뇌에 저장한다. 개별적 항목만을 살펴보면 TV의 고장으로 인한 손실 가능성은 과대평가된다. 개별 항목만으로 보면 1백만 원짜리의 TV가 고장 나면 1백만 원의 손실이 발생하여 전체 가치가 사라지는 것으로 여길 수 있기 때문이다. '이럴 수가! 1백만 원짜리를 샀는데 1백만 원의 손해를 볼 수 있다니!' 이에 비해 소비자가 전체 소득과 지출을 보게 된다면 1백만 원의 손실을 전체 미래소득과 비교해 볼 것이다. 그러면 잠재적 손실이 상대적으로 크지 않다고 여길 것이고 그래서 비싼 보증기간의 연장을 택하지 않을 것이다.

### 보유효과와 시장거래

보유효과란 자신이 현재 보유하고 있는 것의 가치를 그렇지 않을 때보다 높게 평가하는 경향을 말하는데, 행동경제학은 이에 대한 설명을 제공해준다. 예를 들어 누군가에게 머그잔을 보여주며 얼마까지 지불할 용의가 있느냐고 물었을 때 1만 원이라고 답하였다고 하자. 그에게 머그잔을 주어 이를 소유하게 되었을 때 얼마까지 주면 머그잔을 팔 것인가를 물으면 처음보다 높은 가격인 15,000원이라고 답할 가능성이 크다는 것이다.

재미있는 것은 그것이 어떤 속임수나 흥정의 결과가 아니라는 것이다. 오히려 우리의 두뇌가 자신이 소유한 것에 더 높은 가치를 부여하도록 고착되어 있어서 그런 결과가 초래된다. 경제학자 John List가 보여준 바에 따르면 사람들이 되팔기 위한 상품구매에 익숙해지면 이러한 경향은 완화된다. 그러나 이러한 경험이 없으면 보유효과는 크게 작용한다. 그렇게 되면 시장에서 구매자와 판매자 간의 거래는 이루어지기 어렵다. 판매자가 팔려는 상품에 부여하는 가치가 구매자가 사려는 상품에 부여하는 가치보다 높을 수 있기 때문이다. 판매자는 '내 머그잔은 나에게 15,000원의 가치가 있다'고 여길 것이고 구매자는 '너의 머그잔은 나에게 10,000원의 가치밖에 없다'고 할 것이다.

여러 연구에 따르면 보유효과, 즉 팔려는 상품에 대한 고평가는 손실회피심리에서 비롯된 것이다. 소유한 어떤 것을 판매로 상실하게 되면 이를 잠재적 손실로 여겨질 수 있다는 것이다. 따라서 소유한 것을 팔라고 요청하면 상실에 대한 보상으로 많은 것을 요구하게 된다. 반면에 어떤 것을 구매할 때는 상실감을 느끼지 않기 때문에 판매자가 요구하는 가치보다 낮은 가치로 평가하게 된다.

### 현상유지편향

현상유지편향이란 기본선택(현재의 상태)으로 제시된 문항을 선호하는 경향을 말하는데, 전망이론은 이를 잘 설명한다. 예로 지구촌 전망 A.1을 살펴보자. 여기에는 장기기증의사를 가진 일부 유럽국가들의 인구비율이 나타나 있다.

그림에서 알 수 있듯이 11개국 중에서 7개국의 장기기증의사를 가진 인구비율은 매우 높고 4개국은 대단히 낮다. 이를 문화적 차이에서 비롯된 것으로 여길지 모르지만 독일이나 오스트리아처럼 문화적으로 유사한 국가에서도 차이가 크게 난 것을 보면 문화적 차이 때문만은 아니다.

실제 이러한 차이는 장기기증의사를 물을 때 제시된 설문지의 기본선택이 달랐기 때문에 발생한 것이다. 기증의사가 높은 국가에서 기본선택은 기증하는 것이었고 따라서 기증하고 싶지 않으면 기증을 원하지 않는다는 문항에 따로 표시를 하여야 했다. 이에 비해 기증의사가 낮은 국가의 기본선택은 기증하지 않는 것이었고 기증하고자 한다면 기증을 원한다는 문항에 따로 표시를 하여야 했던 것이다.

그래서 그림은 사람들의 정확한 장기기증의사를 보여주기보다 사람들이 기본 선택을 한다는 사실을 나타내주고 있다. 사람들은 별도의 항목에 따로 표시하는 번거로움을 택하지 않았다는 것이다. 결과적으로 대부분의 사람들은 기본선택의 내용이 무엇이든 이에 동의하는 셈이다. 이로 인해 전적으로 기본 선택이 무엇이냐에 따라 장기기증의사에 큰 차이가 발생하였다.

전망이론은 보유효과와 손실기피성향이 복합적으로 작용하여 현상유지 편향을 초래한다고 여긴다. 새로운 상황에 직면하였을 때 대부분의 사람들은 여러 선택에 대한 사전정보를 가지고 있지 않다. 따라서 선택지들이 어떤 프레임으로 주어지느냐가 대단히 중요하게 된다. 어떤 항목이 기본선택으로 주어지면 사람들은 이를 계속 유지하여야 하는 소유물로 여기는 경향이 있다. 이와 함께 다른 선택 항목은 손실을 초래하는 것으로 전망한다. 여기에 손실기피심리가 끼어들면서 대부분의 사람들은 손실을 회피하기 위해 기본선택을 고수하게 되는 것이다. 결과적으로 현상유지편향이 나타난다.

현상유지편향은 일부 소비자 행동을 설명해준다. 예를 들어, 브랜드 충성도를 살펴보자. 한번 삼성 스마트폰을 구입하고 나면 현상유지심리 때문에 다른 브랜드의 스마트폰을 구입하지 않으려 한다. 다른 브랜드로 바꾸었을 때 겪게 되는 상실감을 경쟁회사가 이겨내기는 쉽지 않다. 그래서 경쟁회사는 기존브랜드에 맞서 대폭적인 할인행사를 하거나 자신의 제품을 써보도록 무료 샘플을 제공하기도 한다.

## 근시안과 시간 비일관성

인류의 조상은 먼 미래에 일어날 일을 걱정하며 살 겨를이 없었다. 전염병, 맹수 그리고 끊임없는 배고픔 등으로 삶은 지극히 불안정하였다. 따라서 대부분의 관심은 오늘을 어떻게 무사히 보내며 몇 주 혹은 몇 달 후까지 어떻게 견디느냐의 문제였다.

하지만 현재에 이르러 산업사회에 거주하는 대부분의 사람들은 전염병으로 죽는 일이 거의 없다. 맹수들은 동물원에서나 구경할 수 있고 굶주림으로 죽을 가능성도 거의 없다. 80세 이상까지 사는 일은 흔해졌고 대부분 노환으로 죽는다. 이로 인해 은퇴 후

설계나 자녀 교육비 마련처럼 장기적 과제가 거의 모든 사람들의 공통관심사가 되었다.

하지만 불행하게도 우리의 두뇌는 우리의 조상들의 당면과제였던 단기적 문제에 적합하도록 진화하였다. 그래서 우리는 현재와 미래 사이에 상충관계가 존재하기 마련인 장기계획을 세울 때 어려움을 겪는다. 여러 장애물이 있지만 그중에서 근시안적 행동과 시간 비일관성이 대표적인 장애물이다.

## 근시안

생물학에서 근시안이란 멀리 떨어진 사물이 초점을 벗어나 흐리게 보이거나 아예 보이지 않는 시력의 장애를 말한다. 이를 유추하여 경제학에서 근시안이란 두뇌가 미래를 개념화하는 데 어려움을 겪는다는 사실을 뜻한다. 현재에 비해 미래는 초점을 벗어나 흐리게 보이거나 아예 보이지 않는다는 것이다.

예를 들어, 우리의 두뇌는 현재의 편익과 비용을 잘 비교하여 즉각적인 의사결정을 내린다. 하지만 미래의 편익이나 비용을 개념화해야 할 때에 두뇌는 미래에 대해 거의 '눈가림' 수준이다. 그래서 몇 주나 몇 달보다 먼 미래에 발생할 사건의 가능성을 평가하는 데 어려움을 겪는다.

근시안이 문제가 되는 것은 사람들이 즉각적인 편익과 장기적 편익 사이의 선택에 직면하였을 때이다. 이때 사람들은 보다 가까운 편익을 훨씬 선호한다. 예를 들어, 태수가 100만 원을 가지고 있는데 이를 다음 달 휴가 때 모두 써버리거나 30년 후의 은퇴에 대비하여 저축하는 선택에 직면하였다고 하자.

근시안 때문에 저축으로 30년 후에 증가될 구매력이 주는 즐거움은 잘 떠오르지 않는다. 이에 비하여 다음 달 휴가를 갔을 때 얻게 될 즐거움은 쉽게 생각난다. 그래서 태수는 다음 달 휴가 때 돈을 쓰는 쪽으로 심하게 편향된다. 근시안은 장기적 선택이 주는 편익을 흐리게 보이게 하여 단기적 선택을 훨씬 매력적인 것으로 보이게 한다.

또한 근시안은 다이어트를 유지하거나 운동계획을 실천하기 어렵게 만든다. 맛있는 삼겹살이나 친목 모임이 주는 즐거움은 바로 눈앞에 어른거리는 데 비해 음식을 가려먹거나 꾸준히 운동한 데 따른 미래의 편익은 흐릿하게 보일 뿐이어서 사람들의 마음을 사로잡지 못한다.

## 시간 비일관성

시간 비일관성이란 미래시점에 하고자 원하는 것을 현재 시점에서 체계적으로 잘못 판단하는 경향을 말한다. 이러한 잘못된 인식 때문에 미래에 하고 싶다고 현재 시점에서 판단한 것이 그 시점이 도래하였을 때 실제 행하는 것과 괴리를 보인다.

예를 들어 아침 기상시간을 살펴보자. 어제 저녁에는 아침에 일찍 일어나 운동하는 것이 멋진 일이라고 생각하였다. 그래서 알람시계를 평소보다 1시간 30분 일찍 맞추어 놓았다. 그러나 다음 날 아침 알람이 울리는 순간 아침에 일찍 일어나 운동한다는 것은 지겹다고 여겨진다. 그래서 알람시계를 집어던지고 다시 잠자리에 들고 만다. 하룻밤 사이에 선호가 달라진다는 점이 시간 비일관성의 핵심을 보여준다. 미래의 자아가 결국 현재의 자아와 불일치하고 있는 것이다.

**자제력 문제** 시간 비일관성이 중요한 것은 그것이 자제력 문제를 초래하기 때문이다. 예를 들어 친구와 식당에 가기 전에는 다이어트를 지속하기 위해 샐러드 한 접시만 먹기로 결심하였다고 하자. 실제 그 식당의 샐러드는 정말 맛있다. 그러나 그 식당에 도착한 후 후식 메뉴에 마음이 끌려 자제하지 못하고 치즈케이크를 2조각 주문하고

## 분석의 응용

### 자신을 믿기 어려워서

웹사이트 Stickk.com은 사람들로 하여금 자신의 목표를 쉽게 달성하기 있도록 인센티브를 제공하고 있다. 그것은 자신의 목표와 어긋나는 일을 할 때 돈을 잃도록 하는 것이다.

행동 경제학자 Dean Karlan과 예일 대학 교수인 Alan Iyers가 이 사이트를 개설하였는데, 이 사이트는 이용자에게 1년에 몸무게 10Kg을 줄인다는 것처럼 구체적 목표를 세우게 한다. 그런 다음 목표를 달성하지 못하면 신용카드로 일정액의 벌금을 지불하겠다는 '이행계약'을 맺게 한다. 벌금을 지불할 수 있다는 사실 때문에 손실회피심리가 작동하여 이 사이트 이용자는 목표를 달성하게 된다.

흥미를 배가시키는 것은 이 사이트가 사용자로 하여금 벌금의 수익자를 구체적으로 지정하도록 한 것이다. 일부 사용자는 벌금이 자신이 후원하는 자선단체에 가도록 지정한다. 그러나 많은 사용자는 목표달성을 확실히 하기 위해 자신이 싫어하는 사람이나 단체를 벌금의 수익자로 지정하고 있다.

이를 통해 이 사이트는 손실회피심리뿐 아니라 마음속에 깊이 뿌리박힌 적개심을 이용한다. 그래서 사람들은 시간 비일관성과 자제력문제를 극복하게 된다. 이러한 인센티브가 잘 작동하여 이 사이트 이용자의 70%는 자신의 목표를 성공적으로 달성한다고 한다.

만다.

시간 비일관성에 빠져 미래의 자신이 원하는 바를 이해하지 못하고 그만 다이어트를 지속하기 어려운 상황에 스스로를 몰아넣은 것이다. 미래의 자신이 원하는 바를 정확하게 예측할 수 있었다면 유혹에 빠질 수 있는 식당에 가기보다 집에 머무는 선택을 하였을 것이다. 식당에 가더라도 친구에게 미리 부탁하여 자신이 후식 주문을 하지 못하게 막아달라고 하였을 것이다.

시간 비일관성 때문에 많은 근로자들도 저축을 하지 못한다. 월급을 받기 전에는 미래의 자아가 되도록 많은 저축을 원한다고 생각하였다. 그러나 이것은 잘못된 생각이다. 월급날이 되면 미래의 자아는 결국 모든 것을 써버리고 전혀 저축을 하지 않게 된다.

**사전 공약으로 자제심 문제 해결하기** 시간 비일관성과 자제력 문제를 해결하는 열쇠는 미래의 자아가 무엇을 원하는지 잘 이해하는 것이다. 그런 후 사전공약을 통해 미래의 자아가 손해 보는 일을 하지 않도록 미리 조치를 취하는 것이다.

**알람시계 감추기** 아침 운동을 위해 평소보다 1시간 30분 일찍 일어나는 사례를 다시 살펴보자. 미래의 자아가 이를 지키지 않을 것을 안다면 미래의 자아가 잠에 곯아떨어지지 않도록 미리 조치를 취할 수 있다. 어떤 사람들은 알람시계를 여러 개 맞추어 놓는다. 일부는 알람시계를 다른 방에 놓아두거나 여러 물건들의 제일 아래에 놓아두기도 한다. 알람을 끄려면 일어나 다른 방으로 가거나 물건을 치우도록 하는 것이다. 이러한 조치들의 핵심은 미래의 자아가 쉽게 다시 잠드는 것을 어렵게 하는 것이다. 즉 미래의 자아로 하여금 현재의 자아가 원하는 것을 할 수밖에 없도록 상황을 설정해 놓는 것이다.

**자동이체** 사전공약 전략을 이용하여 급여의 일부를 자동 이체하도록 하면 미래의 자아로 하여금 저축을 더할 수 있게 만들 수 있다. 퇴직연금 등에 가입하면서 급여의 일부를 매달 자동 이체하면 급여를 받을 때마다 자동적으로 퇴직연금계좌에 저축이 이루어진다. 연금계좌에 자동 이체된 돈은 금방 찾아 쓸 수 없기 때문에 미래의 자아가 유혹에 빠져 이를 지출하는 일은 줄어들 것이다. 옛말처럼 '눈에 안보이면 마음도 멀어진다.'

**분할지급** 미국의 중고등학교 교사나 대학교수는 자신의 급여지급방식을 선택할 수 있다. 즉, 연봉을 학기가 열리는 9개월간 지급받거나 또는 1년 단위인 12개월로 나누어 지급받을 수 있다. 이들이 실제 택한 것을 보면 대부분이 12개월로 나누어 지급받는 것을 택하고 있다.

그렇게 하는 이유는 자제력 문제 때문이다. 9개월로 나누어 지급받게 되면 일부를 저축하여 방학 때 써야하는데 자제력의 부족으로 이를 다 써버릴 수 있다. 이를 피하기 위해 12개월로 나누어 지급받기를 원하는 것이다. 이러한 사전공약 조치로 미래의 자아가 급여를 저축하지 않고 모두 써버릴 수 있는 기회를 원천적으로 차단하고 있다.

**사전인출 벌과금** 인지적 오류는 때에 따라 서로 상쇄될 수 있다. 그러한 사례로 퇴직연금을 사전 인출할 때 부과되는 벌과금을 들 수 있다. 그것은 시간 비일관성과 자제력 문제를 줄이기 위해 손실회피심리를 이용하고 있다.

미국의 일부 퇴직연금은 사전 인출 때 25%의 벌과금을 부과한다. 즉 퇴직 이전에 1,000만 원을 찾으면 실제 손에 쥐는 것은 750만 원밖에 되지 않는다. 이 액수도 적지 않을 뿐더러 손실회피심리가 작용하여 250만 원이 사라진다는 사실이 매우 고통스럽다. 그래서 사전에 인출하려는 사람이 적다.

**다이어트 경쟁** 경쟁적으로 다이어트를 하면 손실회피심리가 작동하여 다이어트에 성공할 수 있다. 경쟁에 참여하는 사람은 경쟁에서 지는 것을 손실로 전망하기 때문에 다이어트 경쟁은 다이어트에 대한 확실한 동기를 부여한다. 손실회피심리는 현재의 자아뿐 아니라 미래의 자아도 가지고 있다. 즉 시간이 흘러 미래의 자아가 다이어트를 할 때도 손실의 전망은 피하려할 것이다. 따라서 현재의 자아가 원하는 대로 미래의 자아도 다이어트의 목표를 달성하려는 동기를 분명히 갖게 된다.

## 공정성과 사익

신고전파 경제학은 사람들을 사익만을 추구하는 존재로 여긴다. 시장거래는 대부분 낯선 사람들 사이에서 이루어지기 때문에 감정이나 동정심이 개입할 가능성이 낮다는 것이다. 신고전파 경제학은 이러한 토대 위에서 많은 경제행위를 예측할 수 있다고 여긴다.

경제학의 토대를 놓은 아담스미스는 이러한 사고를 국부론에서 밝히고 있다. 이것은 가장 많이 인용되는 부분이기도 하다.

> 우리가 저녁식사를 걱정하지 않는 것은 푸줏간주인이나 술집주인, 빵집주인의 자비심 때문이 아니다. 그것은 그들의 사익 때문이다. 우리는 그들의 인간성이 아니라 자기 사랑에 호소한다.

우리에게 무엇이 필요하다고 말하지 않고 우리에게 파는 것이 그들에게 이익이라고 말하는 것이다.

그러나 아담스미스는 사람들이 자애심이나 사익에만 빠져 있다고 여기지는 않았다. 그는 인간 행동이 자비심, 공평무사 등을 비롯하여 공공선을 위한 봉사 욕구 등에 크게 영향을 받는다고 믿었다. 이러한 견해는 그의 잘 알려진 저서인 '도덕 감정론'에 자세히 설명되어 있다. 그 책의 유명한 구절은 다음과 같다.

인간은 대단히 이기적 존재라 할 수 있지만, 인간의 본성에는 또 다른 측면들이 있다. 그것은 다른 사람의 행복에 관심을 가지고 있으며 비록 다른 사람의 행복을 보는 즐거움에 그치더라도 다른 사람의 행복을 꼭 필요한 존재로 여긴다는 것이다.

행동경제학이 발견한 것은 그러한 성향이 모든 경제행동에서 나타난다는 것이다. 이기심이 존재하기는 하지만 대부분의 사람들은 다른 사람의 존재를 비롯하여 이들과의 교류에 깊은 관심을 가지고 있다. 따라서 경제거래는 도덕적 윤리적 요인에 의해 큰 영향을 받게 된다.

### 공정성에 대한 관찰 사례

경제 거래가 신념이나 가치의 영향을 크게 받는다는 주장은 현실세계의 많은 행동에서 확인된다. 이러한 '관찰사례'를 통해 행동경제학은 경제행동에 큰 영향을 미치는 도덕적 윤리적 요인들을 찾아냈다. 이들 중 공정성이 무엇보다 가장 중요한 요인이다.

**공정성** 공정성이란 어느 정도의 가격이나 임금, 분배 등이 도덕적 또는 윤리적으로 용납될 수 있는지에 대한 개인적 견해를 말한다. 공정성의 기준은 사람마다 다르다. 그래서 경제학은 사람들이 어떤 것을 정의롭게 여기는지에 대해서는 큰 관심을 갖지 않았다. 그러나 최근 들어 공정성에 대한 연구가 광범위하게 이루어지고 있는데 그것은 일상적인 경제행동에서 사람들이 자신의 목적을 극대화하는 일뿐만 아니라 공정성에도 큰 관심을 보이기 때문이다.

다음의 사례들은 사익만을 추구하는 사람이라면 결코 하지 않을 행동들이다.

- **기부행위** 미국에서 매년 3,000억 달러의 현금기부가 이루어지고 있고 80억 시간이 넘는 봉사활동이 행하여지고 있다. 시간과 돈의 기부는 인간이 자신의 이익에만 관심이 있다는 사고와 일치하지 않는다. 게다가 많은 현금기부가 익명으로 이루어지고

있다. 이를 보면 많은 기부들이 지극히 순수한 동기에서 비롯된 것이지 자신의 이름을 드러내기 위한 것이 아니다.

- **법률의 준수** 많은 국가에서 대부분의 시민들은 법을 어기더라도 체포될 가능성이 거의 없지만 여전히 법을 준수한다. 또한 대부분의 납세의무자들은 편법을 저지르거나 소득을 누락시킬 수 있는 기회가 있더라도 성실히 소득신고를 한다.
- **가격인상 자제** 태풍을 비롯하여 자연재해가 발생하면 식량이나 휘발유 같은 생필품이 부족해지는 일이 발생한다. 이로 인해 물자가 부족해지면 소매상인들은 가격을 인상할 수 있음에도 대부분 가격을 그대로 유지한다. 다른 사람의 곤경을 이용하여 이익을 챙기는 사람으로 인식되는 것을 원하지 않기 때문이다.
- **'공정무역' 상품 구매** 공정무역상품이란 근로자의 권리를 보장하고 환경에 우수한 제품을 생산한다고 인증된 기업에서 생산되는 제품이다. 소비자들은 이러한 상품을 구매하는 데 기꺼이 더 높은 가격을 지불한다. 이들 소비자들은 분명 가장 낮은 가격의 제품을 구매하는 것 이상의 어떤 것에 관심을 가지고 있다.

### 공정성에 대한 실험 사례

실험경제학의 연구는 공정성이란 무엇이며 그것이 경제거래에 어떤 영향을 미치는 가에 대한 이해를 크게 넓혔고 또한 이를 세밀하게 가다듬었다. 실험경제학은 인간의 공정성에 대한 감정을 검증하기 위한 실험적 게임을 정밀하게 설계하였다.

이들 실험의 가장 중요한 특징은 실제 돈이 오고간다는 것이다. 이 점이 중요한 것은 사람들이 사익에 의해서만 움직인다면 게임에서 자신에게 이익이 큰 전략만을 사용할 것이기 때문이다.

그러나 현실에서 드러난 것은 자신의 이익만을 고려하여 행동하는 사람은 소수에 불과하였다. 대부분의 사람은 공정하고 자비로운 게임을 선택하였다. 즉 강요가 없더라도 자신보다 불운한 사람과 몫을 나누기 위해 자신의 것을 포기하는 경우가 많았다. 나아가 친절함을 보이기까지 하였다. 누군가 이기적으로 행동하면 평균적인 사람은 그 사람과 협력을 거부하였고 보복하기까지 하였다.

### 독재자 게임

독재자 게임을 통한 실험의 결과는 인간이 자기 것의 획득에만 관심을 갖는다는 사고를 강력하게 부정하고 있다.

**게임의 규칙** 게임에 두 사람이 참여하는데 이들은 서로를 알지 못한다. 이들 중 한사

## 분석의 응용

### 온라인 쇼핑

온라인 쇼핑은 편리하다. 이를 통해 소비자는 집안에서 인터넷으로 세계 모든 곳의 상품과 서비스를 구매하고 이를 신용카드로 지불한다. 또한 온라인 상점을 설립하고 운영하기도 쉬워서 많은 개인들은 기업가 정신을 발휘하여 점차 온라인 상인이 되고 있다.

온라인 쇼핑은 2부류로 나누어진다. 즉, 신세계처럼 기존의 브랜드가 자신의 웹사이트를 이용하는 경우와 옥션, 11번가, G 마켓 등을 이용하여 개인이 자신의 온라인 상점을 개설하는 경우다. 온라인 쇼핑은 비슷한 상품을 파는 곳이 많아서 경쟁이 대단히 심하다. 그러나 일부 개인이 운영하는 온라인 상점은 차별화를 위해 노력한다. 그래서 오프라인에서 살 수 없고 온라인에서만 구매 가능한 상품을 할인가격으로 공급하기도 하고, 무료로 배송하여 주기도 한다.

온라인 쇼핑에서는 비슷한 상품의 가격을 쉽게 비교할 수 있다. 게다가 많은 웹사이트들은 상품에 대한 객관적인 사용 후기를 제공하여 온라인 소비자들의 구매를 돕고 있다. 다른 한편으로 온라인 경매가 있는데 여기에서는 경매의 낙찰가격이 공정한 시장가격인지 경매참여자들의 경쟁으로 터무니없이 오른 가격인지 알기 어렵다. 그래서 온라인 경매는 온라인 쇼핑에 비해 성장이 느리다. 대부분의 소비자들은 자신이 적어낸 가격으로 구매가 가능한지 기다리기보다 즉각 구매할 수 있는 상품을 선호하기 때문이다.

온라인 상점들은 오프라인 상점보다 경쟁적이기는 하지만 이들이 판매 노력을 소홀히 하는 것은 아니다. 이들은 판매량을 늘리기 위해 소비자들의 구매를 끊임없이 자극한다. 이 메일을 계속 보내 온라인에서만 가능한 특별할인을 제공하기도 한다. 그리고 첫 구매자나 단골고객에게는 지속적 구매를 위해 추가 할인을 제공한다. 또한 재고 처리와 판매 증대를 한꺼번에 해결하기 위해 묶음상품을 제공하여 구매를 자극하기도 한다. 일부는 온라인 애플리케이션을 개발하여 이를 다운받으면 휴가지에서도 온라인 쇼핑을 할 수 있다. 그리고 일부는 온라인 게임이나 웹 사이트에서 광고를 한다. 불량품, 잘못된 주문 등이 발생하면 반품이나 환불도 가능하도록 하여 소비자의 만족을 보장하기도 한다.

온라인 상점들은 구매자들이 클릭하는 횟수를 줄이기 위해 온라인 장바구니를 마련하고 있으며 상품의 사진도 쉽게 다운받을 수 있도록 하고 있다. 소비자들이 구매 희망상품을 적으면 온라인 상점들은 이를 마련하여 소비자의 구매를 만족시키고 있다. 온라인 플랫폼 제공자는 소비자들로 하여금 구매상품의 순위를 매기도록 하여 입점한 온라인 상점들을 추적 관찰한다. 이를 통해 소비자들은 어떤 상점에서 구입할지 결정할 때 큰 도움을 받는다. 나아가 아마존닷컴 같은 온라인 플랫폼 제공자는 소비자들이 함께 구입한 상품의 목록을 제공하며 Rakuten은 이용자가 최근에 클릭한 상품의 목록을 보여주기도 한다.

온라인 플랫폼 제공자는 자신의 신용카드를 제공하는 서비스를 확대하고 있다. 이들은 자신의 신용카드를 사용하면 추가적인 포인트를 적립하여 주고 있는데 자신의 플랫폼에서 상품을 구매할 때 이를 결제에 사용토록 하고 있다. 그리고 자신의 홈페이지에 입점상점들의 할인행사를 광고하여 판매를 늘리고자 노력하기도 한다.

환율에 따라 온라인 구매자들은 자국에서 구매할 수 있는 상품이라도 이를 해외에서 구매한다. www.11sgd.com은 전 세계 어느 곳이든 무료로 배송하고 있다. 그러나 일부 온라인 상점은 해외 제휴업체와의 계약 때문에 자국 시장에서만 판매하는 경우도 있다. 온라인 구매자는 최선의 구매조건을 찾아 전 세계의 상품을 비교할 수 있는데 이에 대응하여 온라인 상점들도 모든 마케팅 기법을 동원하여 구매자를 끌어들이고 이들의 충성심을 제고시키고자 노력하고 있다.

---

**게임의 규칙** 독재자 게임처럼 나눌 돈이 주어진다. 이 돈은 구매자와 판매자가 가격에 합의하면 이들이 얻게 될 전체 순이익과 유사하다. 몰론 이것은 두 당사자가 합의에 이르지 못하면 포기해야 하는 순이익이기도 하다. 게임이 시작되면 임의로 한사람은 '제안자'가 되고 다른 사람은 '반응자'가 된다. 그리고 제안자가 나누는 비율을 제안한다. 나누는 비율은 제안자가 마음대로 정할 수 있다. 자기가 전부 가지거나 상대방에서 모두 줄 수도 있다.

반응자는 나누는 비율을 살펴보고 이를 수락할 것인지 아니면 거절할 것인지를 결정한다. 반응자가 수락하면 제안된 비율대로 돈이 지불된다. 그렇지 않으면 돈은 지불되지 않고 두 사람은 아무것도 얻지 못한다. 그래서 두 사람 모두 빈털터리로 집으로 돌아가야 한다. 이것은 흥정이 실패하면 당사자들이 얻을 수 있었을 이익이 모두 사라져버리는 것과 동일한 상황이다.

**게임의 결과** 최후통첩게임을 시행한 결과 2가지 행동이 눈에 도드라졌다. 첫째, 제안자가 제시한 배분 비율은 독재자게임에서 제시된 것보다 훨씬 공평해졌다. 이를 잘 보여주는 것은 독재자게임에서는 독재자의 1/3이 모든 돈을 자기가 가졌지만 최후통첩게임에서 모든 돈을 가져가겠다고 한 제안자는 아무도 없었다는 점이다.

이처럼 행동이 크게 달라진 것은 최후통첩게임에서 제안자가 매우 불공평하게 몫을 나누면 반응자의 공정성에 대한 정서를 크게 상하게 하여 틀림없이 제안이 거절될 것이기 때문이다. 나아가 대부분의 제안자들은 약간 불공정한 제안을 하더라도 반응자의 감정이 상할 수 있다고 여기는 것 같다. 그래서 대부분의 제안자들은 몫을 완전히 똑같이 나누거나 제안자에게 약간만 유리한 몫 예를 들어, 55대 45를 제안하고 있다.

둘째, 반응자들은 자신에게 불공정하다고 여기는 제안에 대해 감정에 휩싸여 이를 단호하게 거절한다는 것이다. 관심을 끄는 것은 제안을 거절하는 의사결정을 냉정하게 계산하여 내리지는 않는다는 점이다. 반응자는 불공정한 제안을 거절하는 데 따른 비용과 편익을 냉정하게 비교하지 않았다. 그들은 매우 화를 내면서 제안자를 보복하는 심정으로 제안을 거절하였다. 이들은 자기 몫을 포기하는 데 그치지 않고 복수심에서 제안자도 몫을 가져가지 못하도록 괴롭히고자 하였던 것이다.

반응자가 불공정한 제안에 어느 정도 화를 내는지는 최후통첩게임에 걸린 돈의 정도로 측정할 수 있다. 게임에 걸린 돈이 수십만 원이나 수백만 원으로 많아지면 화가 나더라도 불공정한 제안을 수락할 가능성이 커질 수 있기 때문이다. 그러나 돈이 많아지더라도 반응자는 불공정한 제안에 대해 여전히 거절하였다. 이들은 공정한 대접에 대한 선호가 아주 강해서 비록 많은 돈을 포기하게 되더라도 불공정하다고 여기는 제안을 거절하였던 것이다.

**거절의 위협이 협력을 증가시키는 이유** 일부 사람들은 강제가 아니라면 다른 사람에게 아무것도 베풀지 않는다. 이것은 독재자 게임에서 독재자의 행동과 최후통첩게임에서 제안자의 행위를 비교하면 알 수 있다. 독재자 게임에서 독재자의 1/3은 모든 것을 자기가 갖고 다른 사람에게는 아무 것도 남겨놓지 않았다. 이에 비해 최후통첩게임에서는 거의 모든 제안자들이 반응자에게 상당한 몫을 떼어주었다.

물론 두 게임의 규칙이 달라서 자비심이나 공정성이 크게 달라진 측면이 있다. 한 사람에게 몫을 나눌 수 있는 권한이 주어지면 이기적 경향이 마음껏 발휘될 수 있다. 그러나 최후통첩게임처럼 상대방의 거절로 자기 몫이 사라지는 경우에는 분배비율을 정하는 사람은 이기심을 줄이고 상대방의 감정을 고려하게 된다. 이로 인해 이기적인 제안자도 후한 제안을 한다. 자기 몫을 챙기려면 거절되지 않는 제안을 해야 한다는 것을 금방 깨닫기 때문이다.

**시장경제의 효율성에 대한 시사점** 거절의 위협이 존재할 때 제안자들이 기꺼이 후한 제안을 한다는 것은 보이지 않는 손이 작동한 가장 간단한 사례라고 볼 수 있다. 제2장에서 논의하였듯이 보이지 않는 손이란 시장경제의 작동원리를 집약하여 보여주는 상징적 표현이다. 즉, 사적 이익이 사회적 이익과 일치하며 사람들은 자신의 이익을 위해 행동할 뿐 아니라 이를 통해 다른 사람도 이익을 얻는다는 것이다.

최후통첩게임에서 거절의 위협은 사적 이익을 사회적 이익과 일치하게 만든다. 그것은 이기적 인간으로 하여금 상당히 후한 제안을 하도록 함으로써 달성된다. 그 결과 당사자 간의 협력이 증진되고 제안의 수락으로 몫을 서로 나누어 가짐으로써 효용수준도 높아진다. 현실세계에서도 이러한 일이 진행되고 있다고 볼 수 있다. 제2장에서 논의한 바 있듯이, 소비자주권이란 소비자들이 자신이 기꺼이 구매하고자 하는 재화나 서비스에 소득을 지출할 수 있는 권리를 말한다. 중요한 것은 소비자주권에 소비자의 기대에 어긋난 생산물의 구매를 거절할 수 있는 권리도 포함되어 있다는 점이다.

이러한 거절의 권리는 사회적 편익을 크게 증가시킨다. 생산자들로 하여금 열심히 노력하여 소비자가 수락할 수 있는 생산물을 만들도록 동기를 부여하기 때문이다. 이로 인해 점차 양질의 생산물이 낮은 가격에 생산되면서 배분의 효율과 생산의 효율이 개선되는 것이다.

## 요약

1. 주류 경제학은 인간행동에 대한 예측에 기반을 두고 있다. 이를 위해 인간의 의사결정은 합리적으로 이루어지며 이들의 계산능력에 문제가 없으며 편향에도 빠지지 않는다고 가정한다. 주류 경제학의 예측은 정확한 면이 많지만 그렇지 않은 예측도 많다.

2. 주류 경제학이 직면한 핵심적 문제는 사람들이 체계적 오류에 빠진다는 점이다. 즉 사람들이 자신의 욕구를 충족시킬 기회를 오히려 줄이는 행동을 규칙적으로 그리고 반복적으로 저지른다는 것이다.

3. 행동경제학은 경제학, 심리학 및 생물학의 통찰력을 종합하여 인간의 체계적 오류를 설명하려고 시도한다. 체계적 오류를 범하게 하는 두뇌작용을 살펴봄으로써 인간의 선택행위를 보다 정확하게 예측하는 것을 목표로 삼고 있다.

4. 인간의 두뇌가 체계적 오류를 범하는 이유는 2가지이다. 첫째, 우리의 두뇌는 현대적 문제 특히 수학, 물리학, 통계학 등에 적합하도록 진화하지 못하였다. 둘째, 우리의 뇌는 시각정보의 처리처럼 오랫동안 익숙해진 문제를 다룰 때 오류를 범하기도 한다. 그것은 영양의 부족 때문에 두뇌가 에너지 소비가 적은 우회적 방법인 휴리스틱을 이용할 수밖에 없었기 때문이다.

5. 휴리스틱은 빠른 처리속도와 적은 에너지 소비를 위해 정확성을 희생시킨다. 정확성이 떨어지더라도 대부분 큰 문제는 되지 않는다. 이로 인한 오류가 사소하기 때문이다. 하지만 때에 따라서 이러한 오류는 인지편향을 초래하여 합리적 의사결정에 상당한 지장을 초래하기도 한다. 즉 확증편향, 과잉확신, 가용성 휴리스틱, 프레이밍 효과 등이 나타난다.

6. 전망이론은 행동경제학이론으로 사람들이 위험과 불확실성에 어떻게 대처하는지를 정확하게 파악하고자 한다. 즉 불확실한 결과에 대한 인간의 선호를 이론화하고 있는데 중요한 특징은 이익 또는 손해에 대한 인간의 선호가 자신에게 익숙한 현재의 상태를 기준으로 정해진다고 가정하고 있다는 점이다.

7. 전망이론은 사람들의 손실회피 심리를 설명한다. 즉 대부분의 사람은 현재의 상태에서 동일하게 손실 또는 이익이 발생하였을 때 손실로 인한 상실감이 이익으로 인한 행복감보다 2.5배 정도 크다는 것이다.

8. 근시안이란 두뇌가 미래를 개념화하는데 어려움을 겪는다는 것을 말한다. 현재에 비해 미래는 초점을 벗어나 흐리게 보이거나 아예 보이지 않는다는 것이다. 그래서 사람들이 즉각적인 편익과 장기적 편익 사이의 의사결정을 할 때 사람들은 보다 가까운 편익을 훨씬 선호한다.

9. 시간 비일관성이란 미래시점에 하고자 원하는 것을 현재 시점에서 체계적으로 잘못 판단하는 경향을 말한다. 시간 비일관성은 자제력 문제를 초래한다. 미래의 자아가 여러 가지 유혹에 빠질 가능성을 현재의 자아가 정확하게 예측할 수 없기 때문이다.

10. 사람들은 때에 따라 사전공약을 통해 자제력 문제를 극복하기도 한다. 사전공약이란 미래의 자아가 변경하기 어려운 조치를 사전에 취하는 것을 말한다. 그래서 미래의 자아는 현재의 자아가 원하는 것을 어쩔 수 없이 하게 된다.

11. 행동경제학이 발견한 것은 사람들이 사익에만 몰두하지 않는다는 다수의 증거들이다. 오히려 사람들은 공정성에 상당한 관심을 기울이며 다른 사람의 편익을 위해 자신의 금전이나 소유물을 기꺼이 포기하는 일이 흔하다.

12. 공정성에 대한 현실세계의 관찰 사례들로 기부행위, 법률의 준수, 자연재해 때의 가격인상 자제, 상대적으로 비싼 공정무역상품에 대한 자발적 구매 등을 들 수 있다.

13. 독재자게임이나 최후통첩게임은 공정성에 대한 실험 사례를 제공한다. 이 게임은 두 사람에게 나누어 가질 수 있는 돈이 주어졌을 때 실제 어떻게 나누어지는지를 보여준다. 독재자 게임에서는 한 사람이 몫을 나누는 전

적인 권한을 가지며, 최후통첩게임에서는 두 사람이 나누는 몫에 합의해야 몫을 갖게 된다.

**14.** 독재자게임에서는 익명성이 보장되어 자신이 모든 몫을 가져가는 이기심이 발휘될 수도 있음에도 많은 사람들은 상대방에게 몫의 일부를 나누어 주었다. 최후통첩게임에서 사람들은 공정한 대접에 매우 큰 가치를 부여하였다. 불공정한 제안을 받아들여 적은 몫이라도 챙기기보다 돈을 포기하더라도 불공정하다고 여기는 제안을 거절하였던 것이다.

## 주요 용어 및 개념

공정성
근시안
기준점 효과
독재자게임
보유효과
사전공약
손실회피심리
시간 비일관성
신고전파 경제학
심리적 회계
인지오류
자제력 문제
전망이론
체계적 오류
최후통첩게임
프레이밍 효과
합리적
행동경제학
현상유지편향
현재의 상태
휴리스틱

# 찾아보기


ㄱ

가격선도 298
가격수용자 211
가격의 경직성 356
가격차별 264
가계 68
가변비용 187
가치의 저장 448
가치저장 448
거시경제학 29
게임이론 293
경기 비대칭성 524
경기순환 354
경기적 실업 364
경기조정 예산 420
경기침체기 354
경기확장기 354
경쟁 57
경제문제 30
경제성장 44, 327
경제순환도 68
경제적 비용 176
경제적 시각 20
경제적 자원 34
경제체제 52
경제학 20
경제활동인구 361
경제활동참가율 334
고정비용 187
공개시장 운영(조작) 501
공공부채 428
공공재 146
공공투자 437
공급 89
공급곡선 90
공급곡선의 이동 요인 90
공급량의 변화 93
공급의 가격탄력성 125
공급의 법칙 90
공급의 변화 93
공급충격 356
공급측면의 시장실패 138
과점 289
교환의 매개수단 60, 448
구매 가능한 조합 33
구매 불가능한 조합 33
구조적 실업 363
구축효과 427
국내 민간총투자 320
국내총생산(GDP) 316
굴절수요곡선 296
규모에 대한 수익불변 201
규모의 경제 197, 339
규모의 불경제 200
규범경제학 28
균형 27
균형 GDP 398
균형가격 93
균형거래량 94
균형 물가수준 398
금속주화 450
금융통화위원회 459
금전신탁 454
기본원리 23
기업 69
기업가적 능력 35
기준금리 519
기회비용 20
기회비용 체증의 법칙 39
기회비용 체증의 원인 39
긴축적 재정정책 416

ㄴ

네트워크 효과 261, 344
노동 35
노동생산성 333
누진세 167

ㄷ

다른 조건은 동일하다는 가정 24
단기 126, 180
단기공급곡선 225
단기 총공급곡선 390
단위 탄력성 112
단위 탄력적 수요 112
담합 293
당연위법 295
대외 공공부채 436
대차대조표 475
대체재 87
도덕적 해이 471
독점적 경쟁 280
돈투표 62
동시소비 261
동질적 과점 290
디플레이션 367

ㅁ

마찰적 실업 362
메뉴비용 403
명목 GDP 326
명목소득 370
명목이자율 373
명시적 비용 176
모기지 담보증권 469
무임승차의 문제 147
묵시적 비용 176
물물교환 60
물자부족 96
미시경제학 29
민간최종소비지출 320

ㅂ

배분의 효율성 139
법정지급준비금 477
법정지급준비율 460, 477
법화 458
보완재 87
부분 지급준비제도 474
부실자산 구제금융 470
분업 58
비가격경쟁 282
비례세 167
비용불변산업 232
비용인상 인플레이션 369
비용체감산업 236
비용체증산업 234
비탄력적 수요 112

ㅅ

사유재산권 54
사익추구 55
사적 재화 145
사회간접자본 337
사회복지비 438
상품차별화 281
상호의존성 290
생산 1단위당 노동비용 190
생산가능곡선 38
생산물시장 69
생산성 397
생산요소 36
생산요소시장 69
생산의 효율성 139
서브프라임 모기지 468
선택의 자유 55, 56
성장회계 335
소비자물가지수 366
소비자주권 62
소비재 36
소비 평활화 426
수시입출식 저축성 예금 452

수요 82
수요견인 인플레이션 368
수요곡선 83
수요곡선의 이동 요인 84
수요량의 변화 88
수요의 가격탄력성 110
수요의 교차탄력성 130
수요의 법칙 83
수요의 변화 88
수요의 소득탄력성 128
수요충격 356
수요측면의 시장실패 138
수익체증 343
수확체감의 법칙 182
순수독점 246
순수출 323
승수효과 407
시장 57
시장경제 52
실업률 361
실증경제학 28
실질 GDP 326
실질소득 370
실질이자율 373
실행에 의한 학습 344

ㅇ

양도성 예금증서 455
양의 외부성 153
역진세 167
연방공개시장위원회 464
연방준비제도 462
열등재 87
영업의 자유 55, 56
예산선 32
완전 비탄력적 수요 114
완전 탄력적 수요 114
외부성의 최적 감축량 163
외부충격 27
요구불예금 450
유동성 448
유휴설비 287
은행 451
음의 외부성 152
응능원칙 166
응익원칙 165
인적자본 338
인플레이션 366
일반화 24
잉여 94

ㅈ

자동안정장치 418
자본 35
자본재 36
자연독점 248
잠재적 GDP 331, 365
장기 127, 180
장기공급곡선 232
장기 총공급곡선 392
재량적 재정정책 414
재정적자 415
재정흑자 416
재할인율 507
저축금융기관 451
전략적 행위 290
전문화 58
정보기술 342
정부구매 322
정상재 87
정치적 경기변동 426
준공공재 160
준화폐 453
중간재 318
지대추구 행위 262
지준부리 478
진입장벽 247

ㅊ

차별화된 과점 290

창업기업 343
창조적 파괴 65
초과지급준비금 479
초단기 125
초단기 총공급곡선 389
총공급 388
총공급곡선의 이동요인 394
총비용 187
총생산 181
총수요 380
총수요곡선의 이동요인 380
총수입 114, 214
총수입 검증 114
최소효율규모 201
최종재 318
충격 355

ㅋ

카르텔 300
코즈 정리 157

ㅌ

탄력적 수요 111, 112
토지 35
통제경제 52
통화긴축정책 512
통화승수 487
통화확장정책 511
투자 35

ㅍ

펀드의 채무불이행 454
평균가변비용 190
평균고정비용 189
평균생산 181, 185
평균세율 166
평균수입 214
평균총비용 191

ㅎ

한계분석 23
한계비용 191
한계생산 181
한계생산과 평균생산의 관계 186
한계세율 166
한계수입 214
한계수입 = 한계비용 규칙 216
한국은행 459
한국은행권 450
함수 25
합리의 원칙 270
화폐 60
화폐수요 499
화폐시장 501
화폐의 거래수요 497
화폐의 구매력 458
화폐의 자산수요 498
확장적 재정정책 414
환매조건부매매(RP) 501
환율 387
회계의 단위 448
회계 이윤 177
효용 21

기타

GDP 갭 365
M1 449
M2 453
X-비효율 261
1인당 실질 GDP 327